亞洲人物史

〔19－20世紀〕

10

GREAT FIGURES *in the* HISTORY *of* ASIA

民族解放之夢

民族解放の夢

編者的話

姜尚中

人之所以對歷史產生興趣，其根本乃是對人的關心。就像《史記》是以〈列傳〉為支柱一般，史家在史書中貫注全心全力的，也是評傳。於是，我們著眼於不論是誰都會自然抱持的好奇心，構想出這套由著名、無名人們的評傳積累而成、進行描述的《亞洲人物史》。作為討論對象的地域，包括了東亞、東南亞、南亞、中亞、西亞，也就是足以用「亞洲」一詞指涉的整體領域。我們集結了在現代亞洲史研究中具代表性的編輯委員，經過數年反覆協議，發掘出各領域的主人翁、副主人翁，以及圍繞在他們身邊人們的關聯性，從而形成充滿魅力的小宇宙。

當我們在選定人物之際，重視的關鍵要素是「交流」。所謂交流，不限於交易、宗教、思想、藝術傳播等和平友好的事物，也包括掠奪、侵略、戰爭等激烈衝突。我們在每一卷中，針對整個地域的人物群進行鉅細靡遺的配置，並以跨越各個小宇宙的方式，將之聯繫起來；從第一卷到最終卷，大致是按照時代順序安排。透過這樣的構成，我們讓一種堪稱與縱觀式地域史迥然相異的「亞洲通史」形象，自然而然地浮現出來。透過這項由承繼東洋史研究深厚基礎的人們合力進行的嘗試，我們期望相異文化圈、言語圈的讀者，都能有共享的一日到來。

序言

成田龍一

十九世紀到二十世紀初的亞洲，亞洲籠罩在「近代化」與「殖民地化」的議題中，以往的秩序受到挑戰。第十卷的書寫順序，是從被日本化為殖民地的朝鮮半島開始向西，途經中國、臺灣、印度尼西亞（爪哇）、印度、俄羅斯及鄂圖曼帝國內的各地區，再從阿富汗到蒙古、埃及回到日本沖繩。雖然其空間構成幾乎呈現如同迴力鏢的弧形，不過這些地區的大部分，都在「西方」霸權的影響與統治下經歷了各種困難。

從大局來說，人們對當時的歷史有著「歐洲與亞洲」的二分法，而該時代，同時也是歐洲的優勢滲透到各種局面的時代。第十卷的主題，即是重新審視這段時間與空間，以及各地、各種人們面臨這類行動的嘗試。本書重新將亞洲的時間、空間按照局中人的輪廓，改寫成了各自以他們為主體的歷史。

「民族」與「階級」等概念，以及人們在「家庭」及「宗教」的聯繫，還有「性別」、「女權主義」的觀點與運動，都是探索這主題的線索。此外，過去的人們在尋求解放時，多種情況下，方法都會被一元化為「階級」，這點本書亦會按照不同的地區與人物加以描繪。由於「階級」的概念與理論是基於「西方」的「知識」產生，於是在此背景的影響下，解放在基於「階級」推動的同時，也出現了許多與此行動保持距離的觀點。

日本評論家竹內好在《中國的近代與日本的近代》（一九四八年）中，認為亞洲「透過持續抵抗，以歐洲的事物為媒介，創造出了不屬於歐洲的事物，並青出於藍」。竹內提出了以中國為核心的東亞論，而本書則更介紹了從東南亞到南亞、西亞到中亞通往「解放」的廣泛動向中，所帶有的多樣性。每個地區都出現了選擇面對問題的人，即使在同一個地區，他們對於問題的認知、乃至於應對態度也有所不同，這些複雜而多層次的動向，都能見於本書。不僅是政治家，本書亦記載了作家、研究者、男性及女性的活動，介紹了社會的所有動向。

此時，我們將逐漸認識到，即使同為一句「民族」的「解放」，其形態絕非是千篇一律。在曾是殖民地的朝鮮，人們圍繞在「獨立」的議題中產生了許多想法與方針，但也有有意與激進的獨立運動保持距離的人物。在中國，雖以基於本國文化的文學與言論，嘗試實施了近代／現代化，但後來也因為與現代主義糾纏，形態同樣相當複雜。其他也有像阿富汗一樣，雖淪為大國角逐的緩衝國，卻也成功推動中央集權、實現現代化的「民族」存在。蒙古則是在辛亥革命與俄羅斯革命等周邊地區秩序產生變化的背景下，建立了國家。而阿拉伯地區的民族主義與立憲政治，也是在這一時期，取得了埃及獨立的成果。

同時，亞洲各地出現了提出各式課題的女性運動，介紹這類運動的推動人，也是本書的特點。而這也同樣是在對圍繞在民族獨立與女性解放上的複雜思考與實踐的考驗。在朝鮮半島、爪哇、印度、埃及，女權運動有時也會與民族主義運動產生關聯，俄羅斯帝國甚至還出現過涉及宗教的女權運動。

於是乎，本書將亞洲十九世紀末到二十世紀初的「帝國主義時代」，改寫為「民族解放之夢」的時代，提供了以亞洲主體性為中心的全新歷史面貌。

著眼於亞洲人物，學習十九到二十世紀的歷史，將可矯正創造於那時代「西方」「知識」的扭曲。二〇二二年四月開始，日本高中導入的必修課程「歷史綜合」，便是具有這種目的的科目。「歷史綜合」不再如過去一般，將十八世紀後的近現代史區分為「世界史」與「日本史」，而是以綜合學習為目的。這意味著，至今以「西方」角度來描繪的世界史將被重新審視，學習包括日本在內的綜合史觀。換句話說，即是重新審視亞洲人民的多種動向，將目光轉向被「西方」壓迫、被從記憶中抹去的事件，同時思考日本的行動。

在從朝鮮半島向西介紹的第十卷中，首先會以歷史角度，重新探討日本將朝鮮化為殖民地的行為——即提問對象。讀者們將在此書看到亞洲人民的「民族解放之夢」，究竟是如何與日本、日本人民的生活產生關聯；並透過中亞一位人稱「韃靼志士」、與日本進行過交流的易卜拉欣，來思考如何以世界史的歷史角度，來理解走向帝國主義的日本。

這在一種對日本在追求民族國家—現代主義的過程中，壓制他國或民族，又或是國家內的少數派，以獲得「現代性」的過程的再思考。出現在本書中的各種樣貌，皆直接或間接地提出了這個問題。

近代的「知識」，在這個時期轉變成帝國主義的「知識」；例如調查、統計是殖民統治所必需的。追求「近代性」後，本應有助於人們的「知識」，在當時的日本，卻從正面逆轉為負面，成為統治與壓迫的「知識」。向著日本「知識」的結構——即近代的「知識」與帝國主義的「知識」關係——提出問題的人，是夏目漱石與二葉亭四迷。他們是在以「西方」為學習對象的日本，以及作為亞洲一員的日本之間苦惱的知識分子。在二葉亭與漱石倒下後，拿起接力棒繼承了他們事業的人，則是吉野作造與柳田國男，他們重新將目光放到「民衆」與「民俗」上，以圖「知識」上的傳承與轉換。

在帝國日本，女性主義也與帝國主義脫離不了關係。十九世紀末日本出現的女性主義，與「西方」所體現的「近代」之間洋溢著緊張關係，不得不思考自身與亞洲女性的關係中的定位。

而這種緊張感，就凝聚在沖繩上。沖繩在「琉球處分」政策下，被編入十九世紀中葉的民族國家形成期的日本，雖其早已面臨「近代性」所包藏的矛盾，但它此時的反應，卻更加敏感。不只日本推動「西方」化的矛盾在此顯現出來，對於亞洲來說，成為帝國日本一員的沖繩，將不得不面對這樣的矛盾。定睛於沖繩的位置構思出來的思考，與本書在亞洲繞了一圈的思考之旅，有著很深的共通點。而這也是第十卷之所以會以沖繩為終章的原因。

亞洲人物史10 民族解放之夢

目次

李東輝（一八七三—一九三五年） 058
崔南善（一八九〇—一九五七年） 060
呂運亨（一八八六—一九四七年） 063
其他人物 066
阿部充家／宇佐美勝夫／宇都宮太郎／齋藤實／寺內正毅／渡邊暢／金明植／宋鎮禹／張德秀／洪命憙／金思國／金在鳳／金若水／趙東祜／鄭泰信／南萬春／朴鎮淳／安在鴻／安昌浩／金奎植／申采浩／徐載弼／徐椿／孫基禎／羅景錫／朴殷植

第二章　希求祖國獨立與女性自立的朝鮮「新女性」們

井上和枝
前　言 088
金瑪利亞（一八九二—一九四四年） 090
其他人物 115
黃愛施德／羅蕙錫／朴仁德／劉英俊／高凰京

第三章　解放朝鮮民族之戰　水野直樹　布袋敏博

前　言　126
李載裕（一九〇五—一九四四年）　128
李觀述（一九〇二—一九五〇年）　150
朴鎮洪（一九一四—？年）　152
金台俊（一九〇五—一九四九年）　153
李景仙（一九一四—？年）　155
三宅鹿之助（一八九九—一九八二年）　156
金　九（一八七六—一九四九年）　158
金元鳳（一八九八—一九五八？年）　159
金科奉（一八八九—一九六〇？年）　160
武　亭（一九〇五—一九五一年）　161
其他人物　163
李陸史／尹奉吉／趙素昂／林和／磯谷季次／任淳得／朴次貞／玄永燮／南次郎／塩原時三郎

第四章　中國近代文學——二十世紀前半葉／清末民初

藤井省三

前言　178

魯迅（一八八一—一九三六年）　181

張愛玲（一九二〇—一九九五年）　208

周作人（一八八五—一九六七年）　226

陳獨秀（一八七九—一九四二年）　231

沈從文（一九〇二—一九八八年）　234

其他人物　238

蘇曼殊／林語堂／茅盾／郁達夫／徐志摩／老舍／謝冰心／丁玲／巴金／楊逵／錢鍾書／蕭紅／內山完造／武者小路實篤／清水安三／芥川龍之介／佐藤春夫／金子光晴／林芙美子／室伏克拉拉／增田涉／李陸史／泰戈爾／愛羅先珂／愛德加·史諾

第五章　殖民統治與臺灣自治

許雪姬

前言　271

林獻堂（一八八一—一九五六年）　273
蔡培火（一八八九—一九八三年）　290
蔣渭水（一八九一—一九三一年）　292
陳　炘（一八九三—一九四七年）　294
田健治郎（一八五五—一九三〇年）　295
楊肇嘉（一八九二—一九七六年）　296
謝雪紅（一九〇一—一九七〇年）　298
其他人物　299
梁啟超／羅萬俥／林呈祿／葉榮鐘／林茂生／朴錫胤／伊澤多喜男／長谷川清／安藤利吉／田川大吉郎／清瀨一郎／連溫卿／宮原武熊／辜顯榮／許丙／陳儀／白崇禧／嚴家淦／黃朝琴／李翼中／丘念台／辜振甫／廖文毅／林正亨

第六章　印尼女性解放運動的先驅
——卡蒂妮眼中的「光明」與「黑暗」　富永泰代
前　言　320

卡蒂妃（一八七九—一九〇四年） 322
阿本達農（一八五二—一九二五年） 330
阿萊塔・雅各斯（一八五四—一九二九年） 333
其他人物 335
瓊德羅內戈羅四世／諾托・蘇洛托／集多・馬坤古蘇麼／
德威・薩爾蒂卡

第七章　印度的女性運動　粟屋利江
前　言 343
卡瑪拉德維・查托帕迪亞（一九〇三—一九八八年） 345
沙拉金尼・奈都（一八七九—一九四九年） 354
阿魯娜・阿薩夫・阿里（一九〇九—一九九六年） 355
穆斯拉克米・雷迪（一八八六—一九六八年） 357
其他人物 359
安妮・貝贊特／瑪格麗特・考辛斯／潘迪塔・拉瑪巴依／
羅琪雅・薩哈瓦・侯賽因／莎拉拉・德維・喬杜拉尼

第十七章　大日本帝國下的民主主義之歷史驗證　成田龍一

凡例

*本書的結構是，首先敘述各章的中心人物，接著針對該人物周遭的重要人物，再來是其他相關人物，分別立項進行敘述。不過，也有不採這種形式構成的例外章節。

*關於人名和地名等，參照教育部審定歷史教科書及臺灣慣常用法，予以適當檢視和採用。

*日本、中國的人名、地名，以漢字為準，除此之外的人名及地名，則以當地音之中譯表示。

*關於外語文獻的翻譯，沒有特別要求的部分，皆依執筆者為準。又，關於日本的古代典籍等，也會依執筆者進行適宜易讀的整理。

*引文中的執筆者補注，原則上使用括號。

*年代原則上是用西曆（陽曆）標記。關於月日，在採用西曆之前的東亞地域，也有按照陰曆標示的章節，但除此之外的地域，沒有特別要求的部分，都是以西曆標記。

*伊斯蘭圈的伊斯蘭曆等，換算成西曆時會橫跨兩年的情況，原則上是在底下用「／」號來連結標記（如「一四〇〇／一年」等）。

*人物的實歲與虛歲，尊重執筆者的標記。

*本書包含有以現代來說會被視為歧視的用語和表現手法，不過這都是基於史料等的記述；因為是理解人物與時代重要的線索，所以原則上不會任意加以更替。關於這點，還請務必深切理解。

民族解放之夢

第一章

某個獨立運動旁觀者的心中糾葛——為殖民地統治煩惱的知識分子

小野容照

前言

獨立運動的多樣性與複雜性

自韓國於一九一〇年八月被日本合併後，失去國家的朝鮮人在各地發起了獨立運動，其中於一九一九年三月一日發生的三一運動，更被認為是規模最大的獨立運動，後來的大韓民國（以下稱韓國）亦將三月一日指定為國定假日「三一節」。在日本殖民時代，韓國以國家主導的方式，與統治國日本進行了各種獨立運動抗爭，而諸如發掘、表彰獨立運動人士等行為，都在國民自我認同的形成與維持上帶來了很大的影響。

雖說如此，當然也不是所有的朝鮮人都願意投身獨立運動，其中也有人放棄獨立，轉而選擇幫助日本的生存之道。韓國將這類人稱為「親日派」，而這詞語的含義有時也會與「賣國賊」相同。

不過，就算同為獨立運動支持者，有時也會因為行動方式，或是因為對光復成功後新建獨立國家的願景不同而產生對立。即是說，雖然許多朝鮮人都嚮往光復與獨立，但對於獨立運動的反應卻也是多樣且複雜的。

本章將以三一運動為中心，著墨於日韓合併後至一九二〇年代間的獨立運動之發展，並將焦點放在與三一運動的爆發有莫大關係的崔南善、李光洙、呂運亨，以及試圖與該運動保持距離的李東輝與尹致昊。本章希望透過此方式，來呈現當時獨立運動的多樣性、複雜性，以及知識分子們內心的糾葛。而在開始之前，筆者想先就三一運動來做概括介紹。

何謂三一運動？

三一運動是一場在日本殖民時代，由朝鮮群眾展開的示威運動；他們手拿由名為崔南善的年輕知識分子起草的獨立宣言書、嘴裡吶喊著「獨立萬歲」的口號。據稱自三月一日開始約兩個月間，朝鮮全境共發生了約一千兩百起的示威活動，參加人數達一百萬人以上，這也是為什麼它會被稱為最大的獨立運動的緣故。

那麼，又是什麼要因，導致了三一運動的爆發？首先能指出的是，日韓合併以來，朝鮮人對日本統治殖民地方式的不滿。作為統治朝鮮機關的朝鮮總督府，長期透過武力方式嚴格限制朝鮮人的言論、集會、結社的自由與教育機會等權利，而正是此種統治方式，導致了民眾的不滿最終在一九一九年三月爆發。

不過，三一運動爆發的原因並不僅此而已，當時的國際情勢也給予此運動巨大影響。

當時，國際剛迎來一九一八年十一月第一次世界大戰的終結，並於一九一九年一月於法國召開巴黎和會。會議上，勝利方包含日本在內的協約國成員，美國總統威爾遜提出的「民族自決」成為會議中的議題之一。雖然當時威爾遜的想法，並未考慮將自決權交予戰勝國的殖民地民族，但朝鮮的獨立運動人士卻希望透過這次會議，讓國際承認朝鮮的獨立。

例如將上海作為活動據點的呂運亨，就成功摸索出讓朝鮮人參加會議的方法，並派遣了代表與會。又像是以在日本留學的朝鮮學生為中心的李光洙等人，在一九一九年二月八日於東京發表了獨立宣言書，希望巴黎和會的自決權議題可適用於朝鮮。在三一運動的同一時期，受英國統治的愛爾蘭與埃及之所以也發生大規模的獨立運動，同樣是因為巴黎和會這一國際背景的緣故。

不過，獨立運動人士裡也有不響應三一運動的人。例如主要在滿洲與俄羅斯等遠東地區活動的李東輝，他很早就看出威爾遜提倡的民族自決並不適用於戰勝國日本的殖民地，於是他將希望寄託在與威爾遜同樣提倡民族自決的列寧身上。在一九一七年發動俄羅斯十月革命，使俄羅斯成為世界史上第一個共產主義國家的列寧，認為所有殖民地民族都應擁有自決權。於是在朝鮮民眾大喊獨立萬歲、展開示威遊行時，李東輝選擇的是尋求列寧等俄羅斯的共產主義者協助，希望透過共產主義運動達成朝鮮獨立的目標。

獨立運動的旁觀者——尹致昊

本章的主角尹致昊亦未參與三一運動。倒不如說，他甚至對三一運動採批評態度。尹致昊出生於一八六五年的朝鮮王朝時代，最終於一九四五年十二月因腦溢血去世。他的人生經歷過朝鮮開國、成為日本保護國、日韓合併、日本統治以及光復，可謂是經歷過整個近代朝鮮的知識分子。在日韓合併前，尹致昊是個為了阻止朝鮮成為殖民地而奮鬥的抗日志士，而在日韓合併後，他卻逐漸從獨立運動抽身，成為一介旁觀者。另一方面，也因為他負有朝鮮的知識分子代表之名，因此如崔南善等與三一運動的相關人士，亦在準備過程中曾找他討論。

從上述幾點，在思考包含日本殖民時期的近代朝鮮歷史時，以及在考察絕不能一概而論的朝鮮運動的多樣性上，尹致昊可以說是不二人選；不過本章置焦點於尹致昊的原因，其實還有一個。

那就是尹致昊同時也是一個會寫日記的人。雖然途中有幾年的中斷，但他的日記自一八八三年持續到了一九四三年。起初他的日記以漢文或朝鮮語寫成，但到了一八八九年十二月後，就轉以英文書寫。他在日記裡嚴厲批判日本統治殖民地的方式，但一方面也赤裸裸地表現出他對獨立運動的不滿。換言之，這日記體現出知識分子對殖民地這一現狀抱有不滿的同時，卻也無法贊同獨立運動的一種糾葛。

以下，本章將以一九一〇年代與一九二〇年代為主軸，首先追溯尹致昊的人生，再談及策劃了三一獨立運動的崔善南、李光洙與呂運亨，最後再檢視朝鮮人裡最早著眼於共產主義的李東輝，以描繪出獨立運動的多樣性、複雜性與知識分子的糾葛。

尹致昊（一八六五—一九四五年）

一、實力養成時期——日韓合併前

最早的近代知識分子

尹致昊會成為朝鮮代表性的知識分子，其實與他的出生時代與家庭環境脫離不了關係。

建立於一三九二年的朝鮮王朝，起初是採取鎖國政策的國家，不過在尹致昊出生的一八六〇年代中期，便開始有美國或法國的商船、戰艦前來要求開國，以及在一八七六年與日本簽訂《日朝修好條約》這一不平等條約後，最終開國。一八八〇年，朝鮮政府派遣金弘集等人作為使節前往日本，命其觀摩經過明治維新之後，移植了西洋文明、推動近代化的日本。次年亦派遣了名為「紳士遊覽團」的視察團，試圖導入近代文明與制度。

尹致昊

尹致昊的父親雄烈，除了是通過高麗時代便有的科舉考試（一八九四年廢止）的官員，也是希望積極引入西方制度與文明，以圖朝鮮近代化的開化派，亦是一八八〇年隨金弘集渡海來到日本的人。在看過日本的狀況後，尹雄烈深刻感受到文明開化的必要性，遂於一八八一年讓兒子致昊作為紳士遊覽團的隨行人員前往日本。接著，留在日本的尹致昊，便開始在中村正直營運的同人社（一種私塾）上課，成為朝鮮最早的日本留學生之一。一八八二年，美國與朝鮮簽訂不平等條約《朝美修好通商條約》，派遣福德（Lucius Harwood Foote）為初任美國駐朝鮮大史。而在日本學會英文的尹致昊，便為擔任其口譯而於一八八三年回到朝鮮。

於是，尹致昊在朝鮮急速推進國際化時，因為有位開化派的父親，及早學習了近代知識，為他鋪好日後走向成為知識分子的道路。

留學美國

一八八五年，尹致昊在福德的斡旋下，進入了中國上海的教會學校——中西書院留學。在留學時加入基督教的尹致昊，後來又在一八八八年為修習神學，前往位於美國納什維爾的范德比大學留學。

在留學時，尹致昊不僅學習神學，也四處參觀了美國這先進國家的文明。後來，就如他在一八八九年十二月七日的日記中提到的：「我至今以朝鮮語寫日記，但目前，單靠朝鮮語詞彙很難把我想說的完整表達出來。」於是在留學美國後，便開始以英文寫日記。

但尹致昊在美國看到的，並非全是美好的事物。特別是在看到白人對中國移民與黑人的種族歧視後，他在一八九〇年五月六日的日記中寫道：

擁有權力（might）的人享受著無法剝奪的權利、正義與成功；但那些沒有權力的人，除了壞事、不公平與失敗外一無所有。從強大的民族／人種對待弱小的民族／人種的方式就能證明這一點。因此我深信，這就是權力的全貌。[1]

這記述雖然直接基於他在美國目擊白人種族歧視中國移民與黑人的行為，但同時也透露著朝鮮被列強強迫簽訂不平等條約的境遇。換言之，他表明了一種決心——若朝鮮想獲得「不可剝奪的權利」，就必須培養實力。[2]

而這種「權力」即「正義」的認知，也逐漸在多個面向影響著尹致昊後來的活動。

獨立協會

一八九五年，在尹致昊時隔約十年回國時，朝鮮的社會狀況並不穩定。該年四月，甲午戰爭以日本勝利告終，親清派退出朝鮮政府，重視對日關係的開化派則擴大了勢力。然而，由於身為最高權力的朝鮮國王高宗，為了牽制開化派及其背後的日本而接近俄羅斯的關係，也使得親俄派崛起，俄羅斯的影響力日益增強。接著在一八九六年，高宗前往俄羅斯公使館執政的「俄館播遷」事件，更導致了親俄政權誕生。

在這種情況下，尹致昊作為獨立協會這一啟蒙團體的領導人，仍不斷試圖培養朝鮮的實力。

獨立協會是一個以啟蒙民眾為目的的組織，由同樣有留美經歷的徐載弼於一八九六年七月創立。獨立協會的口號是「自主獨立」，力求不依賴包括日本和俄羅斯的外國來實現獨立。為了使朝鮮發展成獨立自主的近代國家，他發起啟蒙運動，讓人民產生愛國意識，以及普及西方文明和觀念。此外，協會還出版了《獨立新聞》作為實質性的機關報，這亦是朝鮮第一份僅用朝鮮語寫成的報紙。直至當時為止，朝鮮的知識分子都使用漢文，但為了廣泛啟蒙民眾，也為了使人民對朝鮮的固有文字產生驕傲感，才會決定將報紙上的所有文字都用朝鮮語書寫。

在徐載弼領導獨立協會兩年後的一八九八年，他遭到判刑、流放海外。因為對於試圖透過俄羅斯的幫助實現近代化的高宗與親俄政權來說，打著「自主獨立」旗號的獨立協會實是礙眼的存在。而代替被流放的徐載弼擔起會長一職、率領獨立協會的人，正是尹致昊。

在獨立協會中，尹致昊除了通過「自主獨立」實現近代化，批判腐敗猖獗的官場，一方面也試圖引入君主立憲制。因為他相信每個公民都參與國家的運作，最終才能自力讓朝鮮成為一個強大的國家。然而，高宗於一八九七年十月改國號為大韓帝國，自己也成為初代皇帝，試圖鞏固君主專制的基礎。而尹致昊則在反對高宗君主專制的同時，將美國陸軍出身的亨利・羅伯特（Henry Martyn Robert）所著的議會解說書 *Robert's Rules of Order* 以《議會通用規則》為題翻譯出版，致力於啟蒙大眾。

一八九八年十二月，獨立協會最終仍被高宗強行解散，《獨立報新聞》亦於次年十二月停刊。在這之後，尹致昊在地方當了幾年官員，此時的他也深刻感受到朝鮮近代化有多麼困難。

一九〇三年六月，辭去朝鮮北部官員職務的尹致昊，在七月被任命為朝鮮中部天安郡郡守（郡的長官）之前，他在首都漢城與父親同居了一個月。因為有這麼一位開化派父親的幫助，他成為最早前往日本留學，又經歷留學美國，回國後又以出類拔萃的知識分子之姿領導了獨立協會。然而，正如他在六月十九日的日記所述，與父親住在一起，讓他「感覺非常淒慘」；父親家裡不僅沒有「可以保障個人隱私的房間」，也沒有衛生觀念，是故屋子總是飄著「難聞的氣味」。

不過，讓在美國養成了近代價值觀、擁有隱私與衛生觀念的尹致昊最崩潰的，卻是父親的價值觀。尹雄烈總是利用官員的地位不斷貪汙，並視其為理所當然。沒想到自己的父親，正是自己在獨立協會時所批判的腐敗官員之一。尹致昊深切感到了自己的無力，連眼前的父親都改變不了，那更何況是推動朝鮮的近代化。[3]

淪為保護國的大韓帝國

一九〇四年三月，大韓帝國的外部（相當於外交部）大臣李夏榮任命尹致昊為外部協辦（副部長），成功進入中央政壇。然而，這種晉升卻有著另一層原因。

一九〇四年二月，爆發了劇烈動搖朝鮮命運的日俄戰爭。日本在朝鮮半島取得對俄的勝利後，於同年八月簽訂《第一次日韓協約》，根據該協定，日本政府推薦的人員將受雇於大韓帝國政府擔任財政和外交顧問。由於日本軍隊占領了朝鮮半島，韓國政府只能接受日本的要求。該協議雖由駐韓日本公使林權助與外部大臣李夏榮談判達成，但因李夏榮突然生病，因此最後由尹致昊以外部大臣署理（代理）的方式，成為該協約的署名者。也就是說，李夏榮提拔尹致昊至外部，可能是為了避免自己因為成為《第一次日韓協約》的簽署者，從而被批評為賣國賊[4]。

在日俄戰爭於一九〇五年十一月十七日結束後，大韓帝國根據《第二次日韓協約》，轉讓外交權予日本，成為日本的保護國。第二天，尹致昊在日記中提到，朝鮮成為保護國是「無法避免的結果」。那麼，又是什麼原因讓尹致昊有如此想法？在他十一月二十七日的日記中，對於舉行集會要求撤銷《第二次日韓協約》的朝鮮人是如此敘述的：

只有一個能施行善政的民族才有可能實現獨立——要是這個赤裸裸的事實擺在眼前，他們（參加抗爭集會的朝鮮人）肯定會冷靜下來吧。一國的外交背後沒有強大而賢明的政府，就像是一個沒有靈魂的軀體。就是這單純的原因，讓我明白自己不可能讓朝鮮人相信「只靠小聰明的外交，並無法保障獨立」。無論地位高低，朝鮮人都習慣了攀附（其他人）好意的生活方式，所以他們才會強烈希望其他國家能釋出好意，以維持朝鮮的獨立。

尹致昊對日本絕非毫無不滿，只是對他來說，「力量」才是「正義」，是獲得「不可剝奪的權利」的條件。因此他認為，大韓帝國之所以會成為保護國，問題出在朝鮮民族本身。因為他們既無法擁有一個優秀政府，同時又欠缺「自主獨立」的精神。

日後，尹致昊負起保護國化的責任辭去官職，重新發起自獨立協會以來的啟蒙運動，從事起抗日運動。

愛國啟蒙運動

在大韓帝國因為成為保護國而瀕臨滅亡之際，朝鮮人展開的抵抗運動分為義兵鬥爭與愛國啟蒙運動兩種。

義兵鬥爭是試圖透過武力從日本手上奪回主權的運動，主要由重視朝鮮王朝時代的儒家秩序的儒者領導。至於愛國啟蒙運動，則是旨在通過激起人民的愛國精神、推動近代產業和教育以增強國家實力，最終恢復被奪走的主權的運動。可以說，該運動著重的是對決的準備，而非立即對抗日本。

愛國啟蒙運動由名為「學會」的愛國啟蒙組織領導，其主要活動是通過報刊雜誌積極推廣西方文明，並創辦私立學校實施愛國主義教育。可以說，這場運動繼承了獨立協會的精神，而該運動的核心人物，即是尹致昊。

一九〇六年四月，隨著一名為「大韓自強會」的學會成立，愛國啟蒙運動進入了正式階段。作為該團體會長的尹致昊，目標是培養朝鮮人的「自立」精神，並促進教育和經濟發展。不過在該組織成立後不久的五月六日時，他在日記中寫道：「一旦這個團體為朝鮮人帶來好處，肯定就會受到日本打壓和解散。基於這單純的原因，我認為這個團體無法給朝鮮人帶來多少效果。」

正如尹致昊所料，大韓自強會遭到了日本的打壓。不過在那之後，不僅有許多愛國啟蒙團體相繼成立，為了啟蒙大眾的出版社亦紛紛誕生；其中具代表性的是愛國啟蒙團體新民會，以及出版社新文館。

新民會是尹致昊與安昌浩、李東輝等著名的獨立運動人士於一九〇七年創立的祕密結社，其設立了大成學校等私立學校，以實施愛國主義教育；而大成學校校長即是尹致昊。另一方面，新文館則是由崔南善於一九〇八年成立，為一近代韓國代表的出版社。該社出版的雜誌《少年》，在啟蒙朝鮮大眾上有著舉足輕重的影響。此外，尹致昊與崔南善也會一同在名為青年學友會的啟蒙團體裡行動。

於是，尹致昊以「力量」即是「正義」的立場領導了愛國啟蒙運動，以培育朝鮮人民的力量。不過，大韓帝國最終仍在一九一〇年八月二十九日成為日本的殖民地。遺憾的是，尹致昊的日記從一九〇六年七月三日就一直中斷到一九一五年十二月三十一日，因此我們無從得知他如何看待朝鮮的併吞。即便如此，他「力量」即是「正義」的立場，正逐漸將他推向與抗日不同的方向。

二、轉向宣言——武斷政治時期

武斷政治

日韓合併之後，日本設置朝鮮總督府作為統治朝鮮的機關，初代總督為之後的第十八代內閣總理大臣寺內正毅，其實行的政策被人們稱為「武斷政治」，是種相當嚴厲的統治政策。

武斷政治的主軸在於設置憲兵警察制度與剝奪朝鮮人的各項權利，將維持治安作為最優先事項。憲兵警察制度規定，原本只做軍事警察的憲兵也能執行普通警察業務，因此憲兵的業務除了獨立運動外，也能取締日常犯罪。隨著取締體制的強化，朝鮮人的言論、集會、結社的自由也受到大幅限制。

朝鮮總督府強制性的廢止、解散日韓合併前就存在的朝鮮出版品與政治結社，對於新出版品的發行或團體設立，也只承認一部分的例外狀況，同時也禁止大量人群的聚集。

在這樣的武斷政治環境下，獨立運動幾乎無法推行。這是因為，想如保護國時期般與日本進行義兵鬥爭，在憲兵的嚴格監視下，連收集武器都是難事；即便想如愛國啟蒙運動般養成對抗日本的力量，也無法創立推動運動的團體及發行啟蒙大眾的出版物。

如此這般，朝鮮總督府在預先掐斷了獨立運動的發生後，也開始對付自保護國時期主導著抗日運動的獨立運動人士。

一〇五人事件

為了防止獨立運動發生、維持朝鮮治安，朝鮮總督府對祕密結社新民會與基督教相關人士最為警戒。

如同先前所述，新民會是主導愛國啟蒙運動，且網羅了主要的抗日運動人士的團體。又因其屬性是祕密結社，因此即使限制了結社自由，新民會也能在地下活動。另一方面，總督府之所以對朝鮮基督徒有所警惕，是因為在朝鮮活動的美國傳教士裡，有不少同情朝鮮人的人，有些朝鮮人就是因為獲得其支援才得以進行抗日運動。例如一九〇三年，美國傳教士吉列在漢城設立的皇城ＹＭＣＡ（現為首爾ＹＭＣＡ），就不僅是基督教設施，也同時是保護國時期的抗日運動根據地之一，裡頭許多成員也像尹致昊一樣是基督教的新民會相關人士。

後來，朝鮮總督府試圖利用「一〇五人事件」掃蕩與新民會和基督教有關的人。該事件的起因是寺內總督於一九一〇年十二月視察朝鮮半島北部時，一群朝鮮人被指控謀劃暗殺寺內而被捕。從被捕的朝鮮人身上問出計畫與新民會有關的警察，又取締了約七百人，他們主要是新民會相關人士與基督徒。儘管沒有物證，仍有一二三人被檢察官起訴，包含尹致昊在內的一〇五人於一九一二年九月一審被判有罪。

最終在一九一三年的二審共宣判六人有罪，其中尹致昊被判六年徒刑。據說起初尹致昊否認自己與事件有關，是在檢察官的暴力逼供下才自白；而在被逮捕之前，他也似乎繼續寫著日記，但後來也因為事件的牽扯而遭當局沒收。尹致昊的日記從一九〇六年七月三日起遺失了九年半的分量，其中在他被逮捕前的部分可能就是未被當局歸還。[5]

無論如何，一〇五人事件是朝鮮總督府為了掃蕩新民會和抗日基督徒的抹黑行為。雖然被捕的約七百人中，實際上只有六人被判有罪，但這已足以向朝鮮人展示朝鮮總督府的權力了。獨立運動人士意識到在朝鮮半島發動獨立運動是不可能的，因此他們前往海外尋找新天地，例如李東輝到了俄羅斯和滿洲、安昌浩到了美國從事獨立運動；至於尹致昊，則決定留在韓國，退出獨立運動。

改變立場

尹致昊雖然被判處六年徒刑，但後來於一九一五年二月十三日與其他五名受刑人一同獲得天皇特赦而被釋放。同月十六日，朝鮮總督府的朝鮮語官方報紙《每日申報》報導，稱這次釋放是「前所未有的恩典」，尹致昊等六人「回生天堂」等，為朝鮮總督府的慷慨大做宣傳。

三月十三日，也就是出獄一個月後，尹致昊訪問了出版《每日申報》的京城日報社，並會見了社長阿部充家。據次日報導稱，當時尹致昊彷彿是為了回應朝鮮總督府的「慷慨」，表示：「原先我打從心底憎恨日本人」，但「在監獄裡，我終於意識到是自己不僅沒能理解日本和日本人，而且還對其存在著各式各樣的誤會。兩三年來的監獄生活為我帶來了光明。」之後更於《每日申報》做了以下的轉向宣言：

> 我等朝鮮民族必須時刻相信日本，不僅要相信，還要不斷努力，直到我們之間沒有任何區別。首先，我想在各領域向友人簡單說明我的感動。今後，我打算與各位日本有志紳士交往，盡全力為日鮮民族的幸福等兩民族同化的計畫努力。

當然，這則轉向宣言不一定全出自尹致昊的真心，但他後來確實不再參與獨立運動。如同其宣言，他為了日本人與朝鮮人之間「沒有區別」努力，開始積極與朝鮮總督府的關係人士等日本人交流。然而，為什麼他會停止獨立運動，選擇幫助朝鮮總督府的「日鮮兩民族同化計畫」？

首先能指出的是當局的監視和壓力。一九一六年一月一日，尹致昊重新開始寫日記，但在二月五日的日記裡卻描述他對前來拜農曆年的《每日申報》的朝鮮記者說：「你是記者還是間諜？」讓人感覺到他對自己被監控一事感到不安。次月四日，寺內總督召見他，要求他「努力促進朝鮮人和日本人間的相互理解」。於是，尹致昊於一九一六年四月就任朝鮮中央ＹＭＣＡ（皇城ＹＭＣＡ一九一三年更名）的總務，這也是應寺內總督的要求。[6] 如前所述，皇城ＹＭＣＡ是保護國時期的抗日運動根據地之一，因此朝鮮總督府試圖透過宣言轉向的尹致昊來擔任其總務，以控制該組織。

如上所述，出獄後的尹致昊只能在當局的監視和壓力下行事。不過，他原先肯定也有其他辦法，就像過去在新民會一起活動的安昌浩和李東輝一樣，逃到不像朝鮮半島那樣受到當局監視的外國，擺脫這樣的枷鎖，進而在那裡從事獨立運動。儘管如此，尹致昊仍留在朝鮮，是因為他本人判斷，與獨立運動相比，朝鮮人民更需要的是與朝鮮總督府合作。

一九一九年三月，在三一獨立運動爆發後，尹致昊這樣的立場變得更加鮮明。

三、批評三一運動

海外的獨立運動

如同先前所述，獨立運動很難在朝鮮半島推動，因此一九一〇年代的獨立運動主要都發生在海外，三一獨立運動的準備亦同樣是由海外的獨立運動人士進行。

在海外進行的獨立運動方式主要有兩派——獨立戰爭論及實力養成論。

獨立戰爭論希望藉由義兵組織或購買武器，透過武力方式打倒日本，李東輝是該派的代表人物。在一〇五人事件後逃亡海外的李東輝，在與朝鮮半島相近的俄羅斯遠東地區及滿洲嘗試建立武裝團體，但進展不甚順利。

另一方面，實力養成論的目標雖然也是將來脫離日本獨立，但更致力於培養朝鮮人自身的力量，屬於尹致昊等人領導過的愛國啟蒙運動的延續，也稱「先實力養成後獨立論」。一九一三年，安昌浩於美國舊金山組織了一個名為「興士團」的訓練團體；而在中國上海，愛國啟蒙運動領導者之一的朴殷植，也在一九一二年組織了一個名為「同濟社」的啟蒙團體。

此外，在日本教育機構留學的朝鮮學生，也在以實力養成論為基礎的運動中發揮了重要作用。李光洙等早稻田大學的留學生，在念書期間於東京出版了朝鮮語雜誌，雜誌上會介紹實力養成所需的最新思想；特別是一九一四年由留學生發行的《學之光》還流入了受到言論自由限制的朝鮮內，吸引了讀者。

尋求民族自決

如此，在海外的獨立運動基本上都以實力養成論為主。反過來說，這也代表了多數人認為短期內不可能實現獨立，只有實力養成這條路。然而，隨著美國總統威爾遜在一九一八年一月的「十四點和平原則」及二月的「四原則」演說中提倡民族自決、第一次世界大戰也在十一月結束後，情況便有了很大的變化。獨立運動人士認為，以民族自決為議題的巴黎和會是個千載難逢的機會，於是開始呼籲國際社會將自決權也適用到朝鮮民族上。

在美國，一次大戰結束後，李承晚[7]就致信威爾遜，請求他支持朝鮮獨立，還試圖前往法國參加巴黎和會，不過因日本政府的妨礙而未能成行。

相反地，在上海活動的呂運亨則成功派員到巴黎。戰爭結束後的十一月底，當威爾遜的使者柯蘭（Charles Richard Crane）抵達上海鼓勵中國參加巴黎和會時，呂運亨便立即與他接觸，表達了朝鮮也想派代表前往巴黎的想法。在得到柯蘭的答覆後，呂運亨找到了自早稻田大學畢業後就來到上海的張德秀等人協議辦法，最終他們組建了新韓青年黨，並以代表該黨的形式派遣金奎植前往巴黎。

當東京的朝鮮留學生得知了同胞在美國和上海的行動後，他們也開始準備獨立宣言，以求在巴黎和會上爭取獨立。既曾是早稻田留學生又是名作家的李光洙起草了獨立宣言書，一九一九年二月八日由留學生們在東京發表，要求巴黎和會給予朝鮮民族自決權（二八獨立宣言）。

受美國、上海、東京獨立運動的啟發，朝鮮半島內的天道教[8]、基督教、佛教的三十三位宗教領袖也開始準備獨立宣言（後稱「民族代表三十三人」）。在武斷政治嚴格言論控制下，依然透過新文館發行《青春》等朝鮮語雜誌的崔南善起草了《獨立宣言》，並在民族代表三十三人在宣言上署名後，向朝鮮全境分發了二萬多份。隨後在三月一日，手持宣言的民眾開始示威遊行，持續了兩個月左右的三一獨立運動正式爆發。

三月十三日，正值三一獨立運動發展得如火如荼之際，肩負朝鮮人民的期望、被派往和平會議的金奎植抵達了巴黎。但因為金奎植身為沒有主權的殖民地民族，除了沒有被允許參加巴黎和會，會議上也沒有討論到朝鮮獨立問題。打從一開始，以美國為首的協約國集團就沒有讓朝鮮獨立的意圖。

冷靜分析國際情勢

而在三一獨立運動的發展過程中，尹致昊是如何看待，又是如何回應的？

一九一九年一月十八日的日記中，提到了他在明治大學的留學經歷，並記載了他與私立中央學校

（當時等同日本的中學，後於一九二一年改名為中央高等普通學校）校長宋鎮禹的對話。宋鎮禹期待地認為朝鮮應該會得到自決權，否則美國大概會和日本宣戰。而對於他的期待，尹致昊給予了否定：

> 我不相信朝鮮會出現在巴黎和會會議的議題上。不會有一個列強會冒著激怒日本的風險去插手朝鮮問題。至於美國為了迫使日本承認朝鮮獨立而與日本開戰這種事，更是無法想像。

與宋鎮禹的樂觀看法相反，實際上，威爾遜並不打算給予所有殖民地人民民族自決權，他針對的是德國、奧地利等戰敗國（同盟國）的殖民地。因此，美國當時並沒有放棄其殖民地菲律賓，也沒有插手英國殖民地愛爾蘭。由於日本同屬協約國方並成為戰勝國，因此巴黎和會上幾乎不可能會討論到朝鮮問題。

冷靜分析了當下國際情勢的尹致昊，完全不把民族自決的概念託付在美國身上，而這也是他不支持三一獨立運動的一個原因。

朝鮮民族的實力

尹致昊對三一獨立運動持否定態度的原因還有一個。一九一九年一月二十八日，尹致昊面會了崔南善，並被崔南善「說服前往歐洲旅行」。根據他第二天的日記所述，有一定數量的朝鮮人像崔南善一樣認為「要想朝鮮獨立，就必須向巴黎和會表達朝鮮人對日本統治的不滿」。

對於這樣的想法，尹致昊則大罵「傻子（Fools）！」並如此說明：

> 歷史上，沒有一個民族不經過鬥爭就獲得政治上的獨立。在朝鮮人有能力戰鬥之前，再怎麼討論獨立，都是白費力氣。我們不知道如何成為強者，那就只能學習如何以一個弱者生存下去。

對於尹致昊來說，獨立不是被給予的，而是經過鬥爭贏來的。但是朝鮮人沒有贏得獨立的實力，所以他主張，在討論如何向巴黎和會投訴、試圖透過他人的力量達到獨立之前，應該先思考身為「弱者」的朝鮮人如何在「強者」日本的統治下生存。

尹致昊這樣的立場也清楚體現在他對捷克斯洛伐克與印度的認知中。首先，他在一九一九年十二月二十日的日記裡，探討了捷克人與斯洛伐克人能在一九一八年從奧匈帝國獨立為捷克斯洛伐克的主要原因。他認為，捷克人與斯洛伐克人除了利用了第一次世界大戰這一絕佳的機會，本身也具有充分的知識水準，已做好設立「有能力的自治政府」的準備，這點跟朝鮮人完全不同。也就是說，捷克人、斯洛伐克人之所以成功獨立，並非不斷依賴提倡民族自決的協約國，而是具備了靠自己營運獨立國家的實力。

另一方面，對於印度在第一次世界大戰時，透過積極協助其統治國（英國），成功提升印度在大英帝國內的地位的做法，尹致昊在一九一九年一月十六日的日記亦給予了高度評價：「要是印度人當時進行的是反英運動，他們此時的狀況肯定很慘。」並且主張朝鮮人也要像印度一樣，「首先應該博得日本人的好意」。

如上所述，尹致昊認為朝鮮民族並不具有贏得獨立、經營獨立國家的實力。不過，除了未來看不到獨立，朝鮮人也受到統治國日本的民族歧視，苦於沒有言論等自由。因此他認為比起獨立運動，更重要的是先博得「日本的好意」，來提升身為「弱者」的朝鮮人地位。

基於他對國際情勢的分析與朝鮮人能力不足的認知，尹致昊才會不贊同三一獨立運動。

表明立場

三月一日，尹致昊在朝鮮中央YMCA看著窗外不顧危險、高喊「萬歲」的群眾，雖然眼裡帶著淚水，但也鎖上了辦公室的門，避免被運動波及。

到了隔天，尹致昊在《大阪每日新聞》的採訪中，表明了他對三一運動的立場。採訪裡，他表達了自己不期待巴黎和會將探討朝鮮問題、朝鮮人即使獲得獨立也未準備好透過獨立獲得好處，以及弱小的民族若想在強大的民族底下生存，為了保全自身，最好的方式就是博取強者的好意。因此他反對三一獨立運動，理由是群眾的這種「愚蠢的」示威行為，只會讓朝鮮總督府的武斷政治延長。接著在三月六日由朝鮮總督府的日語官方新聞《京城日報》進行的採訪中，他也陳述了同樣的看法。

尹致昊會在採訪中明確反對三一獨立運動，是因為他在出獄後就受到朝鮮總督府的監視與壓力，才不得不這麼做。這點在他的三月六日的日記中也有提到：「要是我的陳述裡帶有模糊地帶，當局馬上就會向我投來強烈懷疑的目光。」不過，他在採訪裡表達的內容，本身就與他從三月一日之前寫的日記內容一致。也就是說，這毫無疑問是他的真心話。

對政策的不滿與交涉

尹致昊的採訪除了登載在三月七日的《京城日報》，也被翻譯成朝鮮語出現在隔天的《每日申報》上，讓許多朝鮮人看見。他也因此被當作是收了日本人的報酬，受到部分運動人士的暴力脅迫。

尹致昊的採訪是他的真話，也是他思考後做出的決斷。不過，公然批評三一獨立運動這件事，他的心裡並非是毫無糾葛的。例如他在三月九日的日記中，就對拒絕了參加示威邀約一事吐露了愁苦真情：「面對同胞的痛苦，我心如刀割。但即使我如何絞盡腦汁，也不知道該如何幫助他們。」同時在這個時期，身為基督徒的他也欽佩起知名的無教會主義派人士——內村鑑三。或許是因為在受到許多朝鮮人憎惡、又遭朝鮮總督府提防的尹致昊眼裡，因為不敬事件而失去教師一職、後來又遭教會開除的內村，有一種同是天涯淪落人的感覺。

而站在這種立場上的尹致昊，也讓基督教成為了他的靠山。他隸屬於基督教美以美會，其二十五條教義中，規定到「教徒有服從國家的統治權威……的義務」，同時《新約聖經．羅馬書》第十三章也有同樣的概念：「在上有權柄的，人人當順服他……凡掌權的都是神所命的。」這樣的基督教教義，為他的「應試圖博取日本好意而非反抗」這種當時許多朝鮮人難以理解的主張，賦予了一個正當性。[9]

雖說如此，尹致昊也不是完全順從日本的統治。例如一九一九年五月一日的日記就記載了他對朝鮮總督府政策的不滿：

（因朝鮮總督府的獎勵）因而大量移居朝鮮的日本人，開始在所有官職上排擠朝鮮人，且控制其出版與言論自由——此種官僚主義風格的蒙騙，別有用心的措施，都是令朝鮮人相信日本人要的只是對朝鮮的專制，而非與朝鮮人共治的主要原因。……賢明朝鮮人應該起而改善日本人這種令人髮指的做法，並推行能引起朝鮮人共鳴的措施。

日本人的移居使朝鮮人失去土地，想當官時也有限制，且連言論自由都幾乎受到限制。朝鮮總督府此種對朝鮮人的歧視政策，一直被尹致昊認為是大問題。而為了改善此狀況，他利用了三一獨立運動。包括朝鮮總督府的相關人士，出獄後的尹致昊頻繁地與日本人見面，自從三月一日之後，愈來愈多人徵求他對運動的看法。每當他去見日本人時，就會指出三一運動發生的主因與朝鮮人對朝鮮總督府政策的不滿脫離不了關係，並提出改善方案。

例如在三月十二日，他對朝鮮高等法院院長渡邊暢提出，朝鮮總督府應設法讓朝鮮人能以書面提出自己對政策的不滿；又例如在四月十八日，他去見了朝鮮軍司令宇都宮太郎，向他提出朝鮮有必要設置一個讓朝鮮人表達不滿和訴求的機關；五月一日，他則向朝鮮總督府的內務部長官宇佐美勝夫呼籲，朝鮮總督府除了有必要幫因為示威活動被捕的朝鮮人減刑，還需要建立一個可以讓朝鮮人表明對總督府政策不滿的機制。

就這樣，尹致昊為了改善朝鮮人所處的民族歧視環境，在三一運動的背後利用了身為朝鮮總督府協助者的地位，積極地與日本人見面，孤獨地奮鬥著。

四、承認實力不足——文化政治期

文化政治的起始及批判

在目睹三一獨立運動後，日本開始思考單靠武力或許很難統治朝鮮人。到了一九一九年八月，齋藤實就任新總督後，朝鮮總督府的統治政策，便從武斷政治轉換成「文化政治」，並施行到一九三一年的九一八事變爆發為止[10]。

文化政治的目的主要有二。一是緩解朝鮮人對統治的不滿，阻止大規模的獨立運動發生。為此，朝鮮總督府縮小了朝鮮人與日本人在制度上的差距，並給予朝鮮人某程度上的言論、結社、集會自由。雖然嚴格的檢閱制度仍舊存在，但坊間開始出現了大量的朝鮮語報紙、雜誌或各式團體。第二個目的則是朝鮮人的同化（日本人化），該政策使朝鮮人的學校中減少了朝鮮語科目的時間，並同時增加了日文科目的時間。

另一方面，象徵武斷政治政策的憲兵警察制度也於此時宣告廢止。不過警察的人數仍然增多，一九二五年也施行了《治安維持法》，顯示當局對獨立運動的警戒與壓迫並未有緩和之勢。

雖然在轉換到文化政治的轉換過程上，民族差別待遇的狀況確實多少獲得改善，但尹致昊還是有不服之處。當時仍有日本人受到朝鮮總督府與東洋拓殖株式會社支援而移居朝鮮，使朝鮮人被迫離開自己的土地。面對這樣狀況，尹致昊於一九二〇年一月二日的日記中表達了他的憤怒：「一面說要對日本人與朝鮮人一視同仁，一面又剝奪朝鮮人的生活基礎，這種政策無非是日本人卑劣而惡毒的一種犯罪。」

在一九二〇年八月一日，也就是齋藤就任總督約一年後，尹致昊亦於日記中提出了對文化政治的疑問：「為了給日本農民空出土地，被趕去滿洲的數百個朝鮮人家庭正在面臨貧困與死亡……改革究竟在哪？」

如上所述，雖然部分的民族差別待遇問題在文化政治下消除，但朝鮮人的生存權受到威脅的狀況仍未改變，這是尹致昊所重視的問題。也因此，雖然文化政治時期的他仍與日本人持續交流，卻未積極幫助推動朝鮮總督府的統治政策[11]。不過他也並未參與在文化政治下活化的民族運動或獨立運動中。

獨立運動分裂

三一獨立運動之後的獨立運動與一九一〇年代不同的地方，在於不僅海外，朝鮮半島內也有展開，儘管形式偏於保守。在朝鮮總督府承認某程度的言論、結社、集會自由下，獨立運動人士或是創立了各種團體，或是發行了報紙與雜誌。

首先在一九二〇年四月，由朝鮮人經營的朝鮮語報紙《東亞日報》創刊。該報除了新聞報導外，還會介紹最新的思想與理論，致力於啟蒙大眾。同時亦積極報導愛爾蘭獨立戰爭，激發民眾的獨立意識，但此舉受到朝鮮總督府的警戒，故也時常遭到停刊處分。而作為主筆、引導著《東亞日報》的人，即是張德秀、金明植等在一九一〇年代留學過日本，並且與二八獨立宣言、三一獨立運動有關的獨立運動人士。

除了《東亞日報》，同樣由朝鮮人經營、作為其競爭者的《朝鮮日報》亦於一九二〇年三月創刊，綜合雜誌《開闢》等雜誌也相繼創刊；團體方面亦有如青年團體或思想團體等團體創立，並開始有以民眾為對象的演講出現。

雖然有所限制，但在言論、結社、集會自由受到認可後，在以前的朝鮮不可能實現的運動——基於實力養成論的民族運動——便以《東亞日報》為主導，合法推行開來。這類民族運動不將獨立視為直接目標，因此難以將其視為獨立運動。但因為它的目標是實現未來的獨立，並為其培養力量，故廣義上仍應屬於獨立運動。

另一方面，過去在三一獨立運動發生前，向美國等外國尋求幫助的外交活動，在此時仍在海外持續。一九一九年四月十一日，於上海成立的大韓民國臨時政府即為其窗口。該團體囊括了李承晚、朴殷植、呂運亨等在海外主導運動的獨立運動人士，他們向世界各國要求承認其為代表朝鮮的政府，最終未獲得任一國家的正式承認。一九二一年，得知美國將召開華盛頓會議時，該政府也曾敦促該會議討論朝鮮的獨立問題。

進入一九二〇年代，除了此類實力養成論與外交活動，共產主義運動異軍突起。在俄羅斯革命後，俄羅斯於一九一九年在莫斯科創立共產國際（Communist International）以作為發動世界規模的共產主義革命的指導機關，過去曾在新民會與尹致昊一同活動的李東輝，便在共產國際及俄羅斯的支援下，於一九二一年上海創立高麗共產黨。除了這類發生於海外的共產主義運動的影響，進入一九二〇年代後，朝鮮的勞動問題等開始顯現，再加上共產主義思想的流行，共產主義運動便逐漸成長為朝鮮總督府最為戒備的獨立運動主要勢力。

不過，就如同現今朝鮮半島分為南、北韓所呈現的，這個態勢同時也是獨立運動逐漸分裂成兩派的過程——也就是將來在實現光復後，目標是建設資本主義國家的右派，以及建設共產主義國家的左派。

尹致昊的實力養成論

包括共產主義運動在內，尹致昊並未參與各種獨立運動。究其原因，是他認為朝鮮人還未擁有贏得獨立的力量。這點在他一九二〇年十一月十四日的日記中就有提及：「若是弱小的民族想實現政治獨立，以下兩條件缺一不可。第一，該民族具備知識、財富與公共精神。第二，則是機會。」

因此，當大韓民國臨時政府在一九二一年九月二十七日邀請他提供派遣朝鮮代表前往華盛頓會議所需的資金援助，以及希望他擔任代表前往該會議時，他也立即以「與巴黎和會一樣，不會有國家逼迫日本放棄朝鮮」為由，拒絕給予幫助。同時他也主張：「如果說參加華盛頓會議，可以讓我為朝鮮人帶來某些幫助，那麼我留在朝鮮、為青年們的教育事業提供些資助，還能為朝鮮人做出更多貢獻。」

如同他所主張的，文化政治時期的尹致昊大部分時間都是一個教育家，於一九二二年到一九二五年間，更是私立松都高等普通學校的校長。且為了改善他始終強調的朝鮮人生存權問題，他也參與了孤兒院的經營[12]。

尹致昊的理論是「弱小民族的政治獨立」所須具備的「知性」與「公共精神」應透過教育來養成，這點與實力養成論是相同的。如同先前所述，文化政治時期的民族運動是基於實力養成論，並以《東亞日報》的領導者們為中心展開。不過兩者之間的決定性差別，就在於「反日意識」。

根據他一九二三年十一月四日的日記所述，《東亞日報》之所以能取得商業上的成功，在於其擁有明確的「反日態度」（anti-Japanese attitude）。不過在一九二一年二月十八日的日記，他則如此提到：

朝鮮人追求獨立，但日本不可能讓其實現。……不過，有一件事很清楚。那就是我們必須不斷學習。學習整潔、勤奮、效率、團結、服從、等待；學習自由雖好，但獲得自由後也會有再也得不到的事物。……憎恨是惡，因為當我們開始憎恨日本人，就會不再學習。

乍看之下，《東亞日報》的領導者也與尹致昊一樣推動著基於實力養成論的運動，但尹致昊是在承認朝鮮為殖民地的事實上，認為從中學習也很重要，而未與含有「反日」元素的運動站在一起。尹致昊並非完全不考慮將來如何獨立[13]，對文化政治也有所不滿。即便如此也需要向日本學習，足以顯示他認為朝鮮人的力量嚴重不足到何種程度。只不過，因為他視「憎恨為惡」，才會與獨立運動，以及帶有「反日態度」的實力養成取向的民族運動保持距離。

五、弱者的生存之道——戰爭時期

最後，本章將就尹致昊之後的人生做一個簡述。一九三七年，當中日戰爭爆發後，他開始正式協助朝鮮總督府的政策。

於一九三六年就任朝鮮總督的南次郎為了動員朝鮮人加入戰爭，打出「內鮮一體」口號，推動了「創氏改名」等一連串的皇民化政策。尹致昊時任國民精神總動員朝鮮聯盟的理事一職，協助皇民化政策與戰爭動員，一九四五年四月更被任命為帝國議會貴族院的朝鮮敕選議員。

尹致昊之所以幫助皇民化政策，除了因為朝鮮總督府對他施加的壓力遠超出了過去的程度，還有其他原因。

一九三九年三月三日，尹致昊會見南次郎，催逼其給予朝鮮人參政權。當日日記裡，他對南次郎「消除對朝鮮人的差別待遇，為實現內鮮一體的理想努力」的作法表達了感謝之意。即是說，他將打著「內鮮一體」旗號的皇民化政策，看作是一次消除差別待遇、讓朝鮮人獲得與日本人同樣權利的機會。[14]

如此看待「內鮮一體」的人並非只有尹致昊一人。當時，「朝鮮無法獨立」的思維已然傳播開來，有愈來愈多的知識分子改將目標放在獲得與日本人同等的權利。面對「內鮮一體」，知識分子的作法分成兩派。一是自我否定朝鮮人的民族性，讓身心完全成為日本人，以達到消弭民族差別待遇的目的；二是維持原先的民族性，並協助日本作戰，期待將來日本給予朝鮮人與日本人同等的權利。就這兩者來說，尹致昊的立場較接近後者。

一九四〇年五月一日，尹致昊與南次郎面談，當天的日記以朝鮮人對創氏改名的反對意見為開場，並問道：「朝鮮的姓名已經傳了數個世紀，為什麼維持姓金或姓李，就不能是忠良的日本國民？」其實尹致昊也對創氏改名政策有所牴觸，但最後還是將尹姓改為「伊東」。他在五月二日的日記中，提到這是因為「朝鮮民族被日本民族統合才是最好的」，但一方面又提到，若他對朝鮮總督府採取不配合的態度，「他的孩子們將會被列入黑名單」，為了避免禍及家族，才選擇了接受，吐露出他的決定充滿了苦衷。也就是說，他在期待民族差別待遇消失的同時，又見到了朝鮮總督府所展現出的「權力」，才服從了創氏改名。

在青年時期留學美國之後，便將「力量」即「正義」作為信條的尹致昊，是個活在弱肉強食世界的知識分子。在日韓合併之前，為了對抗身為「強者」的日本，他試圖培養身為「弱者」的朝鮮的實力。但在日韓合併──特別是一〇五人事件過後，他對朝鮮身為「弱者」的事實有更加深刻的體會，從而開始重視「如何以弱者的身分生存下去」，而非「如何成為強者」。

過去，尹致昊為了消除民族差別待遇，認為「朝鮮人必須博取日本人的好意」而批判三一獨立運動。後來，戰爭動員成了博取「日本人好意」的最大機會。戰爭時期，雖然他正式協助朝鮮總督府的政策，但也同時貫徹了他「如何以弱者的身分生存下去」的立場。一九四五年六月，尹致昊擔任朝鮮言論報國會的顧問、持續協助日本作戰，而在朝鮮於同年八月光復後，他轉瞬成了民族的反叛者，被社會抨擊。但即使身處這種狀況，他也不為自身至今的行動感到後悔，最終於同年十二月因腦溢血去世。

李光洙（一八九二─約一九五〇年）

李光洙除了是被譽為朝鮮近代文學之祖的作家，同時也是起草一九一九年二八獨立宣言的獨立運動人士。另一方面，因戰時積極協助日本的統治政策，光復後的韓國亦將他定位為「親日派」。雖然李光洙幾乎不曾與尹致昊共同行動過，但包括戰時的親日行為，兩者的思考迴路有許多共通之處。

幼少時期，失去雙親的李光洙是東學的傳令。日俄戰爭後的一九〇五年，十三歲的李光洙靠著東學的資金，第一次前往日本留學。一九一〇年三月，自明治學院普通學部畢業後，他回到了大韓帝國，進入了五山學校，也就是當時民族主義教育的根據地擔任教師。在他成為教師後沒多久，同年八月就因日韓合併而失去國家，深刻體會到朝鮮人必須擁有超越日本人的「力量」。

一九一三年底，李光洙辭去教師一職前往上海。接著經由俄羅斯遠東地區的海參崴，於一九一四年五月開始在東西伯利亞的赤塔，擔任《大韓人正教報》的編輯者。該報由朝鮮語寫成，是「大韓人國民會西伯利亞地方總會」的機關報，該團體主要組成為居住於赤塔的朝鮮人。由於當時俄羅斯容許留俄朝鮮人進行民族運動，因此該報得以發行。李光洙在《大韓人正教報》發表了主張獨立的文章，但在同年七月爆發第一次世界大戰後，日本與俄羅斯以協約國陣營參戰，成了同為對抗德意志的同盟國。此時俄羅斯為顧及日本，開始取締留俄朝鮮人的民族運動，於是《大韓人正教報》遭停刊處分，李光洙亦被流放國外。

一九一五年，李光洙時隔五年，再次回到日本留學，進入了早稻田大學。在學時期，他不僅向留學生雜誌《學之光》投稿，也擔任過其編輯。後於一九一七年在《每日申報》上連載的小說《無情》風靡一時，始以作家聞名。

一九一八年，未畢業的他前往了北京，並在第一次世界大戰結束後再度回到日本，起草二八獨立宣言的宣言書。宣言書內容主要在呼籲巴黎和會，要求給予朝鮮民族自決權。同時也有紀錄指出，他對於推翻了過去將自己流放的帝制俄羅斯、也同樣主張民族自決的列寧所領導的布爾什維克[15]，給予了「努力建設基於正義、自由、博愛的新國家」的高度評價。二月八日之前前往上海的李光洙，除了加入大韓民國臨時政府，亦擔任過機關報《獨立新聞》的編輯。

直至三一運動爆發後不久，李光洙不僅是個聞名的作家，也是擁有亮眼功績的獨立運動人士。但在一九二〇年代之後，他身上的獨立運動人士色彩，便逐漸褪去。

一九二一年，李光洙回到朝鮮，接著在次年於《開闢》上發表〈民族改造論〉。該文章認為朝鮮衰退與墮落的原因出自朝鮮人民本身的民族性，主張與其討論如何政治獨立，應先培養朝鮮人民的品格及改造民族性。李光洙之所以如此認為，除了像是在巴黎和會向他國請願獨立時感受到了外交活動上的極限之外，政治獨立本身也需要相應的實力。基於與尹致昊類似的想法，李光洙在獲得朝鮮總督齋藤實的許可後，於一九二二年組織了名為修養同盟會（一九二六年改稱修養同友會）的修養團體。

中日戰爭爆發前夕的一九三七年六月，李光洙等修養同友會的會員因主張朝鮮獨立，而被以違反《治安維持法》逮捕（即修養同友會事件）。這與一〇五人事件一樣，是當局為了消滅獨立運動人士與民族主義者的抹黑行為，逼得李光洙在一九三八年只能選擇轉換立場。此後，李光洙積極協助日本，被認為是因為他與尹致昊同樣在「內鮮一體」中看到了消除民族差別待遇的可能性。朝鮮光復後的一九四九年，李光洙遭韓國根據《反民族行為處罰法》逮捕。被捕時，他辯稱自己的親日行為都是為了民族，雖然之後獲不起訴處分，但在一九五〇年爆發韓戰時，李光洙遭擄至朝鮮民主主義人民共和國，消息不明，卒年不詳。

李東輝（一八七三—一九三五年）

軍人出身的武鬥派獨立運動人士，亦是朝鮮共產主義運動先驅者。

李東輝的職業生涯自軍人開始。一八九五年左右，他進入士官養成所，畢業後於陸軍服務。在一九〇五年大韓帝國成為日本保護國後，遂辭去軍職，投入愛國啟蒙運動。一九〇六年，除創立大韓自強會，亦於次年創立的新民會中擔任幹部，以核心人物地位領導著愛國啟蒙運動。

日韓合併後，李東輝因一九一一年的一〇五人事件被捕，流放至仁川的舞衣島一年。次年釋放後，他經由滿洲來到海參崴，自一九一三年起加入當地勸業會的行動。

勸業會是獲俄羅斯當局許可，於一九一一年由居住在海參崴的朝鮮人創立的啟蒙團體。一九一二年開始發行朝鮮語的機關報《勸業新聞》，上頭登載的文章，多數為激發留俄朝鮮人的民族意識。此屬朝鮮半島無法進行的言論活動，故在一〇五人事件後，大量如李東輝的獨立運動人士皆加入了勸業會。此外，新民會的相關人士申采浩亦是《勸業新聞》的主筆。

到了一九一四年，勸業會除了過去的啟蒙活動之外，還著手準備發動獨立戰爭。在日俄戰爭開戰十週年的當時，留俄朝鮮人之間流傳著俄羅斯將對日本發起復仇戰爭的消息。這讓他們認為，要是能與俄羅斯共同攻擊日本，便有可能恢復獨立。而基於該預測，推動朝鮮人義兵組織化的核心人物，正是李東輝。然而，這樣的預測終究太過理想，不僅俄羅斯與日本並未再戰，更因為同年七月第一次世界大戰的爆發，結為一同對抗德意志的同盟關係。後來，俄羅斯因日本的要求解散了勸業會，並流放李東輝至國外。

被驅逐出俄羅斯的李東輝來到了滿洲，並在這裡摸索組織化武裝團體的方法，但始終沒有亮眼的結果。在這過程中，一九一七年三月俄羅斯發生二月革命[16]，在帝政俄羅斯崩壞的同時，臨時政府隨之創立。李東輝認為這是個大好機會，於是在隔月又從滿洲回到海參崴，不過因為俄羅斯臨時政府仍與日本維持著同盟關係，顧慮到日本的臨時政府，遂將他以德意志間諜的嫌疑逮捕。然而，情況在俄羅斯爆發十月革命後，又有了天翻地覆的變化。

與美國總統威爾遜不同，藉由十月革命掌握了權力的布爾什維克，提倡所有的被統治民族皆應擁有自決權。因為他們認為，想成就世界規模的共產主義革命大業，就必須透過支援被統治民族，使之推崇共產主義。於是在一九一七年十一月，布爾什維克釋放了李東輝。

時間來到一九一八年，布爾什維克的紅軍與反革命派的白軍間的內戰愈演愈烈，聯合國亦開始出手干涉俄羅斯。在如此狀況下，李東輝決定接受布爾什維克的支援，藉由掀起共產主義革命來達成獨立。同年五月，李東輝在哈巴羅夫斯克結成第一個由韓國人創建的共產主義團體「韓人社會黨」，同時藉由布爾什維克的援助，組織紅軍、投入俄羅斯內戰——此即朝鮮人的共產主義運動的開端。

可以說，韓人社會黨能夠結成，是因為布爾什維克與李東輝利害一致的結果。對布爾什維克來說，為了長期上造成世界規模的共產主義影響，以及短期上將俄羅斯內戰推向有利的發展，讓朝鮮人成為夥伴是不可或缺的；而對李東輝來說，布爾什維克是釋放了自己的恩人，且只要願意投入革命，還能獲得其支援。特別是組織紅軍這件事，雖然伴隨著捲入俄羅斯內戰的風險，但也是能實現他夢寐以求的武裝計畫的最大機會。於是朝鮮人的共產主義運動，就在雙方利害一致的環境下展開，但反過來說，也顯示李東輝並不是受到共產主義的理念吸引才開始行動的。對他來說，共產主義不過是獨立運動的手段。

由於李東輝已決定與布爾什維克聯手，因此他對巴黎和會完全不抱期待，也不理會三一獨立運動。後來，為了擴大韓人社會黨的勢力，他加入了一九一九年創立的大韓民國臨時政府，擔任國務總理一職。他的判斷很正確，韓人社會黨的據點也移師上海，自上海派遣人員至朝鮮半島招募黨員，其中也有人是因為李東輝位居臨時政府要職才決定響應號召。同一年，朴鎮淳以韓人社會黨代表的身分被派往莫斯科，加入了共產國際。李東輝本人也於一九二一年十一月訪問俄羅斯，與列寧見面。

一九二一年五月，也就是李東輝與列寧會面的半年前，韓人社會黨改組為高麗共產黨，由李東輝領導的高麗共產黨一般被稱為「上海派高麗共產黨」。原因是幾乎在同一時間，由南萬春等人也組成了「伊爾庫次克派高麗共產黨」所致。後來，這兩派產生嚴重對立，一直到一九二五年，京城[17]才出現朝鮮人統一的共產黨——朝鮮共產黨。

李東輝自身並未對共產黨的經營介入過深，主要都在海參崴推動共產主義運動，未經歷思想改變或協助日本，最終於一九三五年病逝。

崔南善（一八九〇—一九五七年）

崔南善雖為三一獨立運動的獨立宣言書之起草人，但本身卻未與獨立運動牽涉太多，反倒是以評論家、學者的身分留下許多言論。同時，因為在戰時積極協助日本的統治政策，故也被人認為是「親日派」。

出生在富裕家庭的崔南善，自小就接觸包含日本書籍在內的各種讀物。一九〇四年，他以大韓帝國的皇室特派留學生身分前往日本留學，在這過程中他曾一度回國，再於一九〇六年時以私費形式前往日本留學，進入早稻田大學高等師範部歷史地理科就讀。留學時，崔南善見識到了日本的近代文明，讓他受到相當大的衝擊。特別是日本出版界的大為發展，與朝鮮截然不同，這讓他開始有了回國之後要創辦出版社的想法。

一九〇八年回國後，據稱崔南善參考了博文館等日本的出版社，設立了新文館，並於同年十一月一日創刊《少年》。今日韓國將十一月一日紀念為「雜誌日」，即因《少年》被評為朝鮮近代雜誌的濫觴。

當大韓帝國成為日本的保護國，瀕臨滅亡之時，《少年》是啟蒙肩扛未來大韓帝國大梁的少年的雜誌，其內容特別強調養成面對困難時的剛毅精神。之中也能見到李光洙的投稿。

在一九一〇年日韓合併以及後續武斷政治的實施下，《少年》遭停刊處置。但是崔南善在幾乎沒有言論自由的環境下，仍舊沒有放棄他的出版事業。首先在一九一三年，他發行了較難受到朝鮮總督府警戒的兒童雜誌，一九一四年則創刊《青春》。因《青春》是當時朝鮮唯一以朝鮮語寫成的綜合雜誌，因此擁有不低的人氣。崔南善在《青春》上不只積極翻譯日文書來介紹近代文明，也會發表有關朝鮮古代史的研究。除此之外，一九一〇年，擔憂國家變成殖民地將造成民族文化消失的他組織了朝鮮光文會，致力於收集、復刊古文獻。

一九一九年，因《青春》的成功而在出版界博得名聲的崔南善，收到起草三一獨立運動的獨立宣言書的委託。過去他建議過尹致昊前往巴黎和會，可見他也是期待民族自決的人，但這次他希望以學者身分而非運動人士自居，因而未在自己創作的宣言書上署名。然而最終他還是遭到逮捕，並被判處二年六個月的徒刑。

一九二一年十月假釋出獄後，崔南善重啟他的出版事業，一九二二年創刊雜誌《東明》，一九二四年三月創刊他的第一份報紙《時代日報》。而在創刊《時代日報》之際，他還向尹致昊尋求過三萬日圓的金援，尹致昊雖讚譽崔南善為學者，但認為他並沒有經商之才，因此拒絕了他。

後來，就如同尹致昊的猜想，《時代日報》的經營碰到瓶頸，崔南善在一九二四年九月放手這門事業。不過，這時期的崔南善的熱情，本身就已著重在學者方面的活動了。

一九二五年前後，崔南善持續發表有關朝鮮古代史的研究，主張「不咸文化論」（不咸為朝鮮古語，意思為神、天等），強調朝鮮有著不同於中國或日本的獨有文化，理解朝鮮古代史可能也將對人類史的研究上有所幫助。當時，日本學者建構了一種以「日鮮同祖論」為代表，即是宣稱日本與朝鮮祖先相同的殖民地史觀，為同化政策等朝鮮總督府的統治政策提供合理性的理論依據。基於該史觀，朝鮮總督府組織了朝鮮史編修會，編纂了朝鮮的歷史。即是說，崔南善是打算透過不咸文化論，來對抗日本編纂朝鮮史並使用其在統治朝鮮的局面。

然而，在崔南善於一九二八年成為朝鮮史編修會的委員後，遂停止了對抗殖民地史觀的研究，在中日戰爭爆發後，更著手從事親日活動。他並未明說理由為何，但仍堅持朝鮮民族的獨一性，崔南善認同古代的朝鮮與日本屬於同樣的文化圈，但不承認祖先也是同一個的說法。光復後，他在韓國發表了多本有關朝鮮歷史或文化的書籍，最終於一九五七年病逝。

呂運亨（一八八六—一九四七年）

在殖民地時期，他是活躍在三一運動等的獨立運動人士；光復後，他是一位知名的中間左派政治家。在獨立運動人士中，呂運亨的人格特別受人讚揚，就連朝鮮總督府都得另眼相看。

一九〇〇年，呂運亨進入了一所名為培材學堂的教會學校，尹致昊等獨立協會的成員們也曾接觸過這裡的教育。一九〇二年開始，呂運亨進入大韓帝國的官立郵遞學校，志在成為一名通信技術人員。然而在一九〇五年，大韓帝國成為保護國後，他選擇了退學、投入抗日運動——特別是教育事業。開始信奉基督教也是在這個時期。

一九一四年日韓合併後，他前往中國南京的教會大學「金陵大學」留學。一九一七年，沒畢業的他前往了上海，在協和書局工作。這是一間美國人經營的書籍委託販售店，據傳呂運亨是從這時與孫文開始深交。後來，他透過中國人的關係，逐漸推展正式的獨立運動。

一九一八年一月至二月期間，呂運亨得知美國總統威爾遜所提倡的民族自決一事，於是在同年夏天起與張德秀、趙東祜針對獨立運動進行數次討論。接著在第一次世界大戰結束後不久的十一月底，他得知柯蘭將以威爾遜特使身分來到上海。在即將參加巴黎和會的中國代表團成員之一的王正廷協助下，呂運亨成功與柯蘭會面，並在之後結成新韓青年黨，派遣金奎植前往巴黎，更交予柯蘭一封寫給威爾遜的獨立請願書。請願書的內容並非單方面的要求朝鮮獨立，而是強調美國方面的利益。他以美國是為普及民主主義而參與戰爭為出發點，提出若朝鮮自專制主義國家的日本獨立出來，民主主義將能在亞洲得以擴張等主張。後來，託付給柯蘭的這封請願書並未交抵威爾遜手上，但是新韓青年黨的行動仍成了導火線，導致三一獨立運動的爆發。

一九一九年四月，呂運亨在上海參與了大韓民國臨時政府的建立，成為其中的幹部。當時，日本政府在取締三一獨立運動的同時，也在策畫對獨立運動人士的懷柔計畫。接著，在三一獨立運動的爆發過程中作為關鍵角色、又被視為穩健派的呂運亨被選為該計畫的對象，開始試探其是否有訪日意願。在呂運亨的訪日一事上，大韓民國臨時政府內，也有李東輝等人主張他這是民族之恥的批判聲音，但最重要的是，呂運亨本人早已看出日本政府的意圖在於懷柔。然而他認為，與日本政府的重要人物會面，藉由他們來盡可能表達朝鮮人希望獨立也很重要，於是在一九一九年十一月前往了東京。

在東京，呂運亨除了與日本陸軍大臣田中義一等政府重要人物交換意見之外，也被邀請到了赤坂離宮等，受到各種隆重的招待。對這次呂運亨的訪日，日本政府的原先計畫是向身為獨立運動領導者的呂運亨（儘管只是形式上的）表示讓步方案，給予朝鮮人自治權，然後呂運亨接受該提案，藉此上演一齣和解戲碼來平息獨立運動。然而這個計畫，就在呂運亨於帝國飯店召開的記者會上主張朝鮮獨立之下，完美地失敗了。在東京的時間，呂運亨做了許多事情，包括會面了對獨立運動表示理解的吉野作造（↓第十七章），在傳播出朝鮮獨立的意思，達到了當初的目的後，遂回到上海。

爾後，呂運亨逐漸接觸共產主義運動。一九二〇年十月，經由布爾什維克的斡旋，在上海召開會議，以討論如何發起東亞規模的共產主義運動。李東輝、中國共產黨領導者陳獨秀、無政府主義者日人大杉榮皆參加了是次會議。一九二二年一月，共產國際為對抗華盛頓會議，於莫斯科舉辦了遠東各國共產黨及民族革命團體第一次代表大會時，大韓民國臨時政府內部為了該派遣使者參加哪個會議產生了意見分歧，此時呂運亨主張參加後者，排除了內部對美國的期待。參加了代表大會的呂運亨與列寧會面，並向他要求幫助朝鮮獨立。從莫斯科回到上海之後，呂運亨一邊維持著共產主義運動的聯繫，一邊支援中國國民黨的活動，試圖廣泛配合各國的活動，以推動朝鮮獨立運動。

一九二九年，呂運亨因違反《治安維持法》等嫌疑遭日本當局逮捕、押送至朝鮮，突然結束了長年的亡命生活。呂運亨被判三年有期徒刑，一直被關押至一九三二年七月。刑滿釋放後，他沒有回到上海，自一九三三年開始擔任朝鮮語報紙《朝鮮中央日報》的社長（該報於一九三七年停刊）。戰時體制下的一九四三年，被逼改變立場的呂運亨，無奈在《京城日報》上發表了鼓勵朝鮮學生當兵的文章。

不過在一九四四年，呂運亨與趙東祜等人結成名為朝鮮建國同盟的祕密結社，再次展開獨立運動。該團體的目的是趁著日本戰敗的可能性逐漸變大的狀況中，推動光復的準備。一九四五年八月十五日早晨，也就是日本接受《波茨坦公告》承認戰敗前夕，呂運亨接收到來自朝鮮總督府政務總監遠藤柳作的某個要求。也就是以日本釋放政治犯作為交換，光復後的朝鮮需維持當地治安，保護留在當地的日本人的生命及財產。呂運亨接受了這項要求，接著在朝鮮建國同盟的基礎上設立了朝鮮建國準備委員會，並就任委員長之位。

一九四五年九月六日，朝鮮建國準備委員會宣布成立朝鮮人民共和國，定主席為李承晚、副主席為呂運亨。然而，九月九日進駐朝鮮的美國陸軍司令部軍政廳並不承認朝鮮人民共和國，讓組織一個「沒有外國干涉、僅有朝鮮人的政府」的嘗試受到挫折。爾後，呂運亨在一九四六年成立的左右合作委員會活動，試圖尋找左右派的合作之道，但最終於一九四七年死於右派青年的暗殺。

其他人物

一、負責統治朝鮮的日本人

除了朝鮮總督之外，統治朝鮮還有諸如官僚、軍人、媒體人等各式各樣的日本人參與其中。本處將主要列舉與尹致昊相識的人物。

阿部充家

一八六二—一九三六年。京城日報社社長、媒體人、齋藤實的顧問。阿部充家出身熊本，其同鄉德富蘇峰在東京創刊《國民之友》後，他也參與其中。後來，他回到熊本，經營《熊本新聞》。一八九〇年，德富創刊《國民新聞》後遂又回到東京，成為該報社的記者，後於一九一一年當上副社長。一九一四年，阿部就任發行朝鮮總督府官方報紙《京城日報》及《每日申報》的京城日報社社長，在任的四年中，他著手更新《每日申報》的篇幅，透過積極登載李光洙、崔南善等年輕知識分子的文章，增加了報紙發行量。一九一九年，當齋藤實當上朝鮮總督後，他經由德富的介紹成為了齋藤的非官方政治顧問。阿部在擔任《國民新聞》的副社長時，也會頻繁出差至朝鮮，廣泛地與朝鮮知識分子見面，以收集民族運動及朝鮮社會相關的資訊，並基於該資訊向齋藤提供建議。爾後，他逐漸以顧問身分活動，於一九二九年辭去《國民新聞》副社長一職。

宇佐美勝夫

一八六九—一九四二年。內務官員、政治家。一八九六年畢業於帝國大學法科大學政治學科，進入內務省任內務屬，於縣治局工作。後經歷德島縣參事官、京都府參事官、內務書記官等職，一九〇八年就任富山縣知事。一九一〇年六月，他以統監府參與官、大韓帝國內部次官身分前往朝鮮。統監府是日本將大韓帝國化為保護國所設置的統治機關，宇佐美之所以會到朝鮮，是因為當時的副統監山縣伊三郎的意思。過去宇佐美在擔任德島縣參事官時，山縣是德島縣知事，自那時開始宇佐美就已是他的心腹。日韓合併後，山縣就任政務總監，該職位在朝鮮總督府中地位僅次於朝鮮總督；宇佐美則任職管轄地方行政與醫療等事務的內務部（一九一九年八月改制為內務局）長官。一九一九年八月，齋藤實就任總督後，宇佐美回到日本，一九二一年上任東京府知事。一九三三年到了滿洲就任滿洲國國務顧問，一九三四年之後轉任貴族院議員，直至過世。

宇都宮太郎

一八六一—一九二二年。陸軍軍人。三一獨立運動爆發時期，宇都宮時任朝鮮軍司令官。一八八五年畢業於陸軍士官學校，授予陸軍步兵少尉軍銜；一八八八年進入陸軍大學校，晉升中尉。畢業後，一八九二年他發配到參謀本部，次年晉升大尉。一九〇一年起，他以駐英大使館武官身分待在倫敦，一九〇五年晉升大佐。一九〇五年十一月回國後，經歷陸軍大學校幹事、參謀本部第二部長等職位，一九〇九年晉升少將。一九一四年晉升中將的同時，被任命為第七師團長。一九一八年七月，被任命為大日本帝國陸軍之一的朝鮮軍司令官，次月前往朝鮮。一九一九年晉升大將，指揮鎮壓爆發於同年三月的三一獨立運動。但另一方面，宇都宮也相當重視懷柔朝鮮人，曾與各式各樣的朝鮮人見面。對尹致昊來說，宇都宮是他的日本好友之一，至於兩人是如何認識、過程如何則不得而知。一九二〇年，宇都宮回到暌違二年的日本擔任軍事參議官，最終於一九二二年病逝。

齋藤實

一八五八—一九三六年。第三及第五任朝鮮總督、第三十任內閣總理大臣。是歷任朝鮮總督中，唯一海軍出身的人。一八七九年海軍兵學校畢業。一八八四年留學美國。一九〇六年任海軍大臣。一九一二年晉升海軍大將。一九一四年因西門子事件，辭去海軍大臣一職。一九一九年八月任第三任朝鮮總督，上任後不久的九月即遭到獨立運動人士姜宇奎投擲炸彈襲擊，然並無大礙。三一獨立運動後，齋藤著手調整朝鮮的統治政策，推動「文化政治」，容許言論自由，並廢除憲兵警察制度等。一九二七年辭去總督職務，不過又於一九二九年出任，並於一九三二年上任內閣總理大臣。最終於一九三六年，時任內大臣的齋藤在二二六事件中遭人殺害。齋藤實是個會與各階層的朝鮮人見面，並聽取其意見的總督，即使是對文化政治抱有不滿的尹致昊，亦曾正面評價其人格。

寺內正毅

一八五二—一九一九年。第三任統監、初任朝鮮總督、第十八任內閣總理大臣。職涯中經歷各項陸軍要職，如一八八七年任陸軍士官學校校長、一八九一年任第一師團參謀長、一八九八年任教育總監。一九〇一年的第一次桂內閣時期任陸軍大臣，後於一九〇六年晉升陸軍大將。一九一〇年五月，他以兼任陸軍大臣的形式上任統監府第三任統監，推動大韓帝國的殖民地化進度。日韓合併後，他成為初任朝鮮總督，透過實施憲兵警察制度等武力方式統治朝鮮人，後續更推動了被稱為武斷政治的政策。一九一六年十月，他辭去總督一職、上任內閣總理大臣，任期中一九一八年曾宣言出兵西伯利亞。但不久之後即辭職，並於次年一九一九年病逝。

渡邊暢

一八五八—一九三九年。法官、政治家，三一獨立運動爆發之際，時任高等法院院長。司法省法學校畢業後，渡邊當上東京控訴院的判事，後續又在橫濱、東京歷任地方裁判所所長等職。一九〇八年，他受聘為大審院（大韓帝國最高裁判所）院長而前往朝鮮。次年，大審院廢止、另立統監府裁判所後，他成為地位等同最高裁判所的高等法院的院長。日韓合併後，統監府裁判所改組為朝鮮總督府裁判所，他仍持續著高等法院院長一職，直到一九二三年為止。渡邊是一位虔誠的基督徒，所以也曾以朝鮮總督府的基督徒官員身分，負責與美國傳教士交涉過。此外，自一九一六年加入朝鮮中央ＹＭＣＡ的名譽理事起，就常在理事會中與時任總務的尹致旲見面。一九二四年成為貴族院議員。最終於一九三九年病逝，喪禮於教會舉行。

二、《東亞日報》的領導者

《東亞日報》是殖民地時期中，第一份由朝鮮人創刊的報紙。它的發展過程中有各種獨立運動人士與知識分子參與其中，在推動民族運動上占有主導地位。此處將主要列舉介紹擔任過《東亞日報》的主筆或評論委員的人物。

金明植

一八九一—一九四三年。《東亞日報》主筆、獨立運動人士、共產主義者。於一九一五年來到日本，就讀早稻田大學，同時與張德秀等人在由朝鮮、臺灣、中國在東京留學生組成的抗日團體「新亞同盟黨」中活動。畢業後，當《東亞日報》於一九二〇年創刊後，他成了該報的主筆之一。此外，他也參加了同年結成的朝鮮最早的勞工團體「朝鮮勞動共濟會」，後來逐漸認真看待共產主義思想。一九二一年，他與張德秀等人一同組織上海派高麗共產黨的國內分部，將列寧的評傳連載在《東亞日報》。後因與張德秀「比起共產主義革命，應更重視養成實力」的志向不同，一九二二年退出《東亞日報》與上海派高麗共產黨國內分部，成立新生活社並創刊朝鮮最早的社會主義專門雜誌《新生活》。後因《新生活》刊行俄羅斯革命五週年的特輯，金明植遭當局取締，判處二年徒刑。一九二九年在大阪指導勞工運動，中日戰爭爆發後轉變立場，改行親日活動，最終於一九四三年病逝。

宋鎮禹

一八九〇—一九四五年。獨立運動人士、媒體人、政治家，金性洙[18]一生的盟友。一九〇七年，宋鎮禹和金性洙一同前往日本留學，並於一九一五年從明治大學畢業。次年，金性洙成為私立中央學校的經營者，宋鎮禹就任該校校長。後因計畫三一獨立運動遭到逮捕，直至無罪判決確定前，在獄中過了一年半。出獄後的一九二一年九月，他代替金性洙就任《東亞日報》社長，同時在合法範圍內推動著實力養成運動，例如為了創立由朝鮮人經營的大學而發起民立大學設立運動等。一九二四年辭去《東亞日報》社長一職成為主筆，不過又在一九二七年再次出任社長，直到一九三六年為止。一九四五年朝鮮光復後，開始作為右派政治家活動，後與金性洙一同結成韓國民主黨，集結右派勢力以對抗中間偏左派的呂運亨所領導的朝鮮人民共和國，最終於同年十二月遭暗殺身亡。

張德秀

一八九四—一九四七年。獨立運動人士、政治家、《東亞日報》第一任主筆。一九一〇年代留學於早稻田大學，在學期間，他是留學生界的領頭羊。除了在新亞同盟黨與中國、臺灣的留學生交流之外，也有投稿茅原華山的雜誌《第三帝國》。一九一八年前往上海，與呂運亨組織新韓青年黨。一九一九年二月回到朝鮮時遭警方逮捕，供述呂運亨的活動。這導致了同年十一月呂運亨的訪日事件，而張德秀當時就擔任其口譯。一九二〇年四月《東亞日報》創刊後成為該報主筆，同時與金明植等人組織了上海派高麗共產黨的國內分部。然而由於挪用布爾什維克提供的資金運用在實力養成運動與派遣人員參加華盛頓會議，遭到共產主義者批判。一九二三年前往美國留學，一九三六年於哥倫比亞大學取得博士學位，同年回到朝鮮就任《東亞日報》副社長，戰時轉行親日活動。朝鮮光復後加入韓國民主黨，但最終於一九四七年遭暗殺身亡。

洪命憙

一八八八—一九六八年。獨立運動人士、媒體人、作家。一九〇六年前往日本留學，與同時期也在留學的崔南善、李光洙並稱「東京三才」。後來逃亡中國，開始從事獨立運動，一九一四年至一九一七年都在新加坡活動，一九一八年回到朝鮮。一九一九年則因在家鄉忠清北道發起三一獨立運動而被判刑一年半。出獄後，在幾間私立學校擔任講師的同時，也接觸共產主義運動。一九二四年成為《東亞日報》

的主筆兼編輯局長，次年四月辭職，加入崔南善創刊的《時代日報》。當共產主義者與民族主義者在一九二七年成立了名為「新幹會」的左右合作團體，他便在其中以幹部身分活動。一九二八年，洪命憙開始在《朝鮮日報》連載描寫朝鮮時代的義賊林巨正的長篇小說，成為知名作家。一九四八年朝鮮民主主義人民共和國（以下稱北朝鮮）成立後，他成為副首相，後續也在北朝鮮擔任要職。

三、共產主義運動人士

朝鮮的共產主義運動中，除了上海派與伊爾庫次克的高麗共產黨之外，還有各式各樣的團體與派系。此處將主要列舉各派系或團體中具代表性的共產主義活動人士。

金思國

一八九二—一九二六年。首爾派共產主義團體領導者。一九一九年的國民大會事件使得金思國的名號受人所知。該事件的開端是三一獨立運動後，一部分人為了成立臨時政府，計畫召開國民大會，最終關係人士遭到逮捕。而該事件的中心人物金思國則被關押至一九二〇年。出獄後在一九二一年一月，他與張德秀等上海派高麗共產黨的國內分部成員一起組成青年團體「首爾青年會」，逐漸接近共產主義思想。一九二二年，在上海派國內分部獨占了布爾什維克的資金一事曝光後，金思國遂將國內分部的成員逐出首爾青年會，以首爾青年會領導者金思國為中心的共產主義團體「首爾派」逐漸成形。首爾派是個在朝鮮半島內擁有基礎，並且在找尋解決如上海派與伊爾庫次克間的派系鬥爭，或是如何與民族主義者統一戰線的一派，然而金思國最終在一九二六年因肺結核去世，大志未果。

金在鳳

一八九〇－一九四四年。朝鮮共產黨第一任責任祕書。在其家鄉慶尚北道接受教育後，在京城從事新聞記者。一九二一年底逃亡俄羅斯，並成為伊爾庫次克派高麗共產黨中央委員。一九二二年十二月，共產國際解散上海派與伊爾庫次克派高麗共產黨。一九二三年一月，為創立朝鮮人統一的共產黨團體，高麗局（源自俄文Корбюро，英譯Korean Bureau）於海參崴成立後，金在鳳便加入其中成為幹部。同年五月，高麗局國內部在朝鮮祕密組織，金在鳳擔任責任祕書，負責準備朝鮮共產黨的設立。當時，高麗局內有幾個派系：以前兩派高麗共產黨員為主組成的火曜派、擁有日本共產主義運動管道的北風派、由金思國領導的首爾派；而金在鳳則屬於火曜派。一九二五年四月，朝鮮共產黨以火曜派掌握主導權的形式成立，金在鳳就任責任祕書，有著黨內最高地位。然而，同年十二月，朝鮮共產黨遭當局取締（第一次朝鮮共產黨事件），金在鳳被判刑六年，後於一九三一年出獄，一九四四年死亡。

金若水

一八九四－一九六四年。共產主義團體北風派領導者。一九一八年留學中國南京的金陵大學，一九一九年回到朝鮮，在一九二〇年成立的朝鮮勞動共濟會擔任幹部。一九二一年，活動據點遷移至日本，與鄭泰信等人設立大眾時報社，刊行社會主義雜誌《大眾時報》。同期間，他與堺利彥、山川均等日本共產主義者深刻交流，後以大眾時報社的名義加入日本社會主義同盟。一九二一年十一月組織名為「北星會」的共產主義團體，次年將活動據點遷往朝鮮。一九二四年，在堺利彥的推薦下就任高麗局國內部的幹部。高麗局內的人們，將以北星會為骨幹的金若水一派稱作北風派。一九二五年，在火曜派主導的形式下成立朝鮮共產黨後，北風派的金若水也被選為中央執行委員之一。然而他在同年十二月的第一次朝鮮共產黨事件中遭到逮捕，判刑四年。朝鮮光復後，一九四八年於韓國當選國會議員，一九五〇年爆發韓戰後前往北朝鮮，最終喪命於肅清之下。

趙東祜

一八九二—一九五四年。朝鮮共產黨中央執行委員、呂運亨盟友。一九一五年在中國南京的金陵大學留學，一九一八年前往上海與呂運亨等人組織新韓青年黨，同時也當了中國抗日運動團體「救國團」的機關報《救國日報》記者，摸索著與中國抗日運動合作的手段。之後接近共產主義運動，一九二三年底返回朝鮮，就任《東亞日報》論說委員，但另一方面也以火曜派成員的身分，參與了一九二五年朝鮮共產黨的成立。後來，為了向共產國際傳達朝鮮共產黨成立的消息，並讓其承認該黨，於是趙東祜被派至莫斯科。與共產國際交涉後，他並未返回朝鮮，而是在朝鮮共產黨的上海部活動，但在一九二八年時遭到逮捕、押送至朝鮮收監。出獄後，他再次與呂運亨一同活動，例如一九三三年就任《朝鮮中央日報》論說委員、一九四四年參與朝鮮建國同盟的結成等。朝鮮光復後，他加入了朝鮮人民共和國，但在呂運亨於一九四七年被暗殺之後，遂自檯面上消失。

鄭泰信

一八九二—一九二三年。共產主義團體「北風派」金若水的盟友。在朝鮮接受教育後，於一九一四年前往大阪，同年在無政府主義者橫田淙太郎家中生活。在橫田的指導下，他設立了居住在大阪的朝鮮勞工的互助團體「朝鮮人親睦會」。朝鮮人親睦會是日本最早的朝鮮勞工團體，一九一五年，鄭泰信將團體的營運權轉交羅景錫後，前往上海。三一獨立運動後返回朝鮮，於朝鮮勞動共濟會與金若水一同以幹部身分活動。一九二一年，他將活動據點遷至日本，與金若水等人設立大眾時報社。一九二二年，為統合伊爾庫次克派與上海派的高麗共產黨，在共產國際主持下，會議於俄羅斯的上烏金斯克（今烏蘭烏德）舉辦，鄭泰信遂代表在日本活動的朝鮮共產主義者參加。他自俄羅斯返回後，與金若水設立的北星會整合。一九二三年八月，在北星會巡迴演說之餘前往釜山海邊游泳休閒時不幸溺斃。

南萬春

一八九二—一九三八年。具俄羅斯國籍的共產主義者、伊爾庫次克派高麗共產黨創立者。出生於俄羅斯阿穆爾州，一九一四年於文理中學（Gymnasium）畢業。同年，因第一次世界大戰爆發受到徵兵，與基輔的醫學大學入學機會失之交臂。一九一七年俄羅斯十月革命後，逐漸參與革命運動，在內戰逐漸升溫時，他為擺脫白軍的追蹤而前往伊爾庫次克，並於當地加入布爾什維克。一九二〇年，南萬春統合了取得俄羅斯國籍的朝鮮人，於布爾什維克內設立韓族部，並於一九二一年改編為伊爾庫次克派高麗共產黨。後因伊爾庫次克派與上海派的派系對立過於嚴重，一九二三年為了組織統一的共產黨團體，高麗局應運而生。然而，南萬春卻主要以布爾什維克黨員身分活動，並未與高麗局有太多交流。最終在一九三八年因有日本間諜的嫌疑而遭到槍決，犧牲於史達林的大清洗中。

朴鎮淳

一八九七—一九三八年。具俄羅斯國籍的共產主義者、韓人社會黨及上海派高麗共產黨幹部。出生於俄羅斯濱海邊疆州，一九一六年在海參崴的朝鮮人學校擔任教師。俄羅斯革命爆發後，他支持布爾什維克，於一九一八年與李東輝一同成立韓人社會黨。一九一九年，韓人社會黨為申請加入共產國際，朴鎮淳被派遣至莫斯科。一九二〇年，他作為黨代表出席共產國際第二次代表大會，並在大會後的共產國際執行委員會會議中被選為遠東代表委員。在他從莫斯科回到韓人社會黨的據點上海後，為執行遠東代表委員的任務，也就是在東亞推動共產主義運動，他向日本共產主義者派遣密使，促使日本共產黨成立。在韓人社會黨改組為上海派高麗共產黨並與伊爾庫次克派的對立加深後，遂主要於莫斯科大學修習哲學，並於當地從事共產主義運動。最終在一九三八年因史達林的清洗下遭到槍斃。

四、其他獨立運動人士與知識分子

安在鴻

一八九一—一九六五年。獨立運動人士、媒體人。一九一〇年留學日本，一九一四年早稻田大學畢業。畢業後回到朝鮮，於中央學校工作，後來在尹致昊時任總務的朝鮮中央YMCA的教育部擔任幹事。一九一九年爆發三一獨立運動之際，因組織祕密結社大韓民國青年外交團而遭逮捕，入獄三年。出獄後，在一九二四年到一九三二年間歷任《朝鮮日報》的主筆、社長等，積極進行媒體活動。此外，在他一九二七年擔任《朝鮮日報》主筆時，還同時被選為共產主義者與民族主義者組成的左右合作團體「新幹會」的總務幹事。戰爭時期則沉浸於朝鮮的歷史研究。朝鮮光復後，他以中間派的立場加入呂運亨的朝鮮建國準備委員會，並擔任副委員長，但在共產主義的影響力在團體內日益增強後遂退出。一九四八年大韓民國成立後成為國會議員。一九五〇年韓戰爆發之際，他到了北朝鮮，據傳最終死於一九六五年。

安昌浩

一八七八—一九三八年。獨立運動人士。一八九七年開始參與徐載弼創立的獨立協會的活動。一九〇二年前往美國舊金山。一九〇五年組織在美朝鮮人的修養團體「大韓人共立協會」。一九〇七年，安昌浩回到朝鮮，與尹致昊、李東輝等人成立新民會，領導愛國啟蒙運動。一九一一年回到舊金山，接著於一九一三年基於「每個朝鮮人都修身養性、學習專門知識，獨立才有望」的實力養成論，組織了修養團體「興士團」。一說，安昌浩的修養思想為李光洙帶來了相當大的影響。一九一九年三一獨立運動後，他前往上海就任大韓民國臨時政府的內務總長，同時獲得李光洙的幫助，設立興士團的遠東分部。之後在滿洲持續從事獨立運動，但在一九三二年遭到逮捕，押送回朝鮮。一九三七年因同友會事件與李光洙一同遭到逮捕，最終於次年病逝。

金奎植

一八八一—一九五〇年。獨立運動人士、政治家。一八九七年留學美國。一九〇四年於普林斯頓大學取得碩士學位，同年回國後，或於皇城YMCA擔任幹事，或於儆新學校等教會學校擔任講師。日韓合併後他逃亡中國，為了代表呂運亨等人組織的新韓青年黨參加巴黎和會討論民族自決議題，一九一九年二月自上海出發。然而，在下個月到達巴黎時，他未被認可參加會議。不僅是朝鮮獨立，他亦向國際聯盟遞交過書信，尋求委任政治的可能，但也遭到冷處理。國際聯盟的態度，使他感覺到，期待美國或國際聯盟支援朝鮮獨立的方法行不通，於是轉而接近俄羅斯。一九二二年，金奎植與呂運亨一起參加了莫斯科的遠東革命團體第一次代表大會，與列寧會面。後於南京、重慶等中國各地從事獨立運動。朝鮮光復後，以中間偏右的立場加入左右合作運動。一九五〇年韓戰爆發後來到北朝鮮，病逝。

申采浩

一八八〇—一九三六年。獨立運動人士、歷史學家、無政府主義者。曾隸屬大韓自強會、新民會，從事各種愛國啟蒙運動。另一方面，他也以歷史學家的身分活動，例如自一九〇八年起，就在《大韓每日申報》上連載有關朝鮮古代史的研究〈讀史新論〉等。日韓合併後，他前往海參崴，擔任《勸業新聞》主筆。後於上海與朴殷植等獨立運動人士交流，同時也對存於滿洲的高句麗古墓進行調查等，加深了朝鮮古代史的研究。一九一九年，他參加了大韓民國臨時政府的成立，後來與李承晚對立而退出。一九二三年，他受以滿洲為據點的抗日武裝團體「義烈團」的委託，起草〈朝鮮革命宣言〉，認同以恐怖主義作為獨立運動的方式。之後逐漸傾向無政府主義，一九二七年加入由中國、臺灣、印度等亞洲人組成的無政府主義者交流團體「無政府主義東方同盟」。次年為籌措東方同盟的活動資金前往臺灣，並於該地遭到逮捕，最終在一九三六年於獄中過世。

徐載弼

一八六四—一九五一年。獨立運動人士。一八八三年前往日本陸軍戶山學校留學，次年回國參加開化派發動的甲申政變，後因為政變失敗，於一八八五年逃亡美國，在哥倫比亞大學（今喬治華盛頓大學）醫學院學習，並取得醫師執照。此外，他在一八九〇年入籍美國，並取了英文名字 Philip Jaisohn。一八九五年回到朝鮮後，次年創刊《獨立新聞》、設立獨立協會，從事啟蒙運動。一八九八年遭皇帝高宗流放國外，於是回到美國，持續在美國支援獨立運動。一九四七年朝鮮光復後，以美軍政廳的顧問身分重返朝鮮，但因與李承晚之間的政爭中失利，再度返回美國。

徐椿

一八九四—一九四四年。獨立運動人士、親日派媒體人。一九一五年於東京高等師範學校留學，在學時曾投稿《學之光》，並擔任留學生團體幹部，是東京的朝鮮留學生界的主要人物。一九一九年與李光洙等人以實行委員身分領導二八獨立宣言，後被逮捕，判刑九個月。出獄後就學於京都帝國大學經濟學部，一九二六年畢業，同年回到朝鮮，就任《東亞日報》經濟部長，發表多篇談論朝鮮經濟的文章。一九三三年離開《東亞日報》，加入《朝鮮日報》，擔任其主筆直到一九三七年。同年，中日戰爭爆發後，他認為日本經濟的復興與朝鮮經濟的復興掛勾，於是開始積極協助朝鮮總督府。一九三九年就任「國民精神總動員朝鮮聯盟」的機關報《總動員》編輯委員；一九四〇年起，轉任總督府官方報紙《每日新報》（一九三八年《每日申報》改名）主筆，最終於一九四四年過世。

孫基禎

一九一二—二〇〇二年。運動員，一九三六年柏林奧運馬拉松項目金牌得主。一九三二年入學京城的養正高等普通學校，在學時參加一九三五年的明治神宮競技大會獲勝，並創造二小時二十六分四十二秒的世界紀錄。不僅止於韓國，他成為了代表整體日本帝國的選手，雖然是朝鮮人，卻也代表日本參加了一九三六年的柏林奧運。他的獲勝，鼓舞了朝鮮人的民族主義，更被當作英雄看待。不過，因為時任社長的宋鎮禹在《東亞日報》上刊載孫基禎站在頒獎臺的照片時，抹除了他胸前的日章旗；再加上孫基禎自身也對海外觀眾宣稱自己是朝鮮人而非日本人，於是遭到朝鮮總督府的監視，逐漸退出競技圈。戰時，對民眾具有影響力的他，被迫呼籲朝鮮學生參軍支援戰爭。一九四五年朝鮮光復後，於韓國投入振興運動的事業，一九八八年擔任首爾奧運的火炬手。

羅景錫

一八九〇—一九五九年。獨立運動人士、實業家，其妹為畫家、作家羅蕙錫。一九一〇年留學日本，一九一五年自東京高等工業學校畢業，同年移居大阪從事勞工運動，領導了鄭泰信組織的朝鮮勞工互助團體「朝鮮人親睦會」等。一九一八年回到朝鮮，於金性洙經營的中央學校擔任物理教師。三一獨立運動之際，是他將獨立宣言書送至滿洲。一九二〇年成為《東亞日報》特約記者，發表革命後的俄羅斯的取材報導。一九二二年新潟縣發生朝鮮勞工屠殺事件，羅景錫遂以記者身分前往探究真相。此外，他同時也是張德秀等《東亞日報》主導者所組織的上海派高麗共產黨國內分部的成員之一。一九二四年後於滿洲成為農場、工廠的經營者，光復後則加入金性洙、宋鎮禹等人組織的韓國民主黨。

朴殷植

一八五九—一九二五年。獨立運動人士、媒體人、歷史學者。一八九八年，創刊代表大韓帝國時期的報紙《皇城新聞》並擔任主筆。一九〇五年大韓帝國變為日本保護國後，遂加入大韓自強會，領導愛國啟蒙運動。日韓合併後則前往上海，於一九一二年組織啟蒙團體「同濟社」，同時與中國知識分子積極交流。一九一五年，在康有為的幫助下，以中文刊行《韓國痛史》，該書描寫了朝鮮到殖民地化為止的歷史，是第一部朝鮮人以民族主義史觀撰寫的史書。一九一九年，他參加了大韓民國臨時政府的建立，並成為機關報《獨立新聞》的社長。一九二〇年以中文刊行《韓國獨立運動之血史》，該書以大量的史料為基礎，論述以三一獨立運動為中心的獨立運動歷史，內容充分使用了《獨立新聞》的報導，以及其編輯者李光洙所收集的史料。一九二五年，他當上大韓民國臨時政府的總統，不過最終於同年十一月病逝。

注釋

1. 本章所有的尹致昊英文日記，皆引用並翻譯自大韓民國文教部國史編纂委員會編輯、發行之《尹致昊日記》。
2. 木下隆男，《評伝 尹致昊——「親日」キリスト者による朝鮮近代60年の日記》，明石書店，二〇一七年。
3. 木下隆男，同前注。
4. 木下隆男，同前注。
5. 김상태編，《윤치호 일기——1916～1943》，역사비평사，二〇〇一年。노상균，〈방관과 친일 사이——윤치호의 3·1운동 인식과 대응〉，《정신문화연구》四一—四，二〇一八年。
6. 木下隆男，同前注。
7. 「李承晚」請參照第十二卷第一章。

8. 天道教為朝鮮原住民的新興宗教。繼承了一八六〇年創始的「東學」，並於一九〇五年由孫秉熙再組織，改名「天道教」。民族代表三十三人中，有天道教十五人、基督教十六人及佛教二人。實質準備獨立宣言的主要是天道教與基督教。

9. 木下隆男，同前注。

10. 文化政治結束於何時並沒有明確的一個時間點。不過，由於自一九三一年的九一八事變爆發以來，日本就在朝鮮實施了名為「心田開發運動」的同化政策，為戰時的皇民化政策打下基礎，因此普遍認為文化政治時期是一九一九至一九三一年。

11. 김상태，〈일제하 尹致昊의 내면세계 연구〉，《歷史學報》一六五，二〇〇〇年。

12. 尹致昊亦曾以基督徒身分在YMCA等處活動，但本章省略。

13. 尹致昊在一九二〇年八月十四日的日記中，曾針對朝鮮人若擁有維持獨立自主的力量，日本人將承認朝鮮獨立的可能性做陳述，但同時也不抱有太大的期待。

14. 김상태，同前注，二〇〇〇年。木下隆男，同前注。

15. 後於一九一八年改稱「俄國共產黨（布爾什維克）」、一九二五年改稱「全聯盟共產黨（布爾什維克）」。本章採全以「布爾什維克」稱呼，暫且忽略時期。

16. 當時的俄羅斯使用的是儒略曆，但本章統一以西曆標示。

17. 大韓帝國首都原名漢城，在被日本殖民時改為京城，光復後再改名首爾。

18. 「金性洙」請參照第十一卷第一章。

參考文獻

宇都宮太郎著、宇都宮太郎關係資料研究會編，《日本陸軍とアジア政策——陸軍大将宇都宮太郎日記（日本陸軍與亞洲政策——陸軍大將宇都宮太郎日記）》全三巻，岩波書店，二〇〇七年

小野容照，《朝鮮独立運動と東アジア 1910-1925（朝鮮獨立運動與東亞 1910-1925）》，思文閣出版，二〇一三年

小野容照，《帝国日本と朝鮮野球——憧憬とナショナリズムの隘路（帝國日本與朝鮮棒球——憧憬與國族主義的狹路）》，中央公論新社，二〇一七年

小野容照，《韓国「建国」の起源を探る——三・一独立運動とナショナリズムの変遷（探討韓國「建國」的起源——三一獨立運動與國族主義的變遷）》，慶應義塾大學出版會，二〇二一年

姜徳相，《呂運亨評伝（呂運亨評傳）》全四巻，新幹社，二〇〇二—二〇一九年

木下隆男，《評伝 尹致昊——「親日」キリスト者による朝鮮近代60年の日記（評傳 尹致昊——「親日」基督教徒的近代朝鮮60年日記）》，明石書店，二〇一七年

金誠，《孫基禎——帝国日本の朝鮮人メダリスト（孫基禎——帝國日本的金牌朝鮮人運動員）》，中公新書，二〇二〇年

田中美佳，《朝鮮出版文化の誕生——新文館・崔南善と近代日本（朝鮮出版文化的誕生——新文館、崔南善與近代日本）》，慶應義塾大學出版會，二〇二二年

長田彰文，《日本の朝鮮統治と国際関係——朝鮮独立運動とアメリカ 1910-1922（日本的朝鮮統治與國際關係——朝鮮獨立運動與美國 1910-1922）》，平凡社，二〇〇五年

波田野節子，《李光洙——韓国近代文学の祖と「親日」の烙印（李光洙——韓國近代文學之祖與「親日」的烙印）》，中公新書，二〇一五年

李昇燁，〈朝鮮人内鮮一体論者の転向と同化の論理——緑旗連盟の朝鮮人イデオローグを中心に（朝鮮人內鮮一體論者的轉向與同化的論述——以綠旗聯盟朝鮮人的意識形態為中心）〉，《二十世紀研究》二，二〇〇一年

劉孝鐘，〈極東ロシアにおける朝鮮民族運動——「韓国併合」から第一次世界大戦の勃発まで（遠東俄國的朝鮮民族運動——從「韓國併合」至一戰爆發）〉，《朝鮮史研究會論文集》二二，一九八五年

劉孝鐘，〈極東ロシアにおける一〇月革命と朝鮮人社会（遠東俄國的十月革命與朝鮮人社會）〉，《ロシア史研究（俄國史研究）》四五，一九八七年

柳忠熙，《朝鮮の近代と尹致昊——東アジアの知識人エトスの変容と啓蒙のエクリチュール（朝鮮的近代與尹致昊——東亞知識人的精神流變與啟蒙書寫）》，東京大學出版會，二〇一八年

강만길、성대경編，《한국사회주의운동 인명사전（朝鮮社會主義運動人物傳記辭典）》，창작과비평사，一九九六年

김상태，〈일제하 尹致昊의 내면세계 연구（日治時期尹致昊的內心世界探析）〉，《歷史學報》一六五，二〇〇〇年

김상태編，《윤치호 일기——1916-1943（尹致昊日記——1916-1943）》，역사비평사，二〇〇一年

노상균，〈방관과 친일 사이——윤치호의 3·1운동 인식과 대응（在旁觀者與親日者之間——尹致昊與對三一運動的認知與回應）〉，《정신문화연구（心理與文化研究）》四一—四，二〇一八年

류시현，《동경삼재——동경 유학생 홍명희 최남선 이광수의 삶과 선택（東京三傑——東京留學生洪明熙、崔南善、李光洙的生活與選擇）》，산처럼，二〇一六年

大韓民國文教部國史編纂委員會編、發行，《尹致昊日記》全一一卷，一九七三—一九八九年

이형식編，《齋藤實、阿部充家 왕복서한집（齋藤實、阿部充家往返信件集）》，아연출판부，二〇一八年

조형열，〈서춘，일제와 운명을 같이한 경제평론가（與日本人有著同樣命運的經濟評論家徐椿）〉，《내일을 여는 역사（明天開啟的歷史）》三四，二〇〇八年

第二章

希求祖國獨立與女性自立的朝鮮「新女性」們

井上和枝

前言

自十九世紀後半葉以來，朝鮮於各方面接受近代文化的過程中，由於「為了國家、民族的文明發展，也應開化『占一半國民人口』的女性」的認知，以往在家父長制下居於深閨的女性們，便開始有了接受成為「賢妻良母」的教育機會。在這之中，有一群為數不多的女子，在女子高等普通學校與專門學校以上的教育機構接受了新教育，這些人在當時有著「新女子」、「新女性」等稱呼。

為加深自己的學問知識，前往美國或殖民母國日本留學的女性們，在政治參與、社會活動、教育，乃至家庭制度、戀愛、結婚各方面學習了新潮流，這讓她們有了一種使命感，認為要從殖民地中獨立出來，就必須啟蒙朝鮮落後的「舊女性」。同時，她們也開始在朝鮮嚴格的男女有別社會中，尋找一條獨立自主、不需從屬男性的道路。於是，祖國獨立與女性自主的兩條道路，就這麼出現在她們面前。

以本章主角金瑪利亞為中心的「新女性」們，在尋找祖國獨立與女性自主的道路上，時而奮鬥到底，時而挫折失利，過著生於殖民地的女性獨有的苦難人生。金瑪利亞有著鋼鐵般的抗日意志，以及因拷問留下的後遺症，她的人生是一段逃離日本警察追捕的亡命歲月，使她直至過世為止，其存在本身就是抗日與希望的象徵。與瑪利亞同時期前往日本留學的人還有黃愛施德，她們一同經歷過東京女子留學生親睦會、二八宣言、三一運動及大韓民國愛國婦人會（以下略稱「愛國婦人會」），也同時期到美國留學、在槿花會活動。羅蕙錫則是金瑪利亞在日本留學時，一同參與東京女子留學生親睦會、二八宣言及三一運動的同志。在美國，兩人亦戲劇性地再次相遇。朴仁德則與她一同參與過三一運動、愛國婦人會、美國留學及槿花會活動。劉英俊是她在貞信女學校的同年級同學，也是一起留學日本、參加東京女子留學生親睦會的夥伴。高凰京則是瑪利亞的姪女，成長過程中受到了她的深刻影響。

這樣的一群女性，在某個時期，可能是彼此一同活動、就算坐牢也在一起的夥伴。然而，她們日後卻走上了各自的道路。其中有像黃愛施德、朴仁德、高凰京在自我實現上獲得成功的人；也有像羅蕙錫失敗失意的人；也有像劉英俊踏上社會主義之路，最終越北的人。最重要的是，越是訴說描摹殖民地「新女性」們的人生，人們會越讚揚金瑪利亞在朝鮮獨立一事上的功勞，同時也會使朴仁德、高凰京等人被冠上「親日派」之名，成為被批判的對象。

金瑪利亞（一八九二－一九四四年）

一、社會、家庭環境與思想形成過程

金瑪利亞素有「朝鮮聖女貞德」、「與朝鮮獨立結婚的女人」之稱，她在中國與美國之間重複著逃亡生活，將五十餘年的人生奉獻在實現祖國的獨立。最近，伴隨著信件、訴訟資料、海外資料的公開，使她的評價更上一層樓。

金瑪利亞

金瑪利亞出生在一八九二年的黃海道長淵郡大救面松川里（通稱瑞來村）。因瑞來村有海路與漢城、仁川連結，很早以前就受到外來文化影響。開化時期的瑞來村，有徐相崙、景祚兄弟在此傳播基督教，使此處成為朝鮮第一個建立教堂的地方。瑪利亞的家系亦早早接受了基督教，虔誠信徒輩出，幫助來到松川教會（Sorae Church）的傳教士們。

培養了金瑪利亞願意獻身推動女性教育及祖國獨

立事業的，主要有幾個原因。其一是地區狀況，以及與其相關的家庭環境和親族組織。瑪利亞的父親名允邦，是光山金氏文肅公派第三十五代，母親則是金蒙恩（本貫茂長）。瑪利亞是家中三女，上有涵羅、美艷。瑪利亞的叔父、姑姑，即允邦的同父異母的弟弟弼淳、同父異母的妹妹具禮、路得、淳愛、弼禮，有時也會在瑞來村生活，除了為瑪利亞帶來巨大影響外，也親身拉拔了她。作為出生於十九世紀末的女性，姑姑與姊姊們也難得地有了接受新教育的機會，她們在女校上學，也參與獨立運動，進行過社會活動。

瑪利亞的父親允邦在其三歲病逝，但在母親的意志與金氏的進取門風下，瑪利亞姊妹仍獲得了教育機會。瑪利亞在一八九九年進入松川教會附設的海西第一學校（松川學校的後身，於一八九五年被認可為普通學校）就讀，據傳當時她穿著男裝。而同時期，比她大一歲的姑姑弼禮已在這所學校就讀。有次考試，入學半年的瑪利亞拿了第一，弼禮拿了第二，使瑪利亞轉瞬成為焦點。在學校四年後，十二歲的瑪利亞於一九〇三年畢業，隨後就在家中接受母親的家庭教育。一九〇五年冬，其母因腹膜炎病逝。然而，身為舊女性的母親，自以前就有著讓女兒們接受新教育的強烈盼望，且看出么女瑪利亞非常優秀，故留下了遺言：「即使不能三人都去，最少也要讓瑪利亞到國外留學。」

次年，瑪利亞與姊姊美艷，遂由叔父允五接到其在漢城的住居，離開了瑞來村。

在漢城的生活，對瑪利亞的思想有著如同大爆炸般的重要意義。但叔父允五與弼淳的思想、社會活動，以及圍繞兩人的救國運動領導者們的影響，也同樣巨大。至於瑪利亞的叔父金允五，正是獨立運動人士金九在其自傳《白凡逸志》中提到，與他有著深刻友情與信任的人物。他在長淵當米商時，累積了不少財富，為整頓松江教會與村落奉獻心力。到了一九〇三年左右，他為了與早一步前往大城市念書的弟弟弼淳一起經營事業，於是動身前往漢城。接著，他們在弼淳的職場世福蘭斯醫院（Severance Hospital）的正對面，開了一間名為「金兄弟商會」的公司，經營著出口人參到夏威夷以及衣櫃製造的生意。他不僅是生意人，也是愛國團體「西友學會」的發起人，為了國權恢復運動燃燒熱情。「金兄弟商會」的二樓，是以恢復國權為志的祕密結社「新民會」的據點，也就是弼淳的拜把兄弟、獨立運動人士安昌浩的事務所。某方面來說，允五的經濟活動，也是為了組織活動在調配資金。

弼淳自培材學堂畢業後，就在朝鮮首所現代醫院「濟眾院」[1]當夏洛克斯醫師與艾維森（Oliver R. Avison）醫師的翻譯兼助手，後於一九〇一年進入濟眾院醫學校就讀。畢業後，在世福蘭斯醫院[2]擔任助手醫師之餘，也會在世福蘭斯醫學校與看護員養成所教書，或是翻譯醫學書籍。同時，他也加入了新民會，與哥哥允五一同參與國權恢復運動。一九〇七年七月，日本迫使大韓帝國皇帝高宗退位，讓純宗即位，掌握了朝鮮的外交與內政；八月，又發出韓國軍隊的解散令，韓國軍隊為了抗命而向日本守備隊開槍，雙方進入戰鬥狀態。此時，世福蘭斯的醫師與護士掛起了紅十字臂章，將傷兵運進醫院治療。除了金弼淳醫師外，拜把兄弟安昌浩也參與了此傷兵救護活動，弼淳的妹妹們與姪女瑪利亞亦前往世福蘭斯醫院協助。

一九一一年，弼淳在一〇五人事件[3]發生後，感到身邊環境不再安全而逃亡中國。後來，他行醫幫助獨立運動人士，又邀請允五和家人來到齊齊哈爾，推動建設理想村的事業，以作為獨立運動基地，然而他卻在一九一九年八月猝死。世間認為，叔父們充滿實踐性的行為，與養成瑪利亞的救國意識有很深的關係。此外，除了瑪利亞的叔父們外，姑姑、她的兩位姊姊及其丈夫亦於中國上海、北京及朝鮮國內繼續推動著獨立運動。

第二，也有人認為，瑪利亞就讀的蓮洞女學校（一九〇九年改名貞信女學校），其教育環境也為瑪利亞的愛國信條與畢業後的生活方式有很大的影響。

一九〇六年春天，瑪利亞與姊姊美艷一起前往都城，叔父允五遵照瑪利亞母親的遺言，試圖給瑪利亞更好的學習環境，安排她就讀梨花學堂，而非姑姑、姊姊們讀的蓮洞女學校。但瑪利亞只撐了兩週，便央求叔父讓她轉學到蓮洞女學校。

蓮洞女學校始於一八八七年，由濟眾院的女醫師安妮・艾勒斯（Annie J. Ellers）為教育一位孤女，而在自己位於貞洞的居所創辦了貞洞女學堂。後來作為傳教活動的一環，美國北長老教會改辦貞洞女學校，故貞洞女學校與貞洞教會有著密不可分的關係。後續再因美國北長老教會傳道本會所隸屬的貞洞教會遷移至蓮池洞，改名蓮洞教會，於是貞洞女學校亦於一八九五年改名蓮洞女學校。一九〇三年起，該校正式教授中學課程，引來了將女子教育視為國家基礎的安昌浩等獨立運動派系的信徒家人入學，學生人數因此增加。

另一方面，因美國北長老教會的傳教士們與瑞來村的信徒間有著廣大的人脈，這點也造就了瑞來村、蓮洞教會、蓮洞女學校三者的緊密關係。例如最早來到瑞來村教會的麥肯錫牧師、因巡迴傳道而來到瑞來村的安德伍德（Horace Grant Underwood）等牧師們及徐相崙、徐景祚、金允五、金弼淳之間的情誼，以及蓋爾（James Scarth Gale）牧師及其朝鮮語老師兼協助他翻譯《聖經》的助手李昌直……藉由他們的關係，他們的女兒們進入了蓮洞女學校，並於畢業後踏上抗日運動之路。

蓮洞女學校有個特徵，雖然時期不同，教授科目也會有些許變化，但在這裡的學生們，除了能夠修習《聖經》、漢文、作文、算術、歷史、地理、英文、歌唱、習字和繪圖之外，也能學習到濟眾院醫學校的本科，例如衛生、生物等。即使在一九〇八年的《私立學校令》頒布後，該校仍將重心擺在聖教與歷史科目。一九一五年，因抗拒修訂的《私立學校規則》中刪除信仰科目的規定，該校被歸類在了「雜種學校」。蓮洞女學校內也有愛國朝鮮教師，例如負責《聖經》和家事科目的舍監辛瑪利亞、教授漢文、韓文與習字的金瑗根，據傳他們都很照顧寡言、沉著而學業優秀的金瑪利亞。辛瑪利亞即後來因愛國婦人會事件，而與瑪利亞一同遭逮捕的辛義敬（也稱辛羲敬、義卿）之母；而金瑗根則是教師，同時也是抵抗日本的「朝鮮美術衰退論」，留下了高度評價朝鮮時代美術的文章的文人。瑪利亞在金兄弟商會幫忙時，也有機會聽到愛國者們的故事。耳濡目染下，使她比同年齡的學生都還要有更明確的國家觀與社會觀，金瑗根也會讓她在同學面前朗讀自己寫的作文。受到美國北長老教會派系的教育方針，以及民族主義傾向強烈的朝鮮老師們的影響，瑪利亞也逐漸形成了自己的思想。然而，這樣的人並非只有瑪利亞而已，貞信女學校造就了許多女性民族運動人士及愛國教育者，她們貢獻心力在三一運動、愛國婦人會運動、YWCA（基督教女子青年會）、槿友會等朝鮮內外的獨立活動，故該校也被譽為「韓國女性運動的搖籃」。

一九〇七年，蓮洞女學校有了第一屆畢業生，其中就包含了跳級的瑪利亞姑姑金弼禮。在這群畢業生中，她是最早前往東京的女子學院留學的人，也是給予瑪利亞巨大影響的人之一。留學時，她組織東京女子留學生親睦會並擔任會長，後來她為了到母校當教師而回國，會長之位遂由瑪利亞接任。其後，弼禮還前往美國留學，並成為女性教育界的領導者，為創立、發展韓國YWCA盡心盡力。

一九一〇年，瑪利亞成為該校第四屆畢業生，成績為二十二人裡的第一名。與她同屆的人還有姊姊美艷、俞珏卿、劉英俊、禹鳳雲、吳玄洲、吳玄觀等人。畢業當年發生的日韓合併讓她們失去祖國，此事件使之後的她們有人將自己的思想基礎從基督教改為佛教（禹鳳雲），有人則改行社會主義（劉英俊），為她們的人生帶來巨大變化。

二、二八宣言與三一運動

一九一〇年，在日韓合併的前一刻，瑪利亞前往了姊姊涵羅在職的光州須皮亞女學校任職，接著至廣島高等女學校留學，學習了日語及英語後，在瑪歌．李．路易絲與辛瑪利亞的推薦下，於母校貞信女學校當了教師。俞珏卿是瑪利亞的同窗，兩人關係不僅好到成為結拜姊妹，也同時在母校教書。談到瑪利亞，俞珏卿回顧道，她性格嚴謹耿直，且「總是在說祖國獨立的話題」。

一九一五年五月，路易絲校長為培養未來的女性領導者，在她的推薦下，瑪利亞到了女子學院[4]留學。瑪利亞的姑姑弼禮，也曾在這間隸屬於美國北長老教會的女子學院當過公費留學生。女子學院以基督教主義的自由校風聞名，當進行獨立運動的男學生來找瑪利亞時，傳教士Miss London會計畫讓他們見面；二八集會後，當警察來逮捕瑪利亞時，學監三谷民子也會拒絕他們進入，間接地支援了瑪利亞的獨立運動。不僅如此，對於因為三一運動歸國而未參加畢業考試的瑪利亞，還在事後特別為她授予了畢業證書。

一九一五年，金貞和、羅蕙錫及金弼禮等人在東京創立東京女子留學生親睦會，該會目的在於拉近在東京留學的朝鮮女學生的關係，致力於知識啟發，以期啟蒙朝鮮內女性的組織，瑪利亞在留學後，便馬上加入了這個組織。一九一六年，進入了高等科的瑪利亞，因為東京女子留學生親睦會的首任會長金弼禮要回到貞信女學校任教，於是被選為代理會長（後於一九一七年十月開始為正式會長）。一九一七年七月起，該會發行機關雜誌《女子界》。《女子界》原先由崇義女學校同窗會創刊，後將發行許可讓渡給親睦會，才始由親睦會發行。現存的第二號上顯示，當時的編輯部長為金德成，部員為許英肅（朝鮮最早的開業女醫師）、黃愛施德與羅蕙錫。在東京女子留學生親睦會時，瑪利亞也與過去的同窗劉英俊等人再次見到了面。

伴隨第一次世界大戰的終結，世界情勢的變化——特別是美國總統威爾遜提倡的「民族自決原則」等弱小民族自決主義，大舉鼓舞了朝鮮民族的自主獨立運動，在日本的朝鮮留學生組織「學友會」遂著手準備獨立宣言運動。東京女子留學生親睦會會員們亦響應此活動，金瑪利亞、黃愛施德參加了學友會在一九一九年一月六日主辦的「新年雄辯大會」，並貢獻了三百日圓的運動資金。二月八日，在神田韓國YMCA（基督教青年會）舉辦的「學友會臨時總會」，則有金瑪利亞、黃愛施德、盧德信、劉英俊、朴貞子、崔清淑、車敬信等人參加。會上發表了「朝鮮青年獨立團」的成立，並全場一致同意《二八獨立宣言書》草案。當時有許多留學生遭到逮捕，瑪利亞與愛施德亦受到調查審訊。

瑪利亞認為，要想將二八獨立宣言運動的狀況傳進國內、準備新一輪活動的話，女留學生較容易避開日本官兵的耳目，因此與車敬信一同擔起了這項任務。生於一八九二年的車敬信出身於平安北道宣川，在經歷一段教師生活後，離開了貞信女學校師範科，進入了橫濱的女子神學校任職。三一運動後，她在中國與美國進行獨立運動，並於洛杉磯設立朝鮮語學校，致力推動朝鮮語教學。之所以至今仍少有關於她的資訊，或許是因為就算在光復後，她的主要活動舞臺也仍在國外的關係。

在朝鮮留學生回國後便會馬上成為監視對象的狀況下，她們兩人變裝為日本女性，身穿和服，將抄有獨立宣言書的美濃和紙夾帶於衣帶，攜入國內。雖然瑪利亞已即將畢業，但她仍以祖國獨立事業為優先，將來自母校校長路易絲的回國催促信交與三谷民子看後，才獲得了許可。二月十七日，兩人自東京出發，安全抵達釜山港，途中前往位於釜山市內的獨立運動支援組織「白山商會」時，意外得知為了集資與收集國內資訊，而從上海祕密入國的徐炳浩與金淳愛[5]已抵達大邱，瑪利亞遂與車敬信前往大邱，雙方成功見面。後來，車敬信為了在西北地區活動而前往宣川，瑪利亞等人則前往光州，兩方分道揚鑣。對瑪利亞來說，光州是她以前的工作地，也是長姊涵羅、其夫南宮爀，以及剛從齊齊哈爾回來的姑姑金弼禮及其夫婿崔永旭的居住地。瑪利亞在崔永旭經營的端石醫院印刷了獨立宣言書，於二月二十一日抵達京城。首先她去了貞信女學校問候路易絲校長，當時，路易絲校長拜託瑪利亞去說服學生們摘下為了弔唁高宗辭世而配戴於左胸的喪章，但瑪利亞並不認同校長的想法，反而與教師張善禧一同支持學生們的行動，並主張女性也應奮起。

二月二十六日，李鍾一[6]造訪了天道教本部，傳達了留日學生的獨立運動消息，極力主張必須趁此機會在國內也發動舉族的獨立運動。據傳，李鍾一同時也告知，國內已立好計畫，並在準備中，使瑪利亞受到極大的鼓舞。

爾後，瑪利亞前往故鄉黃海道，與張善禧的哥哥，以及自己姊姊美艷的丈夫方合信見面，為了擴大獨立運動的機會與集資奔走。而也在這時，三一運動於三月一日在京城爆發，迫使她立即回到了京城。

三月二日，她在貞洞教會[7]與羅蕙錫見面，做完禮拜後，又拜訪了梨花學堂朴仁德教師的房間。房裡聚集了從東京回來的黃愛施德、梨花學堂的教師金漢淪、朴勝一、申俊勵，以及梨花學堂的學生十餘人。他們意見一致，認為女性也應參與獨立運動，不能只是旁觀。金瑪利亞提出，建立一個女性團體與男性團體緊密聯絡，當男性團體無法行動時，就必須由女性團體代為。但建立女性團體是個困難的方案，短時間難以定奪，最終以瑪利亞、黃愛施德、朴仁德、羅蕙錫四人擔任幹事，決定四日再做具體討論，眾人便散了會。三日，這天是高宗的國葬日，愛施德來到貞信女學校找瑪利亞邀請她一同參加，也討論了女性獨立運動的相關事項。

四日，除了前往開城、平壤拜訪同志的羅蕙錫以外，其餘的朴仁德、申俊勵、黃愛施德與金瑪利亞都聚到了梨花學堂，討論同盟休校以及即將於五日發動的萬歲示威運動的參加事宜。會議上，瑪利亞表明示威運動不應組織動員，而應採個別參加，反倒還提議討論女性團體的成立與擴張一事。雖然沒有得出結論，但瑪利亞在這個時間點，已明顯表現出她對成立一個獨立運動主體的女性團體有多重視，也可以預見日後愛國婦人會成立的雛型。

三月五日，約有一萬人參加了京城的示威運動，其中也能看見京城女子高等普通學校（以下簡稱京城女高普）、貞信女學校、梨花學堂、進明女學校等學校的女學生蹤影。她們被逮捕後，大多數人被關在西大門監獄。六日，警察踏進貞信女學校，逮捕了瑪利亞，將她押到位於倭城台的總督府警務總監部。曾於三月二日參加梨花學堂聚會的人也相繼被捕，由鍾路警察押解到西大門監獄，進行了嚴厲的審訊。在倭城台的拘留室裡，瑪利亞遇見了崔恩喜，崔恩喜被拘留於此，是因為她有京城女高普示威運動的主謀嫌疑。她在日後的回憶錄中追述到，那一晚，瑪利亞就像她真的妹妹一樣地照顧了她。而在倭城台接受了拷問審訊的瑪利亞，最後只能順檢察官的意，做了「受指使幫忙牽起東京與朝鮮間學生的聯繫」的偽證，在京城地方法院第二次的審問時，瑪利亞便向檢察官山澤佐一郎做出此事的控訴。當時的拷問給她帶來的後遺症使她患上乳突炎，造成鼻腔裡總是積膿，一生苦於此。過了約二十天，瑪利亞被移送至西大門監獄，她在這裡與相鄰的朴仁德隔牆交換訊息，被發現後遂又被分房隔離。八月，預審終結，被收押者們因證據不足而獲不起訴釋放，獲釋名單包含了瑪利亞、朴仁德、黃愛施德、申俊勵、羅蕙錫、李誠完、金慶淳等共四十六人。

三、成立大韓民國愛國婦人會與訴訟鬥爭

三一運動爆發後，女性也參加了運動，或組織女性抗日團體。一九一九年四月，上海成立大韓民國臨時政府（以下簡稱「臨政」）後，國內的抗日團體亦開始與臨政聯繫或提供支援，「血誠團愛國婦人會」就是其中之一。該會是三月中旬，由吳玄洲（會長）、吳玄觀（總裁兼總務）、李貞淑、張善禧、李誠

完、金英順等貞信女學校關係人士，為幫助因三一運動而被關押的人們或家人而成立。

最初，臨政並不知曉「血誠團愛國婦人會」的行動。只是正巧，臨政察覺要在國內進行祕密活動，就必須要有女性們的幫助，有迫切成立抗日女性團體的必要，臨政將此任務委託給了通信員林昌俊。林昌俊遂與其長年的友人李秉澈一同於一九一九年四月左右，糾合崔淑子、金元慶、金熙烈、金熙玉等六十名女高普畢業生，組織「大朝鮮獨立愛國婦人會」，並以李秉澈為顧問。隨後，林昌俊得知了血誠團愛國婦人會的存在，並於五月左右接到派遣臨政的婦人會代表前往上海的指令，遂派出金元慶，作為兩會代表。接著，他按照臨政的方針，統合兩團體，定名「大朝鮮獨立愛國婦人會」，兩會同等地派出幹部，定會長為吳玄洲、副會長崔淑子。因此會的主要活動為收集獨立資金送往臨政，因此致力於擴大會員人數，最終甚至在各地設置分部。

不過，由於臨政送給吳玄洲的感謝狀上，寫著「大韓民國愛國婦人會會長」的緣故，新會的名稱最終變成了「大韓民國愛國婦人會」。

統合後的「愛國婦人會」在三個月的期間裡共募得七四七日圓的會費，並將其中的三百日圓送往上海的臨政，創造各項成績。不過，在為了祖國獨立奮鬥的過程中，他們認識到獨立並非是能夠短期內實現的現實，於是也出現了希望從獨立運動抽身的「愛國婦人會」指導層，李秉澈正是其中之一。他在審問筆錄中表示：「因我認為朝鮮獨立不可能達成，所以才取回了（大韓民國愛國）婦人會的印鑑。」而會長吳玄洲則表示，過去在上海進行獨立運動的丈夫姜樂遠回國後，和她談到「獨立還離我們很遠」，所以希望她不再參與，而她選擇答應。於是，核心人物們的思想變化，為運動本身帶來了最大的沉滯。

另一方面，獲釋的瑪利亞為了治療拷問造成的後遺症，住進了世福蘭斯醫院，她在此得到了周到的治療。因過世的叔父弼淳曾在世福蘭斯醫院工作，而護理師之中也有三一運動或「愛國婦人會」的參加者。瑪利亞在身體初見好轉後，便立刻出院回到貞信女學校，並獲得代理校長米勒出借自宅的二樓作為她的住所。瑪利亞除負責教育學生外，也試圖掌握女性運動的現狀，但在與吳玄洲等人接觸後，遂立刻知曉運動的遲滯狀況。為了振作組織，瑪利亞透過吳玄洲，召集了「愛國婦人會」的成員。

一九一九年十月十九日，[8] 瑪利亞的住所來了李貞淑、張善禧、金英順、白信永、李惠卿、辛義敬、俞仁卿、李誠完、吳玄洲、吳玄觀等十六人。這些人幾乎都是貞信女學校的畢業生，梨花學堂出身的黃愛施德，則是因為瑪利亞的關係才來參加。瑪利亞的計畫是，以「愛國婦人會」為基礎，重新建立一個全新的組織，並在朝鮮各道設置分部廣招會員。而在吳玄洲想辭任會長的強烈意願等原因下，新組織重新遴選幹部。最終編制如下：會長金瑪利亞、副會長李惠卿、總務及編輯長黃愛施德、書記辛義敬與金英順、財務部長張善禧、交際部長吳玄觀、[9] 紅十字部長李貞淑與尹進遂、決死部長白信永與李誠完。除此之外，其他道與主要城市的分部長也都遴選完成。這次新編制的特徵，在於多了紅十字部長與決死部長這二個新職位，但這點也在日後接受審問時，圍繞在「愛國婦人會」定位上的爭論點。

這二新職位所意味的，便是準備將來與日本間的獨立戰爭。以往，女性抗日團體在運動上都是輔助性的角色，主要在收集活動資金送往臨政。與之相比，新生的「愛國婦人會」卻明顯表示出了要與男性平等參加祖國獨立戰爭的意志，也可說是表達了想平等行使國民權利與義務的意志。

為了將來的獨立戰爭做準備，臨政設立了軍官學校、創設大韓民國紅十字會。為響應臨政的行動，瑪利亞寫了立會宗旨，而本部及分部規則則由瑪利亞、李惠卿、黃愛施德共同寫成。

宗旨主要部分如後：

同為國民一分子，我等婦女乃成立本會。雖數年以來遭受敵人的種種壓迫，但無論何種困難、無論何種威脅，我們皆不屈服。私下組織團體、祕密保持規模，在為將來的國家成立做準備、走向獨立國的困難中，婦人十中有二參與，此事舉世矚目。然我們不能因此滿足，我們將以恢復國權與人權為目標，持續前進、絕不言退，衷心希望愛國婦女鼓起勇氣，以團結為第一，齊心協力實現共同的理想。大韓民國愛國婦人會，大韓民國元年（一九一九年）九月二十日。

這份宗旨以「愛國婦人會」會長金槿甫（推測為瑪利亞）於十一月一日隨軍資金二千日圓送往臨政總統李承晚。另一方面，自現存的本部規則來看，法條共有七章三十二條，其中強調組織成立目的是「擴張大韓民國國權」，並規定會員擁有選舉幹部與被選舉為幹部的權利、有發表會務與票決贊成或否決會務的權利，以及必須嚴格保密會內一切事項等。藉著瑪利亞與領導層卓越的領導能力與會員們的奮鬥，在本部結成後不久，不僅國內各道及主要城市，甚至連夏威夷、間島都建立了分部，會員達到二千名，也為臨政提供了六千日圓的鉅額資金。

然而就在這過程中，全國各地在十一月底掀起檢舉「愛國婦人會」關係人士的風暴。但實際上，這事情早有異樣。某天，吳玄洲找來了瑪利亞與財務部長張善禧，於其自宅與臨政的密使會面，密使仔細打聽了「愛國婦人會」的活動、組織內容、資金等實際狀況，但二人覺得可疑，便沒說出祕密。他們的猜疑是正確的。在後續的庭審中，揭曉了那所謂臨政派來的密使劉根洙，也就是吳玄洲丈夫姜樂遠的柔道與劍道老師，其真實身分是大邱警察署的刑警；以及大邱警察署早就查到市內的「愛國婦人會」會員在收集資金的資訊並展開行動。他透過吳玄洲取得了「愛國婦人會」的會規與名單等書面證據，因其中包含了涉及大韓民國青年外交團（以下簡稱「青年外交團」）的文書，當局意圖擴大事情嚴重性，於是打算將這二個獨立運動團體連同處理。

十一月二十八日，瑪利亞、金英順、辛義敬、張善禧被來到貞信女學校的刑警帶到了鍾路署，再隨著先前已被逮捕的其他同志們一同移送本町警察。他們在那遇到了黃愛施德、李貞淑、李誠完、朴仁德、金惠玉、朴順福、吳玄洲、吳玄觀等人。此時的吳玄洲已經懷孕，且帶著乳兒，此景讓其他同志們心疼不已。

次日，瑪利亞等十八人被移送大邱地方法院檢事局，在全國各地被捕的會員也被陸續送往大邱。五十二人經審訊後有四十二人獲不起訴釋放，核心幹部瑪利亞、黃愛施德、張善禧、李貞淑、金英順、俞仁卿、辛義敬、白信永、李惠卿等九人則被送回預審，關至大邱監獄。與事件擴大有深切關聯的吳玄洲則因為答應作為證人，在自首書上簽名後獲釋。

對於被收押的九人來說，迎接他們的將是漫長而痛苦的審問、條件惡劣的監獄生活，以及官司鬥爭。瑪利亞被作為重犯關至單人牢房，其餘八人則被分開，張善禧到了殺人犯牢房、黃愛施德則到了竊盜犯牢房。這期間，瑪利亞因過去的拷問留下的後遺症逐漸惡化，除了鼻子與耳朵的化膿更加嚴重、發高燒之外，又因當局為了讓她說出與「青年外交團」的關係而施加拷問，使她精神也跟著衰弱，人就如同行屍走肉一般；白信永則因為腸胃病惡化，無法進食而陷入瀕死狀態；李貞淑的腳則因為寒氣凍傷而無法行走。民間為了這九人組起救援組織，為她們送進補給品，傳教士們則每週輪替前往大邱監獄禮拜，聲討拷問的不正當性，並要求改善九人的待遇等。一九二〇年五月二十二日，經過無數次的請願後，僅瑪利亞與白信永二人被允許保外醫治，她們被轉移到傳教士位於大邱的居所，但一切與外部的會面皆被禁止。

一九二〇年六月七日，這天是當局對「愛國婦人會」與「青年外交團」的第一次公審。法官五味逸平表示，若兩位病人聽取李秉瀲的審問過程會太勉強，可先退庭。瑪利亞則以細若蚊蚋的聲音，斬釘截鐵地回道：「感謝允許我們退庭，不過我們愛國婦人會與被告男子李秉瀲毫無關係，原本就沒有聽的必要。」接著，瑪利亞便被支撐著兩腋走向外面，她全身蓋著毛巾，臉則以白色手帕遮著。但從手帕下露出的下巴，卻是毫無血色、白得宛如死人，露在毛巾外的手也是皮包骨的狀態。在一九二〇年六月九日發行的《東亞日報》的報導中，就描述了當天二人退庭時，旁聽席的人因其慘狀而潸然淚下的情狀。

名為河村靜水的檢察官在求刑時，自行認定「愛國婦人會」幹部金瑪利亞、黃愛施德、李惠卿、辛義敬、朴仁德為國賊，尤其對金瑪利亞給予了「在人格、素質上有著非凡的才能，但其膽大與傲慢的態度卻難以言表」的評價。他舉了瑪利亞使用西曆、高傲聲稱「我是不懂日本年號的人」的事例，並論道：「她不將日本帝國看在眼裡，採取非國民式的態度，難承認其為日本臣民。如此大逆不道之輩，應降以秋霜烈日之刑，如此人物如不撲滅，治安難維。」接著，金瑪利亞與黃愛施德被求刑五年，其餘被告則為三年。六月二十九日，法院宣判第一次判決結果，但瑪利亞因為病情惡化而未出席。判決內容為瑪利亞與愛施德有期徒刑三年；張善禧、金英順、李惠卿有期徒刑二年；李貞淑、俞仁卿、辛義敬、白信永有期徒刑一年。不過，收到這份宣告的她們，立即就向大邱覆審法院發起控訴。

瑪利亞為了接受手術，在判決宣告的後天前往京城，住進了世福蘭斯醫院，她的主治醫師高明宇，是其叔父金允五的女兒（世羅）的丈夫，當時與她一同住院的人還有白信永。手術後，她曾一度陷入病危、禁止他人會面的狀態，不過經過第二次手術後，總算沒有生命危險。然而，瑪利亞還是免不了精神衰弱，住院五個月仍無起色。即使在這個狀況中，瑪利亞直到最後都對判決表示不服，這一年多的時間，對她來說無非是一段煎熬。

四、逃亡中國與臨政國民代表會議

一九二一年六月二十一日，京城最高法院宣告最終判決，瑪利亞三年徒刑定讞，駁回上訴。不久後的六月二十九日，瑪利亞因有肺結核症狀，聲稱醫師建議易地療養，於是離開世福蘭斯醫院。她暫借了位在京城城北洞的農家，並潛藏於此，一到晚上便趁夜摸黑離開，此即瑪利亞逃亡中國旅程的開端。

勸告、說服瑪利亞並使其實踐的人是傳教士馬科恩（George Shannon McCune，韓文名尹山溫）與臨政派遣來的尹應念。在尹應念還在宣川的信聖中學校念書時，馬科恩剛好是該校校長，兩人而有了[10]一段不淺的因緣。

馬科恩畢業於美國北長老教會設立的帕克大學（Park University），赴任朝鮮以來，多投入於教育事業，有著平壤崇實學校教師及信聖中學校校長等經歷，在朝鮮人進行抗日運動時，亦積極支援。一九二一年八月，他回到美國，在休倫學院（Huron College）擔任院長，後續也為了瑪利亞撰寫了帕克大學的推薦書，對經歷著困難留學生活的瑪利亞在物質與精神上的支援不遺餘力。到了一九四六年，他回想當年，敘述了建議瑪利亞逃亡的原因：「我相信想辦法讓金瑪利亞活下來，才能讓朝鮮的獨立運動存續下去，總有一天朝鮮必定獨立，於是我才不顧危險要她逃亡中國。金瑪利亞有著虔誠的信仰，愛國愛族的精神更是首屈一指，是位將身心都奉獻給國家的崇高愛國者。」

瑪利亞的逃亡，在尹應念緻密的計畫與周全的準備下，才成功從日本警察嚴密的監視下成功實現。由尹應念策畫的逃亡準備過程到決行之間的詳細內容，在鄭一亨向「北美學生總會」的機關誌《烏拉基》（우라키）（六號，一九三三年）投稿了一篇名為〈金瑪利亞論——多舛的逃亡生活公開書〉的文章後而為人所知。鄭一亨是與瑪利亞幾乎在同一時期留學美國，並一起就讀紐約神學院（New York Theological Seminary）的人。從兩人深刻的交情來思考，其內容應有一定的可信度。後來鄭一亨於德魯大學（Drew University）取得哲學博士學位，光復後則擔任過第二至第八屆的韓國國會議員。

尹應念以臨政要員的身分，遊走於上海及朝鮮之間，執行各種祕密活動，例如以仁川為據點，散布臨政的《獨立新聞》等。一九二一年四月，收到護送瑪利亞與臨政重要人物的家人至上海的任務後，尹偽裝成中國人，潛入朝鮮。他多次前往瑪利亞入住的醫院，在獲得其信任後，說服她逃亡中國，最終在六月二十九日決行。瑪利亞搭上尹安排的人力車前往仁川，在途中經過的中國餐廳換穿中國服飾，偽裝成中國人，再轉乘車子前往某教會，藏身於大講堂內。一週後，她與偽裝成中國人的二、三位婦女及數名男人一同搭上小船出航，在黃海漂流三日後，偶遇中國的大型商船。他們將嚴重暈船與生病的朝鮮人轉移到該船，又過了一週，才終於成功抵達中國的威海衛。一行人將需等身體恢復元氣的瑪利亞留在了威海衛後，遂朝上海出發。二週後，代表臨政的姑姑金具禮與其夫徐炳浩從上海前來迎接瑪利亞。經過如此苦難，走上逃亡之路的瑪利亞，在時隔一個多月後終於抵達上海。至於朝鮮的警察們，則因為保釋中的瑪利亞逃亡國外的事實感到不知所措，最後於七月二十八日發布逮捕令，開始追蹤她的行蹤。

後來，為了募集軍資潛入仁川的尹應念遭到逮捕，並被宣判十五年徒刑，但他趁著保外就醫的機會逃亡中國，從此音訊全無，瑪利亞與尹應念也就不曾再見面，瑪利亞逃亡中國的具體背後關係等資料，便也無從考究。

在上海，瑪利亞與具禮、淳愛兩位姑姑住在同一屋子的上下樓，兩姑姑的家族給了瑪利亞周全的照護，但仍因為併發心臟病的緣故，住院了三至四個月。也因此，她到了十一月才終於第一次參加了上海大韓民國愛國婦人會舉辦的歡迎會。一九二二年二月，瑪利亞與金九同時在臨時議政院會議上被選為黃海道代表，但他們幾乎沒有行動，只進入了位於南京的金陵大學修習《聖經》師範課程，同時學習中文，為將來準備。

話再說回瑪利亞逃亡中國前。當時，臨政正處於一個相當糾結的狀況。一九二一年初，圍繞著臨政的方針與組織問題，安昌浩與金奎植（瑪利亞姑姑淳愛的丈夫），以及對李承晚採批判態度的李東輝脫離了臨政。二月，申采浩、朴殷植等十四人提出《告我同胞》聲明，要求召集國民代表會議，以打造全國意志統一的堅強政府組織。自這件事開始，各地便相繼提出召集代表會議的要求。幾經波折後，國民代表會議在上海舉行，時間自一九二三年一月開始共五個月的時間中，共有國內外的獨立運動團體與地區代表一百二十五人集結於此。會議共召開七十四次，但在臨政的改造方案或獨立運動方針上，擁有不同理念、地區、團體的參加者們，立場始終難以取得平衡。除了主要的民族主義陣營內部的糾葛之外，又有社會主義陣營的加入，因此團體大致分成了兩派。一是主張變更臨政的各種制度與名稱，希望將臨政改造為民族運動的最高指導機關的「改造派」，代表人物為安昌浩；一是主張以國民代表會議為基礎，成立一個取代臨政的全新獨立運動組織的「創造派」，代表人物為申采浩。最終，「改造派」與「創造派」無法找到折衷方案，國民代表會議也就在無法統合各個獨立運動勢力的狀況下散會了。

瑪利亞在是次會議上獲得了代表「愛國婦人會」的資格，並且報告了「愛國婦人會」的活動狀況，亦發表了時局問題的意見。瑪利亞道：「國內的一般民眾聽到上海成立政府後都很開心，他們不在意這個組織是由少數人組成，或者成員是善是惡，更是慷慨解囊，面對敵人的重刑也毫不畏懼。……革命時期，組織的人數少難以避免，但人員是可以變更的。這個經過數萬人流血才得以成立，且已有五年歷史，又有許多人民認可的政府，要是推翻重塑，或許少數人會感到滿足，但大多數人應該會感到悲傷，外國人也會投以疑惑的眼光吧。若路線不對，那就再改造就好。」表示支持「改造派」的立場。她以自己在「愛國婦人會」活動，以及在監獄、法庭上鬥爭的經驗，理性對待此事。也因此，即使瑪利亞的姑姑金淳愛，以及姑姑金具禮的丈夫徐炳浩是「創造派」的一方，她也未受影響。然而，當她實際見到自己與同志們捨棄一切也要守護的臨政的現實後，感到失望的瑪利亞，遂於國民代表會議以決裂終結後馬上離開上海，向美國出發。

五、逃亡美國與槿花會

一九二三年六月二十一日，瑪利亞拿著中國護照，與菲奇牧師，以及臨政的議政院議長孫貞道牧師的女兒孫真實一同離開了中國。他們經過了夏威夷、舊金山，於八月抵達洛杉磯。所到之處，都受到在美同胞的歡迎，她也每次都宣傳著養成實力與團結的必要性。安昌浩的家人們就住在洛杉磯，其妻李惠鍊是蓮洞女學校的畢業生，兩人結婚時還受到瑪利亞叔父金弼淳的幫助，可謂緣分不淺，也因此她格外照顧瑪利亞。在當時種族歧視狀況嚴重的美國，瑪利亞雖受到他人的輕蔑與怠慢，仍靠著筆抄員、幫傭、圖書管理員等工作賺取生活費與學費，就這樣過了一年，才進入帕克大學就讀。瑪利亞在進入美國後，便向一起運送《二八獨立宣言書》的同志車敬信寫了信，希望對方也一起來到美國。敬信在國內、滿洲持續推動獨立運動，最終因病在上海長期住院，生活陷入困難。一九二四年一月，敬信前往美國，兩人在洛杉磯戲劇性地再會，但她們的生活卻像是始終與貧窮為伍。有一次，敬信向瑪利亞說：「我一直都好餓，真想哪天把肚子吃得滿滿的。」於是，瑪利亞便建議她去應徵有提供住宿的廚師。據說，她之後真的當上了廚師，但因為沒有料理技術，所以又被趕了出去。後來，敬信在美國結婚，定居於洛杉磯，在那裡開辦朝鮮語學校，並持續支援著母國的獨立與發展，直到最後。

瑪利亞在美國留學了九年，在這段漫長的日子裡，她念了四所大學。雖然其中一個理由是她需要廣泛的知識，以幫助她回到祖國後可以投入女子教育事業，但其實瑪利亞還有另一個更迫切的理由。那就是當時的美國移民條例規定，一旦學業結束，就不能繼續留在美國。一九二四年十月，瑪利亞進入了她在美國的第一間學校，也就是帕克大學。這間大學由美國北長老教會創辦，校內實施著一種自力學生制度，學生一天需要在校內勞動三小時以賺取自己的宿舍費與學費。透過許多與瑪利亞有關係的傳教士們的幫助，她被編進了她想念的三年級，也獲得了獎學金，能夠專心在學業上，最終於一九二七年五月畢業。接著，她為了研究社會學與教育學，於是進入了芝加哥大學，成為研究生，一邊在圖書館工作，一邊讀書。一九二八年九月，她進入哥倫比亞大學教育研究所，直到回國為止都在紐約生活。一九二九年六月，瑪利亞取得教育行政學的碩士學位後，又於同年十月進入了紐約神學院，攻讀宗教教育學。

在繼續學業的同時，瑪利亞也與在美的同胞們持續推動抗日運動。在瑪利亞與一同在朝鮮經歷過牢獄之苦的朴仁德、黃愛施德於紐約再會後，遂糾合在美女性同胞，成立「槿花會」（「槿」為木槿花，在朝鮮稱之為「無窮花」）。槿花會於一九二八年一月一日組織，成員主要是在紐約的女性同胞，核心是為國家與民族而奮鬥。該會宗旨有：一、弘揚民族精神，形成大同團結。二、獎勵教育與實業。三、向外國人廣泛宣傳朝鮮的狀況。四、協助建國大業。為此，槿花會設有實業部、教育部與社交部（國際部）。會長為瑪利亞，總務黃愛施德，書記李善行（貞信女學校同窗），社交部則提名由朴仁德負責。二月十二日，成立典禮在紐約韓人教會召開，據說他們在室內掛起太極旗與槿花旗，並布置了整整一面牆的無窮花花束。因為由女性同胞所主導的獨立運動還尚未在美國組織化，因此眾人對槿花會的期待也相當大。

此外，在一九二八年，瑪利亞與黃愛施德、朴仁德還一同成了《三一申報》的發起人。《三一申報》以紐約同胞為主，由美國各地的有志之士刊行的報紙。它的創刊宗旨開頭上寫著：「完成大韓民國獨立，促進韓國民族的自覺與團結，喚起輿論，以進大同。」

一九二九年，瑪利亞獲選為韓國學生聯盟副會長，同時也加入興士團。興士團是一九一三年由安昌浩組織的團體，成員主要是住在紐約的同胞移民或留學生，視學業及人格修養、改善生活、增強經濟力量為當前課題，以為母國未來的獨立做準備。在臨政成立後，興士團也在上海、京城、平壤設置了分部，還刊行雜誌月刊《東光》、經營《新韓民報》等，致力於啟蒙與提升民力。瑪利亞向興士團繳交的履歷表中，名字的欄位寫著「常真」，這是她受洗前的名字。一九三〇年十二月，興士團召開第十七屆紐約大會。會上，瑪利亞以「大韓民國與興士團」為題發表了演說。話說，興士團的會員有繳交會費的義務，但在因為經濟恐慌而失業者人數上升的美國，身為留學生、又拿著中國護照的瑪利亞，根本找不到工作。因生活所困的她，就這樣持續未繳交會費的狀況下，過了兩年。為此，瑪利亞在即將回國前，向興士團事務局遞交了道歉書，直至目前仍保存著。這封道歉書，除表現出了瑪利亞正直的性格外，也訴出了她在美國的「苦學」狀況。

六、回國之後

在法定時效的一九三一年五月逐漸接近時，瑪利亞決定要回國，在母國工作。於是她做起準備，與美國北長老教會傳道會取得聯繫，同時又於一九二九年進入紐約神學院，致力在基督教團體主持的會議上進行演講等活動。瑪利亞之所以得以成功回國，是因為背後有加拿大長老教會傳教會——特別是該會的傳教士路易絲．霍德．麥卡利（Louise Hoard McCully）的幫助。一九〇〇年，路易絲在中國結束了傳教士的工作後，來到了朝鮮。一九〇八年，她為了培養女性傳教士，於咸興設立了聖經學院與女信徒會。一九一四年，這些設施轉移到了元山，又於一九三〇年擴大規模、改編，最終發展成朝鮮最早的女子神學教育機關「瑪莎威爾遜女子神學院」（Martha Wilson Women's Bible School）。偶然地，這位路易絲校長，正是先前於瑞來村傳教時病逝的麥肯錫的未婚妻。可以想像，路易絲校長是為了感謝當時為麥肯錫張羅喪禮的金允五，才向其姪女瑪利亞伸出援手，設法讓她回國後在瑪莎威爾遜女子神學院工作。在一九三一年三月十九日的《東亞日報》上，有篇名為〈愛國婦人團事件，金瑪利亞回國？身在美國，鄉愁難耐，海外流亡十星霜〉的報導中寫道：

> 金瑪利亞女士在美國的期間，雖全心致力研究《聖經》，但最近因身體恢復健康，協助她的傳教士中，有人認為比起留在美國，讓她回到朝鮮、從事宗教事業更能發揮其所長，[11] 於是照會總督府外事課，詢問當她歸國之際，是否會被判刑。然而，金瑪利亞女士的違反國法問題，是由法務局與警務局管轄，因此總督府仍遲遲未下決策。

從這些消息的流傳，本身就可看出瑪利亞的回國準備已在進行，就連她回國後的安全，都被審慎考處進去。

藉著加拿大長老教會傳教會的幫助，瑪利亞於一九三二年六月離開美國，並於七月二日在加拿大的溫哥華搭上了回國的船隻。途中，她在夏威夷轉航時，參加了婦人救濟會主辦的送別會，十八日抵達日本的神戶港。接著，她便馬上遭到水上警察署帶走，受到十四名警官共三次的審訊。二十日，瑪利亞總算在她熟悉的京城車站下車，並在高明宇位於世福蘭斯醫院範圍的住家過夜，隔天便向元山出發。瑪利亞在各處皆受到了同志或貞信女學校同學們的歡迎，當時的划船遊玩及聚餐的照片，都有留存下來。不過，與此同時，瑪利亞被警察逮捕、拘留了兩天，還被下了就職停止命令，使她錯過了學校的新學期。當時的審訊內容，以名為〈審訊與朝鮮騷擾事件有關並在逃之金瑪利亞一事〉的祕密文書，自京畿道知事於一九三二年九月十二日送達以警務局長為首的朝鮮及內地的關係機關的長官手上。內容詳細記載著瑪利亞在朝鮮的足跡，特別在逃亡中國及美國一事上，就連是誰、如何幫助她等，都一五一十地記載於上。不過，至於在美國進行的抗日活動，瑪利亞似乎是三緘其口，是故最後只以「回國後無具體活動，多專注於前業等」作結。

一九三三年春，瑪利亞的就職停止命令解除，得以就任瑪莎威爾遜女子神學院的教授。直至學校被總督府勒令停辦前的一九四一年為止，她都在此工作，為培養女性傳教士投注心力。回國後的瑪利亞雖時常在警察的嚴厲監視下，但她仍最大程度地進行活動。例如在教育事業方面，曾經是她的學生兼養女的裴學福就提到，瑪利亞雖被限制只能教授專門的《聖經》科目，但她仍選擇《舊約聖經．但以理書》及《新約聖經．啟示錄》來作為課程，且總是做好十全準備。而這兩本《聖經》，定位剛好都是給予受虐民族新希望的預言書。此外，她也時常在學生的生活方面給予協助。進入這間學校的學生幾乎都是寡婦，或是想成為傳教士的女性，這些人也多同時為經濟所苦。其中裴學福又特別貧困，是以入學面試時便被校方判斷難以支付學費，準備給予其不合格的評價。不過，在瑪利亞擔保了裴學福的經濟狀況後，她終於獲得入學許可。後來，她成了瑪利亞的養女，在瑪利亞身邊鞠躬盡瘁地幫助著她。

再者，瑪利亞還會與學生一起推動農村啟蒙運動。他們認為，農民占據朝鮮人口的百分之八十，因此優先改善農民的窮困狀況與非文化的生活，才能為恢復國權的大業打下基礎。這場啟蒙運動，自一九二〇年代晚期持續到了一九三〇年代中葉，主導者為基督教團體、《東亞日報》、《朝鮮日報》等，目標是「消滅文盲」（文盲退治）與改善生活。基督教的女性們，也以ＹＷＣＡ[12]為中心，展開了「消滅文盲」、辦夜校、培養農村女性領導者、改善生活等活動。長老教會方面則在一九二八年時，認為有必要在各教會開設韓語講習的夜校，使監理會亦決定推動「消滅文盲」。在瑪利亞的同志黃愛施德、朴仁德也從美國歸來後，農村啟蒙運動便有了很大的進展。響應國內的時局變化，瑪利亞也在暑假等時機帶著學生走進農村。雖然有刑警在旁監視，但瑪利亞仍在早上教導農婦們的孩子，晚上則教導農婦們識字或向她們演講。演講中，瑪利亞談到愛國以及健康相關的話題，例如孩子們即使不穿上衣，也一定要讓他們穿好內衣褲之類。

另一方面，瑪利亞也在基督教女性運動上投注了心力。她於一九二八年創設的朝鮮基督教長老會女傳道會全國聯合會擔任了第七至第十屆的會長，在任內除了擴大了組織規模外，也打下了強健的財政基礎。此外，她也主張教會的男女幹部的薪俸及職務內容應該平等。她在一九三四年的《宗教時報》第一號上，以一篇〈朝鮮基督教女性運動〉的文章，舉出教會裡為了區別男女而引用《聖經》的弊害，嚴正批判此類男女不平等的生態。同時提倡女性也有對家庭、對教會，以及對社會的責任之觀念。

此處還必須提到瑪利亞對總督府參拜神社命令的抵抗。作為皇民化政策的一環，總督府強力推行「神社參拜」政策，若學校拒絕接受，則會面臨關閉的下場。一九三八年秋，長老會全國總會召開之際，因反對派的牧師在事前遭到拘留，故神社參拜政策就在贊成派的支持下通過。本來，女傳道會理應服從這項會議決定，但女傳道總會只通過了支付國防獻金五十日圓議題，否決了神社參拜。不過，為了避免學校遭到關閉，她們延期了所有公開的集會，只進行禮拜，又或是將案件交由實行委員會處理而非總會等，採取了一連串避開官方壓迫的戰術。此種巧妙戰術，可說只有閱歷豐富的瑪利亞才能想到。

然而，直到最後仍採取抵抗態度的瑪莎威爾遜女子神學院，最終也於一九四三年接到閉校處分。同年十二月，瑪利亞在元山的自宅病倒，雖然住進了養女裵學福在平壤服務的基督教醫院，最終仍於一九四四年三月過世，享年五十三歲。她的遺體按照她的遺言，於火葬後撒在了大同江上。後於一九六二年，獲追授建國功勞勛章獨立章。

其他人物

黄愛施德

一八九二－一九七一年。獨立運動者、社會運動者。平壤出身。年少時曾斷食堅持己見，不顧父親反對，於十三歲進入正進女學校就讀，並以最優秀成績畢業，再進入漢城梨花學堂中等科。一九一〇年，於畢業的同時，進入平壤的崇義女學校擔任數學教師。後與同事李孝德、崇賢女學校教師金敬熙，以及崇義女學校學生二十餘人結成祕密抗日組織「松竹決死隊」，進行抗日運動。在傳教士霍爾的推薦下，於一九一七年進入東京女子醫學專門學校就讀。在學業之外的部分，她也參加過「東京女子留學生親睦會」的活動，成為機關雜誌《女子界》的編輯；於參加朝鮮留學生團體「學友會」會議時，曾對不讓女學生加入運動主力的男學生批判道：「你是指國家大事只需由男子處理就好嗎？車子只有一邊的輪胎的話可開不動。」一九一九年，留學生公開《二八獨立宣言書》時，與金瑪利亞、盧德信、劉英俊等人列於發表席。

三一運動時，她祕密著和服歸國參加運動，後被以在梨花學堂教師朴仁德的房內聚會為由逮捕。直至八月初為止，都在西大門監獄服刑。出獄後，又立即與金瑪利亞一同重組「愛國婦人會」（請參照本章「金瑪利亞」條目），但兩個月後遭到逮捕，被宣告與瑪利亞同樣的三年徒刑。她被關押於竊盜犯牢房，於夜間教導女囚《聖經》、韓文、算術等知識。後於梨花學堂任教的同時，也會於泰和女子館的夜校傳授女工韓文等知識。一九二五年，留學美國哥倫比亞大學，研究農村問題，取得學士與碩士學歷。一九二九年後，她於協成女子神學校任農村事業指導教育科教授，除了派遣學生到各地農村外，為了實踐農村啟蒙，她自身也與金路得、崔容信一起在黃海道遂安郡泉谷面龍峴里從事教育事業，為兒童及不曾受過學校教育的女性傳授知識。除此之外，為了進行教育事業與農村啟蒙運動，甚至買下了龍峴里的東洋拓殖株式會社的十萬坪土地。她在YWCA、女性統一組織「槿友會」、職業婦人協會、京城女子消費組合、家庭婦人協會等的創立或活動投注心力，設法提升女性大眾的生活品質。一九三〇年結婚，時年三十九歲；對象是比她小八歲、在她參加京城女子消費組合活動時認識的男性。一九三五年，她中止了國內的活動，與丈夫一同前往滿洲，在該處亦帶頭建設「自由農場」。回國後，她遠離了所有公開事業，直至朝鮮迎接光復，才又開始活躍。例如接濟戰爭寡婦及孤兒，或是在YWCA聯合會、女性團體總聯合會、三一女性同志會等機構活動，為提升女性地位而奮鬥。

羅蕙錫

一八九六―一九四八年。朝鮮最早的女洋畫家、小說家。自水原的三一女學校後，進入漢城的進明女學校就讀，並以最優秀成績畢業。後在哥哥景錫幫忙說服父親下，得以入學東京的女子美術學校西洋畫專科。

在日本接觸了《青鞜》的「新女性」潮流的她，於一九一四年在日朝鮮人東京留學生學友會發行的《學之光》三號，登載了充滿先驅者自覺的文章〈理想的婦人〉。一九一五年，與金貞和、金弼禮一同創立「東京女子留學生親睦會」，吸引了金瑪利亞、黃愛施德、劉英俊等人陸續加入。她發行了機關雜誌《女子界》，自身也刊登了小說〈瓊姬〉、〈致復活的孫女〉（生き返った孫娘へ），以及詩篇〈光〉。一九一九年，因牽扯三一運動而遭逮捕，直至八月初為止都在獄中。一九二〇年，與律師金雨英結婚。

婚後，她在家庭生活與畫家、作家事業兩不誤，大展身手。一九二〇年，舉辦第一場個人展覽，獲得好評。除了因前往歐美旅行而缺席了第七、八屆外，第一屆至第十一屆的「朝鮮美術展覽會」（簡稱鮮展）她皆有出展，第十屆更以作品《庭園》獲得特選獎，該作品在第十二屆的「帝國美術院展覽會」（簡稱帝展）也獲得入選。她在寫作方面的活動也相當多彩，寫過〈婦人衣服改良問題〉等作品，主題從生活問題，到主張女性的自我覺醒與權力的啟蒙性質文章皆有，更出品過短篇小說〈怨恨〉，在小說界打響名聲。一九二三年，她隨著當上滿洲安東縣副領事的丈夫前往滿洲。在同樣算是獨立運動據點的安東，組織女子夜校或親睦會，祕密支援獨立運動。最近的研究更發現了她與義烈團的關係。

後來，總督府派予金雨英一九二七年至一九二八年在歐美長期視察旅行的任務，羅蕙錫也隨之同行。在學畫之餘，她眼見耳聞歐美女性的參政權運動、托兒所，後來在雜誌連載遊記二十二篇。在這段旅程中，她在巴黎「邂逅」了天道教領導者崔麟，導致回國後與金雨英離婚。在離婚後的困難生活中，一九三四年於雜誌《三千里》發表〈離婚告白書〉，向崔麟提出蹂躪貞操的損害賠償，批判男性的自私行為。但她抨擊以男性為主的朝鮮社會的行為，反招來社會對她的全面冷落，除了落到孤立無援的下場，還染上疾病。最終，病倒在路邊的她，於一九四八年十二月在首爾的市立慈濟院病逝。

朴仁德

一八九六—一九八〇年。社會運動者、教育家，平安南道鎮南浦出身。父親因霍亂病逝，成為寡婦的母親因信仰問題，帶著仁德離開婆家，但她從未放棄女兒的教育，讓女兒身穿男裝，前往書堂念書；後續也在從事雜貨行商的同時，讓仁德在鎮南浦的三崇女學校念書。畢業後，仁德跟著回到梨花學堂的尹心悳（後來成為有名的聲樂家）姊妹一同前往京城，接受校方特別撥補的獎學金念書。

畢業後，仁德回到母校梨花學堂教書。一九一九年，三一運動爆發。金瑪利亞、黃愛施德、羅蕙錫、中俊勵等十一人在她的房間討論運動事宜，並因此被捕，坐了五個月的牢。最初在西大門監獄時，她被關在金瑪利亞的隔壁，也是在這裡認識了柳寬順。同年底，又因為與「愛國婦人會」牽連，而被逮捕，關了一個月（請參照本章「金瑪利亞」條目）。

一九二〇年結婚，當時因對象金雲鎬是再婚，所以受到了母親等親朋好友的反對，但她堅持己見。後來，母親與友人的擔憂成真，生下兩個女兒的她，不僅破產，丈夫又不願工作，一家人只能不斷遷居，或者將孩子交由婆婆照顧，一天工作十四小時養家。

為了尋找活路，仁德在傳教士的幫助下，於一九二六年前往美國衛斯理大學留學。雖然得到了獎學金，不過由於她將錢捐給了故國與家人，故仍持續打工。此時期，她參加了發起《三一申報》，也與同樣在美國留學的金瑪利亞與黃愛施德一同創立臨政後援組織「槿花會」等活動。

一九三一年，她回到了離開六年的故國，但要求分居、不回婆家。此事使她被報導稱為「朝鮮的流浪者」，定位成一個譁眾取寵的人。離婚後，她更陷入了四面楚歌的狀況。然而，即使處在這種狀況，她也實踐了個人主張的「女性也應有職業」的論點，創立了服務中間階層女性的「職業婦人協會」，以及啟蒙農村女性的「農村女子事業會」，在支持職業女性的事業上邁進。不過，在農村啟蒙運動的推動方式上，她被捲入了基督教的內部分裂問題，為了與其保持距離，她選擇在美國從事傳教活動，再次旅美。

一九三七年回國後，因社會活動與孩子溝通上的需要，仁德在綠旗聯盟婦人部接受日本語講習，並因此與綠旗聯盟婦人部有所連結，逐漸在總動員體制下，成為標榜「內鮮一體」的女性領導者，這也是她在日後被印上「親日派」烙印的原因。

劉英俊

一八九二—？年。平壤出身。一九一〇年畢業於貞信女學校後，前往中國留學六年，在該處與安昌浩等民族運動者相識。一九一八年前後，進入東京女子醫學專門學校就讀。一九一九年十二月，為了在東京女子留學生親睦會特別總會繼續發行《女子界》，創立會內組織「學興會」，並獲選為會長。當學興會成為東京女子留學生親睦會的活動核心後，她便主要以會長兼《女子界》編輯委員的身分活動。曾公開作品〈重貞潔的中國女性〉（中国女性の固い貞節）於《女子界》四號上。一九二一年夏，於朝鮮各地巡迴演講，傳播衛生知識。一九二三年左右則逐漸轉向社會主義路線。

一九二三年，從東京女子醫專畢業後，她繼續深造，直到一九二五年才回國。回國後，她在東大門婦人病院服務的同時，也在泰和女子館為孤兒與底層階級的女子提供醫療協助。一九二七年五月，創立追求女性團結與地位提升的女性統一團體「槿友會」，並在初期深度參與團體的營運。據說，「槿友會」的名稱也是出自劉的提案。

一九三四年，在發生了訴求使「京城女子醫學講習所」（一九二八年設立）升格為正式醫學專門學校的運動後，英俊被選為五位交涉委員的其中一人，負責設立的準備。說也巧合，當時順天的朝鮮製絲株式會社社長金鍾翊[13]過世，因為他的遺言，一九三八年京城女子醫學專門學校得以設立。

一九四五年底，她被選為國家規模的左翼女性集合體「朝鮮婦女總同盟」（通稱「婦總」）的委員長，初次具體地展示了解放女性的最基本內容，諸如讓女性獲得政治、經濟及社會上的平等權、改善女性勞動者的條件、實施一夫一妻制等。一九四六年二月，獲選以「南朝鮮勞動黨」為首的左翼政治勢力「民主主義民族戰線」副議長之一，帶頭領導白米鬥爭等解決民生疾苦的活動。一九四七年，被美國軍政警察逮捕、釋放後越北。一九四八年，她在平壤的第二屆「南北朝鮮支持祖國統一之各政黨暨社會團體代表聯席會議」上演說，提倡「打破封建遺制，實現女男平等」。同年，成為最高人民會議代議員。一九五七年，成為第二期最高人民會議代議員。其後消息不明。

高凰京

一九〇九—二〇〇〇年。社會福利事業家、教育家，出身漢城。父親高明宇，為世福蘭斯醫院醫學校畢業的外科醫師；母親金世羅，與金瑪利亞為表親。凰京出生時，周圍的家人因為又是女兒而感到失望，但自幼父親就給她了「要成為女性領導者，不要只為一個家庭，而要為國家工作」的期許。後來，前往黃海道遂安郡楠亭里為金礦勞工服務的父親，為了女兒們的教育，設立了私立學校。凰京從該校畢業後，又於一九二四年從京城女高普畢業。次年進入同志社女學校專門學部英文系、同志社大學法學部經濟系。一九二八年，當上槿友會在創立京都分部時的財政部總務；同時期，也在朝鮮勞工就學的教會日曜學校教導孩童們英文。一九三一年，自同志社大學畢業後，進入美國密西根大學攻讀經濟學碩士，後續更進一步專攻同校的社會學博士，研究與少年犯罪有關的社會學。

回國後，於梨花女子專門學校家事科擔任教授，在教導經濟、法學、英文的同時，創辦社會福利事業設施「京城姊妹園」，為幼兒到成人的女子提供教育、保健醫療，甚至是生活諮詢的服務。事業所需的費用，全靠捐款以及高鳳京、高凰京姊妹的個人出資來負擔。不過，後續總督府發出校內禁止使用朝鮮語的禁令，造成朝鮮語教育中心的京城姊妹園事業遭受挫折，於是轉而開設集中棄嬰並給予教育的嬰兒館、為犯罪少女提供生活教育與透過作業實施人本教育的「京城姊妹園家庭寮」。雖然凰京的成長過程與周圍環境都養成了其強烈的抗日意識，但為了維持事業，她不得不協助總督府。因應戰爭的長期化，她以「朝鮮臨戰報國團婦人隊」的領導者身分，召募過志願兵與學生兵；除此之外，實施徵兵制時的演講等，在在成為她日後被貼上「親日派」標籤的原因。朝鮮光復後，遂立即向美國軍政長建議設置婦女局，並當上首任局長。除此之外，她也作為一個教育家，歷任過首爾女子大學校總長等職。[14]

注釋

1. 由朝鮮政府與美國北長老教會傳道會共同經營。
2. 一九〇四年，濟眾院的經營權轉移給傳道會，同時將名字變更為美國高額資助人的名字「世福蘭斯」。
3. 指朝鮮總督府警務總監部為了掃蕩恢復國權、反對日韓合併的祕密結社「新民會」，以及為了流放與總督府的宗教政策發生衝突的美國北長老教會傳教士，而捏造的一起刺殺首任總督寺內正毅未遂事件。當局透過嚴酷的拷問手段逼出假證詞後，起訴一二二人。雖然在一審開始就逐漸發覺此事僅是空穴來風，但仍有一〇五人被判有罪。後有九九人無罪釋放，而於最終審被判有罪服刑的六人，則於一九一五年特赦出獄。
4. 一八九〇年設立於東京府麴町區，現為東京都千代田區。

5. 史料中亦記載其名為「丙浩」，其身分是瑪利亞姑姑金具禮的丈夫；金淳愛則為瑪利亞的姑姑。
6. 媒體人、教育家，民族三十三人之一。
7. 由美國監理教會於一八九七年建築，現為貞洞第一教會。
8. 資料出自〈京城覆審法院金瑪利亞判決文〉，也有說法認為時間為九月。
9. 原被推薦人為吳玄洲，但本人拒絕。
10. 創立於一九〇六年，校名時常變更，此處以該時期最常使用的名稱稱之。
11. 指就任元山聖經學院副校長一事。
12. 由金弼禮、金活蘭、俞珏卿、黃愛施德等人於一九二二年創建。
13. 推測為其丈夫金鍾弼之父。
14. 時任梨花女專音樂教授。

參考文獻

井上和枝，《植民地朝鮮の新女性――「民族的賢母良妻」と「自己」のはざまで（殖民地朝鮮的新女性――「民族的賢妻良母」與「自我」的夾縫）》，明石書店，二〇一三年
浦川谷久惠，《評伝　羅蕙錫（評傳 羅蕙錫）》，白帝社，二〇一七年
宋連玉，《脱帝国のフェミニズムを求めて――朝鮮女性と植民地主義（脫帝國女性主義的追求――朝鮮女性與殖民地主義）》，有志舍，二〇〇九年

김마리아선생기념사업회編，《신문으로 보는 김마리아（報紙中的金瑪利亞）》，한국장로교출판사，二〇一四年

김성은，〈박인덕의 사회의식과 사회활동——1920년대 말~1930년대를 중심으로（朴仁德的社會意識與社會活動——以1920年代末至1930年代為中心）〉，《역사와경계（歷史與邊界）》七六，二〇一〇年

김성은，〈일제시기 고황경의 여성의식과 가정、사회、국가관（日治時期高凰京的女性意識與家庭、社會、國家觀）〉，《韓國思想史學》三六，二〇一〇年

김성은，〈1930년대 황애덕의 농촌사업과 여성운동（1930年代黃愛施德的農村工作與婦女運動）〉，《한국기독교와 역사（韓國基督教與歷史）》三五，二〇一一年

김영란，《조국과 여성을 비춘 불멸의 별 김마리아（照亮祖國和女性的不朽之星金瑪利亞）》，북산책，二〇一二年

김영삼，《金마리아（金瑪利亞）》，太極出版社，一九七六年

김욱동，〈박인덕의 『구월 원숭이』——자서전을 넘어서（朴仁德的『九月猴』——超越自傳）〉，《자서전을 넘어서（超越自傳）》三，二〇一〇年

김인식、조은경、황민호、윤정란，《대한민국 청년외교단 애국부인회 참여인물 연구（韓國青年外交團愛國婦女協會參與者研究）》，선인，二〇一九年

림영철，《바롬 고황경——그의 생애와 교육（高凰京——他的一生與教育）》，삼형，一九八八年

박용옥，《김마리아——나는 대한의 독립과 결혼하였다（金瑪利亞——我嫁給了韓國的獨立）》，홍성사，二〇〇三年

윤정란，〈황애덕과 대한민국애국부인회（黃愛施德與韓國愛國婦女會）〉，《崇實史學》二二，二〇〇九年

이기서，《교육의 길 신앙의 길：김필례 그 사랑과 실천（教育之路與信仰之路：金必禮的愛與實踐）》，태광문화사，

一九八八年
이상경編，《나혜서 전집（羅蕙錫全集）》，태학사，二〇〇〇年
이상경，《나는 인간으로 살고 싶다——영원한 신여성 나혜석（我想作為人活著——永遠的新女性羅蕙錫）》，한길사，二〇〇九年
이숙진，〈박인덕의 연설활동과 근대적 주체의 탄생——박인덕의 자서전을 중심으로（朴仁德的演說活動與現代主體的誕生——以朴仁德自傳為中心）〉，《여성신학논집（女性神學集）》一一，二〇一四年
이임하，《조선의 페미니스트——식민지 일상에 맞선 여성들의 이야기（朝鮮時代的女性主義者——女性反對殖民日常生活的故事）》，철수와영희，二〇一九年
이희천、김혜경編譯，《독립운동자료로 보는 김마리아（從獨立運動資料看金瑪利亞）》，다운샘，二〇一九年
전병무，《김마리아：한국 항일여성운동계의 대모（金瑪利亞：韓國抗日婦女運動的教母）》，역사공간，二〇一四年

第三章 解放朝鮮民族之戰

水野直樹
布袋敏博

「朴鎮洪」、「金台俊」、「李陸史」、「林和」、「任淳得」篇由布袋敏博執筆，其餘由水野直樹執筆

前言

一九三〇年代，日本對朝鮮的殖民統治，因為全球經濟恐慌與九一八事變的影響而發生了劇變。當時，日本資金進入朝鮮，推動了朝鮮的工業化。由於禁止女性長時間勞動與深夜勞動的《工廠法》不適用於朝鮮，於是為了尋找廉價勞力的日本紡織廠、製絲廠便進入了朝鮮。除了這些工廠之外，看上朝鮮半島的礦物資源及水資源的大規模化學工業、重工業亦隨之進駐。此現象的背後，也有朝鮮半島在日本實行侵略滿洲與中國的戰爭上有著「兵站基地（前哨站）」定位的緣故。

另一方面，全球經濟恐慌也為朝鮮農村帶來了極大影響。朝鮮農民的貧窮狀況，比日本「內地」的農村都還要嚴重。對此，朝鮮總督府曾試圖振興農村，但政策卻並非從經濟結構著手，僅僅是要求農民自力更生。

對朝鮮人的同化政策，也在中日戰爭時期上升為「皇民化」（皇國臣民化）政策，為將來戰時動員朝鮮人（作為勞力或兵力）鋪路。不過，「皇民化政策」並非是將朝鮮人與日本人放在同等地位，終究只是維持殖民統治的秩序般的存在。而要推動皇民化政策，必須要有願意提供協助的朝鮮人——也就是所謂的「親日派」了。

於是在這樣的時空背景下，朝鮮的民族解放運動便遭遇了劇烈的打壓。

在一九一九年的三一獨立運動中與全民族規模的抗爭正面交鋒過的日本，雖然之後實施了「文化政治」，認可一定範圍內的言論、集會與結社自由，但到了一九三〇年代，朝鮮人的文化運動與社會運動，卻受到了大幅的箝制與打壓。一九三〇年代前半期，農村開展了朝鮮文字普及運動（V Narod，「到民間去」運動）以及調查、研究朝鮮歷史與文化的朝鮮學運動，但勞工運動、農民運動等社會運動卻受到嚴格限制。因此這些帶有社會主義色彩的運動，只能被迫採取分散的、非法的形態來進行。於是，朝鮮共產黨的再建運動與非法的勞工運動、農民運動，以及學生們的讀書會活動、反戰運動，便頑強地展開了。

本章將聚焦於李載裕等以京城為中心展開勞工運動、共產黨再建運動的人們。響應李載裕運動的人之中，有許多人畢業於私立同德女子高等普通學校（如朴鎮洪、李順今、李景仙等），這點相當引人注目，且他們也與三宅鹿之助（京城帝國大學教授）等日本人有所關聯。雖然李載裕被捕後死在了預防拘禁所中，未能等到朝鮮光復，但繼承了他遺志的李觀述等人，則在一九三九年結成「京城Com Group（共產團體）」進行地下活動，光復後則主要在朝鮮共產黨（後來統合為南朝鮮勞動黨）活動。而在興南的朝鮮氮肥工廠擔任職工的磯谷季次，則參加了朝鮮人發動的勞工運動，鼓吹其他日本勞工響應；日本戰敗後，磯谷在將日本人從北朝鮮地區撤離的任務中也擔任了重要角色。

而在朝鮮以外的地方，也有人一面參加中國的抗日戰爭，一面以各種形式展開為了解放民族的鬥爭。例如大韓民國臨時政府主席金九、率領民族革命黨與義勇隊的金元鳳，以及在中國共產黨統治地區活動的朝鮮義勇軍、華北朝鮮獨立同盟的金科奉、武亭等人，他們都在光復後的南北朝鮮上產生了重要影響。

李載裕（一九〇五—一九四四年）

死於預防拘禁所

一九四四年十月二十六日，李載裕在朝鮮中部城市「清州」的一處預防拘禁所內服刑時過世。在一九三〇年代領導了朝鮮勞工運動和共產黨再建運動的李載裕，於一九三六年被捕入獄，當他在獄中過世時，才年僅四十歲。若他能再多活十個月，或許就能迎來朝鮮脫離日本殖民統治的那天，恢復自由之身。

「預防拘禁」（預防性羈押）是根據一九四一年大幅修訂的《治安維持法》所實施的制度。該制度會在違反《治安維持法》而被判刑並服刑期滿，或是被宣告緩刑的人之中，將具有顯著再犯風險高的人，以「預防拘禁」的名義關押起來。羈押的時限為二年，但被常以「不歸順」為由而多次延長。日本戰敗後的一九四五年十月，日本「內地」依據駐日盟軍總司令部（GHQ）的命令釋放思想犯與政治犯時，因有留存德田球一、志賀義雄、金天海等日本共產黨幹部從府中刑務所的預防拘禁所中被釋放出來的畫面，預防拘禁所的存在才廣為人知。

朝鮮亦設有預防拘禁所，但其正式名稱為「保護教導所」。其實，在日本修正《治安維持法》並設置預防拘禁制度的兩個月前，朝鮮就已經公布、施行了《朝鮮思想犯預防拘禁令》且設置了預防拘禁所。不過，由於「預防拘禁」的概念本質上與剝奪人身自由的「徒刑」別無二致，於是當時為了避開此稱呼，遂使用帶有「保護該人員並施以教化指導」意思的「保護教導」之名。

然而，不管名稱如何，預防拘禁的制度，仍是視該人的思想來決定是否剝奪其人身自由，可謂是《治安維持法》最極致的展現。雖然日本「內地」並未有人在預防拘禁所的關押期間中死亡，但李載裕死於朝鮮的「保護教導所」一事，不應被世人遺忘。

那麼，李載裕是怎樣的一號人物？他又是為何受到預防拘禁處分，非得死在獄中不可？在一九三〇年代中期不斷進行非法活動的李載裕，有著許多吸引世人耳目的軼事。例如三番兩次從逮捕他的警察署

變裝成農夫的李載裕（攝於一九三六年十二月二十五日被捕時）

逃脫、在京城帝國大學教授的官舍地板下過著「地下生活」、在京城郊外一面務農，一面推動共產黨再建運動，又或者是與兩位女性的「戀愛」等等……，是個人們當時耳熟能詳的運動人士。他的人生與活動足跡可以從警察與檢察官的審訊紀錄，甚至是法庭紀錄來了解；且李載裕被捕入獄後，本身也會書寫手記，為後世研究帶來許多幫助。本章接著就來試著透過這些紀錄，與讀者一同回顧李載裕短暫的人生。

生於邊境之地「三水甲山」

一九〇五年八月二十八日，李載裕出生於咸鏡南道三水郡別東面船所里。其父李珏範為別東面事務所及三水郡廳的書記，因個性勤勉，且能閱讀與書寫漢文，故有了一份下級官吏的工作。因當時的朝鮮還是日本殖民前，因此朝鮮的公所仍有讀寫漢文的需求。不過，單靠公所的薪水，並無法維持他的生活，於是李珏範購入了農地，種植馬鈴薯與玉米。根據當局的紀錄，他被認定為「中農」。

朝鮮王朝初期，三水郡是咸鏡道甲山郡的一部分，直到十五世紀中葉才從甲山郡分出三水郡。人們多以「三水甲山」稱呼三水郡，但這詞過去卻與「邊境之地」、「流配之地」同義。自白頭山向西流的河川名為鴨綠江，而三水郡就位於該江以南，以及平均高度一三四〇公尺的蓋馬高原北端。李載裕出生的別東面，有鴨綠江的支流虛川江流過，也有塊沿著河川延伸的狹長平地，但它的氣候並無法滿足水稻耕作條件，故全為旱作，且幾乎都是火耕（刀耕火種）農業。李載裕的家同樣也是以火耕栽培著馬鈴薯等作物。

李載裕的母親在他三歲時過世，父親新娶的繼母則是僅比李載裕大十歲的年輕女性，他由祖母拉拔長大，故成長過程中並未感受過母愛。他向祖父學習漢文、向父親學習日文，後於十二歲時進入了三水普通學校五年級。不過，除了因為上學必須從家裡步行十公里，又因覺得學校沒有事情好學，於是入學四個月後便退學了。

於京城、開城立志勤學

時約一九二二年，李載裕以如同離家出走的形式告別了故鄉，前往京城。

來到京城的他，住在貧民區，並於土木工地工作。一九二四年，他進入私立普成高等普通學校第二學年念書，但因為沒辦法繳交學費，三個月後便退學。一九二五年，他轉學進入松都高等普通學校第四學年，這是一間位於開城的基督教學校，李載裕於校內組織了社會科學研究會，後因與反對基督教相關科目的學生抗爭有所牽扯，而遭到退學處分。當局的警方資料顯示，李載裕被認定為「抗爭事件首謀」，但本人則否認該指控。另一方面，當時該校校長正是尹致昊（↓第一章），他後來於一九二五年九月辭任，但他當時是以何種態度面對學生抗爭，則無從得知。

從松都高等普通學校退學後，李載裕決心苦讀，於一九二五年十一月左右出發前往東京。雖然警方資料顯示，李載裕自離開故鄉後就完全沒有回去過，但如今卻有證據顯示他在一九二六年夏天，也就是還在東京留學時，曾經回去故鄉一次，並在那嘗試文化運動的可行性。一九二六年八月二十一日的《朝鮮日報》中，有篇關於三水留學生演講的小報導——此處所謂的「留學生」，指的不僅是從朝鮮到日本等地留學的人，也包含了朝鮮內部離開故鄉立志向學的人們。該場留學生演講由「三水修養青年會」召開，李載裕與其他三人演講，一人則表演唱歌。李載裕當時的演講主題為「人生與欲望」。

而七月十一日的《朝鮮日報》上，則有篇關於三水設立農民夜學會的消息，該報導表示「經李載裕的發起及李海範、金德龍等數名有志之士的幫助，三水郡別東面船所里設立了農民夜學會，獎勵一般村民念書，其成績甚是優良。」此事讓世人了解，就連在僻遠的三水，也於三一運動之後出現了文化運動、社會運動的跡象，而其運動的核心，就包含了在京城及開城立志勤學的李載裕。

在離鄉背井、立志勤學的時期，李載裕深刻理解到日本對朝鮮的殖民地統治上的不合理與不正當性。他曾表示，過去在故鄉，有位三水郡廳的朝鮮人書記因為與社會運動有所牽扯而遭處刑，看到了那人的遺體後，萌生了抗日的想法，這想法又在來到京城後變得更加強烈。在公立學校（京城帝國大學預科或高等商業學校等），入學、在學的待遇總以日本人為優先；在位於殖民地統治中心的京城，他肯定也不少見過言行以統治者自居的日本人，使他深刻感受到朝鮮人被歧視的事實。順帶一提，他在京城、開城時，曾前往圖書館閱讀過與社會科學有關的書籍，據說其中也包含河上肇的《唯物史觀》[1]。

於東京活動——遭拘留超過七十次

在東京時，李載裕於下町的本所擔任派報員，並且進入日本大學專門部社會科讀書；但同樣地，他在這裡仍因未交三個月的學費而退學。

當時的日本，《治安維持法》與《普通選舉法》同時成立，是個勞動組合運動與無產政黨運動逐漸盛行的年代。起初李載裕也曾加入勞動組合，即左派的日本勞動組合評議會體系的「東京合同勞動組合」。據說他也曾於東京帝國大學教授與學生所營運的「帝大睦鄰會」中，聽過日本共產黨幹部佐野學、福本和夫的演講。

一九二七年春，他加入了勞動團體「東京朝鮮勞動組合北部支部」，該團體據點位於東京向島，由留日的朝鮮人創建。同年三月十三日，該團體召開定期大會，李載裕被選為組織宣傳部長，[2] 從此之後，李載裕的名字便是報紙報導上的常客。這些報導，大多是宣傳擔任朝鮮勞動組合幹部的他正在進行何種工作，或是告知他在集會上遭到警察拘留等事。例如在一九二八年二月十八日的《朝鮮日報》上，就刊載了一篇關於東京朝鮮勞組北部支部於本所的帝大睦鄰會中召開定期總會的報導。報導中提到李載裕針對「經過報告（世界、日本、朝鮮內地、在日朝鮮勞動運動情勢、支部鬥爭報告）」、「關於干涉中非一事」、「關於整理勞動組合之產業別一事」等議案進行了提案或說明。接著於同年四月，他當上東京朝鮮勞組的常務執行委員。

李載裕於東京活動的一九二五至一九二八年間，總共遭到警察拘留超過七十次以上。例如一九二七年八月二十四日，神田基督教青年會館內，由朝鮮勞組東支部主辦、勞動農民黨東京支部連合會及新幹會東京支會協辦的「朝鮮總督政治批判大演說會」，因出席警官不斷要求「演講者中止」（弁士中止），命令集會解散的緣故，參加者們發起抗議，並發放派遣中國視察代表團朝鮮代表及朝鮮共產黨事件公判律師的傳單，導致包括李載裕在內的十餘人遭到拘留。[3] 雖說當時受到拘留的人，一般會在數日後獲釋，但李載裕被拘束的次數實是異常地多。

成為朝鮮共產黨日本總局的一員

藉由在日朝鮮人勞工運動而聞名的李載裕，在曾是京城普成高等普通學校同窗金漢卿的邀請下，加入了朝鮮共產黨日本總局及高麗共產青年會日本部。

在一九二五年的京城成立的朝鮮共產黨，受到了當局無數次的打壓，直至一九二八年都在嘗試重建組織。一九二七年時更在東京設置日本部，並於次年四月改稱日本總局，金漢卿便是此時日本總局的責任祕書。一九二七年秋，李載裕成為高麗共產青年會日本部的候補會員，後於一九二八年四月，開始以朝鮮共產黨日本總局的北部細胞的一員活動。同年六月左右，因當時日本總局的責任祕書為金天海（本名金鶴儀），於是李載裕便在金天海底下的形式，執行著東京朝鮮勞動組合內共產黨負責人的工作。

因李載裕同時也是高麗共產青年會日本部的宣傳部負責人，於是在朝鮮逐漸加強打壓該會的力道時，一九二八年九月初，李載裕便遭京畿道警察部於東京逮捕、移送京城。該次逮捕事件稱為「朝鮮共產黨及高麗共產青年會第四次事件」，與李載裕有密切關係的印貞植、尹道淳等人，也陸續在日本遭捕、移送朝鮮。而金天海等人則因為與李載裕等人以不同事件處理，因此在日本接受審判。

一九三〇年六月二十五日，《朝鮮日報》發行號外，報導了京城地方法院對有關「第四次朝鮮共產黨」的預審終結，李載裕的名字也被作為「朝鮮共產黨日本部（日本總局）」的成員出現在文章中。不過，實際上李載裕等二十名高麗共產青年會成員被起訴的時間更早，預審亦於三月二十六日終結，因此公審與第四次朝鮮共產黨事件是分開的。對於十月二十四日的公審狀況，《東亞日報》報導如下：

（二十名被告）全為二十七、二十八乃至三十歲左右的青年，他們曾經血氣方剛，然而被捕後，在拘留所度過整整一年痛苦的鐵窗生活，已使他們灰心槁形、面無血色。即使魂牽夢縈的父母兄弟姊妹就在背後，也無法投奔自由的被告人們，在終於能抬起頭、互行無聲注目禮的靜謐法庭裡，形成了一種戲劇性的場面。（《東亞日報》一九三〇年十月二十五日）

由於李載裕已是被逮捕後的第二年，身體的衰弱狀況又特別嚴重。雖然報導表示被告的家人們有來旁聽，但李載裕當時已父母雙亡，只有住在三水的同父異母弟弟。最終，李載裕沒有一位家人，願意從如同大地盡頭的三水來到京城聽審。

李載裕在這場判決中，被宣告三年六個月的有期徒刑（未決居留日數五百日）。在二十名被告中，他與金桂林刑罰相同，也是最重的。其餘被告有五名被判三年、七名二年半、六名二年[4]。

判決確定前，被關押在西大門刑務所的拘留所時，他能夠自由閱讀合法出版的書籍。據說他此時看過《資本論》、《唯物史觀》等書，加深了對馬克思主義的理解，因而下定決心成為革命家。而與同樣被關押在西大門刑務所的金三龍、李鉉相相識，也為後來的運動埋下了伏筆。

新的活動形態「京城三頭馬車」

一九三二年十二月二十二日，李載裕期滿釋放，離開了京城刑務所。

但在他被關押超過四年的期間，世間早已物換星移。一九二〇年代，朝鮮頻繁開展的各種社會運動、勞農運動，但到了一九三〇年代，這些運動受到的打壓越發嚴重；運動勢力中，主張民族統一戰線路線的新幹會亦自行決議解散，勞工運動、農民運動逐漸被強調應以左派方式進行。不僅如此，九一八事變的發生也為朝鮮帶來了莫大影響，當局在「非常時期」的呼聲中，加強了社會控制的力度。

在這樣的時代裡，李載裕在朝鮮的中心城市京城組織勞工運動，並由此進行延伸，以重建共產黨為目標，開始活動。一九三〇年代，京城與朝鮮各地展開了勞工運動與農民運動，並受到殖民地權力的強力打壓。尤其朝鮮半島的東北部（咸鏡南道、咸鏡北道），新的工業地帶興南及元山的勞工運動、農村地帶的農民運動又屬特別頑強，也重複發生鎮壓事件。不過，在京城地區持續數年發動運動的，卻只有以李載裕為中心的團體。這些由李載裕主導的運動，可以說是一九三〇年代朝鮮勞工運動、共產主義運動的代表。

根據李載裕的口供，其活動可劃分為下述三個時期：

一九三二年十二月—一九三四年一月　京城三頭馬車時期

一九三四年四月—一九三五年一月　朝鮮共產黨京城再建團體時期

一九三五年一月—一九三六年十二月　朝鮮共產黨再建京城準備團體時期

出獄後，在刑務所相識的金三龍與李鉉相等人，拜訪了寄宿在京城親戚家的李載裕。兩人與李載裕探討了今後活動方向後，決定由金三龍於仁川的工廠、港灣一面工作一面展開勞動組合運動，李鉉相於京城指導勞工運動與學生運動。

而李載裕則在此時思考了一個嶄新的運動方針——即稱為「三頭馬車」的活動形態。以往的革命運動，特別是共產黨的活動，皆採取中央集權式的形態，即由指導部門對下級組織發出命令，以掌握整體運動的方式。也因此當打壓力道加強後，一旦中央指導部門遭到查辦，整體活動便會陷入停滯，有時下級組織也會成為查辦對象，最終遭連根拔起。而以俄羅斯的三頭馬車（Troika）命名的新活動形態，則並非由上而下建立革命組織，而是從民眾中找尋活動同志，並以各組織、成員各自的判斷來決定如何展開活動為原則。

李載裕在與各方面的運動人士會面，聽取其意見後，於一九三三年七月組織了名為「京城三頭馬車」的活動團體，致力保障勞工運動及學生運動各團體的獨立性與自主性。在此方針下，於京城逐漸形成工業區的永登浦、東大門外的勞工運動，與京城帝國大學內的反戰運動等活動，遂逐漸轉為個別行動的形式。

李載裕的團體中，特別引人注目的地方，在於其中也有京城的同德女子高等普通學校的關係人士參與。李載裕出獄後，前往拜訪他的活動人士中，也包含了從同德女高普畢業的李順今。李順今出生於慶尚南道蔚山的富裕家庭，進入了同父異母的哥哥李觀述擔任教師的同德女高普念書；在校時，她參加讀書會，當上了「反帝同盟」的負責人，亦曾遭警方逮捕過。一九三二年三月畢業後，她便一心投入了勞工運動。李載裕曾透過李順今的介紹，遊說在纖維工廠等地方工作的女性勞工，其中就有幾人的背景與同德女高普有關。她們與李順今同樣參加了校內讀書會，並打算在工廠工作的同時，展開勞工運動——也就是李景仙與朴鎮洪等人。根據一九三四年春天的警方紀錄，李順今被認為是李載裕的妻子（或說是情婦），在敘述李載裕生涯上是相當重要的存在。李順今的哥哥李觀述，除了是同德女高普的教師，也是該校讀書會的指導人；此時兩人雖然還未見面，但後來卻將成為最互相信賴的同志，一同進行著活動。

一九三三年的夏天至秋天，與李載裕聯繫的勞工運動活動人士，於京城的工業區發動了連鎖罷工，中央商工（橡膠鞋工廠）、昭和製絲、朝鮮絹織、首爾橡膠、鐘淵紡績京城製絲工廠、龍山工作所永登浦工廠等皆參與其中。李載裕提出的勞工運動口號中，有著「同工同酬」、「一日七小時（一週四十小時）勞動制」等在當時屬相當先進的要求，同時也包含了「勞工組織，罷工自由」、「言論、集會、出版、結社自由」、「立即釋放所有政治犯」等政治要求。另一方面，李載裕還調查了工廠、公司的勞工人數、工作時間、工作條件、資本關係等資訊，訂定勞工組織的日常活動方針，具體地揭示了活動的存在意義，致力於促進勞工的組織化。

然而，警方探查到這些勞工運動的背後有著李載裕等團體存在，擴大了關係人士的搜捕，最終初期的京城三頭馬車運動遂宣告終結。

相遇三宅鹿之助

對於此時期的李載裕來說，與京城帝國大學法文學部教授三宅鹿之助的相遇，是他重要的經驗。一九三三年十二月，李載裕透過該大學的助手鄭泰植的介紹，拜訪了三宅的官舍，這便是一切的開端。傳聞關切著朝鮮的共產主義運動問題的三宅，與李載裕會面了五、六次，他們以共產國際的各種行動綱領為基礎來分析現狀、批判過去的運動，就往後的運動方針進行了對談，並將之文書化。不過，李載裕於一九三四年一月被捕，此事也因而中斷。

在警察當局抓捕勞工運動領導者之時，李載裕也在一九三四年一月十八日一點，遭西大門警察署逮捕。不過，因警方並未察覺他就是李載裕，於是在警方鬆懈警戒之際，讓他逃離了警察署。四天後，預計在街上與夥伴聯繫的李載裕，再次被正在負責警戒勤務的刑警包圍逮捕。他在西大門警察署受到了嚴酷的拷問，但仍未供出同夥及三宅鹿之助的事情。被關進警察署二樓的李載裕，又趁守衛打瞌睡時跳窗逃跑，向著京城的中心街區狂奔，為了躲避追兵，他翻過了某個建築物的圍牆，並就此昏厥了過去。結果，他翻進去的那棟建築卻是美國領事館，於是警方在獲報之後，又再次將李載裕捉了回去。

等待著他的，是比之前他所經歷過的都還要嚴酷的拷問。除了二十四小時都帶著手銬腳鐐外，還有巡邏監視著他。

然而在四月十三日晚上，在李載裕手銬解開時，他又看準監視稍微鬆懈的時機從警察署逃走了。為了這次脫逃，他事先使用牛奶瓶的蓋子做好了腳鐐的鑰匙，並算計著巡邏注意力不在他身上的時間。據說他是趁著守衛陪同同房獄友去廁所之際，解開了腳鐐、穿戴好上衣與帽子，正大光明地從警察署的玄關走出去的。而這則逃脫戲碼還有另一個故事，那就是監視李載裕的守衛因為「憎恨日本的天皇主義、有著民主主義的思想，也對共產主義有興趣」，因而被李載裕的人格感動，於是協助他脫逃。不過這個說法是否為真，至今不明。

從西大門警察署逃出來的李載裕，用了為脫逃準備的金錢，不斷轉搭計程車，來到了三宅位於京城帝大的官舍。得知此事的三宅，決定讓李載裕藏匿在其住所，李載裕在客廳旁的和室地下挖了個洞，躲在其中。他的伙食由三宅運送，在三宅出差時，則由其妻代為。就這樣，李載裕在京城帝大教授家的地底下，過了整整三十五天的讀書生活。在警察的搜索力度降低後，他便會時常從地底出來，也會與三宅討論情勢與運動。

先前在李載裕被警察囚禁時，三宅曾與鄭泰植一同協助與不同於李載裕經營的共產黨再建運動團體，後續警方對該團體的取締範圍擴大到了三宅身上，三宅遂於五月十七日時遭警方逮捕。刑警搜索了三宅的官舍，沒收與共產主義有關的書籍及手冊，卻沒察覺到躲在地底的李載裕。被逮捕的三宅也同樣未供出藏匿李載裕之事，直到十分肯定李載裕已逃脫到某處後，才向警方報告房間下有個地洞。不待言，當警方再次搜查官舍時，李載裕早已消失得無影無蹤。

這起事件使得李載裕聲名大噪。幾天後，三宅所參與的團體活動被定為「朝鮮共產黨再建同盟事件」公開，《東亞日報》於一九三五年八月二十四日發行號外，詳細報導了三宅與李載裕的關係。「脫逃的李載裕的戲劇性發展」、「京城帝大的研究室、官舍是本次共產運動的大本營／脫逃的總指揮李載裕曾與三宅教授、鄭泰植等人握手」、「自審訊機關西大門署二樓跳下脫逃」、「藏身於三宅教授官舍地下洞穴祕謀」等斗大標題躍於紙上，使看著號外的朝鮮人們，腦中浮現著李載裕對警方的追捕視若無物的情景，直呼過癮。

朝鮮共產黨再建活動

李載裕在離開三宅的官舍後，有一段時間都沒有與同志聯繫，他在建築工地工作的同時，對至今以來的活動深刻「自我檢討」。他認為，自己對當局取締的警戒心不足，以及不夠努力與其他團隊合作等部分，都是應該反省的點。

一九三四年八月，他與同德女高普出身的朴鎮洪取得聯繫，與她偽裝成夫妻來到東大門外的新堂町租了一間屋子。朴鎮洪發揮著「祕密基地管理人」[5]的功能，後與李載裕相愛。李載裕試圖一面做著道路施工的量測員，一面與同志們取得聯繫，然而因當局的取締力度相當大，因此未能如願執行。

到了十月，他與曾是同德女高普教師的李觀述取得了聯繫。李觀述在一九三三年初，曾因反帝同盟京城支部組織事件遭到逮捕，後因表明「轉向」，於一九三四年三月以保外醫治為由出獄。與李載裕見面後，李觀述表示他的「轉向」除了是出自他的妻子與父親的強烈意志外，也是希望自己早點獲釋，才能重啟活動。後來，他將京都帝國大學經濟學部出身的朴英出介紹給了李載裕。朴英出出生於一九〇八年的釜山，曾就讀山口高等學校，後於一九三四年春天於京都帝大經濟學部畢業。在那時他就已加入了日本共產黨，且身為朝鮮人團體的負責人。

於是在一九三四年底，李載裕、李觀述與朴英出三人形成了新的「三頭馬車」。此時期的李載裕等人，為了在工廠、學校推行活動，製作了各種文書，並將其發放至京城與仁川的組織。例如為了解工廠與勞工狀態的工廠調查書，或是寫有運動目標與口號的〈活動基準〉等。這些手寫的文書除了數量有限之外，也完全是非法活動，充分展現出李載裕等團體為了發起勞工運動，打算做足準備的想法。

然而，由於拚命搜索李載裕行蹤的警方加強了監視強度，於是此時期的活動並未持續多久。一九三五年一月，與李載裕聯繫的活動人士遭到逮捕，朴鎮洪也未回到祕密基地。其後，朴英出也遭到逮捕，於是李載裕在指示同伴避難後，自己也決定與李觀述二人離開京城。李載裕偽裝為農夫，而李觀述則偽裝成小販。

在朴鎮洪被捕時，她已懷有李載裕的孩子，被關押於西大門刑務所時產下了男嬰，並為其取名為李鐵漢。由於獄中無法照料孩子，因此男嬰遂由朴鎮洪的母親代為照顧。而因為在李載裕與朴鎮洪一起生活之前，就曾與李順今在祕密基地生活過，因此朴鎮洪在獄中分娩時，也有新聞大肆報導著李載裕與兩位女性間的「三角關係」。

一九三六年七月十五日，因龍山赤色勞組事件受審的朴英出、朴鎮洪等人的判決出爐，朴英出與朴鎮洪分別被判處有期徒刑四年與有期徒刑二年。次日《東亞日報》報導了此事，並刊載了朴鎮洪的母親抱著李鐵漢出席聽審的照片。不過，在這之後不久，李鐵漢就因營養失調夭折。

另一方面，朴英出也傳出因為嚴厲拷問後所產生的後遺症，在服刑期間死於獄中。

偽裝成「農夫」的李載裕與李觀述

李載裕與李觀述二人在逃離京城之後，在寒冬中不斷向北前進，過著餐風露宿的生活。他們也曾想過在平壤展開活動，但又考慮到不能讓運動就這麼在朝鮮中心的京城戛然而止，最終又決定回去京城。約二十日後，二人來到了京城東北郊外的楊州郡蘆海面孔德里，現為首爾市蘆原區孔陵洞，為一住宅區，但在一九三〇年代時，卻是個有許多荒地的農村。二人在這偽裝成慶尚南道洪水的災民，租了一塊荒地開墾。這段期間他們停止活動，持續著完全融入農民的生活，他們自己造屋、養豬，去除荒地上的樹根與石塊，努力耕種。附近的農民們以為他們真的是從慶尚南道來的農民兄弟，還會拜託他們代筆寫信，或是向身上帶著現金的李觀述借錢，警察也未曾懷疑過他們。

透過種植、販賣蔬菜獲得了資金的他們，以朝鮮共產黨再建京城準備團體為名，發行了油印製作的機關報《赤旗》。他們的油印工具是手工的，例如轉子部分就是用腳踏車內胎繞在樹枝上做成的。他們藉由發放機關報建立京城內的聯絡網，即使成員稀少，但還是逐漸形成了第三期的三頭馬車態勢。

李載裕被捕與京城 Com Group 成立

一九三六年十二月二十五日，李載裕為聯繫夥伴，前往位於蘆海面倉洞車站附近的山時，因為夥伴先行被捕，又供出了他的行程，導致他也遭到警隊包圍逮捕。當時警方組織了三十餘名警力，穿上朝鮮服飾，偽裝成農民、勞工、行商，就等著李載裕現身。

被捕的李載裕即使遭受嚴厲的拷問，為了拖延警方給李觀述逃跑的時間，他也並未說出自己的藏身之處所在。直到警隊襲擊了其藏身之處時，李觀述早已處理完證據，人也跑得不知所蹤了。

李載裕被留置在與他相當有因緣的西大門警察署接受調查，隔天，也就是一九三七年五月一日，他與其他十九人一起被移送。而在這之前，當局解除與李載裕相關事件的報導禁令，報紙上遂記載了李載裕的詳細逮捕經過。朝鮮語的報紙將李載裕的活動以「脫逃、脫逃、脫逃四年／紅色巨頭李載裕被捕，神出鬼沒！」（《朝鮮日報》一九三七年四月三十日號外）等標題報導，反映了朝鮮民眾將擺脫警察追蹤的同時又持續活動的李載裕視為英雄的心情。

對此，總督府的日文官方報紙《京城日報》則於一九三七年四月三十日發行號外，報導以斗大的「執拗兇惡的朝鮮共產黨終於毀滅」標題宣言道：「歷經二十餘年的朝鮮共產黨運動史，如今被封死在最後一頁，朝鮮共產黨運動造成的所有禍根，此刻盡數毀滅告絕。」另一方面，又對逮捕了李載裕的警隊所付出的辛勞，以「埋伏於積雪壕溝五小時／讓刑事隊煞費苦心的大收穫」等標題大報特報。逮捕了李載裕的警方奏響了勝利的凱歌，還拍攝了刑警變裝成農民的紀念照片，登在報紙上。

不過，在李載裕接受警方訊問、移送審判的這段期間，離開京城的李觀述則在大邱等地努力經營勞工的組織化。於是，儘管殖民國宣言共產主義運動已滅，但繼承了李載裕意志的活動，卻仍在祕密進行。在一九三〇年代與李載裕共同經歷過困難時期的李觀述、李鉉相、金三龍，以及朴鎮洪、李順今互相取得聯繫，於一九三九年四月左右結成了「京城 Com Group」。同年九月出獄的朴憲永，以及在京城帝國大學擔任朝鮮文學講師的金台俊等人，也進入了這個團體。在中日戰爭時期，京城Com Group是朝鮮最大的地下活動團體，許多關係人士於一九四一年遭到逮捕，後於一九四五年朝鮮光復後，成為了朝鮮共產黨（之後改組為南朝鮮勞動黨，以下簡稱「南勞黨」）的核心。

此處，本書再來簡單敘述與李載裕共同活動的人物的後續軌跡。首先是李觀述，朝鮮光復後，他任職朝鮮共產黨總務部長兼財政部長，地位僅次於朴憲永。一九四六年七月，他因「精版社事件」（即製作偽鈔事件）被捕，服無期徒刑期間遇韓戰爆發，不久遂遭處決。接著是金三龍，他後續歷任朝鮮共產黨組織局員、南勞黨組織部長，在朴憲永前往北朝鮮後，成為非法化的南勞黨的最高負責人。一九五〇年三月被捕，於韓戰爆發後不久遭到處決。再來是李鉉相，他歷任了朝鮮共產黨組織局員、南勞黨勞動部長，一九四八年被派遣至智異山的游擊隊，在韓戰期間擔任游擊隊總負責人。最終在一九五三年九月，於智異山遭到討伐隊射殺身亡。再來是朴鎮洪，後來她在南朝鮮擔任朝鮮婦女總同盟文教部長，一九四八年入境北朝鮮，被選為最高人民會議代議員，其後便無相關消息。最後是李順今，她在一九四五年九月，成為了唯一的女性朝鮮共產黨中央委員會書記局員，也被選為南勞黨的中央委員，在入境北朝鮮後遂無相關消息。

李載裕的獄中手記

一九三七年前半期，李載裕接受警察與檢察官的審訊，被關押的他以〈於朝鮮的共產主義運動之特殊性暨其發展之能否（附）對思想犯保護觀察制度之所感〉為題寫下了手記。手記中，他表明了對馬克思主義、共產主義的堅定信念，表示在共產主義社會中，不會存在壓榨與私有財產，於是構成社會的成員都能擁有平等與自由的物質生活。此外，男女之間的任何問題也會因為消除了各種區別，而在真正的自由與平等下，「男女的戀愛將使兩人想斷也斷不開，形成真正的統一體」、「擁有真正的自由、和平、平等、幸福的夫婦生活，將第一次出現在人類歷史上」，從這些文字中，可以看出他對未來社會的看法極其樂觀，抱持著一種烏托邦式的思想。

然而他也強調，每個國家、地區實施共產主義社會的方法不盡相同，特別是被殖民統治的地區所具有的特殊性更是必須考量的部分。被日本帝國主義統治的朝鮮產業，其核心是帶有半封建、半資本主義色彩的農業，日本帝國主義一方面不承認朝鮮人的政治自由外，也剝奪其言論、出版、集會、結社的自由，另一方面又拉攏親日派，否定朝鮮歷史與文化，強迫同化語言、風俗與習慣。他推測朝鮮大眾將在這些條件的刺激下，爆發出反帝國主義、反法西斯主義的抗爭。

李載裕在這本手記中，記錄了許多他在進行非法活動時，對朝鮮社會的所見所聞與調查。例如，其中就提到了製絲工廠與紡織工廠的年季契約制度，其強迫女性勞工長時間勞動與低薪勞動的內容，根本與「人身買賣制度」沒有差別。關於農民生活，他也提出了與李觀述一起在孔德里當農夫時調查的農家生產成本數字，說明著農家負債之所以會增加的架構。此外，孔德里有一處稱為朝鮮總督府濟生院養育部的孤兒收容、教化設施，他也提出此處有許多被收容的孩子因為受到「警察式的拷問」而逃亡，揭開總督府「教化」之下被欺瞞的暴行。

關於朝鮮的革命史，李載裕將其色彩定調為「資產階級民主主義革命」，但由於朝鮮的資產階級放棄了其使命，於是只能接著推動由勞工、農民、無產市民為主體的「民族革命」，並表示其目標為「朝鮮的絕對獨立」、「建立勞工農民的蘇維埃政府」以及「沒收大地主土地分給農民」。

李載裕的手記所帶有的意義，不僅是由一位在一九三〇年代中葉推動朝鮮革命的共產主義者創作的文書，其理論式整理的內容，以及諸多他親身的體驗與見聞，在在引人入勝。

批判思想犯預防拘禁制度

這本手記的附錄〈對思想犯保護觀察制度之所感〉，對於想知道李載裕後續命運的人來說，也相當具有吸引力。

所謂的思想犯保護觀察制度，是依據日本「內地」於一九三六年十一月的《思想犯保護觀察法》及次年十二月於朝鮮公布的《朝鮮思想犯保護觀察令》所實施的制度。一九三四年，日本的司法省等機構全面修訂《治安維持法》，試圖實施對思想犯的保護觀察制度與預防拘禁制度，不過由於議會的反對等原因而未實現，於是又在一九三六年單獨將保護觀察制度切割開來，另外制定了一套法律。保護觀察制度可使違反了《治安維持法》並被定罪（包括緩刑）或緩起訴的人，在社會生活上受到保護觀察所的監視，限制其交友與行動。是個引導對象思想受到教化，又或者是確保其教化狀態的制度。另一方面，預防拘禁制度就如先前所述，面對刑期結束時仍無法教化的思想犯，可於其刑期結束後，繼續關押至與刑務所別無二致的「預防拘禁所」內。一九四一年，該制度於《治安維持法》全面修訂之際導入。

一九三四年，李載裕看到日本議會正在研議《治安維持法》修訂法案的報導等資訊後，似乎就已理解當局正在準備一套將保護觀察與預防拘禁綁在一起的法案。接著他在基於這個理解上，批判當局對思想犯的打壓政策。報導刊出保護觀察制度被單獨分離出來的《朝鮮思想犯保護觀察令》的內容時，是在一九三六年十二月十日，即李載裕被捕前不久，這代表李載裕可能沒太多餘力去分析其內容，李載裕自身也曾明說「並未具體研究過法律條文」。

李載裕在該手記的開頭就批判著《治安維持法》。他嚴厲指責到，《治安維持法》將造成許多犧牲者，而「承受太多犧牲的人，反而會對國家權力產生反感」，終究使當局者得到與預期完全相反的結果。而思想犯保護觀察制度（及預防拘禁制度），則是彌補《治安維持法》缺點的「思想消滅制度」，是一種能將不受教化之人無限期監禁的「無期徒刑制度」。另一方面，這也是一種透過對思想犯在職業、結婚、交友、讀書、書信等方面進行監視，以「打擊」其思想再行「善導」的懷柔教化制度。將人類的內在思想作為刑罰的處罰對象，是人類史上頭一遭，與現行的刑法根本精神互相違背。然而，要在固有的歷史與文化正逐漸被抹殺的朝鮮教化思想犯相當困難，立於生死之淵的農民與民眾也抱著必死抗爭的決心，因此李載裕得到一個結論，那就是針對思想犯的保護觀察制度及預防拘禁制度，最終都是竹籃打水而已。

李載裕批判的預防拘禁制度，後來在一九四一年實施。次年一九四二年，刑期結束後仍未轉向的李載裕，遂受到預防拘禁處分。在一九三七年寫下這本獄中手記時，或許他早預料到了自己的命運。

三番兩次的獄中鬥爭

一九三八年六月二十四日，京城地方法院舉行了針對李載裕等七位幹部的公審。在七月十二日的第三次公審中，李載裕被判有期徒刑六年（未決拘留日數一百五十日）；另一人有期徒刑一年六個月，即刻實行；其餘五人為帶有緩刑的判決。李載裕主張法院依《治安維持法》進行審判有其不正當性，其餘被告則在公審中表示了反省之意。

由於李載裕放棄了控訴權，於是有期徒刑六年遂定調下來，服刑地點為西大門刑務所與公州刑務所。即使到了那裡，他仍在進行鬥爭，要求改善思想犯的待遇及許可使用朝鮮語。

西大門刑務所為李載裕製作的受刑人卡片上，記載著「出獄年月日　昭和十九年二月二十一日」。若真如卡片上的日期所示，李載裕將於一九四四年二月二十一日刑滿並受到預防拘禁處分，接續收押在清州的保護教導所。然而實際上，他在一九四〇年時，因適逢「皇紀兩千六百年」，他被特赦減去了四分之一的刑期，於是刑滿日變成了一九四二年九月。不過，對李載裕來說，縮短刑期的特赦並沒有任何意義。只要有預防拘禁制度存在，身為「非轉向思想犯」的他就不可能被釋放，未來只有不斷延長的監獄生活。

一般認為，被收押在忠清南道的公州刑務所的李載裕，在刑滿的同時又受到了預防拘禁處分，來到了設置於京城的西大門刑務所內的保護教導所，後於一九四三年十二月再被移監至使用清州刑務所的設施來新設的保護教導所中。不過，能夠佐證該期間資訊的資料、證詞，卻是一點也沒留下。

一方面，身為李載裕戀人的朴鎮洪，在因京城Com Group事件被關後，於一九四四年十月九日出獄。出獄的隔天，她便前往清州的保護教導所與李載裕會面，此時的李載裕身體極為虛弱，並表示自己沒有得到治療，朴鎮洪遂向當局要求治療處置，然而狀況仍未改善。後來朴鎮洪又去見了李載裕一次，卻沒能見到面。直到朴鎮洪收到李載裕於十月二十六日死於獄中的消息時，已經是十一月的時候了。接著在十一月下旬，朴鎮洪與金台俊一同逃離了朝鮮，奔向中國共產黨的根據地——延安。

李觀述（一九〇二—一九五〇年）

革命人士，慶尚南道人。李觀述出生於蔚山的一個富有家庭，自京城的中東學校畢業後，進入東京高等師範學校，後於一九二九年畢業於地理歷史科。他在京城的同德女子高等普通學校擔任教員，負責歷史課程。李觀述的手記〈反日地下鬥爭之回想〉[6]顯示，自他在東京留學接觸到馬克思主義後，就已然成為了「理想的民族主義者」。在他還任教於同德女子高普時，由光州學生運動引起的學生運動[7]亦同樣發生在他的學校，當學方打算壓下這場風波時，他反駁了校方，並決定與學生共同活動。在李觀述指導的讀書會中，除了有他同父異母的妹妹李順今之外，還有李孝貞、李景仙及任淳得等女性，她們在日後的一九三〇至一九四〇年代裡，都相當活躍於勞工運動與共產主義運動中。一九三二年秋，他組織反帝同盟京城地方結成準備委員會，試圖組織一支國際級的反戰、反帝運動的勢力，當時部分住在朝鮮的日本人也參與其中，然而次年一月，四十餘位相關成員遂遭逮捕。李觀述因病而獲假釋，並被判有期徒刑二年、緩刑四年。他曾一度回到故鄉蔚山，後來又前往京城，為了李載裕的朝鮮共產黨再建事業而著手準備勞工運動與學生運動，並加入朝鮮共產黨京城再建團體，負責指導學生運動。傳聞，他當時立誓從此不再以知識階層活動，將投身運動戰線，化為一介「士兵」。一九三五年的京城再建團體逮捕事件中，他與李載裕一同逃走，在京城近郊邊種田邊製作祕密出版物，致力於勞工運動的組織化。一九三六年十二月，李載裕被捕，李觀述逃過一劫，遂偽裝成雜貨商於朝鮮南部各處組織小型團體。一九三九年，他與李順今、金三龍等人結成「京城Com Group」，朴憲永也後繼加入，進行著非法的出版活動。一九四一年，他再次被捕，但因疾病關係而獲假釋。

朝鮮光復後，他在重建的朝鮮共產黨擔任總務部長與財政部長（責任祕書為朴憲永），處理相關實務。李觀述的立場實質上能稱為黨副代表，但金午星在一九四六年的《指導者群像》中，則評論他是一位「不求名譽也沒有私欲的清廉志士型的人」。然而在一九四六年五月，美軍政下的警方（實質上是以反共立場的趙炳玉警務部長為中心的警察團隊與檢方）對與共產黨本部在同棟大樓的印刷公司精版社，以印製偽鈔為由進行搜查，後來李觀述等共產黨幹部於七月被捕。十一月時，在幾乎沒有任何證據的提供下，李觀述在法庭上被宣告無期徒刑。

一九五〇年六月，韓戰爆發後不久，被收監在大田刑務所的李觀述，遂與其他政治犯遭一同處決。二〇一五年，大韓民國的大法院（最高法院）承認處決未受死刑宣判的李觀述是錯誤行為，但對於精版社事件本身卻沒有再審的跡象。

朴鎮洪（一九一四—？年）

獨立運動人士，咸鏡北道明川人。朝鮮時代的明川，早有明川鄉校，到了二十世紀，此地區更出現近代化學校，三一運動時期，這裡也出現了許多響應者。而這就是朴鎮洪出生、成長的地方。自幼開始就頭腦聰穎，成長過程一直被人稱為「天才」的她，在從家鄉的公立普通學校畢業後，便與父母一同前往京城。一九二八年四月，就讀同德女子高等普通學校。後因一九三一年十二月的京城學生RS[8]協議會事件及一九三四年五月的三宅教授事件，被以違反《治安維持法》為由逮捕。

出獄後，她自一九三四年八月起成為李載裕的祕密基地管理人。而在一九三三年到這之前的地下活動期間，李載裕的祕密基地管理人則是李順今；只不過警方在一九三四年一月突襲了這個據點，李載裕雖成功逃亡，但李順今被捕，朴鎮洪因而有機會成為祕密基地管理人。後來，朴鎮洪在一九三五年一月的龍山赤色勞組事件中，被鎖定李載裕循線找上門的警察逮捕。在監獄中的她，產下了李載裕的孩子，並且與李順今相遇，兩人為李載裕產生了感情糾葛，後來朴鎮洪與李順今分別於五月及七月出獄，三人試圖整理彼此的關係。於一九三六年十二月被捕的李載裕在接受調查時，否認了自己與李順今及朴鎮洪的戀愛關係，得知此事的兩人雖然同意李載裕的方針，但也共同對其戀愛觀感到不滿。

一九四一年底，朴鎮洪因京城Com Group事件被捕，在監獄度過三年後，於一九四四年十月九日出獄。約莫兩週後，李載裕於十月二十六日死於清州保護教導所的獄中。一九四四年十一月二十七日，即李載裕死亡後的一個月，朴鎮洪與金台俊一起向延安出發。

朝鮮光復後，金台俊於朝鮮文學家同盟的機關雜誌《文學》創刊號（一九四六年七月）、二號（一九四六年十一月）及三號（一九四七年四月）上發表了〈延安行〉[9]，詳細記載了二人的旅途。其內容顯示，在來回長達八個月的旅途中，「P（朴鎮洪）認為，若不能適當的在階級上統一理智與愛情，就稱不上真正的夫妻生活」，如此批判著完全無法理智的理解愛情世界的金台俊。此處也能見到，針對從事及獻身在運動中的男女間的愛情，朴鎮洪抱持著什麼樣的理想。

雖然沒有紀錄能夠指出朴鎮洪是因何種動機才投身社會運動，但在她朝鮮光復後寫的〈民主主義與婦人〉（《民主主義十二講》，一九四六年）中，則展現出了其身為「朝鮮的女知識分子」的自負與矜持。

金台俊在延安正式加入武亭率領的朝鮮義勇軍，然而就在他還在接受訓練時，朝鮮就迎來了光復。回到南朝鮮的二人雖開始了活動，但在美軍政對左翼勢力的強力施壓下，金台俊最終遭到逮捕與處決，朴鎮洪則越北。她在北朝鮮被選為最高人民會議代議員，其後便無相關消息，亦有說法認為她死於韓戰中。

布袋敏博

金台俊（一九〇五—一九四九年）

文學研究者、獨立運動人士，平安北道雲山郡人。筆名「天台山人」。一九二六年四月進入京城帝國大學預科就讀。與他同年入學的人，包括了朝鮮語文學科的金在喆、李在郁等人。一九三一年，自京城帝國大學法文學部支那語學支那文學科畢業。坊間雖亦有其畢業於朝鮮文學科之說，但實為謬傳。在學時，他加入了以俞鎮午為核心的經濟研究會，此會還有李康國、朴文圭及崔容達等人，一九二九年，亦參與帝大生的同人誌《新興》。他於一九三〇年十月三十一日至一九三一年二月二十五日的《東亞日報》上連載〈朝鮮小說史〉，這些篇章後來以金台俊之名統整單獨出版，成為了事實上最早的朝鮮文學史。

一九三一年三月，他在畢業的同時成為設置於經學院（今成均館大學）內的明倫學院的直員（專任研究員），接著又於京城帝大擔任講師。一九三四年，成為震檀學會的發起人，參與其創立事務。金台俊亦以筆名「天台山人」於報紙連載〈朝鮮小說史〉、〈朝鮮漢文學史〉等文章，被認為是前途大好的奇才。

另一方面，他與朝鮮共產黨再建運動也有密不可分的關係，當李載裕這位勞工運動及共產黨再建運動的核心人物死於獄中不久，金台俊遂立即與朴鎮洪一同於一九四四年十一月二十七日前往延安。他在延安正式加入了武亭率領的朝鮮義勇軍，然而就在他還在接受訓練時，朝鮮就迎來了光復。

朝鮮光復後，他成為南勞黨的一員，在進行活動的同時，也不斷重複著被捕與獲釋的生活。一九四七年十一月，當林和等南勞黨關係人士越北時，他不選擇同行，而是留在了南朝鮮。一九四九年一月，他持續以南勞黨文化工作的負責人身分執行著任務。七月二十六日，在李承晚政權下，金台俊以南勞黨特殊情報部長的身分被逮捕，最終於十一月遭槍斃處決。

布袋敏博

李景仙（一九一四—?年）

女運動人士，濟州島人。據傳，其父是在濟州島經營釀酒及漁業的名門。自故鄉的公立普通學校畢業後，進入京城的同德女子高等普通學校就讀，並在該校受教師李觀述指導，於一九三二年秋季開始與其他學生組織社會主義文獻的讀書會。經過一段被警察逮捕的期間後，她於一九三三年進入梨花女子專門學校就讀，不過中途退學，在京城郊外的朝鮮織物株式會社的人絹工廠擔任職工。同時間，打算重建共產黨的李載裕，指示她推動讀書會的組織化，於是李景仙指導了淑明女子高等普通學校等在校生的讀書會。在藏匿李載裕的京城帝國大學教授三宅鹿之助等人被捕的共產黨再建同盟事件中，李景仙亦被逮捕及起訴。一九三五年，又因違反《治安維持法》被判有期徒刑一年六個月，緩刑三年。次年一九三六年亦有被捕一段時間。

她曾一度回到濟州島，在其父經營的私立辛酉義塾教書，後於一九三七年前往日本。雖然她立志在女子大學研究文學，但在父親的命令下，最終進入神戶女子藥學專門學校就讀。亞洲地區的太平洋戰爭爆發後，日本遂立即於各地對朝鮮人進行檢束，此時的李景仙（創氏名為「乃村景仙」）也遭到檢束。經過九個月餘的審訊後，她被以違反《治安維持法》起訴。因她曾在校內宿舍中向其他朝鮮學生說過：「要是日本戰敗，朝鮮或許就能獨立了」等字句，這觸犯了《治安維持法》第五條，於是被判處一年六個月的有期徒刑。

據推測，李景仙可能在日本敗戰時回到了朝鮮。一九四五年十二月，她成為在京城召開的全國婦女團體代表者大會的其中一位準備委員。大會上，朝鮮婦女總同盟成立，李景仙也同時被選為該團體的中央代表委員；除此之外，在一九三〇年代一同活動的朴鎮洪、李順今等人也成為委員之一。婦女總同盟主張女性在政治、經濟、社會面的解放，並要求女性的參政權，廢除公私娼制度、人身買賣等，她們依此為綱領展開活動。身為宣傳部員的李景仙，在綜合雜誌《開闢》（一九四六年一月號）上發表題名為〈呼籲朝鮮女性〉的文章，指出為使女性能作為一個人類平等發展，就必須一掃封建的因襲成規及日本帝國主義的渣滓。一九四六年二月，民主主義民族戰線成立，她被選為中央委員，但因當局對左派的打壓逐漸升溫，於是逃亡日本。

一九五〇年代後半期，她於東京朝鮮中高級學校擔任理科教師。直到一九五九年，回歸朝鮮民主主義人民共和國的歸國運動啟動後，她搭上了初期的歸國船。有消息指出，李景仙在歸國後仍寫著小說等讀物，至於她是否有與其同德女高普的同窗、北朝鮮文學家的任淳得再會，則沒有定論。其後無相關消息。

三宅鹿之助（一八九九—一九八二年）

大阪人。幼年時即隨雙親前往臺灣，自父親過世後，遂由做著化妝品行商的母親撫養長大。

歷經臺北中學校、第八高等學校，三宅進入東京帝國大學經濟學部就讀。畢業後當上法政大學專任講師，並於一九二七年成為京城帝國大學法文學部助教授（一九三二年成為教授），負責教授財政學等。一九二九年至一九三一年，他以朝鮮總督府的在外研究員身分前往德國駐留，與有德國共產黨身分的國崎定洞（東京帝大助教授）等人逐漸熟識。回到京城帝大後，他與曾在學生社團「經濟研究會」活動的崔容達、朴文圭、李康國等人一同設置朝鮮社會事情研究所，在研究馬克思主義與社會科學的同時，也展現出了對實踐活動的意圖。一九三三年底，在京城帝大的助手鄭泰植的介紹下，三宅與勞工運動人士李載裕相識，同意針對朝鮮的共產主義運動來製作一份全面方針的書面資料，數次與李載裕協議。一九三四年四月，被拘束於西大門警察署的李載裕從警察署脫逃，來到了三宅的官舍，三宅在地下挖洞，藏匿李載裕約莫一個多月。這段期間，他透過鄭泰植，與以權榮台為中心的勞工運動、共產黨再建運動團體合作，協助將共產國際的行動綱領從德文翻譯過來，又或是提供印刷費。後來因權榮台團體的打壓事件，三宅也在五月遭到逮捕，由於他在被捕後第二天才供出自己協助李載裕藏匿的事實，李載裕才得以逃離追捕。

三宅因違反《治安維持法》、藏匿犯人等罪名，被判處三年有期徒刑，同時也失去了在京城帝大的職位。三宅向法官提出了「陳報狀」，發誓自己不再實踐馬克思主義，會當一位「善良的家庭人士、忠良的日本臣民」。當局認這段證詞為「轉向」，於一九三六年十二月給予三宅假釋。因三宅受到當局的壓力，不得不離開朝鮮，他於是回到日本，經營報紙販賣店等工作維持生計，更曾到農業關係團體工作。第二次世界大戰後，歷任高崎市立短期大學校長、東洋大學經濟學部長，在龍谷大學、東北學院大學等處講學馬克思經濟學。

此外，在三宅於京城帝大時期教導過的崔容達、朴文圭及李康國，每位都在朝鮮光復後，在南朝鮮參與左派運動並選擇越北，在當地成為朝鮮民主主義人民共和國政府的幹部。崔容達在司法、朴文圭在農業、李康國則在商業貿易的領域上大展身手（崔容達、李康國在後來被以「反黨宗派分子」遭到肅清）。

金　九（一八七六—一九四九年）

獨立運動人士、政治家，號白凡，黃海道人。曾參加東學引發的農民戰爭，因明成皇后弒害事件（乙未事變）而憤慨殺害日本軍人，被捕入獄。於保護國時期參加祕密結社「新民會」，日韓合併後，因牽涉「寺內正毅總督暗殺未遂事件」被捕入獄。三一獨立運動爆發後遂前往上海，加入大韓民國臨時政府，歷任內務總長、國務領等要職，延續著臨時政府的命脈。另一方面，在一九三〇年代初期，金九成立韓人愛國團，該團體主要目的是對日本天皇及重要人物進行恐怖攻擊，並成功由李奉昌、尹奉吉引發投擲炸彈事件。為逃離日本當局的追緝，金九離開了上海，但這也成為他日後接受中國國民黨政權支援的契機。中國抗日戰爭時期，他在與金元鳳等左派獨立運動團體尋求合作的同時，又當上了移師重慶的臨時政府主席、組織韓國光復軍，並得到國民黨與美國的幫助，著手計畫對日軍事作戰，不過最終因日本投降，未能實現。

一九四五年十一月，他回到南朝鮮，試圖以臨時政府之名進行活動，但被美國占領軍禁止。金九對美、蘇等聯合國提出的朝鮮託管案表現出徹底反對的態度，因而與贊成此案的左派形成對立，當李承晚主張成立南朝鮮單一政府時，亦以該主張將造成南北分裂為由提出反對。一九四八年四月，他參加了於平壤召開的南北朝鮮各政黨、社會團體代表聯席會議（南北聯席會議），然而未能成立統一政府。次年，遭到李承晚指使的軍人暗殺身亡。

金元鳳（一八九八—一九五八?年）

獨立運動人士、政治家，號若山，慶尚南道人。自京城的中央學校畢業後，進入中國南京的金陵大學就讀。三一獨立運動後，於滿洲組織義烈團[10]，任團長一職，其後展開各種抗日恐怖攻擊活動，諸如暗殺田中義一（前陸軍大臣）未遂事件、釜山警察署投彈事件等。一九二〇年代中期以後，他從恐怖攻擊活動路線轉為民眾鬥爭與軍事活動，與其他團員一同進入中國國民黨的黃埔軍官學校，學習軍事知識、技術以及政治思想。國共合作失敗後，他前往北京，加入共產主義運動，九一八事變後，在南京推動統一抗日運動，同時獲得國民黨的支援，開設朝鮮革命軍事政治幹部學校，培養獨立運動的幹部。一九三五年，金元鳳成立民族革命黨，中國抗日戰爭爆發後，它與其他獨立運動團體結成朝鮮民族戰線聯盟，並且更進一步組織朝鮮義勇隊，投入國民黨地區的抗日戰役，主要負責對日軍的宣傳工作及協助日軍俘虜口譯等工作。一九三九年，金元鳳與大韓民國臨時政府的金九發表共同聲明，謀求在中國的朝鮮人團結。一九四二年，金元鳳加入臨時政府，擔任臨時政府下轄的韓國光復軍的副司令。另一方面，為了投入義勇軍之一的八路軍（於一九三七年八月由紅軍改編而來）正在進行的抗日戰役，前往中國北方的團體在獲得中國共產黨的援助後，組織了朝鮮義勇軍、華北朝鮮青年聯合會、華北朝鮮獨立同盟，走上與金元鳳截然不同的道路。

朝鮮解放後，金元鳳回到南朝鮮擔任臨時政府軍務委員，與金九等右派不同，他成為了左派的民主主義民族戰線議長團的其中一人，為了反對南朝鮮單獨選舉及南北統一展開活動，而在參加完南北聯席會議後，便留在北朝鮮。朝鮮民主主義人民共和國成立後，歷任國家檢閱相等職。據傳最終死於一九五八年左右的肅清下。

金枓奉（一八八九—一九六〇？年）

獨立運動人士、政治家、語言學家，慶尚南道人。曾於京城的畿湖學校與培材學堂求學，並擔任過崔南善所發行的少年綜合雜誌《青春》的編輯。在語言學家周時經的指導下，進行過朝鮮語研究，並編撰辭典。參加三一獨立運動後，他前往中國，擔任大韓民國臨時政府議政院議員及為在中國的朝鮮子弟開辦的仁成學校校長。一九三〇年及一九三五年分別參與韓國獨立黨及民族革命黨的成立，中國抗日戰爭時期，他轉移至重慶，在該地編輯民族革命黨及朝鮮義勇隊的機關誌。一九四二年，他隨義勇隊的主力前往華北，於太行山的八路軍根據地組織華北朝鮮獨立同盟，並就任主席一職。其後，他在中國共產黨的根據地延安設立朝鮮革命軍政學校，並擔任校長。光復後則回到北朝鮮，前後歷任北朝鮮臨時人民委員會副委員長、朝鮮新民黨委員長、北朝鮮勞動黨委員長等職。朝鮮民主主義人民共和國成立後，金科奉長期擔任最高人民會議常任委員會委員長，發揮著國家元首的功能。此外，在學術界，他也以金日成綜合大學校長的身分有著影響力。然而到了一九五〇年代後半期，他被以延安派的成員為由逐出勞動黨。

武亭（一九〇五—一九五一年）

本名金炳禧，軍人、政治家，咸鏡北道人。從鏡城農業學校輟學後，進入京城的私立儆新中學校就讀，三一獨立運動時期參與過學生運動。

一九二三年前往中國，從河北省的保定軍官學校砲兵科畢業後，在國民黨派系的閻錫山部隊任砲兵上尉，後因軍閥鬥爭感到失望而離開軍隊，加入中國共產黨。曾參與國共合作下的國民革命、北伐戰爭，在蔣介石發動四一二事件（清黨）後，他在上海參加中國共產黨朝鮮人分部（書記當時為呂運亨）及受其指導的韓國獨立運動者同盟等團體的活動。在經歷被管轄上海公共租界的英國警方逮捕、關押後，於一九三〇年前往中國共產黨控制下的紅軍活動地區率領砲兵部隊，亦與紅軍幹部彭德懷這位知己相識。

一九三四年，紅軍主力部隊參加長征，離開了江西省瑞金的中央革命根據地，一路向北。參加長征的朝鮮人中，除武亭以外，還有中央軍事委員會幹部參謀長楊林（本名金勳，於一九三六年戰死）。一九三六年，武亭進入陝西省新蘇維埃區設立的紅軍大學就讀，並作為第一期生畢業。後續於第二次國共合作時成立的八路軍中，擔任總部作戰課長、砲兵連隊長等職，馳騁於中國抗日戰爭。

以八路軍幹部打響名號的武亭，為了組織志願參與抗日活動的朝鮮人以及從國民黨控制地區來到華北的朝鮮義勇隊隊員，於一九四一年在山西省成立華北朝鮮青年聯合會，就任會長。而武亭此舉是基於中國共產黨的指示。次年，朝鮮義勇隊華北分隊改編為朝鮮義勇軍；青年聯合會改編為華北朝鮮獨立同盟（主席為金科奉），並在中國北部各地建置分隊與分盟（分部）。另一方面，為了培養幹部，武亭還在太行山地區與延安分別設置了華北朝鮮青年革命學校與朝鮮革命軍政學校。義勇軍鮮少直接參加戰役，其主要任務是對日軍進行宣傳工作、情報收集、審問及管理俘虜等。到了戰爭末期，有愈來愈多被日軍徵召的朝鮮士兵投靠了八路軍與新四軍（華南地區的中國共產黨軍隊），義勇軍的隊員也隨之增加。

一九四五年日本戰敗後，華北各地的朝鮮義勇軍在武亭的命令下移師中國東北地區，主力配置在東北三省，成為參加中國革命的朝鮮人的核心；至於武亭等獨立同盟幹部則回到朝鮮北部，開始組織朝鮮新民黨（後整併成北朝鮮勞動黨）。一九四六年，武亭就任臨時人民委員會中央委員、人民保安幹部訓練大隊部砲兵副司令等職，但與在中國的名聲相比之下，地位卻變低了。韓戰初期，武亭擔任第二軍團長、平壤防衛司令官，然而他在平壤的防衛戰役中，被人們批判行動消極，再加上非法殺人的罪名，最終被解任軍團長一職。據說其人生的最後，是死於胃潰瘍。

其他人物

李陸史

一九〇四—一九四四年。本名李源祿，亦自稱「活」，慶尚北道安東人，詩人、獨立運動人士。「李陸史」為筆名，源自他在大邱坐牢時的囚犯編號「264」。

其先祖為李滉（李退溪，一五〇二—一五七一年），是朝鮮的朱子學者代表，也是給予日本的朱子學者林羅山莫大影響的人物。李陸史是李滉的第十四代子孫，同時也是文藝評論家李源朝的胞弟。在朝鮮光復不久後的一九四六年，藉由李源朝之手，透過首爾出版社發行了附有李陸史「跋文」的《陸史詩集》。光復後，李源朝與林和等人組成「朝鮮文學家同盟」，在南朝鮮的文壇活動，因其為南勞黨派系成員，於是在一九四七年十一月越北。當朝鮮人民軍在韓戰中占領首爾時，李源朝是《解放日報》的主筆。他在一九五三年八月的南勞黨事件中受到審判，後於一九五五年處決。

一九一五年，李陸史在其祖父擔任塾長的禮安普文義塾中學習新知識，一九二〇年搬遷至大邱，再於一九二三年前往東京過了一年餘的生活。一九二五年，他與其兄李源祺、弟李源一加入義烈團。一九二六至一九二七年，多在北京之間往來，其後因與朝鮮銀行大邱分店的爆破事件牽扯而被捕，判處兩年七個月的有期徒刑。因當局認定該事件首謀為張鎮弘，故李陸史等人於一九二九年獲釋，其後便一面經營《朝鮮日報》的大邱分社，一面也從事記者工作。然而，光州學生事件爆發後，他又再次遭到「預先管束」。

次年一九三〇年，他開始文學活動，在一月三日的《朝鮮日報》與十月的《別乾坤》上分別發表了詩作〈馬〉與評論〈大邱社會團體概觀〉。期間曾因牽扯大邱檄文事件而被關押於大邱警察署。一九三一年，其母方的叔父許珪為了募集獨立運動資金，於是在滿洲、北京等地來往，直至九一八事變發生，才前往奉天拜訪金枓奉，並留在該處。一九三三年時亦曾拜訪過魯迅。此外，他也進入過朝鮮革命軍事政治幹部學校（校長金元鳳）就讀，並於一九三三年四月二十二日以一期生畢業，經由上海回到朝鮮。自一九三四年開始，則出現活躍的寫作活動，發表代表作〈青葡萄〉[11]、〈絕頂〉[12]等。一九四二年，母親與長兄逝世。一九四三年，再次前往北京，後於母親與長兄的忌日一週年時回國，在京城遭日本官方逮捕，移送北京，最終於一九四四年一月十六日死於北京監獄。朝鮮光復後，其遺稿詩作〈曠野〉、〈花〉於一九四五年十二月十七日的《自由新聞》上發表。

今日，李陸史的作品依舊被作為朝鮮近代詩的代表作之一，受人傳頌；而在他開始創作詩詞前，則擁有頻繁的獨立運動活動史，終生貫徹朝鮮獨立運動。

布袋敏博

尹奉吉

一九〇八—一九三二年。獨立運動人士，忠清南道人。早年在故鄉開辦農民夜校從事民眾的啟蒙運動，後於一九三一年前往上海，加入金九成立的韓人愛國團。一九三二年一月，在李奉昌於東京對昭和天皇馬車投擲炸彈刺殺未遂的櫻田門事件後，尹奉吉隨即又於同年四月在上海虹口公園對著正在慶祝一二八事變勝利與天長節的日本官民投擲炸彈，造成上海派遣軍司令官白川義則大將死亡、駐中華民國公使重光葵等人重傷，尹奉吉當場被捕，並被上海派遣軍軍法會議宣告死刑，最終被移送到金澤，於陸軍刑務所的工兵作業場進行處決。戰後，尹奉吉與李奉昌的遺骨被在日朝鮮人尋獲，送回了首爾的孝昌公園埋葬，並將他們定位為「義士」。

趙素昂

一八八七－一九五八年。本名趙鏞殷，獨立運動人士、政治家，京畿道人。趙素昂出生於「兩班」家庭，一九〇四年以大韓帝國皇室派遣留學生前往東京留學，就讀明治大學法學部。日韓合併後回到朝鮮，在法學專修學校教書，直至一九一三年流亡中國。他以現代法律知識與在中國的所見所聞為基礎，試圖打造獨立運動的思想根基。大韓民國臨時政府成立後，他起草臨時憲章，將民主共和制與國民平等原則包含其中。其後於臨時政府歷任外務部長、內務總長，並與金九等人創立韓國獨立黨。此外，他提出「三均主義」，旨在讓人們在政治、經濟、教育三方面的機會均等，臨時政府於一九四一年通過的《建國綱領》中，便是以此作為理論根據。回國後，他與金九一起反對朝鮮託管、反對南朝鮮建立單一政府，參加南北協商。在建立南北統一政權失敗後，遂結成社會黨，並被選為韓國國會議員。韓戰時期，他被朝鮮人民軍虜走，後被推舉為在北平和統一促進協議會的常務委員與最高委員。

林　和

一九〇八－一九五三年。本名林仁植，詩人、評論家、運動組織者、演員、出版社經營者，漢城嘉

會洞人。筆名金鐵友、星兒、楊南樹等。林和早年是一位早熟的摩登男孩（Modern boy），自普成高等普通學校輟學後，他開始追求達達主義、現代主義等流行思想，在快速轉變風格的同時，又進行著文學活動及演藝事業。一九二六年加入卡普（KAPF，Korea Artista Proleta Federacio，朝鮮無產階級藝術同盟）。一九二九年前往東京，過了一年多的生活，在東京時，他與李北滿一起在無產者社卡普東京分部活動，握有卡普的主導權。在兩年前的一九二七年十月，李北滿於《無產階級藝術》一卷四號上翻譯並登載了林和的詩作〈坦克的出發〉。一九二九年二月，中野重治在《改造》發表詩作〈雨中的品川車站〉，該作品於同年五月被轉譯登載在東京發行的朝鮮語雜誌《無產者》三卷一號上，林和受到此作品的啟發，創作出和詩〈傘下的橫濱碼頭〉，發表在《朝鮮之光》上。在日期間，林和居住在李北滿的家裡，與其妹李貴禮感情升溫而結婚，但這段婚姻最終以離婚收場，後與池河連再婚。林和在日本時代的活動並無明確記載，但在一九三〇年五月五日發行的無產階級童詩集《赤旗》（紅玉堂書店出版）中，可看見他將槙本楠郎的童謠〈綿綿小雪〉翻譯成朝鮮語的作品〈쌀악눈〉；一九三〇年三月的《新興電影》二卷三號上有他的評論文〈關於朝鮮電影的各種傾向〉，同年八月的《無產階級科學》二卷八號中，亦刊有他以「林華」為名的評論文〈朝鮮於近代劇運動的終焉〉。

回到京城後，他於一九三二年成為卡普的書記長，領導無產階級的文學運動。然而卡普在經過一九三一與一九三四年的兩次盟員逮捕事件後，於一九三五年八月面臨解散。林和與金基鎮於此時提出卡普解散申請，而韓雪野、李箕永等人則反對解散，這次造成的對立，遂延續到了朝鮮光復後。卡普解散後，林和除了全心投入近代文學史的記述外，還成立了學藝社，致力於刊行古典及同時代的文學作品。一九三八年發表詩集《玄界灘》。一九四〇年發表評論集《文學的邏輯》。

日本戰敗後的一九四五年八月十六日，林和在光復的隔天成立「朝鮮文學建設本部」，力求盡早組織文學家與藝術家的廣泛統一戰線。十二月，韓雪野、李箕永、金史良等人自北方來到首爾，文學家們在鳳凰閣召開座談會。一九四六年二月，他為謀求與北方的「朝鮮無產階級藝術聯盟」合而為一，創立「朝鮮文學家同盟」，標榜「民主的民族文學」，開始了發行機關雜誌《文學》等活動。然而這些都並未得到對方的同意，不過是一廂情願，統合以失敗收場。

一九四七年，在發表詩集《讚歌》、《回想詩集》（《玄界灘》的再版）後，十一月，林和為了躲避美軍政廳的打壓，帶領南勞黨派的文學家、藝術家等人大舉越北。越北後，前後歷任朝蘇文化協會中央委員會副委員長、朝蘇出版社社長等。與平安道出身的金南天選擇在平壤活動不同，林和留在了海州，主要負責對南策略與游擊隊的支援。林和在越北後發表的詩作有一大特徵，即其中多數都是為死於游擊隊行動中的隊員而寫的作品，這些作品多以筆名楊南樹來發表。一九五一年的韓戰時期，發表〈你究竟在何方〉、〈人民之翼〉等，刊行詩集《你究竟在何方》。

一九五二年，林和在金日成四十歲誕辰之際發表詩作〈四十年〉，這是林和唯一有出現「金日成」名字的作品。一九五三年二月十七日，平壤市黨委員會全員會議上林和開始遭到非難，最終在韓戰休戰後的八月六日，林和與李承燁等人被冠上美國間諜嫌疑而被送往軍事法庭，最終於次日八月七日被處決。

布袋敏博

磯谷季次

一九〇七—一九九八年。日本靜岡縣人。曾參加一九三〇年代朝鮮的勞工運動。磯谷自小學畢業後就在東京工作，後因徵兵而加入朝鮮羅南第十九師團步兵七六連隊。一九三〇年除役後，到了咸鏡南道的朝鮮窒素肥料株式會社興南工廠當職工。他借居在朝鮮人的家中，加入朝鮮勞工的工會。曾打算在日本勞工之間成立消費合作社（消費組合），後因關係到五百人以上的第二次太平洋勞動工會事件而被捕，被以違反《治安維持法》起訴。以在朝鮮關係到社會運動的日本人來說，他被判的是最重的有期徒刑六年，然而關押期間卻始終保持不轉向的態度。一九四一年出獄後，進入朝鮮北部的一間製材所工作。

日本戰敗後，磯谷在咸興的日本人世話會、朝鮮共產黨咸興市黨部日本人部裡活動，活用他在朝鮮的人脈致力幫助遣返日本人回國，最終自己也於一九四七年被遣返。

回到日本後，他在東京當小學守衛等工作，一面持續為北朝鮮的人權等問題發聲。著有回憶錄《殖民地監獄》（一九四九年）、《朝鮮終戰記》（一九八〇年）、《我的青春的朝鮮》（一九八四年）。

任淳得

一九一五—？年。小說家，全羅北道高敞人。出生於相當富裕且開明的兩班家，任淳得為家中孩子二男三女中的老么。長兄為日後知名的民俗學家任晳宰（一九〇三—一九九八年），不過因為與她有著十二歲的差距，又就讀於京城帝國大學，彼此相隔兩地；兩位姊姊也大她十歲左右，因此她與這三位兄姊較少有手足間的往來。不過二哥任澤宰（一九一二—一九三九年）與她年紀相仿，因此極大程度地受到他的影響。

任淳得年幼時是方定煥的童話書《愛的禮物》與雜誌《兒童》的忠實讀者，自普通學校畢業後便前往至首都。一九二九年四月，進入梨花女子高等普通學校。一九三一年六月二十五日，在她三年級的這年，發生了二至四年級學生共百名學生的同盟休學事件，她以該事件首謀被西大門警察署逮捕，受到退學處分。

一九三二年，她進入天道教學校同德女子高等普通學校三年級就讀。一九三三年一月底，她因與歷史老師李觀述及四年級學生李景仙等人組織讀書會，遭鍾路警察署逮捕，後雖然獲釋，仍不免遭到同德女高普退學處分。後投入寫作活動，一九三七年二月，任淳得以短篇小說〈日曜日〉在文壇亮相，並且從一九三七年最早的評論〈女流作家的地位〉，到一九三八年的〈女流作家再認識論〉、一九四〇年的〈處於拂曉期的朝鮮女流作家論〉中，都在話鋒銳利地批評著崔貞熙等文壇前輩，指責她們甘願流於「女流作家」這種男性作家看女性作家的視角或感傷中，不肯邏輯思考。

自一九三九年開始，她也發表起日文作品。收錄於一九四二年《每新寫真旬報》中的〈秋天的禮物〉，也能看出作者內心的「澄澈精神」。

殖民地時代末期，任淳得生活在江原道淮陽郡元山附近，直到朝鮮光復。光復後，又轉到蘇聯軍政下的北朝鮮活動。一九四七年底轉居平壤，在朝鮮女性社工作，此處即發行北朝鮮民主女性同盟（後來的朝鮮民主女性同盟）機關誌《朝鮮女性》的地方。就現在能夠確認的資料來看，任淳得在光復後最早寫的文章是注有「一九四七．九」日期的小說〈野菊〉，但最早的出處則不得而知，該作品收錄在她唯一的作品集內。而發表於雜誌中最早的文章，則是隨筆〈十月夜的故事〉，登載於《朝鮮女性》一九四七年十月號（創刊號）中。同年十二月也在《朝鮮文學》二號上發表了小說〈松林之家〉。在這之後，任淳得發表作品的主要媒體，即為《朝鮮女性》雜誌及北朝鮮文學藝術總同盟的機關雜誌《朝鮮文學》；一九五七年以後則是《文學新聞》與《人民朝鮮》。

光復後的北朝鮮，雖然法律上聲稱男女平等，然而現實中卻依然留有濃厚的家父長式的意識形態。她在《文學藝術》一九四九年十二月號發表的小說〈女兒與母親〉，便是以女性角度來描寫這現象的作品。而她在一九五七年六月發表在《朝鮮文學》的〈某個遺族的故事〉，則是凸顯了經過韓戰後，年紀輕輕就成為寡婦的「戰爭遺孀」問題。一九五五年八月，透過朝鮮女性社刊行她唯一的作品集《無法忘卻的人們——朝蘇親善作品集》。目前可確認的最後作品是在一九五九年五月十五日的《人民朝鮮》十號上刊載的〈春夜〉，其後相關消息不明。

布袋敏博

朴次貞

一九一〇—一九四四年。別名林哲愛，獨立運動人士，慶尚南道人。父親為大韓帝國政府官員，然於日韓合併後，自戕表達抗議。朴次貞從釜山的日新女學校畢業後，就被選為女性團體槿友會的中央委員，開始於京城活動。一九二九年光州學生運動爆發時，她與計畫在京城發起運動的許貞淑等其他女性活動人士一同被捕。獲釋後，受到在中國活動的弟弟邀請而前往北京，後與義烈團團長金元鳳結婚。

一九三二年前往南京。一九三五年，於義烈團等團體組成的民族革命黨中的婦女部活動，一方面也組織南京朝鮮婦女會，主張目標應不僅是朝鮮獨立，還需包括女性解放。當中國抗日戰爭爆發，朝鮮義勇隊成立後，朴次貞擔任義勇隊的婦女服務團長，負責向日軍士兵進行日語宣傳播報等工作。一九三九年底，她參加了中日兩軍在廣西省崑崙關的大戰役，並因此負傷，從此無法繼續活動，最終於重慶身亡。二〇〇一年，在其故鄉釜山立起的朴次貞銅像，是一尊拿著軍槍的女性戰士，這樣的形象，在韓國是絕無僅有的。

玄永燮

一九〇六—?年。創氏名天野道夫，漢城人，「內鮮一體」的朝鮮人追隨者。玄永燮是朝鮮總督府中樞院參議玄櫶的兒子，畢業於京城第一高等普通學校、京城帝國大學法文學部（專攻英文學）。一說在他進入京城帝大前，曾有一段時間在京都的朝鮮人勞工工會中活動。一九三一年，從京城帝大畢業的這年，他前往了上海，加入無政府組織南華韓人青年聯盟。同年秋天，受東京府學務部社會課短期雇傭。

一九三五年，於《朝鮮日報》連載評論〈個性擁護論〉，引用西洋文學等資料，主張尊重個人的特質，但次年卻於雜誌《朝鮮及滿洲》刊載〈政治論之一齣〉，主張積極的內鮮一體論，支持廢止朝鮮語、生活日本化、內鮮通婚等。文章中寫到，若要消除日本人與朝鮮人之間的「不同」（玄永燮認為兩者之間存在的是「不同」而非「不平等」），就必須使「朝鮮人在一切意義上都成為真正的日本國民」。

中國抗日戰爭爆發後，玄永燮除了協助當局，以綠旗聯盟理事身分進行時局演講外，還發表了許多評論支持志願兵制度等政策。統整了此類文章出版的《朝鮮人應走的路》（一九三八年），更被認為是「內鮮一體的三大書籍」之一。在一九三八年成立的國民精神總動員朝鮮聯盟中，玄永燮擔任其機關雜誌《總動員》的編輯，自身也執筆許多文章，在討論「內鮮一體」的朝鮮知識分子中，玄永燮的主張是最急進的。當時許多的知識分子，特別是文學家，都是採取贊同「內鮮一體」的同時，又表達著朝鮮語著述的必要性，但對此類知識分子的態度，卻受到了玄永燮的嚴厲抨擊。一九四〇年以後，他持續在《朝光》、《內鮮一體》等雜誌上，發表了許多普及與宣揚皇道思想，以及呼籲前往神宮及神社參拜、實踐創氏改名等文章。

二次世界大戰結束後，他離開朝鮮，逃亡日本。韓國政府成立後，玄永燮被反民族行為特別調查委員會認定為「逃避者」。一說玄永燮後曾於駐日美國大使館工作，其後無相關消息。

南次郎

一八七四－一九五五年。日本大分縣人，第七任朝鮮總督，皇民化政策推動者。日俄戰爭時，還是職業軍人的南次郎是大本營參謀，先後歷任陸軍士官學校校長、朝鮮軍司令官、陸軍大臣、關東軍司令官。一九三六年八月，就任朝鮮總督。發表「朝鮮統治五大政綱」，主張「國體明徵，鮮滿一如，教學振作，農工並進，庶政刷新」，次年中國抗日戰爭開始後，為推動戰爭以及打著「內鮮一體」口號的朝鮮人皇民化政策，便開始推行朝鮮兵站基地化政策。其中的志願兵制度、修訂朝鮮教育令、創氏改名等政策，也都是南次郎總督時期的特徵。一九四二年五月，南次郎卸任總督，轉任樞密顧問官。第二次世界大戰後被認定為甲級戰犯，於東京審判中被判處終身監禁。

塩原時三郎

一八九六—一九六四年。日本長野縣人。南次郎總督時期之朝鮮總督府學務局長，皇民化政策立案及推動者。就學於東京帝國大學法學部時，參加國家主義團體興國同志會的成立，畢業後成為遞信省的官員。曾任靜岡縣清水市市長，亦擁有在臺灣總督府、關東廳等「外地」的工作經驗。一九三六年轉任朝鮮總督府學務局長，作為南次郎總督的「右手」積極推動皇民化教育。任內制定「皇國臣民誓詞」，修訂朝鮮教育令、主導實施志願兵制度等，亦兼任陸軍志願者訓練所所長。

一九四一年轉任厚生省職業局長，戰時擔任遞信省、軍需省等機關的官員。第二次世界大戰後，於東京審判中擔任木村兵太郎（前陸軍次官，緬甸方面軍司令官）的辯護人。一九四七年因GHQ的「褫奪公職」令而去職，一九五一年解除後，代表自由黨當選靜岡縣第一區的眾議院議員。

注釋

1. 可能是指河上肇的《唯物史觀研究》（弘文堂書房，一九二一年）。
2. 出自《東亞日報》一九二七年三月二十三日。
3. 出自《朝鮮日報》一九二七年八月三十一日。
4. 出自《朝鮮日報》一九三〇年十一月七日。

5. Agitating point keeper，指在運動人士的藏匿處照顧其生活起居的女性。

6. 出自《現代日報》一九四六年四月十七至十九日。

7. 於一九二九年十一月朝鮮各地發生的學生抗日運動。導火線為全羅南道光州的朝鮮學生與日本學生的衝突事件。

8. Reading Society，一般指讀書會，特別是一九三〇年代前半期的社會科學、社會主義文獻的讀書會。

9. 曾有廣告顯示原定將由雅文閣出刊，但最終未能實現。

10. 一九一九年由金元鳳等人於中國成立的獨立運動團體。曾對日本的統治機關及高官進行恐怖攻擊活動。一九二〇年代後半期，則將目標放在發動廣泛民眾抗日運動，於南京等處活動。

11. 收錄於《文章》一九三九年八月號。

12. 收錄於《文章》一九四〇年一月號。

13. 「窒素肥料」即氮肥，此公司為日本窒素株式會社的子公司。

參考文獻

李載裕

安載成著，吉澤文壽、迫田英文譯，《京城トロイカ（京城三少）》，同時代社，二〇〇六年

李載裕，〈朝鮮に於ける共產主義運動の特殊性と其の発展の能否　（附）思想犯保護観察制度に対する所感（於朝鮮的共產主義運動之特殊性暨其發展之能否　（附）對思想犯保護觀察制度之所感）〉，《思想彙報》一一，一九三七年。

金炅一著，井上學、元吉宏譯，《李載裕とその時代（李載裕及其時代）》，同時代社，二〇〇六年

長崎祐三，〈李載裕逮捕見聞記〉，《思想彙報》一〇，一九三七年

朴鎮洪

吳香淑，《朝鮮近代史を駆けぬけた女性たち　32人（馳騁朝鮮近代史的女子們32人）》，梨の木舍，二〇〇八年

金台俊

金台俊，〈延安行〉，金台俊著，安宇植譯注，《朝鮮小説史》，東洋文庫，一九七五年

三宅鹿之助

三宅鹿之助等，〈座談会　暗黒下の日朝人民の連帯（座談會　暗黑中的日朝人民合作）〉，《朝鮮研究》五三，一九六六年

金　九

金九著，梶村秀樹譯注，《白凡逸志——金九自叙伝（白凡逸志——金九自敘傳）》，東洋文庫，一九七三年

金元鳳

梶村秀樹，〈義烈団と金元鳳（義烈團與金元鳳）〉，梶村秀樹著作集刊行委員會及編集委員會編，《梶村秀樹著作集》四，明石書店，一九九三年

朴泰遠著，金容權譯，《金若山と義烈団（金若山與義烈團）》，皓星社，一九八〇年

金科奉

沈之淵，《잊혀진 革命家의 肖像——金科奉研究（被遺忘的革命家的肖像——金科奉研究）》，인간사랑，一九九三年

武　亭

리광인，《무정장군（無情將軍）》，민족출판사，二〇一六年

李陸史

李陸史著，伊吹郷譯，《青ぶどう——イユクサ詩文集（青葡萄——李陸史詩文集）》，筑摩書房，一九九〇年

李陸史著，安宇植譯，《李陸史詩集》，講談社，一九九九年

尹奉吉

山口隆，《尹奉吉——暗葬の地・金沢から（尹奉吉——暗葬之地・金澤）》，社會評論社，一九九四年

山口隆，《4月29日（エンペラーズ・バースデー）の尹奉吉（4月29日（天皇日）的尹奉吉）》，社會評論社，一九九八年

林　和

大村益夫，〈解放後の林和（解放後的林和）〉，早稲田大学アジア太平洋研究センター編，《社會科學討究》一三—一，一九六七年

金允植，〈林和研究——批評家論〉，金允植著，大村益夫譯，《傷痕と克服（傷痕與克服）》，朝日新聞社，一九七五年

磯谷季次

磯谷季次，《朝鮮終戰記》，未來社，一九八〇年

磯谷季次，《わが青春の朝鮮（我的青春與朝鮮）》，影書房，一九八四年

任淳得

이상경，《임순득，대안적 여성 주체를 향하여（任淳得，邁向另類女性主題）》，소명출판，二〇〇九年

朴次貞

吳香淑，《朝鮮近代史を駆けぬけた女性たち　32人（馳騁朝鮮近代史的女子們32人）》，梨の木舍，二〇〇八年

第四章 中國近代文學——二十世紀前半葉／清末民初

藤井省三

前言

對於中國作家來說，二十世紀前半葉的清朝末期與中華民國時期，可說是過境的時代。追根究柢，東亞的二十世紀，本就是民族國家建設的時代，是個伴隨著近代國家的形成，出現了國境與國語制度的時期。

經過一八四〇年的鴉片戰爭，成為租界都市的上海，吸引了歐美及日本帶著許多工廠、學校及印刷技術、報紙與雜誌等產業化社會的各項制度過境而來。而中國也積極吸收異國文化，進而推動了近代化（歐化）。現代中文說的「文學」，是過去明治時代的日本，借用原本帶有「文章博學（美妙的句子與博大的知識）」之意的古典中文，來當作literature之對譯語的詞彙。而另一方面，因「文學」本身也屬一種經過脫胎換骨而成的存在，就這點來看，可謂是意義深遠。「文學」二字，是清朝政府在效仿東京帝國大學等日本大學制度創立京師大學堂（今北京大學）時所吸收的新語。

二十世紀的中國文學可大致分為六個時期。第一期是十九世紀末至一九一〇年代中葉的清末民初時期。在十七世紀中葉打倒了漢族王朝明朝的清朝，在十九世紀末也因為西歐國家侵略以及人口增加等內政問題，呈現出了末期症狀，於是改革、革命傾向漸趨活躍，人們開始摸索與國語言文一致的文學。清朝最終在一九一一年的辛亥革命下倒臺，次年亞洲最早的共和國中華民國誕生。前文所謂的民初，指的就是民國初期。

第二期則是五四時期。時間從一九一七年興起的文學革命開始，中間經歷一九一九年的五四運動，再到一九二〇年代後半葉的國民革命（一九二六—一九二八年）為止。所謂的文學革命，是指受過清末民初時期的西歐式教育制度，年齡落在二十至三十餘歲的年輕知識分子所推動的白話文運動。就以一九一八年的短短一年來說，就出現了魯迅的創作〈狂人日記〉、胡適（一八九一—一九六二年）翻譯易卜生（Henrik Johan Ibsen）的作品《玩偶之家》、周作人的散文〈人的文學〉，人類、內在、愛情、家庭、貨幣經濟制度等起源於近代西歐的重要概念，全都出現在這個時期。

第三期則是狂熱的一九三〇年代。辛亥革命後，袁世凱恢復帝制、軍閥割據時代再臨，但到了一九二〇年代中葉，國民黨搭上國民革命的熱潮，透過北伐戰爭成功實現中國統一。國民黨領導者蔣介石在一黨專政體制下推動經濟建設，上海成為新中國的中心，迎來繁榮的最頂點。報章雜誌發行量激增，愛好文藝的知識層、市民層擴大，職業作家、職業評論家陸續登場，上海搖身一變成為讓北京也望塵莫及的出版文化中心。

然而，繁榮之夢破碎後，隨之而來的便是第四期——迎接成熟與革新的一九四〇年代。日本由於擔憂中國民族主義的興起，將造成失去以往的權益，於是策劃了九一八事變（一九三一年），緊接著更在一九三七年開始了對中國的全面侵略。中國因此被三分成國民黨控制的「大後方」、共產黨控制的「解放區」，以及日本占領的「淪陷區」。即使在戰時，大後方與淪陷區的文學仍舊因一九三〇年代的榮景而逐漸成熟，在淪陷區的上海，女性作家張愛玲，便是在此時如彗星般登場。

一九四五年日本戰敗後，經過國共內戰，中國共產黨在一九四九年統一大陸，成立中華人民共和國，開始了第五期——黑暗三十年。不過，在文化大革命結束後的一九七〇年代尾聲，隨著鄧小平推動正式的改革開放政策，中國便逐漸走向再生與飛躍的第六期。

進入二十世紀，為了學習醫學、工學與農學，成千上萬的中國青年前往日本與歐美留學，不過許多年輕人在得知國語及文學在近代世界的民族國家制度中的重要性後，也紛紛轉為文學家。例如從仙台醫學專門學校（今東北大學醫學系）輟學回到東京，對夏目漱石（一八六七—一九一六年，↓第十五章）感到強烈共鳴而寫下有關浪漫派詩人論述（《摩羅詩力說》）的魯迅，以及在康乃爾大學修習農學後，轉學進哥倫比亞大學哲學系，在這與紐約達達派女性畫家相戀，同時又受到意象主義的影響，因而構思了文學革命與大學人文學的胡適，都是這樣的例子。而魯迅與胡適，都可謂是藉由過境日本與歐美，而打下現代中國文學基礎的先驅者。

在傳統中國，女性在精神與肉體方面都受到了嚴重的歧視。基本上，她們禁止讀書寫字，還要強制裹小腳。不過隨著近代化的進展，女性們跨越了男女之間的障壁，逐漸涉足文藝界。其中的代表是張愛玲，她受到了魯迅與胡適的影響，留下了許多標誌著近代文學成熟的作品。

在本章，筆者將把主軸置於魯迅與張愛玲身上，再描繪出逐漸過境到世界，以及新白話小說的文學者群像，同時也談及因為他們的創作及作家人生而著迷，而過境至中國的日本人、朝鮮人及歐美人。

關於胡適，本章將僅止於「魯迅」的條目中，談及其美國留學經驗及文學革命（一九一七年）時期的活動，至於其生涯的敘述，則留到第十一卷詳述。

魯迅（一八八一—一九三六年）

一、紹興時代——一八八一—一九〇二年（包含南京三年）

生於古都

紹興，是一個位於上海西南方約兩百公里的江南古都，它擁有源遠流長的歷史，聳立於其南邊的會稽山，還是與治水神話英雄大禹有關聯的地方。紹興流傳著春秋時代的越王句踐的復仇故事；南宋時期的國都也有一段時間設於此處；到了明清時代，更因為運河而有繁榮的商業活動。這裡高品質的水與

魯　迅

米，也使紹興酒相當有名。由八個縣組成的紹興府，人口約有一百二十二萬（一九三三年統計），周圍有城牆圍繞的紹興府城的人口則約有十一萬（一九一〇年統計）。[1]

魯迅（本名周樹人）出生於紹興城內的周家，是家中長子。周家原籍在湖南省道州，祖先於明朝正德年間（一五〇六—一五二一年）移居紹興，至魯迅為第十四代。日後，周氏一族靠著商業發家，第六代通過科舉成為舉人，躋身士大夫階層，使周家更加繁盛；直至第十一代為止，已開枝散葉了十數個房族（擁有祖先家屋部分所有權的親族）。魯迅家為興房（十一代），是個包含了十親等以內的數十名家人居住在一起的大家族。經歷太平天國興亡（一八五一—一八六四年）後，周家面臨了衰退期，不過興房十二代的周福清於一八七一年突破了科舉最終考試成為進士，先後歷任江西省縣知事、北京政府高官內閣中書，致力振興家道。

魯迅的父親周鳳儀（一八六一—一八九六年）雖通過科舉考試成為生員（秀才），但他並未考取舉人；母親魯瑞（一八五八—一九四三年）出身紹興郊外農村安橋頭的士大夫之家，其父是舉人，兄弟也都是秀才，她藉由自學學會讀書寫字，進而斷髮、解纏足，是個開明的女性。

周家的沒落與進入南京新式學堂

一八九三年，魯迅的祖父為了幫父親通過科舉向人行賄，被關押七年。次年父親又生了重病，周家於是賣掉了許多水田，少年魯迅在當鋪與藥鋪來回奔走，然而其父親仍舊在一九九六年病逝。

魯迅自年少就喜歡圖片，帶插畫的《山海經》讓他百讀不厭。周家後院的百草園中有石井欄，有桑葚和木莓，草叢中有雲雀直竄雲霄，也能抓到蟋蟀與蜈蚣。當他滿六歲時，便開始去周家秀才服務的家塾上課，十一歲就進入三味書屋這處紹興最嚴格的私塾學習四書五經，開始準備科舉考試。一八九八年，他背井離鄉到了南京的海軍學校（江南水師學堂）讀書。這所學校設立於他入學的八年前，學生毋須繳交學費，且有一年二元的零用金可拿，魯迅也在此時期將自己的幼名樟壽改為樹人。然而，偏保守的校風使他感到厭煩，半年後便退學，並於次年進入在南京新成立、附屬於陸軍學校的礦物鐵路學堂就讀，成為該校第一屆學生。

中國在十四世紀後半葉，蒙古族建立的元朝滅亡，明朝建國；但到了十七世紀，同樣是外族的滿洲族再度推翻明朝，建立清朝。中國繁盛一時，但到了十九世紀，人口已比明末多了兩倍，達四億之數。此時經濟窒塞、農民抗爭頻繁，鴉片戰爭（一八四〇—一八四二年）與太平天國內亂，在在為清朝帶來危機。於是中體西用思想出現，然而經歷清法戰爭（一八八四—一八八五年）與甲午戰爭（一八九四—一八九五年）的戰敗後，洋務運動宣告失敗。其後，中國開始了以明治維新為模型的變法運動，推行全面歐化。一八九六年，梁啟超於上海公共租界創刊《時務報》，發行數達一萬七千本，被譽為「雜誌王」。礦路學堂的校長同是該刊物的讀者，屬改革派的一員，他考漢文時也是自己出題。有次他考「華盛頓論」，但反倒讓漢文教員來問魯迅「華盛頓是什麼東西呀？」魯迅在看了嚴復（一八五三—一九二一年）翻譯赫胥黎的《天演論》，得知進化論的生存競爭與自然淘汰理論而大受衝擊時，也是他是礦路學堂在校生時的事。

二、東京時代——一九〇二—一九〇九年（包含在仙台時的一年半）

前往「帝都」留學

受光緒皇帝認可後，康有為於一八九八年的戊戌年實施變法，設立京師大學堂、擬定留學生派遣計畫，但因為慈禧太后等保守派的政變，新政只推動了約一百餘天便以失敗告終。而在保守派與主張排外的義和團為伍，向列強宣戰並吞下慘敗（一九〇〇年）後，終於開始實施因襲變法運動的庚子後新政，不過這個時期，世間已出現了主張推翻征服王朝、建設漢族共和國的革命派。

近代中國的國外留學史從一八四七年容閎等人前往美國開始，後於一八八〇年代停止，接著再透過新政重新立案，又因政變而受挫。直至甲午戰爭之後，留學制度才重新復活，目的國也從歐美變為日本。一八九六年，清朝首次送出了十三位公費留學生前往日本。一九〇一年後，因清朝比以前更大力推動日本留學政策，使得留日的中國學生總數激增，在一九〇五年中國廢止科舉制度時，已達八千人；接著在一九〇六年更成長到了一萬二千名的高峰。

一九〇二年一月，魯迅以第三名成績從礦路學堂畢業，並於同年三月與五位同期學生一起前往日本留學，[2]在該處度過了七年半的歲月。在這期間，除了兩度回國（一九〇三年七月與一九〇六年七月）及仙台遊學期間（一九〇四年九月至一九〇六年三月），在他二十到二十八歲這段多愁善感的青春期，都是呼吸著東京的空氣成長的。在仙台醫學專門學校的一年半，只要碰到春、夏、冬的長假，他也會回到東京。

魯迅的東京時代裡夾著日俄戰爭（一九〇四年二月—一九〇五年九月），這是一段日本逐漸形成近代民族國家的骨幹，東京亦作為新興帝國首都，而逐漸產生顯著變化的時代。東京市人口約有一百六十二萬人（一九〇八年），在相當於目前東京都地區內的人口，在一九〇九年時更急增到了二百七十七萬人。[3]在這塊年輕的「帝都」，活字印刷的媒體盛況空前，文學制度再度勃興，「以往無法單靠寫作來維繫生活的文學家，在甲午戰爭後第一次能過上『獨立的文學家的生活』」，「戶口調查之際，也出現了在職業欄填上『著述業』、『小說家』的人，此時的人們已將文學家視為一群『社會上的新分子』了」。[4]一九〇七年，在東京帝國大學講授英文的夏目漱石婉拒了教授的職位，選擇進入朝日新聞社成為職業作家，堪稱此時期的象徵性事件。而魯迅推辭了教育部高官與大學教授的職位，選擇成為職業作家是在一九二七年，從這也能看出中國的新文學作家成為獨立職業，是比日本晚二十年以上的事情。

魯迅一九二六年的作品〈范愛農〉中，敘事者「我」是一位留學生學長，有次搭火車到橫濱接後輩去新橋，但在看到新來的留學生們在火車上不斷打揖讓位，最後在火車起動時倒成一團後，搖頭輕視對方的樣子。文中回憶起此事，卻又抱著很大的自責感。而從這些敘述，我們也能窺見來到日本留學的中國留學生，先來與後到的人之間有著心態上的鴻溝。

仙台學醫

收到清朝政府委託接受赴日留學生後，日本政府將此任務交給了高等師範學校校長嘉納治五郎（一八六〇—一九三八年）全權負責。嘉納於是租借了民家開設私塾，而這間私塾，在一九〇二年後，逐漸發展成預備校弘文學院。魯迅在該校普通科在學兩年，與日語教育家松本龜次郎（一八六六—一九四五年）等人學習知識。此處的宿舍一間住六人，根據同鄉的留學生、同時也是魯迅終生摯友的許壽裳（一八八三—一九四八年）所言，他們時常談論國民性的話題，認為中國人之所以欠缺誠與愛，是因為成了元朝與清朝這兩個異族王朝的奴隸，因此他們得到一個結論：只能透過民族革命來挽救。

魯迅最有興趣的是流行於東京的文學。一九〇三年六月，他發表了翻譯自維克多・雨果（Victor Hugo）作品的〈哀塵〉；之後直到一九〇六年，又陸續將儒勒・凡爾納（Jules Gabriel Verne）的《月世界旅行》、《地底旅行》以及《北極探險記》等日文版作品再翻譯成中文。

一九〇四年四月，魯迅自弘文學院畢業，進入仙台醫專。後來他於一九二二年底的〈《吶喊》自序〉中回想到當時他懷有一個夢想，希望「卒業回來，救治像我父親似的被誤（診）的病人的疾苦，戰爭時候便去當軍醫，一面又促進了國人對於維新的信仰」[5]。

魯迅在醫專時受過解剖學教授藤野嚴九郎懇切仔細的教導，但在一九〇六年三月退學。根據魯迅在

〈《吶喊》自序〉中的說法，使他產生退學想法的契機是課堂上看到的幻燈片。當時醫學校的課堂上已在使用幻燈片，在課餘時間，教師也會放些日俄戰爭等時事的幻燈片。某天，他在教室忽然看見替俄軍做間諜的中國人的幻燈片，畫面展示著中國人圍觀日軍準備砍下其頭顱的情景。其中可以見到要被處決的人、圍觀的人……等等，他的同胞們雖然個個體格強壯，卻顯示出麻木的神情。接著魯迅寫到：「凡是愚弱的國民，即使體格如何健全，如何茁壯，也只能做毫無意義的示衆的材料和看客，病死多少是不必以為不幸的。所以我們的第一要著，是在改變他們的精神，而善於改變精神的是，我那時以為當然要推文藝，於是想提倡文藝運動了。」

魯迅的自序寫於十七年後，可以認為幻燈片事件在經過漫長歲月後，已然在魯迅胸中形成故事，而故事的內容主要是基於當下自己的回想。不過，魯迅談及民眾呈現出的令人絕望的態樣，是發生在捨棄醫學而選擇文學的仙台時期，便也代表要探討在這之後的魯迅文學時，此事有著舉足輕重的重要性。

當時仙台人口為十萬人，是日本全國排名第十一的中規模城市，在一九一〇年之前就有自上野鋪設至此的鐵路，旅途時間約十二小時。雖說戲劇小屋內也會上映電影，但與媒體之都東京相比，仙台的資訊量還是少得望塵莫及。從人口規模來說，仙台與紹興城幾乎沒有差異。魯迅在短短一年半的在學期間就回過東京三次，最後更是選擇醫專輟學也要回到東京，或許正是因為他已被媒體都市給吸引住了。

正式的文學運動開始

在第二次的東京生活中，魯迅就讀於獨逸學協會附設獨逸語專修學校（獨協大學前身），主要在書店、舊書店，以及東京的丸善書店大量購買雜誌、書籍，沉浸於文藝評論與介紹歐美文學之中。當夏目漱石在進入朝日新聞社，開始連載《虞美人草》後，魯迅每早便會在寄宿地的被窩裡，點上中級品的香菸敷島，翻開《東京朝日新聞》，然後馬上看起小說欄。[6] 一九〇八年四月，魯迅在過去漱石一家住過的本鄉西片町租了房間，並學起當時日本學生的裝束，在和服繫上腰帶、穿上袴（日式褲裙），也開始蓄鬍。

在此同時，魯迅也很常參加同鄉前輩章炳麟（一八六九—一九三六年）所講授的國學講習會，在那學習了東漢許慎的《說文解字》等。章炳麟的「珍惜國粹」理論，是希望透過學習語言文字來喚醒漢民族的民族自覺，屬於一種民族主義的新創戰略，魯迅在最晚年時，也對這位經學的大學者給予了「有學問的革命家」的評價。

據傳，一九〇四—一九〇五年左右，魯迅參加了主要由浙江、江蘇兩省的人組成的革命團體光復會。一九〇五年八月，該會與東京的廣東省籍的興中會、湖南省籍的華興會合作，成立中國同盟會。晚年，魯迅在上海與他的日本學生增田涉如此說過：

> 我在清末搞革命運動時，上級命令我去刺殺某要人……，要是我被捕或被殺，那母親怎樣生活呢？我向上級提出了，結果上級看我如此掛心後事，就不讓我去幹了……。[7]

魯迅的孝心根深柢固，為魯迅之後的人生帶來了巨大影響，他與朱安不幸的舊式婚姻，以及和許廣平（一八九八—一九六八年）自由戀愛下的同居都是一個例子。魯迅之所以會在一九〇六年夏天回國之際與朱安結婚，即是聽從了母親之命的緣故。朱安不同於媒人所說，實際上她不僅纏足，也不識字。

然而，民族國家的基礎，是建立在經過自由戀愛而結婚的男女所經營的核心家庭上。隨著理解到革命與戀愛是文學的兩大主題，魯迅自身的舊式婚姻，遂逐漸為他在精神與肉體上產生了無法癒合的深刻傷痛。婚禮四天後，魯迅將新娘留在老家，帶著從江南水師學堂畢業、並獲得公費留學資格的弟弟周作人回到了東京。對魯迅來說，這或許已是他最奮力的抗議了。

一九〇七年夏天，魯迅與周作人、許壽裳等人研討後，做好了發行文藝雜誌《新生》的準備，但後來卻因執筆人、出資人無法獲利的關係而失敗。後來三人為了該雜誌所準備的論文與翻譯，於次年發表在革命派的雜誌上，至於剩下的小說等作品的翻譯，則收錄在後續將提到的《域外小說集》中。

其中的文學論〈摩羅詩力說〉（一九〇七年執筆）主要為談論歐洲浪漫派詩人，魯迅在開頭就說到，在孔子以來的儒教影響下，詩已變成專為取悅專制君主之用的道具，但近代歐洲卻陸續出現了拜倫等為了自由而大聲反抗的浪漫派詩人，並逐漸站上了民族國家建設運動的第一線。在最後一章，魯迅以透過流血來帶給觀眾戰慄與快感的鬥士來比喻詩人，再以「如角劍之士，轉輾于眾之目前，雖有而眾不之視，或且進而殺之，則中國遂以蕭條」作結。對於中國與近代歐洲落差之大的認知，與魯迅的自我認同危機連結，形成了「蕭條中國」的概念。接著，蕭條也轉化成了魯迅自身的內在風景。[8]

三、北京時代——一九〇九—一九二六年（包含杭州與紹興的三年）

杭州與紹興的師範學堂及假辮髮

魯迅曾考慮過到德國留學，但為了支撐一家的家計，他將周作人留在東京，自己於一九〇九年八月回國，在浙江省省會杭州的浙江兩級師範學堂當起教員，除了教導化學與生物外，也身兼日本籍植物學教師的口譯。他在上海買了假辮髮，但又覺得掉下來會很沒面子，於是一個月左右就沒戴了。此外，據說如果學生想上生殖系統的課程，魯迅就會額外開課來講，但條件是絕對不能笑。而教課的時候，他的穿著都是日本的學生服。

該師範學堂是浙江省的最高學府，於一九〇八年四月開校，其制度模仿日本的東京高等師範學校（今筑波大學），教員幾乎都是日本留學生，身上帶有一股濃烈的科學與民主的氣息。有次，因新任校長批判革命黨、非難「斷髮洋裝」的行為，造成魯迅等二十餘名教員發動總辭以表抗議，學生也響應罷課，最終事件以校長辭職落幕。但後來接任的校長為保守派，於是魯迅於一九一〇年八月轉至紹興府中學堂任教，負責教導博物學。至於浙江兩級師範學堂的洋館校舍，已被現在的杭州高級中學接管，校舍旁有傳說是魯迅親手種下的兩棵櫻花樹，枝繁葉茂，只要到了每年花期，杭州高中學生七百人就會聚集於此召開魯迅文學集會。

一九一一年十月，當辛亥革命的風潮吹到紹興時，魯迅率領著學生武裝隊，負責城內警備。同年十一月，迎接革命軍入城，成為紹興的浙江山會初級師範學堂校長。一九一二年中華民國成立後，紹興的保守勢力仍然強勢，就如同短篇小說〈范愛農〉所描述的，日本留學歸國的革命派對此感到強烈的失望。同年二月，臨時政府教育總長蔡元培邀請魯迅至教育部任職，於是他出發前往南京，並在伴隨臨時政府移師北京，於五月北上，執行著課長級官員的勤務。

從皇帝之都到「文化城」

明朝的北京，是以元朝的大都為基礎建設而成，這裡擁有九個城門（南有三、東、西、北各二）及護城河，城牆綿延二、三公里。到了明朝中葉，為了處理城內人口增加及蒙古族的侵襲，南面增設了全長十四公里、擁有七個城門的外城，以往的北京城便被改稱為內城，內外城合計面積達六十二平方公里。作為比較，東京的都心四區（千代田、港、新宿及文京區）合計面積為六十平方公里。在清朝末年的一九一一年時，北京城內的人口為七十八萬人，而在一九二二年的人口調查中，則又增加到了九十一萬人。

中華民國成立後，孫文將臨時大總統之位讓給曾是清朝北洋軍閥的總帥袁世凱，而袁世凱則於一九一六年恢復帝政，試圖讓自己坐上皇帝寶座，但此舉引發了各地的反袁鬥爭，最終袁世凱取消帝政，並很快於六月過世。隨後，北洋軍閥分裂成安徽、直隸、奉天三派，不斷在北京上演首都爭奪戰。位於南方的非北洋派系的各軍閥則舉起擁護憲法的大旗，反叛中央政府，使各軍閥形成各自的獨立政權。

政情膠著的狀況使得北京的政治地位下降，但因為清末以來此處開辦了許多大學與專門學校，因此逐漸有了「文化城」的稱呼，其中北京大學則站在了全國的高等教育機關的頂點。一九一七年，蔡元培就任該校校長，他大膽改革，提倡學問自由、保障教員學生的文化運動。

一八七〇年代之後，歐美教會、中國高官及資產家也在上海等城市興建了更多的學堂，但幾乎都是一學年、學生數十人的私塾。在一九一九年這個時間點上，高等教育機關就有國立學校十九間、私立學校六間集中在北京，學生達到一萬三千人，其數量占據全國專門學校學生數的四成多。一九二二年，北京大學的學生數更成長到了約二三〇〇名。順帶一提，一九一九年時，全國的教會大學共有十四間，在校生總數為二〇一七人；即是說，光是一間北京大學的學生，數量就超過了全中國基督教學校學生的總和了。就北京大學學生的出生地來看，來自直隸省（大體為今北京市、天津市、河北省）的人有三二一人（百分之十四）；來自上海周邊三省的江蘇、浙江、安徽的人則為四八三人（百分之二十一）。教授陣容也是來自全國留學日本、歐美的年壯氣銳的文化人。一九一八年時，平均年齡落在三十多歲，可謂是相當年輕。據同年的統計，全教員二〇二人中，來自直隸省、北京的人僅有十二人，而江蘇有四十人、浙江有三十九人、安徽十七人，來自南方的人占了壓倒性的多數。[9]

魯迅在教育部工作的同時，也在一九二〇年八月開始在北大兼任了六年的講師，除了講授中國小說史外，也會投稿北京大學的刊物。雜誌《國學季刊》的封面及校徽的設計，也都有他的參與。

文學革命與五四運動

中國自漢朝以來，都將以古典詞彙、文法為基礎的文言文視為正統。對此，胡適在美國留學時深刻感受到，作為民族國家的媒介語言，白話文勝過文言文太多，於是他翻轉了過去「士大夫階層使用文言文，底層民眾使用白話文」的語言價值體系，設想一套「文言文＝舊；白話文＝新」的語言進化論，並受到了留學生們的激烈反對。

即便如此，胡適仍在一九一七年，於綜合雜誌《新青年》一月號上發表〈文學改良芻議〉，提倡全面使用白話文。該雜誌的總編輯陳獨秀受此啟發，於下一號的開頭發表〈文學革命論〉，呼籲推翻「貴族文學、古典文學、隱遁文學」、建設「平民文學、寫實文學、社會文學」。同年六月，胡適動身回國，並於九月就任北京大學教授。而在這之前，陳獨秀已在同年一月就任北京大學文科學長。北京大學就如同文學革命的聖地，而《新青年》也就成了類似北京大學機關雜誌的存在。

《新青年》於一九一五年創刊於上海，主要的編輯有魯迅、胡適、周作人，以及馬克思主義的介紹人李大釗（一八八九—一九二七年）等北京的知識分子及北京大學教授。即是指，這群在清末的西歐式教育制度及赴日、歐、美的留學制度下養成的二、三十歲的知識分子，都聚集到了新文化的大本營北大，透過雜誌媒體致力於啟蒙下個世代的人們。《新青年》標榜民主與科學、批判儒教，主張全面歐化論。雜誌每期的頁數約三百頁，在最興盛的時期，發行量更達到了一萬六千本。

大約在文學革命期間，教育制度也突然朝白話文教育開始進展。一九一三年，教育部召開讀音統一會，開啟了以北京話為基礎的標準語制定之路。一九二〇至一九二二年，小學教材從文言文改為了白話文，中學同樣也在推動白話文。於是，文言文的舊國文科便成了儒教意識形態的旗手，白話文的新國語科則成了民國（共和國）意識形態的載體。

一九一〇年代末，發生了席捲中國全上下的五四運動（一九一九年），其影響持續到引發了一九二〇年代後半葉的國民革命。因中國的近代文學約在該運動時期有了急遽性的成長，故文學史將這段一九一〇年代後半葉到一九二〇年代中葉的時間稱為五四時期。一九一八年，《新青年》刊登了第一部魯迅以白話文寫成的小說〈狂人日記〉、易卜生的劇作《玩偶之家》（胡適、羅家倫共譯）、周作人的散文〈人的文學〉。從人類、內在、戀愛、家庭、貨幣經濟制度等起源於近代西歐的重要概念，在此時期同時出現在中國文學上的這點來說，也相當耐人尋味。

北京市街樣貌也發生很大的變化。美國政治學者史謙德（David Strand）研究專書《北京的人力車夫——1920年代的市民與政治》指出，一九二〇年代的北京已經開通路面電車、設置路燈、鋪裝道路、建設電影院。同時，也有勞工運動的出現。雖然晚了東京二十年，但近代的文化都市化正在急速發生。

從官員學者變成新文學家

一九一二年四月，暫時從南京回到紹興的魯迅，在五月初與許壽裳一同從上海乘船前往天津，再由京津鐵路前往北京。在江南長大的他，將第一次見到華北景象的印象寫在了日記中：「途中彌望黃土，間有草木，無可觀覽」。這趟旅程，魯迅並未帶著妻子朱安一起前往，就這麼一個人寄宿在位於北京外城的紹興會館七年半，並在教育部服務。一九一七年四月開始，則與被迎接到北京大學的周作人同居。

所謂的會館，是以省或縣為單位建成的集會所兼宿舍，主要供同鄉人使用，當時的北京共有四百二十餘處這樣的會館。紹興會館裡有大小八十四個房間，使用這裡的人也多來自紹興，生活便也充滿紹興方言與習俗。此外，中國在人口達數十萬規模的縣約有二千個，是相當於日本「郡」的行政單位。該會館的中庭有一棵巨大的槐樹，傳說過去有一女吊死在這棵樹上。而魯迅則租用了槐樹前面長期無人居住的房間，夏天就拿椅子在樹下乘涼，最後寫出了〈狂人日記〉、〈孔乙己〉、〈藥〉等凝視著死亡與瘋狂的小說。

一九一九年，因周氏一族的興房諸家的決定，紹興的屋子被賣了出去，魯迅將一家人找來了北京。同年十一月，魯迅在位於內城西北邊的八道灣購買了一間屋子，並在十二月花了約一個月的時間，歸鄉處理販賣、搬家的雜事，後帶著母親與么弟周建人（一八八八—一九八四年）及其家人喬遷到了北京。位於八道灣的魯迅宅邸，是個有兩個中庭的二進院式的四合院，南北長六十三公尺、東西長二十六公尺，總面積五百坪。裡面住著魯迅的老母、妻子以及兩個弟弟周作人、周建人與他們的妻子和二、三名傭人；除此之外，例如同鄉好友或愛羅先珂（Vasil Eroshenko）等來自日本的訪客，也都住在這裡。

若說聳立在有著壯大城牆包圍的北京中央的紫禁城是城中城，那麼填滿了北京城裡留白部分的四合院，也算一種城中城的群集了。四合院的東西南北共有四棟屋，將方形的「院」（中庭）圍住，每棟屋子內各有三個房間，是中國北方的傳統住宅。當時的四合院是基於大家庭制度的小型共同體，女性不用出門，日常用品只需向扛著天秤棒的小販購買，中庭甚至會有人偶戲或耍猴戲的人來提供娛樂。在魯迅宅邸，他的母親與妻子，以及從故鄉紹興帶來的傭人或同鄉的寄宿人會說著紹興方言；周作人及周建人的日本妻子羽太信子、芳子姊妹及她們的孩子則說著日語，呈現出了一種雙語的小世界。

在教育部，魯迅擔任的是負責博物館與美術館等事務的社會教育局，職階為課長。一九一三年，魯迅起草《擬播布美術意見書》，致力於開設歷史博物館、轉移京師圖書館（後來的北京圖書館），以及制訂中國式的表音記號「注音字母」等。然而，在袁世凱獨裁體制下，當局加強了對官員的控制，導致教育行政停滯，於是魯迅轉而投入拓本的收集整理與古書校勘等研究。中國版畫研究家奈良和夫曾指出，魯迅的行為是與「中國古代人渴望將自己存在過的證明刻在石頭上的這種強烈生命力」產生了共鳴[10]。拓本的收集，屬於一種章炳麟的珍惜國粹理論的實踐，魯迅之所以這麼做，也可能是為了在反動期的生活中找到一個心靈上的支撐。

一九二三年，魯迅將他在文學革命開始後的一九一八到一九二二年間發表的〈孔乙己〉、〈故鄉〉、〈阿Q正傳〉等十四部短篇、中篇作品統合，刊行了他第一部創作集《吶喊》。「吶喊」的意思是突擊敵軍時發出的吼聲，這些作品激發出了挖掘中國社會黑暗面的批判精神。除此之外，幾乎是同時期的社會文化批評雜文，也都經統整後以《熱風》、《墳》為名刊行。

一九一九年夏天，魯迅在俄羅斯革命（一九一七年）的評價與吸收馬克思主義一事上，與胡適、李大釗產生論爭，《新青年》內部的對立開始加深。陳獨秀、李大釗等人倒向列寧的布爾什維克主義，受到共產國際（俄羅斯共產黨）的支援，於一九二一年七月在上海正式成立中國共產黨，並將《新青年》改為中共的機關誌。對此，胡適則基於美國架構主張近代化；魯迅與周作人等人也對布爾什維克的專制色彩抱持懷疑態度，並反倒對日本白樺派的武者小路實篤提出的「新村運動」產生理解，並表明對無政府主義的信任，於是離開了《新青年》。

一九二三年七月，魯迅突然與周作人分道揚鑣，導火線是與周作人的妻子信子有關的一連串事情。

最終，離開八道灣四合院的人是身為家長的魯迅。接著，便是他「徬徨」期的開始。

「徬徨」期

一九二二年二月，俄羅斯的盲人作家瓦西里·愛羅先珂（Vasili Eroshenko）提著吉他與盲人專用的打字機，出現在北京。他曾以童話作家的身分活躍於日本，但在一九二一年六月時，被以「有危害帝國安寧秩序之虞」為由驅逐出境。流浪過海參崴、上海後，在魯迅與周作人的大力幫助下，最終由北京大學聘為世界語（Esperanto）的講師。

當時，北京已有布爾什維克、無政府主義者、國民黨共三股革命勢力盤踞著，「危險詩人」愛羅先珂被人們視為「解放的預言人」，受到眾人矚目。在他來到北京後，馬上就舉辦了演講「知識階層的使命」，主張知識分子的使命，應在於透過無私的精神致力教化大眾。另一方面，他也提出了嚴厲的意見，表示「中國的教師、學生、文學家皆渴望著物質上的享樂，……幻想過著中產階級及貴族的安逸生活，……心中根本沒有愛與人生的理想」[11]。

三個月後，魯迅寫了短篇小說〈端午節〉，以回應他的批評：一位名為方玄綽的官吏，同時也兼職做著大學教員。過去，他對社會的不合理有著旺盛的批判精神，但方家的生活困苦，在常往來的店家不斷賒賬，最終在請款日的端午節到來時，他因薪水遲發、又無法向親戚友人借到錢，自暴自棄的方玄綽於是又賒帳買了酒，在微醺時拿起胡適的《嘗試集》，咿咿嗚嗚地念了起來。這個作品以充滿哀愁的口吻，道出了北京知識階層身處窘迫狀態之中，因而無法追求愛與理想的現實[12]。

不過，知識階層的苦惱並不只限於經濟問題。一九一九年十月，孫文改組具有祕密結社性質的中華革命黨為中國國民黨，中共也在兩年後成立，之後知識階層的立場便變得更加難以言喻。在幾乎沒有民族資產階級與無產階級的存在，且集中了全國文化人與學生的「文化城」北京裡，革命派的行動轉趨激進、觀念化，甚至產生了毫不寬容的全體主義式的狀況。愛羅先珂自己也因批判俄羅斯革命而遭到支持中共的學生抵制，最終在一九二三年四月回去了俄羅斯。

在文學革命之時「吶喊」著、立場站在共和國論核心位置的魯迅，也在此時產生了動搖。他在短篇作品〈故鄉〉（一九二一年）中，以「希望本是無所謂有，無所謂無的……」作結，道盡了魯迅當時的心境。在發表該作品後，他對歐洲的「流浪的猶太人」（Wandering Jew）傳說產生興趣，翻譯了詩劇〈旅人〉（一九二五年）及伊東幹夫的詩作〈我獨自走〉（於同年發表翻譯詩，伊東當時正在北京，但其詳細經歷不明）等，逐漸選擇「行走、步伐」的主題。同時，他也發表了〈風箏〉（一九二五年）、〈父親的病〉（一九二六年）等，不斷描寫著無法向血親贖罪的主題。罪與步伐——在魯迅文學中，一部名為〈愛與死〉（原題〈傷逝〉，一九二五年）的短篇，即可看見這兩個主題的交鋒。該作品描寫著一位青年因過去背叛了他所愛並同居過的女人，最終導致了她的離世而自責。[13]

一九二三年十二月，魯迅在北京女子高等師範學校舉辦的演講「娜拉走後怎樣」上，對著將《玩偶之家》的主角娜拉作為自由戀愛、女性解放的象徵來崇拜的女學生們，闡述私奔後的娜拉可能經歷到的坎坷命運，呼籲女性們不應因為一時的激情做出過於偏激的行動而增加犧牲，應頑強地抗爭以獲得女性在經濟面的權利。不過，到了演講尾聲，魯迅又話鋒一轉，開始談起「樂於犧牲、樂於受苦」，並提到為了受苦而不斷行走的「流浪的猶太人」Ahasvar作為其特殊的一例。從他的話語中，或許也可以窺見魯迅自覺為罪人，不許自己安息，永遠鬥爭下去的孤獨決心[14]。

一九二六年，魯迅第二部創作集《徬徨》，收錄了他一九二四年到一九二五年發表的〈祝福〉、〈孤獨者〉、〈愛與死〉等十一部短篇小說；散文詩集《野草》亦於一九二七年刊行。

一九二五年，在政局混亂的背景下，北京的各間國立大學發生了校園紛爭。北京女子師範大學（前年由北京女子高等師範學校改制）也因新任女校長楊蔭榆與女學生對立加劇，有六名學生受到退學處分。對此，在女師大擔任兼任講師的魯迅與周作人等人選擇支持站在學生一方，故與楊校長及教育部發生嚴重對立，事件最終以校長及教育總長下臺收場，此即「女師大事件」。

此外，一九二六年三月十八日，在學生與民眾發起遊行示威，要求政府採取強硬態度面對日本干涉內政的狀況時，卻在國務院前方遭到軍隊射擊，造成四十七人死亡，此即三一八事件。魯迅在女師大的學生也在事件中罹難，於是以〈記念劉和珍君〉等散文嚴正批判政府與誹謗受害學生的《現代評論》派的文化人。隨後，魯迅因受到軍閥政府通緝，於是潛伏在日本人或德國人經營的醫院裡一段日子。這樣的避難生活在五月迎來了結束，但魯迅也在收到福建省的廈門大學文學部的教授招聘後，離開了北京。此時，魯迅與許廣平也成為了戀人；許廣平是魯迅在女師大的學生，同時也是女師大事件中的學生領導者。

四、上海時代——一九二六—一九三六年（包含廈門、廣州的一年餘）

北伐戰爭與流浪廈門及廣州

領導中國國民黨的孫文，在蘇維埃俄羅斯的援助下，於一九二四年一月與中共結成合作關係（國共合作），為了反帝國主義、反軍閥與救中國，主張三民主義。雖然他在一年後過世，一九二六年七月，擁有十萬兵力的國民革命軍自大本營廣州向北方猛攻，勢如破竹半年多便占領了武漢、南京與上海。然而到了一九二七年四月，北伐軍總司令蔣介石在上海強行發動四一二事件（清黨），國共合作宣告破滅，國民黨也在一時之間分裂成左右兩派，北伐戰爭只能停下腳步。不過，戰爭在蔣介石強力的領導能力下於次年重新啟動，並在六月占領北京，到了一九二八年底，東北軍閥張學良（遭日軍炸死的張作霖之子）率領滿洲全境接納國民黨政府，自辛亥革命以來分裂的中國終於統一。

一九二六年八月二十六日，魯迅與許廣平一同搭火車由鐵路南下，逃離了白色恐怖席捲的北京，並在九月初於上海分離。九月四日，魯迅抵達廈門，受到廈門大學中文系主任教授林語堂等人迎接。該校是在一九二〇年，由新加坡華僑陳嘉庚（一八七四—一九六一年）投資設立，主要吸收北京的文化人擔任中文系教授。至於許廣平，則是往廣州出發，在廣東省立女子師範學校工作。

魯迅在廈門研究、講解古典文學的同時，也在執筆自傳體小說《朝花夕拾》，期間也會每週寄信給許廣平，魯迅在信中除了聊到北伐的戰況外，也會不斷向許廣平訴說對她的思念。一九三三年刊行的書信集《兩地書》中的第二部，便是由廈門時期的這些甜美而悲傷，以及對國民革命充滿希望的「情書」

所構成。後來，魯迅受到廣州與中山大學的招聘，於是在廈門大學的工作便在四個半月後早早結束，於一九二七年一月十六日前往了國民革命的核心地帶——廣州。

在鴉片戰爭後，廈門是在《南京條約》下被開港的五港之一，日本及歐美各國在一九〇二年於鼓浪嶼設置公共租界，約有兩千名外國人居留於此。不過，一九二七年時，人口仍只有十一萬七千人[15]，對於長期接觸東京與北京城市文化的魯迅來說，因廈門的規模與沒有鐵路、路面電車的故鄉紹興差不多，生活在這樣的地方小城市，或許會感到些許的不方便吧。但是，廣州就不一樣了。廣東省的省會位於廣州，在一九二八年時人口便達八十一萬人，是繼上海、天津、北京、漢口之後的第五大城——同時也是華南最大的城市。直至一九二〇年為止，此處的城牆就已被移除，城市內有寬十五公尺、以網狀方式布局的道路正在建設，路燈也設置了六千七百支。自一九一九年開始，此處還出現了無軌電車[16]。更重要的是，在這個以自由的文化都市、革命的新都市之姿散發著活力的廣州，還有愛人正在等著魯迅。

途經香港，於一月十八日抵達廣州的魯迅受到了熱烈的歡迎。三月，他住進了新建成的大樓「白雲樓」。雖然與時任中山大學助手的許廣平不同房間，但已住在同棟大樓內。革命風潮盛行的廣州吸引了來自全國的青年男女，他們不斷投入北伐戰爭，自由戀愛的風氣也相當流行。不過魯迅看出這個城市其實是由「軍人與商人」所支配，預料到有危險正在接近的魯迅，也曾寫過散文示警。

在許多學生因為四一二事件被逮捕、屠殺的狀況下，魯迅辭去在中山大學的職務，已是他最大的抗議。七月，魯迅受邀前往廣州夏期學術演講會，他以「魏晉風度及文章與藥及酒之關係」為題演講，在對古代社會高談闊論的同時，又說到以不孝為由而殺害孔融的曹操本身也非什麼孝子，禮教不過是個幌子。魯迅透過這種演說，來諷刺藉著革命之名來屠殺左翼青年的國民黨，道盡了文學家在獨裁體制下的悲哀命運。

一九二七年九月二十七日，魯迅與許廣平一起祕密搭乘汽船逃離廣州，並於十月三日抵達他們的目的地上海，在這裡開始了真正的同居生活。另一方面，他公開批判反共事件屬於扭曲民族國家建設的背信行為，立場轉為傾向中共，也開始自行學習蘇聯的無產階級文學理論，並加以介紹，逐漸成為左翼文壇的旗手。

共和國的發展與老上海的繁榮

雖然中國在國民革命後實現統一，但國內仍有不少不穩定的要素。像是響應國民黨的各地軍閥仍保留了勢力，屢屢發動反蔣戰爭。另一方面，中共則是以毛澤東、朱德所率領的紅軍為中心，在江西省農村區建設革命根據地，並於一九三一年十一月以瑞金為首都，成立中華蘇維埃共和國，成為蔣政權的新威脅。即便如此，蔣介石仍透過訓政時期（為軍政、憲政之間的過渡期）強化國民黨的一黨專政體制，並開始著手經濟建設。此時的鐵路及馬路建設、電信及郵政制度都有了飛躍式的發展。在經過一九三五年十一月的法幣改革後，也確立了現代的統一幣制，於是中央集權、統一國內市場便著實地逐漸實現。

除此之外，此時的教育普及度也相當亮眼，一九一九年的就學率已達百分之十一，一九二九年雖不過百分之十七．一，但到了一九三五年就達到了百分之三十．七。中國自一九二九年到抗日戰爭開始前的一九三六年為止，這短短的七年間，學生數量劇烈增加，初等教育人數成長超過兩倍、中等教育將近三倍，高等教育也將近兩倍，這些在校生與畢業生，也使報紙、雜誌，以及小說等文學作品的讀者數又進一步擴充開來。

雖說國民黨在名目上已實現全國統一，但實際上能完全控制的地區僅江蘇、浙江兩省，大部分的財政收入都倚靠上海。政府的財政收入有四成以上是關稅，而其中的五成以上都出自上海貢獻；貨物稅收大部分來自上海，即便在鹽稅方面，上海也占了很大的比重。除此之外，上海金融界的放款、借款，以及公債承銷也都是重要的財政支柱。一九二八年六月，首都自北京遷往南京，因為近鄰新首都，上海的繁榮程度達到頂點。國民黨將上海指定為特別市，作為回收租界的代案，開始在郊外西北的五角場推動「大上海新都市建設計畫」。

作為公共租界行政機關的上海市參事會，其參事係由高額納稅人選出。然而，儘管其稅收的百分之五十五是來自中國人，其固定九人的參事會中卻沒有一位是中國人。對此感到不服的中國人納稅者會，毅然地展開了參政權運動。到了一九二八年，參事會中新設了三名中國人參事的位置，過去因為「狗與中國人不得入內」的規定而臭名昭彰的公共租界的公園，也於外國人納稅者大會中通過向中國人開放。再兩年後，中國人參事更增加到了五名，儼然是一場中國民族主義的勝利[17]。

快速成長的文化市場

上海時代的魯迅，其作品時不時遭到國民黨封殺禁止出版，是位反體制的文學家。但同時，他也正與許廣平在郊外一處奢華的大樓中同居，在許廣平產下周海嬰後，一家人幾乎每週都會包租車子前往市中心看好萊塢電影。他們特別喜歡泰山的系列作，由約翰尼·維斯穆勒（Johnny Weissmulle）和莫琳·歐莎莉文（Maureen O'Sullivan）主演的《泰山的復仇》更是看了三次。魯迅享受著中產階級生活的事實，即使只是一九三〇年代上海的近代市民社會的部分縮影，但也顯示這樣的生活正在逐漸實現。實際上，上海不僅是產業與金融的中心都市，更成長成了一大文化中心。而支撐著這座摩登上海城的事物，便連帶使年輕讀者大量增加、新聞業膨脹，以及新劇作的成熟及電影媒體的出現。

高等教育機關在上海增加的狀況，就一九三一年的統計來看，大學及專門學校的在校生人數，「文化城」北京為一萬二四二六人，上海一萬一四五七人，幾乎勢均力敵[18]。此外，上海的兩大報紙《申報》及《新聞報》的發行量，在一九二一年分別是四萬五千份與五萬份，而到了一九二六年，卻暴增三倍，達到十四萬份。在一九三五年的紀錄中，兩報更分別達到十五萬五九〇〇份及十四萬七九五八份[19]。

嚮往文化市場快速成長的上海的人並非只有魯迅，作家、翻譯家、編輯、記者，甚至是電影人等，各領域的「文化生產者」都集結到了上海。北伐戰爭時，國民黨中的左派及隸屬共產黨的郭沫若、茅盾等人在一九二八年流亡東京前，也有一段時期潛伏在上海。當郭沫若等人在一九二一年成立的創造社，將正在日本留學的年輕人召回上海後，便是中國文學的第三期。在創造社聲名大噪的郁達夫，也與上海的女學生王映霞再婚，在上海購買了新房。從歐美出差歸國的胡適，在五月抵達上海，也就這樣留了下來，在私立大學擔任教授。老舍、丁玲、張天翼（一九〇六—一九八五年）、巴金等新人，都在此時大量出現在上海文壇。

文藝論戰與八卦新聞

一九三〇年代的上海是座文藝論戰的城市。最初，在反共事件下被國民革命追殺的左派內部掀起了革命文學論戰。接著，國民黨強化輿論控制，而在對於將文學與政治連結表示出疑問的新月派雜誌《新月》創刊後，促使了左派走向團結。一九三〇年三月，打著「無產階級革命文學」旗幟的中國左翼作家聯盟（左聯）成立，他們強烈抨擊反對派，激起一次次的論戰。對於地下共產黨來說，文學是可以合法活動的少數領域，於是這些不斷發生的文藝論戰也為共產黨的政治主張做了代辯。來到大眾文化的入口，渴望著新聞題材的上海媒體們，也全數報導起文藝論戰。

媒體與意識形態的對立，後來時常以八卦的形式出現。例如國民黨派系的媒體，就曾以醜聞報導抨擊魯迅將妻子留在北京陪著母親，自己卻與相差十七歲的學生同居的行為。順帶一提，一九三五年公布的《中華民國刑法》第十七章妨礙婚姻及家庭罪中，第二三九條規定：「有配偶而與人通姦者，處一年以下有期徒刑。其相姦者亦同。」意味著魯迅與許廣平兩人都成為犯人的可能。在魯迅的著作相繼被封殺時，也有一段時間，是藉著過去發行的《兩地書》，也就是他與許廣平之間的「情書」的版稅來過活。

喜好好萊塢電影，幾乎沒看過地下共產黨參與製作的上海電影的魯迅，曾於一九三〇年翻譯日本無產階級電影運動理論家岩崎昶的論文《作為宣傳、煽動手段的電影》。此外，他也相當喜愛世紀末英國的頹廢風插畫家比亞茲萊（Aubrey Beardsley），以及與該風格相關的日本抒情畫家蕗谷虹兒的作品，並發行過精美復刻版。自身也主導著「木刻講習會」，振興版畫運動，扛起一方左派藝術，出版了許多德國的凱綏·柯勒惠支（Käthe Kollwitz）及蘇聯的版畫集。

左翼文壇旗手身分的終結

然而，魯迅富足的中產階級生活，事實上伴隨著內外情勢劇變，可能有在一夕之間崩壞的危險性。過去他就曾經四次拜訪內山書店經營者內山完造的住居，或是熟人經營的旅館裡分別躲藏了數週。在太平洋戰爭於一九四一年十二月八日打響，上海租界被日軍接收後，與周海嬰一同生活的許廣平便立刻在法國租界被日軍逮捕拷問。

因為這種幾乎年年都要經歷的避難生活，加上國民黨也加強了審核力道，於是魯迅在報紙及雜誌上發表散文時，會時常變更自己的筆名，其一生使用過的筆名數量甚至達到了一百四十個以上。這些筆名主要出現在一九三六年的作品集《故事新編》中，裡頭收錄了他在上海時代的小說。

一九三一年，日本開始侵略滿洲（九一八事變）。次年，由清朝的「末代皇帝」溥儀執政的傀儡國家滿洲國宣布獨立。其後，日本持續侵略華北地區，蔣介石則打出「安內攘外」政策，優先消滅將勢力保存在農村根據地的中共。九一八事變之際，日軍同時也在上海租界之外的地方進行軍事行動（一二八事變），中國軍頑強抵抗一個多月的奮戰身影，鼓舞了上海民眾的抗日意識，對於失去東北地區的事實，也有了更深刻的真實感受。

到了魯迅晚年的一九三六年，國內掀起了國防文學論戰。而在論爭之前的一九三〇年三月，由共產黨主導在上海成立的左聯內部，從成立當初，魯迅與不斷以革命文學論戰批判魯迅的創造社、太陽社的黨員作家之間就有著無法填平的鴻溝，而在「第三種人」論爭中，認同「同路人」作家的魯迅，以及對其進行嚴厲批判的周揚（一九〇八—一九八九年）等黨文藝工作者之間，又因此加深了彼此的隔閡。

一九三五年底，周揚響應中共的抗日民族統一戰線政策，提倡國防文學並解散左聯，一九三六年六月成立中國文藝家協會。對此，魯迅則是與其弟子胡風（一九〇二—一九八五年）等人提出「民族革命戰爭的大眾文學」口號，於同月中旬獲得巴金等人的支持，發表《中國文藝工作者宣言》，使得魯迅與周揚的對立越發顯著。面對這樣的狀況，中共內部自八月起也認為這樣的論爭不利於結成統一戰線，於是開始進行調停工作。十月，採納了魯迅主張的《文藝界同人為團結禦侮與言論自由宣言》，便由魯迅、郭沫若、茅盾等人發表。

在國防文學論戰中，魯迅於十月十九日因為氣胸發作過世。其絕筆為委託內山完造聯絡日本主治醫師的日文筆記，其內容為：「老闆几下：沒想到半夜又喘起來。因此，十點鐘的約會去不成了，很抱歉。拜託你給須藤先生掛個電話，請他速來看一下。草草頓首　L（魯迅）拜　十月十八日。」

魯迅過世的消息，不僅是中國，日本、臺灣、朝鮮半島也立刻報導。葬儀委員會名冊上，有蔡元培、宋慶齡、毛澤東、內山完造、艾格尼絲．史沫特萊（Agnes Smedley）、茅盾、胡風、周作人、周建人等十三人。二十二日，在武警的伴隨下，胡風、巴金、張天翼等青年作家在出棺時，抬著魯迅的棺材，將其葬於萬國公墓。一九五六年，遷葬於魯迅舊居附近的虹口公園（今魯迅公園）。

至今，魯迅仍給了中國難以計量的影響，可以說若撇開他，就無從談起現代中國。在日本，中學國語科目的所有教科書中，都有收錄〈故鄉〉一文，各家出版社的文庫作品集中也能看見魯迅的作品，可見日本人幾乎已將魯迅看作國民作家；在韓國、新加坡等地，魯迅文學仍然受到人們熱愛。魯迅是東亞共通的文化遺產，屬於一種現代經典。此外，又如企鵝出版集團（Penguin Books）收錄了魯迅短篇集，可見歐美也盛行關於魯迅的研究，可以說魯迅儼然是位代表中國的世界文學級作家。

張愛玲（一九二〇—一九九五年）

一、張氏一族的人們與張愛玲的香港留學

兒時的張愛玲，成長於一個沒落於清朝末期至民國時期的前大官僚家族中。

張愛玲的祖父叫做張佩綸，是位通過科舉的進士，曾任政府高官，後來因於清法戰爭失利而失去權勢，留有學術文獻。張愛玲的祖母名為李菊耦，是清朝大官李鴻章（一八二三—一九〇一年）之長女，受過豐富的古典教育。

張佩綸與李菊耦育有一子，即張愛玲的父親張志沂（字廷眾，一八九六—一九五三年），是位清朝在辛亥革命倒臺、中華民國成立後，過著頹靡的遺臣人生的人，他會吸食鴉片，或與小妾同居。然而，他一方面也是個《紅樓夢》、《金瓶梅》，乃至於一九二〇至一九四〇年代流行作家張恨水[20]的愛情小說忠實讀者，而張愛玲也相當熱愛讀父親的藏書。張志沂同時也擅長英文學，曾任津浦鐵路局及日本住友

銀行上海分行擔任過英語祕書。據說他在操作英文打字機時，是使用左右手各一支手指來打字。

張愛玲的母親名黃素瓊（別名逸梵，英文名Yvonne，一八九六—一九五七年），其祖父為長江水師提督黃翼昇。自幼便跟著家庭教師學習古典，一九一五年與張志沂結婚，一九二〇年產下張愛玲，次年生子張子靜（一九二一—一九九七年）。一九二四年與丈夫的妹妹張茂淵（一九〇一—一九九一年）一同前往歐洲留學，一九三〇年與丈夫離婚。她與同年代的許多女性一樣，自幼便被強制纏足，但在外國的活動卻相當活躍。一九三二年，黃素瓊再次旅歐，並於一九三六年回國後，開始在新加坡經營鱷魚皮手套與皮帶製造等生意。一九四一年，該處被日軍占領，她轉而在印度擔任政治家尼赫魯姊姊的祕書。一九四六年，回國一次後，她前往了英國，曾為製皮包的女工，人生最後以病逝收場。據說支持她三番兩次的出國與旅居費用的，是靠變賣繼承父親的古董所得的資金。

張愛玲

一九三四年，張愛玲的父親與在袁世凱政權下擔任總理大臣等職務的孫寶琦之女孫用蕃（一九〇三—一九八六年）再婚。當時人們的成婚年齡約落在十餘歲至二十五歲，孫用蕃直至年過三十仍未婚嫁，據說是因有鴉片成癮的緣故。

在傭人服侍父親與繼母吸食鴉片下，家裡充滿著燻煙，而張愛玲的弟弟張子靜便是在這樣的環境下長大。根據張愛玲在雜誌《天地》一九四四年七月號發表的自傳式散文〈私語〉，以及張子靜自身的回憶錄《我的姊姊張愛玲》（時報文化出版，一九九六年）所述，張子靜自幼病弱，後來又因為中日戰爭及太平洋戰爭的影響，不斷在復旦大學中文系及聖約翰大學反覆入學、輟學。一九四六年，在中央銀行揚州分行工作。一九四九年中華人民共和國成立後，則到了人民銀行上海分行工作，但工作一年便又被強制配屬至別的地方。一九五二年，於上海擔任小學的國語教師、國中英語教師，最終於一九八六年退休。因病弱及貧困的關係，終身未娶。

談回張愛玲，她於一九二〇年九月三十日，出生在上海公共租界西區麥根路三一三號（今靜安區康定東路八七弄）的洋房中。三歲隨著父親就任津浦鐵路局英文祕書的緣故，搬遷至天津。一九二四年夏天，父親陷入逛窯子、納妾、賭博、抽鴉片的放蕩生活，母親則前往歐洲留學。張愛玲的散文〈私語〉，就淡漠地描寫了當時頹靡的家庭樣貌，以及與她分別的母親的傷悲。父親將青樓女子接回家納為小妾時，也是在母親出發留學後的事情。這年，與父親所受的教育一樣，張愛玲與弟弟跟著家庭教師學習背誦四書五經；除此之外，老師也會與他們講述《西遊記》、《三國演義》的故事。在這之後，姊弟二人也學習了英語及數學等知識。

張愛玲第一次寫故事是在六歲時，而在七歲寫的第一本小說，內容雖說是關於家庭悲劇，但根據〈私語〉的內容，張家實際上還真演出了一段悲喜劇。當年，父親與小妾鬧翻等一連串的事件，導致他失去工作，最終趕走小妾求母親回來。八歲那年，一家回到了上海，他們在這裡等到了母親與姑姑回國，過了一段幸福的時間。張愛玲與母親學習繪畫與鋼琴，也上課學英文，行為舉止就如西洋的淑女。

一九三〇年夏天，母親不顧父親的反對，堅持讓張愛玲插班進入黃氏小學六年級，她的名字自張煐改為張愛玲就是在此時，該名是從她的英文名Eileen音譯過來的。這年，母親與父親離婚，與父親的妹妹茂淵住在法國租界的高級大樓白爾登公寓（今陝西南路二一三號）中。次年，父親因嗎啡中毒住院，張愛玲則進入上海的名門女校聖瑪利亞女校初中部就讀。一九三二年，她在該校的雜誌上發表小說〈不幸的她〉，此即她第一個刊登在雜誌上的作品。

十四歲時，她進入聖瑪利亞女校高中部，並開始了宿舍生活。禮拜一時，司機會開自家用車從家裡送她去上學，禮拜三則會有張愛玲的貼身女傭何干為她送來她喜歡的食品與衣物，並將要洗的衣服帶走，最後在禮拜五再由司機接她回家裡，生活宛如貴族一般。然而，她在學校是以陰暗、孤獨且懶惰出名的人物，也是個常將「我不小心又忘了」當口頭禪來違反宿舍規定的慣犯──雖然也只是在房間內不會把鞋子放進鞋櫃，然後被舍監把剛脫下來的舊皮鞋拿到走廊上展示的程度。即便如此，她仍在作文上展現了出眾的才能。在寫小說《摩登紅樓夢》時，父親也會為她想章節標題，充滿文才的張愛玲，無非是個讓父親自豪的女兒。不過，她與在父親體罰弟弟時總在一旁冷笑看著的繼母的關係，也在不斷惡化。在這個時期，去找正在電臺當朗讀者的姑姑張茂淵玩，就是張愛玲的最大樂趣。

一九三五年，一家人搬到了張愛玲出生的大洋房住。在處理張愛玲祖父的遺產之際，父親將獨占了宋代書籍的二伯父告上了法院，但後來又在繼母的勸說下撤告，張茂淵知道了這件事後感到非常不滿，且幾乎不再進出父親的住居。兄弟為了古籍而在法庭上相爭，是容易發生在傳統中國文人世家的事情，且若是宋代版本，則又有高度的藝術骨董價值，根據物品種類，也可能成為國寶。但是，這件事是否在後來的張愛玲離家事件之際，成為了父親不願聽張茂淵的勸解，甚至對這位妹妹動粗的遠因，就不得而知了。

一九三六年，母親從法國回到上海，教導張愛玲如何煮飯、走路時的姿勢，以及除非是幽默的天才，否則不要開玩笑等事情。一方面，也有流傳其母在回國時，還帶回了她的美國人男友；但也有一個說法是，陪她回來的是一位名叫Wagstaff的英國紳士，兩人並非情侶關係，僅為朋友。

接著，一九三七年對張愛玲來說、對中國來說也是命運的一年到來了。當年夏天，從聖瑪利亞女校高中部畢業的張愛玲，以演說口吻向父親表達了想留學的願望，然而此舉卻惹怒了父親。父親這種「是誰教唆她的！」的憤怒，或許也向前妻與自己的妹妹發洩過。同年七月，日軍開始入侵中國華北，中國抗日戰爭爆發。八月十三日，日軍進攻了租界以外的上海地區。由於張愛玲一家的豪宅位於蘇州河附近的公共租界上，鄰近中國邊界，砲聲使她夜不能寐，只能前去位於離此稍遠的法國租界，在她母親的身邊避難兩週。當張愛玲於八月底回家時，對她的外宿行為感到不快的繼母便毆打她，父親也對她施暴，雖然她曾試圖逃跑，但卻被高牆與大門守衛給阻攔了下來。次日，姑姑張茂淵前來調解，卻遭到忽然從鴉片床上衝來的張愛玲父親拿著煙管毆打而受了傷，在醫院縫了六針。

被關在家中一個房間的張愛玲，一邊祈禱著飛機投下的炸彈可以落在家裡，將一家人一起炸死，一邊又尋找著逃跑的機會。而即便她在這時感染了痢疾，父親也未請求醫師出診為她治療。不過，根據張子靜的回憶，當時在女傭何干拚命的報告下，父親有為張愛玲打了消炎藥，再加上有何干的認真照料，才讓張愛玲撿回了一命。後來，自禁閉開始過了半年的一月，她便趁著警備鬆懈的時候成功逃脫。這段時間的事情，張愛玲皆在〈私語〉中輕描淡寫地提到。不知是否因為即使有祖先留下的財產，卻仍與原配的夫婦關係失和、工作不順，最終連女兒都離他而去；這樣的失落感，再加上鴉片的作用，才導致父親逐漸瘋狂，開始有了家庭暴力的傾向？從張愛玲的散文中也能尋找到不少線索，得知張愛玲本身也相當清楚身為前朝遺臣，到了民國時代便無用武之地的父親所感受到的寂寥感。

張愛玲離家出走後，到了母親與姑姑的大樓裡寄居。此時母親向她說，如果想結婚，將會為她準備像樣的嫁妝；如果想留學，則會為她出其所需的費用。然而，母親的財產並不足以為她同時實現兩個願望，所以只能選擇其一。最終，張愛玲選擇了留學。當張愛玲為了準備倫敦大學考試而苦讀時，母親還為她找來了猶太裔的英國人來當家教。

一九三八年底，張愛玲在上海參加了倫敦大學東亞地區的入學測驗。次年一月，她以該地區第一名的成績合格，但根據〈私語〉內容提到：「因為戰事，不能上英國去。」[21]最終她前往倫敦留學的願望也未能實現。此處她提到的「戰事」，不知是指一九三九年九月德國進攻波蘭、英法對德宣戰，第二次世界大戰就此爆發的歐洲情勢；還是中國與日軍在一九三七年七月開始的中日戰爭。雖然〈私語〉中並未明示，但或許她指的，便是發生在世界東西兩邊的這兩場戰爭。

一九三九年八月二十九日，張愛玲拿著倫敦大學入學考試成績單，進入了香港大學文學部。在香港，監護人的工作是由姑姑張茂淵的好友、當時從事工程師的李開弟負責。順帶一提，張茂淵與李開弟二人，最初是在一九二四年前往英國留學途中的船上認識，後來雖彼此抱有好感，卻因為某些緣故並未在一起；不過，經過了半個世紀，兩人還是在一九七九年結婚了。

在香港大學念書的張愛玲勤奮向學，她在每個科目上都拿到了第一名的成績，領著兩份獎學金。當時她的心裡，充滿著畢業後前往牛津大學留學的希望。另一方面，她在香港大學也認識了一位父親在上海當寶石商人的女性摯友炎櫻（原名Fatima Mohideen）。然而，太平洋戰爭的爆發，卻擊碎了她的留學夢想。

此外，在中日戰爭的前半期，由美、英、法握有主權的上海租界，就如同一座漂浮在周圍廣大淪陷區之上的孤島。直至太平洋戰爭於一九四一年十二月爆發、租界遭日軍接收後，上海租界便不再是中立地帶。於是大量的知識分子，從近代中國二大文化中心的北京與上海，流向大後方與解放區，文化界頓時一片荒涼。而留下的文學家，其中也有不少人因為協助過日方，最終在戰後被作為「漢奸」問罪。

在日本的侵略下，中國各種產業皆受到了大打擊。例如，上海在孤島期雖靠著戰爭景氣繁榮一時，但在太平洋戰爭爆發後，便迅速陷入蕭條，工業電力消費從一九三六年的一百降到了一九四三年的四十。據說在這年，全上海市由中國人經營的工廠就倒閉了三分之二。

就淪陷區的人們的心理狀態，邵迎建分析了汪兆銘政權的首腦們投稿在上海雜誌《古今》上的散文，指出了他們失去自我認同的感悟。他說：「周佛海（財政部長、上海市長）在《往矣集》的開頭寫道『人為不了解自己而苦』。走過數十年政治生活的他們，竟突然不知道自己是誰了。」此外，邵迎建也提到，上海租界區的大量市民，也在租界的統治權從英、美、法轉移到日本的過程，「在經濟、文化、精神面陷入了更加絕望的境地」，「原先就已模糊不清的自我認同，又變得更看不清了」[22]。

自清末以來，上海就走在歐化的最前端，逐漸成為民族國家建設的中心，但日本的侵略，為中國這個國家、民族帶來了存亡的危機，同時也將中國從清末以來追求的西歐文明各制度中所內含的矛盾，給一舉暴露了出來。經歷清末以來的苦難，到了一九二〇年代尾聲，終於可以實施正式建設的中華民國，卻馬上又瀕臨滅亡。這樣的歷史發展，可說是為中國人民帶來了重大的自我認同危機。而在這樣的文明危機、自我認同危機的時代中，以文學家角度考察了危機本質的人，正是張愛玲。

二、張愛玲的香港戰爭體驗與在日軍占領下的上海出道

一九四一年十二月八日，進入太平洋戰爭的日軍，對英國殖民地香港進行了猛攻。此時的張愛玲與其他香港大學學生一起從軍，加入防空團員等，投入了香港攻防戰，戰爭暫告一段落後，張愛玲前往醫院任看護。其自傳式的散文〈戰場香港．燼餘錄〉[23]，內容便是基於當時的體驗寫成。香港的英軍在開戰後十八天投降，大學裡的公文書不僅化為灰燼，次年五月更開始停課，於是張愛玲與摯友炎櫻一起回到了上海，與姑姑同居。九月開始，因為獲得父親的學費支援，得以轉入聖約翰大學文學系四年級，然而後來隨著父親的經濟狀況惡化，又於十一月休學，並為了賺取生活費，開始了寫作活動。

一九四三年一月，張愛玲於德國人編輯的英文雜誌《二十世紀》發表散文。五月，其短篇小說〈沉香屑．第一爐香〉又被刊載於大眾小說家、翻譯家周瘦鵑所創刊的文藝雜誌《紫羅蘭》上，一躍成為最受矚目的新進作家。其後，她也在《雜誌》月刊等處陸續發表作品；於次年八月刊行的小說集《傳奇》，更是在發行後四天就售罄，人氣爆發式上升，張愛玲的名聲便成了難以撼動的存在。而這時的她，才

二十四歲。

從中國古典文學，到茅盾、老舍、丁玲、巴金等人的新文學與張恨水的愛情小說，以及威廉．薩默塞特．毛姆（William Somerset Maugham）與歐．亨利（O. Henry）等作家的歐美文學都是張愛玲喜好的作品，再加上她曾看過大量中外的電影，如此豐富的閱讀、電影鑑賞體驗，或許都為她在創作之際給了很大的幫助。除此之外，據說當她去姑姑住處附近的靜安寺旁的小攤販或小吃店採買時，也會仔細觀察買賣雙方的樣子與對話，或是肉、蛋、蔬菜的外觀與價格，再回家記在筆記裡，未來寫散文時就會活用這些資料。

對這位文壇新星為之著迷的文人政治家中，有一位名叫胡蘭成（一九〇六－一九八一年）的人。他是汪兆銘政權下的中華民國國民政府宣傳部次長、曾任機關報《中華日報》總主筆，也是在戰後被從重慶歸來的國民黨政權認定為「漢奸」追究責任的人物。胡蘭成有天偶然拿起了雜誌，看了裡頭張愛玲的小說〈封鎖〉後，對她產生興趣，於是拜訪了她的住處。當天兩人並未見到面，故胡蘭成留下了一張紙條；後天，張愛玲拜訪了胡蘭成，儘管只是第一次見面，但兩人卻談了五小時之久。情投意合的兩人，後來幾乎每天出門約會，最終在隔年結婚。

順帶一提，從一九四四年六月起的五個月多，受大日本帝國情報局的「對敵宣傳」任務而被派遣至上海的作家高見順（一九〇七－一九六五年），曾刺探過胡蘭成的名聲並尋求與其見面的機會，當時他對胡的印象是如此記載的：

> 十一月十四日　……我與阿部知二一同前往池田先生的府邸。去見胡蘭成。他有著不可思議的聲音。目前他企圖規劃第三黨式的運動，但與他見面後，給我的印象是他不像政治家，而更像個政論家。也就是，與其說他是號令天下的人物，他更像個活在曠野之中充滿能量的人物。
>
> 他面不改色大讚其戀人張愛玲的樣子很有趣。[24]

在他與張愛玲熱戀之時，胡蘭成在《雜誌》一九四四年五月號上發表〈評張愛玲〉，將張愛玲的文學評為魯迅的後繼人。

> 例如魯迅，在他同時寫的作品裡就有諷刺，有譴責，有尋求，並且有開方。這是因為幾十年來中國一直在連續的革命與連續的反動之故。……魯迅之後有她。她是個偉大的尋求者。和魯迅不同的地方是，魯迅經過幾十年來的幾次革命和反動，他的尋求是戰場上受傷的鬥士的淒厲的呼喚，張愛玲則是一株新生的苗，……這新鮮的苗帶給了人間以健康與明朗的、不可摧毀的生命力。

在美的中國近代文學史學家夏志清（一九二一—二〇一三年，北京大學畢業，留學耶魯大學，曾歷任哥倫比亞大學教授等職）也在 *A History of Modern Chinese Fiction, 1917-57*（《中國現代小說史》，Yale University Press, 1961）等處同樣給予了高度的評價，這在文化大革命（一九六六—一九七六年）後，於一九八〇年代正是改革開放政策的中國內，成為了再評價張愛玲的原動力之一。

接著，胡蘭成將魯迅與張愛玲的人生，放在了「一直在連續的革命與連續的反動」的幾十年動盪的中華民國史作比較。實際上，當年輕的張愛玲出道、活躍於文壇時，是在一九四〇年代的中國，也就是世界各國、各政府都處於關乎興亡的動盪時代，即使將這拿來與魯迅生活的十九世紀末到一九三六年的半世紀多相比，也並無遜色之處。只不過，張愛玲的青春，卻完整地重疊在了因為中日戰爭及緊接在後的第二次世界大戰、太平洋戰爭、國共內戰等大戰，致使中華文明、歐洲文明，以及兩者混合的租界城市上海、殖民地城市香港的文明，同時以世界規模的方式崩毀的時代上。她的文學，未必是如「政論家」胡蘭成所謂的「健康而明朗的」青春文學。在〈《傳奇》再版的話〉中，有這麼一段話：

> 呵，出名要趁早呀！來得太晚的話，快樂也不那麼痛快。……快，快，遲了來不及了，來不及了！
>
> 個人即使等得及，時代是倉促的，已經在破壞中，還有更大的破壞要來。有一天我們的文明，不論是升華還是浮華，都要成為過去。如果我最常用的字是「荒涼」，那是因為思想背景裡有這惘惘的威脅。

建立在毀滅感之上的剎那主義——張愛玲這種哀憐青春的特殊理論，其背後有著世界規模的文明毀滅的現實。而她自身，也同樣在香港經歷了戰爭。陳述了香港戰爭經歷的散文〈燼餘錄〉中，最終寫著這段話：

時代的車轟轟地往前開。……我們的自私與空虛，我們恬不知恥的愚蠢——誰都像我們一樣，然而我們每人都是孤獨的。

三、珠玉短篇集《傳奇》的世界——以〈傾城之戀〉、〈封鎖〉為中心

〈傾城之戀〉是一部愛情小說，故事發生在孤島期的上海與開戰前後的香港。女主角是大戶人家的小姊，名白流蘇，是經歷過一段失敗婚姻回到娘家的人。白家的宅邸裡，有著即使家世式微，卻老在意體面的老母；有仗著一家之長的威勢，花掉了白流蘇嫁妝的無能長兄；有傲慢無禮的二哥妻子，以及他們的孩子，全家上下共超過二十人住在一起。白流蘇也很早就放棄成為職業婦女和自立的想法，設想藉由再婚來再次離開娘家。白公館裡，飄揚著喜愛花天酒地的二哥拉的二胡曲調，可謂象徵著逐漸荒廢的上海文明。

有天，白流蘇面前出現了妹妹的相親對象——范柳原。華僑資產家范柳原於成年後從英國回來，是位經營著馬來橡膠園的青年實業家，也是以英國殖民地香港為據點的花花公子。范柳原之所以在「擅長低頭」的白流蘇身上，看見了「真正的中國女性的美」，是因為對故國的現實感到失望而傷透的心，在尋求一位傳統中國女性的安慰。然而，他對結婚這件事，只看做是「長期的賣春」一笑置之，希望白能

做他的情婦。身為受過歐洲風格洗禮的社交家，范使出各種策略將白帶到了香港，來到華麗的淺水灣，在酒店、海灘、高級餐廳、舞池上誘惑白的過程中，自己也深深愛上了她。

在大家庭裡受過傷的白流蘇，雖然打從心底同情范柳原的心理陰影，但因為她懷有大戶人家小姊的自尊，又希望有婚約的保障，因此不斷拒絕著范柳原輕浮的求愛。這段在你來我往的對話中拉鋸的戀愛，最終以白流蘇在某個美麗的月色下，被范柳原的追求攻陷作結。然而，在那之後不久的一九四一年十二月八日，太平洋戰爭爆發，二人被迫面對香港戰爭的地獄。

話說回與魯迅並駕齊驅的近代中國大知識家胡適，在他一九一〇年留學美國後，其實是批判近代西歐的自由戀愛制度。胡適擁護中國傳統的結婚習俗——也就是新人不經過相親，甚至連對方的相片都沒看過；當婚約成立後，女方才會知道自己要結婚，直到結婚典禮上，新郎新娘才第一次看到彼此的這種制度。對於美國這種將創造出核心家庭的自由戀愛，他批判道：「女子長成即以求偶為事，……令出而與男子周旋。其能取悅於男子，或能以術驅男子入其彀中者乃先得偶……，墮女子之人格，驅之使自獻其身以釣取男子之歡心者，西方婚姻自由之罪也。」

雖然此時的胡適，不過站在傳統中國的立場去批判美國，但針對自由戀愛、結婚，再到組成核心家庭的這點，他卻也毫不留情地指出此與工業化的現代社會中，基於商品流通的制度無異。在「社會交際的漩渦裡」，女子是買賣的市場，而核心家庭是為了生產的加工廠；他認為在戀愛結婚市場中，男子是貨幣，女子則是商品。

自古代的禮書《儀禮》以來，中國就有「婦人有三從之義」，即「在家從父，出嫁從夫，夫死從子」

之說。在父系家族體制中，女性是徹底被男性支配的地位。對此，胡適提出過「創造身分的中國式婚姻的愛情」，這是一種男女對等戀愛的非傳統男女關係。代表胡適在擁護中國傳統結婚體制之際，其實早已將自由戀愛中的男女等價的市場經濟原理包含其中。後來，胡適與紐約達達派女畫家艾迪絲．克利福德．韋蓮司（Edith Clifford Williams）墜入愛河後，便轉為自由戀愛派。回國後的一九一八年，他與羅家倫共同翻譯了易卜生的社會問題劇《玩偶之家》（一八七九年出版、首演）。

《玩偶之家》的主角是娜拉，故事描述她為了尋找人類真正的價值，於是拋棄了孩子們及身為銀行家的丈夫，這樣的一個人物，在中國也是女性解放的象徵。該作品在當時受到女學生們的熱烈歡迎，而向她們悲觀地闡述在娜拉離家出走後可能面臨的命運——包括下海為娼，另一方面又呼籲女性別因一時的激情，做出偏激的行為徒增犧牲，而要透過頑強的鬥爭，來獲得經濟權利的人，便是魯迅（請參照本章的「魯迅」條目）。

在魯迅唯一的愛情小說〈愛與死〉（原題〈傷逝〉）中，女主角子君曾低頭兩次——第一次是與愛人涓生同居前，在他的房間看見英國詩人雪萊（Percy Bysshe Shelley）的胸像時；第二次是同居後，在享受愛情的歡愉時。然而，子君因為沒有把被戀愛至上主義的詩人拋棄、後來選擇自殺的雪萊第一夫人的人生作為借鏡，以及未加深思離家出走的女性應如何打理生活費，於是在同居生活破滅後，便也隨之身亡。在這故事之後約二十年，張愛玲的〈傾城之戀〉登場，但裡頭的女主角白流蘇仍是不斷低頭——不過，以當時的思考模式來說，這故事不過是女主角以接近中年的年齡、沒落名門千金的身分，加上又是有過離婚經歷的女性，為了獲得穩定的生活而採取的再婚戰略。

張愛玲在鋪陳魯迅〈愛與死〉的主題之一「女性結婚後的出走」時，也受到了英國劇作家蕭伯納（George Bernard Shaw，一八五六—一九五〇年）的喜劇《傷心之家》很大的影響。該作品的舞臺是第一次世界大戰的德軍空襲下，一間位於倫敦郊外的中產階級的家屋。內容描寫著中年已婚人士們的戀愛遊戲，以及為了金錢，做好接受老少戀的年輕女性們的覺悟（"Well, a woman's business is marriage."）。

蕭伯納曾參加穩健派的社會主義團體費邊社的創立，一九二五年獲得諾貝爾文學獎，其代表作品《賣花女》（*Pygmalion*，一九一三年），在後世還在美國被改編為音樂劇《窈窕淑女》（*My Fair Lady*）。一九三三年，蕭伯納搭船環遊世界，二月十二日抵達香港，二月十七日則到了上海。魯迅收到蔡元培的書信通知後，出席了辦在宋慶齡家中的蕭伯納歡迎餐會，紀念照中還有林語堂、伊羅生（Harold Isaacs）等人。魯迅向日本的綜合雜誌《改造》投稿的日文散文〈看蕭和「看蕭的人們」記〉（一九三三年四月號）中，用以下的文字做起頭：

> 我喜歡蕭伯納，但這不是我在看了他的作品，或是他的傳記後喜歡上他的，而是在某個地方看過他些許的警句，又聽某人說他常去剝掉紳士社會的假面具的事情，才喜歡上他的。另一個原因是，因為中國也有許多模仿西洋紳士的人，而這些人大多不喜歡蕭伯納。我往往覺得自己討厭的人所討厭的人，會是個好人。

而在魯迅實際遇過蕭伯納後，也表示過自己不認為蕭伯納是如世間所說的諷刺家：

第二天的新聞，卻比蕭的話還為有趣。在同一時候，同一地方，聽著同一的話，寫了出來的記事，卻是各不相同的。……例如，關於中國的政府罷，英字新聞的蕭，說的是中國人應該挑選自己們所佩服的人，作為統治者；日本字新聞的蕭，說的是中國政府有好幾個；漢字新聞的蕭，說的是凡是好政府，總不會得人民的歡心的。

從這一點看起來，蕭並不是諷刺家，而是一面鏡。

魯迅在《蕭伯納在上海》（瞿秋白編譯，一九三三年）這本集合了蕭伯納在上海時上海的中國報紙、外國報紙對其報導評論的序文中，也同樣提到了把蕭伯納看作鏡子，將上海的「文人、政客、軍閥、流氓、叭兒（哈巴狗）」們的相貌都映出來的看法。

魯迅與蕭伯納在一九三三年的上海相遇，十年後，張愛玲在上海淪陷時仿效著兩人，進而創造出了名作〈傾城之戀〉。該作品可謂是二十世紀初以來，以小說的形式對圍繞在「女性的離家＝自立」的論點進行的總清算。

相對於〈傾城之戀〉，〈封鎖〉的創作過程，則是受到了莫泊桑（Henri René Albert Guy de Maupassant）《羊脂球》（*Boule de Suif*）的影響；故事的舞臺是在日本占領之下，使原本擁有西歐式都市機能的日子戛然而止的上海。一九四一年底到一九四二年初的這段時間，日軍以抗日恐攻為藉口，對南京路、浙江路等鬧區及閘北、楊樹浦等人口密集地區實施了封鎖，嚴禁市民外出[25]。

張愛玲的小說〈封鎖〉，描述著一對社會人士（銀行高級會計與大學英語助教）在電車這套文明系統因封鎖的關係停擺時，彼此徹底擺脫了社會關係的束縛，得以用一男一女的身分對話，最終落入了一段短暫愛情的故事。故事中的男人曾一度做好了離婚的覺悟，女方也下了要離開自私的父母遠走高飛的決心，但隨著封鎖的解除，實在無法解決「金錢問題」的男人，便又漸漸地從女人眼前消失。在封鎖期這段特殊的時代，張愛玲的文學，生動地勾勒出移植到上海與香港的家庭、社會、戀愛等西歐文明體系的特質[26]。

四、二戰後的張愛玲

二戰結束後，張愛玲仍留在上海。她在收到電影導演桑弧的委託後，在被譽為電影傑作的《不了情》、《太太萬歲》（皆一九四七年）劇本上大展身手。中華人民共和國建國後，她一方面著手於《十八春》等描寫舊社會黑暗面的作品，一九五〇年時也參加農村的「土地改革」運動等，展現出她盡力適應社會主義體制的一面。然而，由於她無法寫出讚美共產黨的作品，以及她與胡蘭成的婚姻也遭到批判，最終於一九五二年七月，以要去香港繼續學業為由，離開了中國。在香港，張愛玲一面在美國新聞處（United States Information Service）工作，一面重拾創作活動。諷刺的是，取材自土地改革的反共長篇小說《秧歌》、《赤地之戀》，這兩部作品一方面採用了社會主義現實主義的手法寫成，另一方面卻又描寫著農民在共產黨統治之下的困苦。

一九五五年十月，張愛玲移居美國，後於一九五六年三月，相識了比她年長二十九歲的左翼作家費迪南德．賴雅（Ferdinand Reyher，一八九一—一九六七年），並於同年八月結婚，一九六〇年七月獲得美國公民權。張愛玲之所以會重複與胡蘭成、賴雅之間的老少戀，可能與她幼年期至青年期，長時間在與充滿文才的父親間形成的愛恨關係，有著些許的關聯。

雖然後來的張愛玲不曾回過中國，但她還是以喜劇的筆觸，創作了《情場如戰場》（一九五七年）這一描寫資產階級子弟奢華的戀愛故事劇本，為香港的電影業界作出貢獻。在賴雅於一九六七年逝世後，她收到了加利福尼亞大學的招聘。最終在將清末小說《海上花列傳》翻譯成英文後，於一九九五年獨自在洛杉磯的公寓內過世。

張愛玲文學在二戰後的臺灣、香港不斷受人傳誦，掀起了「張迷」現象。特別是在持續到一九八〇年代國民黨威權統治時期的臺灣，魯迅與茅盾等在民國時期批判國民黨、支持共產黨的作家，以及如老舍、巴金、謝冰心等在中華人民共和國成立後仍留在中國大陸的作家，其作品毫無例外都成了禁書，這使得在近代中國文學家之中，能夠合法閱讀的張愛玲幾乎成了唯一的代表作家。也因此，張愛玲為二戰後的臺灣文學帶來了相當大的影響。

而在人民共和國體制下的中國大陸，張愛玲的作品在一九五二年起就被列為禁書，直到一九八五年，中國作家協會上海分會發行的機關雜誌《收穫》刊登了〈傾城之戀〉，而大約在這時期，過去在淪陷時期的上海擔任文藝雜誌總編輯的中共地下黨員柯靈（一九〇九—二〇〇〇年）也發表了回憶式散文〈遙寄張愛玲〉（收錄於《讀書》第四期）。在那之後，《傳奇》、《流言》再版，接著更出版了約等同於全集數量的作品集，延續了張愛玲熱，學界及評論界也熱烈討論著張愛玲。

就如同先前邵迎建的說法，不僅是從日本統治轉為國民黨一黨專政，並延續了四十年外來政權強權統治下的臺灣；以及自毛澤東時代的大肅清到鄧小平時代的改革開放，經歷過政策急轉彎的一九八〇年代的中國大陸，都雙雙面臨著自我認同的危機。而將舊家毀滅的個人史，以及日本占領上海的社會史作為背景，張愛玲出現在世人眼前的自我認同危機文學，也許治癒了，也或許啟發了中文圈的人們吧。

登場於一九九〇年代以後的衛慧（一九七三年—）、安妮寶貝（一九七四年—）等「村上之子」，在某個層面上，也算得是「張愛玲之女」。

周作人（一八八五—一九六七年）

周作人是可與兄長魯迅、胡適相提並論的近代中國大知識分子，他與魯迅同屬紹興周氏的第十四代。原名櫆壽，字星杓，接受過為了考取科舉成為官僚的傳統教育，後續在入學海軍學校時，改名為周作人。

祖父周福清是內閣中書，屬清朝政府的高官，後來在周作人八歲那年，為幫魯迅與周作人的父親通過科舉，而因賄賂事件鋃鐺入獄。三年後的一八九六年，周作人父親因長期的痼疾病歿，家運隨之傾覆。父親死後，周作人為了服侍在杭州坐牢的祖父，離開了紹興。祖父為讓周作人頭腦靈光，建議他也看看經典以外的小說。一九〇一年四月，祖父在大赦下獲釋，但回到紹興後便幾乎每天罵周作人，如此難以忍受的日子，就這樣持續了好一段時間。

就與魯迅放棄科舉考試，於一八九八年五月進入南京海軍學校「江南水師學堂」就讀一樣，周作人也在一九〇一年九月進入該學校。魯迅因嫌棄學校的保守風氣，在約半年後轉學到了同樣開設在南京的陸軍學校，也就是江南陸師學堂附設的礦務鐵路學堂；但周作人則不同，他很享受用英語上課的英式制度，以及有生活補貼的宿舍生活，在江南水師學堂，他學習了進化論等西洋學問，也相當喜愛外國文學如夏洛克．福爾摩斯的翻譯作品等。

一九〇六年畢業後，他被從東京回來的魯迅帶到日本留學。他在古典學者、國粹主義革命理論家，又是中國革命統一戰線的同盟會領導者章炳麟的私塾修習文字學，後為了對滿清這一征服王朝表示抵抗之意，仿效魯迅斷髮。

另一方面，他在立教大學學習古典希臘語與英文學的同時，又幫助了其兄長廣泛研究歐美及日本文藝思潮的文學運動，一同將歐美的短篇小說翻譯為中文，於東京刊行《域外小說集》第一、二冊（一九〇九年）。後與日本女傭羽太信子戀愛，並在父親過世後成為家長的魯迅幫助下，二人於一九〇九年三月修成正果。周作人在和信子的兄弟重久的交遊下，也接觸到了落語等東京的下町文化。在日本留學時，他也曾崇拜過英國的性心理學家哈維洛克．艾利斯（Henry Havelock Ellis，一八五九—一九三九年）。

一九一一年，周作人回國，後於一九一七年就任北京大學教授，主講古典希臘與羅馬文學、歐洲文學史，並設立東方語言文學系。在這同時，他也是位相當活躍的文學革命理論家，更創造出了新的知識典範。出現於清末民初的新興知識階層，在中國建立共和國的過程中貪婪吸收的「個人」概念、女性主義論，以及圍繞在創作、批評、翻譯的文壇制度等近代文化制度的框架……，在所有的知識領域中，都能看見他的足跡。除此之外，在日本、古典希臘、歐美文學的翻譯與介紹上，周作人也有著很大的貢獻。

一九一八年，周作人在自己訂閱的《東京朝日新聞》與單行本《新農村生活》（新しき村の生活，新潮社，一九一八年）上得知了武者小路實篤的「新村」運動，並表明了深刻的認同。一九一九年七月，他來到了九州日向的新村，並於次年三月設立「新村北京支部」。一九二〇年四月，年輕的毛澤東造訪了周作人的家，可以一窺經由周作人之手的「新村運動」，為中國革命帶來了多深的影響。而對於周作人在五四時期的代表性論文〈人的文學〉，小川利康給出了下述的看法：

周作人打算透過展現不受傳統價值觀束縛的新「人類」的定義，來展示新文學應有的樣貌。其核心「靈肉一致」的人性，明顯將人類在社會存在上所應有的價值作為關鍵，而非將人只視作個體的存在。……他在前段論述人類在個體上的定義，中段論述人類在社會上的定義，後段則論歐美文學與中國文學中，對於人類的描寫方式有所不同的部分。因後段內容包含了具體的作品名稱，且做了詳論，故占了論文一半以上的分量，但理論的核心卻是在前段與中段。在前段，他提出了以艾利斯著作為基礎的人類觀；中段則提出了受到武者小路實篤的「新村」深刻影響的理想社會的樣貌[27]。

周作人的文化運動，是在與其兄魯迅步調一致的合作下進行的，在北京文化界中，亦以「周氏兄弟」聞名。然而在一九二三年七月，周作人突然與魯迅發生爭執，促使魯迅離開了北京八道灣的周家宅邸。兄弟二人對爭執的原因皆絕口不提，但從二人的日記及周邊的證詞等來看，推測是因為周作人相信了信子說她與魯迅出軌了的言論。

於是，周作人對伏爾泰的小說《憨第德》產生共鳴，於一九二三年九月刊行了第一本散文集《自己的園地》，表明自己將專注於名為文學的「田園」，後又發表呼籲人們在禁欲與享樂間調和的散文〈生活之藝術〉（一九二四年十一月）。另一方面，他對中國的軍閥政權，以及朝鮮人與大杉榮夫妻在關東大地震時遭到屠殺等事件，都曾以極其嚴厲的文字譴責過。此外，他也曾向安德魯・朗格（Andrew Lang）、柳田國男，以及詹姆斯・弗雷澤（James George Frazer）等人學習，後與在芝加哥大學修宗教學的江紹原共同提倡中國的民俗學。

中日戰爭爆發後，或許是放不下母親、妻子，以及兄弟魯迅與周建人的妻子，周作人留在北京，並未到國民黨統治區避難。後來，北京大學校長蔣夢麟撤離到四川，並委託周作人看護校產，於是周作人成了留守北大的教授。然而，在受到來自日軍強烈的壓力，被迫在日軍占領下的北京就任相當於教育部部長的職位後，他便成了投效日本的人，於是在二戰結束後，他在國民政府的漢奸審判中被判處十年徒刑。

中華人民共和國成立後，他不曾坐牢，只是在北京自宅以假名「周遐壽」來進行翻譯工作，其翻譯作品的範圍，自日本的《日本狂言選》、《石川啄木詩歌集》到古典希臘文學皆有，亦曾寫作《魯迅的故家》、《知堂回想錄》（一九六五年）等回憶錄。最終在文革時受到紅衛兵的私刑而死[28]。近年，中國也流傳著當時他之所以投效日本，是因受到地下共產黨的要求所致[29]。

在中華人民共和國建國後，周作人在中華民國時期的著作雖然都成了禁書，但文革後的一九七〇年代末起，研究論文又開始公開出版，到了一九八〇年代中葉以後，張菊香、張鐵榮、趙京華、錢理群、倪墨炎、孫郁、止庵等著名研究者製作的年譜、研究書也陸續刊行，進入二十一世紀後，這個趨勢更是蒸蒸日上。不僅是各種單行本的散文集，數量堪比全集數量的文集也陸續刊行。

伊藤德認為，周作人的〈生活之藝術〉論中，其所謂的「生活」，指的是基礎建立在生物學角度的人生觀的「生活」，是他從「自然」、「現代」、「頹廢」等各式各樣的見解中，精心挑選出一個值得他提倡的想法。在現代中國，通曉這些古今東西文學思想的博學人士之人生論、文學論，仍風靡了許多年輕人。作為一個民國時期文學家，可說他與張愛玲平分了這些人氣。

在日本，不僅周作人的《周作人隨筆集》（一九三八年）、《日本談義集》（二〇〇二年）等作品都有受到翻譯，其他諸如木山英雄的《北京苦住庵記》（一九七八年）、劉岸偉的《東洋人的悲哀——周作人與日本》（一九九一年）、于耀明的《周作人與日本近代文學》（二〇〇一年）、伊藤德也的《「生活之藝術」與周作人》（二〇一二年）、伊藤德也彙編的《周作人與日中文化史》（二〇一三年），以及小川利康的《叛徒與隱士　周作人的一九二〇年代》（二〇一九年）等關於周作人的研究書籍，也正在刊行當中。

說到魯迅的二弟周建人，小時他進入會稽縣小學堂就讀，畢業後在受到魯迅的薰陶之下，自習生物學。歷任紹興的小學校長、女子師範學校生物教員等職後，一九一九年十二月隨魯迅與母親移居北京八道灣。在周家，魯迅、作人、建人三兄弟的稱呼各是「大先生、二先生、三先生」。一九一四年二月，他與來到紹興協助周作人妻子羽太信子生產的羽太芳子（信子之妹，一八九七—一九六四年）結婚，育有二子。一九二一年九月，在魯迅的幫助下，成為商務印書館的自然科學書編輯，獨自前往上海工作，後與王蘊如（一九〇〇—一九九〇年）同居。二人與上海時期的魯迅、許廣平交往甚深，也受到了魯迅高額的經濟支援。於中華人民共和國建國後出版《略講魯迅的事情》（一九五四年）、《魯迅故家的敗落》（一九八四年）等回憶錄。

陳獨秀（一八七九—一九四二年）

安徽省懷寧縣人，中國文化人、政治家。生於安徽省安慶，一八九六年於科舉考試的縣試中，將古文的內容隨意拼湊寫出來的文章，竟然讓他以榜首合格，當上了生員。後來，他放棄依靠科舉獲取功名，一生在革命家、召集人的道路上走著。一九〇二年，陳獨秀留學日本。次年，他與鄒容等人襲擊了清朝政府的留學生監督，強行剪下了對方的辮子，受到了魯迅等留學生們的喝采。後於上海、安徽發行宣傳革命的報紙，一九〇七年再次前往日本，就讀於正則英語學校、早稻田大學。

一九一三年，因反袁鬥爭失敗，逃亡日本。一九一五年九月，在上海創刊《青年雜誌》（一年後改稱《新青年》）。一九一七年在蔡元培的邀請下，成為北京大學文科學長，《新青年》的編輯部亦遷往北京。

一九一六年，正在美國留學的胡適即使受到留學朋友們的激烈反對，仍主張內容應全面使用白話文的文學革命，其八月二十一日的日記中，記載著「文學革命八條件」：

新文學之要點，約有八事：

（一）不用典。

（二）不用陳套語。

（三）不講對仗。

（四）不避俗字俗語。

（五）須講求文法。——以上為形式的方面。

（六）不作無病之呻吟。

（七）不摹仿古人。

（八）須言之有物。——以上為精神（內容）的方面。

《新青年》的總編輯陳獨秀將這篇胡適以「文學革命八條件」為主旨的論文，以〈文學改良芻議〉為題，登載於一九一七年一月號的《新青年》上，陳獨秀自身也因這則論文的影響，於次號的開頭寫了〈文學革命論〉，呼籲推翻貴族文學、古典文學、隱遁文學，建設平民文學、寫實文學、社會文學。文學革命於此時開始進入正式階段。

另一方面，陳獨秀也透過魯迅在日本留學時的摯友錢玄同（語言學家，一八八七―一九三九年）大力向魯迅邀稿，成功將〈狂人日記〉、〈故鄉〉、〈隨感錄〉等小說與散文刊登於《新青年》上，為該誌增添了標榜民主與科學的內涵性質。

中國共產黨於一九二一年結黨時，陳獨秀任首任總書記。但經過國民黨蔣介石派系於一九二七年發動的四一二反共事件後，被批判為右傾機會主義而倒臺。一九二九年，因贊同托洛斯基主義而遭中共除名。一九三一年，建立中國共產黨左派反對派，次年遭上海的國民黨政府逮捕。此外，四一二事件之際，陳獨秀當時兩位身為中共中央委員的兒子也遭到國民黨政府殺害。

托洛斯基（一八七九―一九四〇年）是領導俄羅斯革命的其中一人，但其在列寧於一九二四年逝世後，遂與打出「一國社會主義論」、認為社會主義建設僅可能於蘇聯實現的史達林產生對立。一九二九年，托洛斯基遭驅逐國外，最終在一九四〇年於墨西哥遭人暗殺身亡。托洛斯基理論認為，如俄羅斯等非先進國家，無產階級須一同擔起資產階級民主革命的責任，當無產階級一取得執政權，就必須持續向社會主義革命邁進。不過，想要成功達到這個結果，還需要結合不斷革命論以及蘇聯國家論。前者的理論指出必須將革命推廣到先進國家，並在世界革命的環境中與之結合；後者的理論則是批判蘇維埃體制目前還處於資本主義與社會主義的模糊地帶，雖然生產手段已逐漸被收為國有，其實卻是受特權官僚階級統治的專制體制。托洛斯基派在一九三八年於巴黎設立第四國際，而在中國，陳獨秀即轉向為托洛斯基派的人之一。

於一九三七年八月出獄的陳獨秀，因支持第二次國共合作，與托洛斯基派決裂，獨自走上摸索抗日運動與民主主義制度的道路。最終於四川省江津縣病逝。

在收錄了〈狂人日記〉、〈故鄉〉、〈阿Q正傳〉等魯迅代表作的第一本創作集《吶喊》中，魯迅於自序裡寫道：「在我自己，本以為現在是已經並非一個切迫而不能已於言的人了，但或者也還未能忘懷於當日自己的寂寞的悲哀罷，所以有時候仍不免吶喊幾聲，聊以慰藉那在寂寞裡奔馳的猛士，使他不憚于前驅。……但既然是吶喊，則當然須聽將令的了，所以我往往不恤用了曲筆，在〈藥〉的瑜兒的墳上平空添上一個花環，在〈明天〉裡也不敘單四嫂子竟沒有做到看見兒子的夢，因為那時的主將是不主張消極的。」而這裡下「將令」的「猛士」、「前驅」、「主將」，指的或許就是陳獨秀。

此外，在陳獨秀已被開除黨籍、成為托洛斯基派後，魯迅在一九三三年寫的〈我怎麼做起小說來〉中特別提到了陳獨秀的名字，說「陳獨秀先生是催促我做小說最著力的一個」；在五四時期作為文學革命領導者時，始終對陳獨秀表達著敬意[30]。

沈從文（一九〇二—一九八八年）

沈從文出生在位於湖南省西邊的鳳凰縣，這是一處數百年來，少數民族屢遭漢族征服、同化的邊境之地。他們一家為苗族，代代輩出軍人，祖父之兄甚至當到貴州提督。辛亥革命時，其父加入革命軍戰鬥，在袁世凱於革命後恢復帝制之際，則策畫了暗殺計畫，最後因計畫失敗、逃亡東北，沈家因此沒落。

幼時的沈從文，在私塾及留學日本回國的青年於鳳凰縣都創辦的文昌閣小學念書。一九一七年小學畢業後，加入湘西軍閥，打著掃蕩匪賊旗號，過了一段燒良民村寨、追捕逃兵的狂野軍旅生活。一九二二年，他在作風開明的軍閥陳渠珍麾下擔任祕書，二年多的期間裡，他負責整理、分類珍藏於軍部會議室的宋明繪畫一百餘幅、銅器及陶瓷器數十件，以及大量的拓本，因此加深了自身對古代美術的造詣。此外，他也閱讀了《新青年》、《小說月報》等雜誌，接觸到了新文學。

一九二三年的大病以及戰友的死去，成了他決定前往北京的轉機。在北京，他過著極其貧窮的生活，同時努力修習文學，受到郁達夫與徐志摩等人的高度評價。寫作短篇〈入伍後〉的一九二六年起，獲世人認定為新進作家。他的作品寫故鄉的邊境之美，以及生活在該處的少數民族之習俗，也寫雖然受到歧視、虐待，但仍純真而正直過活的純樸人的人情及戀愛。日後，也開始寫都市人的戀愛，充分發揮著其文章魔術師、天才作家的名號。

上海自清末以來便是中國經濟的中心，在國民革命、北伐戰爭後，也是超越北京的文化都市。一九二八年，沈從文移居上海，借鑑《愛麗絲夢遊仙境》的風格，創作小說《阿麗思中國遊記》，用以諷刺帝國主義與漢族在租界都市上海壓迫苗族的現實。一九二九年，在時任吳淞中國公學校長的胡適邀約下，沈從文成了該校的國文科講師。他在此處愛上了英文科的才女張兆和，並不斷向她遞送情書，最終在胡適的撮合下，二人於一九三三年終成眷屬，留下一段佳話。

沈從文活躍的一九三〇年代，是上海現代主義開花的時期。其充滿娛樂性的愛情小說大受中國摩登男、女孩的歡迎。一九三一年，沈從文任青島大學國文科講師，後又於一九三三年移居北京，成為職業作家。

其代表作〈邊城〉（一九三四年）是一部懷想辛亥革命前後的故鄉、以邊境山城為舞臺的中篇小說。內容描寫老船夫的孫女與船頭老大的兒子之間清純而悲傷的愛情，是沈從文異域主義文學的代表作。中日戰爭時期的一九四一年，他第一次登載在香港雜誌的短篇小說〈看虹錄〉，則有著洗鍊的桃色性。故事描寫著一對在火爐前的男女，其充滿影射的對話及互相吸引的思緒；男方除了圍繞在獵人與母鹿間講述了一段愛情故事外，也透過書信表達出了對女體的讚美。該書的日文譯者小島久代評價：「這是一部三節組成的詩化小說。作者大膽使用了當時相當新穎的現代主義手法來創作，然而由於該手法過於前衛，導致作品被當時的人們誤解，或無法理解。……〈看虹錄〉是一部作者打破了以往的寫法，用實驗性的手法，將之寫成了讚美只有在戰爭時期，才會象徵生命的女體之美及愛的詩化小說。」

不過，小島也表示，該作品自發表時就被指責道「不論正好是抗戰時代的現在，就算是在太平時代，這種作品也會毒害青年」。二戰結束後，又遭如同中共文藝政策權威般存在的郭若沫批評是「作文字上的裸體畫，甚至寫文字上的春宮」。加上沈從文「一貫反對作家從事政治」的文藝觀，使他被視為「桃色的」反動文藝作家，受眾人排斥。中華人民共和國建國前夕的一九四九年三月，沈從文甚至被逼至發生自殺未遂的事件。

中日戰爭爆發後，沈從文離開了北京，前往雲南。一九三九年，他在昆明擔任了由北京大學、清華大學、南開大學共同組成的西南聯合大學中文系助理教授，並於二戰結束後的一九四六年成為北京大學教授。中華人民共和國建國前後，受中共派系的學生說服而留在北京，未流亡國外。但在批判沈從文的風氣高漲的背景下，他也拒絕了來自同鄉的毛澤東的建議，不再提筆創作，並成為北京歷史博物館的學藝員，沉浸在收集、整理古代文物的工作中。文革時，他受到嚴重的迫害，於一九六九年被送進強制收容所；一九七八年文革結束後，他來到社會科學院歷史研究所，完成大作《中國古代服飾研究》（一九八一年）。

一九七九年，他正式恢復名譽。二〇〇二年，《沈從文全集》全三十二冊刊行，掀起沈從文熱。小島指出，該現象的背景「可能自覺到馬克思主義者所謂的『人民』、『民眾』的立場（這也是用以否定沈從文文學時的立場），其實並非實際從人民或民眾產生，而只是基於意識形態的一種虛構概念，反過來讓上級階層可向人民與民眾施壓的工具罷了」。

榮獲二〇一二年諾貝爾文學獎的現代中國作家莫言（一九五五年—）說過：「自一九八〇年代至今，沈從文已與魯迅齊名。問許多作家、許多文學青年喜歡哪位中國現代作家、喜歡看誰的書，回答魯迅和沈從文的人是最多的。……沈從文的文學觀更貼近現在的社會，兩者合得來，也是因為沈從文也沒特別鮮明的愛恨。再加上沈從文總以同情式的筆調，來描寫傳統道德不允許的、或是憎恨批判的事物，使得在看他的散文或小說時，會讓人感到濃郁的鄉土情調與人情味。」（莫言著，林敏潔編，藤井省三與林敏潔譯，《莫言的文學及其精神》，東方書店，二〇一六年）

一九八二年，美國漢學家金介甫（Jeffrey C. Kinkley）召集了德國漢學家馬漢茂（Helmut Martin）等歐美的現代中國文學研究者，推薦沈從文為諾貝爾文學獎候選人。在中文圈，至今仍有人在談論沈從文是與巴金、老舍同樣足以角逐諾貝爾文學獎的作家[31]。

其他人物

蘇曼殊

一八八四—一九一八年。中國作家。本名蘇玄瑛，廣東省中山縣人。其父親蘇傑生，是在日本橫濱經商的茶商；母親是日本人，名若（おわか）。蘇曼殊幼時由若的姊姊、同時也是傑生的二夫人河合仙帶大。一九〇二年，就讀早稻田大學高等預科，開始接近革命派。一九〇三年，曾在廣東出家做了和尚，還俗後仍使用法號曼殊為名，並時常以和尚裝扮示人。一九〇四年，於香港刺殺康有為未遂。後流浪泰國、斯里蘭卡，學習梵語。一九〇七年，與當時的無政府主義者劉師培、何震夫妻一同訪日。他在東京的民報社與章炳麟住在一起，並受其國粹革命論的影響，進而創作排滿主義風格的文章、翻譯印度革命派的小說與詩作，並摘譯改編了雨果的《悲慘世界》。後對拜倫（George Gordon Byron）心生敬佩，成為魯迅嘗試創辦的文藝雜誌《新生》之一員，翻譯《拜倫詩選》。一九〇九年，蘇曼殊在爪哇的中華學校當英文講師，亦加入革命取向的文學結社「南社」。一九一二年回國，在辛亥革命後的混亂局勢中心懷憂憤，流浪日本、中國，潛心象徵主義；自傳式幻想小說《斷鴻零雁記》為其代表作。魯迅晚年曾向增田涉談起他對蘇曼殊的回憶，並贈全五冊的全集。

林語堂

一八九五—一九七六年。中國作家、語言學家。福建省龍溪（今漳州市平和縣）人。其父親為基督教長老教會派的牧師。六歲進入教會小學念書，一九一二至一九一六年在上海的聖喬治大學修完英文後，在北京的清華大學當英文系教員；一九一九年至一九二三年，則在哈佛大學、萊比錫大學留學，後以中國古代音韻研究獲得博士學位。一九二三年，成為北京大學教授。一九二四年開始，與魯迅等人成為文藝雜誌《語絲》的撰稿人之一。一九二六年，成為廈門大學文學院院長，招聘魯迅為教授。一九二七年，於武漢擔任國民黨政府外交部祕書，經四一二反共事件後，轉至上海當職業作家，並於一九三二年創刊幽默雜誌《論語》。在賽珍珠（Pearl Sydenstricker Buck）的推薦下，執筆 *My Country and My People*（一九三五年，中譯《吾國與吾民》），後於一九三六年訪美。中日戰爭爆發後，曾以描寫近代史的大河小說 *Moment in Peking*（一九三九年，中譯《京華煙雲》）向美國輿論控訴日本侵略中國的不正當性。二戰結束後，歷任新加坡的南洋大學校長等職、編輯《當代漢英辭典》（一九七二年）。一九六六年定居臺北，其坐落於陽明山的雅緻故居，現已是林語堂紀念館。除上述作品外，還著有 *The Gay Genius*（中譯《蘇東坡傳》）等。

茅盾

一八九六—一九八一年。中國作家。本名沈德鴻，字雁冰，浙江省烏鎮人。外祖父是中醫名醫，父親在富裕的商人家庭長大，一面考科舉一面學習中醫，然而在茅盾九歲時，因骨結核過世。母親具有豐富的古典素養，是個能將老家的醫院，經營得有聲有色的才女。一九〇四年進入私塾立志書院，後轉至植材高等小學。一九〇九年畢業後，在省立湖州三中等學校學習後，於一九一三年進入北京大學預科。後因家庭經濟困頓，放棄升學本科。一九一六年進入當時最大的出版社上海商務印書館就職。一九二一年，成為經營不善的文藝雜誌《小說月報》總編輯，透過大量登載魯迅等北京文學革命新文壇的作品，試圖力挽狂瀾；一方面自身也負責書寫評論或翻譯。一九二一年，成為最早的一批中國共產黨黨員，在國民革命時期，則成為活躍的左派無政府主義者。後於四一二事件後的一九二八年逃亡日本，開啟正式的創作生涯，著有描寫革命時期的性與暴力的《蝕》三部曲，並開始使用茅盾作為筆名。一九三〇年回到上海，參加中國左翼作家聯盟，發表在世界文學史上留名的作品，例如描寫對象從資本家、金融界到工人的長篇小說《子夜》（一九三三年），或是包含《春蠶》等三作的《農村三部曲》（一九三二—一九三三年）。一九三四年，與魯迅創刊翻譯文藝雜誌《譯文》，在政治上、文學上皆與魯迅走得更近。自中日戰爭到國共內戰期間，其創作評論活動頻繁，出版《霜葉紅似二月花》（一九四三年）等。中華人民共和國建國後，茅盾歷任文化部部長、中國作家協會主席，中斷創作，轉而執筆《夜讀偶記》（一九五八年）等社會主義寫實主義的文藝評論，在文化大革命中未遭到迫害。茅盾過世後，一名叫秦德君的女性共產黨員發表了一篇震撼的「日記」，其內容表示，她為了阻止逃亡中的茅盾去當蔣介石的祕書，於是與茅盾在京都同居；成了茅盾情婦的秦德君，在茅盾的寫作活動中幫助他謄寫、構想甚至是寫作，聲稱長篇小說《虹》（一九二九年）實質上是兩人合著。而秦德君本身也歷任過人民政治協商會議全國委員，也算是位政治家。

郁達夫

一八九六—一九四五年。中國作家。浙江省富陽縣人。出生於地主家庭的郁達夫，一九一三年與被派遣到日本視察法律制度的哥哥一同訪日，次年考上第一高等學校特設預科，成為官費留學生。同年級的學生中，還有後來創造社的成員郭若沫、張資平等人。一九一五年，郁達夫被分配到名古屋的八高，他以進入醫學部為志願，選擇了理科，卻在次年轉入文科。一九一九年畢業後，同年進入東京帝國大學經濟學部，並於一九二二年畢業後回國。一九二一年創立創造社，開始了〈沉淪〉等作品的創作活動、訪問大正文壇的代表作家佐藤春夫。一九二三年，於上海與郭沫若、成仿吾同居，刊行《創造週報》等。雖然創造社的成員對魯迅的評價相當犀利，但郁達夫卻極度讚賞他的《吶喊》，於是將魯迅推薦給郭沫若。一九二三年二月移居北京之際，郁達夫在周作人的設宴下和魯迅相識，二人的融洽關係一直持續到了十月就任北京大學統計學講師後。國民革命時期，郁達夫在一九二六年十二月從廣州前往上海，魯迅隨後也於一九二七年十月來到上海，兩人再會後，遂創刊文藝雜誌《奔流》，或聯名成為中國左翼作家聯盟及自由運動大同盟的發起人，因而有了更深一層的來往。中日戰爭爆發後，郁達夫任文藝界抗敵協會理事等職，一九三八年底前往新加坡，成為《星洲日報》的文藝專欄主編，並於一九四〇年六月刊載他與日本評論家新居格之間的往來書信。太平洋戰爭爆發後，因日軍占領新加坡，他移身至蘇門答臘，不料卻被日軍憲兵作為口譯使喚。當日本於一九四五年八月戰敗後，因知曉日軍俘虜、虐待荷蘭人等情事，遭日軍滅口[32]。順帶一提，大江健三郎的母親與魯迅都是郁達夫的讀者。

徐志摩

一八九七－一九三一年。中國詩人。浙江省海寧人。徐志摩出生於大資本家的家庭，一九一五年自杭州一中畢業，並受到父親強迫，與哥哥在金融界、政界擁有強力人脈的張幼儀進行舊式婚姻。次年進入北京大學，拜梁啟超為師。一九一八年，私費前往美國哥倫比亞大學留學。一九二〇年前往英國，在倫敦大學修經濟學。一九二一年轉學進入劍橋大學，開始作詩。在倫敦，徐志摩出入伯特蘭・羅素（Bertrand Arthur William Russell）及布盧姆茨伯里派（Bloomsbury Group）的沙龍，與偉利（Arthur Waley）、曼殊斐爾（Kathleen Mansfield Beauchamp）等人交際。同時，徐志摩與在倫敦上高中的林徽音戀愛，選擇與張幼儀離婚，但林徽音最終卻與梁啟超的建築家兒子梁思成結婚。一九二二年回國後，徐志摩在北京大學等教英文之餘，陸續發表新詩。一九二四年，他仿效倫敦的沙龍，在北京創立以一個月一至二次的頻率舉辦晚餐會為主的新月社；該社成員還有胡適、陳源、凌叔華等人。當時的文壇名人如聞一多、梁實秋、沈從文等人，除了參加擁有許多人脈的《現代評論》（一九二四－一九二八年）、《新月》（一九二八－一九三〇年）等文學雜誌外，也加入了徐志摩的文學沙龍。新月社標榜愛、自由、美，引入了倫敦沙龍的離婚再婚、外遇、三角關係等除了同性戀愛以外的各種愛情關係，而徐志摩等人真實進行過的未婚男女的社交、自由戀愛、婚後的核心家庭形態、已婚男女的社交等，皆是中國空前絕後的現象，屬於以戀愛、核心家庭為主軸的家庭革命最前線。一九二六年，徐志摩不顧父親與梁啟超的反對，與原先是朋友妻子的陸小曼再婚，並進入其寫詩的黃金時期。然而另一方面，因為陸小曼的揮霍個性，使得徐志摩必須在許多大學兼職。某天，為了前往北京聽林徽音的建築學演講，徐志摩登上濟南號飛機，但該機卻在濟南附近撞山墜落，徐志摩亦因此身亡。另一方面，徐志摩也將短篇小說家曼殊斐爾與一九二四年訪中的印度詩人泰戈爾介紹給中國，為中國的文學發展做出貢獻。

老舍

一八九九—一九六六年。中國作家。本名舒慶春。老舍出生於北京滿洲人的家庭，其擔任皇城警衛的父親，於八國聯軍之戰（一九〇〇年）中戰死；其母出身農家，並不識字。一九一八年，畢業於北京師範學校後，歷任小學、中學校長及國語教師後，於一九二四年訪英，在倫敦大學東方學院擔任中文教師，他一面閱讀英譯作品，一面自學歐洲文學史，不久後開始提筆創作《老張的哲學》（一九二六年）等作品，並發表至《小說月報》上。一九三〇年回國後，老舍持續擔任大學教授，在濟南生活，總計離開了故鄉長達二十五年，在這期間，他只有在暑假等時機，短時間回去幾次而已。他在青島創作的小說《駱駝祥子》（一九三六年），描寫了從郊區農村流入北京的年輕人力車伕，在生活中受挫而逐漸墮落的過程。該書自一九四三年以來，包含改譯，在日本被翻譯成十種以上的版本並出版；在美國，該書也在一九四五年及一九七九年，即中美關係的轉換期時，被以*Rickshaw Boy*等標題二次翻譯。日本戰敗後的一九四六年二月，老舍在美國國務院的邀請下離開重慶，途經上海前往美國，在一年間的招聘期結束後，他也在紐約出版《四世同堂》三部曲（一九四四—一九四六年）的節譯本，持續著活躍的作家活動。中華人民共和國建國後的一九四九年十二月，應周恩來總理指名的回國邀請，老舍終於回到了北京的故居。其後他為共產黨盡心盡力，於一九五一年榮獲人民藝術家的稱號。不過，當時的老舍其實已不再寫小說，轉為戲曲家，創作了描繪北京過去的《茶館》（一九五七年）等作品。文化大革命爆發後，老舍立刻就受到了紅衛兵的私刑，隔日早上便被人發現死亡，有人說他是自殺，也有人說是他殺，死因眾說紛紜。一九七八年獲得平反。順帶一提，開高健的名短篇〈玉碎〉（一九七八年），即是以老舍之死作為主題的小說。

謝冰心

一九〇〇—一九九九年。中國作家。出生於福建省福州的海軍世家，在山東省煙台長大，一九一四年就讀北京貝滿女子中學，一九一八年進入協和女子大學理科。在一九一九年五四運動的契機下，她開始在北京報紙《晨報》等處創作有關社會問題的散文與小說。一九二三年自燕京大學畢業，前往美國的威爾斯利學院留學。一九二六年回國，在燕京大學等校教書，同時持續創作。一九二九年與民俗學者吳文藻結婚，一九四六年，隨作為中華民國外交官的丈夫前往盟軍占領下的日本赴任一同訪日，同時成為東京大學文學部最早的女性教官（兼任講師）。一九四九年中華人民共和國建國後，夫婦一同支持共產黨政權。一九五一年，藉著耶魯大學的招聘離開日本，經由香港回到了中國大陸，後來在文化大革命中卻遭到迫害。被稱為「中國的良心」的巴金，少年時就非常喜歡謝冰心的作品，甚至到會抄寫的程度；晚年，更曾說過「冰心不僅屬於中國，也屬於全人類」。謝冰心的兒童文學作品如《寄小讀者》（をとめの旅より　子どもの国のみなさまへ，倉石武四郎譯，三省堂，一九四二年），在日本也擁有如瀨戶內晴美

（寂聽）等許多讀者。

丁玲

一九〇四－一九八六年。中國作家。生於湖南省臨豐縣的沒落地主家庭。丁玲幼時喪父，身為教師的母親，教會了她女性的自立。就讀女子師範學校時參與五四運動。一九二二年進入上海的平民女校就讀，在瞿秋白的介紹下，轉入上海大學中文系。一九二四年在北京大學等處聽講。一九二五年與胡也頻結婚。一九二七年，開始寫作短篇小說《莎菲女士的日記》，描寫女性逃離大家族的壓迫，追求自由戀愛的心理。一九二九年與沈從文等人創辦文藝雜誌。一九三〇年加入中國左翼作家聯盟，描寫革命與戀愛的相剋關係。一九三一年，胡也頻遭逮捕處決後，加入中國共產黨，發表描寫農民起義的〈水〉，受魯迅高度評價。一九三三年遭到逮捕，經歷過監獄生活後，於一九三六年離開延安。一九四一年，發表〈我在霞村的時候〉，描寫受到日軍凌辱的同時，也在進行中共間諜活動的少女故事；而描寫土地改革的《太陽照在桑乾河上》（一九四八年），則獲得了一九五一年度的史達林文藝獎。中華人民共和國建國後，歷任中國作家協會副主席，卻在一九五七年被打為右派分子而倒臺。一九七九年恢復名譽，曾寫過文化大革命時的悲慘監獄體驗。

巴金

一九〇四－二〇〇五年。中國作家。本名李堯棠。生於四川省成都的大地主家。在一九一九年的五四運動影響下成為無政府主義者，一九二〇至一九二三年在成都外語專門學校學習英文，一九二三年前往上海，後在南京的東南大學附屬中學念書到一九二五年。曾參加過上海的勞工運動，但後續脫離逐漸被捲入國民革命（一九二六—一九二八年）的無政府主義運動。一九二七年一月，前往法國留學；在巴黎創作的長篇小說《滅亡》，描述的是一段無政府主義運動人士在軍閥暴政下的上海，因肺結核病逝的故事；該作品於一九二九年連載於《小說月報》後，在全國一舉成名。在中國現代文學史上，巴金是第一位不曾當過教員或編輯，年僅二十出頭歲就當上職業作家之人。其後也不斷發表長篇小說《家》（一九三三年）等蔚為話題的作品，成為了備受矚目的一九三〇年代的文學旗手，得到魯迅的深度信賴。一九三四年訪日之際，在時任橫濱高等商業學校（今橫濱國立大學）中文助教武田武雄的家中體驗了三個月的寄宿家庭生活，留下了與武田一家之間各種交流的故事。中日戰爭爆發後，巴金走過處於戰時的各個城市，以筆墨勾勒出抵抗日本侵略的民眾身影。他在重慶時，就邊躲避日軍的轟炸，邊完成了《憩園》（一九四四年）；戰後，也完成了名作《寒夜》（一九四七年）並出版。在二十世紀中國的歐化與革命的風潮使傳統家庭制度逐漸解體時，親子男女的關係將如何變化——繼《家》之後，其作品所探討的主題，也跟著不斷深入。

一九四九年中華人民共和國建國後，巴金被推到了批判無政府主義的風口浪尖上，但一方面卻也幫助中國共產黨在肅清胡風、丁玲等文學家一事上。文化大革命爆發後，他與其他著名作家一樣遭到紅衛兵的鞭笞，被迫進行稱為「勞動改造」的強制勞動，在這背景下，他最終痛失了愛妻蕭珊。隨著毛澤東的死亡與「四人幫」被逮捕，持續了十年的文革落幕後，在許多知識分子聲稱自己是被害者時，巴金卻在《隨想錄》（全五卷，生活・讀書・新知三聯書店香港分店，一九七九—一九八六年）中說了「我是加害者」，承認自己在中共的獨裁統治下，因「沒有勇氣說真話」的恐懼，搭建起對於毛澤東的「個人崇拜之塔」，最終也導致了自己的滅亡；藉以這樣的言論，提出作為知識分子，卻協助肅清行動、允許文革發動的責任問題。一九八九年民主化運動之際，巴金在病床上發表對學生市民的支持聲明，在同年六月的天安門事件後，持續主持上海的文藝雜誌《收穫》，幫助了許多年輕的作家。不曾忘記過去作為無政府主義者青年的信念，期望解放人類，面對鄧小平的一黨獨裁政策，他選擇挺身成為抵抗的文學家，巴金這樣的人生，正可謂是中國的良心。

位於四川成都的巴金老家原址，現已被作為解放軍文藝工作團的基地使用；而位在上海前法國租界武康路的故居，則被作為巴金紀念館對外公開。

楊逵

一九〇五—一九八五年。臺灣作家。本名楊貴。臺南新化人。一九二四年旅日，次年就讀日本大學專門部文科文學藝術專攻夜間部。受到馬克思主義與無政府主義的影響，開始參加勞工運動與政治運動。一九二七年回到臺灣，參加農民組合，遇到將來一生支持他進行運動的妻子葉陶。一九三五年創刊雜誌《臺灣新文學》，但在一九三七年隨著「漢文欄」（中文版面）的禁止而廢刊，在一九四一年創刊的《臺灣文學》雜誌上，仍能看見楊逵頻繁對國家總體戰體制進行的諷刺。因生前為警官的摯友入田春彥自殺，作為遺贈給予他的《大魯迅全集》，使他也接觸到了魯迅文學。一九三四年，短篇小說〈送報伕〉入選《文學評論》獎項，該作品同時也是出身臺灣的作家首部入選日本內地雜誌創作獎的作品；在中國，魯迅的弟子胡風也相當關注該作品，並將其翻譯成了中文（一九三五年六月）。二次大戰後，楊逵投注心力在地方的復興，一九四九年則因在上海《大公報》上發表〈和平宣言〉，因此遭到國民黨政府逮捕，過了十二年的監獄生活，後於一九六一年出獄。一九六二年，楊逵在臺中開墾東海花園。一九七六年，其小說〈壓不扁的玫瑰花〉，被作為二戰後的第一篇臺灣文學家的作品，收錄在國中的國文課本裡。一九八二年，楊逵為了參加愛荷華大學主辦的「國際作家工作坊」前往美國，回臺途中順道前往了東京，最終於一九八五年於臺中逝世。

若想一睹楊逵的文采，除了可以參考《楊逵全集》全十四卷（臺灣文學館，二〇〇一年）之外；《鵝媽媽嫁人》（臺北，三省堂，一九四六年）內也有收錄楊逵在二次大戰前所寫的日文短篇小說。

錢鍾書

一九一〇—一九九八年。中國作家、古典文學研究者。江蘇無錫人。父親是歷史學家的錢鍾書，從無錫的輔仁中學畢業後，一九二九年進入清華大學外國文學系就讀。一九三三年在上海的光華大學任教。一九三五年與楊絳（一九一一—二〇一六年）結婚，後成為庚子賠款公費留學生，前往英國牛津大學留學。一九三七年，以《十七、十八世紀英國文學中的中國》論文獲文學碩士學位，接著又在巴黎大學念書。一九三八年受聘為清華大學教授。一九三九年成為國立藍田師範學院英文系主任。一九四一年因太平洋戰爭爆發，留在了上海租界區，並在一九四四至一九四六年以諷刺與戲謔的筆觸，描寫留學歸國男女間的戀愛、結婚乃至於決裂的長篇小說《圍城》。中華人民共和國建國後，於一九四九年擔任清華大學教授，一九五三年轉至文學研究所進行中國古代典籍研究，一九八二年刊行對古代典籍進行比較研究的《管錐編》。另一方面，其妻楊絳也是著名的作家及翻譯家。

蕭紅

一九一一—一九四二年。中國作家。本名張廼瑩。黑龍江呼蘭縣人。蕭紅出生於地主家庭，一九二六年小學畢業，不顧父親的反對升學，於一九二八年進入哈爾濱的第一女子中學。因長輩幫她決定的結婚對象對鴉片成癮等原因感到失望，故與表哥一同以升學為目標，私奔至北京，但後來被表哥背叛，只好與來接她的結婚對象在哈爾濱開始同居，但後來又遭到背叛，懷孕中的她被獨自丟在旅館內，所幸得到有士官學校背景的新進作家蕭軍（一九〇七—一九八八年）幫助。一九三四年，二人離開了成為日本傀儡國家的滿洲國，前往青島，接著又向魯迅寄出請教創作指導的信件，前往上海。後在魯迅的幫助下，自費出版《生死場》與蕭軍的小說《八月的鄉村》（兩者皆為一九三五年），在中央文壇登場。《生死場》是一本以女性的角度，描寫在東北鄉村裡過著痛苦、悲傷日子的人們，在滿洲國成立後，逐漸產生自己身為中國人自覺的情境，屬於東北流亡文學的代表作。一九三六年七月，蕭紅自費留學日本，同年十月在東京收到魯迅逝世的消息。在上海時，蕭紅幾乎每天都會拜訪魯迅住處，偶爾還會為了食欲不振的魯迅做些餃子之類的北方料理，這樣的她，就如同魯迅女兒一樣的存在；蕭紅在回憶錄《回憶魯迅先生》（一九四〇年）中，便是以充滿溫情的筆觸，描述著晚年的魯迅。在中日戰爭中的一九三八年，蕭紅與蕭軍於西安離別，和端木蕻良結婚，於一九四〇年前往香港宣傳抗日，最終在太平洋戰爭爆發後，於日軍進攻期間病逝，葬於淺水灣。二十一世紀後，中國接連上映了以蕭紅為主角的傳記式電影《蕭紅》（二〇一二年）與《黃金時代》（二〇一四年），掀起了一陣話題。兩者分別由《那山那人那狗》等電影的導演霍建起（一九五八年—）及香港著名女導演許鞍華（一九四七年—）執導，也曾在日本掀起話題。

內山完造

一八八五—一九五九年。內山書店店長。日本岡山縣後月郡人。完造生於芳井村的村長之家，在念四年高等小學校之後便輟學，後於京都、大阪的商家做了十數年店員後，於一九一三年受大學眼藥「參天堂」派遣至中國，在中國各地經營業務的過程中，對忍受糲食粗衣生活、重視苦力與信用的商人等中國人民產生了共鳴。曾是基督徒的完造，三年後在京都教會的牧野虎次牧師的建議下，與因為家庭原因而身陷祇園「苦界」的井上美喜子結婚。完造支持女性自立的經濟獨立論，於是他為了讓妻子經營副業，在上海北四川路的自宅底層，用啤酒箱搭設了簡樸的店鋪，開始販買基督教相關書籍，不久後也經營一般書籍。數年後，書店逐漸成長為上海第一的日文書書店。一九三〇年，完造也辭去了參天堂的工作，專心經營書店。急速成長的原因背後，有著日本企業進入上海、日本本國出現了「圓本熱潮」的出版盛況，以及書店不管對方是日本人、中國人還是朝鮮人，都願意讓其賒帳，徹底服務「書蟲」們的經營方針等。李人傑、郁達夫、田漢、郭沫若等曾留學日本的中國知識分子們，也都很捧場內山書店。一九二六年，在作家谷崎潤一郎〈上海交遊記〉中的介紹，使來自日本的文化人養成了將內山書店作為窗口，與中國的文化人交流的習性，這也讓書店被人取了「上海海關」的別稱。一九二七年十月五日，也就是魯迅抵達上海的第二天，他去了一次內山書店，從此就與完造全家人有了長期交流。在國共兩黨關係或中日戰爭的緊張氣氛下，只要魯迅感到有生命危機，就會到完造的家裡避難。來到上海拜訪魯迅的日本文化人，有金子光晴、武者小路實篤、橫光利一、林芙美子、野口米次郎、長與善郎等作家及詩人，也有長谷川如是閑、室伏高信等新聞工作者、評論家，或是塩谷溫、增田涉等中國文學家，甚至還包含了禪學大師鈴木大拙。這些「上海拜見魯迅」的活動，通通都是藉由完造進行的。一九三六年十月，因氣胸發作突然逝世的魯迅，他最後的文章，就是寫給完造，請他幫忙連絡日本主治醫師的日文紙條。[33]

武者小路實篤

一八八五—一九七六年。日本作家。在明治時代末期以白樺派領導者粉墨登場的實篤，在日本進入大正時期時，受到了第一次世界大戰與俄羅斯革命的衝擊，於是開始推動「新村」運動；以無血革命為目標、否定國家和私有財產的共同體建設運動，是戰前天皇制下的禁忌思想，因其可能從根本上撼動戰前日本逐漸向軍國主義收斂的近代國家原理。實篤擁有日本作家少見的豐富思想性與壯闊的文學觀，也是有可能繼承漱石文學的文學家。中國的知識分子對實篤的人類主義深有同感，例如魯迅的弟弟周作人，就親自到宮崎縣的新村拜訪實篤，更設立了新村北京支部。一九一九年十一月，周恩來聽了周作人在天津南開大學進行的演講「新村的精神」，幾年後回憶道：「他講的是關於『新村』的事，也提到武者小路實篤，講得非常有趣。」魯迅也於一九二〇年翻譯了實篤的反戰戲劇《某個青年的夢想》（一九一六年）

連載於《新青年》（中譯單行本發行於一九二二年）上，使實篤成為民國時期，在中國最受人所知的日本作家。一九三六年五月，實篤在前往歐洲巡遊的途中停靠上海，在內山書店與魯迅親切面談。但在太平洋戰爭爆發後，因執筆協助戰爭，刊行《大東亞戰爭私感》（一九四二年）等，導致戰敗後受到免除公職的處分[34]。至於他與周作人的交情，則是一直持續到了二戰結束後。

清水安三

一八九一－一九八八年。教育家。滋賀縣高島郡人。從縣立膳所中學畢業後，就讀同志社大學神學部，一九一七年自願到中國傳教，被日本組合教會派到奉天（今瀋陽）經營兒童遊樂園，不久後決定正式學習中文，並於一九一九年前往北京，在貧民區集中中國女孩，成立了可工作兼念書、俗稱崇貞學園的崇貞女子工讀學校。清水同時也是優秀的記者，曾為了賺取學校的營運資金兼職打工，在北京的日文雜誌和日本的新聞雜誌上寫了〈周三人〉（《讀賣新聞》一九二三年一月二十四至二十七日）介紹魯迅等五四時期文化人的報導。當俄羅斯盲人詩人愛羅先珂，從一九二二年二月到次年四月暫住在八道灣魯迅宅邸的時期，安三曾記下詩人以日語口述的〈時間爺爺〉（時のお爺さん）等童話故事。一九二四年開始在美國歐柏林大學神學院留學兩年後，他再次回到北京經營崇貞學園，但之後因日本戰敗，全部遭到沒收。一九四六年引渡回日本，當時只背著一個背包。回國兩個月後，創立櫻美林學園，並在東京町田建立了短大和大學[35]。清水在回憶錄《北京清譚》（一九七五年）中提到：「出現在魯迅日記中的日本人的名字裡，屬山本夫人最多，其次就是我的名字。」但從現存的日記中看來，只出現在一九二三年和一九二四年共三次，根本無法與歌人山本初枝的一二五次相比；又或者說，他的名字是頻繁出現在一九四一年十二月日本憲兵隊「佐佐木德正、奧田曹長」等人逮捕、審問許廣平時遺失的魯迅一九二二年的日記中吧。實際上，清水也在一九四一年七月被憲兵隊傳喚過一個月，或許是因為他曾在北京讀過在上海遺失的魯迅日記的緣故[36]。與魯迅關係密切的清水和完造有個有趣的共通點，那就是這兩人都是基督教徒。

芥川龍之介

一八九二—一九二七年。文學家。東京人。一九〇五年就讀東京府立第三中學校（今都立兩國高中）、一九一〇年就讀第一高等學校一部乙類（文科）、一九一三年就讀東京帝國大學文科大學英文系。入學東大的第二年，二月便與一高同屆的豐島與志雄、菊池寬、久米正雄等一同創辦第三次《新思潮》，五月該雜誌刊登了第一部小說〈老年〉，在一九一五年十一月的《帝國文學》刊登〈羅生門〉；一九一六年二月，於第四次《新思潮》中發表〈鼻子〉，後者獲得了夏目漱石的高度讚賞。同年七月，芥川自東大英文系畢業後，在橫須賀的海軍機關學校歷任過英文教官後，於一九一八年二月成為大阪每日新聞社社友，一九一九年二月向海軍機關學校提出離職書，次月開始專心寫作，成為大阪每日新聞的專職作家，該職不須每日出勤，只需不停供稿即可。一九二一年三月至七月，芥川作為該公司的特派員，到上海、長沙、洛陽等中國各地旅行，寫作《支那遊記》，並發表了短篇傑作〈湖南的扇子〉（湖南の扇，一九二六年）。一九二七年七月，芥川以「對未來感到某種漠然的不安」為動機自殺，接著馬克思主義及緊接其後的國粹主義進入日本，開啟了具排他性、不寬容的時代。在中國，魯迅、周作人兄弟很早就關注芥川，從一九一八年六月便開始購買《煙草與惡魔》、《傀儡師》、《鼻子》等作品集。芥川訪問北京時，魯迅則將〈鼻子〉、〈羅生門〉譯載在北京報紙《晨報》上，後來這兩部作品都收錄在了《現代日本小說集》（一九二三年）裡。據說，芥川在北京期間看到魯迅的翻譯後，曾說：「看到自己的心境被清晰呈現出來，我感到非常高興和驚訝。」芥川對魯迅的影響，可以在很多地方看到，例如魯迅描寫清末沒落文人的〈孔乙己〉，之於芥川回憶中學英語教師的〈毛利老師〉；魯迅描寫倦怠的城市知識分子在觸及平民的真心後，找回對人的信任和希望的〈一件小事〉，之於芥川的〈橘子〉等。《支那遊記》後也被譯成中文，魯迅看完後極力稱讚：「中國人……非常討厭被指出缺點，……只有像芥川這樣的誠懇的好友來刺激我們的腦袋才終於清醒過來。」不過巴金等人對此則是強烈反對。芥川自殺後，文藝雜誌《小說月報》為其製作了特輯（一九二七年九月號）；在二十一世紀的今天，芥川文學也持續發行新譯。一九九五年，《南京的基督》（南京の基督，一九二〇年）在香港和日本合作下，由區丁平導演拍成電影《南京的基督》（*The Christ of Nanjing*）。

佐藤春夫

一八九二—一九六四年。詩人、作家。日本和歌山縣新宮町人。出生於醫師家庭，家族代代祖先愛好漢學。一九一〇年縣立新宮中學校畢業後，進入慶應義塾大學文學系預科，向永井荷風學習。從一九〇九年開始，在《SUBARU》、《三田文學》中發表了抒情詩、概念詩。一九一八年，佐藤靠著收錄了〈田園的憂鬱〉的《病玫瑰》，在大正文壇上粉墨登場。後以一九二〇年至臺灣旅行為契機，在偵探小說風格的〈女誡扇綺譚〉（一九二五年）等作品中，講述了對日本殖民統治的批評與對臺灣民族主義的共鳴，並邀請田漢、郁達夫等中國留學生到家中，交情甚佳。此外，在魯迅與周作人共同於北京出版的《現代日本小說集》（一九二三年）中，則收錄了〈我的父親與父親的鶴的故事〉、〈黃昏之人〉、〈形影問答〉、〈雉子的炙肉〉四部佐藤的作品。

一九三一年，畢業於東京帝國大學支那文學科（今東京大學文學部中國語中國文學專修課程）的弟子增田涉前往上海時，佐藤向內山完造寫了一封介紹信，於是內山把增田介紹給魯迅。不久後，增田完成了〈魯迅傳〉，被這部作品打動的佐藤，與改造社社長山本實彥直接交涉，最終該作品刊載於一九三二年四月號的《改造》上。一九三五年，佐藤與增田共同翻譯出版了岩波文庫版的《魯迅選集》，銷量約十萬本，為魯迅文學在日本及日本殖民統治下的臺灣、韓國的傳播，做出了巨大的貢獻。在這個時期，佐藤為了讓身體欠佳的魯迅到日本療養而「奔走」，對此，魯迅也曾表示：「我真不知道該說什麼來表達謝意。」（內山宛日本語書簡，一九三二年四月十三日。）魯迅與好友鄭振鐸共同編輯、於一九三三年發行的《北平箋譜》，是復刻了明清時代以來北京的木刻浮水印箋紙集的限定書籍，現今位於新宮市的佐藤春夫紀念館內正藏有魯迅贈送的一本，展示著其文雅的姿態，該書的扉後寫著：「佐藤春夫先生　雅鑒

魯迅　一九三四年三月二十七日，上海。」

魯迅在日本明治、大正時期受到夏目漱石、森鷗外、芥川龍之介等人的影響，進入昭和時期後，則開始影響太宰治、松本清張、寺山修司、村上春樹等人，而佐藤是位於中間點，與魯迅有相互影響關係。

芥川龍之介自殺後，佐藤的傳統取向便開始增強，一九二九年發行了六朝至明清時期女詩人的翻譯詩集《車塵集》。中日戰爭開始後，他放棄了過往的自由主義，作為文學家海軍班的一員投入武漢作戰，出版提振士氣的戰爭詩集等，支持日本侵略中國；甚至發表了以郁達夫為模型、描寫中國文化人協助日本的劇本《亞細亞之子》（《日本評論》一九三八年三月號）。對此事感到憤怒的郁達夫，發表〈日本的娼婦與文士〉痛罵日本文士連下等娼婦都不如，與其斷絕師友關係。佐藤春夫後於一九四八年成為日本藝術院會員，一九六〇年榮獲文化勛章。

金子光晴

一八九五—一九七五年。詩人。出生於愛知縣海東郡越治村（今津島市）的大鹿家的三子，由於父親事業失敗，兩歲時便被建築業清水組支店長的金子莊太郎、須美夫婦收養。隨著父親被調到總店，他也在一九六〇年搬至東京銀座，向浮世繪畫師小林清親學習日本畫。曉星中學畢業後，一九一四年至一九一六年進入早稻田大學高等預科、東京美術學校日本畫科、慶應義塾大學文學部預科，但均退學。一九一九年發行第一本詩集《赤土之家》後赴歐。一九二三年，憑藉《金龜子》（コガネ虫）成為有名的象徵派詩人，次年與森三千代結婚。一九二五年，初次訪問上海，經谷崎潤一郎的介紹下認識內山完造。一九二八年三月再訪上海時，與內山一起在郁達夫的宴請下與魯迅結識。同年年底，他與三千代一起返回上海，為賺取前往巴黎的旅費，在上海停留了四個月。在這期間，時不時在內山書店與金子碰到面的魯迅，「總是帶著淺淺的微笑看著金子，表情彷彿在說『瞧你這浪人』一樣」，一方面魯迅還買了兩幅金子畫的浮世繪。在金子的自傳《詩人》和《骷髏杯》（ドクロ杯）中，則描寫了上海時期的魯迅未加修飾的樣貌。

林芙美子

一九〇三—一九五一年。小說家、詩人。山口縣下關市人。其前半生能以貧困和流浪來形容，其代表作《放浪記》是描寫二十歲左右時的青春流浪的私小說，一九三〇年七月由改造社刊行，售出五十萬冊，儼然成為當時的暢銷書。林芙美子靠其版稅（約三百日元，相當於當時新任公務員的四個月月薪）從哈爾濱、長春、奉天（今瀋陽）到大連、青島、上海、杭州、蘇州，獨自進行了縱貫中國南北的貧困旅行。同年九月，在上海受內山完造的引薦下，與魯迅共進晚餐。一九三一年，長期旅居巴黎的林芙美子搭上回國船隻，同年六月在上海停靠時，她再次拜訪魯迅。在〈魯迅追憶〉（收於《改造》一九三七年四月號，《大魯迅全集》廣告頁）中，林芙美子回憶當時的情景：「這也是我第一次見到他的孩子和年輕的妻子，也許是因為上海事件之後，魯迅先生顯得非常疲憊。但當我一提到巴里，他就瘋狂地追問起來。」魯迅在一九三三年十二月十五日的日記中，提到他在內山書店購買了林芙美子的新詩集《面影》；而在一九三四年一月二十七日寫給歌人山本初枝的的日文信中，也提到：「……感謝芙美子小姊的好意。如果您下次遇見她，請幫我捎個口信。我前幾天看了《面影》，還想去看看妳的房間，可是現在去日本的話可能過於打擾了吧。雖然我對穿著角袖賞花也特別有興趣，但另一方面還是感覺有些彆扭。所以目前還沒有下定去日本旅行的決心。」或許，魯迅對林芙美子的才能，以及她對中日兩國底層社會的熱愛，有著深刻的共鳴。

室伏克拉拉

一九一八—一九四八年。現代中國文學翻譯家。評論家室伏高信（一八九二—一九七〇年）的長女，克拉拉八歲時，因父親離家出走，只能由母親撫養她和兩個妹妹長大。雖然考入東京女子大學，但一個學期後便退學。在父親的建議下，於一九三八年春天在東京神田的學校學習中文，並翻譯了謝冰瑩（一九〇六—二〇〇〇年）的《一個女兵的自傳》（一九三六年）。一九四〇年十月，她在父親熟人的幫助下前往中國，在日文雜誌社從事翻譯同時代中國文學的工作，其成果之一便是張愛玲的散文〈燼餘錄〉。在日本戰敗後，克拉拉仍留在上海進行中日文化交流工作，最終客死他鄉，病逝上海。在戰時的一九四五年前往上海、戰後的一九四七年回國並成為作家的堀田善衛（一九一八—一九九八年），以魯迅書迷的身分，敘述了克拉拉的形象；在最後，他說：「一九四八年早春，克拉拉因神經衰弱，死得和自殺別無二致，就這麼客死上海。」二次大戰後，與克拉拉一起成為國民黨的對日文化工作委員會委員的武田泰淳，其短篇小說〈聖女俠女〉的主角叫做瑪麗亞，不論對象是日本人還是中國人，皆輕佻地反覆戀愛；而這位主角的原型，或許就參考了室伏克拉拉。一九四六年七月十日，克拉拉向與魯迅、周作人並列的近代中國大知識分子胡適寫信；在信中，她以十分流暢的中文寫道：「（我）直到民國二十九年秋天才踏上貴國的土地……不是曾經夢寐以求的國家，而是貴國口中的淪陷區。在這裡，我連夢想的碎片都找不到了。不知不覺過了六年，祖國遭遇了戰敗。說起來，我們祖國的慘敗，是不可避免的結果。祖國的戰敗給所有國民帶來了巨大的痛苦，身為日本人的我也不例外，但是另一方面，對於我們的祖國得以避免變成更極端的軍國主義國家，我也不得不感到欣慰。」要是克拉拉在二次大戰後也持續活躍在翻譯工作上，日本對現代中國文學的接受度，或許也將更廣、更深。

增田涉

一九〇三—一九七七年。中國文學研究家。日本島根縣八束郡惠曇村（今松江市）人，是眼科醫生的長子。自舊制松江中學畢業，一九二三年進入松江高校後，在此開始涉足中國文學，並從上海帶回古典小說開始閱讀。據說他曾向芥川龍之介寫信，推測其中國題材的小說〈秋山圖〉（一九二一年）的藍本，並詢問〈奇遇〉（一九二一年）的參考來源，結果收到芥川的長篇回信而感動不已。一九二六年，就讀東京帝國大學文學部支那文學科，拜佐藤春夫為師，協助翻譯中國古典小說。畢業兩年後的一九三一年三月，他帶著佐藤給內山完造的介紹信前往上海，並打算在那停留一個月左右，之後他在內山書店結識了魯迅，在對《朝花夕拾》、《野草》的內容提問的過程中，最終直到年底，他每天都會前往魯迅的公寓，在那接受三小時的《中國小說史略》個人課程。被魯迅「強烈的人格所打動」的增田，希望「將現在中國有這樣的一個人，和有這種人出現的中國的真實面，一起向日本報告」。寫完約一百頁左右的〈魯迅傳〉後，他將其寄給了佐藤；而佐藤則感動道：「我馬上看了一回〈魯迅傳〉，覺得非常有意思，應該說它非但有趣，還能讓我感受到魯迅先生的偉大。」後為將其刊登於《改造》一九三二年四月號而盡心盡力。此後，增田又翻譯了魯迅的作品，岩波文庫版的《魯迅選集》（與佐藤共譯，一九三五年）、《支那小說史》

（一九三五年）、《大魯迅全集》（一九三七年）等的出版，使他成為魯迅在日本的優秀宣傳人。一九三九年後，增田在興亞院、外務省工作，一九四九年任島根大學文理學部教授，一九五三年任大阪市立大學文學部教授，是位相當活躍的中國文學研究者。同時，他也作為魯迅的弟子，留下在研究魯迅上相當重要的證詞與資料，例如《魯迅的印象》（一九四八年）、《魯迅與增田涉師弟答問集》（一九八六年）等。此外，關西大學圖書館增田涉文庫內藏有魯迅的第一、第二創作集，即《吶喊》與《彷徨》（均為一九三〇年增印版）；裡頭幾乎每頁都有滿滿的注釋，這些注釋主要以日文寫成，且被認為是魯迅與增田所寫[37]。

李陸史

一九〇四—一九四四年。朝鮮詩人、獨立運動人士。以其代表作的稱號「青葡萄詩人」、「曠野詩人」聞名於世。李陸史出生於慶尚北道安東，其家族世代眾多科舉文科合格者輩出，是個傳統的書香門第。他一九二三年赴日，在日本大學就讀一年左右。一九二五年左右加入抗日恐怖組織「義烈團」，並於一九二七年因朝鮮銀行大邱分行的爆破事件而連坐入獄，據說其「李陸史」的筆名，就是由當時的囚犯號碼二六四的韓文發音而來。一九二九年出獄後前往中國，一九三二年進入在國民政府的協助下，於南京郊外成立並由義烈團經營的朝鮮革命軍事政治幹部學校，攻讀經濟學、唯物史觀、三民主義、各國革命史等；一九三三年成為該校第一屆畢業生，回國後發表諸多歌頌抵抗精神的抒情名作。一九四三年春，李陸史因在北京從事民族運動遭北京日本特高警察盯上而逃離該地，四月潛回朝鮮後遭逮捕，移送駐北京日本總領事館，最終於領事館監獄內遭殺害。李陸史於一九三六年十月在《朝鮮日報》上連載〈魯迅追悼文〉，強調魯迅在民族改良上的堅定信念，認為對魯迅來說，藝術是政治的先驅。一九三三年六月，中國民權保障同盟領導人楊杏佛（一八九三—一九三三年）遭到國民黨暗殺，李陸史及魯迅在他的喪禮會場上相遇，一段觸動人心的場面，造就了這份追悼文的出現。「R先生和我乘坐的車輛開到了萬國殯儀館前。在結束簡單的焚香和禮拜，準備回家時，我看見了宋慶齡女士和兩名年輕女隨從一起走來，以及一位身穿灰色周衣和黑馬褂的中年男子，正抱著被鮮花包裹的靈柩痛哭。我忽然察覺到這人就是魯迅。旁邊的R先生也認出他是魯迅，十分鐘後便向我介紹了他。當時，R先生向魯迅介紹我是朝鮮青年，以及我非常想和他見一次面的願望，但因為站在外國前輩面前，加上喪禮會場也不太合適，我顯得非常拘謹，不過魯迅聽完後，還是握住了我的手。當時，他是個無比親切的朋友。」[38]

泰戈爾

一八六一—一九四一年。孟加拉文學家。出生於印度西孟加拉邦加爾各答（今加爾各答），父親是宗教家，兄弟親戚中也有很多藝術家與思想家。泰戈爾在學習印度古典文學後，到英國留學，一九〇五年成為孟加拉反英抗爭的領導人之一，但最終因對運動失望，退出了政治舞臺。一九一三年，憑藉英譯詩集《吉檀迦利》獲得諾貝爾文學獎。一九二四年四月訪問中國前後，中國文藝界掀起一波歡迎熱潮，《小說月報》用了兩期編成〈泰戈爾特輯　上、下〉，文學研究會也翻譯出版了其作品《新月》、《吉檀迦利》等。作為招聘發起人之一、擔任泰戈爾在中國期間的導遊兼口譯的徐志摩，表示泰戈爾的文學，不僅是思想、哲學，他充滿和諧的人格，也給了我們無法估量的安慰、愛與同情心；徐志摩自己也戴起印度帽、把住家的一個房間換成了地毯搭靠枕的印度樣式。然而另一方面，郭沫若批判泰戈爾提倡的世界和平，不過是有產階級的護身符，對無產階級來說只是種枷鎖；聞一多、梁實秋則從國家主義、愛國主義立場，批判不正視印度亡國事實的泰戈爾。魯迅曾在〈中國地質略論〉（一九〇三年，收錄於《集外集拾遺補編》）中唏噓到印度亡國後，地圖被陳列在倫敦的書店前的景況。由這段文字可得知魯迅對印度的印象。魯迅在翻譯以印度「撒提」（sati，寡婦在丈夫過世後自焚殉情的習俗）為題材的愛羅先珂童話〈狹的籠〉時，就在〈譯者附記〉（收錄於一九二一年《譯文序跋集》）中寫道：「這一篇是用了血和淚所寫的。單就印度而言，他們並不戚戚於自己不努力於人的生活，卻憤憤於被人禁了『撒提』，所以即使並無敵人，也仍然是籠中的『下流的奴隸』。廣大哉詩人的眼淚，我愛這攻擊別國的『撒提』之幼稚的俄國盲人埃羅先珂，實在遠過於讚美本國的『撒提』受過諾貝爾獎金的印度詩聖泰戈爾；我詛咒美而有毒的曼陀羅華。」（《魯迅全集》一二，學習研究社，一九八五年）。儘管如此，他還是參加了一九二四年五月、由新月社舉辦的泰戈爾生日慶祝會，但似乎也對徐志摩等人對泰戈爾視若神仙的應對感到失望。他在〈青年必讀書〉（一九二五年，收錄於《華蓋集》）中寫道少讀中國書，多讀外國書，但除了印度。或許也是出自對徐志摩在接受泰戈爾的方式上的一種批判。或許對於提出極度的國民性批判論的魯迅來說，泰戈爾站在貴族地位、立足於孟加拉及印度傳統文化觀點，去批判帝國主義和工業化社會等近代主義的行為，會難免感到不協調吧。

愛羅先珂

一八九〇——一九五二年。俄羅斯詩人、童話作家。愛羅先珂出生於南俄羅斯的富農家庭，四歲時失明，在莫斯科盲人學校、倫敦皇家國立盲人學校就讀後，一九一四年為了學習中醫針灸學，隻身前往日本。不久後精通日文，兩年後開始用日文口述創作童話。他在泰國和印度自一九一六年起流浪了三年，後因有布爾什維克派的嫌疑，被英國印度政府驅逐出境。回到日本後，在左派的演講會上宣揚人類解放。日本政府擔心詩人會成爲社會主義的國際連鎖及大眾運動的導火線，故於一九二一年六月以「有危害帝國之安寧秩序之虞」為由將之驅逐出境。他被從敦賀遣返回海參崴，但因俄羅斯革命後的內戰，未能返回莫斯科。抵達上海後，在魯迅、周作人兄弟的幫助下，愛羅先珂被北京大學聘為世界語講師，自一九二二年二月開始，在魯迅位於北京的宅邸生活了一年餘。

抵達北京後，愛羅先珂的演講吸引了數千名聽眾，大學的大講堂甚至無立錐之地，但他卻讓共產黨派的學生、知識分子們期待落空，批評布爾什維克派的俄羅斯革命是專制主義，特別是告發了其政權對知識階級的肅清作為，於是在上任幾個月後，進修世界語、文學課程的學生遂急劇減少，有些班級更只剩三名學生。被孤立的愛羅先珂便從「解放的預言者」沒落，留下思想轉向宣言風格的童話後，於一九二三年四月前往莫斯科。

魯迅自日語原著翻譯、發行了《愛羅先珂童話集》（一九二二年）、《桃色的雲》（一九二三年），並在小品〈鴨的喜劇〉（一九二二年）中寫道：「俄國的盲詩人愛羅先珂君帶了他那六弦琴到北京之後不久，便向我訴苦說：『寂寞呀，寂寞呀，在沙漠上似的寂寞呀！』這應該是真實的，但在我卻未曾感得……

只以為很是嚷嚷罷了。然而我之所謂嚷嚷，或者也就是他之所謂寂寞罷。」在文學革命之際發表〈狂人日記〉並高聲「吶喊」，處於共和國論述中心的魯迅，也對布爾什維克派主導的革命方向感到不安，是故從日本留學以來的浪漫派詩人形象，便開始崩潰。愛羅先珂所喊的「在沙漠上似的寂寞」，最終便以寂寞和悲哀，逐漸形成了魯迅描繪自己半生的〈《吶喊》自序〉（一九二二年）。當時，廣島的舊制中學學生米田剛三（一九〇六—一九九九年）在看完日本發行的愛羅先珂童話集《黎明前之歌》後被深深打動，於是前往北京去見愛羅先珂。在受清水安三牧師的照顧後，他在魯迅宅邸與愛羅先珂一起生活，並擔任其助手。中學退學後，他移民到美國，改名爲卡爾．約內達，作爲美國共產黨員活躍在太平洋戰爭期間，自願加入美軍，在緬甸收集日軍情報，並把當時收集到寫給日本兵的信返還給發信者之女的經過及其後的故事出版為《緬甸之花——來自戰場父親的信》（福田惠子著，一九八八年）。

愛德加．史諾

一九〇五—一九七二年。美國專精中國的新聞工作者。史諾出生於密蘇里州堪薩斯城，畢業於密蘇里大學哥倫比亞分校新聞系後，前往紐約，以在華爾街賺取的小額收入為資金，於一九二八年環遊世界，途經夏威夷，順道來到上海。他拿著恩師的介紹信，拜訪了公共租界的英文週刊雜誌總編輯，結果卻突然陷入需協助製作特輯〈新中國〉的窘境。雖然他當時想以「我對中國一無所知」為理由拒絕，但不久後，他認為這個飽受貧困和戰亂折磨的巨大國土，對世界現代史將具有重大的意義，堅信「中國正逐漸成為我們這代的『偉大故事』」。於是原先在中國停留六週的計畫，最終延長到了十三年。

在報導了一九二九年的西北部大饑荒後，史諾先後報導了一九三一年的九一八事變、次年的一二八事變，和接連的日本侵略，在歐美成為有名的移動特派員。另外，他還受到孫文的夫人宋慶齡、文豪魯迅等可謂中國良心的知識分子知遇，翻譯刊行現代中國文學選集《活的中國》（一九三六年），致力向歐美介紹中國文化界。

一位名叫海倫·福斯特（Helen Foster，一九〇五—一九九七年）的女性，是在大報《紐約先驅論壇報》等媒體上閱讀史諾報導的讀者之一。後來她遠赴上海，與史諾本人見面並結婚，之後以尼姆·威爾斯（Nym Wales）的筆名，寫下許多中國相關報導。

史諾堅信，日本的侵略將引起中國人的強烈抵抗，美國也必然會捲入這場戰爭，但戰勝日本後，掌權的不是國民黨，而是共產黨；而要了解紅色中國，唯一方法就是前往邊區延安附近的中共蘇維埃區。於是史諾於一九三六年七月，對被國民黨軍包圍的蘇維埃區進行了三個月的採訪，撰寫了《紅星照耀中國》（*Red Star Over China*，一九三七年），向全世界展示了共產主義革命的理念和現況。次年，海倫也成功進入成為新首都的延安，完成著作《紅色中國內幕》（*Inside Red China*，一九三九年）。

成為亞洲現代史優秀證人的史諾夫婦，其信奉的是以美國民主主義與民族自決來建設民族國家的原則。對於實地報導，史諾有著他的一套哲學：「被編織進『歷史』的相對真相，取決於身為作者的記者，是否以自己的知識及經驗，彌補了與生俱來的絕對無知。決定那部作品作為歷史來說，是相對的真實或虛假，則取決於作者人際關係的豐富或貧乏。」（松岡洋子譯，《エドガー・スノー著作集　第4卷　目ざめへの旅》，筑摩書房，一九七三年）

直至現代，史諾仍發揮著其影響力。例如村上春樹最早的短篇小說〈開往中國的慢船〉（一九八〇年），書中的敘事者說：「我看過很多有關中國的書。從《史記》到《紅星照耀中國》。即使如此，我的中國還是為了我的中國。或者是我自己。」此外，將史諾作為主角的二〇一九年中國電影《紅星照耀中國》（導演王冀邢），也描繪了從蘇維埃區返回上海的他，在記者俱樂部演講該處實現了自由、民主、平等的場面。

注釋

1. Cole, James H., *Shaohsing: Competition and Cooperation in Nineteenth-Century China*, Tucson: University of Arizona Press, 1986.
2. 北岡正子，《魯迅 日本という異文化のなかで——弘文学院入学から「退学」事件まで（魯迅在異文化日本中——弘文學院入學至「退學」事件）》，關西大學出版部，二〇〇一年。
3. 東京百年史編集委員會編，《東京百年史　第四巻　大都市への成長（大正期）（東京百年史　第四巻　大都市成長期（大正期））》，東京都，一九七二年。
4. 永嶺重敏，《雑誌と読者の近代（雜誌與讀者的近代）》，日本エディタースクール（Japan Editors School）出版部，一九九七年。
5. 魯迅著，藤井省三譯，《故郷／阿Q正傳》，光文社古典新譯文庫，二〇〇九年。以下引用同書之處將省略注釋。
6. 周遐壽（周作人）著，松枝茂夫、今村與志雄譯，〈第三部　東京における魯迅（第三部　魯迅在東京）〉中〈十五

日常生活〉、〈二十六　画譜〉，《魯迅の故家（魯迅的故家）》，筑摩書房，一九五五年。

7. 增田涉，《魯迅の印象（魯迅的印象）》，角川書店，一九七〇年。

8. 藤井省三，《魯迅——「故鄉」の風景（魯迅——「故鄉」的風景）》，平凡社，一九八六年。藤井省三，《中國語圈文學史》，東京大學出版會，二〇一一年。

9. 藤井省三，《魯迅「故鄉」の読書史——近代中国の文学空間（魯迅「故鄉」的讀書史——近代中國的文學空間）》，創文社，一九九七年。

10. 內山嘉吉、奈良和夫，《魯迅と木刻（魯迅與木刻）》，研文出版，一九八一年。

11. 藤井省三，《エロシェンコの都市物語——一九二〇年代　東京・上海・北京（愛羅先珂的都市物語——一九二〇年代東京・上海・北京）》，みすず書房，一九八九年。

12. 藤井省三，《現代中国の輪郭（現在中國的輪廓）》，自由國民社，一九九三年。

13. 藤井省三，〈芥川龍之介と魯迅 2——「さまよえるユダヤ人」伝説および芥川龍之介の死（芥川龍之介與魯迅 2——「徬徨的猶太人」傳說與芥川龍之介之死）〉，《魯迅と日本文学——漱石・鷗外から清張・春樹まで（魯迅與日本文學——漱石・鷗外至清張・春樹）》，東京大學出版會，二〇一五年。

14. 藤井省三，同前注，一九九三年。

15. 吳雅純編，《廈門大觀》，新綠書店，一九四七年。

16. 陳代光，《廣州城市發展史》，暨南大學出版社，一九九六年。

17. 劉惠吾主編，《上海近代史》下，華東師範大學出版社，一九八五年。

18. 多賀秋五郎，《近代中國教育史資料　民國編　中》，日本學術振興會，一九七四年。

19. 鈴木將久，〈メディア空間上海——《子夜》を読むこと（媒體空間上海——讀《子夜》）〉，《東洋文化》七四，一九九四年。

20. 清朝藉由英、德的借款，於天津與南京浦口間建設之鐵道，全長一〇〇九公里，於一九一二年開通。

21. 張愛玲著，藤井省三譯，《傾城の恋／封鎖（傾城之戀／封鎖）》，光文社古典新譯文庫，二〇一八年。以下引用同書之處將省略注釋。

22. 邵迎建，《伝奇文学と流言人生——一九四〇年代上海・張愛玲の文学（傳奇文學與流言人生——一九四〇年代上海・張愛玲的文學）》，御茶の水書房，二〇〇二年。

23. 原題〈燼餘錄〉，刊載於《天地》一九四四年二月號。

24. 高見順，《高見順日記》二之下，勁草書房，一九六六年。

25. 劉惠吾，同前注。

26. 有關張愛玲、魯迅、蕭伯納、莫泊桑之間的影響關係，請參照藤井省三的《魯迅と世界文学（魯迅與世界文學）》（東方書店，二〇二〇年）。

27. 小川利康，《叛徒と隠士　周作人の一九二〇年代（叛徒與隱士　周作人的一九二〇年代）》，平凡社，二〇一九年。

28. 周作人著，木山英雄譯，《日本文化を語る（談日本文化）》，筑摩書房，一九七三年。劉岸偉，《東洋人の悲哀——周作人と日本（東洋人的悲哀——周作人與日本）》，河出書房新社，一九九一年。于耀明，《周作人と日本近代文学（周作人與日本近代文學）》，翰林書房，二〇〇一年。

29. 董炳月，《新しき村から「大東亜戰争」へ——周作人と武者小路実篤との比較研究（從新村主義到「大東亞戰争——周作人與武者小路實篤的比較研究」）》，東京大學大學院社會系研究科博士論文，一九九八年。

30. 佐藤公彦，《陳独秀　その思想と生涯　1879-1942——胡適序言・陳独秀遺著〈陳独秀の最後の見解（論文と書信）〉を読む（陳獨秀　其思想與生涯　1879-1942——讀胡適序言・陳獨秀遺著〈陳獨秀的最後見解（論文與書信）〉）》，集廣舍，二〇一九年。長堀祐造，《陳獨秀》，山川出版社，二〇一五年。

31. 小島久代，《沈從文——人と作品（沈從文——其人與作品）》，汲古書院，一九九七年。沈從文著，小島久代譯，《辺境から訪れる愛の物語——沈從文小說選（來訪自邊境的愛之物語——沈從文小說選）》，勉誠出版，二〇一三年。

32. 鈴木正夫，《郁達夫——悲劇の時代作家（郁達夫——悲劇的時代作家）》，研文出版，一九九四年。鈴木正夫，《スマトラの郁達夫——太平洋戦争と中国作家（蘇門答臘的郁達夫——太平洋戰爭與中國作家）》，東方書店，一九九五年。

33. 內山完造，《魯迅の思い出（魯迅的回憶）》，社會思想社，一九七九年。小澤正元，《內山完造伝——日中友好につくした偉大な庶民（內山完造傳——盡力日中友好的偉大庶民）》，番町書房，一九七二年。

34. 藤井省三，同前注，一九八六年。

35. 清水安三，《石ころの生涯——崇貞・桜美林物語（小石子的生涯——崇貞・櫻美林物語）》，キリスト新聞社，一九七七年。

36. 藤井省三，《中国文学この百年（中國文學的百年）》，新潮社，一九九一年。

37. 鹿島町立歴史民俗資料館1990年特別展圖錄，《海を越えた友情——増田渉と魯迅（越洋的友情——増田涉與魯迅）》，鹿島町立歴史民俗資料館，一九九〇年。

38. 金學鉉，〈曠野の詩人・李陸史——朝鮮文学と魯迅（曠野的詩人・李陸史——朝鮮文學與魯迅）〉，《文學》四四—四，一九七六年。任明信，《韓国近代精神史における魯迅——「阿Q正伝」の韓国的受容（韓國近代精神史中的魯迅——「阿Q正傳」在韓國的受容）》，東京大學大學院人文社會系研究科博士論文，二〇〇一年。

參考文獻

芥川龍之介，《芥川龍之介全集》全二四卷，岩波書店，一九九五—一九九八年

鷺只雄編著，《年表作家讀本　芥川龍之介》，河出書房新社，一九九二年

佐藤春夫，《定本　佐藤春夫全集》全三六卷、別卷二，臨川書店，一九九八—二〇〇一年

張愛玲著，藤井省三譯，《傾城の恋／封鎖（傾城之戀／封鎖）》，光文社古典新譯文庫，二〇一八年

藤井省三，《魯迅事典》，三省堂，二〇〇二年

藤井省三，《中國語圈文學史》，東京大學出版會，二〇一一年

藤井省三，《魯迅——東アジアを生きる文学（魯迅——生在東亞的文學）》，岩波新書，二〇一一年

魯迅著，藤井省三譯，《故鄉／阿Q正傳》，光文社古典新譯文庫，二〇〇九年

《岩波　世界人名大辭典》全二卷，岩波書店，二〇一三年

Chang, Eileen, *Love in a fallen city*, translated by Karen S. Kingsbury and Eileen Chang, New York: New York Review Books, 2007.

第五章
殖民統治與臺灣自治

許雪姬

前　言

林獻堂在其一生中經歷過三個政府的統治。十五歲（一八九五年）以前是大清帝國，十五歲到六十五歲（一八九五—一九四五年）是日本帝國，六十五歲（一九四五年）以後，則是中華民國政府（中國國民黨政權）。

在日本帝國統治後期（自一九三六年武官總督的再設立至一九四五年日本戰敗），全臺灣都處於臺灣總督府的嚴格統治下，為履行日本臣民的義務，協助了戰爭的推進。在這情況下，臺灣總督府一方面對像林獻堂一樣的臺灣士紳進行嚴密監視，一方面又為了拉攏他們，採取了各種手段。

在日治時期，林獻堂作為臺灣人的領導人，從臺灣總督府手中爭取自治權，並採取取消差別待遇的立場，但進入日治統治後期，林獻堂又擔任了臺灣總督府評議員、皇民奉公會中央本部參與（顧問）[1]、貴族院議員等職務。面對這種立場的兩面性，林獻堂究竟打算如何將其揉合？

無論如何，由於這些職務及協助日本的關係，使林獻堂無法面對中華民國這個新「祖國」，直到一九四九年九月躲到日本後，才第一次能享受平靜的晚年。那麼，為何林獻堂要選擇流亡日本的道路呢？

在日本無條件投降後，中國被委託接收臺灣。一九四五年十月二十五日，臺灣省行政長官陳儀正式接受前臺灣總督安藤利吉的降書，宣布臺灣「光復」。與中國大陸各省省長採用的委員制不同，臺灣省由行政長官兼任參謀總長，掌握行政、立法、軍事權，因此當時被臺灣人稱為「新總督」。

一九四六年二月，陳儀政府首先開始檢舉和逮捕漢奸，並命令剝奪在日治時期擔任皇民奉公會要職的人一年至五年的公民權。以政治面來看林獻堂的立場，「親日協助者」的標籤已經難以撕除，故他的心中肯定不踏實。而要想克服這種困難，就只能等待國民政府儘快公布憲法、實現自治，讓臺灣人治理臺灣。正因如此，林獻堂在當選臺灣省參議員後，是抱著「只能由自己出馬」的決心參加議長競選，但最終還是被勸退。接著再從經濟面來說，由於政府實施了對大戶（大地主、富農）來說相當吃虧的「收購大戶餘糧」和「三七五減租」等政策，使得林獻堂的經濟狀況大幅惡化。再加上一九四七年的二二八事件，在政府壓倒性鎮壓下，同志、友人當中有許多人死於非命，使他完全對國民政府失去信任。因為在中國國民黨的統治下，只能說早已「有志難伸」。

一九四九年九月，林獻堂擔心中共軍隊越過臺灣海峽入侵臺灣，遂以治病名義赴日，離開了局面不穩的臺灣。後來，隨著韓戰（一九五〇年六月—一九五三年七月）結束，臺灣一度平靜下來，但卻迎來了白色恐怖的時代。林獻堂害怕此時回到臺灣，無異成為「籠中之雞」，於是就如古人所云：「危邦不入，亂邦不居。」（《論語．泰伯》）他最終選擇了日本作為最後的棲身之所。

林獻堂（一八八一—一九五六年）

一、日治時期以前的生涯（一八八一—一八九五年）

家庭背景與知識背景

霧峰林家來臺開拓的第一代林石（比林獻堂早五代），於一七五四年自福建省漳州（今福建省漳州市）來臺定居。他以土地開墾為業，住在大里（今臺中市大里區），但後來因林爽文事件（一七八六年底發生在臺灣中部的最大民變）連坐入獄，失去了農地。

事件發生後，林石的長媳黃端娘帶著兩個兒子和女佣移居到阿罩霧（今臺中市霧峰區）。黃端娘的長子林瓊瑤（一七八〇—一八三〇年）之後再次回到大里，次子林甲寅（一七八二—一八三八年）則留在霧峰，其後代即是後來的「霧峰林家」。

林甲寅起初以販售豬肉維生，後來開墾農地，透過生產木炭致富，並生下了三個男孩、收養一養

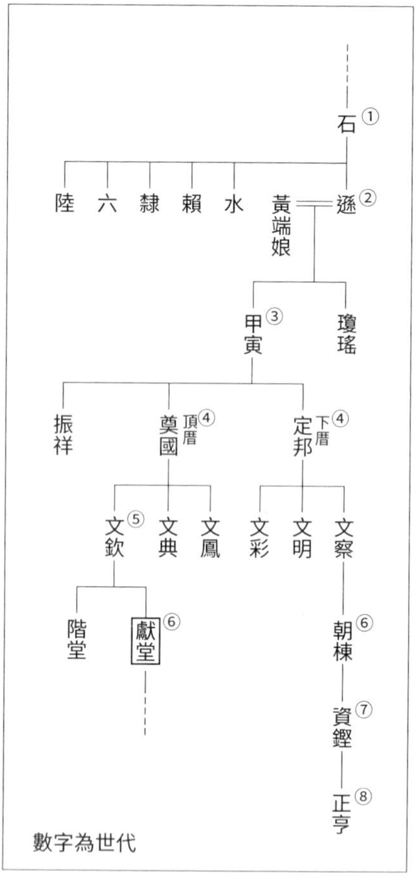

霧峰林家的家譜

子。長子林定邦（一八〇八—一八五〇年）及次子林奠國（一八一四—一八八〇年，林獻堂的祖父）分別住在霧峰下厝與頂厝。林定邦後來雖然成了「聯莊」的總理，但有次為了說服挾持人質勒索贖金的惡劣豪族，卻反而遭到殺害。

林定邦的長子林文察（一八二八—一八六四年）後來逮到殺害父親的犯人，並將其帶到父親墓前進行報復。然而此舉因違反了國法，地方官命令其立功贖罪。此後，他在福建省至浙江省一帶轉戰、連勝，晉升為福建陸路提督（從一品武官）。在多場戰役中，亦有叔父林奠國隨姪子征戰，巧妙管理軍營，締造卓越功績。

一八六二年，臺灣中部爆發了清代臺灣第二大民變「戴潮春事件」。霧峰林家遭亂軍勢力包圍，林奠國的長子林文鳳（一八四〇—一八八二年）雖過程艱苦，仍成功守住據點。而在福建省的林文察，則首先將親弟林文明（一八三三—一八七〇年）遣回霧峰，鞏固防禦。接著他回到臺灣，接到平定叛亂的敕令，但不久便傳出太平天國軍[2]進入福建省的消息，於是林文察再次接到敕令，出發剿滅叛亂。然而，他帶來的臺勇[3]們拒絕再次出征，於是他臨時召集僱傭兵，渡海朝福建省前進。然而，太平天國軍卻比援軍早一步抵達福建，林文察慌忙應戰，最終於漳州的東門戰敗陣亡。

收到姪子陣亡消息的林奠國，首先將軍隊撤至福建省城福州，並向地方官申請軍費以作為臺勇的退役歸鄉費用。然而地方政府不予承認，反倒索要了五萬兩的賄賂。簡樸節儉的林奠國拒絕了這一要求，最終在福州滯留了十七年，並在此處逝世。

林獻堂之父林文欽（一八五四－一八九九）是林奠國的第三子，經營樟腦生產，在農業獲得大量財富。除了農業和商業外，他也致力於科舉。一八九三年，林文欽通過鄉試成為舉人，霧峰林家頂厝獲得從有權有勢的地方豪族，轉型為文治型士紳的契機。舉人的長子林獻堂，則接受作為一族的下任之長的教育，訓練其領導能力。

一八八七年，七歲的林獻堂進入了家塾蓉鏡齋，開始念書。他在此處學寫字、寫對句、吟詩、背四書五經、寫八股文，走上科舉合格之路。但就在一八九五年，十五歲的他到了參加童試的階段時，正巧爆發日本侵臺（甲午戰爭）。父親林文欽陪同六十三歲的祖母留在臺灣，同時命令林獻堂帶領一族四十餘人逃往泉州（今福建省泉州市）。對於林獻堂來說，這是對其領導能力的一次考驗。次年一八九六年，待臺灣的混亂平息後，再次回到霧峰。

在一八九七年五月八日的「住民去就決定日」後，林家及留在臺灣的大部分臺灣人的國籍被變更為日本籍。從此臺灣成為日本的「外地」，臺灣人被稱為「本島人」，從臺灣渡海至中國、南洋的人，則稱為「臺灣籍民」[4]。

二、投身公、農、商及政治運動（一八九五—一九三七年）

投身公務

日治時期始於林獻堂十五歲時。為適應新時代，他進入國語傳習所學習日文，而非為了和日本人打交道而急於學習日文。這也造成此後林獻堂在與臺灣總督府交流時都必須有人翻譯[5]。

一八九九年秋天，其父林文欽在香港經營樟腦生意，治療痔瘡時客死他鄉，由林獻堂繼承家業。一九〇二年，林獻堂二十二歲時被任命為霧峰庄長，次年辭職，但一九〇四年被再度任命。一九〇九年被任命為霧峰區長，一九一一年就任臺中廳參事。在其六十歲時的詩作〈述懷〉中，他謙虛表示「勉盡桑梓責，終非能適任，六年解韁靮」[6]。

經營農業與商業

林獻堂繼承了父親的事業，除了土地經營外，還投資了各種新興產業。一九〇五年，他就任臺灣製麻株式會社（位於臺中豐原）董事，一九一二年上任社長，並直到一九四二年辭職為止。

一九一一年，林獻堂被任命為彰化銀行監查役，一九三五年任董事。由於《大租權整理條例》公布後，臺灣的大租戶被廢除。為了補償其損失，於是政府在一九〇五年成立彰化銀行，其最初設立目的就是為了發行公債補償臺灣大租戶的損失。[7]

林獻堂第三個重要事業是大東信託株式會社。大東信託株式會社由林獻堂及臺灣中部地區地主投資組成，於一九二七年初開始營業。林獻堂就任社長，美國留學碩士陳炘負責經營。後因臺灣總督府認定大東信託株式會社支持民族運動，對其施加政治壓力，故創業以來便生意慘澹，直到一九三二年才好轉。一九四四年八月，信託法頒布，臺灣總督府合併臺灣人經營的三家信託公司，並加上臺灣銀行股份，成立「臺灣信託株式會社」，其一切經營權由政府掌握。

林獻堂的主要經濟基礎中，大部分由地租和銷售農產品所得構成。根據祕書葉榮鐘的估算，林獻堂的年收入約為五萬日元，家庭的必要經費及稅金合計約是二萬日元，最後再從剩下的三萬日元中拿出一萬日元作為政治獻金。

此外，林獻堂的支持對象，有使用堂弟林澄堂（一八八二—一九二九年）的部分遺產建立的大安會社、在堂兄林紀堂（一八七四—一九二二年）去世後，使用其夫人的資助來建立的蘭生慈善會，以及頂厝的景山公祭祀公業，這些工作都由林獻堂負責管理。由此獲得的營業收入，也同樣成了林獻堂在開展社會、文化事業上的重要經濟基礎[8]。

臺灣民族運動的開展

從林獻堂等右派地主階級領導的「民族運動」中可以看出，這是具有民族性的非武裝抗日運動。從今天臺灣人的觀點來看，這是「民主運動」的最初潮流，同時也是爭取民權的民主化運動的第一步。

矢內原忠雄（一八九三—一九六一年）將臺中中學的創立，視為臺灣民族運動萌芽的起點。在一九一五年以前的日本統治初期，創立國語傳習所只是想讓「新附之民」迅速掌握日語。一九〇〇年，雖開始為臺灣學童設立公學校，但它並非由政府出資創立，而是由各地方的街、庄、社獨自籌備用於校舍與經費的資金後，再向政府申請設立，而政府只承擔教師的薪資及交通費。然而，即使畢業於公學校，也沒有可讓臺灣子弟能繼續升學的中學。

為此，霧峰林家的林烈堂（一八七六—一九四七年）、林獻堂，以及鹿港（今彰化縣鹿港鎮）的辜顯榮等中部士紳成為號召人，獲得了土地與資金（總額二十四萬七千餘日圓），做好設立私立臺中中學的準備。但在向總督府申請設立時，雖獲批准，但是學校被從私立改成公立。最終在一九一四年，臺中中學校的創立才獲得承認。

一九二〇年末，受全球思想潮流的影響，臺灣開始了臺灣議會設置請願運動。臺灣人追求在日本統治下的高度自治，因而要求「設置臺灣民選議會，付與對施行於臺灣之特別立法及臺灣預算之協贊權，圖謀臺灣統治健全之發達」[9]。

大日本帝國憲法賦予人民向帝國議會請願的權利[10]，而貴族院、眾議院兩院的議員中，也有想把這一請願轉達給國會的人。不過就結果來說，請願並非受到否決，而是自始就未被列入議事日程，因此審議本身都未曾進行。於是自一九二一年一月到一九三四年三月，歷時十四年、十五次的請願最終以失敗告終。失敗的主要原因，是由於日本政府認為請願的目的在於臺灣獨立。

與第一次議會設置請願運動同年的一九二一年，臺灣文化協會於十月十七日成立。醫師蔣渭水認為，經歷請願運動，臺灣民族運動已進入實踐階段。他召集了臺灣總督府醫學校、臺北師範學校的學生，以及其他知識分子進行討論，並在其支持下成立了該協會。蔣渭水聘請林獻堂擔任該會的總理，自己則擔任專務理事，負責該會的實務工作。

林獻堂之所以獲聘為總理，原因有以下幾點：一、霧峰林家可成為其經濟後盾。二、他有號令居住於東京的臺灣留學生的立場。三、其人格誠實溫厚，領導能力出眾。四、林獻堂的民間聲望高，即使是臺灣總督府也不能施加過度的壓力。可見林獻堂具備足夠的運動統帥素質。

臺灣文化協會的主要活動是促進臺灣文化成長。於是他們以此為基礎，舉辦了各種講習會、文化講演會、話劇公演；協會自一九二四年起，連續三年舉辦了為期兩週的文化講習班（即所謂的夏季學校）。

活動並不僅限於介紹各種學問和新知識，因他們無法迴避民族問題與臺灣政治現狀，因此觸動了臺灣總督府的神經。活動會派警察至現場監視，過程中若有發生「非法」的情事，要不是活動被立即中斷，就是相關人士被捕。

接著，臺灣總督府又採用了另一種處理方法，即透過臺灣人的手抵制臺灣人。辜顯榮和林熊徵（一八八八—一九四六年）等御用紳士們被指示安排「有力者大會」，來對文化協會的各種活動進行反駁。對此，文化協會方面也召開了「無力者大會」，呼籲民眾反擊這種行為。沒過多久，御用團體便銷聲匿跡。

即使從今天的觀點來看，文化協會對當時臺灣社會的影響亦相當巨大：第一、在文化協會的號召下，促進了青年團結。第二、發揚了臺灣民族意識。第三、啟蒙了文化思想，提高臺灣自治的潛能。

令人惋惜的是，文化協會雖然是日治時期裡最重要的民族運動及文化團體，但在當時全球思潮的[11]影響下，一九二七年協會左右分裂，右派的林獻堂、蔣渭水等人脫離了由左派掌握主導權的協會。而由左派連溫卿等人組成的「新臺灣文化協會」，則在一九二八年由成立於上海的臺灣共產黨領導，最後於一九三一年二月，在臺灣總督府對左派人士進行的掃蕩取締行動下，結束了活動。

一九二七年七月十日，臺灣最早的合法政黨「臺灣民眾黨」，在臺灣文化協會右派的蔣渭水領導下成立。當時林獻堂正在旅行歐洲、美國的途中，故只擔任了顧問的工作。

一九二八年底，林獻堂返抵臺灣後，臺灣民眾黨日益左傾，與左派的新臺灣文化協會展開了爭取工人支持的競爭。在這背景下，臺灣議會設置請願運動逐漸淡出眾人視野。促使林獻堂選擇與蔣渭水分道揚鑣，走上新的道路。

首先，林獻堂與羅萬俥等人一起為了發行《臺灣新民報》奔波，另外同時致力於成立以臺灣地方自治為目標的「臺灣地方自治聯盟」。臺灣民眾黨認為，追求地方自治是自黨目的之一，因擔心黨員外流，故禁止黨員參加臺灣地方自治聯盟，參加者將被開除黨籍。然而，此舉卻造成不贊同蔣渭水的黨員紛紛退黨。

一九三〇年八月，楊肇嘉領導的臺灣地方自治聯盟成立，林獻堂被推舉為顧問。該聯盟主張與居住在臺灣的日本人合作，推動地方自治。一九三一年一月，林獻堂正式辭去臺灣民眾黨顧問一職。

穩健派退黨後，臺灣民眾黨於二月十八日的第四次黨員代表大會上提出黨綱修正案。修正案中解

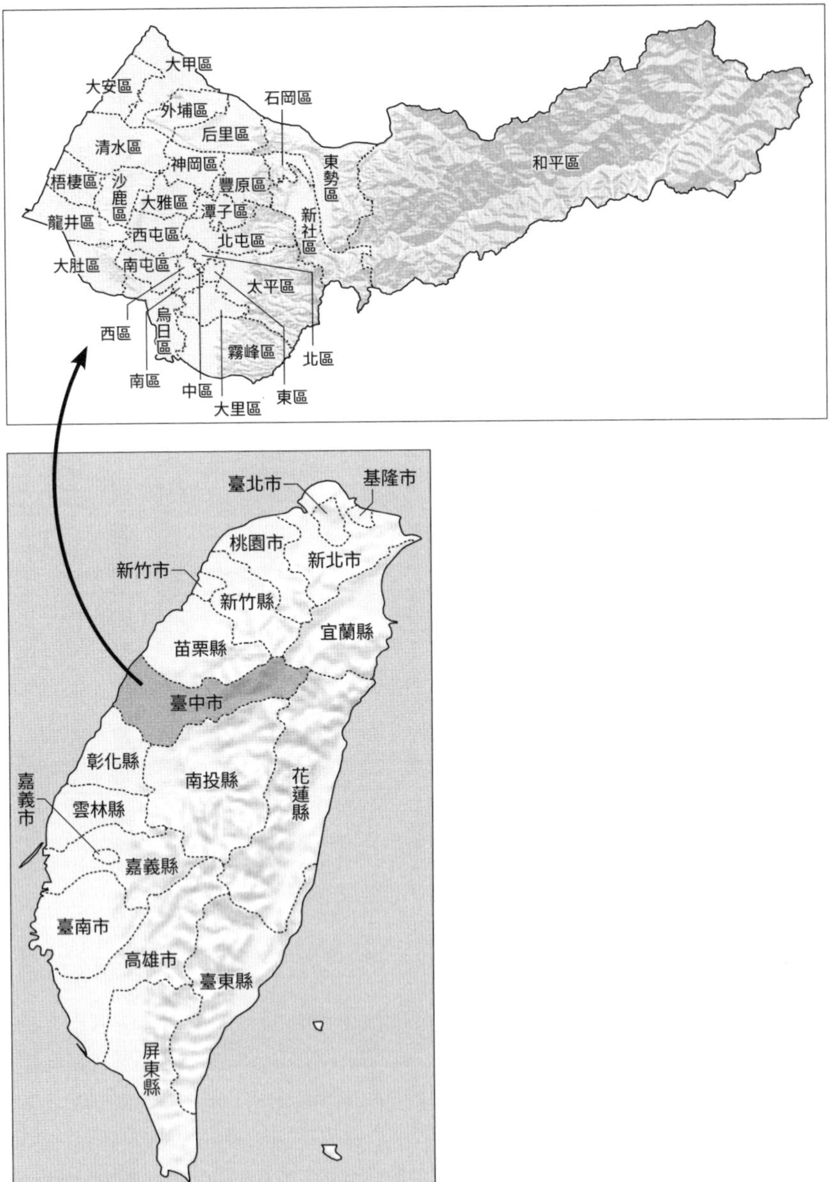

臺灣及臺中市地圖（二〇二二年）

釋，黨的目的是「以農民、工人階級為中心的民族運動」，此舉遭臺北警察署署長當場下達「結社禁止命令」，逮捕蔣渭水等十六人。雖然第二天就被釋放，但臺灣民眾黨也在此迎來了終結。

一九三五年五月一日，臺灣地方自治聯盟改組為委員會制。雖林獻堂曾強烈主張成立新政黨，但因未獲贊成而遭駁回。八月，他再次提出同樣的主張，卻仍未能達成協議。

同年十一月二十二日，臺灣總督府舉行了市、街、庄議員選舉，議員半數為民選，由聯盟推薦的候選人中有六成（十人）當選。這次選舉，日本人和臺灣人選民的比例是五比一，但可以肯定的是，此次選舉是臺灣人第一次的選舉經驗。

推動地方自治的目標雖也有了某程度的成果，然而一九三六年五月發生的「祖國事件」卻使林獻堂陷入困境。一九三七年八月，在臺灣地方自治聯盟宣布解散後，臺灣的民族運動亦走到了終點[12]。

三、第二次世界大戰時期（一九三七—一九四五年）

無止境的壓力——「祖國事件」與「地圖事件」

一九三六年三月，林獻堂偕同好友、同志參加臺灣人唯一的報紙《臺灣新民報》所策劃的華南考察團，而該次自南向北的考察，最後到了終點上海。考察團在上海受到華僑團體的歡迎之際，林獻堂被要求發表演講，而他開口第一句話便是「我們回到了『祖國』」。這件事後來被轉報給了臺灣軍（參謀為荻洲立兵〔一八八四—一九四九年〕），成為了打擊林獻堂的把柄。

五月，臺灣總督府御用報紙《臺灣日日新報》以強硬的文字撻伐林獻堂稱中國為祖國一事。六月十七日，由臺中州舉行的臺灣始政紀念日的遊園會上，受荻洲慫恿的右翼大日本生產黨的賣間善兵衛揍了兩下林獻堂的臉頰，公然侮辱之。此即歷史上所謂的「祖國事件」[13]。

次年同樣發生了事件。《臺灣新民報》是唯一一家反映臺灣人心聲的報紙，同時也是林獻堂苦心經營的報紙。其著名著作《環球遊記》的初次問世，便是在該報上的連載。一九三七年元旦，該報將彩色印刷的世界地圖作為附錄發送給訂閱者，而發行商無意中將朝鮮半島及中國大陸印成了粉紅色，並將日本印成了黃色，明顯表示朝鮮不屬於日本，從而引發巨大的風波。

所幸，該圖購入自大阪商人，且因成功迅速回收，事件最終以發行負責人書寫反省書作結。然而林獻堂因畏懼這種警告性的行為，為了躲避，他不得不離開臺灣，在東京度過一年多的時間[14]。

《環球遊記》事件

一九四一年，其舊作《環球遊記》重新刊登於《南方》雜誌。太平洋戰爭爆發後的一九四二年六月，雜誌上正好刊登了兩篇關於敵營英國的文章，內容談及英國王室向民眾開放一事，而他在其中一節說到「在將來君主國的壽命之最長者其英國乎？」則為他帶來麻煩。他不斷被要求闡明意圖，最終只能寫出〈大東亞戰爭吾人之覺悟〉一文，並不得不會見州知事，甚至還必須向總督解釋。

不過，所幸隨著戰爭接近尾聲，日本比過去更需要臺灣人的協助，總督長谷川清最終讚揚林獻堂的功勞，且未追究其罪行，使林獻堂白擔心了一場[15]。

不得已擔任各項職務，協助日本

一九四一年四月十九日，皇民奉公會成立，林獻堂被任命為參與（顧問），並為了協助日本推進戰事，不得不參與許多勞苦而毫無意義的工作。

一九四五年四月，林獻堂、許丙、簡朗山（一八七二－一九五四年）三人被任命為貴族院議員。當時，日本戰敗已成定局，於是日方在戰敗前的最後一個臺灣始政紀念日（六月十七日）緊急廢除保甲制度，試圖釋出改善臺灣人待遇的態度。然而到了戰後，林獻堂等三人卻因為日本授予的頭銜，受到了國民政府的不同對待。

在戰爭時期，林獻堂協助過日本，這與他過去是臺灣民族運動領導者的形象大相逕庭。這種相距甚遠的落差，林獻堂又是如何適應的？

林獻堂並未完全屈服於日本人的政策，而是耐心妥協、堅持自己的立場。皇紀二六〇〇年，即一九四〇年時，臺灣總督府在臺灣施行了「改姓名」制度，但林獻堂堅決不改成日本式的姓名。

在《臺灣新民報》與林獻堂有長期同事關係的林呈祿，被任命為皇民奉公會的文化部長。據傳，當他向林獻堂詢問擔任該職務的心得時，林獻堂答道：「生活上有不好的部分則改，好的部分則維持。不應讓臺灣的島民徹底同化成與內地人無二致。」

在林獻堂堅持「不行全面的日本化」的同時，「不斷絕漢文命脈」[16]亦是林獻堂堅持的重點。若日本人無法滅絕漢文，即代表臺灣人未被同化；為了下一代，守護、保留漢文，即是林獻堂時代的臺灣人被賦予的責任。林獻堂堅信，不被同化就能與日本人劃清界限。也正因為這樣的信念，林獻堂才得以平靜、如實完成日本政府賦予他的任務，例如在各地演講宣傳日本聖戰，或是應皇民奉公會中央本部的要求，聽從總裁（長谷川清總督）如何推進運動的建議等[17]。

四、戰後窘況與拚死奮鬥（一九四五—一九四九年）

主張「聯省自治」與「日華親善」

一九四五年八月二十日，林獻堂、許丙、藍家精（一九〇四—一九八〇年，號國城，南京汪精衛政權參贊中將）到臺灣總督府拜訪安藤利吉總督，就日本投降後的治安問題及臺灣未來，徵求當前問題的意見。安藤總督表示，維持治安方面暫時不需協助，但希望能在「日臺融和（友好）」與「日華親善」上能盡力協助。

在此之前，許丙、辜振甫等人會見了日本臺灣軍參謀中宮悟郎等人，就臺灣能否獨立、不隸屬於中國及日本一事上交換意見，並會見安藤總督，然而卻未能得到他們的支持。至此，臺灣士紳們終於下定決心，開始為迎接中華民國國軍做準備，此即「八一五臺灣獨立（自治）事件」（相關人士後同於一九四六年二月二十一日被捕）。

中國政府接管臺灣之際，臺灣總督府也希望事先了解被任命為臺灣行政長官的陳儀，對居住在臺灣的日本人有何看法。林獻堂在日本軍部的安排下，曾前往上海和南京試圖會見陳儀，但接受見面的卻只有臺灣省行政長官公署祕書長葛敬恩（一八八九—一九七九年），而他得到的回答，則是「總督以下的日本人全部必須離開臺灣」。

陳儀登臺完成接收後，林獻堂等人準備成立主張「聯省自治[18]」、「日華親善」的「臺灣建設協進會」，但原定擔任該會常任幹事的林熊祥（一八九六—一九七三年）、陳炘卻因有漢奸嫌疑被捕，導致計畫胎死腹中。

就任臺灣省參議員、國民參政員、臺灣省政府委員

作為統治臺灣的開端，臺灣省行政長官公署通過間接選舉，選出了各地縣、市參議員，再由縣、市參議員選出臺灣省參議員，依此組成臺灣最高民意機構「臺灣省參議會」。林獻堂在當選臺灣省參議員後，為解決戰後治安、官員貪腐等問題，對上任臺灣省參議會議長抱有強烈的願望。

不過，陳儀對於議長一職的腹案，考慮的人選卻是臺北市長黃朝琴。因一九四五年年底林獻堂已加入中國國民黨，故臺灣省黨部主任委員李翼中便阻止了林獻堂競選議長，最終林獻堂只能在投票前宣布不參選。然而臺灣省參議員僅有諮問權，沒有議決權，如此一來便無異於日治時期的臺灣總督府評議員。失望之餘，林獻堂於第一屆臺灣省參議會閉幕後提交了辭呈，且未獲慰留。

在訓政期的中華民國，最高民意機關「國民參政會」係由國民參政員所組成。林獻堂在許多人的建議下，開始考慮參加國民參政員選舉。然而一九四六年八月，陳儀頒布《臺灣省停止公權人登記規則》。該規定表示，若經調查證實在日治時期曾任皇民奉公會之要職，其公民權將被停止一至五年。林

獻堂非常擔心自己若被認定符合該要件，將導致自己不能參選，因此反覆諮詢、拜見相關人士，以確認自己參加競選的可能性。

最終，林獻堂當選國民參政員，但在二二八事件後，臺灣省行政長官變為臺灣省主席，林獻堂被任命為臺灣省政府委員，辭去不能兼任的國民參政員職務。

二二八事件的衝擊

一九四七年二月二十七日，這天是陳儀接收臺灣約十四個月後，專賣局職員在查緝私菸過程中，對賣菸的婦女施暴致傷，並開槍誤傷了在場民眾，導致其死亡，從而引發了一場大動亂。此即歷史上所謂的「二二八事件」。在事件發生時，林獻堂全力保護了當時在霧峰擔任財政處長的嚴家淦等人。林獻堂被選為二二八事件處理委員會的常務委員，但他並未參加在臺北舉行的會議，因此雖然他被列入逮捕名單的第一號，但當局考慮到他保護嚴家淦的「功勞」，斟酌之下才未逮捕他。

事發後，一般的半山（臺灣人稱從大陸來的人為阿山，有在大陸生活經驗的臺灣人則稱半山）及臺灣省參議員擁護陳儀，希望其留任行政長官，但林獻堂毅然反對。陳儀在臺灣人心裡的印象不佳，會利用財閥與官僚的資源剝削臺灣經濟，其個性亦蠻橫、肆意妄為，自認是日本通而延續了過去總督府榨取臺灣人的制度，雖然未必比日治時期嚴重，但陳儀已不適合留在臺灣。林的發言體現出他強烈的倫理觀與勇氣，當時並沒有人敢公開做這樣的發言。

二二八事件中，林獻堂獨一無二的朋友林茂生、相當信賴的部下陳炘、律師林連宗（一九〇五—

一九四七年）等人都死於非命。對於臺灣精英的受傷和死亡，林獻堂百感交集。

一九四九年一二月，陳儀因向中國共產黨投降而獲罪，次年六月槍決。林獻堂在日記中寫道，屠殺林茂生等一千多人的陳儀「得到了應有的報應，林茂生等人，現在終於可以瞑目了」[19]。

五、再見了臺灣！（一九四九—一九五六年）

以治病為由赴日逃難

一九四九年，中國共產黨在國共內戰中取得了勝利，大幅擴張勢力。林獻堂雖然對臺灣的未來感到不安，但他已無力改變現狀。一九四九年九月，他以治病及視察戰後日本的復興作為臺灣的典範為由前往日本。諷刺的是，當時林獻堂是以外國人身分前往日本。

起初，林獻堂並沒有長期停留在日本的想法。當年年底，中華民國撤離到臺灣，美國不支持國民政府。同年五月，戒嚴令發布（直至一九八七年才解除）後，開始了白色恐怖，臺灣就這樣被中國國民黨政府置於「另一個鐵幕」下。

一九五三年，韓戰休戰後，美國也確立了對臺政策，臺灣的安全得到了保障。然而儘管如此，又是什麼原因使林獻堂仍不肯回到臺灣？

有一位叫林正亨的人，他是林獻堂祖父的哥哥林定邦的子孫。他被國民政府宣告「意圖顛覆政府，已著手實行，證據確鑿，罪無可逭」的罪名，是第一批在馬場町（刑場）被槍決的（一九五〇年）的臺灣人。

除此之外，他的朋友莊泗川（一九〇五—二〇〇四年）在東京與林獻堂見面後回到了臺灣，但下飛機時突然被捕（一九五一年三月），並當場被判有期徒刑五年。親眼目睹這些不幸的林獻堂，心想明天大難臨頭的可能就是自己，於是下定決心不願回鄉。白色恐怖奪走了他的親戚及友人，這事件帶給他的猶豫，遠遠超過了思鄉之情。

林獻堂對臺灣的「終極關懷」為何？

由於臺灣地位的不確定，導致對統治臺灣的國民政府產生不滿的廖文毅等臺灣人聚集在了日本，推動將臺灣交給聯合國託管或推進獨立的活動。而臺灣街坊流傳了「林獻堂是因為在日本參加了臺灣獨立運動，所以才沒回到臺灣」的說法，真相又是如何？

其實廖文毅等人也曾勸林獻堂參加運動，但均遭到冷落。一九五六年，廖文毅等人成立臺灣共和國臨時政府，親自就任總統，然而最終於一九六五年放棄獨立，返回臺灣。雖然廖文毅偶爾會拜訪林獻堂，但林獻堂卻絲毫沒有心動的跡象。雖然林獻堂與這些人保持表面上的社交關係，但並不認為臺灣獨立運動組織具備成功的條件，他們缺乏人才、資金與國際支援，甚至在無法自立的情況下，要從何討論獨立問題？先前提到的傳言，也不過是因為林獻堂「來者不拒」的態度遭到誤解而產生罷了。

林獻堂對臺灣的「終極關懷」，究竟體現在哪個地方？據戰後任職美國駐臺灣副領事的葛超智（原名George Henry Kerr，一九一一—一九九二年）的說法，一九五二年在日本拜訪林獻堂時，他希望臺灣能像戰後的菲律賓一樣，成為「共和國」[20]。

在日本，林獻堂無論是在語言上還是在生活上，都要忍受不便。蔡培火、丘念台等奉國民政府的命令勸其返回臺灣的人絡繹不絕，但林獻堂也總是辯說只要病好了，就會回去臺灣。

當其次子林猶龍（一九〇二—一九五五年）於一九五五年去世時，他一度考慮過暫時回到臺灣，但最終仍因親屬的反對及健康狀況日益惡化下，亦於一九五六年，在異鄉結束了生命[21]。

至今為止，林獻堂皆在臺灣民族運動領導者此一層面上受到重視。然而林獻堂所傾注心血的事業並不僅止於此。例如他同時也提升了臺灣文化，林獻堂重視教育，除建立學校、資助想念書的年輕人獎學金外，也撰寫了《環球遊記》刊登連載於報紙，使臺灣人的視野擴展到了世界；他甚至編輯了家族的族譜、為祖先寫傳記。林獻堂留下的《灌園先生日記》（一九二七—一九五五年，一九二八年、一九三六年之二年亡佚），對於林獻堂本人及臺灣人而言，無疑是第一手的資料，也是臺灣歷史上最重要的日記。

蔡培火（一八八九—一九八三年）

臺灣雲林縣北港人，政治活動家。一九一〇年畢業於臺灣總督府國語學校師範部，曾任總督府設立的教育機構公學校教師。一九一四年，加入板垣退助號召及林獻堂奔走下成立的「臺灣同化會」。一九一五年，總督府下令同化會解散，蔡培火亦遭免去教員職務。後來，在林獻堂的幫助下，於一九二〇年自東京高等師範學校畢業，同時在東京富士見町教會的牧師植村正久（一八五八—一九二五年）的引導下加入基督教。在校期間，擔任由臺灣留學生於東京組成的「新民會」（會長林獻堂）之幹事。以此為開端，他開始在「臺灣議會設置請願運動」中輔佐林獻堂，擔任林獻堂的翻譯，向日本各界傳達請願宗旨。此外，在植村牧師的介紹下，他也得到眾議院議員田川大吉郎、清瀨一郎等人的支援，在一九二一—一九三四年的十四年間、十五次請願運動中，作為代表前往東京九次。但也因為這一運動，他於一九二五年遭關押四個月。

一九二一年十月，臺灣文化協會成立之際，就任專務理事。由於蔡培火的奔波，傳播臺灣人心聲的日報《臺灣新民報》遂得以於一九三二年四月發行。一九三七年盧溝橋事變後，蔡培火一家移居東京，並且為了謀生，在臺南高姓家族的幫助下，於東京高圓寺開了一間中華料理店「味仙」。一九三七年，他在岩波書店出版了《東亞之子如斯想》（東亜の子かく思ふ）一書，但因內容具有反軍、反戰思想，導致其受到了拘留三十六天的處分。一九四三年移居上海，二戰結束前，與田川大吉郎前往重慶。田川曾試探重慶國民政府談和的可能性，不料日本卻在期間接受無條件投降。爾後，田川返回上海，蔡培火則自重慶前往南京，在與中國政府方面建立聯繫後，於一九四六年初返臺。因其與中國國民黨的關係，使他當選一九四八年《中華民國憲法》實施後的第一屆立法委員。一九五〇年就任行政院政務委員，擔任該職近十六年。一九六六年成為總統府國策顧問。

戰後，蔡培火逐漸遠離林獻堂。主要原因是，在一九四一年四月皇民奉公會成立前就離開臺灣的人，並未受到總督府強迫協助戰爭。因此，臺灣人在戰後面臨漢奸、戰犯問題時，蔡培火並無法充分體會其痛苦，最終傷害到了本應屬於夥伴的臺灣人。一九四九年，林獻堂到日本避難後，兩人的關係遂更加降溫。一九五五年，蔡培火奉當局之命前往日本，勸林獻堂歸臺，但林獻堂的好友則極力反對。林獻堂對蔡培火如此說了其不回臺的理由：「臺灣者，危邦、亂邦也，豈可入乎、居乎（改自《論語・泰伯》：「危邦不入，亂邦不居」）。非僅危亂而已，概無法律，一任蔣氏之生殺與奪；我若歸去，無異籠中之雞也。舉兩條無法律之實證，培火不敢再勸。」（《灌園先生日記》一九五五年十月十四日）。

蔡培火一生都在推廣使用白話字的正書法「教會羅馬字」，並著有《十項管見》（一九二五年）。此外，他也擅長作詞作曲，女婿賴淳彥編輯了《蔡培火的詩曲及彼個時代》（一九九九年）一書。

蔣渭水（一八九一——一九三一年）

臺灣宜蘭縣人。醫師、政治活動家。一九一五年，臺灣總督府醫學校畢業後，次年於臺北大稻埕開設大安醫院。一九二一年，召集同志組成臺灣文化協會，並邀請林獻堂擔任總理，屬提倡民族運動的啟蒙團體。一九二三年，蔣渭水因違反《治安警察法》，遭監禁四個月。一九二五年，又因違抗總督的政令，被監禁四個月。一九二七年初，於臺中召開文協理事會，但會議由左翼的連溫卿及無產階級青年掌握主導權，文協分裂，蔣渭水等人辭去委員職務，只有林獻堂留任至五月旅行歐美為止。

同年七月，蔣渭水提議成立「臺灣民眾黨」。這是第一個獲得當局認可的臺灣人政黨。蔣渭水身為中央常務委員兼財政部長，成了實際的領導者，林獻堂則擔任該黨的顧問。臺灣民眾黨為了對抗左派掌握實權的「新臺灣文化協會」，與勞農團體「臺灣工友總聯盟」、「臺灣農民協會」聯手展開階級鬥爭，然而此舉卻被黨員質疑是將民族運動精神變成了共產主義運動。因此，楊肇嘉在林獻堂的支持下，成立了「臺灣地方自治聯盟」，提出了實現臺灣地方自治的宗旨。蔣渭水極力反對這些行動，於是將參加自治聯盟的黨員除名。蔣渭水對自治聯盟提出了以下三個條件：一、不得號召民眾黨員加入。二、不得破壞民眾黨之財源。三、不得展開地方自治以外之運動。但此三條件被認為是無理取鬧，最終林獻堂於一九三一年一月辭去顧問一職。隨著右派陸續脫離民眾黨，民眾黨亦走上階級革命的道路，總督府於是趁此機會，於一九三一年二月向民眾黨下達解散命令。

爾後，蔣渭水試圖讓工人與農民自己結成團體，走向激進主義。雖然他沒有創立政黨的想法，但由於經濟上的困難，還是在六月向林獻堂請求援助，但要求卻受到林獻堂回信拒絕：「蔣君的做法與以往大不相同，是否援助仍需要考慮。更何況目前經濟面臨困境，諸多事情都不能如願以償。」

一九三一年八月五日，蔣渭水因傷寒病逝。八日，林獻堂前往大安醫院捻香哀悼。面對蔣的遺體，日記中如此寫道：「唉！十年共事政治運動、社會運動之同志音容已眇〔渺〕，悲莫甚焉，不禁為之慟哭。」後來，林獻堂雖然沒有參加蔣渭水的公祭，但參加了八月二十三日舉辦在臺中寺廟的追悼會，此後又為《蔣渭水遺集》作序，並捐出出版費。

陳炘（一八九三—一九四七年）

臺灣臺中人，日治時期中期的臺灣實業家。一九二二年畢業於慶應義塾大學經濟學部。留學期間，他致力於民族運動，擔任東京的臺灣留學生組成的「新民會」會長，並於《臺灣民報》（《臺灣新民報》前身）上發表〈文學與職務〉一文，主張用白話文表達思想。一九二五年，獲美國哥倫比亞大學商學碩士學位。回臺後，在臺灣文化協會於霧峰主辦的夏季學校擔任講師。一九二六年底，於臺中設立大東信託株式會社（股份有限公司），擔任專務取締役（總經理），並聘林獻堂為社長。

這家信託公司的成立，有著一個重要的意義。它證明了臺灣人有能力經營企業，並必須讓採取最新理念的經營方式獲得成功。從實際的經濟角度來看，當時臺灣缺乏作為經濟活動核心的臺灣民眾的金融機構，所以這家公司的設立，不僅積累了民族資本，也在資金的運用、借貸上發揮了一定的效果。不過，信託公司並非銀行，臺灣總督府也並未施行信託法，且又禁止吸收民間資金。除此之外，政府還建議信託公司與日本人合資，打算減少民族資本家的出現，因此初期的經營很難說是順利的。直到一九三四年，它才終於成為五家信託公司中的首位。然而在一九四四年，該公司被迫與另外兩家臺灣人的信託公司合併，又因有臺灣銀行的資本參與，該公司更名為臺灣信託。陳炘同樣擔任總經理，但社長變成了日本人，公司歸總督府管轄。

戰後，國民黨政權接收了日本的在臺企業。由於彰化銀行及臺灣信託的資本一半以上都來自日本，因此政府打算一併接收，不過在林獻堂等人的努力下，林獻堂及陳炘分別成了這兩家金融機構的設立準備事務所主任。上海的臺灣人察覺到新任行政長官陳儀帶來的江浙財閥有壟斷臺灣經濟的趨勢，於是陳炘組建大公企業與之對抗，然而此舉卻受到陳儀的警告及阻止。一九四七年二月，二二八事件爆發。三月四日，陳炘代表民眾向陳儀請願，卻於三月十一日被捕。陳炘被捕後，林獻堂多次向長官公署陳情，試圖將臺灣信託及與其有關聯的彰化銀行合併，然而未獲許可。儘管林獻堂如何盡全力去保釋陳炘，但陳炘早已不在人世。

田健治郎（一八五五—一九三〇年）

日本兵庫縣人，漢學者出身。日治初期，在內閣設立臺灣事務局之時，田是交通部門的代表委員。一九〇六年成為貴族院敕選議員。一九一九年十月至一九二三年九月，成為臺灣最早的文官總督。其任期內有兩個最重要的課題。首先是有五年時限、且延長時限將至的《三一法》（一九〇六年由臺灣總督府頒布的法律第三十一號，內容為規定殖民地臺灣的法律制定及執行程序），若希望讓施政方針為「內地延長主義」的《法三號》可以沒有執行期限，自己該如何說服貴族院及眾議院通過；第二個課題即是如何應對林獻堂自一九二一年領導的「臺灣議會設置請願運動」。

根據田總督的「內地延長主義」，首先是要在田所隸屬的政友會內部協商中廢除《法三號》的時限，不過需設立府評議會，府評議員由官民各半組成，並將其定為總督府提出法律案時的諮詢機關。政友會對此進行了表決，但是在野黨並未全盤接受，於是又提出了五年的施行期限及民選府評議員。雖然該案在未獲政友會接受下送至眾議院，但卻順利通過，貴族院也在經過三次審議後通過。

再者，如何阻止合法向貴族院及眾議院提出的「臺灣議會設置請願運動」，也是一個棘手的問題。臺灣的民族運動始於東京，一九二〇—一九二一年左右，東京的留學生達到千餘名。受美國總統威爾遜（一八五六—一九二四年）的「民族自決」與朝鮮三一獨立運動的影響，他們在一九二〇年成立了「新民會」，並於日本發行《臺灣青年》。但該雜誌在臺灣販售時，總督府會審查其內容，若帶有民族主義等色彩，就會予以禁止。但是，新民會的這種動向，仍逐漸加強了在臺灣設置議會、賦予臺灣自治的要求力道。

對於田總督來說，這些運動猶如骨鯁在喉。雖然他曾當面警告「嚴加注意林獻堂」，但最終還是未能阻止這場運動。一九二二年，田總督為了攏絡林獻堂，提名他為府評議員，但另一方面卻又命御用紳士辜顯榮組成「公益會」批評林獻堂的行為。此外，當局又對請願署名者實施了剝奪公職、吊銷批發及販賣許可證等一連串措施。而更重要的是他讓林獻堂退出了第三次請願運動一事。雖然田總督採取了各種根除措施，其任期內仍然發生了三次請願運動（不過結果全為「否決」）。一九二五年，林獻堂回歸領導第六次請願運動，但請願運動最終在中川健藏總督的施壓下，於一九三四年宣告結束。

楊肇嘉（一八九二—一九七六年）

臺灣臺中清水人，臺灣地方自治聯盟常務理事。一九一四年三月畢業於東京的京華商業學校。同年八月受雇於牛罵頭（現清水）公學校，一九一九年升為教師。一九二〇年十月，在地方自治制度的修改下，被任命為清水街長。一九二二年參加第二次「臺灣議會設置請願運動」。一九二五年，與林獻堂等四人成為第六次請願運動的代表，攜家帶眷搬到東京。一九二六年就讀早稻田大學政治經濟學部，重建臺灣留學生於一九二〇年結成的「新民會」。臺灣民眾黨在蔣渭水的領導下逐漸左傾化時，林獻堂等人曾強烈希望楊肇嘉能取代蔣渭水。林獻堂等人為了加速推動臺灣自治，也敦促過楊肇嘉歸臺成為領導人。

一九三〇年八月，「臺灣地方自治聯盟」成立後，楊肇嘉成為常務理事，要求首相及臺灣總督盡快實施地方自治。一九三七年，雖然不完全，但由於中川總督開始實施地方自治，聯盟遂以達成目標為由解散，後楊肇嘉移居日本。此外，他也曾因反對「臺灣米穀管理案」，一九四三年被迫遷居上海經商。

一九四五年八月日本戰敗後，成立「臺灣重建協會上海分會」，協助臺灣人回臺。因臺灣省行政長官陳儀的失政及臺灣人不受重視的緣故，楊肇嘉於一九四六年八月參加了福建、臺灣六團體的南京請願。當時的報紙對此事進行了廣泛報導，此事觸怒了陳儀，遂透過臺灣警務處向上海市警察局局長宣鐵吾發送文書，要求以漢奸罪逮捕楊肇嘉。九月二十五日，因「臺灣光復致敬團」的林獻堂等人正巧在南京及上海，楊肇嘉於當日被捕。後來在林獻堂等人的全力救援下，楊肇嘉在被捕三十七天後獲釋。

一九四七年二二八事件爆發時，楊肇嘉不顧自己帶有嫌疑人身分，於三月作為「臺灣重建協會」及其他臺灣人團體的代表赴南京請願。一行十數人因國防部長白崇禧在三月十一日前往臺灣「宣慰」二二八事件，因而被拘留一天，次日遭遣返。一九四八年自上海搬回故鄉清水。一九四九年底，受臺灣省主席吳國楨之邀，出任省政府委員。一九五〇年兼任民政廳廳長，致力於深化臺灣地方自治。一九五三年辭去民政廳廳長職務。一九五九年八月水災時，作為省政府委員負責救援與重建。一九六二年辭去省政府委員職務，轉任總統府國策顧問。

謝雪紅（一九〇一—一九七〇年）

臺灣彰化縣人，政治活動家。一九二八年四月於上海創立臺灣共產黨（日本共產黨臺灣民族支部，以下簡稱「臺共」），成為中央委員候選人，後因「讀書會事件」被日本警察強制遣返臺灣。六月獲釋後，謝雪紅試圖重建臺共，並積極策動「新臺灣文化協會（新文協）」與「臺灣農民組合」。最終，農民組合的主導權於八月被臺共掌握。一九二九年，新文協開除連溫卿，農民組合及新文協成為臺共的外圍團體。謝雪紅原先也試圖介入臺灣民眾黨，卻碰到臺共內部的分裂。一九三一年，「改革同盟」成立，謝雪紅的地位遭到否定，並被除名。此後，臺共接受了中國共產黨的指導，改採激進路線，因而被臺灣總督府盯上。六月，謝雪紅被捕，臺共也在十二月的大規模搜捕下潰滅，黨齡僅三年。一九三四年，她被判處有期徒刑十三年，在獄中表明轉變立場，一九四〇年出獄。

戰後，謝雪紅為對抗國民黨，於一九四五年九月成立「人民協會」，並於十月成立「臺灣人民總工會」、「臺灣農民協會」，延續了日治時期的鬥爭形式。亦曾於霧峰召開人民協會的演講，並邀請林獻堂參加，然而林獻堂卻因身體不適，並未前往。一九四五年底，林獻堂在謝雪紅於臺中第二高等女子學校舉辦的婦女會上發表演講。

一九四七年的二二八事件中，謝雪紅決心在臺中進行武裝抵抗，設立作戰總部，組建「二七部隊」。林獻堂的日記中，亦有二七部隊的紀錄：「共產軍，約有千餘名，槍枝三、四百。」為壓制抵抗派，林獻堂等「臺中地區時局處理委員會」成員支持吳振武帶頭領導學生軍，試圖削弱謝雪紅勢力。三月九日凌晨，國民黨增援部隊登陸臺灣，三月十二日「二七部隊百數十人，分乘貨物車三臺，七時餘通過霧峰往埔里云」，並於三月十四日解散。謝雪紅策劃逃亡，於四月下旬平安抵達廈門，隨後潛入上海與香港。十一月十二日，成立「臺灣民主自治同盟」，就任主席。中華人民共和國成立後，自治同盟遷往北京，成為民主黨派之一。

其他人物

一、民族運動的支持者

梁啟超

一八七三—一九二九年。廣東省新會縣人，清末「保皇派」之重要人物。一九〇七年，梁啟超與林獻堂在日本奈良第一次相遇，當時梁啟超正在日本避難，而林獻堂則是初次訪日，並受梁啟超的德行及文章所驚豔。二人語言不通，但可透過筆談來傳達意思。林獻堂曾向梁啟超求教，詢問：「不知如何為臺灣人爭取自由？」而梁的回答則是：「三十年內，中國絕無能力可以救援你們，臺胞切勿輕舉妄動，而作無謂之犧牲，最好仿效愛爾蘭人之抗英，厚結日本中央政界之顯要，以牽制臺灣總督府之政治，使其不敢過分壓迫臺人。」這一想法與林獻堂的性格及思想相通，於是「不流血的革命」遂成為林獻堂推動民族運動的原則。一九一一年，梁啟超因出版經費不足，來到臺灣籌集資金。雖然沒有達到目的，但受到了霧峰林家與相關士紳們的熱烈歡迎。一九一三年，梁啟超成為林獻堂訪問北京時的接待員，此後兩人仍維持關係。梁啟超的著作《中國歷史研究法》是熱愛歷史的林獻堂之愛書，亦是他在編纂族譜、祖先傳記時的參考典範。一九二七—一九二八年，林獻堂遊歷歐美，撰寫《環球遊記》時，也曾先參考過梁啟超的《新大陸遊記及其他》。

羅萬俥

一八九八—一九六三年。臺灣南投人，《臺灣新民報》專務。一九一九年，明治大學法學部專門部畢業。一九二二年，明治大學高等研究科畢業。一九二八年，畢業於美國賓夕法尼亞大學政治系。歸臺後，與林獻堂、林呈祿、蔡培火等人成立臺灣民報社，次年就任專務兼營業局長。一九三二年，發行日治時期最重要的臺灣人日報《臺灣新民報》。由於長期的赤字問題及公司內部人事糾紛，使羅萬俥經常考慮辭職。一九四四年，總督府合併六種報紙為《臺灣新報》，羅晉升為副社長。戰後，當選參政員和立法委員。一九五五年起擔任彰化銀行董事長。

林呈祿

一八八七－一九六七年。臺灣桃園大園人，報社主編。一九〇八年畢業於臺灣總督府國語學校。一九一〇年通過普通文官考試。一九一四年，就讀明治大學法學部，並接著進入該大學之高等研究科。一九一七年，於湖南省立政治研究所擔任教授，一年後移居東京，全身心投入臺灣民族運動。一九一八年，與在日本的林獻堂、蔡惠如結成「六三法撤廢期成同盟會」。此後，主張臺灣應保留其在日本帝國內的特殊性，於一九二一年發起「臺灣議會設置請願運動」，成為第二次請願的代表。一九二三年十二月，因治警事件入獄三個月。曾任為臺灣人民發聲的《臺灣民報》（後改名為《臺灣新民報》、《興南新聞》）之主筆。一九四一年四月「皇民奉公會」成立時，時任中央本部文化部長。戰後，歷任《臺灣新生報》顧問、東方出版社董事長等職。

葉榮鐘

一九〇〇－一九七八年。臺灣彰化縣鹿港人，林獻堂最重要的祕書。經老師施家本的介紹，成為林獻堂的祕書兼翻譯。一九三〇年，在林獻堂的幫助下，於日本中央大學政治經濟科畢業。回臺後，就任「臺灣地方自治聯盟」書記長，與常務理事楊肇嘉、成員葉清耀律師一同訪問朝鮮，視察地方自治。此外亦加入過《臺灣新民報》。戰爭後期的一九四三年，他前往菲律賓的馬尼拉報社擔任中文版編輯，一年多後返臺，之後在大里杙當自耕農。戰後，成為臺中圖書館職員。一九四六年八月，作為「臺灣光復致敬團」的成員之一，跟隨林獻堂訪問上海、南京、西安，後進入彰化銀行，在董事會祕書室工作。一九四九年林獻堂前往日本後，成為林獻堂與彰化銀行之間的聯絡人。林獻堂過世後，其編輯的三本《林獻堂先生紀念集》是研究林獻堂時的重要資料。

林茂生

一八八七—一九四七年。臺南人，臺灣大學預科主任。一九一六年畢業於東京帝國大學哲學科。在臺南長老教中學（今臺南市長榮中學）任教，一九二七年成為臺灣總督府在外研究員。一九二九年獲得美國哥倫比亞大學哲學博士學位，是臺灣最早的文科博士。一九三〇年歸臺後，因未獲重用，曾任臺南高等工業學校英語系主任等職務，後被迫辭職。一九四三年十二月，就任「皇民奉公會」中央本部戰時生活部長。戰後，除了擔任《民報》社長外，也協助過接收臺灣大學文學院，擔任先修班主任。一九四六年當選爲參政員，但拒絕就任。二二八事件中被捕，其後去向不明。

朴錫胤

一八九八—一九五〇?年。全羅南道昌平郡（今潭陽郡昌平面）人，朝鮮殖民統治時期最重要的精英。一九二二年畢業於東京帝國大學法學部法律學科，成為法學部的副手。一九二三年回國工作一段時間後，被朝鮮總督府選中，成為在外研究員。京城帝國大學成立後，以成為朝鮮教員為前提，在英國劍橋大學留學。然而回國之後，被警察當局視為危險分子，成為教師的夢想破滅。一九三〇年擔任朝鮮語新聞《每日申報》副社長（代理社長）。一九三二年受國際聯盟的日本代表松岡洋右的事務委託，負責調查海外朝鮮人的動向。朴錫胤一生主張東洋民族聯合、朝鮮自治、滿洲的日本王道政治論。後對石原莞爾主張的東亞聯盟論產生共鳴。

一九三四年三月，經岩波書店老闆岩波茂雄的介紹，朴在東京與林獻堂及印度獨立運動家拉希·比哈里·鮑斯（Rash Behari Bose，一八八六—一九四五年）會面。三月三十日是他們第一次見面，當時林獻堂和朴錫胤約定四月要再相聚，並暢談了朝鮮、臺灣與滿洲的局勢。四月十一日林獻堂歸臺前夕，邀請鮑斯、朴錫胤到日比谷的山水樓。林獻堂的日記中寫道：「印度、朝鮮、臺灣三弱小民族聚會，其感情無異同患難之兄弟，談吐皆無隱藏。」對於林獻堂來說，這是一生一次，與外國人談論飽受殖民統治之苦、追求自治乃至獨立的經驗。

一九三四年，任滿洲國外交官。一九三九年，被任命為滿洲國駐華總領事，前往過汪兆銘統治下的南京及上海。一九四五年五月，他預感到日本將會戰敗，於是回到朝鮮，戰後在朝鮮建國準備委員會工作。後被懷疑「貪汙公款」，雖以假名潛逃至朝鮮半島北部，仍不幸被捕，遭處「背叛民族」罪，據傳於一九五〇年處決。

二、統治者及臺灣民族運動的幫手

伊澤多喜男

一八六九－一九四九年。日本長野縣人，第十任臺灣總督。一八九五年畢業於帝國大學法科大學，高等文官考試合格。一九二四年六月，日本首相加藤高明邀請其入閣之際，因其兄伊澤修二（一八五一－一九一七年）曾任領臺初期的學務部長，弟承兄志成為臺灣總督。其在就任前表示：「臺灣統治的對象，不是十萬名的內地人，而是三百數十萬的本島居民。」備受臺灣人知識分子的期待。然而在就任不到兩年便調任為東京市長。後成為臺灣人的諮詢對象，一九三四年曾向林獻堂等人詢問日本統治臺灣失敗的理由，並試圖向首相提出建議。林獻堂等人答道，失敗的原因在於民族偏見、差別待遇、經濟壓迫及教育不平等。

長谷川清

一八八三－一九七〇年。日本福井縣人，第十八任臺灣總督。一九一四年畢業於海軍大學。一九四〇年十一月就任臺灣總督。一九四一年四月成立皇民奉公會，以林獻堂為「中央本部參與」，命其協助戰爭。任期內施行陸海軍特別志願兵制度、徵兵制，一九四四年十二月卸任。一九四五年二月任海軍戰力查察使。戰爭結束後，林獻堂於一九四九年九月二十三日為靜養前往日本，並在二十五日與長谷川清會面，形成偶有來往的關係。林獻堂於一九五六年逝世後，長谷川為其撰寫了追悼文，評論林獻堂以強烈的民族精神及溫厚篤實的性格獲得臺灣人的尊敬。

安藤利吉

一八八四—一九四六年。日本宮城縣仙台市人，最後的臺灣總督。一九一四年畢業於陸軍大學校。一九四一年十一月被徵召擔任臺灣軍司令，一九四四年一月晉升大將，九月擔任第十方面軍司令官。十二月三十日兼任臺灣總督、第十方面軍司令。一九四五年六月十七日，為改善臺灣人的待遇，廢除了保甲制度和皇民奉公會。一九四五年日本戰敗後，林獻堂等人於八月二十日拜訪總督，就治安問題和合作形態交換了意見。十月二十五日，代表臺灣總督府參加投降儀式，並於降書上簽字。後被作為戰犯押送至上海監獄，最終在獄中服氰酸鉀自戕。

田川大吉郎

一八六九—一九四七年。日本長崎縣人，新聞工作者、政黨政治家。一八九〇年畢業於東京專門學校（今早稻田大學），進入新聞界，發表有關社會問題的言論而受到關注。後成為東京市長尾崎行雄（一八五八—一九五四年）的助手，九次當選眾議院議員。在議會內，田川是普選運動的激進派。他在虔誠的基督教徒、富士見町教會長老，且為該教會牧師的植村正久介紹下，認識了蔡培火。對臺灣人的「臺灣議會設置請願運動」感到共鳴，六次於議會上擔任請願運動的介紹人（第一至四次及第十一至十二次）。一九二四年底來到臺灣視察，鼓勵及指導請願運動。一九四一年太平洋戰爭爆發後，在軍部的壓力下前往上海避難，尋找中日談和的可能。日本戰敗前夕，與蔡培火在前往重慶的途中得知日本投降的消息後，遂經由上海回到了日本。

清瀨一郎

一八八四－一九六七年。日本兵庫縣人，律師、政治家。一九〇八年畢業於京都帝國大學法科大學。一九〇九年註冊律師，亦擔任法政大學的講師。一九一三年留學德、英，回國後成為專利、刑事案件的律師。一九二〇年當選日本眾議院議員。受田川大吉郎的邀請，參加第二次「臺灣議會設置請願運動」，到第十五次為止皆是眾議院的介紹議員。一九二三年，臺灣總督府以違反《治安警察法》為由，逮捕「臺灣議會期成同盟會」的六十餘名參加者。在此「治警事件」中，清瀨至臺灣為被捕者辯護。一九三二年轉為法西斯主義。一九四一年太平洋戰爭爆發後，作為大政翼贊會的總務推動翼贊體制。一九四六年一月被處公職追放，五月，在遠東國際軍事法庭中擔任被告東條英機的主任辯護人。一九五五年就任第三次鳩山內閣的文部大臣。一九六〇年任眾議院議長。

三、對於日本統治上立場各異的人們

連溫卿

一八九五－一九五七年。臺北人，畢業於公學校。一九一三年為響應世界語運動，參加了兒玉四郎於臺灣成立的日本世界語協會臺灣分部，擔任《綠蔭》總編輯，並從事社會科學理論研究。後與日本社會主義者山川均（一八九〇－一九五八年）互通書信，並受其影響。一九二七年初，主導臺灣文化協會會規的修訂，提出委員長制，並獲大會通過，此即一般所稱之「新文協」。新文協邀請林獻堂擔任委員長，但受到拒絕。後內部受到臺共的影響，激進思想抬頭。穩健派的連溫卿被認為落伍，於一九二九年十一月遭新文協除名。戰後，執筆《臺北市志初稿：社會志——政治運動篇》，但未受採用，直至一九八八年才成功出版。

宮原武熊

一八七四－？年。日本鹿兒島縣人，眼科醫師。一九〇二年，東京帝國大學醫科大學眼科選科結業後，赴德國留學。一九二三年獲醫學博士學位。一九二五年，任臺南醫院眼科部長，接著回東京開業。一九二七年，於臺中市創立宮原眼科醫院。一九三三年與陳炘、林獻堂共同成立了合作以求內臺親善、東亞和平為宗旨的「東亞共榮協會」，雖然得到了政府的認可，卻受到在臺日本人的猛烈攻擊。戰後，其私宅成了臺中市長官邸。雖然宮原希望留在臺灣，但未獲許可，最終返回故鄉鹿兒島。

辜顯榮

一八六六－一九三七年。臺灣彰化縣鹿港人，貴族院議員。一八九五年的甲午戰爭中，清朝失利，將臺灣、澎湖島割讓日本。臺灣巡撫唐景崧（一八三八－一九二四年）受推為「臺灣民主國」總統，但隨後便逃往中國。臺北陷入無政府狀態，但商人辜顯榮卻主動將日軍迎進臺北市。第二年，因功受總督府授勛六等，一八九七年再被授予紳章（臺灣總督府為臺灣人制定的徽章）。一九〇〇年，在政府的支持下就任「全臺官賣鹽商組合長」。一九〇九年當選臺中廳參事，獲得鴉片銷售權。一九一四年，與林獻堂等人合作，為臺灣子弟爭取臺中中學的設立許可。但一九二〇年代，臺灣民族運動興起後，改與林熊徵等總督府御用紳士結成「公益會」，召開「有力者大會」進行牽制。一九三四年成為敕選的貴族院議員。

許　丙

一八九一－一九六三年。臺北淡水人，貴族院議員。一九一一年畢業於臺灣總督府國語學校，曾擔任林本源（板橋林家稱號）的庶務長（ke-tiùⁿ）。一九二〇年任臺北市協議會員，一九二七年任臺北州協議會員，一九三〇年任府評議員。雖林獻堂視許丙為御用紳士，但二人於一九三〇年同時當上府評議員，並共同投資南洋倉庫會社與大成火災保險會社，擔任要職。一九四五年成為貴族院議員。一九四五年八月三十一日，與林獻堂、林熊祥、辜振甫前往上海、南京會見臺灣省行政長官陳儀，但此行最終只見到葛敬恩祕書長。一九四六年二月二十一日，因牽連「謀議臺灣獨立案」被捕，判處有期徒刑一年十個月。一九五〇年任臺灣省政府顧問。一九五三年任中日文化經濟協會顧問。

四、戰後的統治集團

陳　儀

一八八三—一九五〇年。浙江省紹興人，軍人、政治家。日本陸軍士官學校中國學生隊第五期砲兵科、陸軍大學校畢業。一九三四年任福建省主席。一九四一年調任中華民國行政院祕書長。日本戰敗後，受國民黨政權的蔣介石主席任命為臺灣省行政長官兼警備總司令。因掌握政、軍大權，而被稱作「新總督」。統治臺灣時期，因接收與政策不完善、官員腐敗、引起經濟惡化，並且在取締私菸的過程中，專賣局的取締員過失致人於死，成為二二八事件的導火線。一九四七年五月解職。一九四八年轉任浙江省主席，次年遭免職。後因叛國罪被捕，一九五〇年六月於臺北市馬場町遭處決。

白崇禧

一八九四—一九六六年。廣西省桂林人，廣西省軍閥「新桂系」重要人物之一。一九二六年畢業於河北省的保定軍官學校。曾於抗日戰爭中立下戰功，一九四六年就任首任國防部長。二二八事件後，奉蔣介石之命來臺，向有一面之緣的林獻堂詢問事件原因。林獻堂當時敦促對涉案人員——特別是學生——採取寬大處理，但是白崇禧斷定臺灣人在事件中的排外行為就如同義和團，事件是由共產黨煽動。三月二十八日召開會議，提出了四條重要原則，為事件的收尾作出貢獻：一、現所拘捕之人犯，應速依法審判；二、今後拘捕人犯，必須公開依照規定手續為之；三、除臺省警備總部外，其他機關一律不得發令捕人；四、參加暴動之青年學生，准予復學，並准免繳特別保證書及照片，但須由其家長保證悔過自新，可予免究。

嚴家淦

一九〇五—一九九三年。江蘇省吳縣人，經濟專家、政治家。蔣介石死後，成為中華民國總統。一九二六年畢業於上海聖約翰大學，任福建省財政廳長。一九四五年八月調任臺灣省行政長官公署交通處長，接著被任命為財政處長，負責接收日本企業。他根據臺灣人的陳情，在重組日治時期由臺灣人投資、經營的銀行及信託公司時，任命臺灣人為籌備處的主任，重組後亦允許其留任。二二八事件發生當日正好是彰化銀行的成立日，嚴家淦等人正於臺中參加紀念儀式。儀式結束後因事件發生無法返回臺北，在霧峰受到林獻堂的保護，直至三月十二日才回到臺北。此後，嚴家淦與林獻堂之關係日益密切，林獻堂生前也經常聽取嚴家淦的意見。林獻堂逝世後，遺體從東京運回臺北，時任臺灣省主席（一九四八—一九六三年）的嚴家淦也出席了葬禮，直到葬禮結束都未曾離開。

黃朝琴

一八九七—一九七二年。臺南縣新營人，臺灣省議會議長。一九二三年畢業於早稻田大學政治經濟學部。一九二六年獲得美國伊利諾大學政治學碩士學位。一九二七年起於中華民國外交部任職。戰後擔任外交部駐臺特派員兼臺北市長。一九四六年當選省參議員，獲臺灣省行政長官陳儀提拔為議長。當時當選省參議員的林獻堂也想參加議長競選，卻受到臺灣省黨部主任委員李翼中勸退。曾三度擔任臨時省議會議長、兩度擔任省議會議長，一共任職十七年。此外亦擔任過臺灣第一商業銀行、國賓酒店董事長。

李翼中

一八九六—一九六九年。廣東省梅縣人，中國國民黨臺灣省執行委員會主任委員。戰後，作為黨部主任委員來臺，與林獻堂相識。一九四五年十二月，李翼中前往霧峰的林家，邀請其加入國民黨；十三日，林獻堂、林雲龍父子等人入黨。因林獻堂成為黨員，又當選省參議員，故不得不聽從李翼中的領導。林獻堂曾聽李翼中說過黨內的參議員在議會上做出不恰當的發言。此外，林獻堂參選省參議會選舉、參加「臺灣光復致敬團」，皆為李翼中的命令，不過前者的議長選舉，卻又受李翼中勸退。二二八事件後，李翼中詳細闡述了醫學家杜聰明與林獻堂事跡，推舉林獻堂為二二八事件處理委員，但林獻堂並未參加三月六日於臺北市舉行的成立大會，並於日記寫到「義已歸正，無須激辯」。林獻堂雖為臺中地區的委員，但於二二八事件中，因保護無法返回臺北的嚴家淦，而未能離開臺中。林獻堂婉轉而含蓄的用詞，與熱辯家杜聰明大不相同。臺灣省政府成立後，李翼中就任社會處長。

丘念台

一八九四—一九六七年。臺中縣潭子人。是反對臺灣割讓、成為「臺灣民主國」副總統的丘逢甲之子。戰後擔任中國國民黨臺灣省黨部主任委員。東京帝國大學採礦科畢業。與林獻堂是遠房親戚。戰後，他致力於救助在中國各地被虐待、拘留而無法返臺的臺灣人，並向林獻堂組織的「省外同胞救助會」求助。看到大陸中國人與臺灣人不和，建議林獻堂等人參加「臺灣光復致敬團」，並率領團員於一九四六年八月底前往南京，拜謁蔣介石主席等重要人士，試圖解除雙方的誤會。一九四七年二二八事件後，應國防部長白崇禧之請託，返臺協助處理善後。七月，就任中國國民黨臺灣省黨部主任委員。一九五五年最後一次前往東京時見到林獻堂，判斷其因病在日本沒有影響力，遂向當局報告林獻堂已「不足以憂」。

五、對戰後臺灣發展意見相異的人們

辜振甫

一九一七—二〇〇五年。臺灣彰化縣鹿港人，實業家。一九三七年，父親辜顯榮去世，當時還是臺北帝國大學文政學部一年級的辜振甫，便成了家族企業的當家，後於一九四〇年畢業。一九四五年八月日本戰敗後，臺灣士紳開始談論臺灣的未來構想，引發「謀議臺灣獨立案」。學者研究顯示，該事係由日軍與臺灣士紳共謀展開臺灣的「獨立」或「自治」運動，不過因獨立未獲安藤利吉總督認可，故事件立刻進入終局。

一九四六年一月，陳儀在全臺灣發動「漢奸總檢舉」，二月二十一日，辜振甫等人因涉嫌參與謀議臺灣獨立案被捕。辜振甫在回憶錄《勁寒梅香》中提到，前來逮捕他的人拿著「林獻堂」的名片，謊稱林獻堂想與他說話，因此被逮捕，但他始終主張自己與事件無關。且據說辜振甫在得知日本軍人的「妄動」後，因立即向日軍領導人通報，才得以「控制了國家亂源」。起初，辜振甫以漢奸罪被捕，後來則作為戰犯被送上法庭。案件審理時，林獻堂於一九四七年五月及七月作為證人出庭，強調辜振甫等人談論的是「自治」。八月，辜振甫被判處二年二個月有期徒刑。

廖文毅

一九一〇—一九八六年。臺灣雲林縣西螺人。一九三四年獲美國俄亥俄州立大學化學工程學博士學位後，於中國任教，戰後就任臺北市工務局長。創辦雜誌《前鋒》，討論時政，主張聯省自治。雖然與林獻堂見解一致，並參與了林獻堂領導的「臺灣建設協進會」的重啓，後來卻因二二八事件而中斷。一九四七年三月，因前往南京請願撤除行政長官公署而被通緝，流亡香港。一九五〇年，因非法入境日本，被GHQ逮捕，服刑七個月餘。同年，成立了「臺灣民主獨立黨」，呼籲聯合國託管臺灣，透過臺灣居民投票決定臺灣的前途。林獻堂與廖家是遠親關係，偶爾有機會在東京一同用餐。廖文毅曾要求林獻堂加入獨立黨，但林認為廖無法成大事，絲毫沒有動心。儘管如此，「林獻堂已經加入獨立黨」的傳聞卻傳遍全臺灣，這也是林獻堂不願冒險回臺灣的原因。廖文毅後來與副主席黃南鵬分裂（背後有國民黨介入），黃於京都結成「臺灣獨立聯盟」。一九五六年，廖文毅宣布「臺灣共和國」成立，成為臨時政府總統，但由於黨員稀少，加上經濟困難，國民黨將廖的親屬當作人質，努力說服其回國，廖最終於一九六五年五月放棄獨立運動，返回臺灣。

林正亨

一九一五—一九五〇年。本籍臺中霧峰，林獻堂祖父哥哥的玄孫，廈門出生。一九三九年畢業於陸軍軍官學校（由南京遷至重慶）。次年年初，隨軍在廣西省與日軍交戰，同時參加過雲南與緬甸戰役，受了重傷。受此時接觸的左翼人士的影響，逐漸左傾。戰後回到臺灣，最初在臺灣省警務處工作。在二二八事件的漩渦中發動反政府運動，並於一九四八年參加由中共華東局主辦的香港會議。一九四九年八月被捕，被以「顛覆政府而著手實行」的罪名判處死刑。是白色恐怖的犧牲者之一。

注釋

1. 一九四〇年，在立憲政友會、立憲民政黨等各政黨逐漸合併為大政翼贊會時，臺灣也於一九四一年仿效成立了皇民奉公會。奉公會內有奉公班，與日本內地的鄰組制度相同，全島民都被編入其中。
2. 一八五〇年，洪秀全（一八一四—一八六四年）受基督教信仰的影響，於廣西省金田村（今廣西壯族自治區桂平市）起事。一八五一年宣告太平天國國號，一八五三年攻占南京作為首都，控制清朝南方一半地區，威脅清朝存亡。

3. 面對太平天國的起事，清朝傳統的八旗、綠營等常備軍並未能鎮壓他們。後由外國人軍官查理．喬治．戈登（一八三三—一八八五年）指揮的常勝軍、漢族官僚曾國藩（一八一一—一八七二年）於湖南省組織的湘軍、李鴻章（一八二三—一九〇一年）於安徽省組織的淮軍等「鄉勇」參戰，一八六四年才成功鎮壓太平天國軍。臺勇亦曾仿效參戰。從歷史角度說，台州（今浙江省台州市）簡稱為「台」、臺灣簡稱為「臺」；故在歷史用語角度中，「臺勇」被作為正字使用。

4. 林獻堂，《林氏家譜》，自刊，一九三六年。

5. 一九三七年，林獻堂向次子日本妻子娘家介紹的日本家教學習日語，此後也閱讀日文報紙。但他自己不說日語，而是讓負責日語及臺語的專業翻譯擔任祕書。這些翻譯祕書是從親戚或鄉里內值得信賴的青年中挑選而出，並以包攬其教育費、生活、就業的形式自己培養出來的，林獻堂一生中，共有十多名這樣的翻譯祕書。讓有前途的他們來當自己的耳目，積累實務經驗、進行訓練，再讓其從事政治、行政、文化事業。這種以私人目的培養專業翻譯人員的做法，在翻譯史上也是史無前例。其目的並非單純的為處理翻譯案件，而是以啟發下一代臺灣人的意識為著眼點，所策劃的長遠的社會事業。楊承淑，〈譯者與贊助人——以林獻堂為中心的譯者群體〉，《譯者養成面面觀》，語言訓練測驗中心，二〇一三年。

6. 葉榮鐘，《林獻堂先生紀念集　卷二海上唱和集》，龍文出版社股份有限公司，一九九二年。

7. 自清朝以來，臺灣的土地權利意識大致分成三個層級。一、向官府申請開墾並獲得許可的開發業者，稱「墾首」或「大租戶」；二、將從前者承租土地，再轉租給耕佃人的實質地主，稱「墾戶」或「小租戶」；三、實施農業生產的「現耕佃人」。為整理這種複雜的土地關係，政府透過收購大租戶們持有的大租權，再以公債補償，並統一小租戶的土地所有權與納稅義務。

8. 許雪姬，〈皇民奉公會的研究——以林獻堂的參與為例〉，《中央研究院近代史研究所集刊》三一期，一九九九年。

9. 林呈祿編，《臺灣議會設置請願理由書》，臺灣議會期成同盟會，一九二三年。

10. 《大日本帝國憲法》第三十條：日本臣民，遵守相當之敬禮，依另定之規程，得為請願。

11. 一九一七年，俄羅斯爆發二月革命、十月革命。一九一八年，原敬內閣成立，受到美國總統威爾遜發表的十四條和平原則宣言中，允許部分的「民族自決」影響，一九一九年朝鮮爆發三一獨立運動，北京爆發五四運動。

12. 蔡培火等著，《臺灣民族運動史》，自立晚報叢書編輯委員會，一九七一年。

13. 許雪姬，〈反抗與屈從——林獻堂府評議員的任命與辭任〉，《國立政治大學歷史學報》一九期，二〇〇二年。

14. 許雪姬，〈《灌園先生日記》的史料價值〉，林獻堂，《灌園先生日記（一）一九二七年》，中央研究院臺灣史研究所籌備處、中央研究院近代史研究所，二〇〇〇年。

15. 許雪姬，〈林獻堂《環球遊記》之研究〉，《臺灣文獻》四九卷二期，一九九八年。

16. 此處所謂的「漢文」是指人們可用來進行日常生活會話的漢語方言，以及與日常會話不同，是為了閱讀古漢文，學習具有古漢語以來的書面語音，熟悉詩文素養，用書面語創作詩文的漢文。

17. 許雪姬，同前注，一九九九年。

18. 將「省」視為組成聯邦的單位，推進地方自治的想法。該想法曾於北洋軍閥時期討論。

19. 許雪姬，〈二二八事件中的林獻堂〉，《20世紀臺灣歷史與人物——第六屆中華民國史專題論文集》，國史館，二〇〇二年。

20. 林獻堂，《灌園先生日記（二四）一九五二年》，中央研究院臺灣史研究所、中央研究院近代史研究所，二〇一二年。
21. 許雪姬，〈由日記與檔案所見的林獻堂〉，周惠民主編，《民國人物與檔案》，政大出版社，二〇一五年。

參考文獻

黑澤良，《清瀨一郎——ある法曹政治家の生涯（清瀨一郎——某法官政治家的生涯）》，駿河台出版社，一九九四年
黃昭堂，《台灣總督府》修訂新版，前衛，二〇一三年
林呈祿編，《臺灣議會設置請願理由書》，臺灣議會期成同盟會，一九二三年
許雪姬，〈林獻堂《環球遊記》之研究〉，《臺灣文獻》四九卷二期，一九九八年
許雪姬，〈皇民奉公會的研究——以林獻堂的參與為例〉，《中央研究院近代史研究所集刊》三一期，一九九九年
許雪姬，〈日治時期霧峰林家的產業經營初探〉，《臺灣商業傳統論文集》，中研院臺灣史研究所籌備處，一九九九年
許雪姬，〈《灌園先生日記》的史料價值〉，林獻堂，《灌園先生日記（一）一九二七年》，中央研究院臺灣史研究所籌備處、中央研究院近代史研究所，二〇〇〇年
許雪姬，〈二二八事件中的林獻堂〉，《20世紀臺灣歷史與人物——第六屆中華民國史專題論文集》，國史館，二〇〇二年
許雪姬，〈反抗與屈從——林獻堂府評議員的任命與辭任〉，《國立政治大學歷史學報》一九期，二〇〇二年
許雪姬，〈「臺灣光復致敬團」的任務及其影響〉，《臺灣史研究》一八卷二期，二〇一一年
許雪姬，〈由日記與檔案所見的林獻堂〉，周惠民主編，《民國人物與檔案》，政大出版社，二〇一五年
許雪姬，〈戰後上海的臺灣人團體及楊肇嘉的角色——兼論其所涉入的「戰犯」案（1943-1947）〉，《興大歷史學報》三〇期，

二〇一六年
許伯埏，《許丙．許伯埏回想錄》，中央研究院近代史研究所，一九九六年
吳伯卿，〈陳儀〉，《中國現代史辭典——人物部分》，近代中國出版社，一九八五年
吳文星撰，《鹿港鎮志　人物篇》，鹿港鎮公所，二〇〇〇年
黃朝琴，《我的回憶》，龍文出版社，一九八九年
黃天才、黃肇珩，《勁寒梅香——辜振甫人生紀實》，聯經出版事業，二〇〇五年
蔡培火等，《臺灣民族運動史》，自立晚報叢書編輯委員會，一九七一年
蔣渭水著，蔣朝根編校，蔣智揚譯，《蔣渭水先生全集（復刻）》，蔣渭水文化基金會，二〇一四年
章子惠，〈李翼中〉，章子惠編，《臺灣時人誌　第一集》，國光出版社，一九四七年
張炎憲，〈社會民主主義者——連溫卿〉，張炎憲等編，《臺灣近代名人誌　第四冊》，自立晚報，一九八七年
張炎憲等，《臺灣獨立運動的先聲——臺灣共和國》，吳三連臺灣史料基金會，二〇〇〇年
張漢裕主編，《蔡培火全集　第一冊　家世生平與交友》，吳三連臺灣史料基金會，二〇〇〇年
陳芳明，《謝雪紅評傳》，麥田出版，二〇〇九年
田健治郎，《臺灣總督田健治郎日記》（中），中央研究院臺灣史研究所，二〇〇六年
白先勇、廖彥博，《止痛療傷——白崇禧將軍與二二八》，時報文化出版企業有限公司，二〇一四年
葉榮鐘編，《林獻堂先生紀念集　年譜、遺著、追思錄》，文海出版社影印版，一九七四年
葉榮鐘編，《林獻堂先生紀念集　卷二海上唱和集》，龍文出版社股份有限公司，一九九二年

楊承淑，〈譯者與贊助人——以林獻堂為中心的譯者群體〉，《譯者養成面面觀》，語言訓練測驗中心，二〇一三年

李筱峰，《林茂生、陳炘和他們的時代》，玉山社，一九九六年

林獻堂，《林氏家譜》，自刊，一九三六年

林獻堂，《灌園先生日記（二四）一九五二年》，中央研究院臺灣史研究所、中央研究院近代史研究所，二〇一二年

中央研究院近代史研究所「臺灣日記知識庫」https://taco.ith.sinica.edu.tw/tdk/%E9%A6%96%E9%A0%81（最終瀏覽於二〇二二年十一月三日）

第六章

印尼女性解放運動的先驅——卡蒂妮眼中的「光明」與「黑暗」

富永泰代

前言

卡蒂妮（Kartini），她是一位受人們傳頌的印度尼西亞共和國國家獨立英雄（以下簡稱獨立英雄），也是為女性教育付出貢獻、提倡女性解放的「賢妻良母」。實際上，她是縣長（Bupati）的女兒，婚後則成了縣長的賢妻，但她較廣為人知的，卻是被冠上爪哇貴族未婚女性稱號的名字「Raden Adjeng Kartini」，雖然她希望別人叫她卡蒂妮[1]，卻未受人理會。她以「開設了第一所爪哇女校的當地女性」之事跡聞名，但就在她於縣長宅邸內，開設了以少女為招收對象的私塾約半年後，就意外結婚，離開此處，一年後生子，二十五歲便早早過世。

當時爪哇的荷蘭文權威報紙 *De Locomotief* 於一九〇四年十月十日的「追悼報導」表示：「卡蒂妮

透過振興木雕工藝活動，提升了有『被遺忘的邊境』之稱的哲帕拉（Jepara）知名度，這項豐功偉業是所有居民都知道的。然而，她構思的女子中學，則因未得到贊同而未能實現。」不過就如先前所說，卡蒂妮仍成了功績顯赫的獨立英雄。

符合大眾期待的卡蒂妮形象

過去在荷蘭殖民地史與印尼史中，都將一九〇〇年視為「光與暗」的轉折點。對此，班納迪克·安德森（Benedict Richard O'Gorman Anderson，美國的印尼研究權威）表示：「從二十世紀初開始，有多少報紙、定期刊物的名稱都含有閃耀光芒的形象。一些學者認為，這就像在黑暗中看到偉大的光芒一樣，意味著從傳統走向近代的過渡。」[2] 人們討論卡蒂妮時，也多基於這樣的認知。在印尼史及民族主義研究中，她常被描寫成「現代精神」的體現者、定位為「達成獨立的故事」。其結果便是人們對卡蒂妮的認識，始終在於圍繞她的世界，「光與暗」就只是一種抽象的概念。毫不誇張地說，卡蒂妮個人的真實情況，完全沒人考察過。而導致這種研究傾向的主因，則是卡蒂妮的書信集《越過黑暗走向光明》（*Door Duisternis tot Licht*）幾乎被作為唯一的史料。該書的編者是卡蒂妮的通信對象，即荷蘭的殖民地官員——教育、宗教及產業局長阿本達農（Jacques Henrij Abendanon）。她所必須面對的「黑暗」是什麼？而她追求的「光明」又是什麼？筆者希望連同她不斷提出的課題來做一次探究。

卡蒂妮（一八七九—一九〇四年）

強加的爪哇習俗——婚前閉居與結婚問題

卡蒂妮出生於中爪哇的朱帕拉，家中排名第五，身為縣長的祖父瓊德羅內戈羅四世（Tjondronegoro IV）讓兒女不論男女都受荷蘭語教育，是先驅般的存在。而卡蒂妮的父親也是縣長，他同樣不論男女，也讓每個兒女上歐洲人小學。該校以居住在荷屬東印度（今印尼，以下簡稱東印度）的荷蘭人為招收對象，由荷蘭教師教授荷蘭本國的小學課程，其內容也包括歐洲文化、歷史等荷蘭「帝國」的領域，也就是說，卡蒂妮的認知裡，爪哇是「荷屬東印度」的一部分。學校帶領她進入了遼闊的世界，然而由於爪哇貴族女性婚前閉居的習俗，她在十二歲即將畢業時便被迫退學，斷絕了與外界的交流。哥哥們升學到了州都或荷蘭，而她卻被剝奪了學問與行動的自由。於是她成了真正的「深閨千金」，學習符合爪哇女性的禮節，以嫁給父親選擇的男性、成為「Raden Ayu」（正妻，爪

卡蒂妮

哇貴族夫人的稱號），透過婚前閉居達成目標。而進入一夫多妻的家庭後，她也可能面臨丈夫強迫其離婚，或是面對丈夫多娶妻子的狀況。

即是說，印尼女性一生都處於家父長制之中被動而弱勢的地位。這是卡蒂妮第一次意識到社會歧視女性的一刻。她覺得這很荒謬，因為在歐洲小學念過書的卡蒂妮知道，只要她身處不同的地方，她就不會被迫接受婚前閉居、童婚、強迫婚和一夫多妻。當她開始尋找從未婚女性的習俗、與婚姻有關的習俗中解放的方法時，她意識到很難在爪哇文化找到答案。從那時起，爪哇的習俗對她來說，就是強人所難的「常識」。「Raden Ayu」意味爪哇女性的最高地位並受到祝福，但她決心不再複製母親一代、主張一夫一妻，宣布不會成為「Raden Ayu」。卡蒂妮苦惱了很久，但她還是接受了違背傳統價值觀的「真實」自己。之所以會這樣，是因為她在學校教育中，不僅學會使用荷蘭語，還具備了用荷蘭語思考的能力，透過荷蘭語書籍及與西方人的書信往來，了解到了女性解放思想。她對那些女性倡導者致力於和平運動與社會福利活動的態度，感到了深刻的共鳴。

「邂逅」雅各斯的朋友們——摒棄婚前閉居宣言

一八九九年，爪哇發行了第一本提倡女性解放的荷蘭語週刊《回音》[3]（*De Echo*）。卡蒂妮既是它的忠實讀者，同時也是投稿人。該雜誌中，以荷蘭婦女解放運動先驅阿萊塔・雅各斯（Aletta Jacobs）的作品最受人讚賞，且在外國作家中，施萊納（Olive Schreiner，一八五五—一九二〇年。英國籍，居於南非。婦女解放運動家、和平運動家、作家，著有代表作《非洲農場的故事》）的作品的刊登最多，這些跡象都表明了總編輯想向女性讀者傳達的知識與訊息。一八九九年，施萊納發表《女性的課題》後，《回音》便很快於一九〇〇年九月九日—十六日號上介紹了它。卡蒂妮對施萊納提出的「為女性提供教育及工作、歌頌自立、反對經濟從屬」的呼籲深有同感，並在向政府機關提出的備忘錄中主張「應為爪哇女性提供教育」。就這樣，施萊納等雅各斯友人們的著作，對卡蒂妮在為培養自立女性、構思實施職業訓練的女子中學時，產生了很大的影響。

因當時正值波耳戰爭（一八九九—一九〇二年），在南非有親人、或是家屬從軍的讀者，或許都敵視施萊納，然而其編輯的態度，體現出了人們對於強調女性自立和反戰立場的施萊納，有著超越國家、體制、既有文化與習俗的共鳴。透過印刷媒體，卡蒂妮幾乎是以即時視角看見了女權主義和平主義的萌芽，從覺醒的人身上學到了帶頭行動的勇氣。

接著，卡蒂妮被提拔為總編輯，成為首位爪哇女性作家。〈駁船軍艦〉連載了八期（一九〇〇年四月五日至六月十日號），〈總督之日〉連載了十二期（同年九月二日至十一月十八日號）。這兩部作品，皆是她以自身體驗為基礎，使用「第三人稱」書寫的連載小說。在〈總督之日〉中，她描寫了爪哇閨女出現在正式場合的一幕。按照慣例，一家的閨女不能出席正式場合，在充滿驚愕及指責的狀況下，這位閨女透過自己的行動，解決了婚前閉居的難題，並表示自己將是擺脫家父長規範，以及讓婚前閉居習俗消失的「新時代黎明」。正當化侵犯爪哇性別規範的行為，並向不特定的多數人公開，如此的卡蒂妮，可謂是在前期便認知到新聞潛力的爪哇女性。

如前所述，卡蒂妮透過印刷媒體「遇見」了雅各斯。實際上，多家雜誌及報紙都可能成為他們「相遇的場所」。卡蒂妮曾說：

我強烈認同新女性的精神。我知道新女性——即我在歐洲的姊妹們，正為了實現人們能心靈富足地生活而貢獻自己的行動，因此我也想分享新時代的思想與活動[4]。

由於被迫遵守以爪哇家父長制為基礎的習俗而沒有行動自由，因此卡蒂妮即使沒見過她們，但只要對其思想、行動產生共鳴，就稱呼她們為「姊妹」。事實上，她追求的是掙脫固守舊習的「束縛」。然而，挑戰打破習俗的卡蒂妮，其主張不追求與爪哇文化的同一性，因此被認為她對維持爪哇文化一事上採否定態度。在被指責是破壞秩序的狀況中，她擔心群體會無情壓迫與自己不同的個人。而此時支撐卡蒂妮心靈的人，便是上述那些在歐洲的「姊妹們」，也就是透過閱讀及書信往來而對她產生巨大影響的作者們，她們一個個都是卡蒂妮強有力的「夥伴」。確實，雖然只有少數的爪哇女性看得懂荷蘭語，但「一顆種子」仍在產生共鳴的人群中結成了果實。卡蒂妮的投稿行為，也使爪哇出現了「發行女性觀點雜誌」的實例，為後續印尼女性雜誌的發行、鼓勵女性養成讀書習慣打下了基礎。

和平運動的共鳴

新總督的就職典禮上有個軍隊行進的環節，這是她第一次目睹手持武器的士兵。她在〈總督之日〉一作中，寫道：「此時此刻，這種武器正被用於南非實戰中的流血戰場」、「在最慘痛、無挽回餘地的悲慘現場，成為不健康而貪婪的英國的犧牲品。」（《回音》一九〇〇年九月十六日號）。這年的聖誕節，她荷蘭的朋友送了她一本《放下武器！》（*Die Waffen nieder*，一八八九年）。該書作者蘇特納（Bertha von Suttner，一八四三—一九一四年）是奧地利人、第一位獲得諾貝爾和平獎（一九〇五年）的女性作家，也是和平運動家。該書作爲「反戰書」在歐洲各國廣為流傳的同時[5]，也遭到許多不接受反戰的強烈譴責。不過，卡蒂妮對於理解十九世紀的國際關係（列強與用武力建立民族國家的德國間的對峙狀況）[6]、追求人類尊嚴及和平的作者寫下的文字產生共鳴，並極力讚道：「這是一本充滿力量的書，我受到很大的影響，至今仍沉浸在感動中。」[7]印尼的文豪普拉姆迪亞·阿南達·杜爾（Pramoedya Ananta Toer）表示：「卡蒂妮認為荷蘭與東印度沒有必要發生戰爭，她之所以在信函中提倡以友情取代貪圖利益的支配關係，便是從蘇特納的理想引出的結果。」[8]點出了蘇特納對卡蒂妮的影響有多大。在《放下武器！》中，蘇特納以女性為主人翁，描寫個人在戰爭時期淪為無力、脆弱的存在，受到巨大傷害的現實，並強調國際合作的重要性。為了維護個人尊嚴，她提到：「為什麼要反對能帶來很多實惠的新潮流？……活在守舊社會的我們，現在正站在新時代的門檻上。讓子孫能做自己，而非遵循祖宗的舊習！」[9]卡蒂妮實際了解到，即使受到強烈的指責也要有勇氣寫文章，以及寫文章的自由，就在自己身上等事。

卡蒂妮的一生幾乎與一八七三年開始的「亞齊戰爭」重疊，她曾說過：

宗教使人們歸屬於群體，許久以來就是流血衝突與內訌的原因。我們是兄弟姊妹，而父母在天上。我們彼此威脅，只因為我們是從不同的角度來崇拜唯一神。……我懷著疑問捫心自問，那些本應保護我們免於犯罪的信仰，在宗教的名義下，真讓我們避免了多少罪？[10]

她的「互相威脅」，即是在批判蘇門答臘亞齊王國的穆斯林與荷蘭的臨戰狀態。她擔心群體在強迫個人歸屬的狀況，也就是個人意識被群體意識包含的狀況。此外，她也提倡「真正的文化不在於膚色、服裝、語言、宗教，而在於人心」，並表示「閱讀是心靈的養分」、「閱讀會為你建立倫理的基礎」[11]。這是她透過閱讀所磨練出的感受他人的能力、培養出視人如己的視角，並從中萌發想了解對方的想法、意識到彼此的尊嚴，是出自她自身的經驗才能說出的話語。

哲帕拉木雕工藝振興活動

卡蒂妮是雅各斯的友人梅西耶（一八三九—一九一〇年）的信徒[12]。梅西耶是當時荷蘭的著名女權主義者。當巴內特（一八四四—一九一三年，英國人）於一八八四年在倫敦開設湯恩比館（世界最早的慈善活動據點）後，便立刻向荷蘭的人們介紹了此事，並親自引領了「湯恩比活動」。卡蒂妮通過閱讀，獲得了萌芽期社會福利活動的知識，並對於人們自我變革，以及若要更多人參與，就必須相互理解這件事感到認同，其影響最終以地方產業振興活動的方式呈現出來。這是只有身為受過荷蘭語教育的爪哇人，且長期因社會對女性的拘束所苦的卡蒂妮才能完成的使命。她在阿本達農部長的幫助下，主導邀了「全國女子工藝展」（一八九八年舉辦於荷蘭，卡蒂妮以爪哇傳統蠟染「巴蒂克」參展）且支持女性解放的荷蘭女性擔任首任會長，並與東印度的藝術復興團體建立合作關係，將活動送上了正軌。

當時印尼典型的木雕品用途有限，通常是儀式用的雕像或道具等。於是卡蒂妮活用荷蘭語，以歐洲人為客群，自己承擔訂單、會計、品管、交貨、客訴處理等責任，向工匠傳達顧客的要求和產品概念，一方面不斷向荷蘭人介紹爪哇的卓越技能。她為在殖民地社會中處於弱勢的工匠發聲，主張生產者的主體性。同時，也呼籲工匠們需掙脫束縛他們的習俗，告訴他們自我察覺與改變的重要性，並期待他們自主自律。而這些行為直接關係到了新產品的開發，更進一步進軍歐洲市場，帶動了地區振興。卡蒂妮一連串服務活動，奠定了今日「哲帕拉高級家具」的基礎。一九〇三年，在大阪舉行的第五屆內國勸業博覽會（日本政府首次正式邀請外國政府參加、展示外國展品）展出的作品廣受好評，被認為是引人入勝的哲帕拉傳統工藝，工匠的手藝亦受到高度讚揚。該作品獲得高度評價，被認為是跨世紀、名副其實的印尼代表性木雕工藝。而卡蒂妮等人的合作所產生的工藝之「美」，在無論東、西方的人們心裡皆產生共鳴的這點，也證明了「美」是能夠增進相互理解的連結。

如前言所提到的，卡蒂妮於一九〇三年開辦了私塾。學生報名狀況之所以極為順利而引人矚目，是由於她對木雕工藝振興活動的貢獻在爪哇廣為人知，使卡蒂妮著手的下一步事業贏得了人們的信賴。但不能忘記，她能成為家喻戶曉的女子教育貢獻者，是因為她曾經傾注全部心血在地方產業振興活動上。卡蒂妮的木雕工藝振興活動，是一種磨練技術、創造美麗事物、振興產業、市場國際化，並且在維持現有美麗傳統的同時，改變其中的不合理，創造出一群自主自律的人們的運動。

如此這般，卡蒂妮擁有可透過閱讀直接向國際社會連接的資訊網路，在對新思潮產生共鳴並付諸實踐的過程中，建構一套超越性別、年齡、身分、人種、文化的新關係性，同時將推動合作作為使命，不斷為了人的尊嚴與和平書寫信件。

在卡蒂妮長眠的一九〇四年，西爪哇開辦了女子學校，以學習專業技術及自立為目標開始運作。德威．薩爾蒂卡（Raden Dewi Sartika）則成了卡蒂妮的後繼者。

卡蒂妮逝後誕生的「故事」——《越過黑暗走向光明》的出版

年紀輕輕便去世的她之所以一夕之間受到關注，是由於阿本達農在一九一一年編輯、發行了《越過黑暗走向光明》（以下稱一九一一年版）所造成。該書由卡蒂妮在一八九九年五月到一九〇四年九月之間，寫給十名對象的信件所構成。當然，其中也包括寫給阿本達農夫婦及其次子的信件，該部分占了全書一半以上。這本書信集使得卡蒂妮的思想受世人所知，然而，該書卻與荷蘭皇家語言地理民族學研究所於一九八七年出版的《致阿本達農夫人及其丈夫之書信集》（*Brieven: aan mevrouw R. M. Abendanon-Mandri en haar echtgenoot*，幾乎一封不漏地收錄了一九〇〇年八月十三日至一九〇四年九月七日的信函）相比，一九一一年版裡，寫給阿本達農夫人、阿本達農先生，以及阿本達農夫婦的信函，竟僅占原書信的三成左右。

那麼為什麼七成都被刪除了？這是因為，一九一一年版的發行目的是為了「設立女子學校」。阿本達農主張女子教育，因此他擷取了卡蒂妮的信函中符合自己主張的部分，並反覆進行調整。確實，一九一一年版或許也能作為挖掘卡蒂妮的人性、解釋卡蒂妮的基礎，但儘管她自稱是「新女性」、將自己定位於「每天進步的世界」，並賭上了自己的一生，但就荷蘭的反應來看，仍是將卡蒂妮定位在「荷屬東印度」這個受局限的框架之內。這意味著爪哇再次確認了自己是荷蘭「帝國」的一部分。而卡蒂妮則在爪哇的黑暗，以及照亮它的荷蘭之光這一說法中重生。這就是殖民地官僚的阿本達農的工作。

隨著大膽刪除原始內容，帶有「Raden Adjeng Kartini」稱呼的卡蒂妮的故事隨之誕生，並使她被公認為「殖民地的女性教育推動者」。

進入二十一世紀後，迎來「民主化時代」的印尼開始重新研究卡蒂妮。這一方面也證明了卡蒂妮的書信集被跨世紀地流傳了下來。

在書信中不斷探討人的尊嚴的卡蒂妮，批評道：「人們隱瞞事實，提供模稜兩可的訊息，煽動世人的好奇心，然後隨意探索，說出錯誤的話。」[13]另一方面則提倡：「只要努力理解他人、加深理解，敵意就會淡化，如此便能考慮對方的立場，抱持公正的觀點。這才是讓對方與自己都幸福的道路。」一句「愛在給予之時，才最富有」[14]，就這麼傳到了今日。

希望人們未來在談論卡蒂妮時，能理解到她至今受到的誤解與苦惱，並以真摯的態度來探索她的真實面貌。

阿本達農（一八五二—一九二五年）

亨利・阿本達農，荷屬蘇利南巴拉馬利波人。萊頓大學畢業後，於一八七五年巴達維亞（今雅加達）出任殖民地官員，一八七六年結婚，子嗣均爲爪哇人。一八八三年與羅莎（一八五七—一九四四年，新西班牙波多黎各人）在海牙再婚。一九〇〇至一九〇五年，阿本達農就任東印度政廳教育、宗教、產業局長。回國後，他收集、編輯了卡蒂妮的書信，於一九一一年發行《越過黑暗走向光明》，並用其收益設立基金，開設了以爪哇小學女童為招生對象的「卡蒂妮學校」。羅莎夫人及次子愛德華（一八七八—一九六二年，地質學家）與卡蒂妮有書信往來而成友人關係。書信中，卡蒂妮稱羅莎女士為「母親」。

阿本達農的親妹妹瑪麗安娜（Marianne Josephine Abendanon，一八五六—一九二一年，巴拉馬利波人）的丈夫名為詹姆士・威廉・西奧多（James William Theodoor，一八五四—一九〇八年，蘇拉卡爾塔人），是東印度政廳高官，也是著名爪哇學者亞伯拉罕・班傑明・柯恩・斯圖亞特（Abraham Benjamin Cohen Stuart）的兒子。瑪麗安娜在丈夫死後，活躍於婦女參政權運動中。其女兒奈爾（Nel Stokvis-Cohen Stuart，一八八一—一九六四年，三寶瓏人）則在歐洲人小學畢業後前往荷蘭留學，並於萊頓大學醫學院畢業後回到爪哇當醫生，在培養護士方面做出了貢獻。可以見得，他們是一群在各自的專業領域中，為殖民地的行政奉獻的人。

卡蒂妮與阿本達農關係的推移——從女性教育政策立案到振興地方產業

阿本達農就任部長後，便隨即立案女子小學的設立計畫，在其友人斯諾克・赫格隆尼（Christiaan Snouck Hurgronje，一八五七—一九三六年，當時為政廳的當地人與阿拉伯人問題顧問）的建議下，於一九〇〇年訪問了卡蒂妮。從那時起。卡蒂妮與阿本達農夫妻開始通信。他計畫將卡蒂妮提拔成教師，並建議其學習如何獲得政廳的獎學金，並在巴達維亞教書的方式。卡蒂妮回應了他的建議，主張職業教育在女性教育中的重要性，但縣長們批判女性教育為時尚早，《設立當地女子之學校案》（一九〇一年十月提交）便被政廳敲定為「不採納」。不過，卡蒂妮並沒有放棄當教師的夢想。

他將重心從女子教育轉向傳統工藝，擬定透過卡蒂妮來振興傳統工藝的計畫。一九〇一年，名為「倫理政策」，以居民教育及福利改善為主軸的荷蘭殖民地政策開始施行。該政策需要大量懂荷蘭語的當地官員，並把荷蘭語教育作為重點課題。於是他將已按照歐洲人小學課程系統式學習過荷蘭語的卡蒂妮，定位為荷蘭語教育的結業者，賦予其一種「會說荷蘭語的地方居民」的榜樣。一九〇二年，巴達維亞舉辦了「東印度美術工藝展」，哲帕拉的木雕在展上獲得高度評價。卡蒂妮向荷蘭發行的雜誌投稿的文案即是其證明，哲帕拉的木雕工藝振興，被高度評價為「荷蘭語教育的成果之一」[15]。

雖然阿本達農完成了「任務」，也就是「聘用」符合政府想要的「倫理政策典範」條件的女性，但他並不支持卡蒂妮去荷蘭留學取得教師資格。阿本達農向政廳提交的教育、宗教、產業局長卸任報告內容中，所針對的並非「教育」，而是「在地人的產業振興」。

如前所述，一九一一年版的書信集，確實使卡蒂妮成為了「締造成果的女性」，該書的編輯者阿本達農至今仍享有人們的稱讚。然而回看阿本達農與卡蒂妮的關係，類似於阿本達農的高層人士，起初雖然向當地居民保持關心並伸出援手，但最終卻完全不尊重其意志，表現出圍繞在倫理政策下，殖民地統治的政治及文化的本質構造。或許這正好暴露了卡蒂妮和阿本達農之間原本就存在不平等的鴻溝。

阿萊塔・雅各斯（一八五四—一九二九年）

雅各斯的活動

卡蒂妮以女性經濟自立為目標來建設女子中學的構想，其基礎背後其實有著雅各斯的女性解放運動的影響。雅各斯以荷蘭第一位女大學生的身分，前往格羅寧根大學醫學院念書，畢業後，又進入阿姆斯特丹大學實習，是荷蘭第一位女醫師及女權擴張論倡導人。她將貧困視爲社會問題而非個人問題，並貼近社會弱勢群體，為其診療，還會特別免費為女性診療。如此這般，她透過醫療活動，品味女性的社會地位，後於一八九四年成立女性參政權協會並就任議長，從事婦女參政權運動、和平運動。在第一次世界大戰中則從事難民救濟工作，是拓展女性活動空間的先驅者[16]。

其代表作品《女性現狀的三大課題》（一八九九年）中，提到女性經濟自立的必要性、廢娼、節育等問題。她認為先使女性認識到問題的重要性，再共同致力於改善惡習非常重要，因此曾提倡「為了負責任地養育子女，節育有其必要」等觀念；《回音》（一九〇〇年五月十三日號）上也曾介紹過她的主張。此外，她也對夏洛特・珀金斯・吉爾曼（Charlotte Perkins Gilman，一八六〇—一九三五年，美國人）於一八九八年出版的《婦女與經濟》（*Women and Economics*，一八九八年發行）體會到其重要性，於是在一九〇〇年發行荷蘭語譯本。雅各斯下定決心翻譯，在《回音》（一九〇一年二月三日號）上寫道其原因是「《婦女與經濟》提倡女性自立，批判女性在經濟上隸屬於男性的情況，因此想揭露、探究隱藏在結婚、婚姻法背後的真相」。她的巨大功績在於，她為察覺到問題的女性，賦予了率先挺身而出改善問題的勇氣，並及早翻譯出版了旨在發掘阻礙女性自立的婚姻法各種問題的歐美新書，自己也執筆向荷蘭及其殖民地的女性廣傳女性經濟自立及職業教育的重要性。一九一一年，她訪問爪哇，與帕庫阿拉姆（Pakualam）王家的公主們見面。關於這些公主，雅各斯說她們有一套「卡蒂妮式學習法」，也就是在學校教育結束後，自己也會持續磨練荷蘭語，有著提高爪哇女性地位的意志[17]。此外，其妹夏洛特．雅各斯，亦是為爪哇女性的健康做出貢獻的醫師[18]。

雅各斯建立的女性網路

除了上述的事跡，雅各斯也是一九一五年於海牙召開的首屆國際婦女會議的女性發起人，雖然雅各斯的好友蘇特納亦應邀出席，卻在召開前的一九一四年長眠，不久後更爆發了第一次世界大戰。與雅各斯在南非相遇、其後也持續友情關係的施萊納，雖也計畫率領英國代表團出席，但在受到英國政府及港口工人的妨礙下，最終未能如願[19]。最終，該會議決定了婦女國際和平自由同盟（WILPF）的成立，成為婦女和平運動的母體，超越國家、體制，發展成婦女合作的國際NGO活動，該同盟被認為是二十世紀最大的女性和平機構[20]。

一九一九年，她的努力有了成果，荷蘭女性獲得了普通選舉權。在荷蘭，國、高中的歷史教科書「荷蘭的女性解放運動」單元中，就記載著她對社會的貢獻。

卡蒂妮親自連接了雅各斯、施萊納、蘇特納等人所建構起的網路。卡蒂妮曾說過，「我希望能遵照從歐洲人身上學到的愛、共鳴與權利的概念來生活[21]」，這是得到活字印刷媒體的力量而展翅高飛的卡蒂妮，從雅各斯等人身上學到了打破以家父長制為基礎的習俗的勇氣後，表達了她想完成使命的決心。

其他人物

瓊德羅內戈羅四世

約一八一一—一八六六年。卡蒂妮的祖父、縣長（一八三六—一八六六年在任）。在強制栽培制度造成大饑荒、人口劇減的情況下，他接到調任爪哇淡目（Demak）的命令，成功重建當地後，獲得殖民地官員的最高稱號「Pangeran」。他將現代精神、知識視爲進步和自由的力量，自荷蘭聘請家庭教師C・E・范・凱斯特倫（後來成為著名新聞工作者，著手編輯有關東印度問題、定期發行的高級雜誌《路標》），不分性別地給孩子們接受了歐式教育。當時，他被指責這是不符爪哇貴族的行為，但他的兒子最終全員就任縣長，特別是卡蒂妮的父親及其弟，更是作為精通荷蘭語的縣長受到了政廳的表揚。西式教育的重要性受到廣泛認知後，他率先普及荷蘭語教育，後以打開西方文明大門的縣長而聞名。卡蒂妮以祖父的進取心為榮，也真摯地繼承了這個態度。

諾托・蘇洛托

一八八八—一九五一年。中爪哇帕庫阿拉姆王族，詩人。一九一一年，在萊頓大學法學院留學期間，他作為議長，在題為「於東印度協會之方針加入卡蒂妮思想」的演講中，批評了卡蒂妮被偶像化的情況[22]。東印度協會成立於一九〇八年，以東印度出身的留學生為招收對象，會員們會購買《越過黑暗走向光明》，以支援卡蒂妮基金，起到了傳播「卡蒂妮」的作用。他是從卡蒂妮透過產業振興、創造自立環境的樣子中，尋找到民族間的合作及統合原理的初期人物。諾托主張與荷蘭合作，即使於一九二五年被協會除名後，仍主張印尼人的覺醒、加強經濟基礎，以及荷蘭與印尼的協調與合作。是故，在採取獨立導向的印尼裡，諾托的評價受到了低估。不過，在泰戈爾的影響下，追求東西方融合與和平的作品，被翻譯成英語、德語、法語版等形式發行，其代表作《哇揚之歌》（*Wayang Songs*，一九三一年）更是受到羅曼．羅蘭（Romain Rolland）的盛讚。

集多．馬坤古蘇麼

一八八六—一九四三年。民族運動領導者、醫師、影響了蘇卡諾等殖民地時期主要民族主義者。後被授予印尼國家獨立英雄稱號。集多生於爪哇，於東印度醫生培育學校（STOVIA）畢業後，在一九一二年構思了一個「東印度」祖國，居民不具排他性，超越了種族差異、地緣、血緣及習俗等，並成立以獨立為號的首個政黨「東印度黨」，但未能得到政廳批准，更與引發筆禍事件的夥伴一起被驅逐至荷蘭。第一次世界大戰期間，集多在柏林站被誤認為是日本間諜而被捕，這次的經歷使他深刻體會到戰爭的愚蠢[23]。他感受到進步時代的社會流動浪潮，回國後便活躍在民族運動的第一線，被譽為「真正的民主主義者[24]」。他主張「卡蒂妮希望的是民眾從數百年的倒臥中站起[25]」，這是他對實施倫理政策、並將卡蒂妮作為「女性教育倡導者」之典範的荷蘭提出的異議，也是印尼人最早將卡蒂妮定位在民族覺醒的宣言。

德威・薩爾蒂卡

一八八四—一九四七年。西爪哇人，女運動家。她與卡蒂妮一樣，由於習俗限制，也被只允許在小學念書。放學後，據說她會叫來朋友玩「學校遊戲」，由她扮演老師，並把在學校學到的內容教給朋友。一九〇四年，也就是卡蒂妮長眠的那一年，薩爾蒂卡在萬隆（Bandung）開辦女子學校。這裡教讀書、拼寫、計算、裁縫、編蕾絲、刺繡等，也教印尼歌曲與小提琴、吉他，致力於普及女性教育。[26]她的母語是巽他語，但她在印尼光復前，就引進了印尼語教育，為該語言的普及做了貢獻，因此被授予獨立英雄稱號。一九二九年，學校總算擁有了自己的校舍，但在日軍占領下，還是閉校了。雖然教學科目的構成上帶有濃厚的賢妻良母色彩，不過就她為女性的經濟獨立而主張技術學習、男女同酬等來說，仍須承認她以廣闊的視野推動了初期的女性教育。

注　釋

1. Kartini, R. A., *Door Duisternis tot Licht: Gedachten over en voor het Javaansche volk*, bezorgd door J. H. Abendanon,'s-Gravenhage: Van Dorp, 1911.
2. Anderson, B., *Imagined Communities: Reflections on the Origin and Spread of Nationalism*, London: Verso, 1983.（班納迪克・

安德森著，白石隆、白石さや翻譯，《想像の共同体——ナショナリズムの起源と流行》，リブロポート，一九八七年）。

3. 受荷蘭女權運動的影響，於日惹（Yogyakarta）發行的女性週刊（一八九九—一九〇五年）。在創刊號，序言呼籲讀者們「以提高女性的地位為目標，掌握所有領域的知識與素養來面對課題」。編輯過許多探討女性社會地位的特輯，例如女性解放運動的領導人、巴達維亞的高等女子學校、男女共學、東印度女性的職業（藥劑師、護士等）、荷蘭文學中的女性、女性的經濟狀況、有關結婚的法律、自由結婚、寡婦再婚與喪失養老金、女性的老齡年金，護士工會等。一方面也提供閱讀書單或有助於生活的訊息（急救處理、家庭、料理、子女教育等），以及愛護動物、南非紅十字會、素食主義、福利活動等最新情報。其餘當然也包含了反映東方的報導，例如印尼的紀行文章、爪哇傳統美術工藝、解說爪哇女性生活的報導，又或是日本等地的報導。*De Echo: Weekblad voor Dames in Indië*, Yogyakarta: Buning, 1899-1901,1904.

4. Kartini，同前注，一九一一年。

5. 一八九九年，蘇特納贊成設立國際仲裁法院，為了出席萬國和平會議而前往海牙，是次會議成立了將《日內瓦條約》原則應用於海戰的《海牙條約》。反映國際合作的氣氛，在次年一九〇〇年《放下武器！》被翻譯成荷蘭語後，卡蒂妮馬上就入手了一本。下面舉出的一九〇六年版，普遍被認為是完整版：Suttner, B. von, *Lay Down Your Arms: The Autobiography of Martha von Tilling*, trans. by T. Holmes, New York: Longmans, Green and Co., 1906.一九七二年，《放下武器！》與她的自傳*Memoirs of Bertha von Suttner*一同被收錄進系列作The Garland Library of War and Peace，並收藏於聯合國日內瓦本部。Suttner, B. von, *Lay Down Your Arms: The Autobiography of Martha von Tilling*, reprint of the 1894, trans., T. Holmes, with a new introduction for Garland edition by Irwin Abrams, The Garland Library of War and Peace, New York:

Garland, 1972a; Suttner, B. von, *Memoirs of Bertha von Suttner: the records of an eventful life*, reprint of the 1910, with a new introduction for Garland edition by Irwin Abrams, The Garland Library of War and Peace, New York: Garland,1972b. 在德國，《放下武器！》至今仍廣為流傳；而在奧地利，硬幣上則有蘇特納的肖像。

6. 蘇特納表示，詳細記錄當時的戰況，也是其出版目的之一。為此，他閱讀了當時的報紙、公文、隨軍記者的報告，以及軍醫報告書等大量紀錄（Sutter，同前注，一九七二年b）。

7. Kartini, R. A., *Brieven aan mevrouw R. M. Abendanon Mandri en Haar Echigenoot*, bezorgd door F. G. P. Jaquet, Dordrecht: Foris Publications, 1987.

8. Toer, P. A., *Panggil Aku Kartini Saja: Jepara, 25 Mei 1899, Sebuah Pengantar pada Kartini*, Jakarta: Hasta Mitra, 2000.

9. Suttner，同前注，一九〇六年。

10. —11. Kartini，同前注，一九一一年。

12. —14. Kartini，同前注，一九八七年。

15. Kol, H. van, *Uit onze koloniën*, Leiden: A. W. Sijthoff, 1903.

16. Jacobs, A., *Memories: My Life as an International Leader in Health, Suffrage, and Peace*, edited by Harriet Feinberg, trans., Annie Wright, New York: Feminist Press, 1996.

17. Coté J. (ed.), *Realizing the Dream of R. A. Kartini: Her Sisters' Letters from Colonial Java*, Athens: Ohio University Press, 2008. 本文已經多次提及卡蒂妮從荷蘭語書籍中學習，是閱讀培養了她的這一事實。可以說閱讀就是卡蒂妮的生存食糧，若想更加了解「卡蒂妮的閱讀」，以下書籍有詳細介紹，可供參考：富永泰代，〈カルティニの「世界認識」の形成過程：カ

ルティニの読書体験についての一考察〉，《南方文化》一八，一九九一年；以及富永泰代，《小さな学校・カルティニによるオランダ語書簡集研究》，京都大學學術出版會，二〇一九年。

18. Coté，同前注。

19. Joyce Avrech Berkman著，丸山美知代譯，《知られざるオリーヴ・シュライナー》，晶文社，一九九二年。

20. 會議決議包括：（一）為建構和平，應儘早召開中立國會議；（二）軍備縮減至確保各國安全所需的最低限度；（三）解決殖民地問題；（四）保障通商自由……等。據說這對美國總統威爾遜的「十四條和平原則」產生了影響。第一次世界大戰後，珍・亞當斯（一八八九年創立美國最早的慈善機構赫爾大廈（Hull House）、一九三一年獲得諾貝爾和平獎）就任WILPF總裁。〈20世紀どんな時代だったのか〉，《讀賣新聞》，一九九八年五月十八日。

21. Kartini，同前注，一九八七年。

22. 「卡蒂妮想要的不是狹隘的民族主義，她不模仿外國而降低自己，該思想的基礎，是善良的心。……她前往歐洲的願望沒有實現，而在人生鼎盛時期，卻能前往荷蘭留學的我們如此幸運，這讓我對故鄉與民族、先烈產生義務感。先烈們培養了人們的心靈、立志振興故鄉，卻沒有得到祝福。此刻，讓我們確實把握這美好的機會，繼承先烈們曾全身心地投入的事業吧！讓我們以卡蒂妮為榜樣吧！了解她的使命，若我們繼承了她接受使命的勇氣，再以這份勇氣繼承她的使命，她一定會很開心的。……會將她看作偶像而抱有好感的人，不過是將她當成一個年輕少女看待罷了。」Poeze, H. A., *Indonesiërs in Nederland 1600-1950, in het land van de overheerser I*, Dordrecht: Foris Publicaions, 1986.

23. Poeze，同前注。

24. 土屋健治，《インドネシア民族主義研究》，創文社，一九八二年。

25. Bouman, H., *Meer licht over Kartini*, Amsterdam: H. J. Paris, 1954.

26. 樂器演奏及唱歌指導，遭人誤解為是為了發展演藝，因此受到批判。另一方面，了解音樂教育重要性的人們，則為了阻止這危機而高呼道：如果父母們因為這個問題，而猶豫是否要讓女兒上學，那麼未來將有大量的女子被遺忘在黑暗中。Toer, P. A., *Sang Pemula*, Jakarta: Hasta Mitra,1985. 教導如何演奏西洋樂器、再用西洋樂器的伴奏進行歌唱指導——這種將歌曲當作印尼語教育的方法，也表現出了薩爾蒂卡具有嶄新性的一面。

參考文獻

加納啓良，《東大講義　東南アジア近現代史（東大講義　東南亞近現代史）》，めこん，二〇一二年

小林寧子，〈国家・英雄・ジェンダー——カルティニ像の変遷（國家・英雄・性別——卡蒂妮形象的變遷）〉，小泉順子編，《歴史の生成（歷史的生成）》，京都大學學術出版會，二〇一八年

櫻井由躬雄，《東南アジアの歴史（東南亞的歷史）》，放送大學教育振興會，二〇〇二年

土屋健治，《カルティニの風景（卡蒂妮的風景）》，めこん，一九九一年

富永泰代，《小さな学校——カルティニによるオランダ語書簡集研究（小小的學校——卡蒂妮荷蘭語書簡集研究）》，京都大學學術出版會，二〇一九年

永積昭，《インドネシア民族意識の形成（印尼民族意識的形成）》，東京大學出版會，一九八〇年

弘末雅士，《海の東南アジア史——港市・女性・外來者（海的東南亞史——港口城市・女性・外來者）》，ちくま新書，二〇二二年

古田元夫，《東南アジア史10講（東南亞史10講）》，岩波新書，二〇二一年
Soeroto, S., *Kartini: Sebuah Biografi*, Jakarta: Gunung Agung, 1977.（S・スロト著・,舟知恵、松田まゆみ譯，《民族意識の母カルティニ伝（民族意識之母：卡蒂妮傳）》，井村文化事業社，一九八二年）

第七章 印度的女性運動

粟屋利江

前言

自二十世紀初以來，印度的女性運動就與民族主義運動有著很深的關係。雖然兩者共享政治獨立的目標，但在批判既有性別結構的觀點上，又受到民族運動的牽制。也就是說，女性運動與民族主義運動的共同性及差異性，儼然成了印度女性運動的特徵。

一九二〇年代以後，女性大舉投入民族主義運動。可以很容易地想像，甘地強調非暴力、有意地呼籲女性參與運動，使得過去一直受到戶外活動限制的中、上層種姓女性更容易在公共場合活動。印度的女性運動雖然存在繼承、婚姻、離婚相關法律的修正、選舉權的獲得等與歐美第一波女權運動共通的課題，但同時也強調了與西方女權運動的差異。許多精英女性將西方女權主義視為「兩性戰爭」（sex war），必須保護女權運動避免受到「模仿西方女權主義」、「脫離印度傳統」等民族主義的責難。不過也有人指出，印度女性運動的瓶頸，在於主要是反映受過現代教育（特別是英語教育）的城市上層中產階級、上層種姓女性的利害與要求。

本章將講述的卡瑪拉德維．查托帕迪亞（Kamaladevi Chattopadhyay），可以說是活躍在女性運動及民族主義運動交會點的女性代表之一。她在印度女性全國組織「全印度女性會議」（All India Women's Conference）中活躍的同時，又參加了甘地領導的民族主義運動，因而經常入獄。她的獨特，在於加入了國大黨社會派的創建，從社會主義的角度鍛鍊了對性別結構的批判眼光。她的活動甚至遍及戲劇、舞蹈等藝術振興，以及工藝品的再評價、保護等領域。

另一方面，她在私人領域的一些選擇，具有對現有性別秩序「提出異議」的性質。婆羅門出身的她，年幼時即成了寡婦，後又經過戀愛、再婚，最後離婚。

追溯她生活中豐富多彩的活動與思想變化、個人的選擇以及印度內外的人際關係網，早期印度女性運動的特徵、創新性、局限性，或許就能一同呈現出來。

卡瑪拉德維・查托帕迪亞（一九〇三－一九八八年）

出生及家庭

卡瑪拉德維出生於印度卡納塔卡（Karnataka）門格洛爾（Mangalore）的薩拉斯瓦蒂婆羅門（Saraswat Brahmin）家庭。父親是官員，母親則出身於卡納塔卡最富有的家庭。其父在卡瑪拉德維年幼時去世，在母親庇護下成長的她，受到了母親深刻的影響。母親對印度女性的處境採批判態度，更成立了名為「女性協會」的女性組織，並且將潘迪塔・拉瑪巴依（Pandita Ramabai Sarasvati）與安妮・貝贊特（Annie Wood Besant）視為女人的理想。在貝贊特拜訪門格洛爾時，她還帶著卡瑪拉德維來到她的身邊，請求貝贊特祝福女兒能成為像她一樣的民族運動鬥士[1]。卡瑪拉德維在父親去世後，便非常崇拜身為社會改革家的舅舅。她認識了許多前來拜訪舅舅的著名社會改革家，給了她很大的智慧刺激[2]。

卡瑪拉德維・查托帕迪亞

卡瑪拉德維十四歲結婚（也有顯示是八歲或十二

歲結婚的文獻記載），婚後未與丈夫同居，持續接受教育，但不到兩年，丈夫便過世。後來在馬德拉斯（Madras，今清奈，Chennai）獲得大學入學資格。在馬德拉斯，她與沙拉金尼．奈都（Sarojini Naidu）的弟弟、詩人哈林德拉納斯．查托帕迪亞（Harindranath Chattopadhyay，一八九八—一九九〇年）相戀，後透過民事婚在十多歲時再婚（一九一九年）。一九二三年，她追隨先一步到英國留學的丈夫腳步前往倫敦，在貝德福學院（Bedford College）主修社會學。同年，她於倫敦產下了獨生子拉瑪。回國後，她與對戲劇充滿熱情的丈夫展開戲劇活動，但因丈夫經常外遇且生活習慣不佳，遂逐漸與丈夫關係惡化，最終於一九三〇年中期訴訟後離婚。

女性運動

卡瑪拉德維參與女性運動之際，愛爾蘭人瑪格麗特．考辛斯（Margaret Elizabeth Cousins）給予了她決定性的影響[3]。在考辛斯任教的女子高中（場地為卡瑪拉德維母親提供）裡曾發生一段小故事：話劇即將上演之際，因卡瑪拉德維扮演話劇主角米拉拜（Mirabai，十六世紀的巴克蒂女詩人）而受保守派反對女子不適合在公開場合露面而告吹。這樣的考驗，或許加強了雙方的關係；卡瑪拉德維在一九二六年首次以無黨派的女性身分參加選舉，也是出自考辛斯的建議。考辛斯讓卡拉瑪德維參選，目的在於試圖改變印度女性在一九二〇年代雖然獲得了選舉權，但仍無法行使該權利的狀況。考辛斯的紀錄中提到，當時的選舉口號是「票投（卡瑪拉戴維）夫人」（Vote for the lady），「其丈夫在村子向聽眾唱愛國歌曲，為她拉票的風格非常獨特」[4]，但彼時的對手是國民大會黨的大人物，因此最終以微小差距敗選。

一九二七年，卡瑪拉德維志願參加了考辛斯提案創設的全印度女性會議創設大會，並在考辛斯的推薦下擔任書記，負責年度大會的組織、遊說活動（例如童婚限制法的立法化等）及其他會談活動的核心。一九二九年，她作為代表參加於柏林舉行的國際女性聯盟（International Alliance of Women）會議，後續也持續參加其他在世界各地舉行的女性相關國際會議。她對標榜「國際」的女性會議中，參加者大部分是歐洲女性這點也時常表示憤怒及抗議[5]。從這裡，我們也能窺見未來「第三世界的女性」批判「主流」女權主義的狀況。

一九四四年，卡瑪拉德維當選全印度女性會議主席。同年的主席演說「女性運動展望」將女性運動定性為社會運動，並試圖將其定位為更廣闊的民主化過程，期望能與被壓迫的階級及種姓鬥爭進行連帶，而非「兩性間的戰爭」。此次演說一方面強調了「主婦的巨大勞動」的意義，一方面則在女性從事家庭之外的工作一事上，並非從經濟獨立的角度，而是從擴大女性可能性的偏抽象角度出發，認為應多加鼓勵等而備受關注。此外，由於當時印度家庭法改革吵得沸沸揚揚，因此會議也被評價為邁向可適用所有宗教的統一民法的第一步。政治方面，她則呼籲印度的女性運動應一同加入對抗帝國主義及殖民統治的世界潮流[6]。

而關於貧窮女性，演講中幾乎只有批評殖民政府重新允許婦女在礦井從事勞動這點（有人批評這批評本身是中產階級色彩的）。另一方面，卡瑪拉德維在一九三〇年代寫成的〈印度的女性運動〉則深刻體現了她站在社會主義者的立場，內容相當激進。文中批評：「決定女性命運的不是性別（sex），而是階級。」認為現有的女性運動被掌握在部分資產階級的女性手中，運動的活動與主張僅在反映她們的要求，並主張「印度女性的未來，將由在綠色農田與陰暗工廠工作的九成女性身上」。而她對現有性別規範的批判亦相當犀利，她譴責「丈夫崇拜」（husband worship）、認為童婚等同「強姦」。此外她也聲稱，以「身為女性」為由低開工資的行為，除了不公平之外，更是羞辱人的。[7]

雖然主張的差異可能源自聽眾與讀者的不同，不過這也顯示出了卡瑪拉德維在面對印度「女性」存在的多樣性、地位差異時所處的困難狀況。

民族運動與政治

當她從倫敦回國時，甘地領導的不合作運動與基拉法特運動（Khilafat Movement，第一次真理永恆運動）已經結束，但在一九二四年，她仍以志工團志工的身分參加了舉辦於貝爾高姆、由甘地擔任主席的國大黨年會。一九二九年底，在後來成為她國大黨社會派同志的尤瑟夫·梅赫拉利（Yusuf Meher ali）的邀請下，擔任了孟買管區青年聯盟大會主席。同年，她辭去全印度女性會議書記一職，致力於民族運動。

青年聯盟大會時期，正處於國大黨通過「完全獨立」決議的拉哈爾大會前夕，因此卡瑪拉德維的主席演說將印度進行的鬥爭稱之為「革命」，反映當時印度青年的熱情與理想主義。她主張，所謂自由的國家是「無論是外國人還是極少數的本國人，都不被允許剝削大眾，也不加入剝削其他弱小國家行列中的國家」。而下述的論調，更可窺見她逐漸接近社會主義的傾向。

> 我無法想像一個自由的印度，仍有貧窮與壓迫，剝削猖獗；中世紀形式的王族專制統治仍舊存在。印度的自由問題不在於（皮膚的）顏色。這不僅是針對白人的鬥爭，也是對一切剝削的鬥爭。我們不管這個剝削，是來自白人，還是褐色人（印度人）。……自由印度在制定新憲法時，必須針對目前存在於男女之間的屈辱性歧視及不平等有明確規定。其基本原則，必須建立在對全人類的平等及正義的原則上。只有這樣，自由才具有真正的意義和現實。[8]

卡瑪拉德維參加了一九三〇年以「食鹽進軍」為開端的公民不服從運動（第二次真理永恆運動），第一次入獄（其一生共四次入獄）。她在龐貝（Bombay，今孟買，Mumbai）的證券交易所與高等法院拍賣非法製造的食鹽的行為非常有名。一般認為她是在監獄裡閱讀到了有關馬克思主義的著作，因此加深了對社會主義的理解。

一九三四年十月，國大黨社會派成立後，她成為其創始成員之一（然而她在回憶錄上則表示當她從監獄出來時，社會派已經成立）[9]，並於一九三六年的年度大會上擔任主席。

中間階級出身的卡瑪拉德維近距離接觸貧困女性，是一九三二年到一九三三年的監禁期間，回憶錄中，她說這是她最寶貴的經驗。監獄中有一群參加了北卡納塔卡的不納稅運動而被監禁的女性，她們是卡瑪拉德維一生中接觸過最貧窮的女人，從她與她們之間的談話，可以窺見她們窮困潦倒的日常生活。她們沒有直接見過甘地，但甘地的訊息卻喚起了她們對「自由」的渴望。接受到訊息的人，對「自由」一詞產生了各種不同的解釋，這點引起了卡瑪拉德維的深思。[10]

在站上社會主義的立場後，卡瑪拉德維仍舊追隨著甘地。倒不如說，每當她回憶過去，她對甘地的評價會變得更高。對她來說，甘地最大的魅力，在於他超越眼前的政治目標、放眼倫理的思想，以及親近「大眾」的態度。

一九四六年，卡瑪拉德維以社會派成員身分被邀請為賈瓦哈拉爾．尼赫魯所主導的議會執行委員，不過在面對分離獨立之前的政治混亂仍倍感無力。一九四七年六月，在國大黨全國大會採納承認分離獨立的決議案時，她仍堅決反對分離獨立的立場，依循自己的信念反對了決議案[11]。

對日本的印象

一九三九年夏天，時值第二次世界大戰前夕，卡瑪拉德維與兒子一同前往倫敦。最終，這次旅行成了歷時二年多的世界之旅。

她途經埃及、丹麥、瑞典，最後來到美國，在那裡生活了十八個月。在此期間，她除了進行有關印度政治狀況的演講外，也拜訪了哈林區及美國南方，見識了「黑人權利」（Black power）的高漲及種族歧視的實情。她在開往南方的火車上，亦經歷了來自車掌的種族歧視。此外，她也視察了美洲原住民的居留地。她在美國見到了許多知名人士，其中包括羅斯福總統夫婦與以節育運動聞名的瑪格麗特．桑格（Margaret Higgins Sanger，一九三〇年代以後，印度的女性運動便持續探討避孕議題，並因此邀請桑格訪印）。

從美國回國的途中，她也抵達了日本及中國，並發行了體驗記[12]。她在日本從一九四一年四月至五月進行遊說，但對於日本的軍國主義、擴張主義則是批評地非常強烈。她從帝國酒店給朋友的信中寫道，日本想建立由天皇子女組成的「家族國家」（Family State）的想法對大多數亞洲人來說都是荒唐的[13]。至於日本所主張的亞洲新秩序，她則認為是「家父長制的帝國主義」，不值一談[14]。

而日本女性也讓卡瑪拉德維留下了令人玩味的印象。她對在所有領域都能看見女性工作的情景感觸頗深，寫道日本就像個「女性之國」（a land of women）一樣，「世界上還有像日本一樣，日常生活依靠女性支撐的國家嗎？」[15]但另一方面，她對女性政治權利被否定的狀況則持批評態度。針對這件事情，卡瑪拉德維講過一個有趣的小故事，那就是每當她提出日本女性的政治權利被否定的問題時，得到的回答幾乎都是女性熱愛家庭，滿足於完成自己在家庭中的義務。據說卡瑪拉德維在某個知識分子的聚餐中，基於上述的見解提出了「如果女性回到廚房，日本能生存下去嗎？」的問題。根據卡瑪拉德維所述，日本男人並不習慣參與「東方的」（Oriental）女性爭論的議題，在日本男子不知所措時，一位日本女性甚至代替他們回答，圓了場子。卡瑪拉德維為此舉感到非常詫異，因為這樣等同踐踏了其他婦女的尊嚴[16]。不過她也評價道，日本女性「遠比男性開朗、俐落和聰明，其具有罕見魅力的優雅舉止，無疑能讓她們更討人喜歡[17]」。

同時，她也被日本的工藝和演藝所打動，根據回憶錄的內容，她在獨立後的印度發展工藝的相關活動基礎，就是在日本打下的[18]。

在日本停留一段時間後，卡瑪拉德維訪問了日本占領時期的南京以及遭到日軍空襲的重慶。她在南京見到了汪兆銘、在重慶見到了蔣介石及其妻宋美齡，以及周恩來，甚至還在香港見到了孫文的妻子宋慶齡。

獨立後的各項活動

卡瑪拉德維在回憶錄中，以些許戲劇性的筆觸表示自從反對分離獨立決議案之後，她便結束了自己與公共政治的關係[19]。但事實上，在獨立後的第一次大選（一九五一—一九五二年）時，她曾以社會派候選人身分競選並落選，不過這件事卻未記載於回憶錄中，不知是否想強調自己的內心已經遠離政治。回顧她在民族運動中的活躍表現，她會與其他幾名女性一樣被聘為省長或其他職務並不足為奇。不過在獨立後，她的活動舞臺轉到了合作社運動、復興印度傳統工藝與戲劇上。直至去世為止，她都在一九四八年創立的印度合作社裡擔任議長一職。面對分離獨立之際產生的大量難民，她也竭盡心力試圖透過合作社來救濟他們。此外，她還參與了印度和巴基斯坦兩國的事業；在分離獨立的混亂時局中，她將被敵對宗教男性綁架的女性送回本國——也就是將印度教與錫克教的女性送回印度、將伊斯蘭教的女性送回巴基斯坦。在卡瑪拉德維留下的資料中，曾對忽視女性自身意願的政策表示懷疑[20]。

一九五二年，在她被任命為全印度手工藝委員會（All India Handicrafts Board）主席後，她便走遍全國，致力於傳統工藝的收集與承續。在此過程，她挽救了差點失傳的傳統紗麗（Saree）服裝，以及支援植物性染料的研究等。另一方面，她除了為將利潤返還至工匠手上，而在展示會上致力於銷售與設計的更新外，也為了提高工匠們的地位創設了獎項。一九五六年，她在德里成立了國立手工藝博物館（National Handicrafts and Handlooms Museum）。世間有人評價，今日印度的工藝能保存在印度內外綻放光彩，卡瑪拉德維的功勞比誰都更高[21]。

一九五三年，她被任命為首任教育部長毛拉納・阿卜杜爾・阿扎德構思的國家音樂舞蹈戲劇學院（Sangeet Natak Akademi）的副主席，後再成為主席（一九七七—一九八三年）。她透過學院，致力於復興及記錄民眾表演藝術[22]。此外，也在國立戲劇學校（National School of Drama）的創立（一九五九年）上做出了貢獻。

如上所述，在印度獨立後，對於批評政治從「奉獻」轉變為追求權力的卡瑪拉德維來說，與匠人、藝術家有關的活動，成了她的「真正使命」（vocation）[23]。

卡瑪拉德維的人生與時代

卡瑪拉德維的一生，刻畫出了覺醒的精英女性，在身處殖民地統治及印度女性處境下同時參與民族運動與女性運動的情景。對於眾多精英分子來說，社會主義也關注著印度社會內部的矛盾，試圖將民族運動，與超越脫離外國統治的社會改革、社會構造的根本性革新相結合，而成了他們的選擇之一。

印度獨立後又生活了四十年的她，印度社會在她眼裡看起來是什麼樣的？我們從她在一九八六年出版的回憶錄，以及她嘗試向年輕女性傳達過去女性奮鬥的著作中可以明顯看出[24]，她對獨立後印度的現狀感到失望。曾是她同志的尤瑟夫・梅赫拉利說，卡瑪拉德維無論到哪都帶著打字機，即使在擁擠的三等車車廂裡，也一有空就將手寫的草稿，直接以打字機打印成稿[25]。卡瑪拉德維的能量、批判精神及國際視野，都被繼承到了當今的女性運動中。

沙拉金尼・奈都（一八七九—一九四九年）

沙拉金尼出生於印度海得拉巴（Hyderabad），在有五個小孩的家裡排行老大。雙親是孟加拉的婆羅門，擁有印度改革派「梵協會」（Brahmo Samaj）的背景。其父親曾在英國留學，於愛丁堡大學獲得化學博士學位，沙拉金尼出生時，他任職於海得拉巴土邦的學院校長。其弟維連德拉納斯・查托帕迪亞（一八八〇—一九三七年）是以德國為主要活動據點的革命家；另一位弟弟哈林德拉納斯・查托帕迪亞則是著名詩人，也是卡瑪拉德維的再婚對象。

早熟的沙拉金尼自十歲出頭便開始作詩。她在家庭教師指導下學習知識，並在十二歲時以第一名的成績通過了馬德拉斯大學的入學考。一八九五年，她獲得王公頒發的獎學金到了英國的國王學院、劍橋大學格頓學院念書。一九〇五年發行第一本英語詩集 *The Golden Threshold*，獲得人們的關注。

在她十四歲，也就是前往英國留學前，她與非婆羅門身分、南印度出身的醫師穆特亞拉・戈文達拉胡魯・奈都相識，回國後透過《特別婚姻法》（民事婚姻法沒有宗教禮儀的儀式，制定於一八七二年，適用於雙方種姓、宗教不同時的結婚）在十九歲時結婚。一九〇一年至一九〇四年間，她共產下四名孩子。

自一九〇五年開始的反孟加拉分離運動起，她開始參加公共活動，提倡普及女性教育等一連串與女性相關的社會改革。她機智而熱情洋溢的演講，吸引了人們的關注。受到社會改革者兼國大黨穩健派的領導人戈卡爾（Gopal Krishna Gokhale，一八六六—一九一五年）影響，她跟隨甘地的腳步，成為民族運動的領導者，經常出現在國大黨執行委員會上。一九二五年，她作爲印度女性首次擔任了印度國大黨主席。在不服從運動（一九三〇—一九三四年）之際，因於甘地被捕後指揮非法製鹽而被關進監獄。其一生共遭遇三次牢獄之災。印度獨立後，當上聯合省（今北方邦，Uttar Pradesh）的首位女省長。

一九一七年，她擔任陳情團團長，向印度事務大臣蒙塔古（Edwin Samuel Montagu）、印度總督切爾姆斯福德（Chelmsford）要求女性參政權。一九二七年，她參與全印度女性會議的創見，並於一九三〇年成為主席。沙拉金尼在海外的宣傳活動也相當積極，從一九二八年到一九二九年，都在美國、加拿大進行遊說。這場遊說的背後，有著一九二七年的美國女記者凱瑟琳·梅奧（Katherine Mayo）著作《印度母親》（*Mother India*）的影響；書中以童婚等女性被壓迫的理由，否認印度的自治，因而引起相當大的反響。正如美國及加拿大的演講中所呈現的，她特別對國外聽眾表明，在過去印度文明中的女性，其地位高低不言而喻；印度女性的要求不是新價值，而是對過去的復興。這與仇視男性的西方女性主義不同。

阿魯娜·阿薩夫·阿里（一九〇九—一九九六年）

阿魯娜（Aruna Asaf Ali）出生於孟加拉的婆羅門、隸屬梵協會的家庭。她在拉哈爾某所天主教女校念書時，決定出家當修女，令父母驚訝不已，於是急忙將她轉學。父母希望她結婚，但她卻夢想在英國繼續接受高等教育、從事教育工作。她在妹妹夫婦的家中與未來的丈夫阿薩夫·阿里（一八八八—

一九五三年）相識，兩人情投意合。阿薩夫．阿里出身於良家，是伊斯蘭教徒、成功的律師，又是國大黨的主要成員。儘管受到父母和其他人的強烈反對，兩人還是於父親去世後，於一九二八年結婚。

在拉梅修瓦利．尼赫魯（一八八六—一九六六年）的邀請下，她參加了德里女性聯盟（該聯盟定位屬全印度女性會議分部），可謂是她首次的公共活動。一九三〇年，丈夫在甘地的「食鹽進軍」不服從運動被捕後，阿魯娜也隨即加入了運動，於一九三一年、一九三二年兩次被捕。在不服從運動結束後的十年間，她的活動幾乎僅限於全印度女性會議中。一九三九年，她被任命為尼赫魯成立的國家計畫委員會下轄的小委員會「計畫經濟中的女性貢獻」委員。

第二次世界大戰期間的一九四二年八月八日，國大黨通過「Quit India」（退出印度運動）決議。第二天凌晨，主要領導人全數被捕後，民眾運動爆發，甚至偶爾還出現違反甘地的非暴力原則的社會運動。阿魯娜躲過了逮捕，直到一九四六年一月逮捕令撤銷為止，皆在地下活動，成了當時的「英雄」。在地下活動中，她更加傾於社會主義思想，在印度獨立前後遂與國大黨社會派站上同一陣線，反對分離獨立。獨立後更有一度加入共產黨，但不久後退黨。

一九五八年，她當選為首任德里市市長。同時也是一九五四年成立的印度共產黨的女性組織「印度女性國民聯盟」（National Federation of India Women）的主要成員。接著，她的活動更遍及到了代表左派立場的啓蒙性、知識性新聞週刊*Link*（一九五八年創刊）、日報*Patriot*（一九六三年創刊）的經營。

逐漸傾向社會主義的阿魯娜，最終與一直是國大黨主要成員的丈夫關係漸行漸遠。據說人生的最後幾年，因身體不好而孤獨地生活著。阿魯娜是現代印度精英女性的一種典型，她自覺「受到西化」，在著名的國大黨領導人丈夫的影響下，在德里上流社會擔任女主人的角色，但在經歷女性運動及激進的獨立運動後，便逐漸蛻變成一名社會主義政治活動家。去世後，她被授予印度國寶勛章（一九九七年）。在她去世之際，當時的總統將她比作羅莎・盧森堡（Rosa Luxemburg）。

穆斯拉克米・雷迪（一八八六—一九六八年）

出生於印度普杜科泰邦。其父親是泰米爾婆羅門（Tamil Brahmin），是馬哈拉吉學院（Maharaja College）的校長，穆特拉克米在熱中教育的父親支持下，在只有男性的學院中念書，接著又考進馬德拉斯醫學院（Madras Medical College）。取得醫師資格後，在政府的醫院當實習醫生。一九一六年於馬德拉斯開了一家婦科醫院。她賺的錢是丈夫在馬德拉斯醫學院當助理教授的數倍。一九二五年，包括後來產下的兒女在內，舉家到倫敦留學。一九二六年，參加巴黎國際婦女會議。

穆斯拉克米看過身邊許多因為丈夫專橫而苦不堪言的女性，在自己的自傳中寫道：「我不想被婚姻束縛，不管對方是什麼樣的人，我也不想從屬於男人。」[26] 不過面對父母的壓力，最終在成長到在當時印度來說已是高齡女性時，與非婆羅門種姓且母語相異的歸國外科醫師於一九一三年訂婚。訂婚之際，她向丈夫提出了條件：「無論何時都需平等對待我，也絕不能反對我的意見。」次年，兩人透過《特別婚姻法》結為連理。第一個孩子於一九一四年經歷難產後誕生。她在自傳中提到，她原想避免再繼續生育，但沒想到又再次懷孕。她的自傳與其他女性的自傳不同，因有記錄到生育體驗與育兒的辛苦，從這點來看，是相當有價值的。

穆斯拉克米從一開始就參與了一九一七年設立於馬德拉斯創立的印度女性協會（Women's Indias Association），並負責編輯該組織機關雜誌 *Stri Dharma*，全印度女性會議第五屆大會時，她擔任會議主席。此外，她直至一九三五年為止，都是全亞洲女性會議議長。一九二六年，她被任命為首個女性的馬德拉斯立法參事會議員，並於一九二七年當選為首個女性副主席（後於一九三〇年甘地被捕後辭職）。

穆斯拉克米被認為是廢除德瓦達斯制度的人物。德瓦達斯（Devadasi）是指年幼時被供奉到印度教寺院，在寺院唱歌跳舞的女性。因為她們被認為已與神明結婚，因此不能有普通的婚嫁。在英國統治時期，她們被認為是「娼妓」，成了被改革的對象。馬德拉斯立法參事會的行動旨在廢除德瓦達斯，不過其目標在國大黨核心成員的反對下受挫。一九三〇年，廢除向寺院供奉女子的法案提出，但因為甘地發起不服從運動，該法案的成立便被延宕到了一九四七年。不過，對於包括穆斯拉克米在內的改革者們，也有不少人提出批評意見；例如他們究竟做了多少努力去試圖理解德瓦達斯們自身的想法，以及將德瓦達斯視為「娼妓」，再與賢妻良母進行對照的這種價值觀等。

一九三〇年，穆斯拉克米於馬德拉斯的阿迪亞爾（Adyar）創立兒童養護設施「Avvai Home」。在照顧過二十多歲時因癌症去世的妹妹後，她一直對克服癌症充滿熱誠，最終於阿迪亞爾設立了癌症研究所（一九五二年）。

活躍於印度女性運動、民族運動中的穆斯拉克米，其行動同樣受到安妮・貝贊特及甘地等的影響。

其他人物

安妮・貝贊特

一八四七—一九三三年。英國人，社會改革者、女性運動家、神智學協會領導人。一八六七年與國教會牧師結婚，生二子，夫妻分居。一八七四年以後，她陸續參與自由思想、無神論、費邊社會主義（Fabian Socialism）等思想潮流與運動。也曾為出版有關節育的著作展開法庭鬥爭。一八八九年，接觸到海倫娜・彼得羅芙娜・布拉瓦茨基（Helena Petrovna Blavatsky，一八三一—一八九一年）的著作*The Secret Doctrine*（奧秘的信條），加入了神智學協會（Theosophical Society）。作為協會成員，安妮於一八九三年後將活動據點轉至印度，並自一九〇七年至去世為止皆擔任協會會長。

貝贊特在成立印度自治聯盟（一九一六年）後開始參與印度民族運動。一九一七年，獲選為首位女性國大黨大會的主席。

一九一七年，安妮參與在馬德拉斯的女性印度協會設立，並成為首任會長。而在此之前，她也致力普及女子教育，於瓦拉那西（Varanasi）設立女子學校與學院。此外，也呼籲減少童婚。不過，將印度古代文明理想化的神智學協會教義，在對現有性別規範進行根本性批評之際，有時卻也會成為絆腳石。

瑪格麗特・考辛斯

一八七八—一九五四年。愛爾蘭人。曾於新教在都柏林的愛爾蘭皇家大學學習音樂。因參加女性參政權運動而遭受牢獄之災。其丈夫是詩人詹姆斯．考辛斯（一八七三－一九五六年），兩人皆是神智學協會成員。一九一五年，詹姆斯受邀為安妮．貝贊特於馬德拉斯創刊報紙的編輯，夫婦二人前往印度。一九一七年，考辛斯將馬德拉斯作為據點，與貝贊特等人一同組織女性印度協會，並編輯其機關雜誌*Stri Dharma*。在印度憲政改革（一九一九年）之際，採納了組織陳情團、要求印度女性參政權的提議。接著更在創立於一九二七年的全印度女性會議組織中成為重要人物，一九三一年一月於拉合爾舉行的全亞洲女性會議，也是出自她提出的想法。一九二六年，說服卡瑪拉德維參加選舉。著作《今日的印度女性》（*Indian Womanhood Today*，一九四一年）為其重要的作品，內容記錄了印度女性運動發展及她自身的參與。

潘迪塔．拉瑪巴依

一八五八－一九二二年。社會改革者，出身於西印度馬哈拉施特拉（Maharashtra）地區的奇特帕萬婆羅門（Chitpavan Brahmins）。父親為梵語學者，她自身也學習梵語。潘迪塔在舉家前往朝聖的途中，父母不幸去世。她與哥哥繼續旅行，在抵達加爾各答（Calcutta，今Kolkata）後，她的梵語知識獲得了盛讚，被授予「Pantida」、「Saraswati」的名譽稱號。她透過民事婚，與種姓比她低的孟加拉人結婚，產下一女，後來不到兩年就成了寡婦。她回到馬哈拉施特拉的普納（Poona，今Pune），於一八八二年組織婦女聖社（Arya Mahila Samaj），提倡女性教育、地位改善等。於英國留學時改信基督教。一八八六年訪美。一八八七年，出版以英文寫成的*The high caste Hindu woman*（高種姓女性），強調了印度女性所處的壓抑處境。回國後的一八八九年，她為印度寡婦設立了寄宿學校「學習之家」（Sharada Sadan），開始了教育與自立的訓練。同年，她以馬拉地文（Marathi）出版了自己對美國印象的著作。一八八九年年底參加國民大會會議，是會上的第一位女性。在饑荒時期，她救助了許多貧困婦女，將她們保護在普那郊外的凱德岡（Kedgaon）。隨著她的活動開始出現基督教使命的色彩，她也脫離印度主流，逐漸邊緣化。晚年致力於《聖經》的馬拉地文翻譯。

羅琪雅・薩哈瓦・侯賽因

一八八〇—一九三二年。此處採用的是她在孟加拉語中的名字發音。她被認為是印度穆斯林女性中的第一位女權主義者。為穆斯林女子教育做出了貢獻。出生於東孟加拉（今孟加拉國）的扎明達爾（土地所有人、地主）家庭。與哥哥學習孟加拉語及英語。一八九六年（一說為一八九八年）與殖民地官員結為夫妻，產下兩個女兒，但皆夭折。其丈夫為再婚，比她年長二十餘歲，但對羅琪雅將自己的想法寫成文章並公開的做法表示理解。

在丈夫於一九〇九去世後，她為穆斯林女子設立了薩哈瓦紀念女子學校。起初，她為了將恪守深閨制度（Purdah，男女隔離的習俗）的家庭裡的女性送去學校，付出了很大的努力。直至去世，皆為該校的營運傾注心血。

除此之外，她也熱中於寫作。一九〇五年，她在英語女性雜誌發表的烏托邦短篇小說《蘇丹娜之夢》（*Sultana's Dream*）非常有名。故事講述主人公迷失在一個男女地位、責任顛倒的世界（Lady land）中。

在那個世界裡，有著可以收集、儲存大氣中的水分與太陽熱量的機器，或是飛車等（都由女性發明），因此也帶有科幻小說的風格。除此之外，她許多的孟加拉語散文，都在提倡女子教育的必要性與經濟獨立，並批判了極端的深閨制度。一九一六年，她設立了孟加拉穆斯林女性協會，為貧民女性進行了識字教育。

莎拉拉・德維・喬杜拉尼

一八七二—一九四五年。在孟加拉語中，莎拉拉（Sarala Devi Chaudhurani）名字讀音更近似「修蘿拉・黛比・喬德拉尼」。她的母親薩瓦納庫瑪里・德維（Swarnakumari Devi，一八五五—一九三二年）是孟加拉語作家，也是獲得諾貝爾文學獎的詩人拉賓德拉納特・泰戈爾的姊姊，即泰戈爾是莎拉拉的舅舅。她參與了泰戈爾家族發行的孟加拉語雜誌*Bharati*的編輯。在加爾各答的白求恩學院獲得碩士學位（英語文學）。在一九〇五年開始的反孟加拉分割運動中相當活躍。一九一〇年，組織以普及女性教育為目標之一的「印度婦女大協會」（Bharat Stree Mahamandal）。後於印度邁索爾土邦（Kingdom of Mysore）的女子高中擔任教師，但在家人的壓力下，於一九〇五年以三十餘歲的年齡晚婚，其結婚對象出身於旁遮普（Punjab）的婆羅門，是民族主義者、新聞工作者、法律學者、印度復古改革派雅利安社的支持者。婚後，她搬到旁遮普的拉合爾，協助丈夫編輯民族主義的烏都文（Urdu）週刊。一九一九年以後成為甘地支持者。丈夫去世後，她於一九二三年回到加爾各答，著手編輯*Bharati*、創辦女子學校等。晚年，其刊登於雜誌上的孟加拉語自傳，雖然只描寫到她結婚為止的人生，卻也講述了她波瀾壯闊的人生與思索。

注釋

1. Chattopadhyay, Kamaladevi, *Inner Recesses Outer Spaces: Memoirs*, New Delhi: Navrang. 1986: p.18.
2. Chattopadhyay，同前注，一九八六年，頁二七—二八。
3. Chattopadhyay，同前注，一九八六年，頁七九。
4. Cousins, Margaret E., *Indian Womanhood Today*, Allahabad: Kitabistan, Revised and Enlarged Edition, 1947 [1941]: p.61.
5. Chattopadhyay，同前注，一九八六年，頁一二五—一二六。
6. Kamaladevi, *At the Cross-Roads*, Yusuf Meherally (ed.), Bombay: The National Information and Publications, 1947: pp.90-99.
7. Chattopadhyayya, Kamaladevi, , et al., *The Awakening of Indian Women*, Madras: Everymans Press, 1939: pp.1-35.
8. Kamaladevi，同前注，一九四七年，頁五四—五五。
9. Chattopadhyay，同前注，一九八六年，頁一八五。
10. Chattopadhyay，同前注，一九八六年，頁一七四—一七七。
11. Chattopadhyay，同前注，一九八六年，頁三〇四—三〇五。
12. *In War-Torn China*, 1942; *Japan: Its Weakness and Strength*,1943. 筆者兩本都還未讀過，不過其中一部分收錄在了De Souza, Eunice, and Pereira, Lindsay (eds.), *Women's Voices: Selections from Nineteenth and Early-Twentieth Century Indian Writing in English*, New Delhi: Oxford University Press, 2002; DuBois, Ellen Carol, and Lal, Vinay (eds.) , *A Passionate Life: Writings by and on Kamaladevi Chattopadhyay*, New Delhi: Zubaan, 2017 之中。本處的出版年係依據DuBois and Lal, *A Passionate Life*

中的年表。De Souza and Pereira, *Women's Voice* 將 *Japan* 的出版年寫為一九三九年，但明顯是誤植。該回憶錄中提到的訪中、訪日，將於第九章提到。

13. DuBois and Lal，同前注，頁二三二—二三三。
14. Brijbhushan, Jamila, *Kamaladevi Chattopadhyaya: Portrait of a Rebel*, New Delhi: Abhinav Publications, 1976: p.100.
15. De Souza and Pereira，同前注，頁二五六。
16. DuBois and Lal，同前注，頁二三一。
17. De Souza and Pereira，同前注，頁二五八。
18. Chattopadhyay，同前注，一九八六年，頁二五八。
19. Chattopadhyay，同前注，一九八六年，頁三〇五。
20. Chattopadhyay，同前注，一九八六年，頁三二七。
21. Guha, Ramachandra (ed.), *Makers of Modern India*, Cambridge, Massachusetts: The Belknap Press of Harvard University Press,2011: p.243.
22. Nanda, Reena, *Kamaladevi Chattopadhyaya: A Biography*, New Delhi: Oxford University Press, 2002: p.140.
23. Chattopadhyay，同前注，一九八六年，頁三八五。
24. Chattopadhyay, Kamaladevi, *Indian Women's Battle for Freedom*, New Delhi: Abhinav Publications, 1983.
25. Kamaladevi，同前注，一九四七年，頁五。
26. Dr. (Mrs.) Reddy, S. Muthulakshmi, *Autobiography of Mrs. S. Muthulakshmi Reddy*, Madras: M. L. J. Press, 1964: p.18.

參考文獻

Forbes, Geraldine, *Women in Modern India*, Cambridge: Cambridge University Press, 1996.

Nayar, Sushila, and Mankekar, Kamla (eds.), *Women Pioneers in India's Renaissance: As I Remember Her*, New Delhi: National Book Trust, 2002.

卡瑪拉德維・查托帕迪亞

Brijbhushan, Jamila, *Kamaladevi Chattopadhyaya: Portrait of a Rebel*, New Delhi: Abhinav Publications, 1976.

Chattopadbyayya, Kamaladevi, et al., *The Awakening of Indian Women*, Madras: Everymans Press, 1939.

Chattopadhyay, Kamaladevi, *Indian Women's Battle for Freedom*, New Delhi: Abhinav Publications, 1983.

Chattopadhyay, Kamaladevi, *Inner Recesses Outer Spaces: Memoirs*, New Delhi: Navrang, 1986.

De Souza, Eunice, and Pereira, Lindsay (eds.), *Women's Voices: Selections from Nineteenth and Early-Twentieth Century Indian Writing in English*, New Delhi: Oxford University Press, 2002.

DuBois, Ellen Carol, and Lal, Vinay (eds.), *A Passionate Life: Writings by and on Kamaladevi Chaltopadhyay*, New Delhi: Zubaan, 2017.

Guha, Ramachandra (ed.), *Makers of Modern India*, Cambridge, Massachusetts: The Belknap Press of Harvard University Press, 2011.

Kamaladevi, *At the Cross-Roads*, Yusuf Meherally (ed.), Bombay: The National Information and Publications, 1947.

Nanda, Reena, *Kamaladevi Chattopadhyaya: A Biography*, New Delhi: Oxford University Press, 2002.

沙拉金尼・奈都

Banerjee, Hasi, *Sarojini Naidu: The Traditional Feminist*, Calcutta: K. P. Bagchi & Company, 1998.
Sengupta, Padmini, *Sarojini Naidu: A Biography*, Bombay: Asia Publishing House, 1966.

阿魯娜・阿薩夫・阿里

Asaf Ali, Aruna, *Fragments from the Past: Selected Writings and Speeches of Aruna Asaf Ali*, New Delhi: Patriot Publishers, 1989.
Asaf Ali, Aruna, *The Resurgence of Indian Women*, New Delhi: Radiant Publishers, 1991.
Raghavan, G. N. S., *M. Asaf Ali's Memoirs: The Emergence of Modern India*, Delhi: Ajanta, 1994.

穆斯拉克米・雷迪

井上貴子，〈南インドのデーヴァダーシー制度廃止運動——英領期の立法措置と社会改革を中心に（南印度德瓦達斯（Devadasi）制度廢止運動——以英領期的立法措施與社會改革為中心）〉，《史學雜誌》一〇七—三，一九九八年
Dr. (Mrs.) Reddy, S. Muthulakshmi, *My Experience as a Legislator*, Madras: Current Thought Press, 1930.
Dr. (Mrs.) Reddy, S. Muthulakshmi, *Autobiography of Mrs. S. Muthulakshmi Reddy*, Madras: M. L. J. Press, 1964.

安妮・貝贊特

粟屋利江，〈帝国とジェンダー——アニー・ベサントを手掛かりに（帝國與性別——以安妮・貝贊特為線索）〉，宇山智彦編著，《ユーラシア近代帝国と現代世界（歐亞近代帝國與現代世界）》，ミネルヴァ書房，二〇一六年

瑪格麗特・考辛斯

Cousins, Margaret E., *Indian Womanhood Today*, Allababad: Kitabistan, Revised and Enlarged Edition, 1947 [1941].

潘迪塔・拉瑪巴依

Kosambi, Meera (ed.), *Pandita Ramabai through Her Own Words: Selected Works*, New Delhi: Oxford University Press, 2000.

Ramabai Sarasvati, Pandita, *The High-Caste Hindu Woman*, Philadelphia,1887.（日文版・小谷汪之、押川文子譯，《ヒンドゥー社会と女性解放――ヤムナーの旅・高位カーストのヒンドゥー婦人（印度教社會與女性解放――亞穆納河之旅與高種姓印度教婦女）》，明石書店，一九九六年）

羅琪雅・薩哈瓦・侯賽因

莎拉拉・德維・喬杜拉尼

Chaudhurani, Sarala Devi, *The Many Worlds of Sarala Devi: A Diary*, translated from *Jeevaner Jharapata* by Sukhendu Ray, New Delhi: Social Science Press, 2010.

Chaudhurani, Saraladebi, *The Scattered Leaves of My Life: An Indian Nationalist Remembers*, translated, edited and with an introduction by Sikata Banerjee, New Delhi: Women Unlimited, 2011.

Hossain, Rokeya Sakhawat, *Sultana's Dream: A Feminist Utopia and Selections from The Secluded Ones*, New York: The Feminist Press, 1988.

Ray, Bharati, *Early Feminists of Colonial India: Sarala Devi Chaudhurani and Rokeya Sakhawat Hossain*, New Delhi: Oxford University Press, 2002.

第八章 女翻譯家們建構的伊斯蘭男女平等論

帶谷知可

前言

二十世紀初的俄羅斯帝國，有一千五百萬至二千萬的俄羅斯穆斯林生活在伏爾加烏拉爾地區、高加索以及中亞等地。當時的俄羅斯女性解放運動雖受到西方女權主義的影響，但還是走出了自己的發展，不過圍繞在帝國內穆斯林各民族女性的爭論上，卻呈現出一種更加複雜的樣貌，我們可以從中看見交錯、夾雜著十九世紀後半期開始飛速發展的俄羅斯東方學、伊斯蘭學、中東伊斯蘭改革思想，以及俄羅斯穆斯林內部知識分子的社會改革運動等影響。

而上述的部分論壇，則因為西方殖民主義式的東方主義（Orientalism）總以伊斯蘭藉由面紗與隔離限制婦女為由，而以先入為主、貶低的態度視整個伊斯蘭世界為野蠻且落後的文化圈，因此試圖與之劃清界限；同時，也有人主張「根據伊斯蘭教的聖經《古蘭經》與先知的言行錄《聖訓》的教誨，從根本上來說，男女平等」，呼籲改善穆斯林女性的處境。這類主張，甚至較被認為是俄羅斯穆斯林政治覺醒契機的一九〇五年革命之前還早一些出現。當俄羅斯於一九一七年發生十月革命，女性解放運動擺脫伊斯蘭背景後，男女平等的理念在社會主義下由共產黨主導推行，雖然期間很短，卻也能看作其處於一個超越地區與國境的直接與間接的架構中。

在此，本章想將著眼點放在推動該主張的俄羅斯女性奧爾佳・列別傑娃（Olga Lebedeva）身上。她是除了母語俄文之外，也懂韃靼文、鄂圖曼土耳其文、波斯文及法文的著名翻譯家，有時也被稱作是俄羅斯最早的女性東方學者。接著，就讓我們一同以列別傑娃為核心，透過她所推崇伊斯蘭式的男女平等論，以及該思想的贊成者、反對者的關係，看看二十世紀初伊斯蘭式的男女平等論所建構出的競技場。

奧爾佳・列別傑娃（一八五四－一九一二年以後）

故鄉喀山

喀山，這是當今的俄羅斯聯邦韃靼斯坦共和國首都，它位於伏爾加河的要衝，距莫斯科以東約八百公里。十五世紀時，由成吉思汗長子朮赤統治此處的欽察汗國（金帳汗國）瓦解，後續產生的繼承國喀山汗國，遂將此作為首都，後又在一五五二年時被俄羅斯的伊凡雷帝征服。此後喀山受俄羅斯統治，

奧爾佳・列別傑娃

十八世紀成為俄羅斯帝國喀山省的省府。作為俄羅斯的重要城市，喀山的基礎建設與俄羅斯人的遷入進入了正式階段。而在另一方面，喀山仍作為喀山韃靼（伏爾加韃靼）人的突厥文化與伊斯蘭文化的中心，以及俄羅斯穆斯林先進地區的中心，匯聚了眾多穆斯林知識分子。在十九世紀，這裡就誕生了烏理瑪（Ulama，指伊斯蘭法學家）、歷史學家西哈貝丁・梅爾扎尼（一八一八—一八八九年）等大量名垂千古的韃靼伊斯蘭改革思想家。

十九世紀中葉，奧爾佳・列別傑娃出生於喀山省的俄羅斯貴族博爾希夫家。因其年紀與死亡地點都尚未確認，故其生平也有許多不詳之處。從對韃靼語的興趣，到對東方語言（特別是鄂圖曼土耳其語）的深入鑽研，再到對穆斯林女性的啓蒙和改善現狀的課題，她之所以會展開一連串的活動，也許正是受到喀山多元文化的學識之都的環境影響。此外，列別傑娃還是最早踏入學術界的一批俄羅斯女性。

育有六子的列別傑娃，其「傑娃」一姓是來自她的第二次婚姻，她的丈夫亞歷山大・列別傑夫是俄羅斯貴族，曾於一八八三至一八八六年、一八九九至一九〇三年兩度擔任喀山市長。

從喀山鑽研到走向國際學識團

因家裡有韃靼傭人，再加上與韃靼貴族有家族間的交流，因此列別傑娃對韃靼語產生了濃厚的興趣。不久後，她向在韃靼語整備上有貢獻的知識分子卡尤姆・納西里（Qayum Nasıyri，一八二五—一九〇二年）拜師，開始學習突厥諸語、阿拉伯語等，並前往喀山大學聽課，又於該大學的考古學、歷史學與民族學協會中，與馬爾加尼、M・馬克穆多夫（一八二四—一八九一年，神學家、書法家、細密畫家）及G・伊利亞什（一八五六—一八九五年，考古學家、作家）等同時代的韃靼知識分子交流並受其薫陶。除了法語等歐洲語言外，她在文學與藝術方面也有很深的造詣，並且特別受鄂圖曼土耳其文化所吸引。

一八八六年，列別傑娃發表了十一世紀時，以波斯語寫成、內容為國王訓誡兒子的獻策書*Qabus-nama*（王者明鏡）的俄語譯本，該書在一八八二年時，已由納西里先行譯成了韃靼語。此後，列別傑娃在東方諸語的文獻翻譯上，逐漸拓寬了她的舞臺。最終，她也與進入黎明期的俄羅斯帝國東方學界的I・貝雷茲因（一八一八—一八九六年）、V・拉德洛夫（一八三七—一九一八年）、V・巴托爾德（一八六九—一九三〇年）、I・克拉奇科夫斯基（一八八三—一九五一年）等赫赫有名的學者開始交流。

一八八九年，列別傑娃參加了當時在歐洲各國城市巡迴召開的國際東方學者會議。而開闢她往後人生的契機，便在那等待著她。

相識艾哈邁德・米德海特與在伊斯坦堡的日子

一八八九年，第八屆國際東方學者會議於斯德哥爾摩隆重舉行。在歡迎會上，列別傑娃遇到了受阿卜杜勒—哈米德二世（II.Abdülhamid，一八七六—一九〇九年在位）之命加入代表團、來自鄂圖曼帝國的出版媒體界巨頭艾哈邁德・米德海特（Ahmed Midhat Efendi）。列別傑娃以突厥語的風格介紹自己叫「居爾納爾」（Gülnar），並表示自己對米德海特有關東方女性的演講感到非常感動。米德海特對列別傑娃流利的鄂圖曼土耳其語感到吃驚，使他對列別傑娃的知識素養產生莫大的興趣。此時，列別傑娃拿出了以鄂圖曼土耳其語翻譯的托爾斯泰（Tolstoy，一八二八—一九一〇年）的短篇作品〈伊里亞斯〉（Ilyás）草稿，其內容的完成度讓米德海特感到驚訝，並承諾會幫助出版。後來，據說米德海特對列別傑娃的語言能力，給予了「不亞於加斯普林斯基的《翻譯者》（*Tercüman*）」的評價。在諸多方面意氣相投的兩人，於會議結束後進行了超過四週的旅行，最終來到正在舉辦萬國博覽會的巴黎。自此，他們分頭行動。離別之際，列別傑娃表明自己有意使用俄語、鄂圖曼土耳其語雙向翻譯文學作品的構想，並請求米德海特提供協助。

次年一八九〇年，列別傑娃很快收到了米德海特的邀約，前往伊斯坦堡。此時列別傑娃帶去的，是普希金（Aleksandr Sergeyevich Pushkin，一七九九—一八三七年）及萊蒙托夫（Mikhail Yuryevich Lermontov，一八一四—一八四一年）的數篇作品譯本，以及有關普希金的散文原稿。很快地，這些作品被刊載在米德海特所經營的報紙《真理詮釋者》（*Tercümân-ı Hakikat*）等地方。不久，翻譯家「居爾納爾女士」（Madame Gülnar）的名號，迅速在伊斯坦堡的知識分子間傳開，使她聲名大噪。列別傑娃的翻譯作品被獻給了阿卜杜勒—哈米德二世，最終列別傑娃被授予了勳二等仁愛章以及東方學的證書。此次她的停留期間長達七個月。一八九一年秋天，列別傑娃帶著女兒們再次來到了伊斯坦堡，之後的四年間，她皆以工作和維持健康為由，在伊斯坦堡度過冬天。

列別傑娃將俄語翻成鄂圖曼土耳其語的作品，有普希金的小說〈暴風雪〉、〈黑桃皇后〉；萊蒙托夫的小說《惡魔》、〈天使〉、〈白帆〉；托爾斯泰的小說《兩個老人》、《伊凡·伊里奇之死》、《人依靠什麼而活》、〈伊里亞斯〉、《家庭幸福》；詩人瓦西里·茹科夫斯基（Vasily Andreyevich Zhukovsky，一七八三—一八五二年）的論文〈真正善良幸福的人是誰〉；甚至是聖彼得堡的韃靼烏里瑪，阿塔烏拉·巴亞濟托夫（Gataulla Bayazitov，一八四七—一九一一年）的俄羅斯論文〈伊斯蘭對科學與異教徒的態度〉及〈對E·勒南[2]於法國學術協會演講的反駁〉。至於別傑娃自身以鄂圖曼土耳其語寫的著作，則有俄羅斯文學概論《詩人普希金》、《俄羅斯文學》及統整了喀山歷史的《城市喀山》。

而翻譯自鄂圖曼土耳其語的作品，則有應米德海特的建議，將法蒂瑪·阿莉雅（Fatma Aliye Topuz）的《伊斯蘭的女性們》翻譯成法文及阿拉伯文；以及將《烏德琴家》[3]翻譯成法文。

據說列別傑娃亦曾模仿土耳其最早的女詩人尼戈·哈尼姆（Nigâr Hanım，一八五六—一九一八年）的文學沙龍，在自己的宿舍主持沙龍，聚集了許多伊斯坦堡的知識分子。旅居伊斯坦堡的期間，她也向米德海特報社的編輯艾哈邁德·傑夫代特（一八六一—一九三五年）學習阿拉伯語；向作家哈比卜·阿凡提（一八三五—一八九三年）學習波斯語，並且熱中於這些語言的精進上。後來她向托爾斯泰寫信，二人曾有書信往來的事跡也為人所知。

東方學的組織化與韃靼人啟蒙活動

在俄羅斯帝國境內，列別傑娃曾為了設立東方學協會，以及主要以韃靼人為對象的啓蒙活動而四處奔波。

一八九〇年，她在聖彼得堡創立了東方學協會。到了一九〇〇年，財政大臣威特對於旨在培養精通東方語言、負責外交及貿易人才的「實踐東方學」感到興趣，因此該協會獲得正式認可，列別傑娃成為名譽總裁。一九一〇年，應尼古拉二世（一八九四－一九一七年在位）之命，協會被允許冠上「帝立」頭銜。

在這樣的背景下，列別傑娃多次參加了國際東方學者會議。在第十二屆（羅馬，一八九九年）中，她進行了兩則報告，一是關於鄂圖曼帝國的大宰相向烏克蘭哥薩克領導人博赫丹．赫梅利尼茨基（Bohdan Zynovii Mykhailovych Khmelnytskyi，一五九五－一六五七年）的通牒，另一則是關於哈里發（Calif）國家的女性地位，更配合是次會議召開之際，於羅馬出版了法文版的《喀山史》；第十三屆（漢堡，一九〇二年）時，她進行了有關穆斯林女性的報告；第十四屆（阿爾及爾，一九〇五年）時，她在開幕式上以法語對格魯吉亞人（喬治亞人）基督教改宗史的阿拉伯文抄本進行了演講；在第十六屆（雅典，一九一二年）時，則報告了有關蘇非主義（伊斯蘭神祕主義）相關史料的翻譯，其主題實是相當多樣，而其中的第十四屆與第十六屆中，是以代表俄羅斯東方學協會的身分參加。不過，在一九一二年的

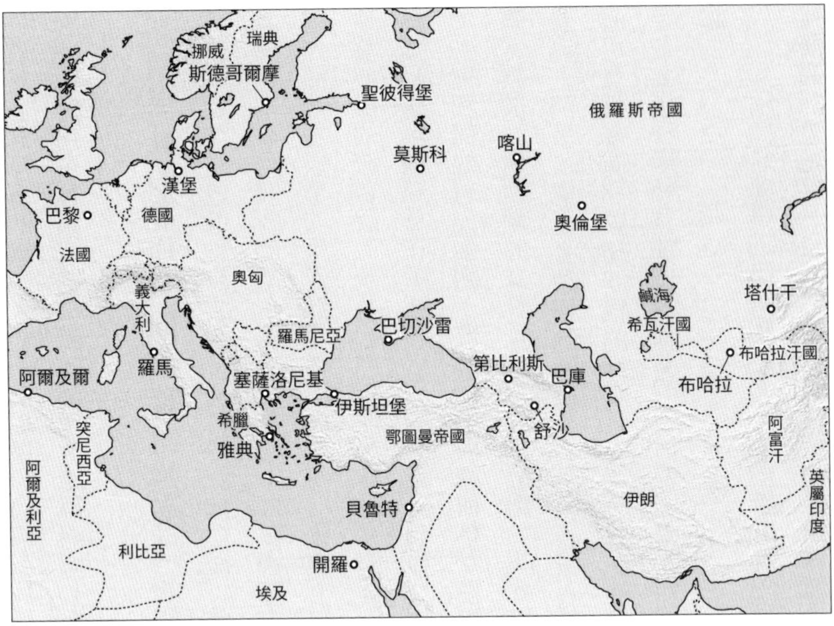

二十世紀初的主要都市

雅典大會後，便鮮有資料記錄到她的去向。

另一方面，列別傑娃也強調推動韃靼人的教育。一八九三年，她提出申請，希望能設立實施世俗教育的韃靼人學校，以及發行韃靼文與俄語的報紙，但均未獲許可。此時的她似乎被俄羅斯當局懷疑改信伊斯蘭教，又或是鄂圖曼帝國派來的間諜。不久後，列別傑娃失意離開帝都，回到喀山縣，過著一段從事翻譯、寫作、研究，並前往喀山大學等地與學者見面的生活。

乍看之下，翻譯文學作品、解讀東方學史料等需沉浸於東方諸語的工作，很難與廣泛推動東方學協會與設立韃靼人學校、發行新刊等社會實踐兼顧。不過就如她於著作《關於穆斯林女性的解放》[4]（一九〇〇年）所展示的，對於列別傑娃來說，這兩者其實緊密結合，可說是自己活動的兩個輪子。至於車子的動力，或許就是心念身邊的韃靼人與伊斯坦堡等的穆斯林社會，希望啓蒙伊斯蘭社會及改善女性現狀的使命感。對此，運用多種語言的文獻，翻譯、獲得論據，對於列別傑娃來說，卻是非常自然的事情。

列別傑娃的著作《關於穆斯林女性的解放》

列別傑娃以俄文寫成的《關於穆斯林女性的解放》，使她後來成為公認的穆斯林女性解放論的提倡者。這部著作發行的前一年，她在第十二屆國際東方學者會議上報告了有關哈里發國家的女性地位，而這作品就是以是次報告為基礎，再補強了會議上她未能談完的部分所完成，可以說是列別傑娃穆斯林女性解放論的統合版。一九〇六年，該作品在開羅的雜誌上連載法文版；一九〇九年，該作品的鄂圖曼土耳其語譯本則刊登在了塞薩洛尼基的雜誌《婦女》上。

列別傑娃首先強調，要解決解放穆斯林女性這一偉大文化意義的課題，就應向已文明化的全世界呼籲。對於「伊斯蘭將女性從社會生活隔離，不允許女性受與男性相同教育」的思考，她認為「這不僅是要與之鬥爭，還是必須根除的偏見，因為它違背了《古蘭經》中的穆罕默德教誨」，表示「《古蘭經》認可女性享有與義務同樣的權利」，並將此作為伊斯蘭男女平等的論述支柱，藉以批評「（伊斯蘭中）存在要求穆斯林女性過著隔離的生活或遮臉，如同命令她們滿足自己丈夫或統治者的法律，實在太過荒謬」。

列別傑娃列舉了伊斯蘭史上的眾多傑出女性，指出女性享有完全的自由，接受與男性相同的教育，位居高社會地位，自古在學問、藝術及國家層面也起到了重要的作用，並強調「若將目光放到阿拉伯文明鼎盛時期的穆斯林女性社會地位，伊斯蘭絕不會妨礙女性獲得與男性相同的教育和權利」。不過，在這樣的穆斯林世界的進化過程中，（未說明理由）首先是受到了阿拔斯帝國統治者卡迪爾一世（九四七—一〇三一年）的妨礙，再加上蒙古西征、十字軍等歷史事件，致使該地區的社會結構及政治走向衰落，穆斯林的進步戛然而止。從那時開始，穆斯林女性被迫成為服務男人任性的附庸，當穆斯林男性以「伊斯蘭禁止女性學習，以及與男性擁有同等權利」的虛假教義成功說服女性後，女性用面紗遮臉的「野蠻習俗」遂逐漸擴散，從而導致穆斯林女性地位衰微。但要注意的是，列別傑娃關於這部分的記述，大多是從英屬印度的法律學者、著述家賽伊德·阿米爾·阿里[5]（Syed Ameer Ali）的《回教史》（一八九九年）中翻譯過來的。

接著，隨著當代穆斯林女性地位下降的狀況發生變化，歐洲教育及慈善活動開始伸出援助之手（此處她特別以法國作為例子），而在該影響下，開羅、貝魯特、伊斯坦堡的穆斯林女性開始在雜誌上刊登小說、論文，甚至是自己創辦雜誌（說到伊斯坦堡時，列別傑娃提到她與尼戈·哈尼姆合作的《婦女新聞》[6]，以及法蒂瑪·阿莉雅、馬可布蕾·雷曼等人）；而穆斯林男性知識分子中，也出現了主張解放穆斯林女性的人物（如埃及的卡西姆·艾敏、上述的賽伊德·阿米爾·阿里等），對於這些現象的發生，列別傑娃感到相當欣慰。

巧合的是，在列別傑娃發表該著作的前一年，艾敏在開羅發表的《女性的解放》引起了很大的爭議。列別傑娃高度評價艾敏，並歸納介紹了其主張的骨幹，也就是穆斯林女性所必需的五項要點：一、歐洲式教育和德育；二、於所有想法、感情、行動上獨立；三、有選擇丈夫的自由；四、終止丈夫單方面離婚的權利；五、制定禁止一夫多妻的法律。

列別傑娃觀點中最獨特的地方，在於她認為要使女性地位衰落的東方世界從長眠中甦醒過來，成立東方學協會勢在必行，因此必須謀求東西方的靠近這點上。這部著作問世時，列別傑娃已在俄羅斯透過她自身的努力成功設立協會。至於協會的設立目的，在於向東方各民族傳遞有關俄羅斯的準確資訊，以及向俄羅斯社會宣傳東方需要的物資及東方的精神生活，藉此為拉近俄羅斯與東方國家的距離做出貢獻、為俄羅斯的文化與產品滲透到國內外的東方民族而服務。該協會由通商、學術與文化、教育三個部門組成，成員包括男女性雙方，並規定活動應在所有宗教性、政治性問題之外進行。

經過以上論述的演進，列別傑娃整理了自己在穆斯林女性解放觀點上的三個要點：（一）須認識到伊斯蘭絕不妨礙男女平等；（二）必須發展東方學協會；（三）穆斯林教育必須首先落實（提高男女教育水平、男女共學、以歐洲人為師）。她表示，努力的目標應該放在「讓穆斯林女性找回歷史權利、讓她們過上符合宗教及現代文明的生活」上。

猶如同時代受過歐洲教育的伊斯蘭男女平等論支持者，列別傑娃也相信進步的源泉在於西方，因此確實不能否定當她看見女人戴著面紗時，會產生這是「野蠻的習俗」、是壓迫女性的象徵的固定觀念。因為後續又過了近一個世紀的時間，才出現了無論有無面紗，都應該考量到女性的進步，又或者配戴面紗可促進女性走進社會等議論，女性終得以伊斯蘭性別論的形式獲得公民權。儘管如此，列別傑娃仍在十九世紀與二十世紀間，以及在兩個帝國間的夾縫中，透過翻譯多種語言，在伊斯蘭男女平等論的紐帶中發揮著中樞般的作用，又熱心鑽研知識，無非是為改善現狀，而影響著各式各樣的人和行動的女性先驅。而實現「宗教與現代文明並存的生活」，不也正是現代社會面臨的新課題嗎？

艾哈邁德貝・阿加耶夫（艾哈邁德・阿奧魯，一八六八—一九三九年）

俄羅斯帝國蘇沙（今亞塞拜然西南部城市）出生的新聞記者、政治家。艾哈邁德・阿奧魯是他的土耳其名，後半生主要活躍在鄂圖曼帝國與土耳其共和國。他是泛土耳其主義的倡導者之一，但在其前半生中，偶爾會展現出伊朗愛國主義者的一面。在現代亞塞拜然中，有「國民新聞之父」之稱。

他出生於經營棉花園的什葉派穆斯林貴族家庭，後於提比里西（今喬治亞首都第比利斯）的幾姆納齊亞（文理中學）及帝都聖彼得堡的大學學習，並留學巴黎，主修東方學（古代伊朗的歷史、語言、宗教），其學習歷程所呈現出的跨境性與多樣性著實引人注目。此外，藉由他成長的環境與之後的經歷，阿加耶夫熟練掌握了亞塞拜然文、波斯文、法文與土耳其文等語言。

自一八九七在巴庫（今亞塞拜然首都）擔任俄文報紙《裏海》編輯開始，阿加耶夫參與了數個俄羅斯穆斯林定期刊物的創刊與發行。在俄羅斯經歷一九〇五年的革命，俄羅斯穆斯林知識分子政治覺醒後，阿加耶夫也當選為杜馬（國會）代議員，參與政治運動。同年，在第一屆俄羅斯穆斯林大會上，他主張成立穆斯林政黨，不過在隨後的反動中，一九〇八年他被迫流亡正處於土耳其青年革命時期的鄂圖曼帝國。他與同樣出身俄羅斯帝國的韃靼人優素福・阿克楚拉（Yusuf Akçura，一八七六—一九三五年）等人一起投身泛突厥主義運動，並在雜誌*Türk Yurdu*及「Türk Ocaklar」（Turkish Hearths，土耳其人的爐邊）等組織中活動。後得到凱末爾（Mustafa Kemal Atatürk，一八八一—一九三八年，土耳其共和國首任總統）的信任，擔任凱末爾創立的土耳其民族主義報紙《國民主權》的主編。一九二三年，當選土耳其大國民議會議員，後參與制定新土耳其共和國憲法，支持凱末爾透過西化與世俗化的現代化路線。

從在巴庫當記者時，阿加耶夫就認為在穆斯林世界的現代化中，解決女性問題是必要課題。雖然不清楚他是否與列別傑娃有過直接交流，但在列別傑娃出版《關於穆斯林女性的解放》的第二年，他便也用俄語出版了《伊斯蘭下的伊斯蘭婦女》[7]（一九〇一年），提出改善穆斯林女性現狀的必要。此外，阿加耶夫的主張也與列別傑娃一樣建立在伊斯蘭男女平等論上。

其主要內容為：（一）《古蘭經》和《伊斯蘭教法》（*Shari'a*）不反對進步；（二）穆罕默德尊重女性，賦予過女性在早期伊斯蘭時代前所未有的各種權利；（三）伊斯蘭史上出現過眾多的傑出女性；（四）諸如一夫多妻、女性隔離、穿戴面紗的習俗、在繼承與婚姻上的無權利狀態等二十世紀初穆斯林女性的悲慘現狀，皆源於伊斯蘭教以前的惡劣傳統，或是後世烏理瑪對伊斯蘭教的錯誤理解而來；（五）改革現狀的土壤存在於伊斯蘭的歷史與傳統中，具有堅強意志及自我犧牲精神的改革者，必然會出現在現代穆斯林中。最後，他認為女性問題及文字的複雜性是「使穆斯林世界逐漸走向死亡的難治之病」，強調現代化的當務之急，是解決女性問題及字母改革。

阿加耶夫在書中提到，在阿拔斯時代，女性的服裝和化妝變得華麗而費時，女性為了不失禮節地接待客人而引入的遮眼屏風，便是女性隔離與面紗的始祖。不久後，這個現象逐漸變貌，化為穆斯林女性衰落的開始。此外，他也引用了法蒂瑪・阿莉雅的記述，表示「後宮」原本是貴婦人的沙龍。在阿加耶夫這部著作中，可以看到他解釋貶低女性的各種習俗大多源自波斯，並加以批判的傾向。

後來，該著作被翻譯成阿拉伯文，以翻譯家獻給卡西姆·艾敏的形式在埃及出版。

法蒂瑪·阿莉雅（一八六二—一九三六年）

鄂圖曼帝國時期的作家、女權運動家、慈善家。時有伊斯蘭世界最早的女作家之稱，有時也被叫做法蒂瑪·阿莉雅·托普茲或法蒂瑪·阿莉雅·哈蘇姆。除了作家活動外，她也致力於女權伸張活動與慈善活動，因成立鄂圖曼女性支援協會等功績，獲阿卜杜勒—哈米德二世授予二等仁愛勳章。

阿莉雅的父親名為艾哈邁德·傑夫代特·帕夏（Ahmed Cevdet Pasha，一八二二—一八九五年），是活躍在鄂圖曼帝國坦志麥特（Tanzimat，仁政改革）時期的官僚、行政官，同時也以多領域學者而聞名。阿莉雅的童年與父親一同在其赴任的埃及、希臘、敘利亞等地度過，在家中接受教育後，她精通了阿拉伯文與法文。小她兩歲的妹妹埃米涅·賽米耶（筆名埃米尼·瓦希德，一八六四—一九四四年）後來也有土耳其最早的女權主義者之稱。十七歲時，她與鄂圖曼帝國的有功軍人結婚，育有四女。

阿莉雅自小就對文學感興趣，但當時的鄂圖曼帝國普遍不允許女性從事文學，不過，她仍在富裕的家庭環境中接受教育，並於後來得到了艾哈邁德·米德海特這一強大後盾，取得對當時女性的破格成就。作為主張提高女權的活動家，她也是最早不戴面紗、穿洋裝出現在公共場所的土耳其女性之一。

一八九〇年，她終於得到丈夫的許可，翻譯出版了法國作家喬治·歐奈（Georges Ohnet，一八四八—一九一八年）的小說《意志》。不過，她仍舊無法以本名署名，於是使用了「比爾．卡頓」（某個婦女）的筆名。因為這個關係，艾哈邁德．米德海特注意到了這部翻譯作品，於是在他與父親的幫助下，阿莉雅正式開始了寫作活動。有幾部作品為共同著作，而作者名都顯示為「某個婦女與艾哈邁德．米德海特」。小說方面，她著有《好消息》（一八九二年）、《夢與真相》（一八九四年）、《*Raf'et*》（一八九七年）、《烏德琴家》（一八九九年）、《呻吟》（一九一〇年），主張提高女權的論文《伊斯蘭的女性們》（一八九一年報紙連載，一八九二年出版單行本）、伊斯蘭史上的女性列傳《伊斯蘭名媛傳》（一八九九—一九〇一年報紙連載），以及為擁護父親立場而寫的《艾哈邁德．傑夫代特．帕夏與那個時代》（一九一二／三年）。一八九五年至一九〇八年，她也在《婦女新聞》上連載了呼籲提高女性權利的專欄。

在有關女性的論文中，她主張基於《伊斯蘭教法》的男女平等與女性權利，以及尊重個人主義。不過當時也有人批評，在包括《伊斯蘭的女性們》在內的論文中，與阿莉雅在小說中描寫的女性形象相比，主張又過於保守。據傳她並不贊同後來阿塔圖克的世俗性改革。

米德海特經常會將列別傑娃視為現代女性的榜樣。此外，其父傑夫代特．帕夏曾向蘇丹（Sultan）請求允許自己與阿莉雅一同訪問正在伊斯坦堡旅居的列別傑娃，並邀請她造訪自己家。於是，列別傑娃與阿莉雅建立了直接的交流關係。列別傑娃在自己的著作《關於穆斯林女性的解放》中提到，阿莉雅「受過高等教育，寫過幾部小說與許多哲學論文」，其作品「都刊登在報紙《真理詮釋者》上，但當時卻無法在自己作品上署名」[8]，在讚揚阿莉雅是與她同時代行動的穆斯林女性的同時，也點出了阿莉雅的困難處境。就如前面提過的，列別傑娃後來將阿莉雅的《伊斯蘭的女性們》翻譯成法文與阿拉伯文、將《烏德琴家》翻譯成法文這事情相當有名。

尼古拉・奧斯特魯莫夫（一八四六—一九三〇年）

俄羅斯帝國的異族（非俄羅斯人、非俄羅斯正教徒）教育專家、東方學者。奧斯特魯莫夫是出生於坦波夫州的俄羅斯人，師從尼古拉・伊爾明斯基（Nikolay Ilminsky，一八二二—一八九一年，於喀山神學大學穆斯林傳教部開發出基於異族人母語的初等教育法「伊爾明斯基法」之人），學習阿拉伯文、突厥文等，成為異族人教育專家。

一八七七年，應首任突厥斯坦總督康斯坦丁・考夫曼（Konstantin Petrovich von Kaufmann，一八一八—一八八二年）要求，自喀山前往中亞的突厥斯坦總督府擔任視學官，在該總督府首都塔什干（今烏茲別克首都）歷任中等學校校長、教員培育學校（師範學校）校長等職。後離開異族教育舞臺，並將擔任《突厥斯坦地方新聞》主編，於伊斯蘭學、東方學、民族學等多個領域展開頻繁的創作活動，並將俄羅斯文學作品及福音書翻譯成烏茲別克文出版。主要著作有《韃靼—俄文詞典》（一八七六年）、《何謂古蘭經》（一八八一年）、《古蘭經與進步》（一九〇一年）、《撒爾塔[9]——民族誌資料》（一九〇八年）、《撒爾塔語語源學》（一九一〇年）等。

直到俄羅斯革命導致帝政瓦解、突厥斯坦總督府解體為止，奧斯特魯莫夫一直從事《突厥斯坦地方新聞》的編輯工作，積極執筆。革命後，他在故鄉度過了一段時期，後於一九二一年再次回到塔什干，直至一九三〇年去世。

列別傑娃過去曾將自己的著作《關於穆斯林女性的解放》寄送至突厥斯坦總督府。奧斯特魯莫夫在塔什干收到這本書後，於自己的著作《穆斯林女性權利的現狀》[10]（一九一一年）中，提及了列別傑娃與阿加耶夫的著作，並強烈批評了他們主張的伊斯蘭男女平等論。即便認同他們的主張對奧倫堡等部分俄羅斯穆斯林女性產生了很大的影響，並為其感化做出了貢獻，不過奧斯特魯莫夫還是從伊斯蘭學上嚴格解釋《古蘭經》的觀點，對他們主張的正當性提出了疑問，認為《古蘭經》並未主張男女平等。

奧斯特魯莫夫還透露，起初在《突厥斯坦地方新聞》上刊登列別傑娃著作的前半部分時，便收到了突厥斯坦的穆斯林讀者表現出強烈的排斥，他們反應相當激烈，因此只得放棄後續的刊登。奧斯特羅莫夫表示，「少數的穆斯林婦女認識到她們的社會地位低落，但這樣的自覺，卻只能透過在俄羅斯的中學或大學念書才能產生，理解並支持她們的人，也是只有受過西方教育的人。穆斯林大眾至今仍不理解她們自己女性問題的重要性，又或者說，她們無法適應基於西方基督教觀點的生活[11]」，並分析「這意思並非是說目前的撒爾塔女性對現狀感到非常滿意與幸福，所以不需要任何改善。撒爾塔女性的改革非常嚴峻和困難，因此我們必須以廣闊的視野好好應對，同時也不能忽視尊重嫉妒心重、不讓外人插手自家事務的撒爾塔男性[12]」，因此斷言道，穆斯林女性的解放——特別是在突厥斯坦——只能透過西方教育與知識才能實現。

其他人物

艾哈邁德・米德海特

一八四四—一九一二年。活躍於鄂圖曼帝國坦志麥特時期的新聞工作者、作家、出版人。也被稱作艾哈邁德・米德海特・艾芬迪。在獲得改革派政治家米德海特・帕夏的後盾後，轉為媒體人活動。擔任《洞察》報的評論委員時期，提出「伊斯蘭統一」的說法，以鄂圖曼帝國的泛伊斯蘭主義意識形態走在輿論尖端。留下時事評論、小說等共二百五十多部著作。作為逐漸登上鄂圖曼帝國文壇、論壇的女性們的製作人，米德海特也功不可沒。他於一八七八年創刊的報紙《真理詮釋者》，後來也成了米德海特所監護的列別傑娃、阿莉雅等人發表作品的場所。記錄了他在一八八九年被派遣到國際東方學者會議及巴黎萬國博覽會時經歷的旅行記《歐洲之旅》，以及他和阿莉雅之間交換的書信，在後世也成了與列別傑娃有關的重要資料來源。（↓請參照第八卷第十章）

卡西姆・艾敏

一八六三—一九〇八年。埃及英治時期的法學家、改革思想家及作家。在國內接受西式教育後，前往法國留學，回國後成為法官。受到穆罕默德・阿布都[13]（Muhammad Abduh）等人的伊斯蘭改革思想影響，站在更偏向西方自由主義的立場，主張埃及民族主義。其著作《女性的解放》（一八九九年）是在穆斯林世界內部首次公然主張女性解放及放棄面紗的作品，引起了正反兩面的大論爭。他認為伊斯蘭原本就認可女性的權利，也未規定女性配戴面紗，並主張透過西式教育實現女性解放，埃及才能成功現代化。第二年，他根據世間對上一部作品的批評，出版了《新女性》（一九〇〇年）。雖然他被認為是穆斯林世界第一位男性的女權主義者，但今日也出現了對該評價的批判。《女性的解放》很快就在俄羅斯境內被翻譯成土耳其文及俄文。而《新女性》的俄文版，則有阿拉伯文大師、將《古蘭經》翻譯為俄文而聞名的伊格納特・克拉奇科夫斯基（Ignaty Yulianovich Krachkovsky）撰寫序文。

謝菲卡・加斯普林斯卡婭

一八八六—一九七五年。出生於俄屬巴切沙雷的克里米亞韃靼人，女權運動家。他的父親是扎吉德（Jadid）運動的倡導者加斯普林斯基（Ismail bey Gasprinsky）。一九〇五年，她當上克里米亞最早的女性雜誌《女性世界》的主編，將提高女性教育作為目標。俄羅斯革命時期的一九一七年，參加全俄羅斯穆斯林女性大會（莫斯科），最終當選為巴切沙雷市女性革命委員會主席。當俄羅斯經歷十月革命，克里米亞人民共和國成立後，她曾任女子師範學校的校長與議員，但該共和國卻在約兩個月後解體，於是她決定回到丈夫身邊，啟程前往巴庫。一九二〇年，以巴庫為首都的亞塞拜然民主共和國被紅軍占領，擔任高層的丈夫遭到殺害，謝菲卡被迫流亡土耳其。她在伊斯坦堡擔任孤兒院院長等職，後於一九三〇年組織「克里米亞韃靼女性同盟」，表明了反蘇維埃的立場，呼籲所有穆斯林女性團結。此後，她一生都在土耳其從事女性運動、克里米亞韃靼人移民問題、慈善活動等工作。

穆沙・比吉耶夫

一八七五—一九四九年。俄羅斯帝國出身的韃靼人烏理瑪、改革主義者。於南俄羅斯的頓河畔羅斯托夫（Rostov-na-Donu）的實科中學畢業後，他在帝國內各地著名的Madrasah（伊斯蘭學院）及開羅的艾資哈爾學院念書。後因將《古蘭經》翻譯為韃靼文而聞名。一九〇五年革命後，他於俄羅斯穆斯林的政治運動中發揮了重要作用。一九一七年十月革命後，他與蘇聯政權合作，然而一九二三年發表的《致伊斯蘭諸國民》，卻讓他被視為是泛伊斯蘭主義而被捕，釋放後也被當局歸類在注意名單中。一九三〇年前往新疆，此後輾轉南亞、中東、歐洲等地，最終於開羅逝世。自約一九一四年起，他便將穆斯林女性問題視為重要課題，其一九一七年左右完稿的《高貴的古蘭經神聖經文中的女人們》[14]（一九三三年）可以說是其集大成。他表示，伊斯蘭在尊重女性方面超越其他宗教，而在面紗問題上，則認為伊本・阿拉比[15]（Ibn Arabi）《麥加開示》的見解是最賢明的，表現出了靈活的看法。此外，對於卡西姆・艾敏，也曾評價其是穆斯林女性解放運動的開端。（↓第九章）

注釋

1. 一八五一—一九一四年。他是克里米亞韃靼人的改革派知識分子，提倡藉由普及新式學校等方式，改革俄羅斯穆斯林社會的「扎吉德運動」。加斯普林斯基在巴切沙雷發行的報紙《翻譯者》（一八八三—一九一八年）是其重要的媒體。「加斯普林斯基」請參照第八卷第十一章。

2. 歐內斯特・勒南（一八二三—一八九二年），法國宗教史家。主張歐洲人在人種上的優越性，被批判為殖民地主義、東方主義的體現。

3. 一種阿拉伯的傳統弦樂器。

4. Lebedeva, O. S., *Ob emansipatsii musul'manskoi zhenshchiny*, Sankt-Peterburg, 1900.

5. 一八四九—一九二八年，英屬印度出生的穆斯林，法律學者及政治家。致力於擴大印度穆斯林的權利。

6. 一八六五—一八九八年，與尼戈・哈尼姆被一同稱為土耳其最早的女詩人之一。

7. Agaev, A., *Zhenshchina po islamu, i v islame*, Tiflis, 1901.

8. Lebedeva，同前注。

9. 俄羅斯帝國時期，俄國人稱定居於中亞者為撒爾塔人（Sart）。此處指的撒爾塔人可大致認為是當今的烏茲別克人。

10. Ostroumov, N. P., *Sovremennoe pravovoe polozhenie musul'manskoi zhenshchiny*, Kazan', 1911.

11. Ostroumov，同前注。

12. Ostroumov，同前注。

13. 一八四九—一九〇五年。埃及烏理瑪、改革思想家。提倡現代式伊斯蘭主義，為整個穆斯林世界帶來巨大影響。「穆罕默德・阿布都」請參照第九卷第十一章。

14. Bigiev, Musa Dzharullakh, "Zhenshchina v svete sviashchennykh aiatov Blagorodnogo Korana," *Izbranye trudy v dvukh tomakh*, T. 2 (Antologiia tatarskoi bogoslovskoi mysli), Kazan': Tatarskoe knizhnoe izdatel'stvo, 2006.

15. 一一六五—一二四〇年。安達盧西亞出身的阿拉伯人、伊斯蘭思想家。為伊斯蘭神祕主義思想的確立上有著巨大影響。

參考文獻

L．艾哈邁德著，林正雄等譯，《イスラームにおける女性とジェンダー——近代論争の歴史的根源（伊斯蘭女性與性別主義——近代論爭的歷史根源）》，法政大學出版局，二〇〇〇年

L．阿布盧戈德著，鳥山純子、嶺崎寛子譯，《ムスリム女性に救援は必要か（穆斯林女性是否需要救助？）》，書肆心水，二〇一八年

A．艾利著，塚本五郎、武井武夫譯，《回教史》，原書房，一九四二年

磯貝真澄，〈ヴォルガ・ウラル地域のテュルク系ムスリム知識人と女性の啓蒙・教育（福爾加・烏拉爾地區突厥系穆斯林知識人與女性啟蒙）〉，橋本伸也編，《ロシア帝国の民族知識人——大学・学知・ネットワーク（俄羅斯帝國的民族知識人——大學・知識・脈絡）》，昭和堂，二〇一四年

帯谷知可，〈帝政ロシアのムスリム女性言説とその共振——A．アガエフの著作を中心に（帝制俄羅斯穆斯林女性論述及其共鳴——以A．阿加耶夫的著作為中心）〉，野田仁、小松久男編著，《近代中央ユーラシアの眺望（近代中央歐亞大陸的眺望）》，山川出版社，二〇一九年

帯谷知可，〈ロシア帝国からムスリム女性の解放を訴える——O．S．レベヂェヴァとA．アガエフのイスラーム的男女平等論（在俄羅斯帝國訴求穆斯林女性的解放——O．S．列別傑娃與A．阿加耶夫）〉，《史林》一〇四—一，二〇二一年

佐佐木紳，〈オスマン帝国からみた中央ユーラシア——汎イスラーム主義の射程（奧斯曼帝國眼中的歐亞大陸——泛伊斯

蘭主義的射程）〉，野田仁、小松久男編著，《近代中央ユーラシアの眺望（近代中央歐亞大陸的眺望）》，山川出版社，二〇一九年

佐佐木紳，〈アフメト・ミドハト著《ファトマ・アリイェ女史、あるいはオスマン人女流作家の誕生》（艾哈邁德・米德海特著《法蒂瑪・阿莉雅女士・奧斯曼人女作家的誕生》）〉，前後編，《成蹊人文研究》二九—三〇，二〇二一—二〇二二年

D・施梅爾彭尼克・范德奧耶著，濱由樹子譯，《ロシアのオリエンタリズム——ロシアのアジア・イメージ、ピョートル大帝から亡命者まで（俄羅斯的東方主義——俄羅斯的亞洲印象　從彼得大帝至亡命之人）》，成文社，二〇一三年

高田和夫，《ロシア帝国論——19世紀ロシアの国家・民族・歴史（俄羅斯帝國論——19世紀俄羅斯的國家・民族・歷史）》，平凡社，二〇一二年

橋本伸也，《エカテリーナの夢　ソフィアの旅——帝制期ロシア女子教育の社会史（葉卡琳娜大帝之夢　蘇菲雅之旅——帝制期俄羅斯女子教育社會史）》，ミネルヴァ書房，二〇〇四年

廣岡直子，〈ロシア革命とジェンダー（俄羅斯革命與性別）〉，松戸清裕等編，《ロシア革命とソ連の世紀4　人間と文化の革新（人類與文化的革新）》，岩波書店，二〇一七年

Agaev, A., *Zhenshchina po islamu, i v islame*, Tiflis, 1901.

Amin, Q., *The Liberation of Women and the New Woman: Two Documents in the History of Egyptian Feminism*, trans. by S. S. Peterson, Cairo/New York: American University in Cairo Press, 2000.

Bigiev, Musa Dzharullakh, "Zhenshchina v svete sviashchennykh aiatov Blagorodnogo Korana," *Izbrannye trudy v dvukh tomakh*, T.

2 (Antologiia tatarskoi bogoslovskoi mysli), Kazan′ : Tatarskoe knizhnoe izdatel′stvo, 2006.

Fatma Aliye Hanim, *Nisvân-ı İslâm*(Hazırlayan Prof. Dr. Hülya Argunşah), İstanbul: KESİT, 2012.

Findley, C. V.,"An Ottoman Occidentalist in Europe: Ahmed Midhat Meets Madame Gülnar, 1889," *American Historical Review*, 103(1), 1998.

Hablemioğlu, N., and Ş. Hablemitoğlu, *Şefika Gaspıralı ve Rusya'da Türk Kadın Hareketi (1893-1920)*, İstanbul: Toplumsal Dönüşüm Yayınları, 2004.

Lebedeva, O. S., *Ob emansipatsii musul'manskoi zhenshchiny*, Sankt-Peterburg, 1900.

Mithat Efendi, A., *Fatma Aliye: Bir Osmanlı Kadın Yazarın Doğuşu; Biyografi* (Osmanlıcadan çeviren: Bedia Ermat), İstanbul: SEL, 2011.

Olcay, T., "Olga Lebedeva (Madame Gülnar): A Russian Orientalist and Translator Enchants the Ottomans," *Slovo* 29(2), 2017.

Oldzhai, T. (Olcay, T.), " Ol′ga Sergeevna Lebedeva i ee vklad v russko-turetskie literaturnye sviazi," *Problemy flologii. lazyki i literatura*, 1,2010.

Ostroumov, N. P., *Sovremennoe pravovoe polozhenie musul'manskoi zhenshchiny*, Kazan', 1911.

Ostroumov, N. P., *K 50-tiletiiu Tashkenta. Tashkentskie sarty pod russkim vliianiem*, Tashkent, 1915.

Strauss, J., " Ol′ga Lebedeva (Gülnar Hanım) and her Works in Ottoman Turkish," S. Prätor and C. K. Neumann (eds.), *Frauen, Bilder und Gelehrte: Studien zu Gesellschaft und Künsten im Osmanischen Reich. Festschrift Hans Georg Majer*, vol.1, İstanbul: Simurg, 2002.

Zavadovskaia, C. Iu., "O perevode Selima Kobeina broshiury Akhmed-beka Agaeba pod arabskim nazvaniem *Prava zhenshchiny v islame*," *Vostok*, 6, 2015.（http://luch.az/kritika/3409-publicistika-na-vostoke.html 最終瀏覽時間：二〇二〇年九月二十八日）

第九章 韃靼志士——伊斯蘭世界與日本

小松久男

前言

一九〇九年二月，明治時代末期，一位男子從海參崴搭乘輪船來到了敦賀港。他是穆斯林（伊斯蘭教徒）韃靼人，不會說日語。不久後，他在東京及橫濱的言行引起了人們的關注，有時還會出現在報紙與雜誌上。被稱作「韃靼志士」的男人的傳聞，一時之間膾炙人口。夏目漱石在同年六月十六日的日記中，也記載了這位「韃靼人回回教領袖」的事跡。不過，後來這個男人離開了日本，逐漸淡出了人們的記憶中。

緊接著，世界發生了巨變。第一次世界大戰爆發後，許多多民族帝國迎向終結。像是俄羅斯革命推翻了帝政，由蘇聯取而代之；又像是土耳其共和國從鄂圖曼帝國的廢墟中誕生……等。然而，縱觀伊斯蘭世界，穆斯林民族的附庸狀況卻依然如故，為突破該處境，「韃靼志士」苦尋解方。後來，在土耳其不受待見的他收到了日本的邀請，於一九三三年再次來到日本。儘管年事已高，他依舊積極展開活動。一九三八年，他在東京代代木開堂的清真寺內擔任首屆的伊瑪目（Imam，導師之意）。然而卻在未取得耀眼成就的情形下，最終於大日本帝國敗局已定的一九四四年八月三十一日，於東京逝世。

從地理上說，伊斯蘭世界與日本相距甚遠，相互之間的關係在很長一段時間都很淺薄。但是到了近代，雙方之間產生了各式各樣的關聯。而這位「韃靼志士」，正是親手創造這種關係的人物。回顧他的活動，我們便可看到這種關係的產生與背景。

不過，他的活動與心思卻並非全部集中在日本上。這位「韃靼志士」將遍及歐亞大陸的伊斯蘭世界視為己居，其足跡縱橫俄羅斯、鄂圖曼帝國、中亞、南亞、中國以及歐洲。在那個時代，沒有一個穆斯林知識分子能像他一樣行走各地、深化思考，還透過報紙與雜誌進行宣傳。更甚者，他所生活的二十世紀前半期，世界格局正發生巨變。該時代發生了兩次世界大戰與多次革命，他無非是個投身於動盪中的罕見人物。那麼，亞洲的穆斯林，是如何看待這場二十世紀前半期動盪的世界史？他的一生，將為這個問題提供一個答案。而這位「韃靼志士」的本名，便是阿卜杜勒希德．易卜拉欣（Abdurreshid Ibrahim，本章以下簡稱「易卜拉欣」）。

阿卜杜勒希德・易卜拉欣（一八五七—一九四四年）

一、成為勒希德・卡迪的過程

苦學青年——從西伯利亞到阿拉比亞

阿卜杜勒希德・易卜拉欣

一八五七年四月二十三日，易卜拉欣出生於塔拉，這是一處位於俄羅斯帝國烏拉爾山脈以東、西西伯利亞伊爾蒂什河畔的偏僻村莊。據說，他的祖先是過去從中亞移居至西西伯利亞的商人、學者的後裔，該地區的韃靼人之所以成為伊斯蘭教信徒，主要與這些「布哈拉人」的貢獻有關。雖然祖先中有在塔拉蓋石造清真寺的名士，但易卜拉欣的家境實是相當貧寒。即便如此，因他的家長非常熱中教育，於是他自幼年就開始在寄宿制的馬德拉薩（madrasah，伊斯蘭學院）學習伊斯蘭的各項知識。十四歲這年，他接連失去了父母，後進入喀山地區的名門學校克什卡爾

（Qısqar）學院。不過就在他苦學的日子裡，身分證明（паспорт）不小心過期了，因當時正值俄土戰爭（一八七七—一八七八年），俄羅斯境內的韃靼人被懷疑是敵對國家鄂圖曼帝國的同族或信徒，因此許多人被威脅可能會受到處罰，但也沒有人知道該如何應對。他們不知所措、四處流浪，最終被警察逮捕，面臨入獄的困境。

在伏爾加烏拉爾地區的監獄四處移轉的過程中，他認識了被作為政治犯關押的知識分子與有德之士。他在自傳中寫道：「我在五天內的時間學習到了五年份的知識，監獄確實起到了學校的作用」，可以了解他在監獄裡學習到社會處事與俄文是不爭的事實。當時，普通的穆斯林學習俄文的機會相當有限。一年多後，被釋放的易卜拉欣為了維持生計，前往哈薩克草原，在富裕的哈薩克人家中擔任教師與伊瑪目，並開始學習遊牧民族的生活及習慣。在侍奉阿克莫拉（Aqmola，今哈薩克首都阿斯塔納，Astana）的名士時，該家族的女兒因未婚夫早逝，因而必須嫁給其未婚夫當年僅有十二歲的弟弟。對此感到同情的他，因此為其計畫逃家，但最終在家長的介入下失敗。對於有著朝聖與修學志向的易卜拉欣，家長給了他一百五十盧布及一匹良馬，供他出發旅行。一八八〇年八月底，他自敖德薩港口偷渡到伊斯坦堡，然而在抵達錫爾凱吉（Sirkeci）碼頭時，他已是身無分文。他向同樣要前往聖城的西哈維丁．梅傑尼等韃靼名士提出想成為其侍從的想法，卻未能如願以償，在經過一段流落街頭的日子後，在與伊爾庫次克的朝聖者一同抵達聖城麥加（Makkah）時，已是一八八〇年十一月。

後來，易卜拉欣前往了聖城麥地納（Medina），他在當地的馬德拉薩研修古蘭經學、聖訓（Hadith）學、法學，並學習阿拉伯文近四年。接著，伊斯蘭世界迎來了大動盪。一八八二年，英國軍事占領埃及，被趕出埃及的阿拉伯知識分子們來到了麥地納，被鄂圖曼帝國專制君主阿卜杜勒—哈米德二世（II. Abdülhamid）驅逐出境的人也不在少數。易卜拉欣說，麥地納就像是鄂圖曼帝國的西伯利亞（流放地）。他從師的對象中也有流放者。順帶一提，以鄂圖曼帝國憲法創始人聞名的米德海特．帕夏[1]，當時也被蘇丹視為危險人物，最終於一八八四年五月於麥加附近的塔伊夫要塞中遇害身亡。在易卜拉欣收到家鄉人的催促，準備離開聖城時，他從老師們身上獲贈了種種叮嚀。某位老師說：「四個世紀以來，俄羅斯韃靼人都是飽受被人奴役的民族。你必須以堅忍不拔的努力，為他們注入新的活力。」一位老師則說：「如果說有什麼東西可以解放穆斯林，那就是團結和統一。」懷著老師們的教誨，踏上歸途的青年，拿著幾年前過世的朝聖者的護照，成功潛入俄羅斯。

一八八五年二月，回到塔拉的易卜拉欣受到了熱烈的歡迎，並受推擔任伊瑪目一職，但討厭束縛的他，始終拒絕這些邀請。最終，在承諾結婚及就任伊瑪目後，他又開始了朝聖之旅。麥地納的老師雖然指責他這種恣意妄為的行為，但據說易卜拉欣在往返途中，曾與教育部長米尼夫．帕夏（Mehmed Tahir Münif Pasha）等重要人士會面，就國內外局勢進行了交流。易卜拉欣一刻不得閒、充滿旅行衝動、在重要人士面前能毫不畏懼說話的性格，一生都沒有改變。不過，據其自傳所述，他至今的活動全是自然而然發生的，包括當年十一月再次返鄉後所遭遇的挫折，都是他深思熟慮後的行動所帶來的結果。

穆斯林宗務協議會

一八八五年底，易卜拉欣在故鄉從事清真寺的伊瑪目與馬德拉薩的教職。當時，克里米亞韃靼人加斯普林斯基[2]（Ismail Gasprinsky）創立的新式學校正在俄羅斯穆斯林地區普及，引起了支持現代學校模式的改革派（扎吉德，Jadid）與支持舊式教育方式的保守派（卡迪木，Kadim）之間的爭論。易卜拉欣對此的看法是超然的，他認為「在穆斯林教育中，如果沒有伊斯蘭學就沒有意義。這個是最需要的。只有努力和勤奮才能掌握學問，無論是新方式還是舊方式，如果不努力，就不可能取得任何成功。」接著，易卜拉欣在與國內外知識分子結交的同時，還親自帶領有潛力的學生前往伊斯坦堡留學。透過米尼夫·帕夏等人的努力，成功讓伊斯坦堡教育機構現代化，比起有著俄文壁壘，以及畏懼被俄羅斯同化的俄羅斯教育機構，無非是更具吸引力的。

一八八九年，易卜拉欣與他的朋友們在聖彼得堡第一次見到了旅居中的阿富汗尼[3]（Jamal al-Din al-Afghani）。阿富汗尼是位泛伊斯蘭主義者，其批評列強對伊斯蘭世界的侵略與統治、呼籲穆斯林超越宗派聯合合作與自我變革的言論，讓易卜拉欣留下了深刻的印象。幾天後，阿富汗尼委託他預訂歌劇廳的座位，這個座位需要包廂，且要離皇室特別座很近。當天，正當歌劇漸入高潮之時，阿富汗尼就像是察覺到祈禱時間到了一般，他突然站起身，高頌祈禱詞「真主至上！」包括皇帝一家在內，大家的目光都投向了這個包廂席，易卜拉欣也被衝來的將軍盤問。對於這過於怪異的行為，易卜拉欣曾抱怨過一次，但在不久後，他便明白了阿富汗尼的真意，是要讓俄羅斯政要們將目光投向伊斯蘭[4]。

一八九二年四月，易卜拉欣的學識與俄文能力獲得好評，被任命到位於烏拉爾山脈西南山腳的烏法（Ufa）擔任穆斯林宗務協議會的裁判官（卡迪，Qadi）。其別名「勒希德·卡迪」便是出自此處。該協議會是在近一個世紀前，由葉卡捷琳娜二世所創立，主要負責管理與指導居住在俄羅斯內陸與西伯利亞的穆斯林。協議會屬於公家機關，可對清真寺的伊瑪目與馬德拉薩的教師等「神職人員」進行資格審查與任免，或處理結婚、離婚、繼承等伊斯蘭法民事案件的二審，或向穆斯林臣民傳達政府指令。順帶一提，當時伊瑪目也需承擔管理自己教區的穆斯林臣民戶籍的責任（一八八九年，協議會管轄的人口約三百六十萬人，教區約有四千二百五十處）[5]。第二年，擔任協議會主席（mufti，穆夫提，教法官）的穆罕默德亞爾・蘇丹諾夫（Muhammad-yar Sultanov）外出朝聖時，他代理了其職務八個月，這無疑是一個光榮的職位。易卜拉欣後來到日本時，被人介紹為俄國的「回教領導人」，便是出於這段經歷。

然而，協議會存在著諸多缺陷。在代理主席期間，易卜拉欣接觸到了機密文件，他親眼目睹了協議會實際上已淪為俄羅斯政府的「御用機關」，以及賄賂橫行的腐敗營運方式。事實上在一八八五年，當他在協議會上得到伊瑪目認可時也曾經行賄。此外，他亦曾為擴大俄羅斯穆斯林的權利及改善教育，與內務部及國民教育部進行了多次交涉，但是都未能取得成果，最終在短短兩年內便辭職。不過，他與年齡相仿、也同樣擔任裁判官的里扎丁・法赫雷丁（Rizaeddin bin Fakhreddin）卻很合拍。將來到國外積極展開演說、政治活動的易卜拉欣，與遠離政治、只在國內專注於職務與研究的法赫雷丁形成了鮮明的對比，但二人的交情卻持續了一輩子。

二、俄羅斯穆斯林的覺醒

反骨的創作

一八九四年，放棄侍奉宮廷的易卜拉欣移居至伊斯坦堡，以務農和釀造馬奶酒維生，並撰寫著作批評俄羅斯政府對穆斯林的政策。在帝政統治下難以啟齒、眾人選擇沉默不語的事，都被他毫無顧忌地公開出來。其代表作是以《清晨之星》（*Чулпан йолдызы*）為名的小冊子，內容自韃靼人的歷史出發，在簡單闡述穆斯林宗務協議會的沿革及組織、其不完善及缺陷之處，以及歷代職員的簡歷後，便是對俄羅斯的正教化政策與壓迫伊斯蘭的現狀進行的強烈批判。這是只有了解協議會內情的易卜拉欣才寫得出來的內容。其附錄中還收錄了匿名投稿給開羅報紙《尼羅河》的報導。

不僅是這些批評，他還提出了穆斯林應面對的課題。易卜拉欣認為，協議會的根本性改革是迫在眉睫的。儘管它目前存在許多缺陷，但它仍是統合俄羅斯穆斯林、實施伊斯蘭法上所需的必要機構。另一方面，對於反對派的他來說，他也不得不接受帝政的強大，以及穆斯林的無力、無知的現實。易卜拉欣以十九世紀清朝統治下的穆斯林叛亂（西北穆斯林大叛亂、同治回變）導致穆斯林被大量殺戮的悲劇為例，主張不直接對帝政進行抵抗，而要致力於教育的改革與擴充。這些非法小冊子在伊斯坦堡印刷廠一夜之間印刷出來，然後被偷偷帶到俄羅斯境內，從而吸引了眾多讀者。此外在一九〇〇年，有人匿名在開羅出版了名為《俄羅斯的穆斯林——韃靼民族小史》的冊子，其內容與《清晨之星》大致相同，但筆觸更加辛辣，顯示出易卜拉欣極力要向穆斯林輿論呼籲俄羅斯穆斯林問題的意圖。

而同時，他也在進行另一項呼籲。即號召飽受壓迫及貧困之苦的俄羅斯穆斯林，移居到由哈里發（Caliph，宗教、政治領袖）統治的鄂圖曼帝國。易卜拉欣或許是認為，離開由異教徒統治的俄羅斯，移居至實施著伊斯蘭法的鄂圖曼帝國，不僅是法律上鼓勵的行為，更是一種義務。據推算，十九世紀末到二十世紀初，來自伏爾加烏拉爾地區與西西伯利亞的移民高達七萬人。直到今日，土耳其中西部的孔雅省（Konya）還存在著這些韃靼移民後裔所生活的村莊。

在進行這些活動之餘，他也東遊俄屬突厥斯坦，西遊歐洲各國。他在歐洲與許多反體制派的知識分子結交，致力於掌握世界局勢，這些人包括了希望自俄羅斯帝國獨立的芬蘭和波蘭的民族主義者、以改革俄羅斯體制為目標的社會主義者，以及希望在鄂圖曼帝國恢復立憲制的青年土耳其人等。另外，當時日俄間的緊張關係會時不時升溫。一九〇二年，在對俄祕密工作方面相當有名的明石元二郎大佐就任駐俄公使館武官。曾在一九三〇年代參與招聘易卜拉欣到日本的若林半表示：「（易卜拉欣）在日俄戰爭當時與明石將軍肝膽相照，透過宗教為日本做出了巨大貢獻。」[6] 而在一九一二年，俄屬突厥斯坦的一封俄羅斯公安文件顯示：「日俄戰爭時，易卜拉欣曾前往日本，並在日本停留了二至三年，得到了與軍事行動計畫有關的知識」[7]，不過日方並沒有能夠佐證易卜拉欣訪日的史料。

一九〇四年八月，此時正值日俄戰爭，易卜拉欣的反俄言行引起了俄羅斯政府的憤怒，於是要求鄂圖曼政府引渡其回國，最終易卜拉欣被強制遣返，關押在敖德薩的監獄[8]。不過在穆斯林們的請願下，他得以在短期內釋放，出獄後他後來選擇投入領導俄羅斯穆斯林的政治運動。

俄羅斯穆斯林大會

伴隨著日俄戰爭的膠著，俄羅斯的政治局勢逐漸不穩。經過一九〇五年一月的血腥星期日事件後，俄羅斯帝政失去權威，在提出建立立憲制度的自由主義者及要求改善待遇的工人運動面前被迫妥協。尼古拉二世發表了維特（Sergey Yul'yevich Vitte）起草的《十月詔書》，並承諾開設議會及賦予公民自由。易卜拉欣的同事法赫雷丁曾記錄道：「十月十七日以後，人們一舉涉足政治，其他的一切都忘記了。」但長期保持沉默的俄羅斯穆斯林之間，也由於這個契機，開始了政治與社會運動。報紙與雜誌在巴庫、喀山、奧倫堡、塔什干等中心城市如雨後春筍般出現，易卜拉欣也在首都聖彼得堡創刊突厥文報紙《友愛》（*Ülfet*）及阿拉伯文報紙《弟子》（*Al-Tilmiz*），為推動穆斯林的政治、社會覺醒振筆直書。早在創刊號上，他就提出了自治論，並敲響警鐘般地提到：「芬蘭人和波蘭人等為了爭取自己的權利而聯合起來，在得到適當的領導人後，已在進行政治運動，反觀我們韃靼人究竟在做什麼？」而他自己開設的印刷廠，也陸續出版了《清晨之星》（第二版）、《自治》（*Aftonomiya*）等政治性冊子。據推測，易卜拉欣之所以能進行這些活動，是因為背後有穆斯林資產家的協助。

易卜拉欣認為，自己的行動不能只限於在這些出版、著述活動上，應該抓準時機確保俄羅斯穆斯林的權利，於是他發揮了其天生的行動力和突破力。自一九〇四年起，他便已與被認為是自由主義者的內務部長斯維亞托波爾克—米爾斯基（Pyotr Sviatopolk-Mirsky）及曾任駐伊斯坦堡大使大展身手、當時領導穆斯林問題檢討委員會的伊格納季耶夫等人進行面談，探聽了政府的認識和意向。此外，他還踏上遊說之旅，呼籲各地的穆斯林名士舉辦俄羅斯穆斯林的代表會議。到了一九〇五年，在波羅的海艦隊於日本海海戰中被擊潰後的夏天，易卜拉欣與同志們混進了每年有眾多穆斯林商人聚集的下諾夫哥羅德的大市場，成功舉辦俄羅斯穆斯林的第一場政治集會。這場為了規避限制室內集會的法律，而在伏爾加河上游的遊船舉行的大會中，團結了俄羅斯穆斯林之間的關係，並決定要求與俄羅斯人同權、基於各民族比例代表制的君主立憲制，儼然成為一場歷史性聚會。

次年一九〇六年八月，同樣在下諾夫哥羅德舉行、共八百人參加的第三屆大會上，通過了第一個全國政治組織「俄羅斯穆斯林聯盟」提出的七十二條綱領。在大會最後舉行的中央委員選舉中，易卜拉欣力壓加斯普林斯基、在巴黎受過高等教育的優素福．阿克楚拉（Yusuf Akçura），以及第一屆國家杜馬（Duma，國會。一九〇六年四至六月）的穆斯林議員等知名人士，獲得了最高票數。若說聯盟的成立，是穆斯林會派在第二屆國家杜馬（一九〇七年二至五月）結成的主要因素，那麼儘管他被剝奪了被選為杜馬（國會）議員的權利，[9]仍可稱得上是位處穆斯林政治運動中樞的人物。到訪日本後的易卜拉欣，之所以被介紹為「前俄國代議士」，可能便是出自他在這種立場上產生的誤會。

領導俄羅斯穆斯林聯盟的易卜拉欣，肯定構思了俄羅斯穆斯林的自治。然而帝政的反動並不樂見其實現。一九〇七年，在國內政治運動受挫的背景下，聯盟的公認申請遭到駁回、《友愛》報被封殺，印刷廠也被迫關閉。易卜拉欣本人也因出版了「犯罪性內容」的書籍及報紙獲罪，被司法當局以刑事犯起訴，判處監禁一年。其犯罪證據之一，便是《一〇〇一條聖訓注解》（*Мең дә бер хәдис шәрхе*，聖彼得堡，易卜拉欣莫夫電氣印刷廠，一九〇七年）。它雖然標榜為鄂圖曼文著作的翻譯，但實際上卻對各個聖訓（先知穆罕默德的言行錄）添加了自己的注解。例如第八四八條聖訓「無論是誰，拔刀向信徒者非同伴」，他就做了如下的注解：

我們俄羅斯穆斯林士兵在戰場戰鬥時，為了提升不信者的榮譽而打倒穆斯林同胞，為了撼動伊斯蘭根基而拔出戰刀。這是沙里亞（伊斯蘭教法）上、理性上都禁止的。……只要稍微帶點理性，穆斯林就不會在任何時候對同為穆斯林的同胞揮刀。我們跟隨俄羅斯政府打倒了突厥斯坦的可汗，而現在又準備與俄羅斯人一起打倒唯一的穆斯林君主（鄂圖曼帝國的蘇丹、哈里發）。

當然，要探討這種狀況，除了理性之外別無他法。但我們的眼睛被無知的布幔蒙上，我們害怕俄羅斯人，一句話也說不出來。但是，俄國政府卻是以剝奪我們手中一切權利、剝奪我們的信仰自由，來回報我們的忠誠。我們不值他們一顧，而我們的穆拉（穆斯林學者）卻總是宣揚要服從政府。不管怎樣，過去的事都已是過去。從今以後就讓我們睜大眼睛，建立我們的團結吧！[10]

這種如同要求穆斯林拒服兵役的泛伊斯蘭主義式的主張，不可能被俄羅斯當局接受。那麼，易卜拉欣是怎麼處理的？俄羅斯方面的資料顯示：「易卜拉欣將印刷廠收起來後，一九〇七年四月十一日，未接受刑罰，躲藏了起來。」同年年底，他首先前往俄屬突厥斯坦，在撒馬爾罕與故知、扎吉德知識分子馬哈茂德霍賈・貝布迪（Mahkmudkhodja Behbudiy）等人進行懇談等，巡迴各地，接著自一九〇八年九月以喀山為起點，依順時針方向，出發遊歷歐亞大陸。

三、周遊亞洲

前往日本的旅途

俄羅斯國內的政治活動之路被阻斷的易卜拉欣，就如同被《古蘭經》章句「你們當在大地上旅行，觀察犯罪者的結局如何！」（二七章六九節）[11]引導，踏上了旅途。不過這並非單純的在各國間旅行。他在旅途中實地調查伊斯蘭世界的現狀，制定了從列強附庸中解放出來的戰略，而在其戰略中占據重要位置的正是日本。乘坐中東鐵路抵達哈爾濱的易卜拉欣，立即向在該處結交到的精通俄文的中國商人，請教其對日本的看法。商人答：「那是一個新的國家，國家中有積極的人們，正在逐漸吸收文明。或許只要再讓他們贏得一場戰爭，他們就能在文明世界中占據應有的地位，不過他們在經濟上總是處於不足狀態。」接著易卜拉欣又問：「日本人和中國人有沒有統一的可能？」據說商人如此答道：

日本不可能與中國統一。我們中國人不習慣當別人的附庸。為了確立自己的主權，每個中國人都會竭盡全力拚到最後一口氣。而日本人肯定也想保住現在占據的地位。要說唯一的可能，那就是日本人和中國人聯合起來防禦歐洲。如此一來，就等於守住了民族的榮耀，這是一件非常重要的事。要是歐洲人再放任我們十五年，我們就能靠自己統治了。在和平時期，我們首先要致力於經濟。但是，要想自製和使用新式武器還需要一段時間。我們現在想要的，就是這個時間了[12]。

對於這種「針對歐洲的防禦性聯盟」的說法，易卜拉欣肯定是拍案叫絕。而易卜拉欣在哈爾濱時，還特別記錄了隨著俄羅斯人進入極東地區而移民過來的韃靼人的活躍情況：

哈爾濱的埠頭區（今道裡區）彷彿就像韃靼人城。大街兩旁的大樓全是韃靼人的房屋或商店。此處是哈爾濱的商業中心，也有中國大商人，俄羅斯人則是秋林洋行擁有巨大的商館，但韃靼人卻是城市經濟的中流砥柱，他們開設的店家遍布大街兩旁。因此，無論我們如何讚揚生活在哈爾濱的同胞，他們都擔當得起這些稱讚[13]。

抵達海參崴後，易卜拉欣前往日本領事館詢問了汽船航班資訊。接著在酒店等待出發的途中，兩名領事館人員找到他，為他提供了在日本應該見面的人的地址及建議，並把他的三等艙船票升級為一等艙。如此特別的對待，暗示著日本已經做好迎接他的準備。而易卜拉欣的遊記也顯示，一九〇九年二月二日搭乘釜山丸抵達敦賀港後，直至到橫濱投宿為止，他的旅程都非常順利。

韃靼志士

易卜拉欣抵日後，便及早訪問了《國民新聞》與《報知新聞》，他在介紹自己的同時，也開始收集日本相關的訊息。迎接他的日本記者，介紹這位罕見的豁達人物為「韃靼志士」、「俄國國民議會前代議士」、「俄國回教領袖」、「報社老闆」等。《週刊Sunday》報導道：「他是一度被譽為源九郎義經後身的蒙古怪傑成吉思汗的後裔，雖然目前是俄都回教領袖的出人頭地之身，但據說實際上是懷有大抱負、希望實現亞洲民族統一的韃靼志士。……他年已六十，其蒼蒼白髮訴說著多少春秋往事，但魁偉的體格與炯炯有神的眼神，讓人覺得是個不簡單、老當益壯的人。」[14] 他勇敢、堂堂正正的態度與體格，給明治時代的日本人留下了深刻的印象。

受到眾人關注的易卜拉欣再次被問及訪日的目的，作為一例，此處簡單統整他在三月二十一日受邀參加《外交時報》編輯會時的故事。當時，他如此說道：我的訪日目的當然是為了觀察日本的情況。坦白說，直到日俄戰爭為止，我對日本一無所知，日本輝煌的勝利，才讓我終於睜開了眼睛。「我深信不疑，如旭日東昇之勢不斷進步的日本，必定有我應請教的人」、「我日本觀光的目的，也在於為我們韃靼人的獨立運動做出貢獻」。我們韃靼穆斯林在俄羅斯政府的壓迫下，沒有政治自由，也沒有法律保障。打算在此「舉起獨立的旗幟」也是理所當然的。更何況，正如鄂圖曼帝國的衰落所體現的，只要歐洲人持續對亞洲人施壓，那麼亞洲人結成同盟對抗歐洲人，就是正當的防衛手段。此外，歐洲人常以伊斯蘭教徒有四妻為例來誹謗伊斯蘭教，但他們的理解是錯誤的。「我等韃靼人們把日本當作前輩，毫不猶豫地尊敬日本，我們會持續派遣留學生，以表對諸位高義的信任。我不相信韃靼人的獨立能透過常軌實現，因此我要看準世界風雲變色、列強形勢轉變的時機，果斷採取行動」[15]。

在俄羅斯國內時，易卜拉欣要求自治，成為流亡之身後，則進一步主張獨立，同時，他的宏偉構

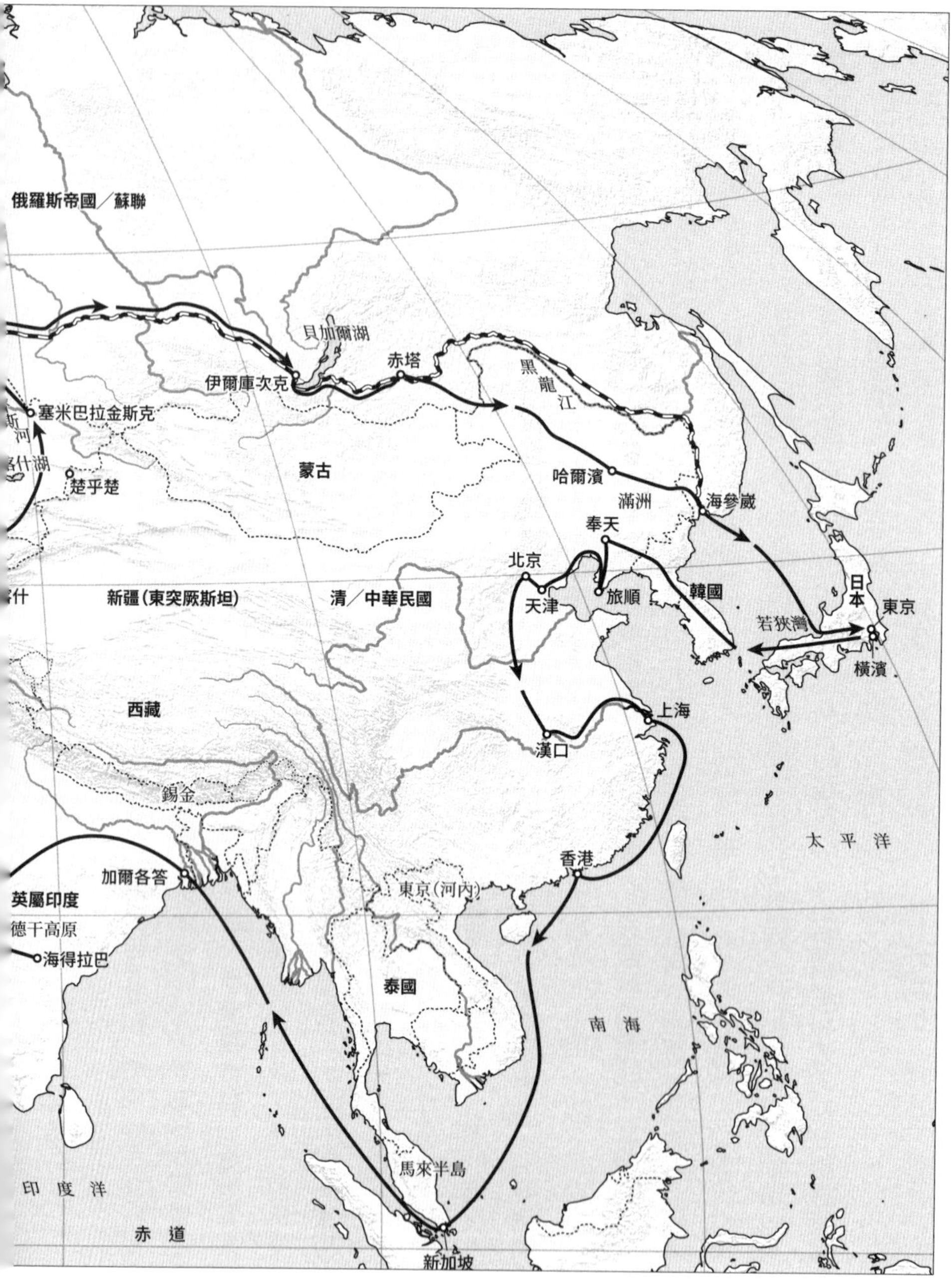
俄羅斯帝國／蘇聯
貝加爾湖
赤塔
伊爾庫次克
黑
龍
江
塞米巴拉金斯克
斯
河
喀什湖
楚乎楚
蒙古
哈爾濱
滿洲
海參崴
奉天
北京
天津
旅順
韓國
日本
東京
若狹灣
橫濱
新疆(東突厥斯坦)
清／中華民國
西藏
上海
漢口
錫金
太平洋
香港
加爾各答
英屬印度
德干高原
海得拉巴
東京(河內)
泰國
南海
馬來半島
印度洋
赤道
新加坡

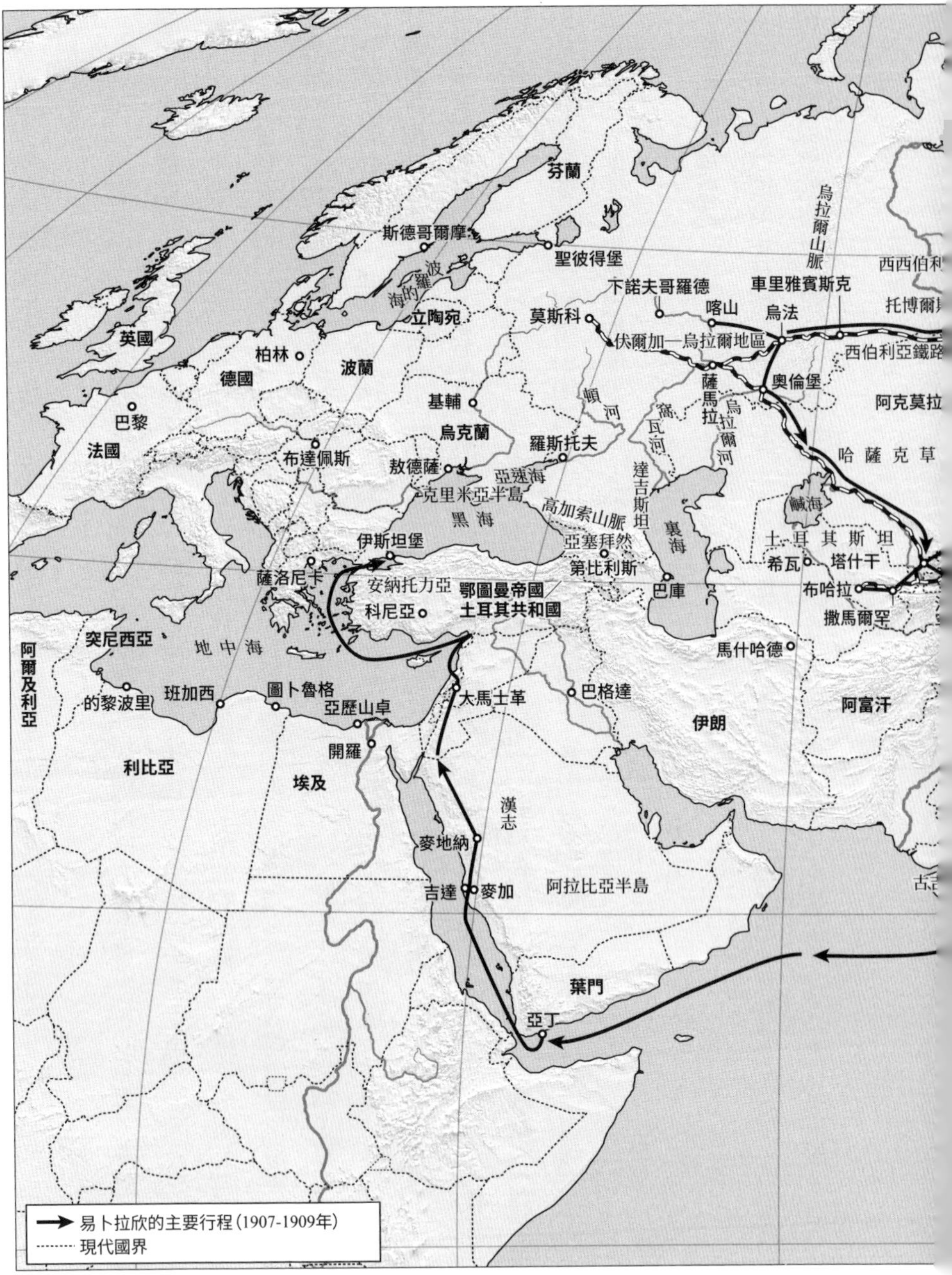
芬蘭
斯德哥爾摩
聖彼得堡
波羅的海
立陶宛
英國
柏林
波蘭
德國
巴黎
法國
基輔
烏克蘭
布達佩斯
敖德薩
羅斯托夫
亞速海
克里米亞半島
黑海
高加索山脈
伊斯坦堡
亞塞拜然
第比利斯
薩洛尼卡
安納托力亞
科尼亞
鄂圖曼帝國／土耳其共和國
巴庫
裏海
突尼西亞
地中海
阿爾及利亞
的黎波里
班加西
圖卜魯格
亞歷山卓
開羅
太馬士革
巴格達
伊朗
利比亞
埃及
漢志
麥地納
吉達
麥加
阿拉比亞半島
葉門
亞丁
烏拉爾山脈
下諾夫哥羅德
車里雅賓斯克
喀山
烏法
莫斯科
伏爾加—烏拉爾地區
西伯利亞鐵路
薩馬拉
奧倫堡
頓河
窩瓦河
烏拉爾河
達吉斯坦
阿克莫拉
哈薩克草
鹹海
土耳其斯坦
希瓦
塔什干
布哈拉
撒馬爾罕
馬什哈德
阿富汗
西西伯利
托博爾
易卜拉欣的主要行程（1907-1909年）
現代國界

易卜拉欣遊歷的世界

想，便是試圖從日本興盛所引起的世界秩序變化中尋找獨立的機會。「韃靼志士」這一名稱的由來，就是出自於此。

這位「韃靼志士」，與志願擔任俄文翻譯的中山逸三一起積極地觀察了日本。他參觀了會期中的眾議院、巢鴨監獄、火葬場、造幣局、醫院、湯島聖堂、國技館等，而早稻田大學、東京帝國大學、東京美術學校、學習院、女校、盲啞學校、小學等教育設施，則特別引起他的興趣。在東京帝國大學的圖書館裡，他在穿著和服的學生中，看見了唯一一位穿著學生服的俄羅斯留學生。這人肯定就是後來在哈佛大學擔任日本文學教授的葉理綏[16]（Sergey Grigor'evich Eliseev）了。「韃靼志士」還受到了東亞同文會等團體的盛情款待。正岡子規的門徒、曾擔任徒步主義同志會幹事的俳人內藤鳴雪，在邀請易卜拉欣前往觀賞青梅時，在其面前吟誦道「梅の如き人に逢ふたる日和かな」（梅如斯人相逢佳時）。此外，在日東苦樂部的歡迎會上，易卜拉欣被邀請以阿拉伯文字題字，於是他在絲綢上寫下了先知穆罕默德的聖訓（哈迪斯）：「儘管學識在（遙遠的）中國，也要進而求之。」這句聖訓，是當時面臨歐洲列強威脅的近代穆斯林知識分子經常引用的句子，用以正當化改革主義的論點，即「若是對變革、自強有用的知識和技術，即使是出自異教徒，也應主動接受」。

《伊斯蘭世界》

易卜拉欣同時也是個老練的新聞工作者，他將他在橫濱及東京的經歷與印象寫成了文章，再投給喀山、伊斯坦堡的報紙及雜誌。讀者幾乎是同時間地接觸到了最新的日本情況。在大旅行結束後，這些報導被收錄在名為《伊斯蘭世界》（全兩冊）的大部旅行記中。我們可以從中讀出他的日本論。首先他詳細評價的是，勤勉、誠實、質樸、責任感和公德心、平等觀、長幼之序等日本人的美德。他將其稱之為「民族精神」（日方時譯為「大和魂」），並主張日本快速發展的主因在於日本人對此種天生美德的堅持。換言之，即是日本人在不放棄自己的傳統與自我認同的同時，也積極吸收近代西洋的科學、技術與制度。

易卜拉欣更將日本人的美德與伊斯蘭做了連結。他表示「日本人自然而然地具備了伊斯蘭教誨中許多值得稱讚的道德。整潔、羞恥心、忠誠、信任，特別是寬容與勇氣，彷彿就是日本人的天性」、「日本人的習慣、道德以及生活方式非常符合伊斯蘭的慣例與道德，找不出兩者之間的基本差異」。因此，認為「日本人天生就是接近伊斯蘭的民族」的易卜拉欣，對日本人改信伊斯蘭教寄予了厚望。《伊斯蘭世界》第一冊的副標題「在日本普及伊斯蘭教」即是這點的體現。被易卜拉欣的日本人觀所觸動的詩人梅夫梅特・阿基夫（Mehmet Akif Ersoy）在題為〈日本人〉的作品中這樣寫道：

請去問問，日本人是何等民族？
他們難以言表、不可思議！
讓我告訴你，伊斯蘭教的信仰已在彼地
傳遍四方，惟其形為佛陀。
請去看看，純粹的伊斯蘭就在日本人身上！

即便個子矮小，但偉大民族之子
今日卻具無比之穆斯林資質
他們缺的，僅是對唯一神的信仰……
只要有鄂圖曼人的努力
伊斯蘭將在彼地昌盛[17]

國民詩人的作品，為鄂圖曼帝國及中亞在對日本的想像上做出了巨大貢獻，不過，這作品讓人們產生了日本人改信伊斯蘭教的幻想卻也是事實。這點暫且不論，不過日本人與穆斯林同質的論點，無非是與「韃靼志士」面對歐洲列強而謀求伊斯蘭世界與日本的結合戰略構想不謀而合，而他也在這路線上尋找著方法。

亞細亞義會

易卜拉欣與很多日本人面談過。其中包括伊藤博文、大隈重信、犬養毅、乃木希典、德富蘇峰、三宅雪嶺等在明治末期赫赫有名的人物。而最與他合拍的人，則是頭山滿與內田良平等亞洲主義者。一邊是從泛伊斯蘭主義立場主張日本重要性的易卜拉欣，一邊是主張在贏得甲午戰爭、日俄戰爭，並逐漸實現合併韓國的日本才是亞洲盟主的亞洲主義者，雙方認同彼此。一九〇九年六月七日，易卜拉欣與亞洲主義者領袖頭山滿（二人經前陸軍中佐大原武慶介紹下相識）、時任眾議院議員，後來當上首相的犬養

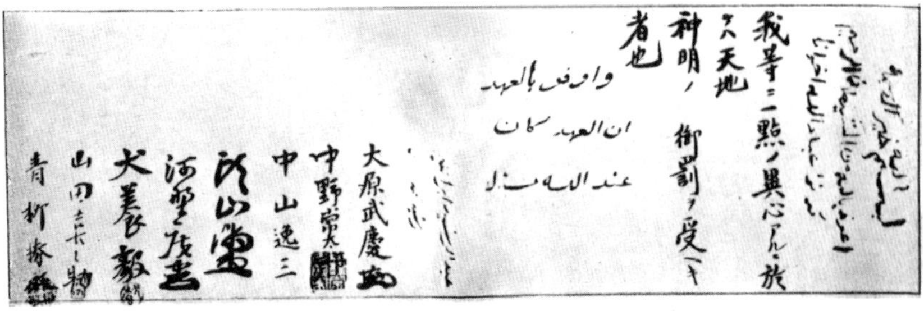

一九〇九年被認為是「亞細亞義會」成立時的誓約書（出自若林半，《回教世界と日本》）

毅，以及前眾議院議長河野廣中等人簽署了「亞細亞義會」的成立誓約。易卜拉欣離開日本後的第二年年底，這個以振興亞洲與團結各民族為目的的小型結社發表了成立旨意，而他也在伊斯坦堡的伊斯蘭主義雜誌《筆直之道》（*Sırat-ı müstakim*）忙著刊登其土耳其文翻譯。後來他成為義會的評議員，也會向機關報《大東》投稿，然而不久後，辛亥革命（一九一一年）爆發，義會的成員們也將注意力集中到該處，導致義會的活動停止。

與此同時，易卜拉欣也與參謀本部成員進行了祕密商議。旅行記記載，某天他與兩名精通俄語的軍官進行了長達七個小時的密談：「他們首先表示，為了維護東方的生存與法律權利，東方人必需統一。接著詳細說明統一的方法、原則及其理由後，補足其可能性。原先手冊中就已寫有四十一條的綱領要旨。因商議是對此一一進行討論來進行的，因此並沒有說不通的地方。[18]」

時任參謀本部第二部長，負責收集、分析海外的政治與軍事情報的宇都宮太郎少將，在一九〇九年五月八日的日記中如此寫道：「大原武慶來衙。俄國歸化韃靼人阿卜杜勒希德・易卜拉欣（前回教領袖，曾任俄國國會議員，因懷革命思想，受迫害驅逐，原籍為俄國喀山人）主張反基教同盟，並攜主旨書，給余意見。然，至某時機來前，余不親見。」接著在六月六日的日記中又寫道，他提出了參謀次長福島安正中將管理的資金，「為與俄國流亡的喀山韃靼人易卜拉欣接觸往來，故本日召見大原武慶，予金三百日圓」，可見參謀本部亦曾參與易卜拉欣的拉攏。次年三月十四日的日記中，宇都宮太郎提到了「當下應該在麥加附近的」易卜拉欣，道：「在余心中，易卜拉欣來歷不明。若是可行，可望與法德利（艾哈邁德·法德利）等人共同作為他日操縱回教徒之工具，以便在某些場合，須與耶穌教國對抗時派上用場。」[19] 可以認為，這種為了有朝一日與歐美列強交戰時，可將易卜拉欣利用在對伊斯蘭政策上的想法，是在此時間點後被保存在參謀本部第二部中。

在易卜拉欣即將離開日本的送別會上，也出現了福島安正中將的身影。中將此時給了他一個唐突的委託。他希望易卜拉欣可以攜一名日本同志，前往每年都有全世界穆斯林聚集的聖城麥加。雖然易卜拉欣對此計畫感到猶豫，但最終還是由曾在東京外國語學校學習俄文，並在日俄戰爭時於大原武慶麾下工作的山岡光太郎（當時二十九歲）進行。

遊歷亞洲——韓國、中國、新加坡、印度、麥加

一九〇九年六月，易卜拉欣自日本前往韓國。他在這裡碰到語言的隔閡，無法自由進行活動，但在北上的火車裡，還是與精通俄語的朝鮮人暢談了一陣。那位去過海參崴與日本的青年，對於即將面臨日本統治的亡國現實，顯得意志消沉。對此，易卜拉欣則說：「我們韃靼人被俄羅斯統治了四百年，但我們仍未放棄希望。」說這句話的易卜拉欣，與當初在東京稱讚致力於合併韓國的內田良平時的自己，簡

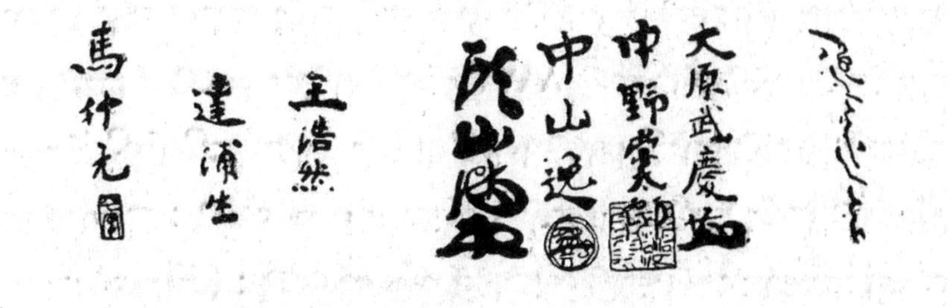

易卜拉欣試圖在日本的亞洲主義者與中國的穆斯林領導人之間進行斡旋。最右邊的簽名即是易卜拉欣（出自易卜拉欣，《伊斯蘭世界》）

直是判若兩人。

在中國，易卜拉欣遊歷了奉天、旅順、天津、北京、漢口與上海等地，受到了中國穆斯林（回族）的清真寺與馬德拉薩的照顧。他對中國穆斯林的禮儀及教育，特別是不懂阿拉伯文這點感到不安，同時也意識到包含自己在內的俄羅斯與鄂圖曼帝國的穆斯林對中國伊斯蘭一無所知。在北京最大的穆斯林聚居區「牛街」，他在此處的清真寺與著名的中國穆斯林學者王浩然、達浦生等人進行了面談。易卜拉欣在此同樣也熱切地談到了東洋統一與對日本的期待，但王浩然等人卻馬上主張「愛國愛教」，表明其抗日的立場。支撐他們信條的，是「愛祖國是信仰的一部分」的聖訓。另一方面，易卜拉欣呼籲俄屬突厥斯坦與東突厥斯坦（新疆）等中國境內穆斯林要聯合起來的主張，據說也引起了俄羅斯駐北京公使的警戒。

緊接著在新加坡，他也不斷向穆斯林同胞呼籲要超越遜尼派、什葉派等宗派，達到「伊斯蘭統一」。雖然現實一波三折，但易卜拉欣並沒有因此而灰心喪氣。《古蘭經》的章句「你們當全體堅持真主的繩索，不要自己分裂」（三章一〇三節）對易卜拉欣來說就如同真理。同時他也沒有忘記批判歐洲人對「泛伊斯蘭主義」廣泛傳播的錯誤。據他所說，因為歐洲人的惡意，「伊斯蘭統一」的理念被扭曲成了完全不同的「泛伊斯蘭主義」，被抹黑成像是一條瘋狗在攻擊文明世界、犯下暴行，說這是命令所有穆斯林攻擊基督教徒的狂熱信條。易卜拉欣解釋，這是侵略伊斯蘭世界的歐洲人為了正當化自己而塑造的概念，所謂的「伊斯蘭統一」，本質與高尚的同胞主義、相互幫助的原理無異。

易卜拉欣在孟買迎接了稍後趕來的山岡光太郎，並帶領改信伊斯蘭教的他前往聖地巡禮。在麥加，易卜拉欣的老朋友穆拉特．雷姆齊親切教導了不安的新信徒山岡。易卜拉欣計畫在此召集來自世界各地的朝聖者代表，舉行伊斯蘭教創始以來的第一次集會，以討論共通問題。來自布哈拉、克里米亞、阿爾及利亞、突尼西亞、伊朗、印度、中國、喀什的列席者們，雖然就「伊斯蘭的統一」上似乎達成了共識，但因為會上一位來自開羅艾資哈爾大學的庫德族青年表示，應指定阿拉伯文為共同語言，而導致「統一與進步團」的成員憤怒不已，集會陷入混亂後，易卜拉欣的計畫也就跟著化為泡影。易卜拉欣旅行時，鄂圖曼帝國正巧發生青年土耳其黨人革命（一九〇八年），於一九〇九年迫使阿卜杜勒－哈米德二世退位的「統一與進步團」，聲量因此提高不少。雖然集會以失敗告終，但這並未削弱易卜拉欣的意志。他對蔓延到聖城的行政停滯與腐敗現象提出了尖銳的批判，並承認了繼承先知穆罕默德血統的麥加首長胡笙（Hussein bin Ali）的統治者器量，將日本軍人送給他的名刀獻了出去。然而一九一六年六月，胡笙與有「阿拉伯的勞倫斯」之稱的湯瑪斯．愛德華．羅倫斯（Thomas Edward Lawrence，↓第十二章）聯手，向鄂圖曼帝國舉起反旗。

四、戰爭與革命

《穆斯林的友誼》——與斯托雷平的對決

一九一〇年三月，易卜拉欣和山岡抵達伊斯坦堡，兩人受到了熱烈歡迎。易卜拉欣成功進行了大旅行，還帶回了來自日本穆斯林，使他的名聲一舉提高，自此有了「旅行家」的新頭銜。此時從中亞布哈拉至伊斯坦堡留學的菲特拉提[20]（Abdurauf Fitrat），也在堪稱扎吉德運動宣言的著作《爭論》（伊斯坦堡，一九一一年）中大大讚揚了易卜拉欣的壯舉。

> 阿卜杜勒希德・易卜拉欣先生，僅從家中帶上十二盧布，便為了建立伊斯蘭的統一，遠赴中國、日本，不僅在日本首都東京讓幾名權貴改信伊斯蘭，更成立了伊斯蘭結社（指亞細亞義會），若這不是對伊斯蘭奉獻，還能是什麼？[21]

或許，菲特拉提看過易卜拉欣新出版的遊記《伊斯蘭世界》。不過與之相比，俄羅斯當局的反應形成了一種鮮明的對比。一九一〇年九月，俄羅斯駐伊斯坦堡大使警告俄屬突厥斯坦總督薩姆索諾夫，最近易卜拉欣出版的遊記必定會使泛伊斯蘭主義在俄羅斯境內穆斯林中傳播開來[22]。

隨著立憲制的恢復，當局對媒體的控制也逐漸鬆綁的背景下，易卜拉欣漸漸發揮了其新聞工作者的力量。除了在現有的伊斯蘭主義雜誌上大顯身手外，為了傳達伊斯蘭世界的最新訊息、與各地穆斯林分享資訊及交換意見，他還創刊了《穆斯林的友誼》（一九一〇—一九一一年）及《伊斯蘭世界》（一九一三—一九一四年）等雜誌。特別是《穆斯林的友誼》對俄羅斯的穆斯林情況寫得鉅細靡遺，因此必然成了強烈批評俄羅斯政府對穆斯林政策的雜誌。一九一〇年底，當該雜誌向俄羅斯穆斯林呼籲捐款幫助鄂圖曼帝國強化海軍力量，俄羅斯帝國首相斯托雷平（Pyotr Arkadyevich Stolypin）遂寫信給外務大臣，他在這封親筆信中提到了易卜拉欣的名字，希望透過駐伊斯坦堡大使館向鄂圖曼政府施壓，要求中止該雜誌的發行[23]。這是因為跨越俄羅斯與鄂圖曼帝國國境、試圖統合帝國下的突厥裔穆斯林的泛伊斯蘭主義、泛土耳其主義，無異是在破壞俄羅斯帝國一體性的危險思想。於是易卜拉欣便與斯托雷平展開了較量。

易卜拉欣在《穆斯林的友誼》中，同樣也向當時陷入危機的伊朗立憲革命表明了超越宗派組成聯盟的意志：

如果伊朗人表現出這種氣魄，伊斯蘭世界就會支持你們。伊斯蘭的統一不是為了燒光基督教徒、破壞世界，而是為了遵守伊斯蘭的法律。我已是六十歲的老身，但我會揹起武器、比誰都先加入伊朗戰士，我會為伊斯蘭獻身，為了伊斯蘭的統一，即便輪迴十萬次，我也不惜犧牲[24]！

與日本的紐帶

一九一一年九月，以占領海外殖民地為目標的義大利入侵了鄂圖曼帝國在北非的屬地（今利比亞），引發義土戰爭，這位「老兵」為督戰負責防禦的穆斯林官兵而需前往的黎波里，但在此之前，他給《大東》送了一封用辭激烈的書信，旨在批判日本面對義大利不正當宣戰，卻立即宣布局外中立的行為。他認為日本應該追究義大利擾亂世界和平的行為，如此便能找到介入歐洲外交的機會：

> 如果貴國再三重複如此軟弱無力的外交，那麼逐漸自東海之濱勃發升天的旭光，恐怕將無法照耀全亞細亞，便在中途失去其光輝[25]。

易卜拉欣的嚴厲批評，反過來也能說明他對「東海旭光」所寄予的厚望。順帶一提，奔赴戰場的他，與青年土耳其革命英雄、率領義勇軍的恩維爾帕夏少校（Ismail Enver Paşa，後升任陸軍大臣）一起行動了四十天，結下了深厚的友誼。易卜拉欣於一九一三年十月獲得鄂圖曼國籍的背景，或許就是從這段歷史開始。

在隨後的巴爾幹戰爭中，易卜拉欣與日本人穆罕默德．希爾米中尾合譯了波多野烏峰[26]的著作《亞細亞合同論》（一九一二年。實際上是與毛拉韋．穆罕默德．巴爾卡圖拉合著），發行了一本名為《處於危機的亞洲》（鄂圖曼文翻譯，一九一三年）的作品。作者介紹了經過辛亥革命，窺伺著分割中國的列強動向，其中作者特別強調應警戒覬覦蒙古的俄羅斯與覬覦西藏的英國的策動，並主張應該以中日合作為中心來推動亞洲的聯合與統一，以與之抗衡。令人感興趣的是，作者主張允許蒙古與西藏獨立或自治，並關注到中國穆斯林（中國回教聯合俱進會）所提倡的漢、回、滿、蒙、藏聯合。而其次重視的則是鄂圖曼帝國，作者認為若日本簽署了與鄂圖曼帝國引頸翹望的對等條約並聯合，二國將成為撐起亞洲的東西之柱。接著在作者一一敘述了阿富汗、伊朗、印度、南洋群島等地後，如此描述了突厥斯坦：

而飽受俄羅斯壓迫的突厥斯坦百姓又如何？就連最無知的人，也渴望得到獨立的甘美。過去，人文和文明世界的光輝充滿了突厥斯坦。四年前，一位訪問日本的貴人向我們提供了突厥斯坦的真實情報，尤其對東方統一的問題表達出了最重要、最正確的想法。當時報紙日復一日地報導這位貴人的想法，持續了幾個月。因此毫無疑問，突厥斯坦會毫不猶豫地同意此想法[27]。

這位「貴人」指的正是易卜拉欣。「貴人」還表示，若日本政府以亞洲統一的領導人之姿認真努力，只需三至五年就可取得巨大成果。最後，作者扼腕的是日本的現狀。據他所述，能夠領導東洋統一的只有日本人，但政府卻對此猶豫不決。「不會利用時機與機會的民族，將無法獲得在世界上的生存權」。在此作者認為，亞洲統一的絕佳機會是孫逸仙（孫文）訪日時。雖然這部分在鄂圖曼文翻譯版本中有所刪補[28]，但兩人的理論卻相當吻合。表現出在東京相遇且意氣相投的泛伊斯蘭主義者易卜拉欣與巴爾卡圖拉，皆認識到了將日本納入亞洲統一構想的可行性。

第一次世界大戰

大戰開始後，易卜拉欣加入了陸軍大臣恩維爾．帕夏直轄的特務機構，並於一九一四年底前往安納托力亞（Anatolia）東部，與俄羅斯軍隊交戰的高加索戰線。其任務是激發鄂圖曼軍隊將士的士氣，以及勸俄軍內部的穆斯林士兵投降。該戰線是基於恩維爾．帕夏的宏偉作戰構想，計畫俄羅斯在波蘭與德軍交戰時自俄羅斯南面進攻，以解放俄羅斯境內的土耳其穆斯林民族，統合進入鄂圖曼帝國。但是，在沒有裝備和糧食準備的情況下，於嚴冬前往山岳地區的鄂圖曼軍隊嘗到了毀滅性的失敗。據說參戰的第三軍的九萬名將士中，最終只有一萬名生存下來。毫無疑問，這次失敗也給了易卜拉欣很大的打擊。

儘管如此，易卜拉欣還是接受了恩維爾．帕夏的新指令前往德國。其任務是在被德意志帝國俘虜的眾多俄羅斯士兵中，招募願與鄂圖曼軍隊一同戰鬥的穆斯林士兵。抵達柏林後，他在俘虜收容所內的清真寺擔任伊瑪目，並透過報紙《聖戰》（*al-Jihad*，韃靼文版）募兵。在一九一五年六月的報紙上，他強調了俄羅斯對穆斯林的壓迫，以及由哈里發統治的鄂圖曼帝國與德國的友好關係，並寫道：「穆斯林們，請為來世睜開眼，分辨朋友和敵人。伊斯蘭教的祖國應是伊斯蘭教法流通之地。無論身在何處，心靈都必須在伊斯蘭教法所統治的國土內。為了伊斯蘭，呼應哈里發之命進行聖戰是所有信徒的義務，可如今你們卻追隨俄羅斯人對抗同胞，這是何等的無恥。」最終，由響應號召的穆斯林官兵組成的「亞洲大隊」，於次年在伊拉克戰線上與英軍展開了戰鬥，但其犧牲者不在少數[29]。他們所面對的敵軍中，或許也存在著許多印度穆斯林士兵。

與家人一起定居在柏林的易卜拉欣，在投入情報戰的同時，還向國際社會展開了傳達俄羅斯穆斯林大義的活動。作為德國對俄戰略的一環，在策反了俄羅斯境內的非俄裔民族後，他在中立國瑞典與瑞士，與芬蘭人、拉脫維亞人、立陶宛人、波蘭人、猶太人、烏克蘭人等代表反覆協商，組成了受迫害諸民族聯盟，並於一九一六年五月九日以聯盟名義，從斯德哥爾摩寄信給美國總統威爾遜。這封信旨在拯救俄羅斯統治下被剝奪民族權利、且在戰爭時期飽受俄軍徵兵之苦的非俄裔民族。接著在次年，得知追求和平的社會主義者國際會議將在斯德哥爾摩召開後，易卜拉欣遂表達出擔任「穆斯林代表」參加該會議的意向，並於十月向以呼籲和平聞名的教皇本篤十五世寄發了長篇書信。易卜拉欣在信中講述了從十六世紀的伊凡雷帝到一九一七年二月革命後的克倫斯基（Aleksandr Fyodorovich Kerenskiy）執政時期，俄羅斯對穆斯林各民族的壓迫史，呼籲西歐文明化的基督教社會不應再對俄羅斯的殘忍行徑保持沉默。

即便是戰爭時期，易卜拉欣仍是從阿富汗到瑞典東奔西走，且他的筆也沒有停下。他在德國向《新東方》雜誌投稿的同時，也在伊斯坦堡的《筆直之道》上大書特書，與留在俄羅斯的舊識們也是經常保持聯繫。一九一七年四月，他從斯德哥爾摩給老朋友法赫雷丁捎了封信。其中也提到了他對世界大轉變的預感：「現在是極其重要的時代。世界已沉入了血河。學者們說『世界將再次被洪水淹沒』，我想他們說的恐怕是『流血的大洪水』吧。但是，能從這場洪水中拯救我們的諾亞又在哪呢？或許這場二十世紀的文明，也將諾亞一併淹死」、「現在已然是祝福帖木兒（Timur）、成吉思汗（Genghis）、拔都（Batu）和旭烈兀（Hulegu）的時候。我對此感到滿足。」因為逐漸壓垮我們的歐洲二十世紀文明，也即將被這場洪水吞噬了。說來也確實，在十月革命——也就是列寧領導的布爾什維克奪取了政權後，俄羅斯與世界的局勢便產生了重大變化。

前往蘇聯

一九一八年六月左右，易卜拉欣收到了穆沙・比吉耶夫（Musa Bigiev）的信。比吉耶夫在俄羅斯穆斯林大會後，便與易卜拉欣成為了同志，當時在彼得格勒（Petrograd，聖彼得堡於第一次世界大戰時更名）擔任伊瑪目。比吉耶夫在信中對去年十月革命後的混亂局勢大致作了如下的描述：

> 人們的心情變得非常奇怪。大革命之後，人們對自由主義運動和思想產生了驚人的反感。許多的輕率與煽動行為，導致人們甚至厭惡起自由這一高尚的目標。此時一九〇四—一九〇五年時的英雄身影已然不再。這是俄羅斯歷史上從未有過的悲慘狀況。我們仿效其他民族要求自治，但在尼古拉（二世）命令下召集起來的韃靼人部隊，因列寧的命令解散了。本要實現民族的希求，在此一點也沒做出任何貢獻。
>
> 老師您也有建立民族共和國的希望吧。但是在我認為，以現在的力量來說，這點太難實現了。不僅是俄羅斯穆斯林，在這個為伊斯蘭的未來奠定基礎的關鍵時刻，知識分子和領導人根本無法發揮應有的作用。相反地，擁有哈里發的鄂圖曼帝國卻英雄般地完成了艱鉅的任務。老師，俄羅斯穆斯林正在等待您的到來[30]。

接到這一消息的易卜拉欣，於同年七月對俄羅斯革命給了以下展望：

面對這樣的革命，需要的是不惜自我犧牲的奮鬥。自由不會從天而降。但是俄羅斯穆斯林實在過於被動。在十月革命後的十個月裡，他們做的只有解散數以萬計的穆斯林軍隊與武器，以及召開一、兩次的會議，發表互道美辭與精彩的演講而已。

不過也沒有必要灰心喪氣。因為俄羅斯的革命還沒有結束。往後仍會有很多變故。如果俄羅斯穆斯林從這一痛苦的考驗中得到了教訓，徹底承認過去的錯誤，並為了把握今後出現的機會而真誠地團結一致，那麼在真主的保佑下，他們一定會取得成功。[31]

易卜拉欣似乎從蘇聯身上發現了可能性。同盟國方在戰鬥到最後的鄂圖曼帝國與聯合國簽訂《穆茲羅斯停戰協定》（*Armistice of Mudros*，一九一八年十月三十日）時，老師從伊斯坦堡前往了敖德薩，在柏林接到家人後，於一九一九年四月前往了莫斯科。

旅居蘇聯的四年間

到了蘇聯，易卜拉欣看到像「斷了氣的屍體」般的莫斯科街容，並在此處與同志再會。對方就是第一次世界大戰期間，在阿富汗幫助印度獨立、領導反英鬥爭的老朋友巴爾卡圖拉。兩人很快受到列寧接見，就共同打倒英國在東方的霸權一事上達成了協議。這是解放伊斯蘭世界不可或缺的條件。雙方制定的計畫中還包括了由東方各民族召開的反帝國主義大會（此會於次年一九二〇年九月於巴庫舉行）。當時，兩位熱情的泛伊斯蘭主義者，還在當時由史達林指揮的民族人民委員部中，與統管穆斯林共產黨的米爾賽德．蘇丹－加里耶夫（Mirsaid Sultan-Galiev）有了一面之緣。穆斯林共產主義者最關心的事情，便是包括廢除俄羅斯殖民主義在內的東方革命與解放。而據說當穆斯林的使節或活動家來訪莫斯科時，就是由易卜拉欣及巴爾卡圖拉負責翻譯工作。

一九一九至一九二〇年的冬天，出差進行東方革命遊說的二人在列寧的建議下，來到了烏拉爾山腳下的巴什基爾自治共和國。或許穆沙．比吉耶夫也有同行。他們期望這個小小的穆斯林共和國，可以很快成為範圍遍及中亞的大伊斯蘭國的基礎。但是領導該共和國的澤基．瓦里多夫[32]（Zeki Validov，後來改姓托甘），卻對父親的老朋友易卜拉欣等人如此說道：

> 這個（建立伊斯蘭國家的）想法只不過是夢想罷了。將伊斯蘭、《古蘭經》與共產主義混為一談，就是一種罪行。即使要與蘇聯政權進行協商，也不能搬出宗教來。或許該說，我希望的進展是政治上的革命運動[33]。

這是瓦里多夫所給出的勸戒。他認為不管如何，都不應將共產主義與伊斯蘭教聯繫在一起，去試圖從蘇聯政權身上得到資金援助。然而於一九二〇年八月，當恩維爾．帕夏來到莫斯科時，二人的期望或許還是提升了不少。實際上，他們二人還成了恩維爾．帕夏等人創建的國際組織「伊斯蘭革命團體聯合」[34]中的有力成員。恩維爾・帕夏並未接受自己成為敗軍之將的事實，反而更在泛伊斯蘭主義的旗幟下描繪了遠大構想，希望將蘇維埃政權的東方政策結合穆斯塔法・凱末爾[35]（後來的凱末爾・阿塔圖克）領導的土耳其革命。然而，因潛入突厥斯坦的恩維爾・帕夏加入了反蘇武裝抵抗運動（巴斯瑪奇運動），最終於一九二二年八月與紅軍的戰鬥中殞命，導致蘇維埃政權與泛伊斯蘭主義者的蜜月很快就迎來了終局。

在此期間，易卜拉欣還正在處理一個棘手的問題。一九二一至一九二二年，他的故鄉伏爾加烏拉爾地區及西西伯利亞的穆斯林地區面臨了嚴重的饑荒。這場饑荒是由於農村早已因歉收與戰爭、內戰而疲弊之時，又碰上蘇維埃政權徵收穀物所造成。餓死的人不計其數，人們甚至開始吃起屍肉。易卜拉欣於是起草文書，向文明諸國申請支援。然而對方是基督徒，易卜拉欣也意識到作為穆斯林的自身，有必要清楚陳述該行為的理論。於是引用了先知穆罕默德過去在麥加受到迫害時，為了確保信徒們的安全，於是將他們派往紅海對岸的衣索比亞，並將他們託付給統治該地的基督教國王保護的故事，呼籲基督教國家伸出援手。蘇聯政權對外國的援助持警戒態度，而最終主要的救援是由自美國救濟管理局與在因探險北極而聞名的國際聯盟難民高等事務官南森處理。

蘇聯國內也承認了救援的必要性，一九二二年三月，易卜拉欣受到了舊友法赫雷丁所指揮的中央穆斯林宗務局的推薦，被委託在西伯利亞、七河地區、新疆募集救助穆斯林居民資金的任務。該任務伴隨著國外的通行許可，於是易卜拉欣利用了這個特權，不斷在新疆與滿洲之間旅行。易卜拉欣在他能自由行動的哈爾濱中，成功籌集到許多韃靼移民與流亡者的捐款和物資。一九二三年秋，蘇聯情報報告指稱

「著名活動家、泛突厥主義創始人勒希德・卡迪・易卜拉欣」長期逗留哈爾濱，並在日本與哈爾濱間往返旅行[36]，且對蘇維埃政權抱有惡意。易卜拉欣在暗地收集情報並進行政治活動的同時，確實感受到了當局對伊斯蘭日益增強的壓迫。宗務局所管轄的六千個教區中，已有八百個以上的教區缺乏伊瑪目。拒絕與蘇維埃政權同床異夢，一九二三年底，易卜拉欣自海參崴途經莫斯科，抵達了伊斯坦堡。

一九二五年一月，他統整了俄羅斯穆斯林的現狀：

在俄羅斯的統治權交付到共產主義者的手上，已經過了七個年頭。在這短期間內，宗教的根基被徹底動搖，伊斯蘭也遭到巨震。俄羅斯的穆斯林甚至相信，繼續這樣下去，宗教很快就會消失。這個威脅伊斯蘭的可怕結局，使俄羅斯穆斯林陷入了絕望與不安之中。這種絕望與不安，正是導致有能力的穆斯林移民到土耳其、無能力者則移民到其他國家的主因[37]。

五、大日本帝國與伊斯蘭

從孔亞村落到東京

易卜拉欣滯留在蘇聯的期間，鄂圖曼帝國垮臺，取而代之的是在穆斯塔法・凱末爾的領導下，從激烈的獨立戰爭中贏得勝利所誕生的土耳其共和國（一九二三年十月）。不過在經過一九二四年廢除哈里發制、一九二八年憲法刪除了「土耳其國教為伊斯蘭教」條款後，政教分離的共和國，像易卜拉欣一樣的泛伊斯蘭主義者便失去了他們的容身之地。一九二五年起，他蟄居在眾多西伯利亞移民聚居的孔亞省雷沙迪耶（今波利提克村）。易卜拉欣與家人用從農業銀行借來的錢飼養家畜，教導村中的少年們度過餘生，後於一九二九年取得土耳其國籍。

自一九二九年至一九三二年，他在沒有得到當局許可的情況下，反覆潛行在漢志（Hejaz，沙烏地阿拉伯西部地區，擁有兩座聖城）與埃及。因為他相當在意東突厥斯坦、印度、巴勒斯坦的穆斯林，以及阿拉伯半島的動向。一九三二年五月，土耳其駐漢志公使向內務部發送的報告中，提到了易卜拉欣的動向，內容相當耐人尋味：

> 我得到了一項確切情報。聽說他是位能夠強力感染民眾的傳教士，曾在突厥斯坦與中屬突厥斯坦（新疆）策劃過無數次革命運動。他只要一有機會，便會與自世界各地來到麥加的朝聖者進行密切接觸。……一週前，蘇聯大使納祖爾·貝伊（納祖爾·圖拉庫洛夫）抵達漢志，到麥加拜望國王伊本·沙烏地（Ibn Saud）後，便在喀山旅宿這所有俄羅斯穆斯林朝聖者投宿的處所中停留了二、三日。在這期間，蘇維埃大使納祖爾·貝伊與阿卜杜勒希德·易卜拉欣老師進行了長時間的會談[38]。

由於易卜拉欣在漢志與蘇聯大使納祖爾·圖拉庫洛夫會晤[39]，被人們認為易卜拉欣是在幫布爾什維克進行政治宣傳，而受到土耳其國內，乃至於流亡韃靼人的強烈譴責[40]。回到孔亞後，易卜拉欣受到憲兵的監視，甚至面臨剝奪國籍的威脅。雖然他拚命抗辯「我是相信自己力量來行動的真突厥主義者，而不是為了工資和體面工作的假突厥主義者」，但是一黨獨裁的僵硬體制並未理會他。「韃靼志士」陷入進退維谷的窘境。

而日本主動接觸易卜拉欣時，也正好是這個時候。日方是日本駐土耳其大使館的武官神田正種陸軍中校。他是長期在參謀本部第二部從事對蘇情報活動的特務軍官。如果神田中校是出於對蘇聯的興趣而前往伊斯坦堡赴任，那麼精通蘇聯及其周邊地區穆斯林情況的易卜拉欣，無疑是非常有價值的人才。前面所提到的若林半，也在其著作《回教世界與日本》中記載：「昭和八年，予曾與某先生商議，自土耳古（土耳其）接回世界級回教長老易卜拉欣翁（現年九十四歲）暫居東京，共同為達成回教政策盡心盡力。」[41] 該「某先生」雖不清楚是誰，但作者表明在昭和八年（一九三三年），他與時任參謀本部第二部長的磯谷廉介少將在伊斯蘭政策的重要性上達成共識。第二年，警視總監針對易卜拉欣，向內務、外務大臣報告：「與右者軍部於某種諒解下，指稱為促進日本與回教徒之合作，於去年十月十二日自土耳古（土耳其）渡來入京。」[42] 從此可得知參謀本部第二部也參與了招聘易卜拉欣的行動。另一方面，土耳其政府因掌握到易卜拉欣有前往日本的「反政府行為」，於是在一九三五年八月剝奪了他的國籍。決定書上還能看到總統凱末爾的簽名。

日本的聖戰

一九三三年十月十二日，易卜拉欣再次訪日，此時的他已在當年年初東京發行的突厥語雜誌《新日本通報》[43]上大展身手。該雜誌由東京回教團發行，這是一個主要由來自蘇聯的流亡韃靼人組成的團體，編輯、發行人為團長穆罕默德．加布杜爾凱．庫爾班加利耶夫（Muhammed-Gabdulkhay Kurbangaliev）。該雜誌早在創刊號（一九三三年十二月）上就大讚易卜拉欣是連接日本與伊斯蘭世界的功臣，而易卜拉欣的首篇投稿〈來到伊斯蘭世界的遠東之聲〉，也被分別登在第二期與第三期（一九三三年一、二月）中。他提議，為使該雜誌廣泛被穆斯林接受，也應刊登阿拉伯文的評論，接著又對比了西方的沒落與東方的興起，斷言當今的東方屬於東方人。文章還回顧了日本和伊斯蘭世界的關係史，即自一八八九年阿卜杜勒—哈米德二世派遣埃爾圖魯爾號軍艦，至一九〇九年易卜拉欣的親自訪日的期間，並希望雙方關係能更加強化等，儼然是祝賀雜誌創刊的內容。

到了第八期（七月），雜誌出現了以〈東方世界〉為題的專業評論。他高度評價日本為了滿洲問題抗議國際聯盟抗議而宣布退出一事。因聯盟無異於是西方列強用來控制崛起的日本、阻止日本在列強統治下的東方民族解放中發揮領導作用的道具。因此他主張，退出聯盟不僅對日本人，對東方民族、特別是穆斯林來說，也都是值得慶祝的事情。

接著，雜誌在第九期（八月），傳達了易卜拉欣有訪日的意願。第十一期（十月）報導了其訪日消息。第十二期（十一月）刊登了題為〈吉哈德〉（聖戰）的生動評論，要旨為：

在上次的大戰中，穆斯林犯了很多錯誤。儘管受到巨大的損害與損失，穆斯林仍被列強欺騙，戰後一無所獲。直到現在，列強仍然對穆斯林施行著壓迫性政策。穆斯林似乎對伊斯蘭的未來失去了希望，但他們必須從眼前的悲慘狀況掙脫出來。在不久的將來，世界將發生巨大的變革與史無前例的戰爭，穆斯林不應再犯錯。穆斯林們應將目光轉向日本與日本人民。他們和我們一樣，重視道德與倫理，不惜協助生活在滿洲和日本的穆斯林，宣言要終結布爾什維克的非人道主義政策。因此，為了自己的解放，所有穆斯林應與日本看齊，在即將來臨的戰爭中，必須與日本人一同作戰。對於這個重要問題，烏拉瑪應該判斷什麼是對的，並向所有穆斯林說明聖戰是每個人的義務[44]。

以上對第一次世界大戰的總結，是基於他的親身經歷寫成，因此極具說服力。對於即將到來的戰爭，其眼光也非常敏銳，然而對於日本的帝國主義野心，卻是睜一隻眼閉一隻眼。不過，他這則將日本的戰爭與伊斯蘭聖戰相連結的論點，對於參謀本部的戰略家們來說，無疑是求之不得的存在。於是在《新日本通報》中，也將「韃靼志士」的再次登場演繹地精采萬分。

東京清真寺

易卜拉欣一來到日本，隨即便與頭山滿一起參拜了在前一年一九三二年因五一五事件被暗殺的犬養毅之墓。一九三三年十月十六日的《東京朝日新聞》上，如此登載易卜拉欣此時的談話：

> 在二十五年前訪問日本時，有頭山、犬養、河野、中野、根津、大原等六先生相伴，一共七人。我們雖然是七副身軀，但靈魂同一。二十五年間，我以當時誕生的精神，謀求回教與日本的精神結合，如今再訪日本，已剩頭山先生與我二人。一同參拜先生墳墓時，感受到的只有為東洋大業奮鬥的偉大靈魂已進入墳墓，而極為悲戚的心情。二億五千萬回教徒也是同樣的心情。

隨後，庫爾班加利耶夫帶著易卜拉欣，會見了東鄉平八郎的親信海軍中將小笠原長生。小笠原在一九三三年十一月一日的日記中，記錄了「前土耳古回教法王（哈里發）顧問」與「前全俄國回教領袖」易卜拉欣會面時的情景。易卜拉欣表達了新疆穆斯林獨立運動的實情，以及穆斯塔法·凱末爾的想法，而在小笠原反覆向易卜拉欣提出各種問題後，寫道：「先決條件是，利用他就等同於利用全世界回教徒。萬幸的是，他似乎相當信任我，我已決心要利用這點。」[45] 可以看出小笠原似乎也認同易卜拉欣的利用價值。後續則擔任大日本回教協會的副會長。

一九三八年五月十二日，在正巧是先知穆罕默德誕辰紀念日的這天，東京代代木舉行了清真寺的開堂儀式。這場大典聚集了葉門、沙烏特阿拉伯等四十餘個國家的祝賀使節，以及約四百名的在日穆斯林與日本來賓，而大典的主角，則是亞細亞義會剩下的兩位同志。頭山滿打開清真寺門後，易卜拉欣進行了第一次禮拜。開堂儀式是宣傳日本與伊斯蘭世界睦鄰友好的好機會，第二天除了舉行了世界回教徒懇談會外，還邀請了海外使節參加觀摩日本陸軍的大演習，以及停靠在橫須賀的戰艦長門等活動。

一九三八年是日本對伊斯蘭政策的關鍵年。清真寺開堂四個月後，大日本回教協會誕生，陸軍大將林銑十郎為首任會長。其設立宗旨是關注「建設東亞新秩序」中的「世界超過三億回教各民族」的存在，與其建立與日本之間的親密關係。協會透過發行《回教世界》月刊介紹伊斯蘭情況的同時，還統管了滿洲、中國等占領地的穆斯林組織。這些組織期待「興亞精神與防共精神」的發揚，同年中國回教總聯合會華北聯合總部的機關報《回教月刊》上，也刊登了易卜拉欣呼籲警戒蘇聯與中國共產黨「赤化」新疆的評論（中文翻譯）。

此時，過著忙碌生活的易卜拉欣忽有一位日本青年到訪。青年希望易卜拉欣教他阿拉伯文。起初，易卜拉欣的反應是「我沒教過阿拉伯文，也沒有教阿拉伯文的想法。這與我在日本的目的完全不同」。然而他最終被青年的一片赤誠所打動，答應了阿拉伯文的教學。不過又說「教阿拉伯文而不提伊斯蘭是愚蠢的」，於是課程並非是單純的語文課。這位在易卜拉欣居所來往二年左右的青年，名叫井筒俊彥（一九一四—一九九三年），在未來成為了國際知名的伊斯蘭哲學、思想學者。接著在一九三九年，流亡中的穆沙・比吉耶夫透過易卜拉欣來到了日本，井筒青年也受到了這位博學強記的伊斯蘭學者的短暫教導[46]。若要說強力拉拔了日本戰後伊斯蘭研究的人是井筒俊彥，那麼日本的伊斯蘭研究，或許就必須認可這兩位韃靼人對井筒俊彥的師恩。

英雄的孤獨

在日本戰敗近在眼前的一九四四年七月二十六日，《朝日新聞》對臥病在床的易卜拉欣所說的「烈火般的意志」進行了報導：

> 與處於吃人或者被吃的大戰中的世界各民族一樣，回教民族現在也處於興亡關頭。處於其間的回教徒，必須時刻考慮以下各點：第一是東方與回教徒長期的精神結合。回教雖然經常受到西歐的拜占庭帝國、十字軍，以及近代英法帝國主義侵略等等的敵意與迫害，但與東方的關係卻與此相反，完全是友好的。無論是在印度、印尼或是中國，回教都能和平傳教。特別是日本在對被壓

迫民族的同情，以及對亞洲各民族獨立的支援都是絕大的，這告訴我們應找東方與日本來作為回教徒的盟友。第二，回教徒終究要加強團結，致力爭取獨立。在西亞，這種氛圍也相當強烈。擔心美國進入的英國，也在逐漸向回教徒釋放善意，阿拉伯人則藉此成立阿拉伯聯盟，團結一致、鞏固將來反擊美英的勢力。只有擊潰美英的東亞與團結的回教徒合作，才能促進回教的復興。直到看到這一成果為止，我仍持續全力以赴。

即便年事已高，但易卜拉欣的信念卻絲毫沒有動搖。然而，他與世界各地的穆斯林社會卻相隔太遠。與在同時代的印度呼籲建立伊斯蘭國的毛杜迪[47]（Abul A'la Maududi）、在埃及展開大眾伊斯蘭復興運動的穆斯林兄弟會等相比，易卜拉欣無祖國者（déraciné）的孤獨形象顯得更加鮮明。他在帝國時期領悟到的泛伊斯蘭主義，已經逐漸成了過去式。

此時，聚焦在易卜拉欣身上製作出南向宣傳電影《東京的回教徒》的青山光二，於戰後不久寫下的散文中如此描述了對易卜拉欣的印象：

> 我記得，比起不衰的鬥志之類，我更切實感受到了他的孤獨。那是靠著對民族的熱愛燃燒一生的他，一種實現目標了的達人的孤獨。用令人不快的說法來說，就是英雄的孤獨、老鷹的孤獨。……軍隊看上了他對南方回教圈民族的領導力，找了適宜的時機，以他之名，自東京向國內外發表了對自己有利的宣傳文和訊息。作為民族運動家的他，其信念與他如今被迫選擇的立場之

間應該存在很大的分歧，但以他現在的力量來說，已經無計可施了。他激昂的語調，使我覺得自己彷彿聽到了他對殘暴的法西斯主義的嘲笑。……總之，我對他的第一印象，就是他有著精神界達人特有的孤高、深沉的孤獨，以及從中而來的無比溫和的溫柔[48]。

寫出青山所說的「對自己有利的宣傳文和訊息」的其中一人，就是當時在大日本回教協會調查部與回教圈研究所工作的馬克思主義哲學家古在由重。他在《戰中日記》（一九四四年九月一日）中這樣寫道：

據說昨晚九十四歲的老翁易卜拉欣去世了。可惜了這位大日本回教協會的「招牌」。協會對他進行了各種潤色與虛構，且透過這些來維持自我運作。而我也是參與這道「聖人」「製造工程」的其中一人。易卜拉欣的死，或許也可以作為寫短篇的素材吧[49]。

第二天，古在很快就接到參謀本部的要求，要寫一篇有關「易卜拉欣去世」的短文。

根據易卜拉欣臨終時在場的韃靼人稱，他在斷氣前曾說了三次「我是穆斯林！」而依伊斯蘭曆法來看，當年九月正好是賴買丹（齋戒）月。

里扎丁・法赫雷丁（一八五九－一九三六年）

於伏爾加烏拉爾地區活動的烏理瑪、新聞工作者、歷史學家。與易卜拉欣一樣，自從青年時期開始就受到梅爾傑尼和阿富汗尼的影響，以革新穆斯林社會為志，成長過程時常閱讀加斯普林斯基的《翻譯者》報紙，以及登有阿拉伯改革思想家穆罕默德・阿布都（Muhammad 'Abduh）及其弟子穆罕默德・拉希德・里達（Muhammad Rashid Rida，↓第十二章）等人論文的《燈塔》雜誌。另一方面，他窮盡一生都在收集、編列十七世紀以來在伏爾加烏拉爾地區活動的烏拉瑪的傳記。在各地朋友的協助下，他努力收集資料，而易卜拉欣也提供了家鄉西西伯利亞的烏拉瑪與商人的傳記資訊。最終發行了收錄為數約四百五十人的《事跡》（共二冊），但也仍有未發行的原稿[50]。

經過伊瑪目職務，於一八九一年就任烏法的穆斯林宗務協議會裁判官，與同職務的易卜拉欣共事兩年。在職期間，他不收受一切賄賂，致力於整頓協議會，因此提高了聲望。一九〇五年革命後，他執筆、編輯奧倫堡的《時間》報與《協議》雜誌，並積極在後者登載新的書面語、民族名稱（韃靼或突厥）、教育改革、伊斯蘭法解釋等問題，引領了俄羅斯穆斯林的輿論。順帶一提，在一九〇九年的二十一期上，剛遭到暗殺的伊藤博文還被登載在刊頭中的傳記一欄中。未署名的作者表示，伊藤博文的傳記「在思考無知、無助的民族發展需要什麼之時非常重要」，不過該文章的刊登有可能是受到了易卜拉欣的提議。此外在一九一五年的第十八期中，則是向俄羅斯穆斯林讀者提供了有關亞細亞義會的資訊[51]。而自身也是健筆的法赫雷丁，也節譯了伊本・巴圖塔（Ibn Battuta）的大旅行記（欽察草原章節），並在一九一七年的二月革命後，將有關阿富汗尼的思想與行動的論說連載於《協議》上。毫無疑問，在迎來巨大變革期之際，他曾將阿富汗尼作為了參考。

緊接著在十月革命之後，他先後擔任了繼承宗務協議會的中央穆斯林宗務局裁判官（一九一八—一九二三年）、主席（一九二三—一九三六年）。在此期間，也和易卜拉欣持續往來書信，吐露了生活在殘酷時代的真情。例如一九一九年十月八日的信中，就這樣寫道：

很高興能聽到您的情況。您從以前開始就一直在做粉身碎骨的努力。真主明鑒。我已經老了，無能為力了。原先就缺乏努力和勇氣的我，現在也一樣沒有。我連說「好，加油吧」的力氣都沒有了。我不認為未來會有幸福。我想去某個村子，在那裡度過餘生。先知諾亞時代的洪水已無法與當今的洪水相提並論，如果說諾亞時代的洪水滅絕了動物，那麼今日的洪水，將會沖刷掉宗教和信仰[52]。

在任主席期間，他為信徒創刊了機關刊物《伊斯蘭誌》（一九二四—一九二七年），同時比任何人都深刻體會到在蘇維埃政權下領導穆斯林共同體有多困難。一九二六年三月，他在寫給易卜拉欣的信中提到：「我想辭去主席職務，去喀什教書度過餘生。」易卜拉欣邀請他前往自己居住的土耳其孔亞的村子，但正巧此時漢志國王伊本．沙烏地發來了邀請函，法赫雷丁最終於一九二六年率領蘇聯代表團參加了麥加的全世界穆斯林會議。派遣代表團與謀求聯合穆斯林國家的蘇維埃政權外交政策相吻合。

一九二八年，阿富汗國王阿曼諾拉汗（Amanullah Khan，↓第十章）正式訪問莫斯科時，他也被要求陪同出席。不過由於國內對伊斯蘭的壓迫日益嚴重，為了保護珍貴的阿拉伯手抄本，他負責了將其委託給蘇聯科學院東方學研究所的工作，還與後來成為所長的突厥學者薩莫伊洛維奇交情深厚。

隨著當局對伊斯蘭的統治與壓迫日益嚴重，法赫雷丁身心俱疲。為了養活苦於貧困的家人，他只能靠出售珍藏的藏書勉強餬口。在這樣的生活中，他留下了以下幾句話：

> 對於現在的時代，別說寫了，我連思考都做不到。要是真能去天堂，我那就寫吧。那裡也許會有很多紙，有優質的墨水和毛筆。因為有充足的燈光，所以也就沒有必要生活在黑暗中，也不必為了繳稅而變賣最珍貴的財產。如果神願意，契卡（Cheka）與格別烏（Gosudarstvennoe politicheskoe upravlenie，GPU）（兩者均為蘇聯祕密警察組織）還有辦法支配我嗎？[53]

一九三六年三月，在寄給位於東京的易卜拉欣最後一封信的第二個月，法赫雷丁病逝了。在東京聽到老朋友訃聞的易卜拉欣，在《新日本通報》中發表了追悼文，並介紹了從老朋友那收到的最後兩封信。文中飽含著對自己所有努力都化為烏有的悲痛真情。

穆沙・比吉耶夫（一八七五—一九四九年）

俄羅斯的改革派烏拉瑪，出生於南俄羅斯頓河邊的羅斯托夫。其父親因鐵路建設的工作而定居於此，在只有少數穆斯林人口的城市中擔任伊瑪目，不過卻在穆沙六歲時去世，此後便由母親法蒂瑪負責教育兒子。後來穆沙進入了以理科為主的實科中學學習俄文，這對當時的穆斯林來說是相當罕見的。接著又在布哈拉、開羅、漢志、印度等地跟隨穆罕默德・阿布都等名師學習了伊斯蘭諸學。回到家鄉後，自一九〇四年開始成為聖彼得堡大學法學院的聽講生，拓寬了視野。一九〇五年的革命時期，則與易卜拉欣一同引領了穆斯林的政治、社會運動，並在《友愛》與《弟子》上勤於筆耕。同年五月底，據說他的結婚喜宴還被作為了非正式的聚會場所。此外，第三屆俄羅斯穆斯林大會的議事錄也是他所負責。

革命後，他在奧倫堡的侯賽尼亞・馬德拉薩任教，並出版了許多有關伊斯蘭法及神學的著作。特別是一九一一年發表的《神的寬容》，為穆斯林讀者帶來了巨大的衝擊，因為他在書中論證了天堂不僅對穆斯林開放，只要異教徒具備資格，天堂之門也是對其開放的。關於這一次的衝擊，在後來提倡對穆斯林的反宗教宣傳方法的蘇丹・加里耶夫也有特別提到。此外，住在芬蘭的韃靼穆斯林遇到一個迫切的問題，也就是信徒們在白夜時期遇到齋戒月該怎麼做（依照伊斯蘭法，用餐只能在日落之後）。對此，比吉耶夫撰寫了一本著作為他們解答。在一九一七年的二月革命後舉行的全俄羅斯穆斯林大會上，他主張伊斯蘭法認同男女同權，並成功引導大會承認女性的參政權。

同年的十月革命後，他仍留在俄羅斯，在彼得格勒及莫斯科擔任伊瑪目，後與回國的易卜拉欣等人一同參加了以解放東方為目標的宣傳活動。一九二〇年訪問突厥斯坦時，與穆納瓦爾·卡里等穆斯林共產黨成員聯歡。不過，當他在一九二三年於柏林出版了整理以往論點的著作《致伊斯蘭諸國人民——有關宗教、文藝、社會、政治的各項問題與處方》後，便被逮捕入獄。因為早在一九二〇年就完成的該書原標題是《伊斯蘭ＡＢＣ》，是用來對抗布哈林（Nikolai Ivanovich Bukharin）等人的《共產主義ＡＢＣ》、反駁馬克思的《共產黨宣言》和《資本論》以及列寧的《國家與革命》，逐條闡述了穆斯林所應跟隨的論據、政治與社會活動方針的著作。序言的末尾，更引用了《古蘭經》的章句「我和我的使者們必定勝利」、「真主確是最強大、全能的」（五八章二一節）。這位著名的烏拉瑪被捕後，引起了國內外穆斯林的抗議之聲。剛回到伊斯坦堡不久的易卜拉欣也展開了要求釋放比吉耶夫的論戰，最終比吉耶夫在三個月後獲釋。[54]

一九二六年，比吉耶夫獲得了參加麥加的全世界穆斯林會議的機會，然而他已無法在國內發表，蘇維埃政治警察的監視也逐漸強化。一九三〇年，他終於決定流亡，留下家人，經由東突厥斯坦逃往國外，此後被迫輾轉各地。一九三九至一九四〇年，他分別在東京與後來的伊斯坦堡受到易卜拉欣及舊識澤基·瓦里多夫的照顧。最終在一九四九年於寄居地開羅病逝。題外話，井筒俊彥的夫人豐子，也著有以穆沙·比吉耶夫為主角的短篇作品〈寶石物語〉（バフルンヌール物語，バフルンヌール為阿拉伯語寶石光之海之意）。

穆拉特・雷姆齊（一八五三—一九三四年）

韃靼人，烏拉瑪、歷史學家。出生於烏法省緬澤林斯克城埃爾梅特村。即早就認為俄羅斯是不共戴天之敵，與領導哈薩克人反叛俄羅斯的蘇杜克・蘇丹有過一面之緣。二十歲時，在布哈拉求學後，於聖地麥加努力鑽研學問，並在此結識了青年時期的易卜拉欣。由於長期居住於麥加，於是也有人稱他「麥加人」。在此期間，他被託付經營韃靼人朝聖者下榻的喀山旅館，同時也擔任納克什班迪教團的導師。在伊斯蘭教義上，他堅持保守派的立場，於《宗教與生活》雜誌上加入了批評改革派穆沙・比吉耶夫的陣營。

作為歷史家，其主要著作之一，便是記錄了過去統治中亞地區的突厥君主歷史的阿拉伯文鉅作《有關喀山與保爾加、韃靼諸王事件之情報集成》（全二冊，奧倫堡，一九〇八年）。該作品明確傳達了作者的意圖：「突厥民族在歷史上以勇敢著稱，但由於缺乏思考與政治能力，喪失了在世界上的正當地位。十六世紀的分裂與內訌，將突厥人逼成了俄羅斯的奴隸。要從屈辱和貧困、離散的災難和衰亡中拯救突厥人的唯一方法，就是團結在一個旗幟下。」然而它的宗旨卻引起了俄羅斯當局的警戒，沒收了相當數量的書籍，不過法赫雷丁所編輯的《協議》，仍不惜給予高度評價。書評寫道：「我們一直期待民族史是由精通俄文且有才的學生或穆拉來撰寫，然而沒想到這卻是一位住在麥加、平時專注教育子弟，且精讀卡拉姆津（俄羅斯歷史學家）的導師所寫出的著作」，並以「震驚中國及伊朗等國家的突厥民族歷史，自全俄羅斯收取年貢，征服全俄羅斯諸侯、欽察草原統治者們的歷史」、「即使用一百本史書，也無法完整描繪。謝伊夫·穆拉特先生開啓了此一大業的大門，希望有志於此一大業的年輕歷史學家們加入切磋」來作結。順帶一提，穆拉特·雷姆齊也曾將這部著作贈與匈牙利的著名東方學者范伯利（Ármin Vámbéry，一八三二—一九一三年）。

為了收集史料，他經由伊斯坦堡多次前往中亞地區旅行。一九一四年旅經塔什干、布哈拉、浩罕、安集延等地，抵達敖德薩時，遇到了鄂圖曼艦隊向敖德薩砲擊的事件。第一次世界大戰期間，更淪落為民間俘虜被扣留在奧倫堡地區。一九一七年俄羅斯革命前夕，雷姆齊在作品《自由的頌詩》中寫道：「三百六十多年以來，讓我們流著血淚的嗜血壓迫者，他的爐灶如今已經熄滅。父祖之地突厥斯坦的每一塊土地，也都還給了我們。不要再分什葉派和遜尼派，或是撒爾塔人、哈薩克人、諾蓋人、米薩韃靼人，穆斯林該團結一氣的時候來了。」

在革命後的內戰時期，雷姆齊逃往東突厥斯坦，在俄羅斯國境附近的塔城（Chuguchak，又名Tarbaghatay）長期擔任伊瑪目和穆達里斯（Mudarris，教師之意），傳說更為當地人將《古蘭經》翻譯為突厥文。據推測，他可能在此與一九二〇年代初來訪的易卜拉欣重逢，並參與了東突厥斯坦伊斯蘭共和國的創立。易卜拉欣在這位舊友於八十歲去世時，除了發表訃文外，後續還與故人的長子費夫米合著了其詳細傳記，向《新日本通報》投稿[55]。

其他人物

一、俄羅斯、突厥斯坦的穆斯林知識分子

西哈貝丁・梅爾傑尼

一八一八－一八八九年。韃靼人。烏拉瑪、歷史學家。生於喀山地區，於布哈拉及撒馬爾罕的馬德拉薩留學，修習各項伊斯蘭學識，歸鄉後於喀山從事伊瑪目、教職。他批判布哈拉墨守成規的學風，主張回歸《古蘭經》及聖訓以靈活詮釋伊斯蘭法，並鼓勵穆斯林積極學習近代科學與俄文。此外，其韃靼人起源於保加利亞王國而非蒙古帝國的學說，極大促進了韃靼人民族認同的形成。儘管人們期待這樣的學者可以擔任穆斯林宗務協議會的主席，但最終俄羅斯當局並未選擇他。

穆罕默德亞爾・蘇丹諾夫

一八三七－一九一五年。貴族出身。接受俄羅斯高等教育而非烏理瑪教育，在擔任調解法官等職務後，就任穆斯林宗務協議會第五屆主席（一八八六－一九一五年）。曾於第一次世界大戰時讓高加索戰線的穆斯林士兵宣誓「誓死效忠沙皇及祖國，直至流盡最後一滴血」；而在前線的另一邊，則有易卜拉欣負責督戰的鄂圖曼官兵。

馬哈茂德霍賈・貝布迪

一八七四—一九一九年。撒馬爾罕人。啓蒙思想家、運動家。曾投稿易卜拉欣的報紙《友愛》。一九〇八年二月，易卜拉欣在撒馬爾罕拜訪他，在遊記中稱讚創立了優秀初等及中等學校的貝布迪為「烏茲別克的英雄」。

二、鄂圖曼帝國的關係人物

米尼夫・帕夏

一八三〇—一九一〇年。鄂圖曼帝國官僚。於駐柏林大使館、翻譯局等處任職後，歷任文部大臣、駐德黑蘭大使等職務。致力於創立鄂圖曼科學協會，創刊《科學雜誌》，奮力普及西方學術文化，同時提倡革新教育與普及圖書館。除了阿拉伯文外，也精通英、法、德、希臘文。

優素福・阿克楚拉

一八七六—一九三五年。領導土耳其民族主義的思想家。優素福出生於喀山一處富裕韃靼商人家庭，幼年時期於伊斯坦堡接受教育，後進入陸軍士官學校，因參與革命運動而被驅逐出境，前往巴黎留學。他主張土耳其人的民族覺醒才能守護多民族的鄂圖曼帝國。自身也於一九〇五年的革命後，在俄羅斯領導穆斯林的政治運動。土耳其革命後，優素福透過探究歷史及文化，推動了土耳其民族主義的普及。

梅夫梅特・阿基夫

一八七三―一九三六年。伊斯蘭主義者、詩人。第一次世界大戰期間，與易卜拉欣同樣隸屬於特務機構，曾於德國活動。強烈支持土耳其獨立戰爭，同時是撰寫當今土耳其國歌「獨立進行曲」歌詞的國民詩人。後對於共和國成立後日益增強的政教分離政策感到失望，最終逃亡至埃及。

恩維爾・帕夏

一八八一―一九二二年。在青年土耳其黨人革命中被譽為「自由英雄」的青年軍官。革命後進入「統一與進步團」領導部，成為陸軍大臣，與鄂圖曼家公主成婚。他與德國聯手帶領鄂圖曼帝國參加第一次世界大戰（代理最高司令官），戰敗後試圖於蘇聯東山再起，最終在與紅軍的戰爭中戰死。與穆斯塔法・凱末爾是終生宿敵。

三、交際過的日本人

大原武慶

一八六五―一九三三年。陸軍中佐。投入日俄戰爭後，擔任南滿洲昌圖軍政署長官。一九〇七年轉為預備役，在與參謀本部保持關係的同時，參與東亞同文會活動、辛亥革命。與易卜拉欣相識後入教伊斯蘭，被授予「阿布・巴克爾」（與第一代哈里發同名）的穆斯林名。

山岡光太郎

一八八〇—一九五九年。生於廣島縣福山。父親為陸軍軍人。於東京外國語學校習得俄文，日俄戰爭時作為翻譯官從軍，戰後在大原武慶中佐麾下從事教育活動。《東京朝日新聞》一九二〇年二月十一日報導：「韃靼老志士易卜拉欣來朝，於祕密結社組織亞細亞義會中與之結識，認識到我帝國制定世界政策之根本意義，在於研究回教國情。」一九〇九年十一月，他追隨易卜拉欣的腳步，於孟買會合，並在此入教伊斯蘭，共同踏上朝聖之旅（穆斯林名為烏馬爾）。其詳細內容在山岡光太郎的《世界之神祕境　阿拉比亞縱貫記》（東亞堂書房，一九一二年）有詳細敘述。其他在《外遊祕話》（飛龍閣，一九二三年）中更如此描述了抵達伊斯坦堡後受到熱烈歡迎的情景：「蒙士國上下回教徒親炙，結下深厚的盟交。不僅在土都老城斯坦博利之回教拜堂，我與同行的韃靼老志士易卜拉欣先生，也於劇場、學校、公開講堂、十字路口共同嘗試演講，獲得熱烈掌聲，使我感慨萬千，不禁落淚。其魅力之深，顏面之廣，令人欽佩。」據他所說，易卜拉欣與穆拉特・雷姆齊在日俄戰爭時「傾注全力自後方製造俄羅斯之敗因，以一切手段奮然阻止了俄國的軍事行動」。這是「六千萬日本人中只有我一個人知道的日俄戰爭史祕錄」（出自《亞洲的二大運動——回教徒與猶太人》，渡邊事務所，一九二八年）。

戰前，他是精通包含伊斯蘭世界在內的國外情勢評論家。晚年，他在著作中提到了與易卜拉欣的關係：「在麥加朝聖之際，我將有中亞怪傑之稱的韃靼回教徒巨魁易卜拉欣東導入國。當時用盡六十餘年的生涯，為復興祖國東奔西走、腳印遍及世界的他來到日本後，遂表示這是他第一次接觸到真正受過神性灌輸的人，對我國之國士人物表現出非比尋常之敬意。與我一同周遊世界約一年後，認為我的品性不劣於他，遂與我結成為刎頸之交，直至今日。然往年於伊斯坦堡捲入政治鬥爭，最終與他斷絕來往。儘管如此，他仍不屈於己身九十高齡，相東京為最後之墳地，於往年（一九三三年）再度來朝。」（出自《血與錢》，植田印刷所，一九三六年。）

穆罕默德・希爾米中尾（中尾秀男）

一八八三—一九五七年。法政大學畢業後至德國留學。一九〇八至一九一二年期間，於日本駐俄羅斯大使館工作，並於期間的一九〇九年於高加索提弗利司（今第比利斯）入信伊斯蘭（後亦進行朝聖）。巴爾幹戰爭時期於伊斯坦堡工作。第一次世界大戰期間，時而與德國情報人員合作，於美國、中國（東突厥斯坦、西藏）、俄羅斯等地從事情報工作。一九二七年後，再次於土耳其大使館工作，後於第二次世界大戰後辭職，取得土耳其國籍。最終於安卡拉逝世。

四、於日本結識的穆斯林

毛拉韋・穆罕默德・巴爾卡圖拉

一八五四—一九二七年。英屬印度波帕爾人。印度獨立運動家、泛伊斯蘭主義者。一九〇九年前往日本擔任東京外國語學校印地文教師。在此期間結識易卜拉欣與法德利，制定了在東京建立清真寺的計畫，並與法德利共同發行英語雜誌 *The Islamic Fraternity*（一九一〇—一九一二年，最終因英國施壓而停刊）。曾於東京與孫文見面。第一次世界大戰期間，於阿富汗參與印度臨時政府領導反英運動。俄羅斯革命後，受阿富汗國王阿曼諾拉汗的委託，前往莫斯科與列寧會面。曾一度與蘇維埃政權合作，採取泛伊斯蘭主義立場策劃印度獨立，最終在美國去世。

艾哈邁德・法德利

一八七四—？年。一九〇八年四月，埃及軍大尉退伍後前往日本。曾在早稻田大學講堂進行有關伊斯蘭的英語演講，其精彩之處受易卜拉欣於遊記中極力稱讚。與宇都宮太郎少將交情深厚，為了構築鄂圖曼帝國與日本之間的外交關係，更負責與鄂圖曼帝國重要人物的交涉。曾於開羅出版描述日俄戰爭與日本發展的阿拉伯文著作。

穆罕默德・加布杜爾凱・庫爾班加利耶夫

一八八九—一九七二年。出生於巴什基爾人烏拉瑪家族。俄羅斯革命後的內戰時期，與白軍聯手領導巴什基爾民族運動，敗退後經由滿洲流亡日本。曾與軍部、亞洲主義者聯手，領導東京的穆斯林共同體（東京回教團），然而與易卜拉欣同一時期來到日本的阿亞茲・伊沙克（Muhammed Ayaz İshaki）領導的阿的里、烏拉爾、土耳其、韃靼文化協會派發生矛盾，於東京清真寺開堂前被驅逐出境，前往滿洲。最終由易卜拉欣成為東京清真寺的第一代伊瑪目。

五、在北京相會的中國穆斯林領導人

王浩然（王寬）

一八四八—一九一九年。北京人。一九〇六年，巡禮中東時受伊斯蘭復興運動感化，認識到中國伊斯蘭的停滯。一九一二年，成立中國回教俱進會等，領導了中國伊斯蘭新文化運動。易卜拉欣認為他在北京遇到的王浩然是一位「極其虔誠、熱情的中國穆斯林」，並有想為其與日本的亞洲主義者牽線的跡象。

達浦生

一八七四—一九六五年。王浩然在中東旅行期間，曾負責營運北京最大的穆斯林聚居區「牛街」之清真寺。一生奉獻在穆斯林的教育改革事業。

六、曾接觸過的穆斯林共產主義者

米爾賽德・蘇丹—加里耶夫

一八九二—一九四〇年。韃靼人、穆斯林共產黨。一九一七年以來以共產黨員身分，負責處理民族問題（尤其是穆斯林民族問題），致力於穆斯林各民族的獨立性與東方（亞洲、非洲）各民族的解放。一九二三年，因有反革命嫌疑多次被捕、服刑後遭到處決。政治警察逮捕他後所寫的告發書中，寫有「一九一九年十月，蘇丹—加里耶夫在明知易卜拉欣及巴爾卡圖拉等人與德國情報機關有關，卻仍與他們達成協議，以泛突厥主義及泛伊斯蘭主義為基礎，組成對抗蘇維埃政權的組織。其目的是從蘇俄分離突厥、韃靼地區，建立資本民主主義的圖蘭國家[56]」等控訴。

納祖爾·圖拉庫洛夫

一八九二—一九三七年。哈薩克人、穆斯林共產黨。出生於浩罕的商人家族，自小接受俄羅斯式學校教育，並在莫斯科的一所商業學校念書。與穆納瓦爾·卡里、菲特拉提等扎吉德知識分子結識，後於突厥斯坦共產黨與政府中擔任要職，為突厥族民族的文字改革（自阿拉伯文轉寫為拉丁文）做出貢獻。一九二八年，就任蘇聯的吉達總領事（事實上的沙烏地阿拉伯大使）。一九三七年，因反革命嫌疑被捕、肅清。他於一九三二年自吉達發來的報告中，記載了他與易卜拉欣的談話。這份報告顯示，易卜拉欣非常關心喀什局勢，認為如果蘇聯弱化，將對東方的解放運動造成打擊，如果圖拉庫洛夫同意，自己已做好經由蘇聯前往塔城提供當地情報的準備。實際上，彼時當地已發生突厥裔穆斯林所展開的東突厥斯坦伊斯蘭共和國的建立運動。

注釋

1. 一八二二—一八八四年。鄂圖曼帝國的改革派官員。「米德海特・帕夏」請參照第八卷第十章。
2. 一八五一—一九一四年。俄羅斯穆斯林改革運動先驅。在他看來，易卜拉欣是個「政客」，似乎對其反感。「加斯普林斯基」請參照第八卷第十一章。
3. 一八三八／九—一八九七年。泛伊斯蘭主義思想家、革命家。「賈邁勒丁・阿富汗尼」請參照第九卷第十一章。
4. 同樣在聖彼得堡與阿富汗尼見過面的法赫雷丁回憶，阿富汗尼曾說過：「我在這裡是為了整個伊斯蘭世界的課題。」
5. 從整個俄羅斯帝國來看，一九一四年穆斯林人口約為一九三〇萬人（占總人口的百分之十一），勝過鄂圖曼帝國的穆斯林人口（約一五〇〇萬人）。然而除了烏法省外，俄羅斯國內的穆斯林仍是少數民族，容易被淹沒在為數眾多的俄羅斯人群中。
6. 若林半，《回教世界と日本》增訂版，大日社，一九三八年。
7. 現代的韃靼人研究者也指出，因易卜拉欣於一九〇二至一九〇三年間前往日本進行反俄宣傳，於是在俄羅斯大使的要求下被驅逐出境，然而並未提出佐證。И. К. Загидуллин, Татарское национальное движение в 1860-1905 гг., Казань: Татарское книжное издательство, 2014.
8. 一九〇四年春，易卜拉欣在伊斯坦堡與其他流亡者共同制定了綱要，要求給予俄羅斯穆斯林的宗教、文化自治，以及與俄羅斯人同權，同時也要求不可強迫穆斯林士兵向同教信徒進行鬥爭。這份綱要後被轉交給了俄羅斯國內同胞與英國駐伊斯坦堡大使館。此外，同樣的聲明書也被以「來自喀山的朝聖者艾哈邁德」名義，寄到了俄羅斯外交部

（Загидуллин，同前注）。可能就是因為易卜拉欣的如此行為，而遭到俄羅斯政府要求將之遣返。

9. 俄羅斯當局早已事先做好阻止易卜拉欣等「不受歡迎人物」當選的準備。選舉當天，易卜拉欣因與《友愛》有關的事件被法院傳喚，失去被選舉權。

10. Abdürreşid İbrahim, *Bin Bir Hadis-i Şerif Tercümesi*, Petersburg, 1907.

11. 本章《古蘭經》的引用係以井筒俊彥翻譯之《古蘭經》（上中下，岩波文庫，一九五七—一九五八年）為主。章節號則以開羅版為主。

12. Abdürreşid İbrahim, *Alem-i İslam ve Japonya'da İntişar-ı İslamiyet*, Cilt 1, i İstanbul: Ahmet Saki Bey Matbaası, 1910.

13. İbrahim，同前注，一九一〇年。

14. 〈韃靼の志士イブラヒムと語る—亜細亜民族統一の絶叫〉，《週刊サンデー》二四，一九〇九年。

15. 阿卜杜勒希德．易卜拉欣，〈韃靼人独立の希望〉，《外交時報》一二—四，一九〇九年。

16. 一八八九—一九七五年。出生於聖彼得堡的富商之家，立志研究日本，於一九〇八年赴日，在上田萬年、八杉貞利等人的幫助下，進入東京帝國大學文科大學文學系，夏目漱石亦為其老師。俄羅斯革命爆發流亡後，成為哈佛大學教授，賴肖爾、唐納．基恩等人皆是其學生。

17. İsmail Kara, *Türkiye'de İslâmcılık Düşüncesi Metinler / Kişiler*, vol.1, İstanbul: kitabevi, 1997.

18. İbrahim，同前注，一九一〇年。

19. 以上資料根據宇都宮太郎關係資料研究會編，《日本陸軍とアジア政策——陸軍大将宇都宮太郎日記》一，岩波書店，二〇〇七年。

20. 一八八六—一九三八年。布哈拉出身的啓蒙思想家、革命家、文學家。「菲特拉提」請參照第九卷第十四章。

21. 小松久男，《革命の中央アジア——あるジャディードの肖像》，東京大學出版會，一九九六年。一九一三年，該著作於俄屬突厥斯坦出版了烏茲別克文譯本，但為了通過審查，這一段被置換為文豪托爾斯泰的人道主義故事。此外，易卜拉欣旅行記的日本部分章節，也在阿富汗報紙《情報之燈》被翻譯成波斯文介紹。

22. *Tarixning noma'lum sahifalari*, 6, Toshkent, 2017.

23. 《穆斯林的友誼》雜誌於一九一一年二月一日發行最後一期後停刊。推測是俄羅斯施壓奏效。

24. Abdürreşid İbrahim, "İran ve İrânîler," *Teârüf-i Müslimîn*, 1-19,1910.

25. 易卜拉欣，〈本会韃靼評議員イ氏の書簡〉，《大東》五—一，一九一二年。據推測，將易卜拉欣的書信翻譯成日文的人是當時在早稻田大學留學的其子穆尼爾等人。

26. 一八八一—一九六〇年。原名波多野春房。自美國留學歸國後，協助印度、中國革命家發表亞洲主義的著作。入信伊斯蘭後，以穆斯林名「哈桑波多野」自稱，但最終棄教。詳見久保田文次，《孫文・辛亥革命と日本人》（汲古書院，二〇一一年）、野田仁，〈プロパガンダ誌《イスラミック・フラタニティ》とその後継誌をめぐる日本側の事情——ハサン波多野の役割に焦点を当てて〉（小野亮介、海野典子編，《近代日本と中東・イスラーム圏——ヒト・モノ・情報の交錯から見る》，東京外國語大學亞洲與非洲語言文化研究所，二〇二二年）。

27. Hatano Uho, Hasan (Japoncadan Mütercim: Abdürreşid İbrahim), *Asya Tehlikede*, A. M. Dündar ve M. Ü. Eriş haz., Ankara: Türk Japon Kültürünü Araştırma ve Dayanışma Derneği, 2009. 此外，鄂圖曼文的原著中，明確記載共譯者名為「日本人穆罕默德・希爾米・中尾」。

28. 日文原著（波多野烏峰，《亜細亜合同論》，一九一二年）中雖有提到「故，〇〇〇年，韃靼志士〇〇〇〇、〇〇〇帶著祕密地圖來到帝國，以此得到帝國的間接援助。或許想以此組建獨立自由的軍隊」，不過在鄂圖曼文翻譯中並無這段。

29. 從被俘的俄羅斯官兵中選出並利用穆斯林的方法，被同樣使用在了第二次世界大戰中。納粹德國從被俘的蘇聯官兵中選出中亞出身的士兵，編制了突厥斯坦義勇軍。此部分請詳見第九卷第十四章。

30. Musa Carullah, "Mekatib: Moskova'dan," *Sebîlürreşâd*, 361,1918.

31. Abdürreşid İbrahim, " Rusya'daki inkılap ve bu inkılaptan dahili Rusya müslümanlarının istifadesi,"*Sebîlürreşâd*, 362, 1918.

32. 一八九〇—一九七〇年。巴什基爾民族運動領袖、東方學者。「澤基．瓦里多夫」請參照第九卷第十四章。

33. Zeki Velidi Togan, *Hatıralar: Türkistan ve Diğer Müslüman Doğu Türklerinin Milli Varlık ve Kültür Mücadeleleri*, İstanbul: Hikmet Gazetecilik, 1969.

34. 該組織係由第一次世界大戰後流亡到德國與俄羅斯的恩維爾．帕夏等「統一與進步團」成員所構思。目的是與蘇維埃政權聯手，統合土耳其、伊朗、阿拉伯地區、印度等革命組織，推進反殖民地運動。一九二一年六月，以共產國際為參考，於莫斯科舉辦了創立大會，該組織最終因恩維爾的去世而消滅。

35. 一八八一—一九三八年。土耳其共和國首屆總統。「穆斯塔法．凱末爾」請參照第九卷第十三章。

36. Гусева, Ю.Н. и О.Н.Сенюткина, Российские архивы о Габдерашите Ибрагимове и о специфике его общественно политической деятельности, *Ислам и государство в России*, Уфа, 2013. 然而，此時易卜拉欣是否曾前往日本仍舊存疑。據幾年後在伊斯坦堡與其重逢的山岡光太郎所述，易卜拉欣曾從海參崴致信頭山滿、犬養毅，試圖前往日本，但因未收

到回信，只好前往伊斯坦堡。此外，當時他的兒子穆尼爾正在海參崴的橫濱正金銀行工作，因此實際往返於日本之間的人極可能是這位穆尼爾。

37. Abdürreşid İbrahim, "Rusya'da müslümanlarn ictimai ve iktisadi ahvali," *Sebîlürreşâd*, 633, 1925.

38. C. Arabaci, " Abdürreşid İbrahim'in Türkiye vatandaşlığı serüveni ve Konya hayatı," in *Türk-Japon İlişkilerinin Dönüm Noktasında Abdürreşit İbrahim*, Konya: Konya Japon Kültür Merkezi, 2012.

39. Нәзір Төреқұлов（Назир Тюрякулов）, Шығармалар – Сочинения: Дипромат, Алматы: Қазақстан, 1997.

40. 易卜拉欣再次訪日後，日本公安當局也得到了這一情報。其中更有資料顯示，易卜拉欣與蘇聯駐漢志大使圖拉庫洛夫一同前往了麥加，參與布爾什維克的政治宣傳。〈本邦ニ於ケル宗教及布教関係雑件／回教関係　第一巻　分割2〉JACAR（アジア歴史資料センター）Ref.B04012533100（第111画像目）（外務省外交史料館）。

41. 雖然易卜拉欣在該著作中使用的是阿拉伯文字的土耳其文，但能解讀為「伊斯蘭世界中的日本」。或許非單純的誤記。

42. 「要視察人関係雑纂／外国人ノ部　第七巻16.土国人」JACAR:B04013100700（第257画像目）（外務省外交史料館）。

43. 《新日本通報》是一本神奇的雜誌。雖然其聲稱是「向世界回教各國介紹『日本』之唯一雜誌」，但讀者卻僅有蘇聯領土外的突厥裔穆斯林。

44. Abdürreşid İbrahim, "El-Cihad," *Yaңa Yapon Mөhbire*, 12, 1933.

45. 飯島直樹，〈翻刻と紹介《小笠原長生日記　昭和八年》〉，《東京大学日本史学研究室紀要》二一，二〇一七年。承蒙小野亮介先生的介紹，令筆者獲得這份吸引人的資料。故特記於此以表感謝。

46. 司馬遼太郎等，《二十世紀来の闇と光——司馬遼太郎歴史歓談II》，中公文庫，二〇〇四年。戰後，積極研究伊斯蘭

史的前嶋信次，也回憶了自身與易卜拉欣印象深刻的面談。前嶋信次，《アラビア学への途——わが人生のシルクロード》，日本放送出版協会，一九八二年。

47. 一九〇三—一九七九年。印度、巴基斯坦的穆斯林思想家、新聞工作者。「阿布・阿拉・毛杜迪」請參照第十二卷第十章。

48. 青山光二，〈僧正イブラヒムのこと〉，《宗教公論》一七—四，一九四八年。

49. 古在由重，《古在由重著作集》六，勁草書房，一九六七年。

50. 到了二〇一〇年，《事跡》中未公開的第三、第四冊才終於發行。從中可以看出，法赫雷丁持續祕密記錄了同時代的烏理瑪因蘇聯政權壓迫而悲慘地死去的故事。M.Kemper, “From 1917 to 1937: The Muftī, the Turkologist, and Stalin’s Terror,”*Die Welt des Islams*, 57-2, 2017.

51. 此段出自一九一一年自俄羅斯前往日本的教育考察團中，一位韃靼教師所投稿的遊記。他在會見留學中的易卜拉欣兒子穆尼爾等人時，得到了有關由亞細亞義會及巴爾卡圖拉等人創立的日本回教協會的具體情報，並對此進行了介紹。

52. İsmail Türkoğlu, *Rusya Türkleri arasındaki Yenileşme Hareketinin Öncülerinden Rızaeddin Fahreddin*, İstanbul: Ötüken,2000.

53. Türkoğlu，同前注。

54. 一八七八—一九三一年。塔什干出身的啓蒙思想家、運動家。與易卜拉欣是朋友關係。「穆納瓦爾・卡里」請參照第九卷第十四章。

55. Д. М. Усманова, Мурад Рамзи （1853-1934）: биография исламского ученого в свете новых свидетельств, *Гасырлар авазы - Эхо веков,* 2, 2019.

56. Б.Ф. Султанбеков и Д.Р. Шарафутдинов, Неизвестный Султан-Галиев: Рассекреченные документы и материалы, Казань: Татарское книжное издательство, 2002.

參考文獻

池井優、坂本勉編，《近代日本とトルコ世界（近代日本與土耳其世界）》，勁草書房，一九九九年

阿卜杜勒希德・易卜拉欣（Abdürreşid İbrahim）著，小松香織、小松久男翻譯，《ジャポンヤ——イブラヒムの明治日本探訪記（日本——易卜拉欣的明治日本探訪記）》，岩波書店，二〇一三年

宇山智彥等編，《ロシア革命とソ連の世紀5　越境する革命と民族（俄羅斯革命與蘇聯的世紀5　越境革命與民族）》，岩波書店，二〇一七年

小松久男，《革命の中央アジア——あるジャディードの肖像（革命的中亞——某札吉德的肖像）》，東京大學出版會，一九九六年

小松久男，《イブラヒム、日本への旅（易卜拉欣　日本之旅）》，刀水書房，二〇〇八年

小松久男，《近代中央アジアの群像——革命の世代の軌跡（近代中亞的群像——革命世代的軌跡）》，山川出版社，二〇一八年

坂本勉編著，《日中戦争とイスラーム——満蒙・アジア地域における統治・懐柔政策（中日戰爭與伊斯蘭——滿蒙、亞洲地域的統治與懷柔政策）》，慶應義塾大學出版會，二〇〇八年

杉田英明，《日本人の中東発見（日本人的中東發現）》，東京大學出版會，一九九五年

長縄宣博，《イスラームのロシア（伊斯蘭的俄羅斯）》，名古屋大學出版會，二〇一七年
野田仁、小松久男編著，《近代中央ユーラシアの眺望（近代中央歐亞大陸的眺望）》，山川出版社，二〇一九年
橋本伸也編，《ロシア帝国の民族知識人（俄羅斯帝國的民族知識人）》，昭和堂，二〇一四年
松浦正孝編著，《アジア主義は何を語るのか（亞細亞主義所論何物？）》，ミネルヴァ書房，二〇一三年
米什拉（Pankaj Mishra）著，園部哲譯，《アジア再興（亞細亞再興）》，白水社，二〇一四年
山内昌之，《納得しなかった男——エンヴェル・パシャ　中東から中央アジアへ（不屈的男子——恩維爾・帕夏　從中東到中亞）》，岩波書店，一九九九年
İsmail Türkoğlu, *Sibiryali Meşhur Seyyah Abdürreşid İbrahim*, Ankara: Türkiye Diyanet Vakfi, 1997.
М. Госманов и Ф. Галимуллин, Габдерэшит Ибравим: Фэннибиографик жыентык, Казан: Жыен, 2011.

第十章

近代阿富汗的群像

——在大國的縫隙中謀求的國家統一

山根　聰

前　言

近代阿富汗的成立始於一七四七年普什圖人（Pashtun）艾哈邁德・沙・阿卜達里（Ahmad Shah Abdali，一七二二—一七七三年）以坎達哈（Kandahar）為都，創立的杜蘭尼王朝（Durrani dynasty）。自十九世紀到二十世紀，阿富汗雖然在英國與俄羅斯角逐的「大博弈」（The Great Game）中逐漸淪為雙方的緩衝國，但最終仍成功獨立，推動了現代化。可以說目前阿富汗國家的輪廓，是從它與周邊國家、部族之間的矛盾中成形的。

十六世紀，從北部的巴爾赫（Balkh）到西部的赫拉特（Herat）地區，輪番被支配伊朗高原的薩法維王朝（Safavid dynasty）和統治中亞阿姆河流域的烏茲別克人統治。直到一五六八年，烏茲別克人征服巴爾赫，接著又於一五八八年自薩法維王朝手中奪取了赫拉特。另一方面，統治印度的蒙兀兒帝國第三代皇帝阿克巴（Akbar）與烏茲別克族長們簽署了條約，烏茲別克人承諾統治興都庫什山脈以北地區，不會侵入南部。從此，阿富汗以興都庫什山脈為界，由不同的統治者統治。

十七世紀的詩人庫沙爾．哈塔克（Khushal Khan Khattak，一六一三—一六八九年）提倡普什圖人團結與獨立，之後以坎達哈為據點的吉爾吉部族米爾維斯．霍塔克（Mirwais Hotak，?—一七一五年）繼承了這一主張。一七〇九年，米爾維斯殺害了薩法維王朝的格魯吉亞（喬治亞）人首長古爾金汗，擊破薩法維王朝軍，以坎達哈為據點建立了王國。一七一五年，其子馬哈茂德．霍塔克（Mir Mahmud Hotak，?—一七二五年）繼承父位後，於一七二二年打敗薩法維王朝第九代皇帝蘇丹．海珊（Soltan Hoseyn），宣布登基為波斯皇帝，但最終遭堂兄弟阿什拉夫．霍塔克（Ashraf Hotak）殺害。一七三〇年，阿什拉夫又遭土耳其裔的納迪爾沙（Nader Shah，一六八八—一七四七年）殺害，普什圖人統治薩法維王朝的時間並未持續太久。之後納迪爾沙於波斯的馬什哈德建都，創立阿夫沙爾王朝（Afsharid dynasty）。一七三九年進入德里（Delhi），將蒙兀兒帝國納為屬國，一時建立起版圖自波斯延伸至印度的大帝國，然而最終在一七四七年遇害身亡。接著，出身自阿卜達里部族（Abdali）龐吉帕伊氏族（Popalzai）、曾任納迪爾沙軍近衛隊長的艾哈邁德．沙阿退出了納迪爾沙軍，被推舉為杜蘭尼部族（Durrani）的盟主，並以坎達哈為都，開創了杜蘭尼王朝。他將自己出身的部族名稱自阿卜達里改名為杜蘭尼（珍珠之意），也改自稱為艾哈邁德沙．杜蘭尼。另一方面，一七九六年，阿迦．穆罕默德汗（Agha Mohammad Khan Qajar）推翻了波斯的阿夫沙爾王朝，成立卡扎爾王朝（Qajar dynasty）。

後艾哈邁德沙入侵印度，併吞旁遮普、喀什米爾部分地區，但因領土確保困難，最終將信德地區及旁遮普中部交由蒙兀兒王朝及錫克教徒統治。十七世紀後，經過一連串以普什圖人主體的活動，使阿富汗成功從周邊國家的統治下獨立建國。因此，艾哈邁德沙在今日阿富汗有著「阿富汗之父」的敬稱。

此處的「阿富汗」指的是普什圖人，但有時也指整個阿富汗。普什圖人之所以自認是阿富汗國家建設的一等功臣，是由於艾哈邁德沙時期，建立以普什圖人為主體的統治體制，然而實際上，普什圖人中也有吉爾吉部族與阿卜達里部族的矛盾，不僅是民族之間，民族內部本身也存在矛盾，因此要統一整個阿富汗，有著諸多課題需要面對。一七七三年，艾哈邁德沙過世後，其子帖木兒沙（Timur Shah Durrani）繼任，在他的統治下，都城於一七七五年自坎達哈遷至喀布爾。一七九三年，帖木兒沙過世，其子扎曼沙（Zaman Shah Durrani）登基。

這一時期，與阿富汗接壤的蒙兀兒帝國逐漸受到英國控制，經歷一八五七年的印度譁變後，英國於次年正式併入英國版圖。俄羅斯在與卡扎爾王朝間的第二次俄伊戰爭獲勝後，一八二八年透過《土庫曼恰伊條約》，迫使卡扎爾王朝割讓北亞塞拜然與亞美尼亞、允許俄羅斯軍艦在裏海的獨占通行權，開始介入波斯與中亞。一八六八年與一八七三年，俄羅斯進而分別將布哈拉酋長國、希瓦汗國化為保護國，一八七六年吞併浩罕汗國。一八七三年一月，俄羅斯與英國簽署協議，定阿姆河為兩國邊界，因此併吞希瓦汗國的行為也僅限於阿姆河右岸，將之化為保護國也是為了避免違反協議，然而對於俄羅斯的南下政策，英國仍加強了戒備。再加上波斯與英國的矛盾持續，阿富汗陷入了英國、俄羅斯、波斯之間的紛爭當中。

本章的主角有四人，一是十九世紀初創立巴拉克宰王朝（Barakzai dynasty）的多斯特·穆罕默德汗（Dost Mohammad Khan）；二是多斯特·穆罕默德之孫，過去曾與英國劃定國境線、推動現代化的阿布杜爾·拉赫曼汗（Abdur Rahman Khan）；三是在阿富汗現代化做出貢獻的哈比布拉汗（Habibullah Khan）；最後是經歷一九一九年第三次阿富汗戰爭，成功自英國獨立出來，追求急速現代化的阿曼諾拉汗（Amanullah Khan）。第三次阿富汗戰爭是一場由阿富汗方面發動的戰爭，目的在於追求全面解放。雖然戰爭發展對阿富汗來說並不有利，但剛經歷完第一次世界大戰的英國瀰漫著厭戰氛圍，因此接受了停戰，阿富汗實現獨立。除此之外，本章也會提到直到二十世紀初，塑造出當今阿富汗原型的人們，例如曾在阿布杜爾·拉赫曼手下擔任首席書記官的蘇丹·穆罕默德汗、在讓阿富汗以獨立國家立場建立外交關係上做出貢獻的馬赫邁德·塔爾齊（Mahmud Tarzi），以及抵抗現代化浪潮一時掌握政權的巴查埃·薩卡烏等。這群人儘管受到列強們的擺布，仍然為獨立持續奮鬥。

多斯特·穆罕默德（一七九三—一八六三年）

與周邊國家的爭鬥

英國東印度公司文官埃爾芬斯通曾說，在阿富汗，即使國王的統治毫無秩序，部族首領的統治也早已形成，是一個類似於共和制的體制。在阿富汗，各地部族首領的統治是分立的，因此未能形成中央集權的國家，這個政體延續至今日的阿富汗。但在一九九〇年代，軍閥割據透過與周邊國家的貿易，確立了自己獨立的經濟圈，導致中央政府空洞化。

杜蘭尼王朝第五代國王阿尤布汗退位後，在繼承人問題上，曾登過王位、同時也是艾哈邁德沙之孫的沙阿·舒亞（Shuja Shah Durrani），與杜蘭尼部族的巴拉克宰族長二十一個兒子之一的多斯特·穆罕默德發生激烈的爭端，最終在一八二六年，以多斯特·穆罕默德創立巴拉克宰王朝作收。直至當時為止，國王都出身於阿卜達里部族或龐吉帕伊氏族，而在多斯特·穆罕默德登基後，王位便由杜蘭尼部族內的巴拉克宰部族與穆罕默德宰（Muhammadzai）家族繼承，此王朝一直延續到一九七三年查希爾·沙阿（Mohammad Zahir Shah）退位為止。由於多斯特·穆罕默德出身於巴拉克宰部族的穆罕默德宰家族，因此巴拉克宰王朝也被稱為「穆罕默德宰王朝」。

多斯特·穆罕默德

多斯特·穆罕默德自稱「埃米爾」（Emir，酋長之意）。此處所說的「埃米爾」通常是指帶有「哈里發」（Caliph，領袖之意）之意的「埃米爾·穆民」（Amir al-Mu'minin，信士長官之意），在伊斯蘭世界中，意指領導人、首長。有說法指出，在艾哈邁德沙之後的國王都以「沙阿」自稱，然而在多斯特·穆罕默德時代，

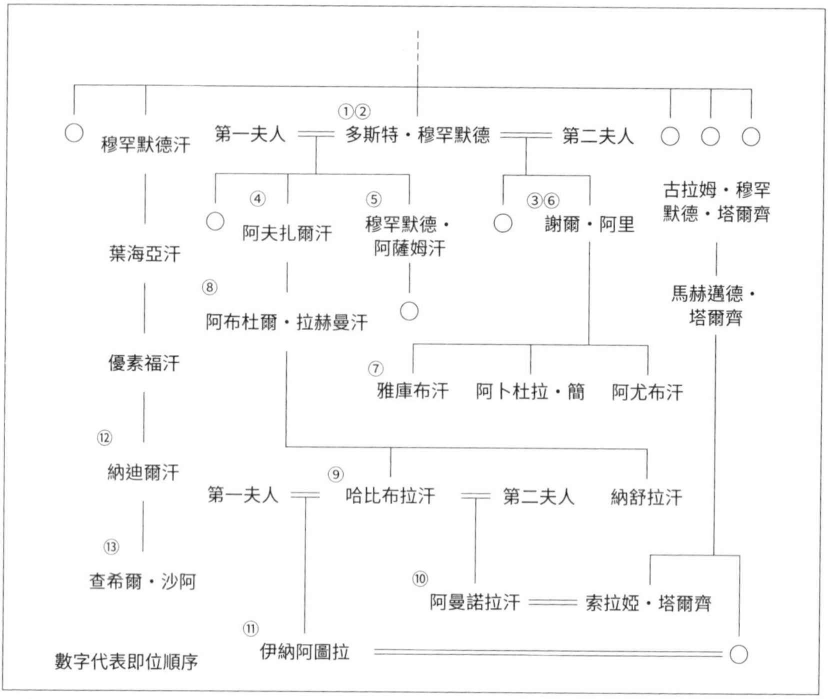

巴拉克宰王朝族譜

由於部族間的爭鬥非常激烈，於是部族之王便認為比起沙阿，以埃米爾更是良策。此外，其之所以自稱埃米爾，也可能是以他所信奉的遜尼派出發，認為自己在面對英國人與錫克教徒等異教徒時，這種自稱會更為妥當。

一八三五年，多斯特．穆罕默德向與英國對峙的波斯卡扎爾王朝派遣特使，提出協助攻打赫拉特的想法，同時也寫了一封信給俄羅斯的尼古拉一世，於一八三六年與俄羅斯建立了友好關係。另一方面，在多斯特．穆罕默德奪走王位後，英國策劃讓自己保護下的沙阿．舒亞來建立傀儡政權的計畫。儘管多斯特．穆罕默德盛情款待英國特使，並表示希望建立友好關係，英國政府仍在一八三三年簽署了三方條約，允許錫克帝國國王蘭吉特・辛格（Maharaja Ranjit Singh）支援沙阿・舒亞攻占首都喀布爾。一八三四年，沙阿・舒亞進攻坎達哈與喀布爾，但全遭多斯特・穆罕默德軍擊退。

後續英國為了議和而派出了代表團，不過在三個月後，俄羅斯使節也會見了多斯特・穆罕默德。雖然對於多斯特・穆罕默德來說，這問題屬於要站在俄羅斯還是錫克教徒一方，但蘭吉特・辛格所統治的白沙瓦（Peshawar）是普什圖人的城市，也是他想收復的城池。最終多斯特・穆罕默德拒絕與錫克教徒講和，並試圖加強與俄羅斯的關係。

第一次阿富汗戰爭

一八三八年十月，英國與蘭吉特・辛格一同發表了《西姆拉宣言》（*Simla Manifesto*），公布認沙阿・舒亞為王。英國提出每年向蘭吉特・辛格支付二萬英鎊的條件，但因沙阿・舒亞財政吃緊，故實際上是由英國代付。在經歷了這段矛盾後，多斯特・穆罕默德與英國之間發生了第一次阿富汗戰爭（一八三八—一八四二年）。沙阿・舒亞與英軍部隊進入坎達哈後，於一八三九年攻占了喀布爾。多斯特・穆罕默德逃出喀布爾後前往布哈拉，回到阿富汗後，於一八四〇年親自前往英軍營地，解開纏頭巾投降、成為囚犯，軟禁於卡利卡塔（今加爾各答），由英國供應其生活所需。

多斯特・穆罕默德在被送往加爾各答的途中，英國中尉詹姆斯・拉特雷（James Rattray，一七九〇—一八六二年）在白沙瓦與其見了面。拉特雷描述多斯特・穆罕默德身材高大，留著長長的鬍鬚，氣質高尚、五官深邃、膚色白皙、不拘禮節，會向身邊的人開玩笑；他登上王位時留的是黑鬍子，但投降

今日的阿富汗周邊地圖

後鬍子就轉白了。當拉特雷要為其畫肖像時，多斯特．穆罕默德懇求他將鬍鬚畫成黑色，不過拉特雷仍照著他白色的鬍鬚畫了下來，並拿給他看。被多斯特．穆罕默德雇為將軍的美國醫生約西亞．哈蘭也評價道，多斯特．穆罕默德是毫無修飾的樸質之人，充滿了決斷力與幽默感。另外，據說在沒有了多斯特．穆罕默德的喀布爾，也傳出了「正義和多斯特．穆罕默德去哪了？」的呐喊，白沙瓦的居民也同樣出現要前往將多斯特．穆罕默德從英國手中救出來的氛圍，使英國方面非常緊張，體現出其人氣之高。

一八三九年八月，英國復辟沙阿．舒亞。在他的領導下，由英國全權公使與次官掌管內政，這反映出了英國的意向。從拉特雷的畫中來看，沙阿．舒亞的天鵝絨王冠上方伸出的樹枝上掛著翡翠吊墜，其葉子環繞他的額頭，許多昂貴的珠寶綻放著光彩；其肩膀到手腕都戴著覆滿寶石的手鐲，腳穿鞋尖狹窄的靴子，羊絨巾腰帶上插著從伊斯法罕（Isfahan）帶回的彎刀與短刀；有著端莊的眉毛及長長的黑眼睛，騎馬的樣子威風凜凜，有著一股王的氣息。然而，他卻回憶道沙阿．舒亞是「真正怠惰之王」，英國公使才是「宮廷之主」；國王的宰相不過是英國的奴隸。

沙阿．舒亞謁見英國使節時，除了官僚們向國王高喊的讚揚聲外，百姓們身上並見不到期望沙阿．舒亞復辟的樣子。

沙阿．舒亞登基後，戰爭仍然繼續。特別是多斯特．穆罕默德出身的巴拉克宰部族抵抗一直沒有中斷。一八四二年一月，英軍被迫撤退，沙阿．舒亞亦於四月遭到殺害。這場突襲是由兩眼遭針刺瞎的先王扎曼沙之子舒亞．烏德道拉（Shuja-ud-Daula）所策劃，舒亞．烏德道拉砍殺國王數刀，最後將他的頭掛在街頭。接著吉爾吉部族推舉沙阿．舒亞之子為王，但其統治不過數日，子嗣就被驅逐出了阿富汗。英國自夏天到秋天再次發起攻擊，但最終放棄延長戰爭，允許多斯特．穆罕默德回國。一八四三年一月，多斯特．穆罕默德復辟。第一次阿富汗戰爭以阿富汗勝利告終。

走向國土統一

一八五五年與一八五七年，多斯特．穆罕默德與英國簽訂了《白沙瓦條約》。在這前不久，英國在與錫克教徒的兩次戰爭中獲勝，於一八四九年控制了旁遮普，普什圖人的據點白沙瓦也從錫克教徒手上轉移到了英國。於是英國與阿富汗直接接壤。然而兩者的國界非常狹窄，是個草木稀疏的山岳地帶，國界並不明確。

多斯特·穆罕默德透過修復對英關係，幾乎統一了現在的阿富汗全境。一八五五年簽訂的《白沙瓦條約》規定雙方不侵犯彼此領土，不過英國卻需要與阿富汗建立防衛關係，以防波斯的卡扎爾王朝進軍阿富汗。於是在一八五七年修訂的《白沙瓦條約》中，決定在英國與波斯戰爭期間，英國會按月向多斯特·穆罕默德提供十萬印度盧比，以換取英國在白沙瓦與喀布爾分別設置代理人的權力，最後英國派遣了印度人來擔任這個代理人。

一八五七年四月，在拿破崙三世的斡旋下，英國和卡扎爾王朝簽訂《巴黎條約》，卡扎爾王朝同意自赫拉特撤軍，同時簽訂了通商條約。英國方面也不再保護反對卡扎爾王朝國王納賽爾丁·沙阿（Naser al-Din Shah）的人，並撤回了更換首相的要求。在這情況下，多斯特·穆罕默德在一八五五年至一八六三年的期間，相繼併吞了與波斯接壤的法拉與赫拉特，但不久之後於一八六三年突然去世。

多斯特·穆罕默德曾邀請伊斯蘭復興運動的旗手賈邁勒丁·阿富汗尼擔任外交顧問，但等到阿富汗尼抵達時，已是一八六六年。阿富汗尼於一八六八年前往印度，再於一八六九年前往伊斯坦堡。阿富汗尼強調阿富汗與波斯應停止對立，以穆斯林的立場團結起來對抗英國。阿富汗尼的著作《阿富汗歷史》寫下了阿富汗十八到十九世紀末的歷史，文中一面讚揚獨立心堅強的阿富汗人，一面又反駁外國人的單方面歷史記載，批評英國政府偽善的一面。

多斯特·穆罕默德的偉業在於帶領勇敢的士兵守護國土，至於國內的整備，則是留待後世處理。於一八六四年至一八六九年擔任印度總督的約翰．勞倫斯爵士（John Laird Mair Lawrence，一八一一—一八七九年），記錄了多斯特．穆罕默德所留下話語：

我們身邊有的只是許多的男人與岩石，其他一無所有。

第二次阿富汗戰爭

多斯特．穆罕默德逝世後，他的兒子謝爾．阿里（Sher Ali Khan，一八二五—一八七九年）與其同父異母的哥哥阿夫扎爾汗（?—一八六七年）、侄子阿布杜爾．拉赫曼汗爭奪王位，最終在得到長子雅庫布汗（Mohammad Yaqub Khan，一八四九—一九二三年）的支持，於一八六九年登上了王位。敗者紛紛逃往國外，阿布杜爾．拉赫曼則前往俄屬突厥斯坦的布哈拉、撒馬爾罕等地。

英國的印度總督梅奧（Mayo）確認了與謝爾．阿里間的友好關係，提供其鉅額資金與武器，謝爾．阿里亦開始著手推動歐式的現代化。除了軍隊改革、發行第一份報紙《朝陽》、引進郵政制度、創立公立學校外，他還進行了稅制改革及政治制度改革。學校分為普通公民教育與軍事教育，也會教授英文。相片技術也在這時傳了進來，謝爾．阿里留著帥氣鬍鬚、綁著大纏頭巾、眼神銳利的照片便這樣傳了下來。

在一八七七年至一八七八年的俄土戰爭期間，謝爾．阿里與俄羅斯突厥斯坦總督府總督考夫曼（Konstantin Petrovich von Kaufmann）建立了同盟關係，其親俄姿態導致了對英關係的惡化。英國希望能在各地派駐政府代表，不過由於割據地方的部族首領可能會反對對英國的優惠待遇，因此謝爾．阿里選擇拒絕。

一八七八年七月，俄羅斯代表團拜訪了謝爾．阿里後，英國也計畫於下個月派遣張伯倫團長率領的英印使節團前往拜訪，但遭謝爾．阿里拒絕進入。憤怒的英國要求阿富汗對此行為道歉，然而由於八月不巧碰上皇太子阿卜杜拉．簡（Abdullah Jan）過世等狀況，導致超過了回覆期限，最終英國向阿富汗宣戰，開啟了第二次阿富汗戰爭（一八七八—一八八〇年）。

隨著英國軍隊在各地取得勝利，謝爾．阿里遂向俄羅斯請求軍事支援，但遭到俄羅斯拒絕，因當時俄羅斯與英國正越過阿富汗修復彼此關係。後謝爾．阿里再次求援，得到的還是一樣的答覆。俄羅斯以鄭重的文體向謝爾．阿里表示「祝您好運」，並建議其與英國和解。於是第二次阿富汗戰爭，成了阿富汗在俄羅斯與英國之間左右為難，同時被雙方拋棄的戰爭。謝爾．阿里最終將王位讓給了被幽禁的兒子雅庫布汗，便逃往巴爾赫。雅庫布汗本以為自己是長子，在父親的登基一事上又有所貢獻，因此自己一定會成為接班人，然而謝爾．阿里卻溺愛兒子阿卜杜拉．簡，更立其為皇太子，這讓雅庫布汗感到憤怒，當時並未祝賀皇太子登基。因此謝爾．阿里將雅庫布喚來喀布爾，並將他自一八七三年幽禁至一八七八年約五年。謝爾．阿里在不久後歸返，但最終死於阿富汗的北部城市馬扎里沙里夫。

新王雅庫布汗與亡父相同，試圖親近俄羅斯，並致力於建立與英國間的和平關係。英國要求雅庫布汗來到其駐紮地甘大麥（Gandamak），邀請國王動身前往自己駐地的行為本身就對國王不敬，但雅庫布是否又有拒絕的覺悟？最終，他接受了提議，動身前往甘大麥。

一八七九年五月，雙方簽訂《甘大麥條約》，恢復友好關係，赦免了戰爭中發生的所有事件。條約規定阿富汗與各個外國應對需按英國的建議與要求進行，使阿富汗實際上成為英國的保護國。雖然一八五七年修訂的《白沙瓦條約》規定英國派駐阿富汗的政府代表不得為歐洲人，但在《甘大麥條約》卻認可派駐英國人至阿富汗。這次條約中，阿富汗取回坎達哈、賈拉拉巴德，以及古勒姆、錫比、開伯爾山口等領土，其餘部分皆受英國控制。

此後，阿富汗國內各地勢力仍頑強抵抗英國。簽訂《甘大麥條約》後，第二次阿富汗戰爭也進一步激化。一八七九年九月，駐喀布爾的卡瓦尼亞里爵士（Pierre Louis Napoleon Cavagnari）遭到殺害，雅庫布汗向英軍投降，淪為囚犯，並被剝奪了王位，導致阿富汗各地爆發對英軍的戰鬥。經過一八八〇年九月的坎達哈戰役，第二次阿富汗戰爭以英國勝利告終。率領坎達哈戰役的是謝爾·阿里之子阿尤布汗（一八五七—一九一四年），他在坎達哈戰役敗北後，遂逃亡印度與波斯，最終在拉哈爾去世。阿尤布汗在戰役中即使犧牲了二千五百人仍持續奮戰的事蹟，使他獲得國民英雄的稱號。

而在戰爭後成為新王的人，則是有「近代阿富汗之父」、「鐵之王」別名的阿布杜爾·拉赫曼汗。

阿布杜爾·拉赫曼汗（一八四四—一九〇一年）

即位與鞏固國體基礎

阿布杜爾·拉赫曼汗是多斯特·穆罕默德長子阿夫扎爾汗的長子，生於一八四四年。祖父王去世後，他在王位繼承競爭中敗給謝爾·阿里，一八六八年逃至俄屬突厥斯坦的布哈拉、撒馬爾罕，十二年的國外生活中，俄羅斯給予其各種良好照顧，因為俄羅斯也希望在未來有更多的選擇。

阿布杜爾·拉赫曼汗滯留突厥斯坦期間，獲得了新興產業的知識，將現代化的重要性銘記於心。他在自傳中寫道，比起閱讀及寫作，他自幼就更熱中於與工匠們一起製作物品，例如自己就擁有兩把從零件做起的步槍。在自傳的開頭，他就提及了受過關照的俄羅斯穆斯林工匠的名字。透過與工匠的交流，希望在故鄉推動現代化的王子，在滯留撒馬爾罕期間，妻子為他誕下了長子哈比布拉汗（Habibullah Khan）與次子納舒拉汗（Nasrullah Khan，一八七四—一九二〇年）。

阿布杜爾·拉赫曼在滯留於俄羅斯期間拍了一張的照片，裡頭可以看見他留著鬈曲、濃密的鬍鬚、身穿西式軍服、左手握著軍刀刀柄。若他在祖父多斯特·穆罕默德或沙阿·舒亞以繪畫留影的時代看過自己的照片，則不難想像他對現代技術的興趣有多麼濃厚。

一八七九年雅庫布汗退位後，阿布杜爾·拉赫曼汗於一八八〇年，成功以國王身分回國。俄羅斯為他準備了二百挺步槍與軍事資金。英國雖然警戒俄羅斯的影響，但由於他的友好態度，便以接受《甘大麥條約》為條件，承認其為國王。這是由於英國將阿富汗作為自己與俄羅斯間的緩衝國，如此對於俄國對阿布杜爾．拉赫曼的支援，並無不當。英國雖然將阿富汗化作保護國，但並未如印度那樣進行直接統治，而是企圖建立親英國家。英國之所以採此行動，原因之一是第二次阿富汗戰爭導致高昂的戰爭開銷在英國引發了強烈的批評，使主導戰爭的保守黨在選舉中慘敗，被迫轉向自阿富汗撤軍。

一八八〇年二月，英國認為阿富汗還不足以成為國家，於是承認前首都坎達哈為公國。而赫拉特也被看作是與喀布爾王國不同的政體，即是認為阿布杜爾．拉赫曼所統治的是以喀布爾為首都的「北阿富汗」。阿布杜爾．拉赫曼在返回阿富汗前，向英國詢問了阿富汗的國家體制與國境位置、坎達哈的處境、有無英國支援等六個項目。一八八〇年就任旁遮普省事務長官的勒培爾．格里芬（Lepel Henry Griffin，一八三八—一九〇八年）的回信內容不夠翔實，僅指出喀布爾的統治者若無英國許可，則不得與外國勢力協商；坎達哈的統治權則交給謝爾．阿里之子雅庫布汗。阿布杜爾．拉赫曼接受了這一條件，將國土限定在喀布爾以北的形式成為了國王，並於一八八〇年八月十一日舉行登基儀式。格里芬描述阿布杜爾．拉赫曼是中等身材，有強壯的體幹，長相能讓人感受到知

阿布杜爾．拉赫曼汗

性，微笑親切，為人坦率，並注重禮儀，對他有著良好印象。

而就在即位儀式即將開始時，阿尤布汗在南部以聖戰為名，向英國發動聖戰，雖然最終是英軍取得了勝利，但也因此認為坎達哈的統治岌岌可危，於是在一八八一年將坎達哈的統治權交付阿布杜爾·拉赫曼。對阿布杜爾·拉赫曼來說，這是如同漁翁之利的收穫，最終將巴拉克宰王朝的故地坎達哈也納入了自己的版圖內。

「知識寶庫」

阿布杜爾·拉赫曼曾說，實現現代化是條艱難的征程。當時的阿富汗人不僅沒有現代技術，對引進現代技術也持否定態度。一八八五年的某天，阿布杜爾·拉赫曼為了會見印度總督達費林爵士（Dufferin，一八二六—一九〇二年）而訪問印度，當攝影師要幫他拍照時，負責協助接待的阿富汗人便急忙跑來稱這是新型槍枝，堵住了鏡頭。此外，在建設工廠後，人們也反感地表示手工製的更好，在工廠工作的人是將國家資產轉移到外國的賣國賊。但阿布杜爾·拉赫曼仍表示國內需要與外國同質的武器，表現出了富國強兵的決心。他批評亞洲國家國王的怠惰，相當重視勤勞與守時。

另一方面，他也命人將有關現代技術的知識翻譯成本國語言。即使留學，也會把時間花在學習外文上，他深信現代科學只有掌握該國實際運用的語言來學，才能深入精髓。對於負責技術指導的外國人，也會在掌握技術之前不讓其回國。不知強烈譴責政敵的「鐵之王」在下令「不准放他回國」時，外國人的表情是什麼樣子。而在技術人員回國後，工廠便由阿富汗年輕人經營。外國技師中除了英國人及法國人以外，也有印度人。

阿布杜爾．拉赫曼曾說過，比起留學，他更注重培養下一代的理由是維持作為穆斯林的意識。他認為前往西方留學的學生裡，也有因飲酒、賭博等「惡行」而失去宗教心的學生，因此應在國王底下接受教育。

後有人將法國的電力技師傑洛姆介紹給阿布杜爾．拉赫曼，後者則委託其在喀布爾市內建設工廠。傑洛姆所列的採購單總額為十四萬一千印度盧比。國王付了錢，並命令其雇用印度技師回來。傑洛姆前往加爾各答，後隨同機械與二十二名印度的工長、工匠送回喀布爾，自己則沒有回來。於是他們面前只有一臺昂貴且無人懂得如何操作的機器，國王命令在印度的阿富汗政府代理人埃米爾．艾哈邁德汗尋找能夠操作機器的人。最終在一八八七年，英國人索爾特．佩恩（一八六〇—一九二一年）來到了喀布爾。

阿布杜爾．拉赫曼將喀布爾郊外一處有運河流過的土地作為建造工廠的地點，並命名為「知識寶庫」。他問佩恩，這塊視野良好的土地是否適合建廠，並在占星術師與占卜師的建議下，選定一八八七年四月的吉時放下了奠基石。「知識寶庫」不難看出其中蘊含著國王對現代化的期望。

在啟動工廠後，佩恩去了英國雇用技師回到「知識寶庫」。自此，國王皆雇用英國技師。阿布杜爾．拉赫曼試圖透過本國國民從英國技師身上學習大量事物，來消除兩國國民心中的憎惡。他希望英國人傳授技術、支持社會發展，將阿富汗人友善接待英國人的情狀傳回英國。由於雙方戰力懸殊，比起戰爭，希望透過與周邊國家的良好關係來謀求發展，這是很自然的事情。

邁向中央集權

阿布杜爾·拉赫曼將政府職員分成文官與武官。文官年齡十六歲至七十歲，工資一年支付一至二次，統一用現金支付。

過去阿布杜爾·拉赫曼在俄羅斯參觀大砲射擊訓練時，俄羅斯人對他說：「我們會用這門大砲攻打赫拉特。」阿布杜爾·拉赫曼提出抗議後，又被俄羅斯人立即反駁：「受到俄羅斯的庇護，有資格說這種強硬的話嗎？」這使他深感缺乏軍事力量，將直接影響國力的事實之痛。在祖父多斯特·穆罕默德時期，阿富汗士兵採用旗、鼓、笛來發出信號出征的古老方法，並向兒子阿夫扎爾汗說明了軍隊組織化的重要性。阿夫扎爾汗則模仿歐洲軍隊，將軍隊分成聯隊、砲兵、騎兵、情報局等，並由躲避印度譁變而來的英國人、印度人來傳授軍隊編制基礎。在謝爾·阿里統治時期，軍隊統御混亂是由於軍餉未能按時支付導致，因此阿布杜爾·拉赫曼落實軍餉發放，最終國軍士兵達到三十萬人。接著又將英軍軍紀翻譯成波斯文，對士官進行考試，而軍樂隊的音樂則與英國部隊的音樂別無二致。

英國技師參與了英製槍枝彈匣的製造，一天可製造一萬個彈匣，同時也研究槍械。阿布杜爾·拉赫曼來到武器製造工廠，感到相當滿意，發放了總額六千印度盧比及榮譽禮服作為獎勵。

日益擴增的武器製造量讓英國感到擔憂，於是在某天，英國政府停止從印度向阿富汗出口鐵與銅。阿布杜爾·拉赫曼遂著手開採原料礦石，同時也開始製作軍用靴及腰帶等皮革製品。他將在印度學習製鞋的從兄弟召回，並以「不需為王族的工作感到羞愧，不工作才真正可恥」的理由說服他。阿布杜爾·

拉赫曼也以西服作為軍服推廣，他認為傳統服裝「過於鬆散」，因此可以靈活活動的西服有其必要性。他透過統一的制服來區分軍人的官位或軍階，不允許裁縫師混水摸魚。不僅是肥皂、西帽、家具、餅乾、提燈的製造，他也動用亞美尼亞裔的基督教徒、印度教教徒等非穆斯林人員來釀造出口用的葡萄酒。同時禁止穆斯林在治療以外的目的飲酒。二十世紀初，在印度提倡穆斯林自立的詩人穆罕默德·伊克巴勒（Muhammad Iqbal）自虐式地描述當時印度依賴進口產品的情景：

> 極端竟至此田地　究竟要買到何時
> 傘、手帕、圍巾、衣服從日本來
> 若我們持續怠慢　洗屍者將自喀布爾來，屍衣將從日本來[1]

為實現中央集權，隨之鑄造硬幣。起初硬幣的正面刻有「首都喀布爾鑄造」，背面為「埃米爾·阿布杜爾·拉赫曼」的字樣，不過到了一八九六年，硬幣表面改成了其尊稱「民族及宗教之光」，背面則是他的紋章。這項技術由英國技師麥克德莫特傳授，每天可鑄造價值八至十萬印度盧比的硬幣。阿布杜爾·拉赫曼也召集了印度技師建立「喀布爾印刷廠」，在該處印刷報紙、郵票及票據。此外，他也設立了財務部，將公共資金與皇家資金分開，他要求財務部於每晚進行支出報告，且不允許任何未經國王或其長子哈比布拉押印核可的支出。當時，他們的收入主要來自土地租金、出口貿易、罰款，以及英國政府每年一百八十萬印度盧比的補貼款。他要求嚴格記載出納帳目，若有撕頁等違法行為者，將被施以斷指懲罰。同時，他還設立了市公所、貿易局、警署、商隊業務局、稅務署、公共檔案館等，國軍、財政、司法等國家機構。然而，當英國提出在阿富汗與印度之間修建鐵路的想法時，卻遭阿布杜爾·拉赫曼斷然拒絕，稱其為「一把插在我心頭上的刀」。他雖然接受了許多技術，但一方面卻也擔心引入電報或與外國人間的交流，這些國內外資訊的來回流動，可能會導致國內失序。

阿布杜爾·拉赫曼同時也處心積慮地引進現代法律。阿富汗人——特別是普什圖人，長期以來都透過「普什圖瓦里」（Pashtunwali）的社會習慣或支爾格（和議）來解決問題。舉例來說，女性被視為丈夫及其家庭的財產，當丈夫去世後，妻子仍需留在該家庭；與已故丈夫血緣上最近的男性親屬，則有娶該女性的權利。對此，阿布杜爾·拉赫曼禁止了違反寡婦意願的再婚行為。他在婚姻方面的改革包括禁止童婚、設定結婚聘金金額、透過結婚登記證書以廢止強迫婚姻等。其餘方面，除了整備幹道、開設合併傳統醫學與歐洲醫學的藥局、管理種馬之外，還引入了新式教育體系。現代教育僅提供給王族及在王宮服務的人，雖然普通教育並未普及，但教師不再由傳統宗教學者擔任，而是從通過教師考試的人中任命。他將宗教學者至今傳授的教育定調為違反伊斯蘭的存在，限制了他們的活動場所。

鐵之王

為了削弱國內的各股勢力，阿布杜爾·拉赫曼用盡手段挑起部族間的衝突，又或是安排親戚間的政治聯姻。一八八四年，他再度統一了阿富汗西北部的邁馬納（Maymana）。一八八七年，鎮壓吉爾吉部族的叛亂。一八九二年，鎮壓開伯爾山口西邊的辛瓦力（Shinwari）部族。一八九一年至一八九三年，他號召人們向什葉派哈扎拉人在中央山岳地帶的生活據點哈扎拉賈特（Hazarajat）發動聖戰，成功控制該地區後，便讓吉爾吉部族移居至此。一八九五年，他廢除了奴隸制度，但實際上，哈扎拉人仍被作為奴隸對待。不過阿布杜爾．拉赫曼強調，歐洲的「奴隸」一詞與阿富汗的奴隸意思不盡相同；他表示阿富汗奴隸受到信任，能與貴族家庭的子女結婚，其子嗣會被視為「家族之子」，而女奴隸則通常是戰俘的女兒或陣亡士兵的孤兒。事實上，阿布杜爾．拉赫曼的長子哈比布拉之母，也是阿布杜爾．拉赫曼滯留在俄羅斯時期的僕人。

一八九五年至一八九六年，他強制讓居住在東北部、被稱為「卡菲里斯坦」（Kafiristan，異教徒之國之意）的人民皈依伊斯蘭教，並將該地區改名為「努里斯坦」（Nuristan，光明之國之意），致力於傳播伊斯蘭教。阿布杜爾．拉赫曼選擇了稱自己為「埃米爾」，以超越部落的宗教領袖姿態進行統治。他設立了羅亞．支爾格（大會）來強化中央集權，並命令部族首領宣誓效忠國王。此外，他強制大約一萬名的吉爾吉族人遷徙到興都庫什山脈以北，有著塔吉克人、烏茲別克人和土庫曼人居住的突厥斯坦地區，藉此削弱北方部族首領影響力的同時，也降低了吉爾吉族人在南部的勢力。對於敵對部族的首領，他則採取驅逐、逮捕等嚴厲的手段。此外，國王也禁止公民在未經許可下移民，這道禁令一直持續到了一九六四年才結束。以上的苛政，也使他得到了「鐵之王」的稱號。

阿布杜爾．拉赫曼會在深夜工作，早上五、六點左右就寢，接著於下午兩點左右醒來後，會去接受醫師的診察，再從裁縫師準備的數件西服中選擇要穿的衣服。他通常會穿著歐洲風格的軍服、戴著小帽或纏頭巾。就寢時穿的睡衣，則是使用來自日本及中國製的絹布製成的阿拉伯及中亞風格的長袍。他的妻子及孫子們大約是每月與他共同用餐一次。起床後的餐點包括了水果、餅乾、蛋糕、小麥麵包與奶油、茶。晚餐前則有享用水果與喝茶的時間。晚上十點左右吃的晚餐上，會有名為喀布爾抓飯（Kabuli palaw）的飯料理，或者是肉料理、烏茲別克料理、土庫曼料理、印度菜、歐洲菜擺在桌上。在用餐房的入口處，有著許多事務官們拿著等待國王批准的文件。其長子哈比布拉汗每週一次地與武官、文官舉行午餐會。國王會與穆斯林客人用餐，若對方並非穆斯林，則會被安排在個別的房間。高級官僚中，也能看到什葉派穆斯林或印度教徒的身影。

哈比布拉與其弟納舒拉每月能領到二萬印度盧比，妻子與其他孩子、孫子每月則有三千至八千印度盧比。妻子們被通融可在宮殿場域內騎馬。

一八九一年，阿布杜爾．拉赫曼任命哈比布拉汗負責國政，但沒有指定繼承者，因為他認為過早指定繼任者會使繼任者生命受到威脅，或者繼任者會殺死國王。納舒拉則被任命為會計檢查院長，並於一八九五年被派往英國擔任代理人。他沒有將兒子分配到地方，而是讓他們在喀布爾都有職務。因為在過去的歷史中，兒子們總會在地方擴大勢力，最後向父王造反。

國王的身邊有禮官、印章負責人、情報局長、廚師長、醫師、護衛官、布置房間之人、晚餐服務人、水果分配人、侍茶人、侍水人、侍童、馬丁、國王資金管理人、水煙管負責人、家具負責人、理髮師、占星術師、號令人等人，除此之外，他也找來了西洋棋與雙陸棋專家、睡前念書人、說書人、來自印度、波斯或阿富汗的樂師、郵遞員及宗教學者。他在皇宮對面建造了一座私人宮殿，享受著片刻的放鬆。

劃定國界

當俄羅斯向中亞擴張，將布哈拉、希瓦及浩罕收於其保護下時，阿布杜爾·拉赫曼在一八八二年十月寫信給印度總督達費林，請求英國的支援。一八八三年二月，英國承諾提供支援。到了一八八四年一月，印度政府外務大臣莫蒂默·杜蘭（Mortimer Durand，一八五〇—一九二四年）提案在阿富汗與俄羅斯之間設定國界。在與杜蘭交涉期間，阿布杜爾·拉赫曼命令英語流利的首席書記官蘇丹·穆罕默德站在會議室的布幔後方記錄談話，要其確認對方在國王面前所說的話，以及在與英國人說的內容是否有任何差異。

這年春天，當俄羅斯併吞了今日土庫曼的梅爾夫後，阿布杜爾·拉赫曼隨即派遣部隊，狀況一時劍拔弩張。英國同意與俄羅斯一同設立「阿富汗國界劃定委員會」，開始與俄羅斯設定阿富汗的國界。此時的阿布杜爾·拉赫曼對英國說：「我與俄羅斯沒有密約，請您盡情協商。」

同年，英國為了與俄羅斯協商，率領了多達一千六百人的代表團前往赫爾曼德，不過俄羅斯方面卻以身體不適為由，並未派遣代表團。次年一八八五年二月，俄羅斯向潘吉德（Panjdeh）進軍，並於三月底發動進攻。俄羅斯占據優勢，而阿布杜爾·拉赫曼當時正在印度的拉瓦平第（今巴基斯坦）會見維多利亞女王的三子，以及孟買陸軍最高司令官亞瑟王子。阿布杜爾·拉赫曼游刃有餘地表示：「就算失去兩千人還是兩千名士兵，我也要拿俄羅斯數千名士兵的鮮血來算這筆帳。」當英國通過了高達一千一百萬英鎊的戰爭資金，準備應對與俄羅斯的戰爭時，俄羅斯皇帝亞歷山大三世提出調停，阿布杜爾·拉赫曼也放棄了潘吉德的所有權。九月，潘吉德附近設定了俄羅斯和阿富汗的國界，成為當今阿富汗與土庫曼間的國界。

同一時期的一八八五年九月，俄羅斯與英國開始劃定阿富汗北部與俄羅斯接壤處的國界。俄羅斯與英國分別於一八八七年七月、八月簽署，確定了從哈里河延伸到阿姆河地區的國界。

阿布杜爾·拉赫曼原先對自己與英國印度政廳的良好關係感到滿意，但在一八八八年十二月，新總督蘭斯當（Lansdowne）侯爵指責阿布杜爾·拉赫曼鎮壓烏茲別克人叛亂是種「殘暴行為」後，使他對這位新總督產生了厭惡感。一八九二年，為建立與英國本國的直接關係，阿布杜爾·拉赫曼提議親自訪問倫敦，然而遭到拒絕。此外，他也希望二國派遣大使，但同樣未能如願。最終，因為對英國的不信任，阿布杜爾·拉赫曼禁止了駐喀布爾的英國人面會親戚與外出。

一八九三年，阿富汗與俄羅斯為了灌溉用水產生爭執。阿布杜爾·拉赫曼主張，根據一八七三年英國及俄羅斯的協定，東北部的瓦罕走廊與巴達赫尚地區歸屬於阿富汗。一八九五年七月，英國與俄羅斯簽訂《帕米爾協議》，確定瓦罕走廊歸屬阿富汗。從此，英國不與俄羅斯直接接壤，進而能夠保存勢力，於是英國直到印度與巴基斯坦獨立的一九四七年為止，皆按年向阿富汗政府支付五千英鎊作為瓦罕走廊的管理費，委其監視俄羅斯的動向。

阿富汗在與俄羅斯進行國界劃定工作的同時，一方面也與英國設定國界。早自一八六〇年代開始，英國便已介入橫亙兩國之間的普什圖人部落地區。此處被稱為「亞吉斯坦」（統治未達區域），英國原先就不承認阿富汗國王統治這裡。一八九〇年，英國試圖侵略該地。次年，部族長們便向阿布杜爾·拉赫曼請求攻擊英國的許可，但他最終選擇維持與英國的關係。一八九三年，杜蘭使節團訪問喀布爾，劃定了國界「杜蘭線」（Durand Line）。阿布杜爾．拉赫曼接受統治開伯爾山口一帶的阿弗里迪部族地區屬於英國領土，並同意將自己難以駕馭的地區割讓給英國。該國界與國際上的其他殖民地一樣，因未考慮到民族的分布，因此在後世引起了普什圖人自治運動等各種問題。一九〇一年，英國將該地區定為「西北邊境省」的新省，認可部族自治。一九四七年巴基斯坦獨立後，西北邊境省也由巴基斯坦繼承，國界地區則成為「聯邦直轄部落地區」。

至此，今日阿富汗的輪廓便浮現出來了。做完這些事情的阿布杜爾．拉赫曼，最終於一九〇一年十月一日去世。他被安葬在王宮對面公園中的私宮，其子哈比布拉在一旁建了清真寺。英國人也為他留了一首詩。

在半倒的城堡俯瞰喀布爾
大砲轟鳴　你在一旁山丘戴冠　遙望遠方雪山
公正淡薄　高臺藤蔓滾滾
你以為你統治天國　但其實你支配地獄

哈比布拉汗（一八七二－一九一九年）

大博弈中的平衡

一八九五年，阿布杜爾．拉赫曼指定哈比布拉為後繼者，無人提出異議。一九〇一年，在父王去世後的第二天，哈比布拉汗登基。

當阿布杜爾．拉赫曼流亡到撒馬爾罕時，哈比布拉在此出生。他在八歲時回到了喀布爾，在國王底下學習政務。他試圖緩解「鐵之王」的殘酷打壓，命國家評議會解決部族問題等，試圖籠絡部族首領。在與宗教學者的女兒結婚後，他設立了宗教評議會，賦予宗教學者權力。在其統治時期，並沒有混亂發生。

他允許過去反對父王打壓的逃亡者回國，而其中赫然有馬赫邁德．塔爾齊的身影。見識過歐洲、阿拉伯，時隔二十年再次踏上祖國土地的塔爾齊，帶著敘利亞妻子與在大馬士革出生的小女兒索拉婭．塔爾齊（Soraya Tarzi，一八九九－一九六八年）參見了哈比布拉國王，並向他強烈主張了現代化的必要性。

於一八九九年就任印度總督的寇松侯爵（George Nathaniel Curzon）為了重新協商與前國王簽訂的條約，邀請哈比布拉國王來訪印度。顯示出對於俄羅斯接近哈比布拉的行為，令英國產生了非常大的危機感。當時正處在中日甲午戰爭結束後，中國為支付賠償金而向俄羅斯及法國貸款、兩國介入中國的時期，這讓寇松感受到了俄羅斯的威脅。出生於孟買的英國小說家魯德亞德．吉卜林（Joseph Rudyard Kipling），將他在拉哈爾擔任新聞編輯時的體驗為背景，發表了描寫大博弈時期氛圍的小說《基姆》（*Kim*），即於一九〇一年。

哈比布拉拒絕訪問印度，因為他無法接受一國君主去見總督的行為。對此，寇松表示以前的協議並非兩國之間的協議，而是與國王個人之間的協議，同時也施加了壓力，例如停止再從英國出口武器、停止支付國王酬金等，強迫哈比布拉來訪印度。哈比布拉回憶，寇松總督的邀請儼然是種恐嚇。當時他曾反問，如果條約是個人協議，那麼杜蘭線也是嗎？最終，他們的協商花了超過三年的時間。

哈比布拉汗

一九〇二年十二月，哈比布拉送了一封旨在維持對英友好關係的信函，避免了戰爭。然而，寇松卻於一九〇三年提出了在印度引發印度與穆斯林不睦的「孟加拉分治」案，採取了強硬態度，並向英國政府建議軍事介入阿富汗，不過英國政府仍命令他將維持現狀放在第一位。英印政府外交部長路易斯．戴恩拜訪哈比布拉時，哈比布拉除了表示要與英國維持友好關係，還提出阿富汗與英國共同對處在日俄戰爭中的俄羅斯發動攻擊的方案。一九〇五年三月，哈比布拉被承認為「阿富汗國家及其屬國的獨立國王」，不僅得到了原先被停止的報酬金，武器進口限制也獲得取消，不過仍未能實現完全獨立。

在印度所見的現代化

應寇松的繼任總督明托伯爵（Earl of Minto）的邀請，哈比布拉於一九〇七年一月訪問了印度。新總督的邀請非常友善，哈比布拉攜部族首領等一千一百人前往印度，負責劃定國界的人在國境迎接了他們，親手遞到哈比布拉手上的觀迎電報中，英國方面首次稱他為「國王陛下」。明托在泰姬瑪哈陵所在地亞格拉（Agra）為其舉辦了歡迎儀式，哈比布拉則回禮道：「很高興第一次出國，是到朋友的家。」

哈比布拉也拜訪了印度穆斯林的現代教育據點阿里格爾大學，見到學生們實施禮拜、斷食，以及接受現代教育的模樣，為他留下了深刻的印象。在瓜廖爾（Gwalior），他與印度藩王一起狩獵老虎。接著又在德里等地參觀了工廠，在加爾各答第一次看到船舶與船塢。後來一行人自孟買乘船前往喀拉蚩（Karachi），在越過英國人在印度河上建造的大橋後，進入了拉哈爾。在拉哈爾，哈比布拉訪問了伊斯蘭大學，他在此捐贈了二萬印度盧比的同時，也約定未來每年捐贈。雖然隔壁城市阿姆利則（Amritsar）就是與他有過矛盾的錫克教的大本營，但哈比布拉始終保持友好態度，懷著對英國與印度的好感，踏上歸途。一位宗教領袖批判哈比布拉倒向英國，但後來遭到處決。

看到印度的現代化，哈比布拉切身感受到了塔爾齊提倡的現代化之必要性。塔爾齊回國後就任翻譯局長，將凡爾納（Jules Gabriel Verne）的《環遊世界八十天》、《海底兩萬里》等文學作品翻譯成波斯文。

其最大貢獻是在一九一一年發行了雙週刊的波斯文啟蒙報紙《訊息之燈》，在其中提倡和諧的現代化。該報受到拉希德．里達在一八九八年於開羅發行的週刊《燈塔》影響，而拉希德．里達之所以發行《燈塔》，則又是受到阿富汗尼及穆罕默德．阿布都於一八八四年創刊的阿拉伯文雜誌《堅固的情誼》所感化。一九一一年，印度尼西亞發行了雜誌《光》；一九一二年，里達前往印度後，在印度發行了週刊《新月》；一九三一年，在埃及的艾資哈爾學院念書的中國穆斯林，發行了雜誌《月華》，這些雜誌在伊斯蘭復興的主張上連成一氣。塔爾齊在伊斯坦堡與阿富汗尼見面，並受到他的感化，後來也在他的現代化論述中，加入了泛伊斯蘭主義。

處在世界規模戰爭中

一九〇〇年，晚年的阿布杜爾．拉赫曼國王向俄羅斯要求建立友好關係，哈比布拉國王登基後，也要求恢復貿易通道。一九〇二年，哈比布拉提出見解，認為外交關係應透過印度政府進行。同年，英日同盟成立，表示若某一國家處於交戰狀態時，可以為了阻止戰爭的擴大而保持中立，但如果與兩個以上的國家發生戰爭時，就必須參戰幫助締約國。

當俄羅斯在日俄戰爭中戰敗，擴張主義的行動出現停滯後，一九〇七年，英俄於聖彼得堡簽署了《英俄協約》，俄羅斯承認阿富汗屬於英國勢力範圍，並予以尊重。這是一八七三年《英俄協定》的再確認，代表阿富汗仍處在英國勢力範圍內，沒有變化，哈比布拉則表示拒絕。協約簽訂後，阿富汗國內以《訊息之燈》為中心，展開了主張與英國戰爭的論調。

一九一四年七月，第一次世界大戰爆發。八月，哈比布拉考量阿富汗的對英關係，宣布中立。十一月，鄂圖曼帝國加入德軍方參戰，德軍入侵卡扎爾王朝，掃蕩了當地的英國人與俄羅斯人，導致他難以維持中立。在這一時期，德國透過與鄂圖曼帝國的合作，構築了與穆斯林的關係，進而擴張了反英路線。曾在東京外國語學校任教烏都文的印度穆斯林巴爾卡圖拉，於東京發行了反英路線的英文、烏都文雜誌，後在英日同盟與英國的壓力下離開日本，經由美國前往柏林，在德國外交部下活動。一九一五年九月，德國與土耳其使節團訪問喀布爾時，巴爾卡圖拉和同一時期旅居日本的馬亨德拉．普拉塔普（Mahendra Pratap）也在隊伍中。使節團要求阿富汗加入鄂圖曼帝國哈里發提出的聖戰，但哈比布拉以鄭重的態度表示答應，並送走了使節團。德國使節團曾考慮透過政變推翻哈比布拉政權，但最終並未實現。巴爾卡圖拉與普拉塔普留在喀布爾，與來自印度的烏拜杜拉．辛地（Ubaidullah Sindhi）、馬哈茂德．哈桑等激進派穆斯林於十二月在喀布爾建立了印度臨時政府。臨時政府向俄羅斯、鄂圖曼帝國、日本派遣了使節團，但哈比布拉擔心其舉動會刺激英國政府，考慮取締這些人。後來，阿富汗政府發現烏拜杜拉．辛地在絲綢手帕上寫下成立國際反英軍事組織的提案書，並試圖送往印度等地，於是阿富汗政府逮捕了烏拜杜拉．辛地一夥人，發生「絲綢手帕事件」。當時的印度穆斯林，將阿富汗看作是能與列強對峙的穆斯林的理想存在。

一九一六年一月，喀布爾宮廷內反英聖戰呼聲高漲，哈比布拉再次聲明了中立政策。他認為英國與俄羅斯是與之緊鄰的大國，在訪印時看到的各種現代化軍備，使他相當確定自己難以與之抗衡。一九一九年二月，哈比布拉前往東部打獵時，在帳篷就寢時遭到槍殺。反英運動的先鋒、同時身為政敵的弟弟納舒拉因涉嫌教唆殺人遭到起訴，擔任殺手的陸軍軍官被處決，不過事件的真相仍然是個謎。

哈比布拉時代建設了具備內科與外科的醫院、水力發電廠。這一時期，波斯文的文藝活動盛行，出現了許多讚揚阿富汗的定型詩。此外，印刷技術方面引進了凸版印刷及彩色印刷，還設立了教授出版技術的專門學校。在教育領域，一九〇三年則參考了法國的公立學校，設立了男子高中「哈比比雅學院」及士官學校，學院由印度人經營，士官學校則由鄂圖曼帝國軍官負責教育。一九一三年，教育部設立。次年，師範學校開校。此外，還設立了處理部族問題的議會。哈比布拉在與英、俄、土耳其、德國等國的緊張關係中保持中立，並進一步推動了其父所追求的現代化。

哈比布拉遇刺後的第二天，納舒拉繼承了王位，不過哈比布拉的三子、曾任喀布爾首長的阿曼諾拉汗透過提高喀布爾駐軍的薪餉拉攏了軍隊，並在獲取宗教領導人與塔爾齊等現代主義者的支持後，以殺害前王的嫌疑將納舒拉關進監獄，並在兩個月內登基為新王。納舒拉的王位只持續不到一週，且於次年一九二〇年死於獄中。

阿曼諾拉汗（一八九二—一九六〇年）

第三次阿富汗戰爭與獨立

阿曼諾拉於一八九二年出生於臨近喀布爾的帕格曼（Paghman）。一九一三年與比自己小七歲的塔爾齊之女索拉婭．塔爾齊結婚；塔爾齊的另一個女兒則嫁給了哈比布拉的長子伊納阿圖拉（Inayatullah Khan）。塔爾齊將兩位女兒嫁入王室，成了國王的岳父，後於一九一九年到一九二二年、一九二四年到一九二七年被任命為外務大臣。

一九一九年三月，阿曼諾拉向英國與印度總督表示，阿富汗有意與英國簽訂通商條約。在這兩年前的一九一七年，帝政俄羅斯因革命而崩潰，阿富汗沒有了來自北方的壓力，故試圖在與英國的談判中實現完全獨立。但英國對於是否要將阿富汗作為獨立國家對待，則顯得猶豫不決。

在阿曼諾拉正要與英國進行平等協商的時候，印度爆發了反英運動的熱潮。一九一九年三月，英國政府為了鎮壓印度人的反英運動，施行了《羅特拉法》（*Rowlatt Act*），授權可在沒有逮捕令的情況下逮捕嫌疑犯，或未經判決就將其關進監獄。四月，英軍在錫克教的大本營阿姆利則的札連瓦拉園（Jallianwala Bagh），向非武裝的抗議集會進行屠殺，導致四百多人喪生。此外，鄂圖曼帝國因在第一次世界大戰戰敗，導致哈里發地位岌岌可危，印度成立了擁護哈里發的基拉法特委員會，印度國民大會黨的領導者甘地及尼赫魯也參與其中。一九二〇年一月，《基拉法特宣言》發布，印度反英風潮升溫。當時，阿曼諾拉就如同在響應鄰國的反英運動，宣布對英國發動聖戰，為第三次阿富汗戰爭（一九一九年）拉開序幕。

然而，戰況卻對英國有利。由於阿富汗士兵沒有戰略，投入三十四萬人的英軍在五月用剛引進的戰鬥機空襲了阿富汗東部要衝賈拉拉巴德、喀布爾宮殿、軍需工廠、阿布杜爾．拉赫曼陵墓等，令阿富汗人驚愕不已。阿曼諾拉判斷戰爭難以持續，最終於五月底提出休戰，六月停戰。

七月底，和平談判於拉瓦平第舉行。阿富汗表示開戰原因在於英國，故向其提出重新劃定國界、提供軍事援助等要求，但英國表示拒絕，並中斷阿富汗自英國進口武器的特權，也不再支付國王酬金，國

阿曼諾拉汗

界也試圖以杜蘭線為準。不過在英國的書信中，卻提到了阿富汗「對內、對外自由獨立」。自一八七九年簽署《甘大麥條約》以來，歷經四十年後的一九一九年八月十九日，阿富汗宣布獨立。

儘管英國在戰爭中占了上風，但厭戰情緒與第一次世界大戰後的民族自決主義高漲等因素交織，最終認可阿富汗獨立。阿曼諾拉煽動邊境地區的部族，持續動搖英國。一九二〇年，阿曼諾拉與塔爾齊向印度的穆斯林表示，阿富汗是穆斯林的「伊斯蘭之家」，號

召他們移居阿富汗。七月，近二萬名的印度穆斯林變賣了家產，湧向邊境。如此大量印度人前來，超過了阿曼諾拉的預期，認為此舉將會刺激英國，於是封鎖邊境。其結果是造成大約三千名印度人在酷暑中喪生。

邁向國家外交

阿曼諾拉試圖與新生國家蘇聯建立友好關係。塔爾齊外務大臣在第三次阿富汗戰爭的前一個月，早以自己的名義致信列寧，並於之後向莫斯科派遣代表，於一九二一年簽訂友好條約。蘇聯因為有劃定中亞民族領域的問題，因此與阿富汗的友好關係，非常適合用來籠絡中亞穆斯林，並期待泛伊斯蘭主義能發展成反帝國主義。列寧在信中表示，阿富汗是世界上唯一有著引導世界穆斯林自由、獨立課題的獨立國家。一九二六年，阿富汗與蘇聯簽訂了中立互不侵犯條約。

阿曼諾拉擔心俄羅斯革命的影響，於是在對英關係難以言表的情況下，派遣了外務大臣塔魯齊於一九二一年與蘇聯、土耳其、義大利、波斯等國，一九二二年與法國等諸外國簽訂了友好條約。一九二二年至一九二四年，塔魯齊擔任駐法大使。一九二二年，法國獲得了在阿富汗的考古調查權，開始對喀布爾周邊與巴米揚等地展開調查。一九二三年，喀布爾開設法國公使館，並由於與法國締結的文化協定，開設了以國王的名字命名的「阿曼尼耶」中學，以法文授課。同年，德國也設立了臨時代理大使，除了派遣技師與醫生之外，還設立了以德國學制為基準的中學。義大利也以包括六名農業專家在內的七十一人體制與阿富汗建立了友好關係。期間，專門學校及外語學校等陸續設立，以王妃索拉婭與塔爾齊夫人為中心的女校亦正式成立。正當歐洲國家紛紛將目光轉向阿富汗時，一九二四年，發生了義大利技師射殺阿富汗警官的事件，在處決義大利人與否的問題上，兩國公使館被迫關閉，阿富汗與外國的交流瞬間陷入混亂。

一九二三年，阿曼諾拉召集支爾格大會，提出了由土耳其顧問起草的《阿富汗政治基本原則》，並於次年一九二四年發布了第一部成文憲法。憲法提倡國民不分宗教男女皆平等、禁止奴隸制度。同時也引進了無償教育與世俗刑法。阿富汗雖然效仿土耳其與波斯，但並未完全世俗化，它將伊斯蘭定為國教，以此規避宗教領導人的批判。一九二六年，阿曼諾拉將自稱由「沙阿」改為「埃米爾」，並將國名從「阿富汗酋長國」改為「阿富汗王國」。作為新生阿富汗的象徵性存在，他在喀布爾南部建造了壯麗的「達魯爾．阿曼宮」（Darul Aman Palace）。

自一九二七年底，阿曼諾拉與索拉婭王妃以歐洲為中心訪問了各地。在印度，歡迎儀式上升起了阿富汗國旗，演奏了國歌。十二月經過埃及、巴黎、德國，次年三月中旬來到英國。他們在白金漢宮受到了歡迎。五月，他們訪問了莫斯科。五月底抵達伊斯坦堡，在土耳其士官學校研修的五十多名阿富汗士官迎接了他們。土耳其首任總統凱末爾．阿塔圖克在歡迎儀式上讚揚了阿曼諾拉完成的獨立。旅途最後，他們訪問了波斯，會見皇太子巴勒維。接著坐上自己的勞斯萊斯，自波斯的馬什哈德回到了喀布爾。

回國後，阿曼諾拉連續五天進行了推動現代化之必要性的演講，他舉了土耳其和波斯，作為穆斯林國家的成功例子。他召開支爾格大會，要求與會的數千名部族首領剃掉鬍子，穿上西洋正裝。接著又在為喀布爾的男性及訪問喀布爾的人施加穿著西式服裝與帽子的義務，以及女性不再需要佩戴面紗等，導入了各項大膽的變革。實際上，索拉婭在訪問歐洲期間，在社交場合穿的就是無袖禮服，這導致宗教領導人批判王妃的穿著，國內爭議不斷。除此之外，他還施行了充實女性教育、政府職員一夫一妻制、將女性可結婚年齡提高至十八歲以上等法律。他增加地租、將二年徵兵期限延長至三年等政策，被國民認為是在弱化宗教領導人的地位，而將地租、徵兵事項轉由中央政府管理的做法，也降低了部族首領們的權限，於是各地發生叛亂，阿曼諾拉處決了喀布爾的宗教學家，但反而招致了反彈聲浪。

巴查埃·薩卡烏的叛亂

一九二八年十一月，普什圖人辛瓦力部族在賈拉拉巴德放火燒了國王的別宮及英國領事館。叛軍以引進女性教育與廢除面紗為由，稱阿曼諾拉是異教徒。喀布爾以北發生了塔吉克人義賊首領哈比布拉·卡拉卡尼（Habibullah Kalakani）領導的叛亂。首領被稱為「巴查埃·薩卡烏」（送水人之子），博得很高的人氣，再加上部分軍隊的加入，喀布爾局勢逐漸惡化。一九二九年一月，阿曼諾拉表示將廢除所有改革案，並將王位讓給哥哥伊納阿圖拉，便乘車逃離喀布爾。塔爾齊則與家人一起逃往伊斯坦堡，一九三三年逝世。

伊納阿圖拉登基後，叛軍的氣勢蒸蒸日上。三天後，伊納阿圖拉退位，逃往波斯，於一九四六年在德黑蘭死亡。阿曼諾拉宣布復辟，但由於情勢仍不穩定，於是又從孟買逃亡到義大利，最終未能再踏回祖國的土地，於一九六〇年死於瑞士蘇黎世，索拉婭則於一九六八年在羅馬去世。在兩人前往孟買的一九二九年，他們的么女出生了，名叫「印度公主」（Princess India）。在一九六八年首次訪問阿富汗後，她持續從事幫助兒童的慈善活動。二〇〇六年被任命為歐洲的阿富汗文化大使，還被邀請參加二〇一九年的阿富汗獨立一百週年紀念儀式。阿曼諾拉與索拉婭，最終被安葬在賈拉拉巴德的王族陵墓內。

一九二九年一月，巴查埃．薩卡烏登基，自稱埃米爾，成為首個塔吉克人國王。他關閉了現代教育學校，將教育機關與司法全交由宗教領導人處理。女性被施加佩戴面紗的義務，原先在土耳其等地海外留學的女性也通通被召回，更處決了阿曼諾拉國王的支持者。巴查埃．薩卡烏對政策決定、預算編列等知識一竅不通，於是國庫轉瞬枯竭，資金只能透過掠奪籌集。對此，部族首領們也表示了不滿。巴查埃．薩卡烏的主要支持者都在喀布爾以北，普什圖人雖然對他的反現代主義路線表示理解，但並未全面支持。

涉嫌殺害哈比布拉國王而被驅逐出境的納迪爾汗，在法國的尼斯與弟弟們聽到了巴查埃．薩卡烏登基的消息。納迪爾汗的曾祖父是多斯特．穆罕默德的兄弟，過去阿布杜爾．拉赫曼國王時期，為了躲避壓迫而前往印度，後在哈比布拉國王時期回到阿富汗，一九〇三年晉升近衛聯隊長，後更升任將軍。他曾陪同哈比布拉國王訪問印度，鎮壓過部族叛亂，更擔任過第三次阿富汗戰爭總司令。後因反對一九二三年的憲法草案，而留在了法國。

阿曼諾拉與巴查埃．薩卡烏都曾經要求納迪爾汗回國。後來，納迪爾汗等三人乘船前往印度，二月抵達白沙瓦。此時的部族首領之間有著普什圖人對塔吉克人擔任國王的不滿，但又對恢復了自己過去在阿曼諾拉時期失去的地方權力而感到滿足。納迪爾汗發行了週刊《改革》，宣傳巴查埃．薩卡烏的暴政，並聯合東部各部族多次攻擊巴查埃．薩卡烏。一九二九年十月，他征服了喀布爾，納迪爾汗宣布登基。十一月，巴查埃．薩卡烏與其支持者被處決。

透過中立外交維持國體

在巴查埃．薩卡烏叛亂後即位的納迪爾汗，展開了中立外交。第一次世界大戰時，因中亞穆斯林拒絕俄羅斯徵兵而爆發「巴斯瑪奇運動」，當該運動的領導人易卜拉欣．貝克（Ibrahim Bek）逃亡至阿富汗時，曾使阿俄關係一度緊張。阿富汗政府將易卜拉欣．貝克驅逐出境，並由蘇聯將其逮捕後，一九三一年，雙方簽訂中立互不侵犯條約。一九三〇年十一月，阿富汗與日本建交，簽署友好條約，次年一九三一年七月批准，在一九三四年於喀布爾開設了日本帝國駐阿富汗公使館。阿富汗每週有一個航班往返於俄羅斯，喀布爾居住著法國考古學家、德國郵政局長、義大利士官學校教師等七十多名歐洲人。

一九三一年十月，納迪爾汗頒布新憲法。當時阿富汗正處在阿曼諾拉急進的現代化，及與之相對的巴查埃．薩卡烏所主導的反動之間。一九三二年十一月，納迪爾汗公布十項政策。其中包括遵守伊斯蘭法、禁酒、設置士官學校與最新的武器庫、維持阿曼諾拉時代的外交關係、改善電信與電話系統、修建道路、徵收滯納稅金、發展對外通商關係、加強政府公告內容、從內閣選舉首相以及改革舊議會等。他立遜尼派哈乃斐派為國教，施行擁有立法權的上院與國民議會的兩院制。徵兵由部族首領自行決定，女性必須佩戴面紗，取消一夫多妻制。雖然為了拉攏宗教勢力和部族首領，方針也包括了設立以伊斯蘭為基礎來進行審判的伊斯蘭法庭的內容，但基本上都沿襲了教育義務化、出版自由等阿曼諾拉時代的憲法。國王兼任軍隊總司令，有權任命首相與內閣成員等，明確規定了國王的權威。不過女校並未復校，小學教育也禁止了歐洲語言教育，將重點放回了母語教育。一九三二年，喀布爾大學成立。除了在巴查埃·薩卡烏時期被破壞的博物館外，地方城市的博物館也已經復原。阿曼諾拉國王所構思的銀行，也在一九三一年創立，次年成為國立阿富汗銀行。此外，他還修建了一條連接喀布爾與北部的道路，可通行汽車。後又於一九三四年加入國際聯盟、一九三六年參加柏林奧運，成功躋身國際社會行列。

納迪爾汗透過出口卡拉庫爾綿羊（Karakul sheep）、水果、棉花，增加了國家收入，避免了阿曼諾拉時代爆發的地租增額抗議。一九三五年前後，日本向阿富汗派遣了七名技師，為農業技術的發展做出了貢獻。據當時身為農林省技師、於阿富汗工作三年的尾崎三雄介紹，阿富汗種植了西瓜、枇杷、哈密瓜、石榴、葡萄、椰棗、無花果與桑木等。尾崎曾為了消滅棉花害蟲前往坎達哈，也曾在楠格哈爾省（Nangarhar）受到省長的接待，對方對於日本人的協助感到相當開心。據記載，當地權威人士說的不是英語而是法語。雖然在這一時期，日本還未與阿富汗直接貿易，但日本的產品仍被印度商人傳進了農村。

一九二四年，詩人穆罕默德·伊克巴勒在拉哈爾見到了在印度度過童年時期的納迪爾汗。當阿曼諾拉在一九二九年巴查埃·薩卡烏的叛亂中倒臺時，伊克巴勒曾在烏都文報紙上號召向阿曼諾拉提供資金援助，並主持阿富汗支援會議，支持阿曼諾拉的改革路線。其後，他也設立了支持納迪爾汗的委員會等，表現出對阿富汗的強烈關注。他曾寫詩讚揚從列強中獲得獨立的阿富汗，喀布爾大學設立時，為了獲取相關建議，也公開邀請了領導印度穆斯林啟蒙運動的阿里加爾運動（Aligarh Movement）的賽義德．艾哈邁德．汗之孫拉斯．馬斯烏德、伊斯蘭學者蘇萊曼．納德維等人到阿富汗。伊克巴勒為了讚揚在異教徒統治中保持簡樸卻又堅定獨立的阿富汗人，留下了以下詩句。

我的山脈啊，我不會捨棄你而去　你的岩山之下，有我祖先長眠
自原初之日，你就在天之高　　無緣參與花園之宴　不被鳥兒歌聲迷惑
你的捲髮就是我至高的天國　那裡有芬芳的土壤　晶瑩的水流
嗚呼　高貴的行者啊，你下決定了嗎　英國人的御衣，是穿，還是撕[2]

自外部勢力的相爭中殘存

在經歷了急進的現代化與其反動的阿富汗，納迪爾汗一面擁護伊斯蘭，一面推進著現代化。不過，他也受到不少來自阿曼諾拉支持者的反對。一九三三年六月，納迪爾汗的兄弟、駐德大使穆罕默德．阿齊茲汗（Muhammed Aziz Khan）在柏林遇害。十一月八日，納迪爾汗本人也在出宮時被暗殺。據說這是阿曼諾拉的支持者所為。納迪爾汗的十九歲兒子查希爾．沙阿（Mohammad Zahir Shah）在當年登基。查希爾．沙阿出生於一九一四年，幼時隨著父親納迪爾汗前往法國，在巴黎度過童年。在查希爾．沙阿

的領導下，新國會召開。上院由四十五名國王指定的終身議員組成，下院議員則由選舉產生。查希爾．沙阿的時代，就這麼一直持續到一九七三年，在共和政變中退位為止。

關於納迪爾汗去世後的阿富汗印象，尾崎三雄表示，當時英國與蘇聯的觸手已經伸入到相當深的地方，德國、義大利、法國、土耳其的勢力也混在其中，逐漸成為歐洲勢力比拚的地方。之後，阿富汗被捲入了冷戰的漩渦。在美國與蘇聯的對立中，阿富汗政府周旋於兩者之間，試圖維持體制。一九七九年十二月，蘇聯軍隊入侵阿富汗，國土遭到毀滅性的破壞。儘管如此，阿富汗人仍像大博弈時代一樣，堅韌不拔地守護著國土。

其他人物

蘇丹．穆罕默德汗

一八六一—一九一三年。出生於旁遮普的佃農家庭。自家鄉學校畢業後，除了烏都文外，他還精通波斯文與英文。有次，他在平時行禮拜的清真寺中偶然遇到了英國政府的普什圖人評議員，評議員看上了他的才能，於一八八八年讓他謁見國王。阿布杜爾．拉赫曼命令他負責翻譯與英國政府之間的書信。他的語言才能以及勤學、履行保密義務的態度令國王非常滿意，最終登上了首席書記官的位置。

當阿布杜爾．拉赫曼因痼疾痛風惡化而飽受血尿與幻覺折磨時，擔任御醫的英國女性漢米爾頓擔心被懷疑給國王下毒，在她的建議下，蘇丹．穆罕默德也於一八九七年前往印度。後英國政府以間諜嫌疑，關押蘇丹．穆罕默德，後續在漢米爾頓的幫助下獲釋，次年回到喀布爾。為學習法律，前往劍橋留學後，阿布杜爾．拉赫曼任命蘇丹．穆罕默德為駐英大使。國王曾以波斯文口述方式讓蘇丹．穆罕默德為他寫下自傳，一九〇〇年出版了英文版。蘇丹．穆罕默德的兒子法伊茲．艾哈邁德．法伊茲（Faiz Ahmed Faiz，一九一一—一九八四年）是現代南亞的代表性烏都文詩人，時常譴責鎮壓與暴虐。

馬赫邁德．塔爾齊

一八六五—一九三三年。出生於加茲尼，阿布杜爾．拉赫曼國王時期，由於父親成為其政敵，他舉家逃往國外，在土耳其、敘利亞等地生活。在土耳其時，受到賈邁勒丁．阿富汗尼的伊斯蘭復興思想所感化。回國後，在哈比布拉國王底下發行報紙、翻譯國外文學作品、推動現代化的同時，也展開了反英論調。在阿布杜爾．拉赫曼的統治下，他於一九一九至一九二二年、一九二四至一九二七年二度擔任外務大臣，並與俄羅斯、土耳其、英國等國簽訂了友好條約。他的女兒索拉婭與阿曼諾拉汗結婚，另一個女兒與哈比布拉的長子，即阿曼諾拉的哥哥伊納阿圖拉結婚，與王室結下了不解之緣。

巴查埃．薩卡烏

一八九一—一九二九年。在阿曼諾拉時代，不戴面紗的女性會引起保守派的反彈。在這股國內的不滿背景下，巴查埃．薩卡烏一九二八年底發動叛亂，一九二九年一月登基，成為第一位塔吉克人國王。其本名為哈比布拉．卡拉卡尼，「巴查埃．薩卡烏」是他的暱稱。他沒有政治經驗，雖然透過武力暫時控制首都稱王，但後來因未能得到普什圖人的支持與納迪爾汗等人的攻擊，最終於十月遭到推翻，次月處決。

阿卜杜勒·加法爾汗

一八九〇—一九八八年。一九三〇年五月，英國政府代表團訪問喀布爾，重申第三次阿富汗戰爭後簽署的雙邊條約。英國政府之所以接近納迪爾汗，是由於阿卜杜勒·加法爾汗在與印度接壤的普什圖人部落地區展開的民族主義改革運動帶有反英的性質。加法爾汗出生於白沙瓦近郊，二十歲開辦瑪德拉薩（伊斯蘭學校），但因為參加了普什圖人自治運動，一九一五年遭英國政府關閉。加法爾汗提倡普什圖人社會改革，於一九二一年創立「阿富汗人改革協會」，受到了甘地的非暴力主義影響，展開了一連串非暴力的民族自治運動。一九二九年，該團體更名為「上帝之僕」（通稱紅衫黨）、「阿富汗青年同盟」，在一九三〇年代相當活躍。英國政府警戒該運動是否會與反英運動合作。

加法爾汗支持甘地領導的印度國民大會黨，並希望透過印度與穆斯林的融合實現獨立。一九四七年，印度與巴基斯坦分離獨立，加法爾汗對此感到失望。進入一九五〇年代後，他展開了呼籲普什圖人自治的「普什圖尼斯坦」運動，威脅到巴基斯坦的國家統一。之所以會產生這類運動，是因為國界的劃定完全沒有考慮到民族的居住環境。

注釋

1. Iqbal, Muhammad, *Kulliyāt-e Iqbāl,* Islamabad: National Book Foundations, 2011.
2. Iqbal，同前注。

參考文獻

近藤信彰監譯，小澤一郎、登利谷正人譯，《鮮麗なるアフガニスタン1841-42——イギリス軍中尉ジェームズ・ラットレーの石版画より（鮮麗的阿富汗1841-42——英軍中尉詹姆斯・拉特雷的石版畫）》，東京外國語大學亞洲、非洲言語文化研究所，二〇〇七年

鈴木均編，《尾崎三雄アフガニスタン資料集——現地調査の記録1935-1938年（阿富汗資料集——當地調查記錄1935-1938年）》，日本貿易振興機構亞洲經濟研究所，二〇〇六年

田嶋信雄，〈アフガニスタン駐在日本陸軍武官追放事件　1937年（駐阿富汗日本陸軍武官驅逐事件　1937年）〉，《成城法學》八五，二〇一七年

登利谷正人，《近代アフガニスタンの国家形成——歴史叙述と第二次アフガン戦争前後の政治動向（近代阿富汗的國家形成——歷史敘述與第二次阿富汗戰爭前後的政治動向）》，明石書店，二〇一九年

永田雄三、加賀谷寬、勝藤猛，《世界現代史II　中東現代史I　トルコ・イラン・アフガニスタン（世界現代史II　中東現代史I　土耳其、伊朗、阿富汗）》，山川出版社，一九八二年

平位剛，《禁断のアフガーニスターン・パミール紀行——ワハーン回廊の山・湖・人（禁忌的阿富汗帕米爾紀行——瓦罕走廊的山、湖、人）》，ナカニシヤ出版，二〇〇三年

威廉・福赫爾桑（Willem Vogelsang）著，前田耕作、山内和也監譯，《アフガニスタンの歴史と文化（阿富汗的歷史與文化）》，明石書店，二〇〇五年

前田耕作、山根聰，《アフガニスタン火（阿富汗之火）》新裝版，河出書房新社，二〇二一年

山根聰，《イスラームを知る8　4億の少数派——南アジアのイスラーム（認識伊斯蘭8　4億的少數派——南亞的伊斯蘭）》，山川出版社，二〇一一年

馬丁・伊萬斯（Martin Ewans）著，金子民雄監修，柳澤圭子等譯，《アフガニスタンの歴史——旧石器時代から現在まで（阿富汗的歷史——舊石器時代至現在）》，明石書店，二〇〇二年

Cughtā'ī, Muḥammad Ikrām（ed.）, Muḥammad 'Alī（trans.）, *Majmū'a Saiyid Jamāl al-Dīn Afghānī*, Lahore: Sang-e-meel Publications, 2006.

Dalrymple, William, *Return of a King: The Battle for Afghanistan*, London: Bloomsbury Publishing, 2013.

Durrānī, 'Āshiq Muḥammad Khān, *Tārīkh-e Afghānistān: ba ḥawāla Tārīkh Sadozai*, Lahore: Sang-e-meel Publications, 1999.

Ferrier, J. P., *History of the Afghans*, Lahore: Sang-e-meel Publications, 2002（first edition 1858）.

Iqbal, Muhammad, *Kulliyāt-e Iqbāl*, Islamabad: National Book Foundations, 2011.

Rafiqi, 'Abd al-Rauf, 2011, *Sirāj al-Akhbār Afghānīya*, Vol.1, Quetta: Dr. Rafiqui Research Institute, 2002（first edition 1911）.

Salim, Ahmad, *Loya Jirga: The Afghan Grand Assembly*, Lahore: Sang-e-meel Publications, 2006.

Sykes, Percy, Sir, *A History of Afghanistan*, New York: AMS Press, 1975.

Mahmud Tarzi Official Website, http://www.mahmudtarzi.com/（二〇二一年三月四日最終閱覽）

第十一章

蒙古人對建設國家的追求

——從獨立運動到人民共和國

青木雅浩

前言

二十世紀，辛亥革命、俄羅斯革命導致東北亞地區統治秩序發生巨大的變化，蒙古人為了建設自己的國家而苦苦掙扎。本章將聚焦於兩個人物，回顧他們所發揮的作用，思考若要將複雜多樣的蒙古人團結成一個獨立國家，將會是件多困難的事情[1]。

清朝時代的蒙古

自十七世紀到十八世紀，歐亞大陸的蒙古遊牧民族逐漸被擴張的清朝、俄羅斯帝國統治。在清朝統治下，許多蒙古人社會施行了盟旗制度[2]。而原先就信仰西藏佛教的蒙古社會，也在清朝統治下，信仰更加堅固，使得高僧等佛教權威人士在社會上擁有強大的政治力量。清朝將蒙古當地的行政權委任予當地的權威人士，因此是由王公、佛教權威人士統管其屬民。蒙古如此的社會形態，一直持續到了二十世紀。

十九世紀後期，蒙古與清朝的關係開始發生變化。在內憂外患下變得脆弱的清朝，嘗試了由漢人洋務派官員所主導的改革。其改革的目的在於重建國家，而非考慮以遊牧文化為基礎的蒙古人社會的獨立性。出身於清朝鄰近地區的貢桑諾爾布（Gungsangnorbu）趁著這股改革風氣，也嘗試改革了自己所統治的「旗」[3]。另一方面，外蒙古不滿清朝改革風潮的人們，則開始推動蒙古人國家的建設。

隨著清俄兩大帝國的持續統治，中央歐亞的蒙古人社會也發生了變化。受俄羅斯帝國統治的地區裡，隨著俄羅斯的文化習慣流入，當地的蒙古人開始接受俄羅斯式教育。而在內蒙古東部等漢人大量流入的地區，則是定居農耕不斷擴大，以及產生了與漢人習慣、文化混合的文化。到了二十世紀，這種地區性差異已相當明顯。此現象在很大的程度上左右著蒙古人國家的建設方向。

建設蒙古人國家的嘗試——統一蒙古人與外國的支援

二十世紀，蒙古人在建設獨立國家的各種嘗試中，有時追求的是跨地區的、廣大範圍的蒙古人統一。蒙古人在二十世紀進行的各種活動中，統一與獨立的嘗試便是最常見的活動之一。

到二十世紀為止，蒙古人之間是何時、如何產生了「蒙古人社會應維持與他人不同的獨立性，且應由蒙古人自己治理」的獨立取向，以及「蒙古人之間應該統一」的統一取向，至今尚不明確。或許這正

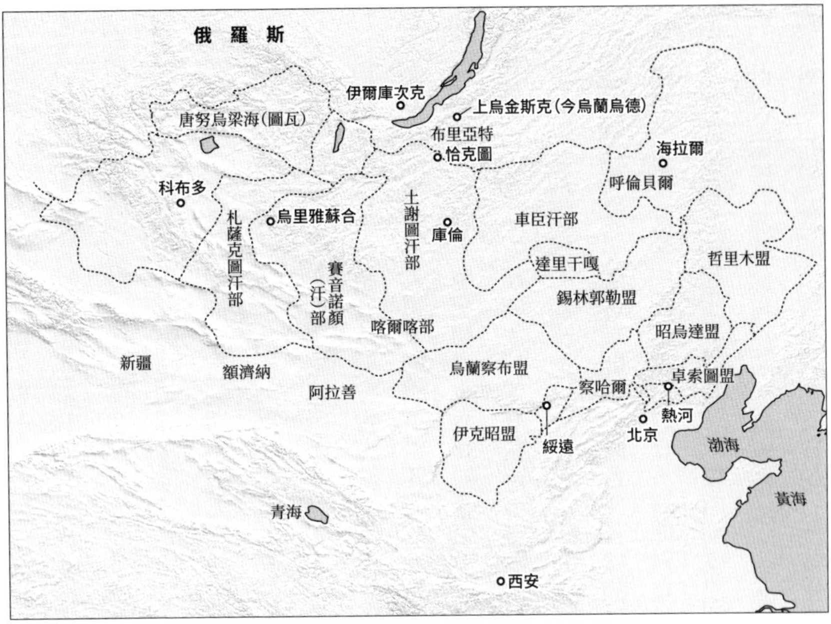

清末至二十世紀初的蒙古高原及其周邊地圖

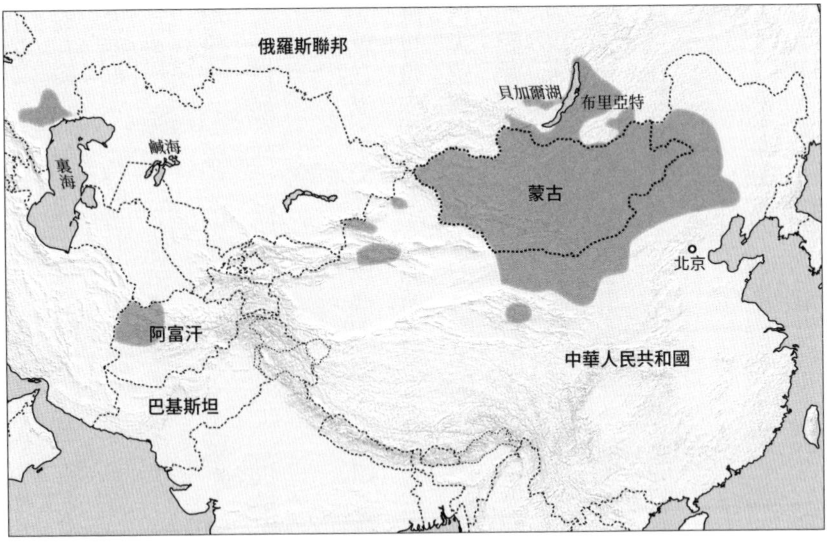

蒙古裔各族之主要居住地

如很多研究者所思考的那樣，自十九世紀中葉起，清朝與俄羅斯帝國的統治方式逐漸變質成中央集權統治，對此感到危機的蒙古人逐漸出現，因而導致了之後的獨立取向吧。此外，本章所談的蒙古獨立運動的起點，並非是侷限於一個地區的獨立，而是透過更廣範圍的框架，也試著將蒙古民族的獨立意識一併考慮進去。或許，反抗帝國統治的蒙古人在追求獨立的過程中，產生了在成吉思汗的「蒙古帝國」起源、遊牧文化、佛教信仰上有共通點的人們就是蒙古人的思維方式。本章的主人公之一——蒙古人國家元首哲布尊丹巴呼圖克圖八世（Jebtsundamba Khutuktu，又名博克多汗）既是佛教權威人士，也是與成吉思汗血脈有關之人，似乎就暗示了這點。

但是，我們很難認為基於蒙古人統一的獨立思想，原先就在蒙古人之間廣泛傳播開來。正如本章即將提到的，即使蒙古人國家形成了，各地蒙古人對此的反應也是大相逕庭，並非所有蒙古人都一定選擇加入該國家。在二十世紀初東北亞的動盪局勢中，各地蒙古人選擇了各式各樣的行動，因此認為其中也有尋找蒙古人統一方法的人，或許較符合實際情況。更不如說是如同本章案例所表現的，是蒙古人透過二十世紀的運動過程，去逐步以各種形式研究蒙古人應如何以統一為基礎以完成獨立的目標。

在此種情況下，想從一開始就將各式各樣的蒙古人團結成一個國家，絕非易事。在許多時候，狀況都伴隨著混亂，甚至出現嚴重的對立。這種對立並不僅僅發生在將眾多蒙古人團結成一個國家的時候，而是早在國家建設的起步階段時，政權內部就已經對立。

此外，處於無法靠自己的力量實現統一與獨立的蒙古人，就只能藉助外國的力量來推動他們的運動。當然，以外國的支援為前提的運動，便會受其支援者的意向、參與的影響，這也導致了蒙古人國家內部出現新的混亂。

透過外國援助實現蒙古人的統一和獨立，在蒙古人國家內外引發了複雜的混亂與對立，讓想要建設國家的人頭痛不已。而他們就是要在這樣的對立與混亂中戰鬥、建立國家。

本章的主角們

二十世紀初以來，蒙古人致力於建設自己的國家，其中一個成果，便是蒙古人民共和國於一九二四年成立。站在蒙古人國家建設歷史過程中心的人，正是本章的主角哲布尊丹巴呼圖克圖八世，以及額勒貝格道爾吉．仁欽諾（Rinchingiin Elbegdorj）。

前者是藉著蒙古獨立運動產生的蒙古人國家元首，後者是在蒙古人民共和國成立的過程中起到領導作用的有力政治家。本章將集中探討兩人在外蒙古人的蒙古國家形成過程中起到的作用，並探討他們如何追求蒙古人的統一，以及他們是與何鬥爭。

哲布尊丹巴呼圖克圖八世（博克多汗，一八六九？—一九二四年）

一、蒙古獨立前夕

第一位主人公是在蒙古獨立運動下形成的國家元首哲布尊丹巴呼圖克圖八世。就讓我們一同看看，為什麼他會成為蒙古人國家統一的象徵。

哲布尊丹巴呼圖克圖為何人？

「哲布尊丹巴呼圖克圖」是佛教中的稱號。呼圖克圖指的是化身，是佛、菩薩為了拯救人們，而以符合對方形象出現在這個世界的存在。哲布尊丹巴呼圖克圖是占外蒙古人口多數的蒙古人集團「喀爾喀部」的著名化身，同時也是佛教權威人士。十七世紀，蒙古高原的喀爾喀部遭到西方準噶爾的攻擊。喀爾喀部的權威人士土謝圖汗（察琿多爾濟）及其弟哲布尊丹巴呼圖克圖一世，代表喀爾喀部向清朝康熙皇帝請求協助，並承諾歸順。是故哲布尊丹巴呼圖克圖，是與清朝統治喀爾喀部一事上有深刻關係的存在。

起初從蒙古人之中找出化身的哲布尊丹巴呼圖克圖，在第三世之後則開始從西藏人中找出，而哲布尊丹巴呼圖克圖八世也是西藏人。上一世化身殞落時，僧人們便開始尋找新化身的候選幼兒。就在一八七四年，拉薩近郊的少年，被認定是哲布尊丹巴呼圖克圖八世。

被認定是化身的幼兒，必須進入佛教寺院修行佛法。一八七四年，哲布尊丹巴呼圖克圖八世前往庫倫[4]（今烏蘭巴托），在外蒙古的土地上修習佛教，努力學習語言。關於年輕的哲布尊丹巴呼圖克圖八世，俄羅斯帝國駐庫倫領事Ya．P．希什馬廖夫形容道：「他是一個長相端正、身高修長，非常聰明的孩子。」[5]

而哲布尊丹巴呼圖克圖八世是位有婦之夫，妻子名為敦都克拉穆。在哲布尊丹巴呼圖克圖八世進入宮殿修行佛教後，敦都克拉穆才於一九〇三年正式成為其夫人。後在蒙古人國家成立後，她則作為國家的皇后——達吉尼母——一直協助哲布尊丹巴呼圖克圖八世，致力於文化活動，直至一九二三年去世為止。哲布尊丹巴呼圖克圖八世本人也熱中於文化事業，擁有收藏了各種語言文獻的書庫，亦保護過藝術家[6]。

哲布尊丹巴呼圖克圖八世

達賴喇嘛十三世到訪外蒙古

一九〇四年，為躲避英國對西藏的進攻，達賴喇嘛十三世與阿旺．德爾智等人一同自西藏逃往蒙古、北京等地。據說，當佛教權威達賴喇嘛十三世來到外蒙古時，身為佛教徒的蒙古人都沸騰了起來，拜訪達賴喇嘛十三世的人絡繹不絕。

哲布尊丹巴呼圖克圖八世對這個可能使自己的佛教權威相對下降的事態，內心感受非常複雜。不願落於達賴喇嘛十三世之後的他，在法座的高低、蒙古佛教界的習俗、外蒙古新寺院的建設等問題，與達賴喇嘛十三世發生衝突，因此兩人從未正式會面[7]。

儘管哲布尊丹巴呼圖克圖八世在喀爾喀部的佛教權威相當高，卻也不是絕對的。達賴喇嘛十三世訪問蒙古時便證明了這點。

獨立運動之路

當時，清朝正在進行國家改革。不久後，這項改革便以新政的名義開始實施。這種不顧蒙古人的自主性、特殊性，直接由清朝中央統治整個國家的改革，使感到不安的蒙古人開始出現。

在這過程中，哲布尊丹巴呼圖克圖八世被認為是未來蒙古的核心人物，開始展開反抗新政的活動。在面臨強制改革的危機時，他於一八九〇年代末至一九〇〇年左右，向聖彼得堡派遣使者，請求俄羅斯的支援。雖然這一行動沒有取得成果，但顯示出其很早就開始著手反抗清朝[8]。

於是蒙古人與清朝的關係發生了變化，時代的潮流逐漸轉向了蒙古人的獨立運動。

二、作為蒙古人國家的元首

一九一〇年，清朝中央派遣了庫倫辦事大臣三多至庫倫，外蒙古開始實施新政。自此，事態逐漸朝著蒙古獨立運動發展。

蒙古獨立運動

人們談及蒙古獨立運動時，通常會從一九一一年七月於庫倫舉行的祕密會議開始。喀爾喀部的王公、佛教權威人士，以要舉行祝福哲布尊丹巴呼圖克圖八世長壽的「Danshig」（那達慕）儀式的名目，聚集到了庫倫。他們祕密討論是否要接受新政，最終決定反對新政，向俄羅斯帝國請求援助，派遣了杭達多爾濟（Mijiddorjiin Khanddorj）、車林齊密特（Da Lam Tserenchimed）、海山（Bayantömöriin Khaisan）所率領的使節團前往聖彼得堡。該使節團向俄羅斯帝國主張了蒙古人建國的意志，並希望俄羅斯給予支援。

不久後，辛亥革命爆發。在清朝本身就瀕臨滅亡的危機下，蒙古國家建設的步伐加快。於一九一一年十一月在庫倫成立的臨時總理喀爾喀事務衙門，正有條不紊地進行政權設立的準備，並向三多提出了勸離。

十二月初，蒙古發表獨立宣言。十二月二十九日，蒙古形成了由內務、外務、軍務、財務、法務等五部組成的政府。同天也舉辦了推舉哲布尊丹巴呼圖克圖八世為國家元首博克多汗（「神聖的可汗」之稱號）的儀式。自此，哲布尊丹巴呼圖克圖八世應改稱為博克多汗，由蒙古人自己運作的蒙古人國家也終於成立。在歷史用語上，該政權通常被稱為博克多汗政權（博克多汗國）。

博克多汗政權在逐漸控制外蒙古的同時，也向國外的蒙古人社會呼籲加入建立政權的蒙古人國家。出身內蒙古的海山，就已深深介入了該政權的成立。獨立宣言與參與政權的邀請被送到了呼倫貝爾（Hulunbuir）及內蒙古等各地的蒙古人社會。不過，於一九一二年成立的中華民國，也以回收舊清朝版圖為目標，在內蒙古展開了激烈的競爭。為與之對抗，博克多汗政權向內蒙古派兵。

博克多汗政權中，除了海山以外，還有各地的蒙古人自國外參與其中。夾在政權和中華民國之間的蒙古人社會，審視混亂的局勢，探討如何為自身的社會提供良好的方向。他們有人站在博克多汗政權一邊，有的則站在中華民國一邊。內蒙古的烏泰[9]、巴布扎布，新疆的蘇米亞[10]等人加入了博克多汗政權，作為博克多汗軍的一員，圍繞在內蒙古與中華民國軍展開戰鬥，參與了蒙古人國家的建設。

在杭達多爾濟、車林齊密特、那木囊蘇倫等人的努力下，博克多汗政權展開了讓各國承認國家的外交。然而列強的反應遲鈍，導致他們的活動以失敗告終。而為數不多的成功案例，即是在德爾智的斡旋下所牽起的蒙古與西藏關係。一九一三年，《蒙藏條約》簽訂，雙方相互承認為國家。

與此同時，周邊強國之間也不得不對博克多汗政權的地位做出決定。在一九一二年的《俄蒙協定》中，「蒙古」、「獨立」（自治）等關鍵詞的含義並不明確，試圖留下博克多汗政權建立統一蒙古人獨立國家的空間[11]，然而俄羅斯帝國卻利用該協定與中華民國進行外交交涉。一九一三年，中俄發布宣言，規定將博克多汗政權限定在外蒙古，並可在中華民國的宗主權下享受自治。

後來，博克多汗政權、俄羅斯帝國、中華民國的三方協議，於俄羅斯與蒙古國界上的恰克圖舉行，並於一九一五年簽訂了承認上述《中俄宣言》內容的《中俄蒙協約》（《恰克圖條約》）。於是，局限在外蒙古的博克多汗政權，自此作為外蒙古自治政府，在中華民國宗主權下自治。至於內蒙古等地，則被排除在這一範圍之外。

體現國家元首及獨立運動向心力權威的博克多汗政權

身為國家元首的博克多汗獲得了「政教共掌者」的稱號。這個稱號充分體現了博克多汗在政權中的地位。

政與教，即是指哲布尊丹巴呼圖克圖八世作為蒙古人國家元首，其擁有兩種權威。一是宗教，即佛教的權威。當時的蒙古人是佛教徒，信仰堅定。在二十世紀蒙古人運動中，佛教經常被視為蒙古人獨立、統一的象徵。在這點上，博克多汗是可以得到蒙古人尊崇的存在。而在佛教的權威下，在國家元首博克多汗手上形成的國家，自然也帶有佛教色彩。博克多汗的推舉儀式與達賴喇嘛的即位儀式非常相似，明顯基於佛教的世界觀[12]。

而博克多汗的另一個權威是在政界體現世俗的政治權力，即成吉思汗的血統。雖然博克多汗出身西藏，但哲布尊丹巴呼圖克圖一世卻是喀爾喀部的有力王公土謝圖汗家族的王子，即成吉思汗的男系後代。同時掌握政教，兼具佛教權威與成吉思汗血脈的象徵，鞏固了博克多汗的權威。據說此種權威，是將政教一體之主「達賴喇嘛」的王權像，與振興佛教之王「清朝皇帝」的王權像合二為一而來[13]。

喀爾喀部在歸順清朝之前，是由世俗的王公與佛教權威人士呼圖克圖等高僧一同統治社會[14]，因此博克多汗可以說原先就擁有著符合蒙古社會統治層特性的元首像。

且在蒙古社會，在政治權力的層面上平起平坐的王公及佛教權威人士的對立，早已持續了很長時間。博克多汗政權時期，由有力王公杭達多爾濟領導的集團，與以佛教權威人士車林齊密特為代表的集團展開了政治鬥爭。而博克多汗則是立於對立的二大勢力之上，平衡雙方的權力，起到蒙古人統一的象徵作用。對外，他可廣泛號召蒙古人；對內，則可起到團結聖俗兩權的作用，這就是「政教共主」博克多汗。

三、國家消滅的危機

在博克多汗的領導下，外蒙古自治政府享受著《中俄蒙協約》中所規定的外蒙古自治，並在協約規範的範圍內推動著行政整頓。然而，這樣的情況並未持續太久。

廢止外蒙古自治

一九一七年的俄羅斯革命，使狀況發生大變。因為外蒙古的自治，是建立在俄羅斯帝國這道後盾之上。隨著俄羅斯帝國的消失，俄羅斯西伯利亞爆發內戰、列強展開干涉戰爭，此時中華民國毫不猶豫地廢除了外蒙古的自治。首先，中華民國派遣辦事大員陳毅前往庫倫，開始與可能接受廢除自治的王公們進行協商，其中也有像車林多爾濟一樣決定接受的蒙古人。陳毅的活動看似進展順利，可以順利地廢除外蒙古的自治。

然而，中華民國軍閥皖系卻派遣了徐樹錚與軍隊，試圖立即廢除外蒙古自治。徐樹錚不理會陳毅的安排，以軍事力量威脅王公、佛教權威人士，逼迫其廢除自治。最終在一九一九年十一月，外蒙古自治根據中華民國大總統命令廢除。一九二〇年一月初，庫倫舉行了自治廢除儀式。徐樹錚不久後離開了外蒙古，中華民國軍隊則繼續留在庫倫，持續以力量壓下蒙古人的不滿。

此種強行廢除自治的做法，使得蒙古人社會積累出極大的不滿。自一九一一年以來，一些試圖自己管理自己國家的蒙古人中，出現了不樂見至今又要受到中華民國統治的人。於是，外蒙古的復興自治運動便掀開序幕。

該運動不僅涉及王公、佛教權威人士，連下級官員、普通人都廣泛地參與其中。在這過程中，鮑道、丹增、蘇赫巴托、喬巴山等人於一九二〇年夏天成立蒙古人民黨，前往蘇維埃俄羅斯[15]尋求復興自治的援助。在蘇俄的幫助下，一九二一年七月，蒙古人民政府以人民黨為中心成立，開始經營外蒙古，他們的活動終於有了成果。

博克多汗與外蒙古自治復興運動

在外蒙古自治復興運動中，博克多汗也處於其中心，成為運動的象徵。博克多汗強烈反對接受陳毅提議的王公，並在廢除自治後，對希望自治復興的人們給予協助。一九一九年秋天，他向中華民國大總統發出書信及使者扎勒堪扎呼圖克圖・達木丁巴扎爾，要求讓外蒙古維持自治。同時期，他也試圖向美國及日本求援。自治廢止後，博克多汗下達敕令，命令庫倫的王公、佛教權威人士協商自治復興問題[16]。始終堅持維持蒙古人能夠自己執政的體制。

在自治復興運動中，由於正式文書需要博克多汗用印，才是屬於蒙古人國家的正式文書，具有重要作用。在蒙古人民黨成員向蘇俄請求援助之際，也同樣需要他用印的文書。

最終，博克多汗仍未能實現復興自治的願望。不過這次他將目光投向了在外蒙古出現的反布爾什維克派，即所謂的俄羅斯白軍下的馮・恩琴（Roman von Ungern-Sternberg）。馮・恩琴隸屬於未能在貝加爾湖以東的外貝加爾山脈建立政權的白軍將領謝苗諾夫（Grigory Mikhaylovich Semyonov）[17]，一九二〇年夏天，馮・恩琴率領麾下的騎兵進入外蒙古，向庫倫進軍。希望恢復自治的蒙古人支援了馮・恩琴。看到這一情景的博克多汗也期待馮・恩琴的前來，於是聯繫了他。博克多汗的計畫是藉由馮・恩琴來驅逐庫倫的中華民國軍隊。

一九二〇年秋以及一九二一年一月至二月，馮・恩琴先後兩次對庫倫的中華民國軍隊發動攻擊。此時，博克多汗被懷疑是馮・恩琴的支持者，遭中華民國軟禁。在艱困的狀況中，他的心願終於實現了。馮・恩琴在營救了博克多汗後，於第二次的進攻擊退中華民國軍隊，占領庫倫。於是在一九二一年二月二十二日，博克多汗再次成為國家元首，外蒙古自治政府在他手上復活。博克多汗讚揚在復興自治上有功的馮・恩琴，授予其親王王位等，給予了厚賞。

或許博克多汗會想，自俄羅斯革命之後的蒙古國存亡危機，到此得以克服。然而，歷史潮流並未停滯。在俄羅斯的內戰與列強的干涉戰爭中，蘇俄逐漸占據上風。對於蘇俄來說，外蒙古自治政府無異於支持反布爾什維克派的政權。

無法對此視而不見的蘇俄，大力支持了正巧前來請求援助的蒙古人民黨，並決定利用該黨干涉外蒙古。得到蘇俄支援的蒙古人民黨，於一九二一年三月在外貝加爾山脈地區召開黨組織會議，組建了蒙古人民臨時政府。馮·恩琴對蘇俄的應對備感危機，雖採取了攻勢，仍以失敗告終。他遭到蒙古軍隊逮捕，移交蘇俄後遭到處決。

在蘇俄的幫助下，蒙古人民黨向庫倫進軍，博克多汗被迫接受蒙古人民黨。於是在一九二一年七月十日，蒙古人民政府成立。這也意味著外蒙古與蘇維埃長期關係的開始。

四、博克多汗與蘇俄

自此，博克多汗的面前出現了一位新的勁敵——蘇俄。在對蘇關係中，博克多汗的地位時而發生與以往不同的變化。

「政教共掌者」的變化

蒙古人民政府做出了當今稱為《宣誓協定》的決定，確定了政府與博克多汗的關係。協定規定國家元首博克多汗只是佛教的權威人士，在政治上不擁有權力。自此，被譽為「政教共掌者」的博克多汗失去了一片翅膀，而改變博克多汗在蒙古人國家地位的力量，還在逐漸發酵。

實際上，博克多汗的政治影響力並未突然消失。大部分蒙古政治人士仍尊崇他為佛教徒，並如以往將他奉為國家元首。此外，在外蒙古也有不少人對蒙古人民政府及支持其政府、干涉蒙古人國家的蘇俄產生反感。這群人之中，也有希望重建以往博克多汗政權政體的人存在。

在這樣的背景下，博克多汗希望能在保持過去政體的同時，即使得到蘇俄的援助，蒙古人也要繼續掌握國家的繮繩。為此，他做了不少行動。例如一九二一年秋天，蒙古人民政府總理鮑道曾試圖廢除儀式上的華麗官服制度；對此，博克多汗則下達敕令，指示保持原有的官服制度。接到指示的蒙古人民政府內務部，不顧鮑道的指令，如實公開了這道敕令[18]。顯示出內務部仍將維持舊制的博克多汗的意志放在首位。

另外，博克多汗亦向總理鮑道通知：「別將政權交給俄羅斯人，要讓蒙古人自己掌握權力。」[19]或許博克多汗擔心蘇俄在外蒙古日益強大的影響力，才試圖維持蒙古人自己經營政權。

敵視博克多汗的蘇俄

隨著博克多汗逐漸表態，蘇俄也逐漸掩飾不住內心的焦急。蒙古人民政府成立後，蘇俄方面認為若是突然拔除博克多汗，將導致蒙古政局惡化，因此都未對博克多汗採取激進的應對措施。然而，當後續發生的政治事件暗示有博克多汗的參與後，蘇維埃俄羅斯外務人民委員部駐蒙古副代表A．Ya．奧夫欽遂繼續向本國發送需將博克多汗視為問題的報告。

接到該報告後，莫斯科的蘇維埃領導層也改變了想法。一九二三年，共產國際[20]向蒙古人民黨發出破壞博克多汗及僧侶們的「古老的聖俗封建權力機構」的指示[21]。一九二三年，蘇聯國家政治保衛局[22]有關外蒙古的報告中，顯示反抗蒙古人民政府的組織有博克多汗的宮廷僧侶及經常與博克多汗會面的王公們[23]的參與，或是蘇聯方面正在對博克多汗的宮廷實施特務行動等事項[24]。可以說蘇聯已將博克多汗認定為「反蘇」派的王公、佛教權威人士首領，明確表現出與之對抗的態度。隨之蒙古人民政府也詳細展示了博克多汗的財政支出，並試圖削減之[25]。蘇聯的強硬態度，對蒙古人民政府、對博克多汗的反應上，也產生了影響。

博克多汗駕崩

在明爭暗鬥的過程中，博克多汗的健康狀況逐漸惡化。一九二四年五月二十日，博克多汗——哲布尊丹巴呼圖克圖八世結束了其波瀾壯闊的一生。關於其死因，世人眾說紛紜，從咽喉癌到仁欽諾或俄羅斯人陰謀的說法皆有[26]。而當時製作的蘇聯駐蒙古全權代表部報告第十號中，則稱其死因為梅毒等各種疾病導致的身體衰弱[27]。

博克多汗的駕崩，使蒙古人國家的政體發生了巨大變化。一九二四年六月三日，蒙古人民黨中央委員會幹部會議決定，蒙古國實施人民主權的共和制[28]。在這發展中，同年十一月，蒙古人民共和國第一次國會批准了弘揚人民主權的憲法，蒙古人民共和國成立。可見人民共和國的成立與博克多汗的駕崩有密切的關係。

於博克多汗的駕崩之際開闢人民主權共和制道路的，有可能是敵視他的蘇聯。一九二四年六月一日蒙古人民政府總理車林多爾濟的日記顯示，當天蘇聯全權代表A．N．瓦西列耶夫曾來到了政府，試探博克多汗去世後施行共和制的可行性。對此，車林多爾濟回答：「這是適當且容易的事，我將與蒙古人民黨中央委員會的同志們協商。」[29] 蘇聯看似想以博克多汗的駕崩為契機，提出不設置國家元首的共和制，好將「反蘇」派的王公、佛教權威人士從政權中排除。

原先，一旦化身離開人世，就該立即尋找新的化身，然而敵視博克多汗的人卻不允許此行為。蒙古人民共和國接收了博克多汗的財產，並正式禁止認定下一世化身。不過，尋找九世的嘗試仍在暗地進行，最終他們在西藏認定了九世。

於是，博克多汗的駕崩成了蒙古近現代史上的巨大轉捩點。隨著博克多汗的駕崩，蒙古的政體發生變化，新國家的建設也將開始。

額勒貝格道爾吉・仁欽諾（一八八八—一九三八年）

一、成為蒙古人民政府領導者的過程

在外蒙古自治被廢除、蒙古人民政府成立之際，本章的另一位主人公——額勒貝格道爾吉・仁欽諾，登上了外蒙古的政治舞臺。

仁欽諾登場

布里亞特蒙古是由貝加爾湖周邊的各個集團長時間逐漸聚集、形成的集團。隨著十七世紀俄羅斯帝國的進出，到了十八世紀，清朝與俄羅斯帝國之間簽訂《恰克圖條約》，貝加爾湖周邊地區正式受俄羅斯帝國管轄，奠定了日後俄羅斯帝國在布里亞特蒙古的長期統治。布里亞特蒙古社會由稱為烏魯斯（Ulus，人群）、艾馬格（Aimags，部落）的集團形成。一八八八年，仁欽諾出生於布里亞特蒙古巴爾古津艾馬格的牧民之家。仁欽諾很早就開始參與社會運動，一九〇六年夏天，他與來到上烏金斯克（今烏蘭烏德）的社會運動家B・Z・舒米亞茨基相識，並與他一起活動[30]。他與舒米亞茨基的關係，將在後續仁欽諾干預外蒙古時起到作用。

額勒貝格道爾吉・仁欽諾

一九〇八到一九一四年間，仁欽諾就讀於聖彼得堡大學法學院，受俄羅斯式教育，透過俄羅斯學習現代學術知識，是他作為布里亞特蒙古知識分子的特徵。仁欽諾在大學攻讀的同時，也參與了革命運動。一九一五至一九一六年，他隨同P．A．威特調查外蒙古，踏上了外蒙古的土地。而就在他返回布里亞特時，俄羅斯革命便爆發了。

從「大蒙古國」的建國運動，到協助蒙古人民黨

在革命後的俄羅斯內戰與列強的干涉戰爭中，布里亞特蒙古、呼倫貝爾、內蒙古的知識分子們試圖利用日軍及謝苗諾夫的軍隊建立蒙古人國家，是為「大蒙古國」建國運動。一九一八年十一月底的第五屆布里亞特人大會上，確定了建國運動的方向。接著在一九一九年二至三月的赤塔大會，則決定了臨時政府的概要，然而運動最後以失敗告終。仁欽諾積極參與該運動，在第五屆布里亞特人大會上表現出利用日本及謝苗諾夫的態度，並以布里亞特代表之一的身分參加了赤塔大會[31]。

該運動結束時，蘇俄在西伯利亞的優勢逐漸明顯。仁欽諾選擇了在蘇俄的統治下尋找蒙古人統一與獨立的道路。在俄羅斯共產黨中央委員會西伯利亞局東方諸民族部成立後，仁欽諾、扎木察拉諾等布里亞特蒙古知識分子與該單位聯繫、展開活動。此時，外蒙古展開了自治復興運動，鮑道、丹增等人組成

了蒙古人民黨。一九二〇年夏天，他們前往蘇俄請求支援。仁欽諾則很早就與扎木察拉諾等人接觸、支援他們的活動，時而進行指導。從此時開始，仁欽諾正式開始參與蒙古人民黨的活動。

仁欽諾等布里亞特蒙古人的活動，還改變過蘇俄對蒙古人民黨的政策方向。東方諸民族部最早的方針是將以階級鬥爭為基礎的社會運動擴大到蒙古。然而面對王公、佛教權威人士擁有強大政治權力的蒙古，這種方針顯然不切實際。此外，蒙古人民黨的成員也希望外蒙古自治復興，階級鬥爭並非首要目的，這點仁欽諾也是同樣想法。

一九二〇年夏天，白軍的馮．恩琴進入外蒙古，使得蘇俄不得不與之抗衡。此時仁欽諾等人向蘇俄傳達了外蒙古的政局變化，強調他們需要一個不受階級限制的「蒙古人全體社會層的團結」。一九二〇年十二月二十一日，東方諸民族部的幹部與東方民族部蒙藏科的聯席會議上，通過了仁欽諾所提出的蒙古民族統一戰線形成綱領。該綱領強調當時外蒙古的最大敵人是中國人，呼籲組成可以與蒙古社會各界人士合作的民族統一戰線，以與之對抗。於是仁欽諾等人利用局勢的變化，將蘇俄的政策，轉變為符合外蒙古現狀的內容[32]。

一九二一年初，東方諸民族部改組成遠東書記局，仁欽諾擔任該局的蒙藏課課長。當時管轄遠東書記局的人是他的舊友舒米亞茨基，因此此次的人事調整，或許與此有很大的關聯。

隨著蘇俄正式援助蒙古人民黨，一股政治洪流開始湧動。一九二一年三月，蒙古人民黨召開黨組織會議；同年七月，蒙古人民政府成立。這一系列的變化，都有仁欽諾參與其中。他時而擔任與蘇俄間的窗口，時而作為蒙古人民黨的領導人，發揮了重要作用。

二、仁欽諾在蒙古人國家建設中的活躍表現

蒙古人民政府成立後，仁欽諾以該政府為舞臺，為了實現廣泛包容蒙古人的蒙古人國家，他積極展開了活動。

蒙古人民政府的內情

不過，仁欽諾的舞臺並非是如磐石般的集團。蒙古人民政府內，除了鮑道（總理、外務部長）、丹增（財務部長）、蘇赫巴托（軍務部長）等蒙古人民黨成員外，還有佛教權威人士彭朝克道爾吉（內務部長）、博克多汗政權的官員馬克思爾扎布（法務部長）也參與其中。此外，佛教權威人士扎勒堪扎呼圖克圖、王公哈丹巴特爾・馬克思爾扎布也自外協助政府。外蒙古地方社會殘留著王公統治屬民的體系。地方的王公、佛教權威人士並不一定要聽從政府的指示。

接著，仁欽諾等蒙古知識分子、蘇俄代表、顧問參與了國家建設。政府內聚集了各式各樣的人，如同直接反映了當時外蒙古的政治狀況。

仁欽諾在政府的地位及整備軍隊的貢獻

在蒙古人民政府，仁欽諾曾任政府顧問、全軍評議會議長。全軍評議會（蒙古國革命軍事評議會）是為管理軍隊設立的的機構。有關軍務的部門，全歸全軍評議會管轄。代表仁欽諾成為了軍事首領。

為了履行這一職責，仁欽諾致力於整頓軍隊。當時的蒙古人民政府既缺乏整備近代軍隊的財力，也缺乏人力資源，只能依賴蘇俄的協助。不過，一九二二年五月，喬巴山等人進行的軍事援助協商，並未取得任何成果。

於是仁欽諾親自出面與蘇聯進行協商。一行人前往蘇聯，交涉自一九二三年四月進行到了七月。在被悲觀看待援助交涉可能失敗的情況下，不知是否是仁欽諾的協商能力強大，最終協議決定可自蘇聯購買武器。

另一方面，現代軍隊的整備上也需要專家，於是仁欽諾希望蘇聯派遣軍隊顧問至外蒙古。最終，蘇聯派遣了包括D．I．柯希奇在內的十三名顧問前往。

自這場協商開始，蒙古國軍的整備工作正式展開。特別是邊境軍隊的整備，蒙古於東部至南部的邊境地帶重點部署了軍隊。在仁欽諾的構想中，這支軍隊不僅僅是為了保衛國家，未來進軍內蒙古時也能為之所用。仁欽諾活用了自己的職位，按照自己的方針推動著國家建設。

仁欽諾在蒙古人國家建設中的方針

在蒙古人國家設計者的層面上，仁欽諾同樣是大顯身手。他在蒙古人國家建設中的方針有二，其中之一是以建設廣泛包容蒙古人的國家為目標。

仁欽諾所撰寫的論述中，經常出現「民族（學）的蒙古」一詞。仁欽諾以這種詞語，描述了自蒙古帝國後分散在中央歐亞的蒙古人，認為「民族（學）的蒙古」最終當然會成為一個國家。

仁欽諾為實現「民族（學）的蒙古」統一，研究了各種統合蒙古人的方案。在「大蒙古國」建國運動時期，他提出了主張統合南北蒙古、西蒙古、布里亞特的方案，以及在蒙古中建立兩個國家，南方成為日本的保護國，其餘則形成中亞國家的方案[33]。

政府成立後，仁欽諾同樣研究了多種方案。在與共產國際協商時，他提出了建設包括蒙古人在內的中國各民族擁有對等權利，各自享有自治的聯邦制國家「全中國民族聯邦共和國」的方案，以及統合外蒙古與布里亞特後，加入蘇聯的方案[34]。

這些方案對仁欽諾來說，是包含顧慮當時保護國勢力（即日本與蘇維埃）的內容。因此，仁欽諾看起來也像在研究能夠說服保護國的蒙古人統合方案。

不過，嚮往蒙古人統一的仁欽諾，意志其實更加堅定。仁欽諾看著保護國的臉色，只要一有機會，就會積極與國外的蒙古人建立關係。仁欽諾實現蒙古人的國家戰略，在一九二五年六月二十五日蒙古人民革命黨[35]中央委員會會議上的報告中，被清楚的表達了出來。

在這份報告中，仁欽諾提議將中華民國境內的蒙古人社會分為六個地區，並根據各地區的特點，採取不同戰略。例如呼倫貝爾、內蒙古東部，他就主張蒙古人民革命黨應與當地的知識分子墨爾色、色楞棟魯布等人建立並發展關係。一九二五年後，這一方針取得了成果，開始與內蒙古人民革命黨合作。至於作為內蒙古六盟之一、與蒙古人民共和國東南部相鄰的錫林郭勒盟及烏蘭察布盟，他則將重點放在了當地王公的關係與軍事上，主張蒙古人民革命黨應向當地派遣軍事教官。至於新疆，仁欽諾也強調與當地蒙古人建立關係的重要性[36]。實際上，仁欽諾曾趁著華北、內蒙古社會局勢混亂時，試圖與錫林郭勒盟的王公建立關係，並且在未來必要之時，實施派遣剛整頓完成的軍隊之計畫[37]。蒙古人民政府分別在一九二三年及一九二二年後，向烏蘭察布盟與新疆派遣了使者。

仁欽諾提出的國家構想，表面上在迎合蒙古人國家保護國蘇維埃，實際上卻是冷靜觀察各地蒙古人社會的情況。一旦有機會，他便會試圖採取統合該地的措施。

與王公、佛教權威人士的合作關係

仁欽諾在建設蒙古人國家上的另一個方針，則是在與王公、佛教權威人士的合作下推動國家建設。以當時外蒙古的狀況來說，要是沒有王公、佛教權威人士這些既有的政治勢力協助，將很難達成蒙古人的國家建設。

如上所述，蒙古人民政府成立時，王公、佛教權威人士，以及與其關係密切的有力政治家也加入了政權。此後，扎勒堪扎呼圖克圖、哈丹巴特爾·馬克思爾扎布、車林多爾濟、阿瑪爾等人擔任了要職。仁欽諾積極支持外蒙古政權，此外，他也高度評價能在王公、佛教權威人士與政府之間起到橋梁作用的政治家，並試圖將他們納入政府。

三、政治鬥爭的暴風雨

仁欽諾透過建設外蒙古國家，為建設容納更多地區蒙古人在內的國家而奔波。但另一方面，他也逐漸踏入了激烈的政治鬥爭。

外蒙古的政治事件

在蒙古人民政府成立後，外蒙古便頻繁發生政治鬥爭，鬥爭的主要原因之一，出於蘇聯對外蒙古的介入。蘇維埃企圖在蒙古建立能夠配合自己東亞政策的政權，但是莫斯科向蒙古人民政府給出的指示，卻與蒙古政治家的想法不符，因而經常成為爭論的焦點。兩者的矛盾，最終激發了外蒙古一九二〇年代的政治鬥爭。

引發政治鬥爭的第二個因素，在於蒙古人民政府的複雜組成。僅憑「建設蒙古人國家」的招牌，根本無法形成均質而堅實的政權。身為布里亞特蒙古人的仁欽諾等人，有時會被喀爾喀部的蒙古人視為「外地人」、「俄羅斯的走狗」。

這使仁欽諾在致力於建設蒙古人國家時，為了維持國家建設上的主導權，便需要面對政治鬥爭的挑戰。

第一次鬥爭——鮑道事件

第一個擋在仁欽諾面前的是鮑道事件。鮑道是蒙古人民黨的創始者之一，曾在蒙古人民政府擔任總理、外務部長。對於蘇俄的活動，鮑道逐漸認為其對外蒙古過度干涉，並展開批判。因此，他與俄羅斯外務人民委員部駐蒙古副代表奧夫欽發生矛盾，一九二二年一月初被逐出政府。不過在離開政府後，鮑道仍尋找著蒙古人國家的自立之路，持續與同志們一起進行活動。奧夫欽將此視為問題，最終在其積極干涉下，飽道於當年八月被捕、遭到肅清[38]。

實際上，飽道對蘇俄的批評也包括林奇諾等布里亞特蒙古人。對飽道來說，布里亞特蒙古人也是「外人」。仁欽諾則採取妨礙飽道的行動，他巧妙地曲解飽道對蘇聯的批判等，減少了其支持者數量[39]。飽道在被捕後的陳述書中，也提到他與仁欽諾的關係惡化、產生矛盾一事[40]。

仁欽諾在共產國際第四屆大會（一九二二年十一月五日至十二月五日）的蒙古人民黨報告中，將飽道寫得像是受到蒙古人民政府、蘇俄的「反動勢力」陷害才成為敵人[41]。從中可以看出，仁欽諾被自己當作同志的飽道當作「外人」批判時的複雜心情。

與蘇聯在聯立政權上的「干涉」鬥爭

在飽道事件中，仁欽諾與奧夫欽等人一起對付飽道，但此後，仁欽諾採取的態度，卻是迴避蘇維埃對蒙古不必要的干涉。離奇的是，他這樣的步調，與被肅清的飽道卻是一致的。

經歷飽道事件後，蒙古圍繞在當時成立的政體，發生了鬥爭。飽道事件時，奧夫欽、仁欽諾等人為了穩定政治局勢，決定把王公、佛教權威人士拉攏進入蒙古人民政府，再試圖讓王公、佛教權威人士接受政府的指示。因此，扎勒堪扎呼圖克圖（總理）、車林多爾濟（外務部長）、車臣汗．那旺納林（內務部長）等人也加入了政府閣員的行列。對於由蒙古人民黨成員及王公、佛教權威人士所組成的聯立政權，大部分蒙古政治家都給予了肯定。對王公、佛教權威人士的協助表示肯定態度的仁欽諾，除了贊同該政權外，也在背後給予幫助。

然而，對於蘇維埃來說，聯立政權是「反蘇」的王公、佛教權威人士所參與的政權。蘇維埃始終只想排除王公、佛教權威人士，建立以蒙古人民黨為中心的政體。

解散聯立政權與召開黨大會

蘇維埃解散聯立政府的第一步，便是要求蒙古人民黨正式召開黨大會。即蘇維埃試圖透過黨大會建立黨組織，實現可能統治整體國家的蒙古人民黨。

奧夫欽及他的接班人——共產主義青年國際駐蒙古代表A．G．斯塔爾科夫，執意要求蒙古舉行黨大會。然而，蒙古政治家們始終不願意召開黨大會，持續迴避著蘇維埃的要求。也許很多蒙古政治家認為，要經營國家的話，只要有政府就行。仁欽諾認為，蘇維埃方面所構想的大眾黨，於現階段很難立即在外蒙古成立，因也反對召開黨大會。

然而，黨大會最終還是被強行召開。一九二三年七月十八日至八月十日，首屆蒙古人民黨大會召開。不過，這場本應是「首屆大會」的大會，因在之後一九二四年的黨大會上，將一九二一年三月的黨組織會議定義為「首屆大會」，因此在歷史用語上，這場大會被稱為蒙古人民黨第二屆大會。

強行召開大部分蒙古政治家都不願意開的黨大會的人是斯塔爾科夫。他動員了蒙古革命青年同盟的寶音鄂木合等人召開了黨大會。此外，在召開黨大會的時期，仁欽諾人不在外蒙古，也剛好利於斯塔爾科夫動用這個手段。當時的仁欽諾正為了交涉先前提到的軍事援助問題，出差到了莫斯科。

斯塔爾科夫採取了打壓對全黨大會持消極態度的索林·丹增（與先前提到的丹增不同人）、扎木察拉諾，以及確立黨組織、排除王公與佛教權威人士的措施[42]。

仁欽諾與斯塔爾科夫的鬥爭

此舉當然引起了仁欽諾的強烈反對。仁欽諾於一九二三年八月底回到外蒙古後，對斯塔爾科夫展開了激烈的批判。索林·丹增等人也站在仁欽諾一邊，對立瞬間升級。

在與斯塔爾科夫的對立中，仁欽諾表現出了嫻熟的政治鬥爭技巧。仁欽諾讓周圍的人以為斯塔爾科夫並未得到莫斯科的認可，他在蒙古人民黨中央委員會會議上發表演講，稱共產國際執行委員會並不了解斯塔爾科夫的方針，已承諾將對他進行譴責，成功讓蒙古政治家們開始懷疑起身為全權代表的斯塔爾科夫的可信度[43]。此外，仁欽諾也積極嘗試瓦解斯塔爾科夫的基本盤——蒙古革命青年同盟。在後續一九二四年夏天舉行的黨大會上，更企圖剷除斯塔爾科夫派。

在這不利的情況下，斯塔爾科夫、寶音鄂木合等人採取了接近丹增的手段。丹增是蒙古人民黨的創始人之一，也是斯塔爾科夫等人為數不多的盟友。當時，丹增正與車林多爾濟對立，不再理會以仁欽諾、索林·丹增為主流的蒙古人民黨中央委員會。在與仁欽諾與車林多爾濟的對立下，他們聚集到了一塊。

一九二四年三月左右，不知是否斯塔爾科夫厭倦了鬥爭，選擇離開蒙古。不過，寶音鄂木合等人繼承了他的方針，繼續反抗仁欽諾。莫斯科一貫支持斯塔爾科夫等人。寶音鄂木合參加了一九二四年六月舉行的共產主義青年國際第四屆大會，並在黨大會上接到導正「錯誤的人」的指示，也得到了讓斯塔爾科夫再次到外蒙古赴任的許可。於是，即將到來的黨大會，便成為仁欽諾與斯塔爾科夫的決鬥場[44]。

一九二四年夏天政變

就這樣，決定命運的一九二四年夏天到來了。政變的舞臺是蒙古人民黨第三屆大會（八月四日至九月一日）及蒙古革命青年同盟第三屆大會（九月十五日至十月一日）。這場政變雖因肅清了丹增而聞名於世，但在為仁欽諾與斯塔爾科夫的對立劃下終止符的層面上，同樣意義非凡。本章將這一系列的事件，稱為一九二四年夏天政變。

仁欽諾很快掌握了組織、營運黨大會的主導權。在黨大會上，仁欽諾等人強烈批判斯塔爾科夫的方針和活動。在八月二十六日至二十八日的會議上，斯塔爾科夫、寶音鄂木合、丹增等人遭到彈劾，丹增及蒙古革命青年同盟的巴巴桑被捕。八月三十日深夜，丹增、巴巴桑被槍決。

在接下來的蒙古革命青年同盟第三屆大會上，仁欽諾等人也對斯塔爾科夫派系進行了強烈的譴責。在政治鬥爭中，仁欽諾巧妙迂迴，完美地排除了政敵[45]。

下一個勁敵——圖拉爾・雷斯庫洛夫

政敵丹增已經不在人世，斯塔爾科夫、寶音鄂木合等人也已經失勢。仁欽諾的政治立場逐漸得到強化，作為蒙古人國家的強大領導人，他似乎可以完成自己所希望的國家建設。然而，事實並非如此。即使推翻了斯塔爾科夫，蘇聯對外蒙古的政策仍舊不變。既然政權牽涉到「反蘇」的王公及佛教權威人士，蘇聯必須排除他們。

蘇聯派遣了雷斯庫洛夫至外蒙古，作為斯塔爾科夫的繼任者。一九二四年十月初，共產國際執行委員會駐蒙古代表雷斯庫洛夫抵達蒙古。蘇聯領導層期待雷斯庫洛夫推動蒙古人民黨的建設、實現國家機構的民主化，將蒙古人從仁欽諾的影響中擺脫出來[46]。排除仁欽諾，正是雷斯庫洛夫的重要目的。

如同斯塔爾科夫選擇黨大會作為活動舞臺，雷斯庫洛夫選擇的舞臺是首屆國會。當時，蒙古的政治家們已在準備國會，然而當雷斯庫洛夫抵達時，國會還未整備到可以準備召開的階段。於是雷斯庫洛夫介入其中，並在他的主導下，國會迅速做好了準備。

最終，一九二四年十一月八至二十八日，第一屆國會召開。國會上認可了主張人民主權的共和制憲法，蒙古人民共和國成立。是次國會上，雷斯庫洛夫與斯塔爾科夫一樣，為了建立由蒙古人民黨統治蒙古人的國家體制，試圖解散聯合政權。雷斯庫洛夫為了排除王公，剝奪了蘇聯方面視為王公派的閣僚職位，甚至試圖排除內務部長那旺納林[47]。

仁欽諾與雷斯庫洛夫的政治鬥爭

雷斯庫洛夫的活動與斯塔爾科夫相似，這意味著相同形態的鬥爭將反覆出現。仁欽諾自國會結束後，就公然對雷斯庫洛夫進行批評。而雷斯庫洛夫也不甘示弱地回擊了他。雙方表現出的敵對姿態，使對立一舉激化。他們的對立，涉及到當時蒙古人民共和國內外存在的所有問題，包括有關黨組織建設的蒙古人民黨綱領問題、國家機構相關的憲法起草問題、內蒙古相關問題等。

在對立的爭論焦點中，是否與王公、佛教權威人士合作，以及干涉國外的蒙古人，都關係到仁欽諾在建設蒙古人國家中的兩個方針。雷斯庫洛夫作為共產國際執行委員會代表，試圖領導蒙古人民黨，並強烈干涉對國外蒙古人的關係。因此對於仁欽諾來說，雷斯庫洛夫無疑是妨礙自己國家建設的存在。為了自己所構思的蒙古人國家，仁欽諾作為蒙古人國家的領導人，寸步不讓。

二人的對立也波及到了周圍的政治家。外蒙古的政治家中，也有對仁欽諾持批判態度的人。雷斯庫洛夫發掘了根登等人，這些參與蒙古政治的地方政治家們，早對仁欽諾總以領導人姿態試圖自己做所有決定的方式感到不滿[48]。此外，在抵抗蘇聯政策時期，庇護仁欽諾的車林齊密特，亦曾向蘇聯方面提議讓仁欽諾離開外蒙古[49]。

另一方面，哈丹巴特爾·馬克思爾扎布則視仁欽諾是為了蒙古盡心盡力的解放者，任何攻擊試圖統合全蒙古的仁欽諾的人，都被他視為蒙古人的敵人[50]。於是仁欽諾與雷斯庫洛夫的對立，便如此在外蒙古政權內產生了巨大裂痕。

退出外蒙古

兩人的長期對立導致了政權內部的矛盾，進而可能使蒙古人民共和國的政治停滯不前。因此，人們試圖解決如此事態。一九二五年六月十五日，蒙古人民革命黨中央委員會會議決定將雷斯庫洛夫遣回莫斯科，仁欽諾亦作為事件當事人及說明人被派至莫斯科[51]。

仁欽諾雖有再次回到外蒙古的打算，但到了莫斯科後，卻是事與願違。蘇聯領導層高度評價雷斯庫洛夫「完成了大事」；反之，對於仁欽諾的評價就非常低了，甚至認為仁欽諾是「必會導致與我等遠東政策相反」[52]的人。

仁欽諾離開外蒙古後，蘇聯方面透過共產國際執行委員會駐蒙古代表阿瑪嘎耶夫等人收集了仁欽諾與雷斯庫洛夫衝突的實際情況，以及外蒙古目前的局勢。與此同時，仁欽諾則懷著回到外蒙古的想法，為自己作為蒙古民族領袖的地位感到自豪，他與留學生之間進行活動，並積極與外蒙古國內聯繫。而仁欽諾的這些舉動，又讓蘇聯更加警惕[53]。

一九二五年冬至一九二六年初，蘇聯穩步推動分離仁欽諾與外蒙古的措施。首先在一九二五年十一月十六日，共產國際執行委員會東方局參事會上，決定不再讓仁欽諾參與共產國際的活動[54]。一九二六年初，莫斯科會議決定了仁欽諾的命運[55]。此時，莫斯科正在召開蒙古問題委員會。

一九二六年一月四日，共產國際執行委員會東方局局長F．F．彼得羅夫、雷斯庫洛夫，以及派往莫斯科的丹巴道爾吉、阿瑪嘎耶夫等人出席了委員會會議。是次會議討論了當前外蒙古局勢的各種問題。其中一個議題，便是仁欽諾的待遇。在仁欽諾缺席的這場會議上，人們對他提出了強烈的批判。而丹巴道爾吉則只談論了對立的局勢，以及針對反、親仁欽諾的政客來發言，並未直接批判仁欽諾。

會議的最後，共產國際執行委員會東方局於一月二十三日就蒙古問題作出決議，從此仁欽諾不再被允許參與蒙古事務[56]。

於是，仁欽諾在外蒙古的政治生涯，在此宣告終止。

四、之後的仁欽諾

離開外蒙古的政治舞臺、不再與共產國際有任何瓜葛後，仁欽諾開始活躍於莫斯科的學術領域。一九二六年後，他進入紅色教授學院就讀，這是一所培養實施馬克思主義高等教育人才的教學機構，畢業後，於東方勞動者共產主義大學（KUTV）任教，這或許與當時舒米亞茨基正擔任該大學校長有關[57]。一九三〇年，他以候補黨員身分加入全聯邦共產黨。此外也參加民族殖民地問題科學研究者協會、蒙古研究會，持續發表有關亞洲發展及亞洲革命運動的論文。仁欽諾的行為，就像是在學術領域培養新的蒙古人才的同時，也試圖涉足政治。

然而，身為前蒙古國家領導人，同時又被蘇聯領導層視為危險人物的仁欽諾，想不被捲入史達林的大清洗，幾乎是不可能的事情。一九三七年，仁欽諾被當作日本間諜被捕，次年處決。於是，一生為蒙古統一獨立而奮鬥的仁欽諾結束了自己動盪的一生，最終也未能踏回蒙古人的國土上。

家中的仁欽諾

仁欽諾有一位朝鮮妻子瑪麗亞．妮麗佛羅夫娜．娜姆、兩位女兒艾爾吉瑪與伊諾克，還有一位名薩南達爾的兒子。其妻的信中，曾提到仁欽諾會安靜地參加晚會、經常開懷大笑，人很幽默，愛講笑話。而在一九六七年，大女兒艾爾吉瑪回憶她的父親時，也提到他是一位慈祥的父親與丈夫，對他們很好，總是和他們一起玩耍，並告訴他們有趣的事情[58]。

仁欽諾是一位意志堅強的政治家，甚至給人一種難以親近的印象。然而，一旦回到家中，他便化為一位愛家人的好父親、好丈夫。

建設獨立蒙古國的實態

哲布尊丹巴呼圖克圖八世與仁欽諾的活動，反映出了要將居住在廣大地區的蒙古人民統一成一個國家時，將會碰上的實際狀況，以及隨之而來的混亂。哲布尊丹巴呼圖克圖八世作為國家元首，以佛教的王權形象，以及沿用清代以來蒙古社會政治權力結構，成為統合政權內外的蒙古人之象徵。作為佛教權威者，他發揮自己的權威，統合多元的蒙古民族，將國內相互爭鬥的王公與佛教權威人士湊在一起，並凌駕於他們之上。仁欽諾則一面窺探海外局勢及外援國家的臉色，一面千方百計地追求能夠統一蒙古人的手段。他們兩者皆從自己的立場出發，追求統一蒙古人民、建立獨立國家的目標。

他們兩者的另一個特點，在於改變蒙古社會現狀之前，都會首先試圖建立一個符合蒙古社會現狀的國家。例如哲布尊丹巴呼圖克圖八世的權威與蒙古傳統社會的權威是一致的，仁欽諾則主張透過與王公及佛教權威人士的合作來建立國家。

在哲布尊丹巴呼圖克圖八世的統治時期，杭達多爾濟等人與車林齊密特等人之間發生了政治鬥爭。儘管他以自己的權威，將蒙古人統一在博克多汗政權下，但那過程絕非順利；至於仁欽諾，儘管他以建設蒙古國家的領導人之姿大刀闊斧，後來仍因被視為干涉政局的「外人」而受到批判，本人也曾經成為政府內部衝突的根源。可見他們身邊的政治鬥爭，從未停過。

後來，參與建立蒙古國家的外國，讓這場混亂進一步升級。哲布尊丹巴呼圖克圖八世與仁欽諾都接受了外援，並試圖確保讓蒙古人仍是國家建設與營運的主體，堅決反對不必要的外部干涉。儘管這種態度可能引發政治鬥爭，破壞了政局的穩定，但為了讓蒙古人能夠獨立經營自己的國家，他們仍然必須保持這種態度。

即使他們擁有符合蒙古社會的權威、靈活的領導能力與政治鬥爭能力，也仍然無法將多元的蒙古人民團結在一起，而不得不投入蒙古人民內部激烈的政治鬥爭。哲布尊丹巴呼圖克圖八世與仁欽諾的人生，顯示了要將多元的蒙古統合起來是極其困難的殘酷事實。然而即便如此，他們仍懷著蒙古人統一與獨立的夢想，敢於選擇動盪的人生。

杭達多爾濟（一八六九－一九一五年）

喀爾喀部的權威王公、蒙古獨立運動的功臣之一。年輕時就繼承了扎薩克（jasag，旗長）之位，一九〇四年，邀請逃亡至外蒙古的達賴喇嘛十三世加入他的旗。杭達多爾濟要兒子隨達賴喇嘛一起同行，但後來一行人在拜訪北京時，其子卻因在皇宮內的舉措有失禮儀而遭到殺害。據說這導致杭達多爾濟轉向反清行動。他很早就對清朝試圖在蒙古推進的新政抱持否定立場，並開始認真考慮如何讓蒙古人脫離清朝獨立。

一九一一年七月，於庫倫舉辦的王公、佛教權威者的會議，被認為是蒙古獨立運動的開始。該會議上杭達多爾濟被選為使節團成員，前往俄羅斯帝國求援。杭達多爾濟、車林齊密特、海山等人致信俄羅斯帝國外務部，表示希望在維持王公特權的狀況下，建立一個蒙古人國家。

杭達多爾濟同樣加入了辛亥革命爆發後組織的臨時總理喀爾喀事務衙門。國家建設的準備工作以總理事務衙門為中心進行。一九一一年十二月一日，頒布獨立宣言。同年十二月二十九日，博克多汗政權成立。杭達多爾濟同在博克多汗政府中擔任外務大臣，並作為王公代表活動。也因此，他經常和想在博克多汗政權下行使權力的內務大臣車林齊密特發生衝突。對於一定要將內蒙古等廣大地區的蒙古人囊括進蒙古人國家的車林齊密特勢力，優先考量蒙古人利益的王公們表達了強烈的反對。自清朝以後，在佛教權威人士與王公的對立中，本身也是權威王公的杭達多爾濟，自然難以抽身。

與此同時，杭達多爾濟也在建設蒙古人國家上做出了巨大貢獻。他作為外務大臣，為了實現博克多汗政權的獨立而奮鬥。《俄蒙協定》簽訂後的一九一二年十二月，以他為中心的使節團前往了俄羅斯帝國。該使節團一方面以外交使節的駐點、是否將國外蒙古人納入博克多汗政權中等問題進行協商，一方面又試圖與駐聖彼得堡的日、英、法等各國大使進行接觸，甚至考慮進一步前往西歐。杭達多爾濟雖試圖自列強身上爭取建立蒙古人國家的支援，但最終仍以失敗告終。

此外，杭達多爾濟還致力於現代教育的普及。他與車林多爾濟、扎木察拉諾等人合作，推動設立以現代教育為基礎的學校與外語學校。最早的現代學校，於一九一二年三月以附屬於外務部的形式成立；一九一四年，俄文學校成立。

然而杭達多爾濟的努力並未獲得結果，博克多汗政權的國際地位，逐漸縮小為中華民國宗主權下的外蒙古自治。他在恰克圖進行了博克多汗政權、俄羅斯帝國、中華民國三國間的協商準備，並派出了參加協商的代表。不過後續便突然從歷史舞臺上消失，多數人認為他遭到暗殺。暗殺杭達多爾濟的主謀至今仍不清楚，有人認為是博克多汗宮廷的介入，也有人說是中華民國的陰謀等，莫衷一是。[59]

車林齊密特（一八七二—一九一四年）

建立博克多汗政權的功臣之一。年輕時就開始學習佛教、西藏文、滿洲文，是哲布尊丹巴呼圖克圖的沙畢（shavi，指佛教中的門徒，也指哲布尊丹巴呼圖克圖下的屬民），也在管理財產的機構額爾德尼·商卓特巴獲得過「達喇嘛」的稱號。他對清朝以新政的名義覬覦蒙古一事，很早就產生了危機感。

一九一一年七月，在庫倫的王公、佛教權威人士的會議中，決定向俄羅斯帝國的請求援助，車林齊密特也被選入使節團成員中。他們向俄羅斯帝國傳達了建設蒙古人國家的意向，並請求支援。

辛亥革命後，車林齊密特參與了臨時總理事務衙門的設立，加快了國家建設的準備。博克多汗政權時期，他上任內務大臣，內務部在博格多汗政權的五部（內務、外務、軍務、財務、法務）裡排名第一，因此他實際上等於登上了政權的頂峰。為了符合這個地位，他推動了整頓新國家各種制度的工作。其政策領域自教育到自然資源開發等，涉及到了新國家所需的所有問題。

由於他擔任過博克多汗的近侍顧問，因此與博克多汗的關係似乎不錯。對於博克多汗來說，身為佛教權威人士、政府重量級人物的車林齊密特，或許是位重要的親信。

另一方面，他與杭達多爾濟等王公卻時而發生矛盾。其矛盾圍繞著政治權力、新生的蒙古人國家的定位、國家建設的政策等。車林齊密特身邊聚集了海山等各地的蒙古人，形成了支持車林齊密特的勢力。車林齊密特也順應了他們的意志，為實現建設囊括廣大蒙古人在內的國家勞心勞力。一九一二年，在與俄羅斯帝國進行協商時，他積極在即將簽訂的《俄蒙協定》中，納入與蒙古人國家定位有關的廣泛內涵。

當時，俄羅斯帝國正在尋找將博克多汗政權的範圍限定在外蒙古的方法，並對進一步擴大領域的意圖持批判態度。對於俄羅斯帝國的態度，車林齊密特總是表示反對。在各種外交談判中，車林齊密特對俄羅斯帝國皆採強烈的批判態度。為此，俄羅斯帝國也開始認為他是麻煩人物，要求博克多汗政權將他逐出政權之外。

車林齊密特不僅在俄羅斯帝國尋找蒙古人國家的支援者，也在其他國家尋求支援。最終，他選擇的候選對象，是俄羅斯帝國在東北亞的對手——日本。一九一三年，他為了從日本獲得建設蒙古人國家的支持，嘗試經由滿洲與日本取得聯繫。車林齊密特及內蒙古的冰圖郡王棍楚克蘇隆擔任使者出發，但他們抵達滿洲的海拉爾後，便無法再繼續前進。

將王公與俄羅斯帝國視為敵人的車林齊密特勢力，儘管有博克多汗的支持，仍逐漸被杭達多爾濟等王公們壓制。最終，車林齊密特在政治鬥爭中落敗。

一九一四年，車林齊密特被派至外蒙古西部，並於途中身亡，死亡原因不明。據說博克多汗為他的死弔唁，並在其離世的土地上立碑，惋惜其建立的功績[60]。

車林多爾濟（一八六九—一九二八年）

博克多汗政權起步後歷任要職的重要政治家。一九一一年博克多汗政權成立後，他於外務部大顯身手，一九一五年就任外務大臣。如同天生的外交官員，他是一位把現實判斷放在首位的政治家。例如在俄羅斯革命後，車林多爾濟是支持廢除外蒙古自治的政治家之一。或許因為俄羅斯、西伯利亞正因革命而混亂不堪，才讓他判斷先接受中華民國的主張以平息事態，才是現實的選擇。

在有各種蒙古人參與的蒙古人民政府中，作為政治家的老練手腕是極其必要的。在蒙古人民政府中，他首先被任命為外務部主任官，鮑道下臺後，又登上了外務部長之座。一九二三年，總理扎勒堪扎呼圖克圖去世，車林多爾濟就任總理。

車林多爾濟與王公、佛教權威人士關係密切。對於仁欽諾等人來說，他是能夠發揮連結蒙古人民政府與王公、佛教權威人士作用的存在。他之所以能就任總理，或許也正是大家期待他能發揮這方面的能力。

然而也因為這種立場，對於蘇維埃來說，車林多爾濟是個麻煩的存在。將王公與佛教權威人士視為「反蘇」的蘇維埃，也將他定為「反蘇」勢力的一部分，並敵視之。阿瑪嘎耶夫以及蘇聯駐蒙古全權代表P．M．尼基福羅夫甚至計畫將其從政權中除名。

對此，車林多爾濟認為，蘇聯的援助在作為蒙古人國家後盾的層面上雖然有其必要，但蒙古人國家的經營，應還是由蒙古人自己負責，沒必要聽從蘇聯的指示。他認為仁欽諾等布里亞特蒙古人也是干涉外蒙古的存在。在反對蘇維埃不符合外蒙古實情的政策時，他選擇了與仁欽諾合作。然而，雙方的合作關係並非是在任何場合都能發揮的。車林多爾濟與仁欽諾的關係逐漸惡化，後也成為仁欽諾突然消失在外蒙古政治舞臺上的原因之一[61]。

仁欽諾離開蒙古後，出身蒙古人民共和國的地方青年被拔擢到政權的中樞，他們猛烈抨判車林多爾濟等資深政治家。其代表人物根登認為車林多爾濟總在輕視他們，並向蘇聯方面通報。在激烈的政治鬥爭中，車林多爾濟於一九二八年病逝。在同年年底發生的政變中，與車林多爾濟共同執政的政界人士紛紛失勢。導致這事態的一個原因，也可能是因為車林多爾濟的死，造成再也沒有其他政治家能夠阻止政治鬥爭。

其他人物

一、蒙古獨立運動前夕

貢桑諾爾布

一八七一—一九三一年。內蒙古東部的王公、卓索圖盟喀喇沁右旗的扎薩克。喀喇沁右旗是漢人來往及農耕化發達的地區，當地王公與清朝的關係也非常密切。十九世紀末，貢桑諾爾布憂心暴動、叛亂頻發，於是開始進行改革自旗的制度。他的改革與清朝的改革步調統一，並在俄羅斯、日本的幫助下得以實現。一九〇六年，為清朝對蒙古的政策改革提出建議，並被採納進蒙古新政。不過在辛亥革命、蒙古獨立運動爆發之際，他不得不考慮維持自己的旗、慎重考慮自己的未來。一方面考慮加入博克多汗政權，一方面又不得不做出現實的選擇。最終，他選擇歸順中華民國政府，後於中華民國歷任蒙藏院總裁等要職。

達賴喇嘛十三世

一八七六—一九三三年。達賴喇嘛十三世圖登嘉措生於西藏，在受到達賴喇嘛化身認定後，自一八九五年起開始涉足政治。當時的西藏被試圖進軍西藏的英、俄以及欲加強統治力量的清朝包圍。達賴喇嘛十三世為維持政權而奮鬥，並且為了躲避各勢力的進攻而離開西藏，同時向其他勢力尋求協助。在此過程中，他訪問了蒙古。辛亥革命後的一九一三年，他回到西藏宣布西藏獨立，並與走同一條道路的博克多汗政權簽訂《蒙藏條約》。達賴喇嘛十三世對蘇聯有著強烈的不信任感，甚至對重視與蘇聯締結關係的阿旺·德爾智也產生了不信任感。後續掌握政治權力，在英、俄、中的夾縫中維持西藏獨立而奔波，但現代化政策仍以失敗告終。

阿旺·德爾智

一八五四—一九三八年。布里亞特出身的僧侶，約自一八八八年開始隨達賴喇嘛十三世活動，於一八九八年前往俄羅斯帝國後，開始為尋求俄羅斯帝國對西藏的援助而奔波。西藏宣布獨立後，他前往博克多汗政權進行協商，致力於簽署《蒙藏條約》。此後奔波於蘇聯的佛教改革，同時尋求蘇聯對西藏的援助，然而卻讓他與不信任蘇聯的達賴喇嘛十三世產生矛盾。此外，他也與參與外蒙古政局的布里亞特蒙古知識分子有所聯繫。德爾智的活躍，體現在各地蒙古人與西藏在佛教與蒙古人統一此兩個面向的活動之中。然而，史達林的大清洗浪潮，還是波及到了想改革布里亞特佛教的他身上。原先就健康狀態不佳的德爾智，於一九三七年被捕後，次年離世。

二、從博克多汗政權到蒙古人民政府

海　山

一八六二？—一九一七？年。內蒙古東部出身的蒙古王公。他的家鄉有大量漢人往來，蒙古人與漢人的衝突屢見不鮮。他本身也曾投身漢人鬥爭，因而受到問罪，最終逃到哈爾濱。在該處，他從事蒙古文報紙《蒙古新聞》的編輯工作，後來到外蒙古，自蒙古獨立運動起步時就參與其中。他與杭達多爾濟、車林齊密特等人一同加入了請求俄羅斯援助的使節團，前往了俄羅斯。博克多汗政權起步後，與車林齊密特關係密切的他於內務部工作。他們身邊形成了追求囊括廣大地區的蒙古人國家的群體。在博克多汗政府向內蒙古派兵時，他與巴布扎布等人一起擔任了指揮官。而就在車林齊密特去世、博克多汗政權被局限在外蒙古自治的情況中，他收到中華民國對前往外蒙古的內蒙古人的歸順通告，也離開了內蒙古。

巴布扎布

一八七五—一九一六年。出身於內蒙古東部，是參與博克多汗政權的蒙古人之一。博克多汗政權成立後，他前往外蒙古加入該政權。在博克多汗政權向內蒙古派兵時，他是帶領軍隊的指揮官之一。博克多汗軍雖然在內蒙古各地取得了勝利，但未能維持戰線，且又在中華民國、俄羅斯帝國的壓力下，最終於一九一三年底開始撤退。然而巴布扎布與部隊一起留在了內、外蒙古的接壤地區，獨自與中華民國展開死鬥。日本的大陸浪人打算利用巴布扎布，而巴布扎布也打算引來日本的援助。最終，巴布扎布在這過程中，戰死於與中華民國軍的戰役中。他的殘存兵力，有一部分後來參加了「大蒙古國」建國運動。

那木囊蘇倫

一八七八—一九一九年。擁有統治喀爾喀部的四汗之一的「賽音諾顏汗」稱號的權威王公。一九一二年，博克多汗政權設立總理府時，那木囊蘇倫被任命為總理大臣。人們認為，總理府、總理大臣的設置，是出自王公與俄羅斯帝國的意圖，其目的在於抑制內務部長車林齊密特過於強大的權限[62]。在博克多汗政權中，他在對外協商上顯得特別活躍。一九一二年，他作為內閣成員之一，參與了與俄羅斯帝國的協商，最終簽訂《俄蒙協定》。一九一三年，那木囊蘇倫的使節團前往聖彼得堡，與俄羅斯帝國政府進行交涉，他們就《中俄宣言》的內容、軍事與經濟方面的援助進行了協商。此外，不僅是俄羅斯帝國，他也曾企圖向英、美、法、日等大使館致信，或是直接前往西歐各國。此後還歷任國家上院議長、軍務部長。

扎勒堪扎呼圖克圖・達木丁巴扎爾

一八七四—一九二三年。「扎勒堪扎呼圖克圖」是外蒙古西部著名的化身。蒙古獨立運動時，扎勒堪扎呼圖克圖八世達木丁巴扎爾，為了將外蒙古西部地區納入博克多汗政權而積極行動。在經過俄羅斯革命、面臨廢除外蒙古自治之際，他奉博克多汗之命前往北京，向中華民國大總統提出停止廢除自治的要求。外蒙古自治政府復興後，他被任命為總理、內務部長，但不久後辭職前往外蒙古西部。另一方面，他也對蒙古人民黨成員表示理解，協助蒙古人民政府。對於蒙古人民政府來說，他是連接新政府與王公、佛教權威人士的必要人才。也因此在鮑道失勢、蒙古人民政府總理職位產生空缺的一九二二年三月，他在仁欽諾的推薦下登上了總理之位。然而最終卻在次年逝世。

馮・恩琴

一八八七—一九二一年。全名羅曼・費奧多羅維奇・馮・恩琴—史登伯格，出身於奧地利的愛沙尼亞移民、俄羅斯帝國軍人。參加過日俄戰爭、第一次世界大戰，經歷了俄羅斯革命。他隨著謝苗諾夫在滿洲、外貝加爾地區與布爾什維克戰鬥。謝苗諾夫自外貝加爾撤退後，一九二〇年夏天，他率領亞洲騎兵師團進入外蒙古。得到嚮往復興自治的蒙古人支持，他於一九二一年二月從中華民國軍隊手上解放了庫倫，並希望恢復各地因革命而被廢除的君主制。另一方面，他在庫倫鎮壓了布爾什維克及猶太人。

一九二一年五月，為了與在北方日益強大的蘇聯軍隊作戰，他向遠東共和國出擊，然而出師不利，吃了敗仗。其後，馮．恩琴在蒙古高原轉戰，最終遭蒙古軍隊抓獲送交蘇俄，受到處決。

謝苗諾夫

一八九〇—一九四六年。全名格里戈里．米哈伊洛維奇．謝苗諾夫。外貝加爾哥薩克出身，作為反布爾什維克派，與蘇聯長期鬥爭。一說是他身上流有布里亞特蒙古人的血統。早在一九一〇年代開始，他就與蒙古人建立了關係。在俄羅斯革命後的內戰與干涉戰爭時期，他試圖得到日本在西伯利亞軍隊的力量，於外貝加爾建立自己的政權。為了得到布里亞特蒙古人的協助，謝苗諾夫接近他們，最終推動了「大蒙古國」建國運動。在西伯利亞的反布爾什維克活動失敗後，他幫助俄羅斯人逃亡國外，並為了與布爾什維克繼續戰爭，巡訪了日本、中國、美國等地尋求援助。此外，謝苗諾夫利用自己的血統與蒙古有關的事實，與希望獨立的蒙古人建立了關係，並試圖繼續與布爾什維克對決。這樣的謝苗諾夫身邊，也有蒙古人慕名而來。在滿洲國，他作為白俄僑民的權威人士進行活動，對白俄僑民事務局產生了影響力。最終，他在日本戰敗後，被蘇聯逮捕、處死。

哈丹巴特爾．馬克思爾扎布

一八七八—一九二七年。於博克多汗政權後，持續參與蒙古國建設的王公。博克多汗政權時期，他致力於解放外蒙古的西部城市科布多，並果敢地與中華民國軍隊戰鬥。擁有高超軍事能力的他，在蒙古人民政府也被視為重要人才，先後歷任軍務副部長、全軍副司令。在蒙古人民黨成員，以及王公與佛教權威人士中都有人脈的馬克思爾扎布，被人們認為是連接兩派的人物。仁欽諾對他高度評價，而他也支持仁欽諾擔任蒙古國重要領導人。然而，蘇維埃卻將他視為王公並敵視之。對於一面提供蒙古人國家協助，一面又干涉其中的蘇聯，馬克思爾扎布的想法難以言喻。一九二二年，他在即將被任命為蒙古駐莫斯科人民政府全權代表時，表示因不願被派遣，而拒絕該任命。一九二二年底，代蘇赫巴托就任軍務部長。

車臣汗・那旺納林

一八八七—一九三七年。擁有統治喀爾喀部四汗之一的「車臣汗」稱號的權威王公，也是博克多汗政權以來的重要政治家。一九一〇年世襲車臣汗之位，在博克多汗政權成立後，於總理府活動。一九一五年就任法務部長。蒙古人民政府成立後，成為協助政府的權威王公之一。一九二二年任內務部長，發揮了連接王公、佛教權威人士及蒙古人民政府、蒙古人民共和國的作用。在這一點上，仁欽諾對他高度評價，並強烈批判僅因王公的身分便否定那旺納林功勞的蘇聯代表們。那旺納林除擔任內務部長外，也歷任國家小會議（蒙古人民共和國的政治機構，在國會閉會期間擁有國家最高權力，以協商重要政治問題）成員、科學委員會副委員長等職，在蒙古人民共和國的國家建設中發揮了重要作用。最終於一九三七年，喬巴山開始大清洗後，那旺納林被作為策劃陰謀的成員之一被捕、處決。

三、蒙古人民政府、蒙古人民共和國的政治家

鮑道

一八八五—一九二二年。早年便進入寺院修行，曾以記者身分於《新視角》等當時的報紙上發表各種評論，同時作為社會運動家活動。在俄羅斯帝國領事館駐庫倫的翻譯培訓學校擔任教師時，碰上外蒙古自治廢除事件。他將同志們團結起來，組成了有「領事館山丘派」之稱的團體。不久後與丹增集團合併，於一九二〇年夏天成立蒙古人民黨，作為黨的創立者之一，鮑道前往蘇俄請求援助。鮑道當初被蘇俄評為有望人才，鮑道則將蘇俄的行動視為對外蒙古的干涉。在蒙古人民政府中，他同時兼任總理和外務部長。後因鮑道對蘇俄的批判日益強烈，導致了他與奧夫欽的對立。一九二二年一月，被逐出黨及政府。後續，他追求一種不需依賴蘇俄的蒙古人國家模式，尋找了多種方法，然而此舉卻提高了奧夫欽的危機感，最終鮑道於同年八月被捕、肅清。

丹增

一八八四—一九二四年。為蒙古人民黨、蒙古人民政府的成立發揮中心作用的人物之一。擔任外蒙古自治政府財務部官員時，他面臨了外蒙古自治廢除的局面，在與同志們反覆討論今後的外蒙古問題後，正式啟動了復興自治的行動。丹增領導的集團被稱為「東庫倫派」，是以外蒙古自治政府的基層官員

為主體的團體。不久後，丹增的集團與鮑道的集團於一九二〇年夏天結成了蒙古人民黨。蒙古人民黨最初派往蘇俄請求援助的七人中就包括丹增。丹增於蒙古人民政府擔任財務部長，一九二一年秋天，成為使節團的一員，前往與蘇俄政府簽訂友好條約。此後歷任過蒙古人民黨中央委員會幹部、副總理、全軍司令等要職。然而後與仁欽諾等權威政治家對立，導致逐漸在政府內部被孤立。此時，斯塔爾科夫、寶音鄂木合的聯手，決定了他的命運。一九二四年夏天的政變中，丹增於蒙古人民黨第三次大會上被捕、肅清。

蘇赫巴托

一八九三—一九二三年。自蒙古人民黨創立之初就參與其中，是主要活躍於軍務領域的人。外蒙古自治廢除時，他加入丹增一派，參與了蒙古人民黨的成立。在由蒙古人民黨召集的蒙古人民義勇軍中擔任全軍司令，蒙古人民臨時政府成立時就任軍務部長，直到蒙古人民政府成立後也同樣擔任該職。一九二一年秋天，他加入了與蘇俄政府簽訂友好條約的使節團。最終於一九二三年英年早逝。去世後，他被傳唱為創建蒙古人民黨、蒙古人民政府的一等功臣。在社會主義時代，則被刻畫成「蒙古人民革命」的偉大領導人。乍看之下，他在蒙古人民政府中掌握了軍事權力，但實際上統管軍事的全軍評議會議長仁欽諾，才是軍事領導人。

霍爾洛・喬巴山

一八九五—一九五二年。出生於貧困家庭，於佛教寺院生活後，最終抵達庫倫。面臨外蒙古自治被廢除時，他加入鮑道派系，參與了蒙古人民黨的創建。蒙古人民政府成立後，於一九二一年八月參與了蒙古青年政治組織「蒙古革命青年同盟」的成立，並擔任其中央委員會委員長。其後歷任全軍司令、蒙古人民黨中央委員會幹部等職。一九三〇年代，史達林試圖將蒙古人民共和國置於蘇聯強大的統治之下，於是企圖透過喬巴山之手，掃蕩蒙古的「反蘇」政治家。在史達林的支援下，喬巴山在蒙古人民共和國掌握了政治、軍事權力，並實施了大清洗。另一方面，因喬巴山始終並未放棄建設囊括廣大地區蒙古人的國家，於是逐漸與史達林對立，因而身亡。

扎木察拉諾

一八八一—一九四〇年。全名策本・扎木察拉諾。曾活動於蒙古人民共和國的布里亞特蒙古知識分子。他與仁欽諾一樣在聖彼得堡大學就讀後，前往外蒙古參與了《新視角》等報紙的發行。俄羅斯革命後，他參與了布里亞特政治運動，但並未參加「大蒙古國」建國運動的赤塔大會。此後，他與仁欽諾等人一同參與了蒙古人民黨的活動。蒙古人民政府成立後，他曾擔任蒙古人民黨中央委員會幹部、財政協議會委員、人民教育部長官等職，參與起草憲法等，致力於蒙古人國家的建設。此外，他也擔任過典籍委員會研究書記，收集了與蒙古人歷史、文化相關的各種文獻，為蒙古人國家的學問發展做出了貢獻。

一九二八年失勢後，轉任蒙古的科學研究所研究書記，一九三二年在蘇聯科學院東洋學研究所進行研究，從事學術活動。據稱扎木察拉諾後也遭到大清洗的波及，於一九三七年被捕，死於獄中。

墨爾色

一八九四—一九三〇年代中期後？。呼倫貝爾的韃靼知識分子，漢名「郭道甫」。一九一七年，他成立呼倫貝爾學生會，開展政治活動，後作為呼倫貝爾代表參加「大蒙古國」建國運動。蒙古人民政府成立後，墨爾色等人與之進行接觸，得到了蒙古人民黨東方部的認可。他出身的地區鄰近俄羅斯、外蒙古地區，因此他的勢力相當重視與外蒙古、蘇維埃的關係。此外，他也接觸了色楞棟魯布等中華民國境內其他地區的蒙古人，並於一九二五年與他們合作，成立了內蒙古人民革命黨。然而，他在黨內與色楞棟魯布發生衝突，導致了政黨分裂，運動失敗。墨爾色等人在共產國際的指導下，於呼倫貝爾發動武裝起事，但這場起事以失敗告終，轉向與張作霖的兒子張學良進行交涉。之後，他以與中國的關係為前提，摸索蒙古人社會的獨立方式。九一八事變後，他前往滿洲里的蘇聯駐領事館，後來便行蹤不明，可能遭到蘇聯方面逮捕[63]。

色楞棟魯布

一八九四—一九八〇年。出身於內蒙古東部的蒙古知識分子，漢名「白雲梯」。他的故鄉因為漢人農民的往來而受到漢人文化影響，具有獨自的文化。出生於該地的色楞棟魯布，將蒙古人社會獨立的希望寄託在中國國民黨。一九一九年，他在上海遇見孫文，加入國民黨。一九二〇年，色楞棟魯布被任命為內蒙古等地的國民黨特派員。後與墨爾色等蒙古知識分子、蒙古人民共和國建立關係，並於一九二五年成立了內蒙古人民革命黨。然而，因墨爾色的優先考量是與蒙古人民共和國、蘇聯的關係，雙方方針不一致，導致黨內發生矛盾，終致分裂。一九二八年，色楞棟魯布於南京要求將內蒙古人民革命黨改編為國民黨內蒙古分部。此後雖被捲入國民黨內部的政治鬥爭，仍為內蒙古社會行動。戰後，他與國民黨一同參與國家建設，但不久後移居臺灣，並在臺灣去世。

阿瑪爾

一八八六—一九四一年。蒙古人民共和國的強人政治家。一九二三年起，歷任外務部長、經濟部長、內務部長，亦經常當選蒙古人民黨中央委員會幹部，並於車林多爾濟逝世後就任總理。此外，他在學術領域也非常活躍，撰有描寫近代蒙古史的《蒙古簡史》等書。他重視蒙古人國家的獨立，希望打造一個不依賴蘇聯的國家。也因此，一九二八年他被批判為「右翼」，後在蒙古人民共和國急進的社會主義化政策「極左政策」中，於一九三〇年被罷免總理。一九三二年，「極左政策」失敗，為收拾該政策帶來的混亂，政府轉向進一步推動現代化的「新轉換政策」，使他重新掌權，就任蒙古人民共和國國家小會議議長，與總理根登一同致力於建設不過於依賴蘇聯的蒙古人國家。不過，後來在面臨史達林的壓力，以及喬巴山的崛起，阿瑪爾於一九三九年被視為策劃陰謀的主謀逮捕，最終被移送蘇聯，一九四一年遭處決。

寶音鄂木合

一九〇一—一九三七年。於政治領域、文學領域皆相當活躍的蒙古青年知識分子。在外蒙古自治復興運動中，他加入了蒙古人民黨，參與蒙古人民黨的機關報《蒙古的真相》的編輯。蒙古人民政府成立後，一九二一年八月，參與蒙古革命青年同盟的成立，開始受到青年同盟領導人斯塔爾科夫的影響。在斯塔爾科夫的領導下，他批判了與之對立的仁欽諾、車林多爾濟、丹增等人。與仁欽諾鬥爭，最終以寶音鄂木合失勢收尾，但他被認為是受到斯塔爾科夫的影響，因此躲過了肅清，被派往內蒙古。後於內蒙古參與內蒙古人民革命黨的成立。回到蒙古人民共和國後，他在丹巴道爾吉政權下活動，後於一九二八年再次失勢。在如此激烈的政治鬥爭的另一方面，他也參與作家團體的創立，發表無數的文學作品，對蒙古文學的貢獻也非常大。一九三七年，於喬巴山的大清洗下犧牲。

索林・丹增

一八七五—一九三二年。他與蒙古人民黨的創立者丹增是不同人物。因曾去過日本，所以也受人稱為「日本・丹增」。他自蒙古人民黨創立初期，便參與黨內活動，一九二三年成為黨中央委員會委員長。他是支持仁欽諾的政治家之一，在圍繞蒙古人民黨第二次大會是否召開的鬥爭中，表明了支持仁欽諾的立場，抵抗了黨大會的召開。仁欽諾也給予其高度評價。在仁欽諾與斯塔爾科夫的政治鬥爭中，他與仁欽諾一同強烈批判了斯塔爾科夫。此外，他外交上也非常活躍，曾與中國國民黨幹部進行交涉、擔任蒙古全權駐蘇聯代表等。後於一九二八年失勢，一九三二年被捕，死於獄中。

圖拉爾・雷斯庫洛夫

一八九四—一九三八年。哈薩克人、穆斯林共產黨（穆斯林共產黨員，在蘇維埃的領導下尋求突厥裔穆斯林獨立的人們）。自一九一六年的中亞穆斯林叛亂時期，便開始從事政治活動。俄羅斯革命後，與共產黨勢力一同活動。曾任突厥斯坦共和國中央執行委員會議長、蘇維埃俄羅斯民族問題人民委員部第二副代表等中亞、蘇維埃之要職。但是莫斯科對其背景仍有所顧忌，後將其調至共產國際，一九二四年派遣至外蒙古。作為共產國際駐蒙古執行委員會代表，為了執行共產國際的指示，與仁欽諾產生嚴重的對立。此外，他曾趁蒙古人民共和國試圖與新疆蒙古人建立關係時，向莫斯科積極主張支援新疆的突厥裔穆斯林社會。此後，他擔任俄羅斯蘇維埃聯邦社會主義共和國人民委員會副議長，致力於中亞突厥裔穆斯林的獨立與發展，然而最終犧牲於一九三八年的史達林大清洗中。（↓詳見第九卷第十四章）

根　登

一八九五—一九三七年。雖出生於遊牧民族家庭，但在雷斯庫洛夫的政策下，他被地方推舉至政權中樞，登上了政治舞臺。於一九二四年的蒙古人民共和國第一屆國會獲選為國家小會議議長。當時的國家領導層，對於根登等地方出身人士忽然被提拔上來的現象感到不滿，因而經常發生矛盾。後於蘇聯的支持下，他們逐漸掌握權力，並於一九二八年成功推翻丹巴道爾吉等領導層。然而在「極左政策」時期，他認為共產國際的該政策並不適合外蒙古，因此逐漸轉為反對派。在「極左政策」失敗後，他就任總理及外務部長，試圖透過「新轉換政策」推動蒙古人國家的建設與現代化。後與史達林逐漸對立，根登曾試圖做出抵抗，最終仍舊失勢，他被解除要職、送往蘇聯，並於一九三七年被捕、處決。

阿瑪嘎耶夫

一八九七—一九四四年。全名馬特維耶．阿瑪嘎耶夫。是布里亞特蒙古的知識分子。在俄羅斯革命後的混亂中從事政治活動。一九二三年，布里亞特蒙古自治蘇維埃社會主義共和國成立後，在蘇聯的統治下為實現布里亞特的獨立與發展而活動。此外，他也活躍於外蒙古。曾任蒙古人民共和國財務部顧問等職。一九二五年，就任共產國際駐蒙古執行委員會代表。他忠實地遵守共產國際的方針，與王公、佛教權威人士對抗，與反對該方針的丹巴道爾吉、車林多爾濟等人產生對立。一九二八年丹巴道爾吉失勢後，阿瑪嘎耶夫領導了「極左政策」。然而在途中因與根登等人對立，於一九二九年離開外蒙古。後於赤色教授學院讀書，並擔任了耶努吉澤紀念東方現用語言研究所所長。最終於一九三七年被捕後逝世。

丹巴道爾吉

一八九九—一九三四年。活躍於蒙古政治舞臺的青年知識分子。自蒙古人民黨成立之初就參與政黨活動。蒙古人民政府成立後，年紀輕輕便就任蒙古人民黨中央委員會委員長。一九二三年初，前往彼得格勒（今聖彼得堡）留學。回國後，圍繞在蒙古人民黨第二屆大會的舉行問題與索林．丹增對立，並站在贊成舉辦黨大會一方。當仁欽諾與斯塔爾科夫開始鬥爭後，站在了批判斯塔爾科夫的立場上。這可能與當時僅有二十餘歲的丹巴道爾吉容易受到重量級人物仁欽諾、車林多爾濟影響有關。一九二四年夏天政變中，丹巴道爾吉抨擊斯塔爾科夫派系。在蒙古人民黨第三屆大會上，他再次被任命為黨中央委員會委員長。此後一直處於政權中心，直到一九二八年底。然而隨著局勢劇變，他的活動以失敗告終，一九二八年底失勢。倒臺後，便一直於莫斯科生活，雖渴望回到外蒙古，但最終未能如願，客死他鄉。

注釋

1. 本章各人物的描寫主要以下述研究為參考：Christopher P. Atwood. *Young Mongols and Vigilantes in Inner Mongolia's Interregnum Decades, 1911-1931*. 1, 2. Leiden/Boston/Köln: Brill. 2002; Эмгэнт Оохнойн Батсайхан. *Монголын сүүлчийн эзэн хаан VIII Богд Жавзандамба. Амьдрал ба домог*. Улаанбаатар. 2014; Ч. Дашдаваа. *Улаан түүх. Коминтерн ба Монгол*. Улаанбаатар. 2003; Хэрээд Л. Жамсран. *Монголын төрийн тусгаар тогтнолын сэргэлт*. Улаанбаатар. 1997; Ш. Б. Чимитдоржиев, Т. М. Михайлов. сост. *Выдающие ся бурятские деятели XVII-начало XX вв*. Вып. 1. Улан-Удэ. 1994; Ш. Б. Чимитдоржиев, Т. М. Михайлов. сост. *Выдающиеся бурятские деятели*. Вып. 3. Улан-Удэ. 1999; Евгений Белов. *Барон Унгерн фон Штернберг*. Москва. 2003; Чунтын Болдбаатар. *XX зууны Монголын улстөрийн зүтгэлтнүүд*. Улаанбаатар. 2004; С. Л. Кузьмин. *История барона Унгерна. опыт реконструкции*. Москва. 2011; С. Л. Кузьмин. *Теократическая государственность и буддийская церковь Монголии в начале XX века*. Москва. 2016; Харнууд Зоригтын Лонжид, Харгана Жаргалын Өлзий. *Шудрага баатар Бавуужав*. Улаанбаатар. 2002; С. К. Рощин. *Политическая история Монголии (1921-*

1940 гг.). Москва. 1999. 青木雅浩，《モンゴル近現代史研究：1921～1924年——外モンゴルとソヴィエト、コミンテルン》，早稲田大學出版部，二〇一一年。橘誠，《ボグド・ハーン政権の研究——モンゴル建国史序説 1911-1921》，風間書房，二〇一一年。棚瀬慈郎，《ダライラマの外交官ドルジーエフ——チベット仏教世界の20世紀》，岩波書店，二〇〇九年。中見立夫，〈ハイサンとオタイ——ボグド・ハーン政権下における南モンゴル人〉，《東洋學報》五七—一・二，一九七六年。中見立夫，〈ボグド・ハーン政権の対外交渉努力と帝国主義列強〉，《アジア・アフリカ言語文化研究》一七，一九七九年。中見立夫，《「満蒙問題」の歴史的構図》，東京大學出版會，二〇一三年。二木博史，〈リンチノとモンゴル革命〉，《東京外國語大學論集》五一，一九九五年。

2. 盟旗制度是蒙古在清朝時的行政體系，由蒙古人組成小集團「牛彔」（Niru，佐領），再由多個牛彔形成名為「豪袖溫」（khoshun，旗）的單位。於每數個豪袖溫中設置一個名為「楚固拉干」（chuulghan，盟）的王公會盟。接著再從蒙古王公中任命「扎薩克」（旗長），作為統管豪袖溫的人。

3. 本章將相當於今日蒙古的地區稱為「外蒙古」、將相當於清朝時期的內蒙古六盟（哲里木、卓索圖、昭烏達、錫林郭勒、烏蘭察布、伊克昭）地區稱為「內蒙古」，以地理概念方便稱之。

4. 庫倫日後更名烏蘭巴托，自當時就是外蒙古的核心地帶。

5. Дугарсүрэнгийн Энхцэцэг. *Улсын Эх Дагина*. Улаанбаа тар. 2011.

6. Энхцэцэг，同前注。Батсайхан，同前注。

7. 石濱裕美子，〈ジェブツンダンパ8世の王権像について——ダライラマとの比較から〉，《史滴》三七，二〇一五年。石濱裕美子，〈ダライラマ13世によるモンゴル仏教界の綱紀粛正とその意義について〉，《櫻文論叢》九六，二〇一八年。

8. 橘，同前注。Батсайхан，同前注。

9. 出身於內蒙古科爾沁右翼前旗之王公家族。一九一二年於內蒙古起事失敗後逃往北方，加入博克多汗政權，開始參與政權活動。

10. 清朝時期新疆的蒙古人集團察哈爾部的有力人物。一九一一年因與清朝衝突，他與新疆察哈爾部的人們一同加入了博克多汗政權。由於他的活躍，被認可於外蒙古組成自己的旗。

11. 橘，同前注。

12. 石濱裕美子，〈ジェブツンダンパ8世の即位礼にみるダライラマの即位礼の影響について〉，《日本モンゴル学会紀要》四四，二〇一四年。Кузьмин，同前注，二〇一六年。

13. 石濱，同前注，二〇一五年。橘，同前注。二木博史，〈チベット人活仏がモンゴル国王として即位するための条件——19世紀すえのモンゴル語文書史料の分析〉，二木博史編，《文書史料からみた前近代アジアの社会と権力》，東京外國語大學大學院地域文化研究科21世紀COE「史資料ハブ地域文化研究拠点」本部，二〇〇七年。Кузьмин，同前注，二〇一六年。

14. 本部分可詳見前野利衣，〈十七世紀後半ハルハ＝モンゴルの権力構造とその淵源——右翼のチベット仏教僧に着目して〉（《史學雜誌》一二六—七，二〇一七年）。

15. 本章在稱呼俄羅斯革命後成立於俄羅斯的蘇維埃政權時，係以下列規則為基礎：俄羅斯蘇維埃聯邦社會主義共和國時期稱「蘇維埃俄羅斯」（蘇俄）；一九二二年底後的蘇聯（蘇維埃社會主義共和國聯邦）時期稱「蘇聯」；需將兩者總括稱呼時則稱「蘇維埃」以求精簡。

16. 橘，同前注。Батсайхан，同前注。Жамсран，同前注。

17. 布爾什維克方面的軍隊稱為紅軍，反布爾什維克派的軍隊則稱為白軍。

18. 青木，同前注，二〇一一年。

19. 鮑道事件之本人的供述書（モンゴル国のУТНОНББА〈政党・公共機関文書館所蔵史料〉Ц.6-Д.1-ХН.11-Х.5）。關於鮑道事件，請詳見「額勒貝格道爾吉・仁欽諾」條目第三節〈第一次鬥爭——鮑道事件〉。

20. 隨著俄羅斯革命的發生與共產主義運動的發展，一九一九年成立於莫斯科的共產主義革命組織，用以統括各國的共產黨。其目標是推動世界規模的共產主義革命，同時也於各地施行蘇維埃的對外活動。

21. М. Аоки. А. Я. Охтины илтгэл дэх Богд хаан ба Д. Бодоогийн хэрэг явдал. Ответственные редакторы выпуска С. Л. Кузьмин, О. Батсайхан. *Институт Богдо-гэгэна в истории Монголии. К 150-летию Богдо-гэгэна Джебцзундамба-хутухты VIII – последнего великого хана монголов*（Труды Института востоковедения РАН. Выпуск 25）. Москва. 2019.

22. 蘇聯國家政治保衛局係由全俄肅清反革命及怠工非常委員會改編而來，負責蘇維埃的國內政治保安、反間諜、對外諜報等工作。後再改編為國家安全總局。

23. 國家政治保衛局貝加爾湖（Прибайкалье）縣支部在一九二三年三月九日的報告書中，記載了車臣汗、哈丹巴特爾・馬克思爾扎布、扎勒堪扎呼圖克等與反政府組織關係人的名字（Науч. ред. В. В. На умкин, отв. ред. К. В. Орлова, В. В. Грайворонский. *Монголия в документах из архивов ФСБ России (1922-1936 гг.). Сборник документов*. Москва. 2019）。然而並未表明他們是否實際參與反政府組織。

24. Науч. ред. В. В. Наумкин, отв. ред. К. В. Орлова, В. В. Грайворонский. *Монголия в документах из архивов ФСБ России (1922-1936 гг.). Сборник документов*. Москва. 2019.

25. Батсайхан，同前注。

26. Кузьмин，同前注，二〇一六年。Батсайхан，同前注。

27. РГАСПИ（俄羅斯國家社會政治史檔案館） Ф.495 ОП.152-Д.29-Л.175.

28. УТНОНББА Ф.4-Д.1-ХН.242-ХХ.86-87.

29. Харцага Балдир овогт Дэмбэрэлийн Өлзийбаатар эмхт. *XX зууны 20-иод оны тэмдэглэлүүд*. Улаанбаатар. 2007.

30. Б. В. Базаров, Б. Д. Цибиков, С. Б. Очиров ред. *Элбек-Дорджи Ринчино о Монголии*. Улан-Удэ. 1998.

31. 二木博史，〈大モンゴル国臨時政府の成立〉，《東京外國語大學論集》五四，一九九七年。生駒雅則，〈シベリア内戦とブリヤート・モンゴル問題〉，《スラヴ研究》四一，一九九四年。Ivan Sablin.*Governing Post-imperial Siberia and Mongolia, 1911-1924. Buddhism, Socialism, and Nationalism in State and Autonom Building*. Abingdon: Routledge. 2016.

32. 青木，同前注，二〇一一年。

33. 二木，同前注，一九九七年。

34. 青木，同前注，二〇一一年。РГАСПИ Ф.495-ОП.152-Д.27-ЛЛ.7-8.

35. 一九二五年，蒙古人民黨更名為蒙古人民革命黨。

36. Базаров, Цибиков, Очиров ред.，同前注。

37. 青木雅浩，〈モンゴル人民共和国の対内モンゴル軍事指令とその政治的影響（1924-1925）〉，《東京外國語大學論集》

九三，二〇一六年。

38. 青木，同前注，二〇一一年。
39. АВПРФ（ロシア連邦外交政策文書館）Ф.0111-ОП.4 ПАП.105а-Д.1-Л.121.
40. Лхамсүрэнгийн Бат-Очир. *Догсомын Бодоо*. Улаанбаатар. 2001.
41. Базаров, Цибиков, Очиров ред.，同前注。
42. 青木，同前注，二〇一一年。
43. РГАСПИ Ф.495-ОП.152-Д.18-Л.12.
44. 青木，同前注，二〇一一年。
45. 青木，同前注，二〇一一年。
46. РГАСПИ Ф.495-ОП.152-Д.31-Л.26.
47. 青木，同前注，二〇一一年。
48. УТНОНББА Ф.4-Д.2-ХН.7-Х.23.
49. 二木，同前注，一九九五年。
50. УТНОНББА Ф.4-Д.2-ХН.7-ХХ.23-24.
51. УТНОНББА Ф.4-Д.1-ХН.364-ХХ.16-17.
52. РГАСПИ Ф.495-ОП.152-Д.31-Л.27.
53. УТНОНББА Ф.4-Д.2-ХН.7-ХХ.33-34.

54. РГАСПИ Ф.495-ОП.154-Д.236-Л.291.

55. 二木，同前注，一九九五年。

56. И. И. Кудрявцев отв. сост. *Монголия в документах Коминтерна (1919-1934)*. Часть 1（1919-1929）. Улан-Удэ. 2012.

57. 二木，同前注，一九九五年。

58. Р. Д. Нимаев, Б. Б. Батуев, С. Б. Очиров, Д.-Н. Т. Раднаев. ред. *Элбек-Доржи Ринчино. Документы, Статьи, Письма.* Улан-Удэ, 1994; Базаров, Цибиков, Очиров ред.，同前注。

59. Боржигон-Тавт Жигжидийн Болдбаатар. *Эрдэнэ Дайчин Хошой чин ван Ханддорж*. Улаанбаатар. 2011.

60. Ж. Болдбаатар. Монголын төрийн нэрт зүтгэлтэн. Шинжлэх ухааны академи түүхийн хүрээлэн. *Тэргүүн сайд, Да лам Гомбын Цэрэнчимэд (1872-1914)*. Улаанбаатар. 2011.

61. 二木，同前注，一九九五年。

62. 橘，同前注。

63. 中見立夫，〈ナショナリズムからエスノ・ナショナリズムへ——モンゴル人メルセにとっての国家・地域・民族〉，毛里和子編，《現代中国の構造変動7　中華世界——アイデンティティの再編》，東京大學出版會，二〇〇一年。

參考文獻

青木雅浩，《モンゴル近現代史研究：1921-1924年——外モンゴルとソヴィエト、コミンテルン（蒙古近代史研究：1921-1924年——外蒙古與蘇維埃、共產國際）》，早稻田大學出版部，二〇一一年橘誠，《ボグド・ハーン政権の研究——モンゴル建国史序説　1911-1921（博克多汗政權的研究——蒙古建國史序說 1911-1921）》，風間書房，二〇一一年

中見立夫，《「滿蒙問題」の歴史的構図（「滿蒙問題」的歷史結構）》，東京大學出版會，二〇一三年

二木博史，〈リンチノとモンゴル革命（仁欽諾與蒙古革命）〉，《東京外國語大學論集》五一，一九九五年

Christopher P. Atwood. *Young Mongols and Vigilantes in Inner Mongolia's Interregnum Decades, 1911-1931*. 1, 2. Leiden/Boston/Köln: Brill. 2002.

Эмгэнт Оохнойн Батсайхан. *Монголын сүүлчийн эзэн хаан VIII Богд Жавзандамба. Амьдрал ба домог*. Улаанбаатар. 2014.

Ч. Дашдаваа. Улаан түүх. *Коминтерн ба Монгол*. Улаанбаатар. 2003.

Хэрээд Л. Жамсран. *Монголын төрийн тусгаар тогтнолын сэргэлт*. Улаанбаатар. 1997.

С. Л. Кузьмин. *Теократическая государственность и буддийская церковь Монголии в начале XX века*. Москва. 2016.

С. Г. Лузянин. *Россия-Монголия-Китай в первой половине XXв*. Москва. 2003.

С. К. Рощин. *Политическая история Монголии (1921-1940 гг.)*. Москва. 1999.

第十二章

阿拉伯的民族主義與立憲政治

松本弘

前言

本章主題在於探討兩次世界大戰期間，牽涉到阿拉伯地區民族主義與立憲政治的相關人物。一九一九年一月十八日至六月二十八日期間，舉行了擔負第一次世界大戰議和與重建國際秩序之重任的巴黎和會，而受這次會談影響的阿拉伯地區獨立運動與建國浪潮，又受兩大事件影響至深。

其一為埃及獨立。埃及民族主義者欲透過巴黎和會與英國交涉，從而自英國的管制中獨立。他們組織名為「華夫托」的代表團趕赴巴黎，卻在英國反對下，無緣參加會議。然而，在埃及境內長期持續的大規模示威及騷亂行動，使英國對事態的嚴重性深感憂慮，致使英國於一九二二年單方面宣告埃及王國正式獨立。從華夫托成立到大眾自主發起的民族運動，以及直到獨立為止的一連串政治變化，後來稱為一九一九年革命。而薩德．扎格盧勒（Saad Zaghloul）則是這場革命運動的核心人物。

薩德．扎格盧勒為華夫托的發起人暨代表，也是一九一九年革命的指導者。埃及獨立後，扎格盧勒組成華夫托黨；該黨在議會選舉中接連得勝，順利攻占埃及政黨政治的中心。埃及王國制定的一九二三年憲法，實現了該國史上第一次立憲政治，而此憲法亦被評價為埃及至今最自由的憲法。另一方面，埃及王國仍保留英國駐軍、權益及行政上的介入，使獨立成為形式上的口號，因此，脫離英國、完全獨立，成為埃及民族主義的首要目標。扎格盧勒的華夫托黨，正是民族主義運動的最大勢力，致力於帶領埃及走向完全獨立。但同時，扎格盧勒從未參與本章的另一個主題，即立憲政治的基礎——制定憲法。

主導制憲過程的主要人物，是人稱「一九二三年憲法之父」的阿卜杜勒阿齊茲．法赫米（Abdulaziz Fahmi）。法赫米為憲法起草委員會的核心，連帶使一九二三年憲法也成為象徵埃及「自由時代」的存在。然而，該憲法於一九三〇年廢止，由大幅限制自由的新憲法（一九三〇年憲法）取而代之。雖然一九二三年憲法於一九三五年復活，但一九三〇年憲法的制定，引來強烈反彈，也使埃及政治陷入混亂。引發這場混亂的始作俑者，正是埃及王國最惡名昭彰的反派伊斯梅爾．西德基（Ismail Sidky）。事實上，一九二三年憲法的法赫米與一九三〇年憲法的西德基，同為華夫托黨成員，亦是扎格盧勒的盟友。兩人於埃及獨立之際，與扎格盧勒分道揚鑣，參加並創建了另一個政黨——立憲自由黨。因此，筆者決定在論及埃及民族主義與立憲政治兩個主題時，於扎格盧勒的條目中，加入法赫米與西德基，描繪三人的群像。[1]

巴黎和會的相關軼事中，另一件最眾所皆知的正是「阿拉伯的勞倫斯」——湯瑪斯．愛德華．勞倫斯（Thomas Edward Lawrence）與其後的發展。第一次世界大戰中，指揮「阿拉伯起義」的費薩爾一世

（Faisal I bin al-Hussein bin Ali al-Hashemi）與勞倫斯，前往參加巴黎和會，極力爭取「阿拉伯獨立」。一九二〇年，舉行聖雷莫會議，目的在於制定阿拉伯地區與鄂圖曼帝國之間的談和條約（《色佛爾條約》），以及對鄂圖曼帝國統治下的阿拉伯地區進行戰後處理。英國在此會議中，獲得美索不達米亞託管地及巴勒斯坦託管地，其後進一步從巴勒斯坦託管地中分離出外約旦酋長國託管地。上述三者，分別為現在的伊拉克共和國、以色列暨迦薩地區、約旦河西岸地區，以及約旦哈希米王國。本章將針對伊拉克與約旦建國過程，以及巴勒斯坦境內反英運動相關人物進行解說，並加入同時期建立的沙烏地阿拉伯王國相關人物。

薩德．扎格盧勒（一八五八——一九二七年）

一、早年生活至奧拉比革命

薩德．扎格盧勒出生於埃及尼羅河三角洲的富裕地主之家。出生地為西部省羅塞塔地區（現為謝赫村省）的阿納村；出生年分眾說紛紜，約一八五七至一八六〇年間。本文為方便，採用各種資料中最廣為使用的一八五八年。扎格盧勒家的財力，為其後成為政治家的扎格盧勒，提供了豐厚的政治資金。其弟艾哈邁德·法帝·扎格盧勒（一八六三—一九一四年）出生不久，父親隨即過世，其後由異母兄長扶養扎格盧勒長大。一八七〇年，異母兄長獲得尼羅河三角洲地方城市多斯庫官職後，遂帶領弟弟薩德·扎格盧勒赴任；扎格盧勒便是在此地清真寺，學習到各種伊斯蘭學問。一八七三年，十五歲的扎格盧勒為了成為烏理瑪（Ulama，伊斯蘭教學者），獨自前往開羅，進入艾資哈爾學院（一九六一年改為艾資哈爾大學）就讀。

當時地方名門出現烏理瑪並不罕見，扎格盧勒原本也應該會成為頗負盛名的烏理瑪，擔起家族聲譽。然而，結識賈邁勒丁·阿富汗尼（Sayyid Jamāl al-Dīn al-Afghānī）（一八三八／九—一八九七年）及穆罕默德·阿布都（Muḥammad ʻAbduh）（一八四九—一九〇五年）兩人，改變了扎格盧勒的人生。

薩德·扎格盧勒

高喊「對內改革，對外防衛」，並於伊斯蘭世界各地大舉展開煽動活動的阿富汗尼，在一八七一—一八七九年期間滯留開羅，其住家成為年輕埃及人聚集的沙龍。後來成為近代伊斯蘭改革運動代表的阿布都，當時以艾資哈爾學生的身分，成為阿富汗尼的大弟子；而扎格盧勒同樣在就讀艾資哈爾的期間，師事阿富汗尼，與兩人進一步往來。

當時的埃及，以鄂圖曼帝國埃及省的形式保留下來；由鄂圖曼帝國蘇丹授予赫迪夫（Khedive）稱號——

有「副王」之意——的穆罕默德．阿里王朝君主統治，實質上已呈現獨立國家的狀態。然而，隨著歐洲列強入侵愈演愈烈，一八七六年時，埃及面臨破產危機。赫迪夫伊斯梅爾（Ismail）（一八六三—一八七九年在位）認可擁有大量債權的英法兩國政府介入埃及財政，並於一八七八年成立了俗稱的「歐洲內閣」，分別由英國債權管理者擔任財務大臣並編列歲入預算，而法國債權管理者則以公共事業大臣身分，編列歲出預算。

然而，財政交由外國掌控一事引起民眾強烈反彈，伊斯梅爾只好於次年一八七九年解散內閣。英法兩國以違反債務償還合意為由，逼迫伊斯梅爾退位，其後由其子陶菲克（Tewfik）（一八七九—一八九二年在位）即位，成為新任赫迪夫。陶菲克對反「歐洲內閣」的勢力展開鎮壓行動。主要對象即為阿富汗尼與其門下弟子。導致阿富汗尼被驅逐出國、艾資哈爾學院畢業後隨即擔任教職的阿布都遭到免職、而由師事阿富汗尼的新聞工作者所發行的報紙刊物等也遭到停刊處分。可想見平日致力於協助阿富汗尼集團且醉心於其言論的新聞工作者扎格盧勒，只能以一介學生的身分，隱身在艾資哈爾學院裡。

由陶菲克任命為首相的穆斯塔法．利雅得帕夏（Mustafa Riyad Pasha）（一八三五—一九一一年），說服陶菲克解除阿布都禁任公職的命令，於一八八〇年七月，命阿布都出任內務部管轄的官報《埃及紀事報》（*Al-Waqa'i' al-Misriyya*）編輯人員。重返公職的阿布都力圖改革官報，僅用了三個月便晉升總編。晉升後的同年十月五日，總編阿布都任命二十二歲的扎格盧勒擔任官報編輯。扎格盧勒也因此從在學七年的艾資哈爾學院退學，投身官界。他在官報中協助並擁護阿布都推動行政改革的陣營，但由於扎格盧勒原本就對法律抱持著關心，因此在一八八二年五月轉任內務部的吉札法務局。

扎格盧勒任職編輯期間，一八八一年九月九日，爆發奧拉比革命。艾哈邁德．奧拉比（Ahmed Urabi）上校（一八四〇—一九一一年）率領的軍隊，來到位於開羅的阿布迪恩宮（Abdeen Palace）前，要求解任容許英法兩國管理財政的利雅得內閣、制訂憲法，以及改善埃及士官之待遇。這場以「為了埃及人的埃及」為口號的革命，被評價為埃及史上第一場民族主義運動。阿布都與扎格盧勒雖參加了奧拉比革命，但表現並不積極。原因在於，受奧拉比脅迫而卸任首相的利雅得，其實是阿布都與扎格盧勒背後的贊助人。另一方面，同為阿富汗尼集團的新聞工作者兼詩人阿卜杜拉．安納德姆（Abdullah an-Nadeem，一八四五—一八九六年），因其熱烈支持革命的論調，而被稱為「革命的傳教士」；而革命期間就任首相的馬哈茂德．薩米．巴魯迪（Mahmoud Sami al-Baroudi，？—一九〇四年）也是隸屬阿富汗尼集團的成員。阿布都夾在利雅得與阿富汗尼集團之間進退兩難，而與之親近的扎格盧勒當然也陷入了相同的窘境。

次年一八八二年，英軍以債務不履行為由，登陸亞歷山卓港，經歷兩個月的對戰，成功壓制埃及軍隊。奧拉比於九月十四日投降，革命的指揮者與參加者皆在後來的審判中遭到處罰。奧拉比與巴魯迪流放至錫蘭島（今斯里蘭卡），阿布都則被判驅逐出境。扎格盧勒遭內務部吉札法務局解除職務，但並未受到逮捕或起訴。順帶一提，扎格盧勒弟弟法帝在革命當時，為赫迪夫外語學校（後改為赫迪夫行政學校）的學生，校方以法帝參與革命為由勒令退學。法帝後來前往巴黎攻讀法律，並於一八八七年取得學位。

經歷奧拉比革命失敗後，埃及進入英國單獨占領時代。英國總領事兼外交代表掌握實權統治埃及，也由英國軍人出任埃及軍方總司令官。埃及各部皆安排了英國顧問，任何重要決策都需要他們的認可。當初，英國早期表明了要從埃及撤退的意願，然而克洛默總領事（一八八三－一九〇七年在位，本名為埃弗林·巴林〔Evelyn Baring〕，一八九二年受封男爵爵位，成為克洛默伯爵）卻從一八八〇年代後期開始，接連打出一個又一個永久性的統治政策。埃及當時採取了錯綜複雜的政治體系，名義上為鄂圖曼帝國埃及省，實際上卻由穆罕默德·阿里王朝統治，更在英軍的占領下，也受到英國的掌控。

二、經歷挫折到就任國民法庭法官

一八八三年四月，扎格盧勒開始了新工作，支援因涉及奧拉比革命罪名而遭到起訴的人們。這份工作後來也影響到他，令他選擇成為開業律師，然而這也使扎格盧勒在同年六月二十日遭到逮捕並身陷囹圄。革命失敗後，發生了一個身分不明、自稱「復仇協會」的團體，向公務員等對象發送匿名信件的事件。「復仇協會」的活動僅限於寄送信件，信件內容也含糊不清，不過英國當局仍將其視為反英運動的一環並提高了警戒。扎格盧勒被視為「復仇協會」的成員，而遭到逮捕。然而，他在審判中否認了自己與協會的關係，六月二十六日當天，法院則因證據不足，發出釋放命令。可是，扎格盧勒卻遭到持續收監，直到十月六日才獲釋。這次逮捕、入獄及釋放的過程依舊成謎，研究資料也是眾說紛紜。有一說表示，釋放扎格盧勒是出自克洛默總領事的要求，然而，克洛默於當年九月十一日才正式到任，很難想像他剛上任就對扎格盧勒這樣的無名小卒出手相助。此外，也有一種說法指出，這次入獄的經驗，讓扎格盧勒對於參加反政府運動及反英運動變得更加消極，他忌諱仰賴軍事力及外國支援的獨立運動，開始尋求以不同方法追求獨立。

釋放之後，二十六歲的扎格盧勒開業成為律師，活動於一八八四年一月設立的新法院——國民法庭。許多因奧拉比革命而失業的人，紛紛前往全新設立的國民法庭求職，扎格盧勒以他的滔滔雄辯為武器，僅僅數年就成為其中最廣為人知的律師之一。而從一八八六年前後，他開始頻繁出入娜吉莉・法鐸公主（一八五三—一九一三年）府邸舉辦的晚宴或沙龍。娜吉莉公主為陶菲克赫迪夫的表姊妹，但因與陶菲克關係惡劣，轉向支持奧拉比革命。關於革命後英國占領埃及一事，她認為各項行政改革政策合情合理，經常於自宅招待克洛默等英國重要人士與改革派的埃及人，從中斡旋，替雙方牽線。一般認為扎格盧勒參加沙龍的契機，是由於沙龍參加者卡西姆・艾敏（Qasim Amin，↓第十三章）的介紹，也有可能是因為扎格盧勒擔任娜吉莉公主的律師之故。

娜吉莉公主將扎格盧勒介紹給克洛默，並建議扎格盧勒學習法語。據說，克洛默相當中意勇於表達意見的扎格盧勒，這也促使雙方變得愈來愈親近。但由於扎格盧勒不諳英語，只得由同行前往沙龍的總領事專門祕書官（oriental secretary）哈利・波伊（一八八五—一九〇八年在任）擔任口譯。有學者指出，扎格盧勒之所以能成功獲得克洛默信任的原因與背景，正是因為阿布都提出了回國的要求，以及埃及在地的法律人才需求增大這兩點。

據稱，向陶菲克赫迪夫建議准許阿布都回國的，正是克洛默與開羅的鄂圖曼政府代表艾哈邁德・穆赫塔爾・加齊・帕夏（Ahmad Mukhtar Gazi Pasha）；另有一說，則是娜吉莉公主。只不過，這三人與阿布都素未謀面。能將阿布都的能力與為人告訴上述三人、並極力遊說讓阿布都回國的人，恐怕只有利雅得和扎格盧勒。最後，阿布都終於在第二次利雅得內閣成立的一八八八年順利回國。阿布都回國後，也在娜吉莉公主的沙龍中與克洛默深交，並在克洛默的支援下，展開種種改革運動。克洛默對阿布都的評價甚高，相信克洛默對於極力要求阿布都回國的扎格盧勒一定心懷感激。

克洛默對於行政改革分明是當務之急，卻遲遲沒有進展這點苦惱不已。他寫給英國首相索爾斯伯利（Salisbury）的書信中，如此描述道：

> 埃及的統治階層，皆為土耳其人或亞美尼亞人之類的外國人，他們對埃及的政治問題一無所知。不僅如此，幾乎所有埃及人都比以往更加輕蔑他們。陶菲克不受民眾歡迎，首相缺乏決斷能力。若無英國的存在，可想見六個月內必將發生革命。阿布都的歸國，應該會使政治改革及知識運動再度找回活力。[2]

尤其是當時埃及的審判極其複雜，司法行政瀕臨危機。除了專門處理伊斯蘭法律的伊斯蘭教法庭外，還加上與歐洲列強簽訂不平等條約所產生的領事裁判權（於各國大使館進行審判）。後來，限定領事裁判權專責處理只有外國人牽涉其中的案件，而同時有外國人與埃及人牽扯在內的案件，則交由一八七五年設立的混合法院審理。混合法院中，由歐洲人法官與埃及人法官一同審理，但法庭適用的法律，卻是主要以《拿破崙法典》為基礎的法國法律。在英國單獨占領埃及後，才設立了專責審理埃及人涉案的法院，即上述的國民法庭。國民法庭的對象，法律上是鄂圖曼帝國的臣民，但適用的法律卻非鄂圖曼法律，而是在英國主導下才立法的近代世俗法。自此之後，伊斯蘭教法庭審理的案件，便僅限於結婚、離婚、繼承等關係到個人身分或地位的民法案件。

當時的埃及原本有好幾種法律體系同時並存，加上各法庭的法官、檢察官及律師嚴重不足，導致這些法律從業人員本身的能力不及一定水準的例子不勝枚舉。好比，律師即使不具備法律知識或經驗也能開業。後來在一八八八年，終於制定了律師法，但其資格規定仍含糊不清，就連扎格盧勒也直到一八九七年才獲得正式的司法從業資格。

就在法律從業人員不足的背景中，與阿布都擁有密切關係的人物，開始接二連三在司法界中大展長才。一般認為最初邀請扎格盧勒加入娜吉莉公主沙龍的人是卡西姆・艾敏，艾敏從培養官僚的機構赫迪夫行政學校（一八八六年改組為赫迪夫法律學校）畢業前後，便已接觸到阿富汗尼及阿布都，留學巴黎返國後，先後擔任混合法院法官及國民法庭地方法院院長等職位。而阿布都在晉升為官報總編之際，與扎格盧勒同時獲任編輯的易卜拉欣・希爾巴維（Ibrahim Al Hilbawi，一八五八—一九四〇年），便在奧拉比革命後開業成為律師，並於一九一二年埃及律師協會成立之際，獲選為首任會長。

除此之外，其後成為埃及王國期自由主義代表之一的艾哈默德・盧特菲・賽義德（Ahmed Lutfi el-Sayed），也在法律學校在學期間結識阿布都，並與扎格盧勒及艾敏等人擁有深厚的交情。賽義德也在經歷地方檢察官的工作後，成為執業律師。不僅如此，扎格盧勒之弟法帝也在巴黎取得法學學位後歸國，進入司法部工作。他發揮卓越的語言能力，翻譯諸如歐洲古典法等作品，為完善司法行政做出巨大貢獻。法帝於一九〇七年就任司法次長。他的譯作領域不限於法律，也包含盧梭《社會契約論》在內的許多歷史書、思想書，以及啟蒙書。

扎格盧勒則是位於上述改革體系中心的人物，他身為一名律師，同時擁有傑出的經驗與過人的辯才。克洛默為了實現行政改革，曾向阿布都展現出莫大的期待，不過我們也可以得知，克洛默看出了扎格盧勒的潛力，並認為他擁有與阿布都同樣的才能。

阿布都歸國後，獲任成為國民法庭法官，而非驅逐出境之前從事的教育工作。他擔任多個地方法院法官後，於一八九〇／一年就任成為開羅高等法院法官。使阿布都脫離教育領域的陶菲克赫迪夫於一八九二年一月七日死去，其子阿拔斯．希爾米二世（一八九二—一九一四年在位）便在十七歲那年，繼位成為赫迪夫。而同年六月二十七日，二十九歲的艾敏與三十四歲的扎格盧勒，獲任成為國民法庭開羅高等法院助理法官，與阿布都就任於相同的職場。艾敏是從地方法院院長升職，而扎格盧勒則是出於阿布都的推薦，才獲得採用。兩人後來都升任成為法官。開羅高等法院法官的頭銜與職務，為扎格盧勒打開了通往精英人士與上流階層的道路。

一八九六年，三十八歲的扎格盧勒及穆斯塔法．法赫米首相（一八四〇—一九一四年）之女、年僅二十的沙菲亞（一八七六—一九四六年）結婚。法赫米首相深受英國信賴，其第二次內閣從一八九五年至一九〇八年，執政期間長達十三年。根據多數資料顯示，可得知這場婚事是由娜吉莉公主向法赫米首相所提出的建議。扎格盧勒在擔任開羅高等法院法官的同時，曾多次造訪歐洲，進一步勤學外語與法律。並於一八九七年，在巴黎取得法學學位。

三、就任教育大臣至第一次世界大戰

二十世紀初期的埃及民族主義，可說由穆斯塔法・卡米勒（一八七四—一九〇八年）一枝獨秀。卡米勒從法律學校畢業後，前往法國土魯斯大學攻讀並取得法學學位。然而，他並未進軍官場，而是在希爾米二世與法國的支援下，成立反對英國占領的祕密結社。並於一九〇〇年發行《旗幟》（*Al-Lewaa*）報紙，刊載激烈的反英言論。《旗幟》的編輯，交由就讀法律學校時的友人盧特菲擔任。扎格盧勒與發行反英報紙《成功》（*Mu'ayyad*）的阿里・尤斯夫（一八六三—一九一三年）交情甚篤，雖曾提供資金援助，但從未親自發起政治活動。

阿布都過世後次年一九〇六年，克洛默陷入困境，後來又接連發生了幾起事件，令埃及民族主義者大為振奮。一月，英國舉辦大選，誕生了自由黨政權，對克洛默強勢統治埃及的作風展開批判。三月，蘇伊士運河邊境問題再度引燃戰火，鄂圖曼帝國出兵攻打位於紅海北方亞喀巴灣的塔巴。雖然鄂圖曼帝國迫於英國的壓力，最終決定撤退，但是此時的埃及輿論及民眾對鄂圖曼蘇丹所抱持的好感已遠遠超過英國。

而六月，更是發生了震撼埃及的丹沙維事件。一支英軍部隊從開羅出發前往亞歷山卓省途中，駐紮在尼羅河三角洲的丹沙維村（位於今米努夫省）。幾名隊員開始射擊鴿子，導致以飼養鴿子為糧食的村民襲擊並毆打隊員，造成其中一名隊員死亡。政府擔憂這次事件會演變成「埃及人殺害英軍士兵」的事態，遂引用一八九五年制定的「對英軍駐留士兵施行犯罪」相關法律，開設特別法庭。審判速戰速決，涉案的四名村民被判處絞刑，其他多數村民則遭處鞭刑五十次的刑罰。並在丹沙維村村民面前執行絞刑。

埃及民眾認為，埃及政府對克洛默為首的英國當局言聽計從，才會採取這樣的對應，導致民眾群情激憤、反英情緒高漲。卡米勒的《旗幟》報順應民族情感，不斷對英國展開非難與攻擊。苛刻的刑罰，也引起英國自由黨政權對克洛默的統治政策大力批判。扎格盧勒雖曾提出抗議，表示這場判決「極度不公正與欺瞞」，但審理事件的法官包含了其弟法帝，其中一名檢察官也指名由律師希爾巴維擔任，再加上成為律師的盧特菲。扎格盧勒身邊的數名人物，皆與這次事件的審判扯上關係，他的立場想必是一言難盡。

同樣在一九〇六年的十月三十日，四十八歲的扎格盧勒獲任教育大臣。第一次入閣也成為扎格盧勒政治家生涯的出發點，一般認為埃及政府為了解決丹沙維事件引發的反英情感，採取懷柔政策，積極選用埃及人出任內閣成員，因此才會選中扎格盧勒。關於他出任教育大臣一事，在克洛默寄給英國外相愛德華．格雷（Edward Grey）的信件中，有著下列的描述。

之前的大臣，皆是一些不足掛齒的人物。據我觀察，扎格盧勒在各方面，都不像上述那些人物一樣無聊。他是否足夠聰明，選擇協助我們？或是單純為了表示自己並非英國的傀儡，而聽從反英報紙要他「反抗英國」那種愚蠢的建議？現在尚還無法下定論。簡單來說，是我將埃及的約翰．伯恩斯引進了內閣。我很期待會有什麼結果。[3]

約翰・伯恩斯（John Elliot Burns）是當時進入自由黨內閣的無黨籍政治家、勞工運動的領導人兼社會主義者，以動盪的政治生涯廣為人知，其中也包含多次遭到逮捕的經歷。克洛默所謂的「埃及的約翰・伯恩斯」，或許意味著扎格盧勒是個「不同於一般內閣成員、特異獨行的有趣大臣」吧。一九〇七年四月十二日，克洛默以生病為由發表卸任；五月四日在歌劇院舉辦的歡送會演講中，他給予扎格盧勒「具備了為埃及犧牲奉獻的一切素養」的評價。

扎格盧勒接任教育大臣後，全心全意投入工作之中。教育部原本是從公共事業部分離出來的部門，即使在分離後，教育依舊被認為是公共事業的一環，經常可見由公共事業大臣兼任教育大臣的前例。教育大臣與教育部對於自身職務應列為國家重要事項的認識也尚且淺薄。扎格盧勒接任後，致力推動各種改革，累積了不少成績。例如：為了提高國民識字率，增設小學；設立伊斯蘭教法庭法官培訓學校，這正是阿布都當年準備設立卻無法實現的計畫；此外，也第一次設立了女校及專供成人教育的夜校。他將學校教育中採用的英語改回阿拉伯語，並延長中學及師範學校的年限。他也是第一個會親自前往各地視察學校，並詳閱督學報告書的大臣。[4]

只不過，扎格盧勒執行職務的過程，總伴隨著許多困難。好比上述改採用阿拉伯語施行學校教育的經過，就錯綜複雜得不可思議。一八八九年，克洛默仿效印度的經驗，改革教育制度，其中一項改革政策，便是決定在公立學校使用英語授課。扎格盧勒成為教育大臣的當時，小學教育使用阿拉伯語，高等小學、中學及專門學校使用英語與法語授課，學生也以外語接受畢業考。一九〇七年三月三日的立法會議上，[5]阿里・尤斯夫議員（《成功》報社之主）提議，學校教育應恢復使用阿拉伯語。對此，扎格盧勒教育大臣答辯：「我在心情上贊同你的想法，但是基於教育內容、確保學生就業，以及監護人的希望等原因，無法廢止外語教育。」在這個時間點上，扎格盧勒尚擁護克洛默導入、以外語進行學校教育的政策，正因為他的答辯，使恢復阿拉伯語施教的機會只得延後。扎格盧勒的答辯，獲得克洛默大力讚賞，但卻遭到卡米勒在《旗幟》上批判為「不敢違抗克洛默及岳父的大臣」。

然而，不久之後的五月十六日，接替克洛默成為總領事的埃爾登·戈斯特（Eldon Gorst，一九〇七—一九一一年在任）赴任，並提出要以阿拉伯語實施中學授課及畢業考的提議。戈斯特指示埃及當局增加埃及人教師的人數、派遣教師前往英國進行研修兩年，及擴充師範學校以實現上述兩點目標等政策；其中便包含了以阿拉伯語進行學校教育這項新政。扎格盧勒與各大報皆對戈斯特的教育政策表示歡迎，教育部也開始著手準備改以阿拉伯語授課的事宜。但是，同為英國人的教育部顧問道格拉斯·丹洛普（Douglas Dunlop）卻處處妨礙阿拉伯語授課的計畫。丹洛普堅信阿拉伯語不適合教育或科學。他長期以陰險的手段妨礙扎格盧勒，好比趁扎格盧勒不在時暗中動手腳，阻止文件送到扎格盧勒手中。後來是一名先前遭到丹洛普撤換的法國教師，揭露了丹洛普暗中妨礙扎格盧勒的行為；各報社紛紛譴責丹洛普，《旗幟》報也揶揄扎格盧勒是「教育部中的囚人」。

當然，即使遭受到這樣的妨礙，扎格盧勒還是成功實現了使用阿拉伯語進行學校教育的理想；這項計畫的成功，最大的功臣無疑是扎格盧勒。然而，扎格盧勒顧慮到克洛默的意向，反對以阿拉伯語授課，卻在新任總領事打出以阿拉伯語授課時又表示贊同，推動計畫時又在教育部內部受到英國顧問的阻礙；一連串的發展，象徵著埃及行政內部的實情錯綜複雜，想解決絕非易事。此外，設立伊斯蘭教法庭法官培訓學校一事，也面臨了赫迪夫及艾資哈爾大學保守派學者的強烈反對；至於設立女校的過程，同樣困難重重。只能說，這份職務實在是一份勞心勞力的工作。對於扎格盧勒擔任教育大臣及其工作表現，《成功》報評為「教育部的權限從前一直掌握在英國顧問手中，但今後將會不同」；而《旗幟》報則表示「新任教育大臣應立刻抓住機會，證明自己的能力與才華」，並送上聲援。[6]

另一方面，扎格盧勒自發生丹沙維事件與就任教育大臣的一九〇六年起，開始逐漸從事民族主義活動。次年一九〇七年，埃及成立了三個政黨，分別是家園黨（Homeland Party）、立憲改革黨及烏瑪黨（National Umma Party）。家園黨是由卡米勒的祕密結社轉身成為正式政黨，繼續以《旗幟》報作為機關報，並成為激進的反英民族主義政黨。立憲改革黨由《成功》報的尤斯夫成立，主張制定憲法並擁護各種改革運動。而烏瑪黨則由扎格盧勒在背後輔助監察。扎格盧勒本身並未成為烏瑪黨黨員，但他支持該政黨成立，也是實質上的領導人之一。

烏瑪黨被稱為「伊瑪目之黨」。「伊瑪目」指的是阿布都，許多與阿布都有淵源的人物都加入了烏瑪黨。領導人之一的哈桑·阿布多拉齊克是阿布都的盟友，他的兩名兒子穆斯塔法·阿布多拉齊克與阿里·阿布多拉齊克，就讀艾資哈爾大學時皆曾師事阿布都，兄弟倆都從獨立後的立憲自由黨加入內閣，成為政治家。盧特菲也離開《旗幟》報，成為烏瑪黨機關報《報導》的編輯。與阿布都無關的成員，則有領導制定一九二三年憲法的阿卜杜勒阿齊茲·法赫米（一八七〇—一九五一年），以及其後成為立憲自由黨黨魁的穆罕默德·馬哈茂德（一八七七—一九四一年）等年輕的民族主義者。

烏瑪黨當然也追求脫離英國而獨立，但該黨奉行漸進主義，以憲法制定及政治改革為先，極力與赫迪夫及鄂圖曼帝國保持距離，是個穩健的民族主義政黨。有一種說法表示，是卸任前的克洛默為了對抗家園黨，才支持烏瑪黨的成立。

一九〇八年，首相由穆斯塔法．法赫米換成了伯多祿．加利（Boutros Ghali，一八四九－一九一〇年），扎格盧勒繼續留任教育大臣。一九一〇年，穆罕默德．賽義德（一八六三－一九二八年）獲任成為首相後，扎格盧勒轉任司法大臣。扎格盧勒以大臣的身分，在其弟法帝擔任次長的司法部，推動整備司法人員資格並設立律師協會。然而，一九一一年，戈斯特總領事驟逝，繼任的總領事赫伯特．基秦拿（Herbert Kitchener，一九一一－一九一四年在任）與扎格盧勒陷入對立的關係。基秦拿接任總領事前，為埃及軍總司令官，曾是鎮壓蘇丹馬赫迪運動（Mahdist War，一八八一－一八九九年，蘇丹反抗英國統治）的軍人，對埃及的情況瞭若指掌。因此，他成為總領事之後，留下諸如設立農業部及整備灌溉設施的功績，但另一方面也大力鎮壓民族主義者的活動。

扎格盧勒理所當然地抨擊了基秦拿鎮壓民族主義者的行動；基秦拿試圖透過加強赫迪夫的權力，以對抗民族主義，不認同希爾米二世的扎格盧勒，也強硬地反對基秦拿的這項舉動。結果導致扎格盧勒在一九一三年辭去司法大臣的職位。

同年，基秦拿將立法會議改組為立法議會，並舉辦大選[7]。扎格盧勒與不少烏瑪黨成員在這次選舉中當選，獲得立法議會的席位。家園黨成立的第二年，最具有領袖風範的領導人卡米勒突然過世，年僅三十三歲，這也導致該黨的氣勢明顯削弱不少。扎格盧勒在議會中獲選為副議長，他彷彿擺脫了內閣成員的枷鎖，搖身一變成為民族主義勢力的代表，開始猛烈批判英國及其政府。

一九一四年三月二十七日，長年支持扎格盧勒的弟弟法帝過世，享年五十一歲。同年七月二十八日，第一次世界大戰爆發。希爾米二世移居鄂圖曼帝國首都伊斯坦堡，並呼籲埃及對抗英國，最終遭到罷黜退位。埃及成為英國的保護國，與鄂圖曼帝國脫離關係，實質統治者也從總領事轉為高級專員（High Commissioner）。赫迪夫的頭銜遭到廢除，新任蘇丹則從穆罕默德．阿里王朝的王室成員中遴選而出。大戰期間，埃及的立法議會停止，政治活動也遭到禁止。扎格盧勒在卡米勒去世後坐上埃及民族主義領袖的位子，卻在他準備大展長才時，因為戰爭失去了活躍的機會。弟弟的死加上民族主義的停滯，扎格盧勒只得忍氣吞聲，度過失意的日子。

四、一九一九年革命

記述第一次世界大戰後的一九一九年革命之前，我想先簡單總結一下推動一九二三年憲法的法赫米，以及一九三〇年憲法的重要推手伊斯梅爾．西德基（一八七五—一九五〇年）與扎格盧勒的關係，並簡述兩者的簡歷。法赫米於一八七〇年出生於尼羅河三角洲的農村，父親為村長，老家與扎格盧勒一樣隸屬地主階層。法赫米大學時進入位於開羅的艾資哈爾大學就讀，但後來中途退學，改就讀法律學校。西德基於一八七五年出生於亞歷山卓港．家族代代高級官員輩出，父親也擔任過內務次長。西德基在法語國際學校學習，後來也進入法律學校。兩人在法律學校結識了其後成為首相的阿卜杜勒哈利克．薩瓦（Abdel Khalek Sarwat，一八七三—一九二八年）、盧特菲與卡米勒，並一同發行了學校報紙及法律評論雜誌。法赫米畢業於一八九〇年，西德基則畢業於一八九四年，兩人皆在畢業後進入內務部，並服務於內務部管轄的地方檢察局工作。

一九〇三年，法赫米辭去官職，與盧特菲共同開設了律師事務所。當時，法赫米可能透過盧特菲，結識了扎格盧勒。四年後的一九〇七年，法赫米參與了烏瑪黨的成立。西德基繼續在內務部工作，於一九〇六年成為亞歷山卓港市祕書長，一九〇八年升遷成為內務部祕書長，官運甚是順遂。兩人在各自職務之餘，也獲任成為一九〇八年成立的埃及大學（即後來的開羅大學）理事會成員。在埃及設立大學，一直是阿布都多年來的夙願；扎格盧勒後來也曾擔任過大學籌備委員會的副委員長。扎格盧勒在一九〇六年出任教育大臣一職後，便辭去了委員會的職務，但西德基很有可能是在大學設立的過程中，認識了扎格盧勒。大學理事會成員中，還有就讀法律學校時的同窗薩瓦，以及埃及獨立之際成為第一代國王的王子艾哈默德．福阿德（Ahmad Fuad，一八六八—一九三六年）。

一九一三年，四十三歲的法赫米代表烏瑪黨參選立法議會，並成功當選。同年，他接替希爾巴維，獲選為律師協會的第二任會長（副會長為盧特菲）；一次世界大戰的一九一七年至一九一九年之間，也由他再次擔任會長。另一方面，西德基在扎格盧勒擔任教育大臣的一九一〇年升任內務次長，並在扎格盧勒辭職後，三十九歲的他以農業大臣的身分首次入閣，加入一九一四年四月五日成立的海珊．洛許迪（Hussein Roshdy，一八六三—一九二八年）內閣中。據悉是在創設農業部的基秦拿總領事強烈要求之下，才有了這次的人事異動。西德基與扎格盧勒在立法議會中，分別站在政府及反政府的立場上展開論戰。大戰爆發時，洛許迪首相重組內閣，任命西德基成為瓦庫夫（waqf）大臣（管理伊斯蘭教捐贈財產相關事宜部門的大臣）。然而，西德基因為與一名掌權者的已婚女兒傳出醜聞[8]，在職僅僅五個月就辭去職務。西德基後來也傳出幾起有關女性問題及貪汙的醜聞．這也使他終生擺脫不了強勢又貪腐的政治家形象。一九一六年，西德基成為商工業調查委員會委員長，對制定產業振興計畫與一九二〇年開設商工會議所一事做出了貢獻。

大戰結束後的一九一八年十一月十三日，年屆六十的扎格盧勒獲得洛許迪首相的同意，與法赫米及阿里．夏拉維[9]（約一八五四—一九二二年），一同會見高級專員雷金納德．溫蓋特（Reginald Wingate，一九一七—一九一九年在任）。三人要求造訪英國，為埃及獨立進行談判，溫蓋特承諾會先試探英國政府的意向。三人當晚在扎格盧勒府上與盧特菲及馬哈茂德等四人會合，共計七人，組成「埃及代表團」（華夫托）準備前往英國。其後，西德基表示參加的意願，扎格盧勒也欣然同意，但其他成員礙於西德基的負面風評而猶豫不決。除西德基之外，立法議會中的烏瑪黨議員後來也紛紛加入華夫托。

然而，英國政府卻不認可華夫托訪英的行動。西德基提議此行必須更加引人注目，扎格盧勒聽從其意見，於十二月五日這天，決定將華夫托的目標改為巴黎和會。他們計畫派出埃及代表團參加下個月舉行的巴黎和會，並在會議上施壓一口氣爭取各國同意，承認埃及獨立、脫離英國。扎格盧勒公布這項計畫，並直接將此計畫及參與人員稱為華夫托。一九一九年三月八日，扎格盧勒在自家中與西德基一起遭到逮捕，並與馬哈茂德等人一同被驅逐到馬爾他島。埃及民眾對於這次的逮捕行動激烈反彈，各地不斷出現狂熱的集會、示威遊行及騷亂行為，要求獨立。這儼然是一場超越身分階層、宗教、世代及性別，使埃及上下凝聚為一體的民族主義運動。扎格盧勒本人雖然不在，但他的宅邸被民眾稱為「國民之家」，並成為華夫托成員的活動據點，參與運動的各方人士紛紛前來造訪。扎格盧勒的妻子沙菲亞也成為領導人之一，尤其是對女性參加者的組織化貢獻良多，後來也被稱為「埃及人之母」。

新任高級專員埃德蒙・艾倫比元帥（Edmund Allenby，一九一九－一九二五年在任）領軍鎮壓示威遊行，但運動及暴力並未就此停歇。四月七日，艾倫比宣布釋放扎格盧勒等人，他們便於十一日從馬爾他島前往巴黎。法赫米等人也從埃及抵達巴黎，以參加巴黎和會。他們期待提倡民族自決主義的美國總統伍德羅・威爾遜（Thomas Woodrow Wilson）提出有利於埃及的觀點，沒想到威爾遜總統卻在巴黎和會上承認了英國是埃及的保護國。巴黎和會於六月閉幕，一行人自始至終都未獲准參加。西德基接獲扎格盧勒指示，繼續接觸參加巴黎和會的人員並收集資訊。但是，由於他素行不良，經常前往溫泉療養地度假，而受到扎格盧勒斥責。最後他在八月十一日擅自回到埃及，遭華夫托除名。法赫米則與扎格盧勒繼續停留在巴黎，直到一九二一年。

英國派遣了殖民地大臣阿爾弗雷德・米爾納（Alfred Milner，一九一八－一九二一年在任）所率領的代表團，於一九一九年十二月至一九二〇年四月前往埃及；而米爾納六月時也在倫敦與扎格盧勒進行會談。米爾納提議結束保護國制度，透過締結條約承認埃及獨立，然而埃及政府及扎格盧勒擔憂條約內容有可能阻礙埃及的完全獨立，因此並未接受。米爾納的提案於一九二一年二月公布成為正式報告書；而為了與英國進行談判，埃及政府也在三月十六日任命阿德利・亞坎（Adly Yakan，一八六四－一九三三年）擔任首相。西德基就任亞坎內閣的財政大臣，獲選加入派遣前往英國的代表團。亞坎首相希望扎格盧勒加入代表團，但主張無條件完全獨立的扎格盧勒回絕了亞坎的要求。扎格盧勒背後擁有大眾壓倒性的支持，他深信能夠與英國進行談判的人只有自己。扎格盧勒後來於四月五日回國，受到民眾熱烈歡迎。

扎格盧勒堅持完全獨立、固執己見的態度，令華夫托成員法赫米、盧特菲及馬哈茂德等人感受到危機，他們認為這反而會失去獨立的機會，因此在巴黎與扎格盧勒分道揚鑣。他們回國後成立了「埃及獨立協會」，支持亞坎首相的獨立談判。七月一日，亞坎首相率領的埃及代表團出發前往英國，與外交大臣喬治·寇松（George Curzon）進行談判。扎格盧勒留在埃及指導運動以求完全獨立，但是艾倫比擔憂他的存在會阻礙倫敦的談判，於是就在代表團出發後再次逮捕扎格盧勒，並先後將他驅逐至亞丁及塞席爾。

扎格盧勒的逮捕與驅逐出境，再度在埃及引發激烈的抗議行動及騷擾。另一方面，亞坎與寇松在倫敦舉行的談判破裂，亞坎於十二月二十四日辭去首相一職，由薩瓦繼任成為新首相（西德基留任財政大臣）。獨立談判的失敗，使埃及各地的運動變得更加頻繁，民眾不僅參加示威遊行與集會，更攻擊了英國的公家機構及軍事設施。英軍鎮壓所造成的死傷，累計高達數百人。

一九二二年二月二十八日，艾倫比高級專員單方面宣布埃及王國獨立。由於民眾運動愈演愈烈，英國政府認為已無法阻止所下的決斷。然而，在簽訂條約之前，英國的代表仍是高級專員而非大使，且關於獨立，仍保留了下列四點：（一）英國保有移動與通訊的自由、（二）繼續由英國防衛埃及（英軍駐紮）、（三）保護外國人權益及少數派、（四）英國對蘇丹的統治。任命英國人擔任埃及政府各部門顧問，以及派遣英國軍人擔任埃及軍隊總司令官兩點也保持不變，使英國得以繼續保持影響力。這正是埃及獨立被評為僅是形式上獨立之故。一九一九年革命促成埃及王國的成立，給予了埃及民族主義一個全新的目標，也就是透過與英國締結條約以達成完全獨立。

五、一九二三年憲法與憲政混亂

原為保護國蘇丹的福阿德，在獨立時直接成為初代國王（稱號為馬里克）（一九二二—一九三六年在位）。獨立後的一九二二年三月一日，福阿德發布制定憲法的詔令，並讓薩瓦首相在四月三日成立憲法起草委員會。委員會在半年內撰寫了憲法及選舉法草案，於十月二十一日提交給政府。

憲法起草委員會由三十名委員組成，從中再選出十八名選拔委員，組成憲法基本原則委員會。三十名委員由各界代表性人物擔任．其中包括：擔任委員長的前首相洛許迪、前內閣成員及省長、前立法議會議員、國民法庭與律師協會的法律界人士、伊斯蘭教法學權威的最高穆夫提、科普特派（Coptic）基督徒及猶太教徒、商工會議所會長、蘇菲教團（伊斯蘭神祕主義），以及遊牧民族的代表。五十一歲的法赫米因為前立法議會議員的身分被任命為委員，並獲選為憲法基本原則委員會的成員。

委員會以當時的比利時憲法為藍本，起草埃及憲法。比利時憲法制定於一八三一年，被認為是當時歐洲最先進的憲法；憲法中明確制定了以國民主權及三權分立等為原則的立憲君主制（其內容與現在的比利時憲法大致相同）。據說，法赫米在華夫托滯留巴黎的期間，一直研讀比利時憲法，而提議採用該憲法的也是法赫米。福阿德國王本身對於限制自身權力的立憲制相當反感，且英國對於大陸型憲法也不積極。然而，由於突如其來的獨立，立憲君主制及普通選舉的導入成為理所當然，因此短時間內制定憲法便成為國家施政的大前提。當時的埃及人中，只有法律學校的畢業生精通法律。委員會中缺乏法律專家，即使是擔任過內閣成員或議員的人，也未必對憲法瞭如指掌。

在這樣的背景下，起草憲法的工作幾乎只能由法赫米獨挑大梁。憲法基本原則委員會負責挑選憲法草案中的重要條款，並審議其內容。委員會審議過的條款及未被選為審議對象的條款，會再交由憲法起草委員會進一步審視並討論。兩委員會採取的方式相同，首先都會由委員長讀出與審議對象相關的比利時憲法條文，再開始議論。委員會中的發言內容全有詳細紀錄，這些議事錄後來也成為寶貴的資料[10]。根據議事錄，委員長讀完條文後，法赫米總是詳盡地解釋條文內容，並論述其意義。而且每次的發言都是滿腔熱血的長篇大論，甚至讓臺下其他委員感到厭煩。

由於比利時憲法相當開明，最高穆夫提及蘇菲教團長等保守派時常提出反對意見。面對這些反對意見，律師希爾巴維與曾是華夫托七名創始成員之一的阿卜多拉提夫·馬卡帕提前立法會議員，以及後來成為首相的阿里·馬赫（Aly Maher）國民法庭法官（一八八二年—一九六〇年）等自由派，則支持法赫米的意見。最終完成了多項條款譯自比利時憲法的憲法草案。

憲法草案經過政府修正後，於一九二三年四月十九日公布，一九二三年憲法就此成立。然而，憲法公布後獲准回國的扎格盧勒反對這部欽定憲法，他主張除了由民選制憲議會制定的憲法外，其他憲法皆屬無效，並以「可悲的委員會」稱呼憲法起草委員會。扎格盧勒以自己為黨魁，成立了華夫托黨。華夫托黨持續向國王及英國要求實行民主主義，但黨內部其實是由扎格盧勒獨裁管理。扎格盧勒的名聲，延續了一九一九年革命的狂熱，使華夫托黨得到全國上下所有國民的支持，但同時也導致他的想法直接影響黨內決策，黨內成為扎格盧勒的一言堂。

另一方面，與扎格盧勒分道揚鑣的華夫托成員，成立了立憲自由黨。時間就在扎格盧勒回國前、憲法起草委員會向政府提出憲法草案的九天後，於一九二二年十月三十日舉行了立憲自由黨成立大會，並有約三百人參加。亞坎擔任黨魁，副黨魁為馬哈茂德，黨員則有薩瓦、法赫米、西德基、希爾巴維、穆斯塔法，以及阿里·阿布多拉齊克兄弟、馬卡帕提等人。盧特菲雖然並未成為黨員，但一般認為相當於該黨綱領的行動計畫，則是由他撰寫而成。此外，還有支持國王的統一黨與既有的家園黨，這些政黨共同承擔了埃及王國的政黨政治責任。

立憲自由黨的特點是參加者中，有不少憲法起草委員會委員。三十名委員中，有十一名加入立憲自由黨，而在十八名憲法基本原則委員會中，也有七名成了立憲自由黨的黨員。成為其他政黨黨員的委員，只有華夫托黨及統一黨各一。立憲自由黨以制定了一九二三年憲法為傲，並期望在該憲法保障的選舉、議會及政黨的立憲政治場域中，能有活躍的表現。

一九二四年一月十二日，舉行第一次下議院選舉，並於三月開設議會。議會議席定額的二百一十四名席次中，華夫托黨占了一百九十五席；國王於一月二十八日任命六十六歲的扎格盧勒為首相，象徵了埃及立憲君主制以及「自由時代」（liberal age）的開始。以「自由時代」稱呼這個時代，象徵了埃及徹底接受西方的自由主義，同時也意味著這時代，選舉、政黨、新聞自由等不再受限，可以從事自由且靈活的政治活動。只可惜，實際上這時代的政治依舊混亂，政治暴力頻傳。

扎格盧勒領導的華夫托黨內閣對英國主張即時完全獨立，並要求廢除各部門的英國人顧問及撤退英軍。七月，扎格盧勒為了與英國進行談判，前往亞歷山卓港途中，在車站（今拉美西斯〔Ramses〕站）遭到反對談判的埃及學生槍擊。幸運的是扎格盧勒僅僅受了輕傷，同月，他便出發前往英國；然而，這次暗殺未遂行動如實呈現出當時政治暴力的擴張。政府與英國的對立加劇，國王開始對華夫托黨心生警戒。不久後的十一月，埃及軍總司令兼蘇丹總督李．史塔克（Lee Stack）在開羅遭暗殺。高級專員艾倫比對首相扎格盧勒究責，並向政府提出包括支付賠償金與禁止示威等在內的過度要求。

扎格盧勒首相於十一月二十四日被迫辭職，繼任的統一黨的艾哈默德．吉瓦首相（Ahmed Zeiwar，一八六四—一九四五年）接受了艾倫比的要求，隨後由國王解散了下議院。一九二五年三月舉行的第二次下議院選舉中，華夫托黨獲得了過半數的一百一十六個席次。由於國王明顯不會任命扎格盧勒為首相，因此下議院在開會時特地選出扎格盧勒為議長。國王當天解散議會，議會從此歷經長達一年兩個月的空白。憲法制定後僅僅兩年，埃及憲政便因國王的專制獨斷陷入停滯，華夫托黨轉而擁護一九二三年憲法，與國王對立。

議會解散後，國王再度任命吉瓦為首相，統一黨及立憲自由黨組成聯合內閣。立憲自由黨的司法大臣法赫米、內政大臣西德基等人，也加入了聯合內閣。同年（一九二五年），擔任伊斯蘭教法庭法官的立憲自由黨成員阿里．阿布多拉齊克出版了《伊斯蘭與統治的諸原則》。這部著作指出，先知穆罕默德過世後才成立了現行的統治制度「哈里發制」，因此並不符合《古蘭經》中所追尋的制度。對此，艾資哈爾學院決定剝奪阿里的烏理瑪資格，並免去其公職。這項決定需要政府閣議的認可，但司法大臣法赫米拒絕批准，因此在九月遭到罷免。為了抗議罷免法赫米一事，內政大臣西德基等人辭職，立憲自由黨從此脫離聯合內閣。

一九二六年五月，埃及終於實施了第三次下議院選舉，華夫托黨獲得遠超過半數的一百六十五席次。然而，新任高級專員喬治．洛伊德（Lloyd George，一九二五—一九二九年在任）因忌諱華夫托黨政權，向國王施壓，最終任命立憲自由黨的亞坎為首相。扎格盧勒獲選為下議院議長，亞坎首相與華夫托黨組成聯合內閣。次年（一九二七年）七月二十五日，立憲自由黨的沙瓦獲任成為首相，他維持與華夫托黨的聯合內閣，並繼續與英國進行談判以締結條約。談判期間，薩德．扎格盧勒因為傳染性皮膚炎病逝於八月二十四日，享壽六十九歲。全埃及人民都為這位一九一九年革命的英雄之死哀悼。

一九二四年開始擔任立憲自由黨第二任黨魁的法赫米，於一九二八年辭去黨魁，轉任國民法庭高等法院院長。高等法院於一九三一年改組為最高法院，法赫米繼續擔任院長直到一九三六年，因年滿六十五歲而退休。法赫米退去官職後，回歸政界，並且在立憲自由黨第三任黨魁馬哈茂德（一九二九—一九四一年在任）驟逝後，接任第四任黨魁（一九四一—一九四三年在任）。

一九二八年七月，國王解散下議院並停止執行憲法。憲法直到次年（一九二九年）十月才重新生效，並實施了第四次下議院選舉；但一九三〇年六月，五十五歲的西德基接任首相後，下議院立刻於七月再次被解散（第一次及第二次西德基內閣，一九三〇—一九三三年在任）。西德基認為，為了解決政治的混亂，透過新憲法以穩定政權勢在必行。於是在一九三〇年十月二十二日，廢止了一九二三年憲法，並頒發詔令公布西德基起草的一九三〇年憲法。一九三〇年憲法限制了上下兩院的議員人數，並將下議院選舉改成兩階段式的間接選舉。同時也增加不少新的規定，如：強化國王對議會通過的法案之否決權、禁止議員發表中傷性言論、禁止出言侮辱國王及王族，設定報紙雜誌停刊的條件，以及由國王任命所有宗教團體的領袖，包含艾資哈爾學院在內。

新憲法的內容目的在於強化國王權限，壓制議員或新聞對政府的批評。一九三〇年憲法的頒發，引起除了統一黨之外的所有政黨及一般民眾強烈反彈，導致各地暴動頻傳。西德基主張在憲法公布前，已給立憲自由黨的馬哈茂德黨魁看過憲法草案並取得他的同意，但是馬哈茂德否認了這個說法。遭到孤立的西德基離開立憲自由黨，並成立了人民黨。在一九三一年六月舉辦的第五次下議院選舉中，華夫托黨及立憲自由黨因反對一九三〇年憲法，而進行杯葛，最終人民黨（取得八十三席次）與統一黨（取得四十席次）搶下了一百五十個席次中的八成。選舉後，第一次施行了統制言論的法律。在野黨則多次舉行集會及示威遊行，要求廢除一九三〇年憲法，並重新採用一九二三年憲法。

英國為了排除華夫托黨，與國王合作，支持一九三〇年憲法。然而，國王與在野各黨的對立陷入泥沼，與英國簽訂條約的談判也就此擱置。新任高級專員藍普森（Miles Wedderburn Lampson，一九三三—一九三六年在任，並擔任大使至一九四六年）展現出積極意圖，欲與埃及簽訂條約，因此他態度徹底轉變，向國王施壓，要求恢復一九二三年憲法。一九三五年十二月十二日，國王發布詔令廢除一九三〇年憲法，恢復一九二三年憲法，並在十九日恢復下議院直接選舉。次年，即一九三六年四月二十八日，福阿德國王在病床上表達出對導入憲法一事的強烈不滿後死去。

埃及最後一位國王法魯克一世（Faruq al-Awwal，一九三六—一九五二年在任）成為新國王。同年五月，第六次眾議院選舉中，華夫托黨在兩百三十二個席次內搶下一百七十九席次，獲得壓倒性勝利；繼薩德．扎格盧勒後接任華夫托黨第二任黨魁的穆斯塔法．納哈斯（Mostafa Nahas，一八七九－一九六五年）被任命為首相。納哈斯組織了一個除了家園黨之外、由所有政黨組成的代表團，重新與英國展開談判。在雙方的妥協下最終完成了談判，並於一九三六年八月二十六日簽署了為期二十年的《英埃條約》。英方撤回獨立時保留的四點，並廢止各部的顧問。高級專員成為大使，兩國外交關係落實了正常化。次年（一九三七年）領事裁判權及混合法庭也遭到廢除。

然而，英軍維持駐紮在蘇伊士運河的行動，且英國對蘇丹的統治也依舊處於談判的狀態。不少人將納哈斯的妥協，視為對英立場的軟化，無法接受透過締結條約才能實現完全獨立。華夫托黨中被稱為薩德主義的強硬派決定脫黨，並成立新政黨。儘管華夫托黨繼續在選舉中大獲全勝，但也增加了不少由各種組合所形成的聯合內閣。此外，國王任命無黨籍技術官員出任首相的情況日益增多，政黨政治本身變得岌岌可危。追求變化的政治潮流，逐漸轉向穆斯林兄弟會（Muslim Brotherhood）及自由將校團等立憲制度之外的存在。

在這樣的背景下，一九四六年二月十六日組成了第三次西德基內閣。西德基首相與英國外交大臣歐內斯特．貝文（Ernest Bevin）就蘇丹統治問題進行談判，但未達成協議，內閣僅執政短短十個月便告終。西德基於一九五〇年七月九日逝世，享壽七十五歲；法赫米則於一九五一年三月三日去世，享壽八十歲。就在一九五二年埃及革命前夕，與君主立憲制生死與共的兩人，人生也拉下了帷幕。

回顧扎格盧勒、法赫米與西德基三人，圍繞著一九一九年革命及一九二三年憲法所展開的人生，我們可以從中窺見民族主義與立憲政治背後，隱藏著的重大政治變化。這個變化正是埃及王國獨立後，土耳其．切爾克斯派系的政治家銷聲匿跡，由埃及政治家取而代之。穆罕默德．阿里王朝的王室原本就有阿爾巴尼亞血統，鄂圖曼帝國派遣了許多土耳其．切爾克斯派系的官員及軍人前往埃及。他們在埃及形成了一個世襲的既得利益階級。穆罕默德．阿里王朝的首相、內閣成員及將校都不是埃及人，只有極少數例外，例如阿里．穆巴拉克（Ali Mubarak）（一八二三—一八九三年）及奧拉比。

一八八二年以後的英國單獨占領期，克洛默總領事對外國上流階級的政治人物心生厭惡，已在先前敘述過。克洛默尋求才華洋溢、活力充沛且足以勝任行政改革的埃及官員，以及符合英國統治埃及的理念、且能協助英國推動政策的埃及政治家。其中最典型的人物便是阿布都及扎格盧勒。以阿布都為中心，聚集的一群人才，以及繼承了阿布都與其盟友理念的扎格盧勒，與活躍於他身邊的民族主義者們，形成了全新的人脈網絡。

畢業或肄業於艾資哈爾的學生，不僅在伊斯蘭教宗教機構中，也能在世俗各個領域上大展長才。甚至不少埃及學生進入以土耳其．切爾克斯人為主的法律學校或士官學校就讀。這些人後來都成為了埃及民族主義的中堅力量。諷刺的是，這一切都要歸功於克洛默伯爵播下的種子。埃及王國初期擔任首相的亞坎與薩瓦，算得上土耳其．切爾克斯派政治家的最後一代。其後，埃及政治家的時代崛起，取而代之，揭開序幕的人正是扎格盧勒。

清高廉潔的法赫米與惡名昭彰的西德基，形象南轅北轍的兩人，正反映出嶄新的人際關係，為政治帶來更豐富的多樣性。身為自由主義者的法赫米，在阿拉伯語學院進行的改革活動，可謂他最具代表性的軼事。一九四一年，學院設立委員會研討阿拉伯語的改革。成為該會委員的法赫米，竟主張以拉丁字母取代阿拉伯字母（即歐語字母化）。當時由於土耳其總統凱末爾之故，土耳其語的文字已全改為拉丁字母（或稱羅馬字母化）。雖說這樣的改革，給伊斯蘭世界的知識分子帶來廣大影響，但是要用拉丁字母取代《古蘭經》經文中所使用的阿拉伯字母，引發學院內外的強烈反彈，可想而知，法赫米的提案最終未能實現。這也展現出，法赫米具有自由主義者特有的傾向，想法天馬行空、不考慮後果，容易失去控制。

另一方面，西德基被評價為埃及王國中最有才幹的政治家。特別是在經濟及財政政策上，他發揮了無與倫比的能力。他的農業暨產業振興政策，以及財政重建政策，都獲得到很高的評價。在與英國談判獨立或簽訂條約的相關事宜中，他也是經濟部門會議的必然人選。甚至在公布一九三〇年憲法後的第一次西德基內閣，任命他為首相的舉措，目的也是為了因應棉花價格暴跌而引發的財政與經濟危機。雖然西德基首相在英國的財政支援下勉強度過難關，但也只有他才能勝任這份工作。

儘管如此，醜聞纏身的西德基，雖然總是在關鍵時刻臨危授命成為內閣成員或首相，可是一旦度過危機就會立即遭到解職，是個燙手山芋。當時的英國當局編制了一份對外保密的埃及重要人物名錄，並回報給英國。由於收錄在冊的對象只要死亡，該人員的事項就會刪除，所以內容僅顯示他在世期間的評價。在西德基的項目中，除了記載他「經常一天工作十八小時」之外，還有以下的紀錄：

西德基的人生大多數時間都被女性占據。除了缺乏道德心及信用，他主要的缺點正是，他的野心使他無法辨別反對他的人，也對自己周遭的情況一無所知。[11]

相較於扎格盧勒或法赫米等人，西德基對英國的姿態穩健且務實，因此對英國而言，他是個關鍵的政治家。這本重要人物名錄中，扎格盧勒或法赫米幾乎只記載了過去的經歷，唯獨西德基那條項目加入了辛辣的評論。作為應對英國各項要務的負責人，卻得到英國如此的評價，令人好奇西德基究竟是個什麼樣的人物？

西德基去世時，有人因他三次出任首相的經歷，上奏提議為他舉行國葬。然而，法魯克國王（Farouk）並未同意，因為西德基曾強烈譴責國王生活奢侈，並嚴厲批評他怠惰的生活。

穆罕默德・拉希德・里達（一八六五—一九三五年）

相對於在世俗化民族主義運動中繼承阿布都學派志向的扎格盧勒，里達更重視伊斯蘭教與政治的關係，他也是阿布都的伊斯蘭改革思想傳承者。一八六五年，里達出生在敘利亞的黎波里（Tripoli）附近的卡拉蒙（Qalamoun）村莊（今黎巴嫩）。他來自賽義德（先知穆罕默德的後裔）家族，曾就讀的黎波里的鄂圖曼帝國公立學校。他深受阿富汗尼及阿布都在巴黎發行的雜誌《堅固的情誼》（*Al-Urwah al-Wuthqa*）影響，期望可以拜師阿富汗尼。然而，阿富汗尼於一八九七年去世，他同年前往開羅，成為阿布都的學生。

一八九八年五月，三十二歲的里達在阿布都支持下發行了《燈塔》（*al-Manar*）雜誌，親自擔任總編。《燈塔》刊登了阿布都的論文，里達也藉此推廣老師的伊斯蘭改革思想。雜誌吸引了許多讀者投稿，包括阿拉伯民族主義者阿卜杜勒·拉赫曼·卡瓦基比（Abdal-Rahman al-Kawakibi，一八五五—一九〇二年）。讀者遍布中東及東南亞，對整個伊斯蘭世界有深遠的影響。一九一一年，里達設立宣教與指導中心（Dar Al-Daʿwa Wa Al-Irshad）學院（後因第一次世界大戰關閉），作為伊斯蘭教學術與改革思想相關的教育機構。巴勒斯坦的哈吉穆罕默德·阿明·侯賽尼（Mohammed Amin al-Husseini）也曾就讀於此。另外，里達還撰寫了阿布都的詳細傳記，並於一九三一年出版。

里達不僅繼承了阿布都的理念，他也推廣自己的思想與運動。他的行動與故鄉敘利亞（比現在的敘利亞範圍更廣的「Shām」，指歷史上的大敘利亞地區）的獨立運動息息相關，並主張恢復哈里發制。他曾信奉鄂圖曼主義（Ottomanism），主張以鄂圖曼帝國為中心對抗西方列強。然而，里達支持的「統一與進步團」（由青年土耳其黨軍人所組成的祕密結社）於一九〇九年掌握了鄂圖曼帝國政權後，立即推行符合土耳其民族主義的「帝國土耳其化」政策。失望的里達隨後建立名為阿拉伯聯合協會的祕密結社，並於一九一三年參加鄂圖曼分權黨的成立。該黨成員皆為逃亡到開羅的敘利亞人，他們的目的在於推動鄂圖曼帝國各省的自治、自立，藉此強化鄂圖曼帝國。

一九一四年第一次世界大戰爆發，四十九歲的里達立即改變立場，轉向追求阿拉伯的獨立。大戰結束後的一九一八年底，里達在開羅成立敘利亞統一黨，並擔任副黨魁。一九一九年的巴黎和會上，確定鄂圖曼帝國治下的阿拉伯地區將由英法兩國分治；里達便在同年九月前往大馬士革，並以的黎波里代表成員的身分出席，參加六月開始舉行的敘利亞全體會議。巴黎和會中，哈希姆家族的費薩爾一世對英法不斷讓步的態度，使民族主義勢力感受到危機，進而舉辦了這場敘利亞全體會議；會議決議擁立費薩爾一世為國王，在大敘利亞地區建設獨立國家。然而，一九二〇年七月二十四日，法軍占領大馬士革，費薩爾一世的阿拉伯政府隨即瓦解。

另一方面，里達策劃推動恢復哈里發制，期望哈希姆家族的海珊．伊本．阿里，能成為第二個沙烏地家族的阿卜杜勒阿齊茲。一九一五年十二月，里達向英國提出名為〈阿拉伯帝國組織法〉的文件。主要內容為：即將成立的阿拉伯獨立國家，將由擁有強力自治權的各省組成，並由大馬士革的總統及麥加的哈里發代表之。一九一六年六月，各地發生「阿拉伯起義」欲推翻鄂圖曼帝國，里達隨即表示支持，並於同年朝聖麥加時，受到哈希姆家族海珊的熱情款待。

一九二二年十一月一日，安卡拉的土耳其大國民議會決定廢除蘇丹．哈里發制，里達隨後於一九二三年發表《偉大的哈里發制與伊瑪目制》，主張重建哈里發制。儘管里達推舉海珊為哈里發候選人，但海珊對英國的依賴逐漸加強，令里達感到失望。一九二四年，里達轉而支持阿卜杜勒阿齊茲進攻漢志（阿拉伯半島西岸地區）。里達給予阿卜杜勒阿齊茲與其國家高度評價，大力讚賞征服漢志的行動等同於解放聖地。縱使里達認定阿卜杜勒阿齊茲是新的哈里發候選人，但阿卜杜勒阿齊茲本身卻未宣布自己為哈里發。

里達參加過一九二六年麥加的世界伊斯蘭大會，以及一九三一年耶路撒冷的世界伊斯蘭大會。他後來仍持續推動阿拉伯的獨立與統一、撰寫伊斯蘭國家的相關著述，以及各類活動。最終，他於一九三五年八月二十二日病逝開羅，享壽六十九歲。

塔哈・海珊（一八八九—一九七三年）

塔哈是阿拉伯世界中最負盛名的小說家之一。本篇將集中記述他在研究、文學、教育及政治等方面的成就。

一八八九年十一月十四日，塔哈出生於埃及中部明亞省馬賈馬（Maghagha）附近的鄉村伊茲貝特・基洛（Izbet el Kilo）。他的家庭並不貧困，但他是十三名手足的第七個孩子，龐大家族難以維持家計。塔哈三歲時失明，據說是眼炎或誤診所致。失明後的塔哈，在村裡的古蘭經學校（kuttab）學習背誦《古蘭經》與伊斯蘭教基礎知識。一九〇二年，十三歲的塔哈依靠在艾資哈爾學院上學的兄長移居開羅，進入艾資哈爾學院就讀。

對當時的視障者而言，成為烏拉瑪幾乎是唯一出路。然而，艾資哈爾墨守成規、無聊的填鴨式教育，讓他感到失望。只有賽義德・梅爾薩菲（Sayyid al-Mersafi）教授的文學課及阿布都教授的哲學課例外。塔哈對他們批評艾資哈爾與伊斯蘭改革運動的觀點產生共鳴，逐漸接近阿布都學派。拉希德・里達的《燈塔》雜誌、卡西姆・艾敏的女性解放論、薩德・扎格盧勒翻譯的歐洲思想及社會，深深吸引著塔哈。塔哈尤其沉迷於盧特菲的論點，並開始向盧特菲擔任總編的《報導》投稿。

這時，塔哈與朋友聊天批判伊斯蘭教古典書籍裡記載的內容，事情傳入艾資哈爾校長耳裡，塔哈遭到了調查，校方展開調查討論是否退學處分他。盧特菲安慰前來諮詢的塔哈，並承諾會說服艾資哈爾不做出退學處分。塔哈最終並未遭到退學，但這件事成為他轉向前往一九〇八年設立的埃及大學聽課的契機。他最初是旁聽生，後來獲准入學，進入夜校學習法語，最後他中途退學離開艾資哈爾學院。他熟習義大利人等外籍東方學者開設的課程，並於一九一四年成為首位取得埃及大學博士學位的學生。埃及大學認可塔哈的才能及努力，決定資助他前往法國留學。

一九一五年起，塔哈在索邦大學（Sorbonne University）就讀。他寄宿處的女兒蘇珊娜．布雷索（Suzanne Bresseau）持續為他朗讀書本並提供幫助，兩人於一九一八年結婚。蘇珊娜成為塔哈人生中最知心的解語花與幫手。一九一九年，索邦大學授予他博士學位。

同年（一九一九年）塔哈回國，二十九歲的他成為埃及大學的古代史教授。當時正值一九一九年革命最熾熱的期間，塔哈可能因為盧特菲的關係，持續向立憲自由黨黨報《政治》（*al-Siyâse*）投稿。一九二五年，盧特菲擔任埃及大學校長，塔哈則成為阿拉伯文學的教授及大學評議會成員。次年（一九二六年），塔哈的著作《論蒙昧時代之詩歌》（*Jahiliyyah*）發行，該書掀起一場大騷動。塔哈在書中指出，從前被認為是前伊斯蘭時期的詩歌，幾乎全出自後世之手，並對《古蘭經》中亞伯拉罕（Abraham）及其子以實瑪利（Ishmael）的部分描述提出質疑。

艾資哈爾校長及《燈塔》雜誌強烈譴責塔哈的著作，許多烏拉瑪也發表了異議。盧特菲校長選擇維護塔哈，薩瓦也建議塔哈避免受到情緒左右展開反駁。儘管塔哈因語帶中傷的攻擊而傷心，但也因此獲得了果敢挑戰宗教權威的評價，受到立場偏向世俗主義與自由主義的人讚賞。隨後，一九二九年，他出版了被認為是代表作的自傳性小說《日子》（*Ayyām*）。該書為三部曲的第一集，第二集描述他在艾資哈爾學院及埃及大學的時期，第三集則記述了他留學巴黎之後的經歷，於一九六七年完成。[12]

一九二九年，三十九歲的塔哈，以第一位埃及人的身分就任埃及大學文學院長。然而，他在次年（一九三〇年）與首相西德基發生衝突。塔哈厭惡西德基的強權政治，如制定一九三〇年憲法等，於是選擇支持華夫托黨。西德基要求塔哈在官報上發表擁護政權的文章。塔哈拒絕了他的要求。結果，一九三二年的議會上，《論蒙昧時代之詩歌》的問題重新引燃，艾資哈爾大學也加入批判塔哈的陣營。西德基內閣教育大臣最後撤換掉塔哈，盧特菲校長等埃及大學幹部紛紛辭職以表抗議。這次事件不單只是口頭爭論，早已演變為政治問題。塔哈接任華夫托黨黨報總編，發表攻擊西德基政權及艾資哈爾學院的言論。他從這時候開始出版大量的小說及散文。

一九三四年，他重返埃及大學文學院就任院長。此後，他繼續創作的同時，也在一九四〇年成為阿拉伯語學院會員（一九六三年擔任會長），一九四二年擔任亞歷山卓大學（Alexandria University）首任校長。在一九五〇年一月十二日成立的華夫托黨納哈斯內閣中，六十歲的塔哈擔任教育大臣（一九五〇—一九五二年在任）。身為教育大臣，他致力於增設由古蘭經學校改制的小學，並提供學生免費就學，對完善埃及初等教育與提升識字率做出巨大貢獻。塔哈於一九七三年十月二十八日逝世，享壽八十三歲。

哈桑・班納（一九〇六―一九四九年）

哈桑・班納是伊斯蘭世界最大政治暨社會團體「穆斯林兄弟會」的創辦人，也是首任最高指導者。班納出生的前一年，阿布都剛過世。儘管穆斯林兄弟會經常被評論為伊斯蘭教改革思想經過大眾化運動後所產生的組織，但班納的思想實際上是源於拉希德・里達及《燈塔》雜誌。

一九〇六年十月，班納出生在尼羅河三角洲布海拉省的馬赫穆迪亞。父親是一名鐘錶師傅，他利用自己在艾資哈爾學院就讀的經驗，傳授班納各種宗教學說的基礎。班納在十三歲時加入附近隸屬蘇菲教派的哈薩非亞（Hasafiyya）教團，在這裡修行伊斯蘭教神祕主義，並與友人創立了哈薩非亞慈善協會。一九一九年革命時，班納也參與了當地的示威遊行，親身體驗過群眾運動昂揚的氣氛。

一九二三年，十七歲的班納前往開羅，進入公立師範學校達爾・歐魯姆（Daral-Ulum）就讀。在開羅，他經常光顧一家「薩拉菲書店」，並與書店老闆穆希布・丁・哈提卜（Muhibb al-Din al-Khatib，一八八六―一九六九年）建立了深厚的友誼。哈提卜來自敘利亞，師從穆罕默德・拉希德・里達，學習伊斯蘭教改革思想；他對班納造成了深遠的影響。班納也成為《燈塔》雜誌的忠實讀者，他甚至拜訪里達，聆聽里達講授的課程。

就讀達爾・歐魯姆的期間，班納開始獨自走訪市內的咖啡館，向店內的客人講道。每次講道大約十分鐘，他也回答顧客提出的問題。講道內容諸如：鄂圖曼帝國的瓦解連帶導致哈里發制度廢除、引進西方技術與思想，以及基督教傳教活動所造成的伊斯蘭教危機、打破英國（異教徒）對埃及的統治與實現完全獨立，以及通過實施伊斯蘭教育以建設伊斯蘭社會等等。此舉成效儘管受到朋友的質疑，但在咖啡館講道的行動，後來也成為穆斯林兄弟會活動的重要基礎。

一九二七年，班納從達爾·歐魯姆畢業，以阿拉伯語教師的身分，前往蘇伊士運河中部的伊斯梅利亞小學任教。當時的伊斯梅利亞有英軍基地駐紮，目的在於防衛蘇伊士運河，英軍煥發的軍容加劇了班納的危機意識。赴任後不久，他開始在當地的咖啡館講道。次年（一九二八年），六名聽過班納講道的人，來到他的住處，表示希望班納成為他們的領袖，班納一口答應並成立了他們自己的團體。這就是穆斯林兄弟會的誕生。「兄弟會」一詞是意譯，阿拉伯語的「الإخوان المسلمين」意指「伊斯蘭教徒的兄弟（團體）」。他們在咖啡館持續講道活動的同時，還在賽得港至蘇伊士的運河區招募會員、從事教育活動，以及建設清真寺等。

一九三二年，二十六歲的班納調職返回開羅，並將兄弟會的總部設在開羅。兄弟會為了讓他們的活動從開羅擴展至埃及全國，行動變得更加活躍，還在各地設立分部。當初移轉至開羅時，兄弟會分部主要集中在蘇伊士運河地區，大約有十五個分部；一九三九年，數量增加至三百個；到了一九四九年，更是高達兩千個分部。一九二八年由七個人組成的兄弟會，到了一九四〇年代末期，人口總數約為兩千萬人的埃及中，據說兄弟會成員就有五十萬人，還有大約五十萬的支持者。此外，英國託管地巴勒斯坦境內的阿拉伯人與猶太人（伊斯蘭教徒與猶太教徒）發生對立衝突，也成為兄弟會最關心的重大事件。一九三六年後，兄弟會積極支援巴勒斯坦，也在埃及國內展開反錫安運動，並在敘利亞、黎巴嫩、約旦與蘇丹設立了分部。一九三五年，里達去世後，班納收購了《燈塔》雜誌繼續發行。

隨著組織的擴大，兄弟會開始擁有強大的政治影響力。兄弟會內部出現一些成員不滿班納的穩健路線而選擇退出，還有一些不接受班納指導，轉而採取偏激行動的「祕密機構」。班納本人也開始發表愈來愈多的政治言論，並提及實施伊斯蘭教法，及參加下議院選舉。參加選舉對於現有政黨構成威脅，擴大他們與政府之間的緊張關係，兄弟會與外部的衝突也愈演愈烈。即使班納希望透過與政府協商來繼續兄弟會的運動，但政府在一九四八年還是將兄弟會列為非法組織。同年十二月二十七日，兄弟會的「祕密機構」暗殺了首相馬哈茂德·法赫米·諾克拉希（Mahmud Fahmy al-Nuqrashi，一八八八—一九四八年）。退出華夫托黨的薩德主義者所設立薩德黨的第二代黨魁）。次年一九四九年二月十二日，四十二歲的班納遭到埃及祕密警察暗殺，一般認為祕密警察此舉是為了報復首相暗殺事件。

湯瑪斯·愛德華·勞倫斯（一八八八—一九三五年）

「阿拉伯的勞倫斯」湯瑪斯·愛德華·勞倫斯，一八八八年八月十六日出生於英國威爾斯的特雷馬多格小鎮，是五個兄弟中的次子。勞倫斯一家七口後來搬到牛津，過著極其平凡的生活。母親是父親的情婦，由於父親元配不願離婚，因此兄弟們都從母姓「勞倫斯」。有人認為，勞倫斯後來坎坷的人生，是因為他庶子的身分影響，庶子在當年求職等各方面均處於劣勢。一九〇七年，十九歲的勞倫斯獲得牛津大學耶穌學院的獎學金，跟從大衛·霍加斯教授學習考古學，多次前往阿拉伯各地進行考古挖掘工作。

一九一四年第一次世界大戰爆發，勞倫斯原先受到陸軍作戰部第四課召集，繪製西奈半島等處的地圖，但同年十二月，他被調派到開羅陸軍情報部。當時，埃及是英國的保護國，由高級專員亞瑟．亨利．麥克馬洪（Arthur Henry McMahon，一九一五—一九一七年）統理。英國試圖利用鄂圖曼帝國的衰退，與鄂圖曼帝國治下的麥加埃米爾（Amir，統治者）哈希姆家族的海珊交涉，以發起叛變對抗鄂圖曼帝國為代價，英國承諾將會支持阿拉伯獨立（一九一五—一九一六年，《麥克馬洪—海珊協定》〔*McMahon–Hussein Correspondence*〕）。一九一六年六月五日，英國期待已久的阿拉伯起義爆發。開羅新成立了駐阿拉伯外交部，聚集了包括霍加斯教授與勞倫斯等人在內的阿拉伯專家。二十八歲的勞倫斯十月調任後沒多久就取得休假，與駐阿拉伯外交部的同事於十六日抵達漢志地區的港口城鎮吉達。這次旅行改變了他與阿拉伯的命運。

勞倫斯在吉達與海珊次子阿卜杜勒會面。由於阿卜杜勒與勞倫斯的同事早已相識，他要求初次見面的勞倫斯，與正在和鄂圖曼帝國交戰的三弟費薩爾會面。勞倫斯沿紅海北上，見到海珊長子阿里（一八七九—一九三五年），並於十八日與費薩爾會晤。結束休假的勞倫斯回到開羅，陸軍情報局接獲他與費薩爾會面的報告後，命令他與費薩爾會合。十二月五日，他在麥地那外港延布（Yanbu）再次與費薩爾會面。原本居於劣勢的阿拉伯起義軍攜手合作，一躍而起轉守為攻，勞倫斯提議進行游擊戰，攻擊大馬士革與麥地那之間由鄂圖曼帝國建設的漢志鐵路。這項策略迫使原本幾乎擊破各地起義軍的鄂圖曼軍隊轉守漢志鐵路，綿長的防衛線反而成為起義軍的標的。

勞倫斯接著建議攻擊位處要衝但防守薄弱的紅海沿岸亞喀巴港。他提出的攻擊策略並非大家設想的海上攻擊，而是橫越灼熱的沙漠，由後方山地出其不意地攻擊。一九一七年五月九日，英軍開始進軍亞喀巴港，並在五十八天後的七月六日攻克亞喀巴港。同一天，勞倫斯從亞喀巴港出發前往開羅，與新上任的埃及派遣軍司令埃德蒙．艾倫比（一九一九年起擔任埃及高級專員）進行協議。艾倫比允諾提供勞倫斯的所有要求，包括軍隊資金與現場指揮權。艾倫比率領英軍攻克巴勒斯坦，自北邊南下，而勞倫斯則率領起義軍從南方向北挺進，雙方的目標都是大馬士革。一九一八年十月一日，起義軍進入大馬士革，兩天後艾倫比也抵達進城。在勞倫斯的翻譯下，費薩爾與艾倫比進行首次會晤，費薩爾在大馬士革成立了阿拉伯政府。

十月中，勞倫斯返回英國，在政府的東方問題委員會上提出他的構想：建立三個阿拉伯獨立國，分別立海珊三個兒子為王。然而，根據一九一六年五月十六日英法俄三國簽署的《賽克斯─皮科協定》，早已確定鄂圖曼帝國治下的阿拉伯地區戰後該如何分割。

基於《麥克馬洪─海珊協定》，勞倫斯深信阿拉伯將獲得獨立，但戰後局勢急轉直下，接踵而至的局面令他失望。巴黎和會上，主要負責處理阿拉伯地區問題的英、法、義、印度四國，派出代表組成十人委員會，儘管海珊與勞倫斯在會上提出阿拉伯獨立的要求，委員會並未做出結論，留待後續討論。次年一九二〇年四月舉行的聖雷莫會議中，勞倫斯未能出席；英國根據《賽克斯─皮科協定》，獲得美索不達米亞託管地與巴勒斯坦託管地，法國則獲得了敘利亞託管地。法軍占領了大馬士革，費薩爾亡命海外逃往英國。要求獨立的阿拉伯民眾不斷發起暴動與騷亂，英法兩軍為了鎮壓暴動，付出了巨大代價。

為了解決問題，殖民地大臣溫斯頓．邱吉爾（Winston Churchill）於一九二一年三月十二日至三十日召集了英國陸海軍負責人、中東各地的英國主管，以及已經返回英國的勞倫斯等阿拉伯問題專家，舉行開羅會議。這次會議與後續討論決定，伊拉克、外約旦酋長國與巴勒斯坦交由英國託管，費薩爾被任命為伊拉克國王，阿卜杜勒則為外約旦酋長國國王。伊拉克與約旦名義上雖然獲得獨立，但實質上仍由英國統治。開羅會議結束後，勞倫斯拒絕了邱吉爾的慰留，辭職返國。

之後，勞倫斯以假名加入英國空軍，採取一連串人們覺得古怪的行動，出版了《智慧的七柱》[13]等著作。一九三五年五月十九日，因機車事故結束了四十六歲的生涯。

阿卜杜勒阿齊茲・伊本・阿卜杜勒赫曼（一八八〇—一九五三年）

沙烏地阿拉伯的首任國王，通常被稱為「伊本・沙烏地」（Ibn Saud），但這是歐美之間的錯誤稱呼，沙烏地家族現在被稱為阿勒沙烏地，加在王族名字後面稱之。阿卜杜勒阿齊茲（Abdulaziz bin Abdul Rahman Al Saud）生年不詳，但現在沙烏地阿拉伯普遍認為是一八八〇年。

領導沙烏地家族（沙烏地部族）的父親阿卜杜勒拉赫曼（Abdul Rahman bin Faisal），一八九〇年遭到統帥沙馬爾部族的拉希德家族擊敗，族人在科威特過了十年的流亡生活。一九〇二年，二十二歲的阿卜杜勒阿齊茲帶領約六十名的手下，成功偷襲並攻陷了以阿拉伯半島中部內志地區要衝利雅德為據點的拉希德家族。阿卜杜勒阿齊茲成為了沙烏地家族的領袖，以及率領該勢力的首長（Amir），掌管了內志與東部的哈薩綠洲地區。

該政權的確立，史稱第三次沙烏地王朝（Third Saudi State）。沙烏地家族在十八世紀與因教義嚴格聞名的罕百里學派（Hanbali School）烏理瑪穆罕默德．伊賓．阿卜杜勒．瓦哈比（Muḥammad ibn ʿAbd al-Wahhāb，一七〇三－一七九一年）締結盟約，目的在於將瓦哈比所提倡的純粹伊斯蘭教（瓦哈比派伊斯蘭教）內容，作為沙烏地家族在半島部族爭鬥中，推動政治與軍事目標的工具。瓦哈比的子孫稱為「謝赫家」（Sheikh），現在沙烏地阿拉伯許多烏理瑪來自此家族，肩負著宗教權威。

沙烏地家族後來兩度確立政權，支配沙烏地王朝，但兩次皆因與鄂圖曼帝國交戰而瓦解，最終由阿卜杜勒阿齊茲復興。阿卜杜勒阿齊茲向遊牧民族宣揚瓦哈比派教義，讓他們定居經營農業的同時，也將他們當成征服活動的主要戰力。他們視定居下來的遊牧民族為伊赫萬（Ikhwan，兄弟），而這項策略稱為「伊赫萬運動」。

第一次世界大戰期間，一九一五年，阿卜杜勒阿齊茲與英國簽訂《蓋提夫條約》。英國承認他對內志與哈薩的統治，並提供資金與武器。阿卜杜勒阿齊茲承諾，不會在未獲得英國的同意下，將他所控制的土地或權利轉讓予其他勢力。這項條約將阿卜杜勒阿齊茲的勢力與英國綑綁在一起，用意在於避免他們與鄂圖曼帝國有所牽連。

大戰後的一九二〇年，阿卜杜勒阿齊茲征服南方阿西爾地區，次年在北部哈伊勒擊破宿敵拉希德家族。掌握半島霸權的阿卜杜勒阿齊茲，將獲得英國援助的海珊漢志王國視為下一個目標。一九二四年九月，阿卜杜勒阿齊茲攻下漢志要衝塔伊夫，海珊隨即逃往約旦。十月十六日攻下麥加，次年一九二五年十二月六日占領了麥地納，海珊長子阿里從吉達逃亡至約旦；而阿卜杜勒阿齊茲則在十二月二十三日進入吉達城。

征服活動表面看似順利，隨後卻面臨危機。伊赫萬作為征服的主力，與阿卜杜勒阿齊茲之間的對立愈演愈烈。伊赫萬醉心於瓦哈比派教義，他們對於阿卜杜勒阿齊茲與異教徒英國簽訂條約，以及導入西方文明，抱持著批判的態度。征戰漢志時，伊赫萬曾向阿卜杜勒阿齊茲要求麥加與麥地納的市長之位，但阿卜杜勒阿齊茲卻立自己的三子費薩爾為漢志總督。另外，根據阿卜杜勒阿齊茲於一九二二年與英國簽訂的《烏凱爾協議》（*Uqair Protocol*），已經劃定並同意該國與內志、伊拉克及科威特的邊界線。但是以戰利品為主要收入來源的伊赫萬，並未放棄征戰，持續向伊拉克發動攻勢。

一九二九年三月，阿卜杜勒阿齊茲徹底掃蕩伊赫萬，次年一九三〇年伊赫萬解體。一九三二年九月二十二日，阿卜杜勒阿齊茲統合先前掌控的所有領地，建立了沙烏地阿拉伯王國。國名意味著「沙烏地家的阿拉伯王國」，由於國名中並未包含具體地名，因此國民即使並不屬於沙烏地家族，也被稱為沙烏地人。

一九三三年五月，阿卜杜勒阿齊茲與美國加利福尼亞標準石油公司（SOCAL，今雪佛龍股份有限公司）的子公司，簽訂開採石油的特許協定，並於一九三八年三月在東部發現油田。隨後陸續發現油田，一九四四年設立了Arabian American Oil Company（沙烏地阿美，Saudi Aramco，於一九八八年國有化），成為世界最大規模的石油生產與輸出公司。

另一方面，第二次世界大戰期間，美國為了確保空軍飛機自由通過阿拉伯半島上空，認為有必要在半島內設立基地。一九四二年起，阿卜杜勒阿齊茲同意讓美國通過該國領空並設立基地。富蘭克林．羅斯福（Franklin Roosevelt）總統自次年一九四三年開始向沙烏地阿拉伯提供軍事援助。擁有半島外緣地帶保護領地的英國，對於向沙烏地阿拉伯提供武器一事態度消極。因此，沙烏地阿拉伯逐漸傾向與美國建立軍事合作關係。第二次大戰末期，一九四五年二月十四日，羅斯福總統結束雅爾達會議，回程路上特地行經蘇伊士運河，在美軍巡洋艦「昆西」號（USS Quincy）上與阿卜杜勒阿齊茲友好地進行會談。那之後，兩國維持著特別的關係，沙烏地阿拉伯穩定地向西方各國供應石油，而美國則負責保障沙烏地阿拉伯的安全。

一九五三年十一月九日，阿卜杜勒阿齊茲以七十三歲高齡辭世，留下三十六名兒子與二十四名女兒。

其他人物

一、埃及

艾哈默德・盧特菲・賽義德

一八七二－一九六三年。代表埃及王國時期的自由主義者。一生致力於執筆創作，並以翻譯亞里斯多德哲學，教育文化行政的貢獻聞名。

艾哈默德・盧特菲・賽義德出生於尼羅河三角洲中心地帶的代蓋赫利耶省貝爾欽（Berqin）村，來自地主階層的家庭。省都曼蘇拉中學畢業後，原先準備升學至艾資哈爾學院，後來改就讀法律學校，一八八九年入學。一八九四年畢業後，他進入地方檢察局工作，同時於一八九六年加入卡米勒設立的祕密結社（後來的家園黨），並成為黨報《旗幟》總編。這段期間，他曾在瑞士停留一年，並取得瑞士國籍。後來他因為發表政治性言論遭政府逮捕，但出於外籍身分而獲釋。他在烏瑪黨擔任事務局長兼黨報《報導》的總編。一九一五年—一九二二年，他擔任國立埃及國家圖書館（Dar el-Kotob）館長。期間，他參加烏瑪黨的活動，並在一九一九年革命後支援創建立憲自由黨。

盧特菲曾於一九二五—一九三二年，以及一九三五—一九四一年擔任埃及大學校長，一九四〇年成為阿拉伯語學院的會員（一九四五年後擔任會長直到逝世），一九四二年任上議院議員。他在一九二八—一九二九年的第一次馬哈茂德內閣任職教育大臣，一九四六年在第三次西德基內閣中成為負責外交事務的國務大臣及副首相等職務，共計有八次擔任內閣成員的經歷。

穆斯塔法·阿布多拉齊克

一八八五—一九四七年。出生於上埃及明亞省阿布朱爾朱村（Abu Qurqas）的大地主家庭。弟弟是阿里·阿布多拉齊克。穆斯塔法·阿布多拉齊克於一八九五—一九〇八年在艾資哈爾學院就讀，師事阿布都，以及其盟友兼改革派的校長哈斯納·納瓦維（Hassunah al-Nawawi，一八三九—一九二五年）。一九〇九年起，他留學巴黎與里昂，多次從法國向《報導》投稿。一九一四年回國，次年一九一五年成為艾資哈爾學院事務局長。一九一六年，就任伊斯蘭教法法庭監察官，一九二七年起擔任開羅大學文學部教授，次年成為艾資哈爾教授。他受到重用擔任瓦庫夫（waqf）大臣，不僅是立憲自由黨的馬哈茂德首相，連無黨派的海珊・西利（Hussein Sirri，一八九二—一九六〇年）首相、薩德黨的艾哈默德・瑪黑（Ahmad Maher，一八八八—一九四五年）首相，以及諾克拉希（Mahmoud Fahmy El Nokrashy）首相等，皆任命他擔任瓦庫夫大臣，前後共計八次出任同一職位。穆斯塔法・阿布多拉齊克於一九四五年成為艾資哈爾學院校長，直到一九四七年去世。

阿里・阿布多拉齊克

一八八八—一九六六年。穆斯塔法・阿布多拉齊克的弟弟。與兄長相同，阿里也在艾資哈爾學院中接受阿布都的薰陶，畢業後前往英國牛津大學留學。回國後，阿里成為伊斯蘭教法法庭法官，然而卻在一九二五年，因為其著作《伊斯蘭與統治的諸原則》，使他的烏理瑪資格遭到剝奪，並退出公職。從阿里、卡西姆・艾敏，到塔哈・海珊，筆禍引發的事件，就好比阿布都學派的家傳絕技。自由主義者最引以為傲的，或許正是他們自由不拘的言論吧。一九四七年，兄長去世後，阿里恢復名譽，同年開始擔任瓦庫夫大臣到一九四九年。此外，他也是下議院議員、上議院議員，及阿拉伯語學院會員。

二、伊拉克、約旦、巴勒斯坦

海珊・伊本・阿里

一八五三—一九三一年。誕生於先知默罕默德子孫謝里夫（Sharif）之中，最有名望的麥加哈希姆家族。當時鄂圖曼帝國統治下的麥加，獲准成為自治區，由哈希姆家族選出埃米爾作為統治者。由於哈希姆家族一家之主的親戚都被要求搬到伊斯坦堡居住，因此不僅海珊出生於伊斯坦堡，他的四個兒子，阿里、阿卜杜勒、費薩爾與扎伊德也都在伊斯坦堡接受教育。一九〇九年，青年土耳其黨掌握權力後，替換了麥加的埃米爾，同年，由海珊繼任。

第一次世界大戰中的一九一六年，海珊根據《海珊—麥克馬洪協定》，起義對抗鄂圖曼帝國，自立國王並宣告成立漢志王國。大戰結束後，鄂圖曼帝國的蘇丹制遭到廢除，海珊立刻宣告自己為哈里發。雖然周遭都忽視他的宣言，但海珊依舊堅持在鄂圖曼帝國治下的阿拉伯地區建立大規模獨立王國，與勞倫斯及其三子費薩爾構思的阿拉伯聯合王國形成對立。大戰結束後，沙烏地家族的阿卜杜勒阿齊茲攻擊漢志王國時，英國早已捨棄海珊。海珊逃亡至約旦，但英國擔憂阿卜杜勒阿齊茲軍隊會繼續追擊海珊，於是將他驅逐至賽普勒斯島。一九三一年，海珊因病移往約旦，最終病逝。

阿卜杜勒・伊本・海珊

一八八二—一九五一年。海珊・伊本・阿里的次子、外約旦酋長國的開國元首。一九〇九年，父親海珊移居麥加之際，阿卜杜勒與弟弟費薩爾為了收集情報留居伊斯坦堡。第一次世界大戰爆發前的一九一四年二月，阿卜杜勒在開羅與英國的赫伯特・基秦拿元帥，及羅納德・斯托爾斯（Ronald Storrs，一八八一—一九五五年）專任祕書官進行會談。斯托爾斯正是在一九一六年十月隨勞倫斯前往吉達旅行的同事，也是阿卜杜勒在吉達時的舊識。阿卜杜勒造訪開羅時，參加了拉希德・里達（Rashid Rida）的祕密協會——阿拉伯聯合協會。

大戰後，一九二一年三月，為了報復法軍將費薩爾逐出大馬士革，阿卜杜勒率兵進軍安曼，但遭到勞倫斯攔阻。勞倫斯帶阿卜杜勒前往開羅會議後半場舉行的地點耶路撒冷，與英國首相邱吉爾會面。會談後決定，從隸屬英國的巴勒斯坦託管地劃分出約旦河東岸地區，新設為外約旦酋長國託管地，並立阿卜杜勒為國王。一九二二年九月十六日，英國託管的外約旦酋長國成立，一九二七年建國，阿卜杜勒成為首任國王。第二次世界大戰後的一九四六年五月二十五日，宣布獨立，一九四九年更改國名為外約旦哈希姆王國。一九五一年七月二十日，阿卜杜勒在耶路撒冷的阿克薩清真寺入口處，遭到反對阿卜杜勒親英、親錫安主義的巴勒斯坦人暗殺。

費薩爾・伊本・海珊

一八八三—一九三三年。海珊・伊本・阿里的三子，伊拉克王國的首任國王。一九一六年，費薩爾與勞倫斯率領阿拉伯起義軍主力，轉戰阿拉伯半島各地。一九一八年，起義軍進入大馬士革，成立阿拉伯政府並開始自治。一九一九年的巴黎和會上，費薩爾代表父親海珊參加，與英國代表團成員勞倫斯要求建設阿拉伯獨立國家。一九二〇年三月，阿拉伯民族主義者在大馬士革舉行的敘利亞國民大會上，指名他為敘利亞王國國王。然而，同年七月，法軍占領大馬士革，費薩爾被迫亡命英國。

一九二一年三月的開羅會議上，決定在英國的美索不達米亞託管地設立伊拉克王國，並任命費薩爾為國王。同年五月，三十八歲的費薩爾進入巴格達，在公民投票中獲得百分之九十八的支持率，人民推舉他為國王。八月，在託管下成立伊拉克王國，費薩爾即位成為第一代國王。一九三二年十月三日，伊拉克王國獨立。

伊拉克王國一九二二年實施制憲會議選舉，並於一九二四年完成憲法案。一九二五年公布伊拉克憲法，並於同年實施第一次下議院選舉（間接選舉）。直至獨立為止，共計舉行了三次下議院選舉。

費薩爾被視為反抗鄂圖曼帝國的英雄，在阿拉伯地區獲得廣泛支持。據說他的為人也充滿魅力。比起被人們視為阿拉伯民族主義的旗手，費薩爾一生更致力追求獨立，脫離對英國的依賴。一九三三年，費薩爾在瑞士療養時驟逝。

穆罕默德・阿明・侯賽尼

一八九五―一九七四年。出生於耶路撒冷的名門侯賽尼家族。一九二〇年四月，二十五歲的阿明因參與納比慕沙（Nebi Musa）暴動遭判處十年徒刑。這次事件是在猶太教新年祭典（伊斯蘭教則是摩西誕生祭典）中，阿拉伯人殺傷了猶太人，阿明被視為煽動者，不得不逃往耶路撒冷。同年九月，英國託管地巴勒斯坦第一任高級專員赫伯特・塞繆爾（Herbert Samuel，一九二〇―一九二五年）特赦阿明。阿明的兄長卡米爾（Kamil）過世後，阿明於一九二一年三月繼承兄長職位成為大穆夫提（耶路撒冷的伊斯蘭教權威者）。一九二二年，就任成為穆斯林最高評議會議長。阿明因為上述職務，被視為耶路撒冷的代表人，他對內外宣傳猶太人移居與權益擴大將成為巴勒斯坦的危機。

一九三一年，三十六歲的阿明召集伊斯蘭世界各地的宗教指導者，在耶路撒冷舉行世界伊斯蘭會議。一九三六年爆發的巴勒斯坦大起疑（持續至一九三九年）期間，阿明成為阿拉伯高階委員會（Arab Higher Committee）的領袖，指導大罷工等活動，反對英國託管及猶太人移民。由於暴力煽動與指導叛亂等理由，阿明於一九三七年遭受處分，驅逐出境。

阿明經由伊拉克等地，於一九四一年十一月進入德國，二十日在柏林與阿道夫・希特勒總統會談。他在德國停留至一九四五年五月，持續宣傳反猶太主義。德國戰敗後，阿明繼續在加薩與貝魯特等地活動，但影響力有限。一九七四年，在貝魯特去世。

注釋

1. 與扎格盧勒、法赫米、西德基有關之基本資料參考如下：扎格盧勒：（回憶錄）*Mudhakkirāt Saʿd Zaghlūl*, Vol.1-9, Cairo: al-Hayʾah al-Miṣriyyah al-ʿĀmmah lil-Kitāb, 1987-97, Vol.10-11, Cairo: Dār al-Kutb wa al-Wathāʾiq al-Qawmiyyah, 2011, 2015.（傳記研究）al-ʿAqqād, ʿAbbās Maḥmūd, *Saʿd Zaghlūl: Sīrah wa Taḥiyyah*, Cairo: Maṭbaʿah Ḥijājī, 1936. 法赫米：（回憶錄）*Hādhihi Ḥayātī*, Cairo: Dār al-Hilāl, 1963. 西德基：（回憶錄）*Mudhakkirātī*, Cairo: Dār al-Hilāl, 1950.（傳記研究）Qurrāʿah, Saniyyah, *Namir al-Siyāsah al-Miṣriyyah*, Cairo: Maktab al-Ṣiḥāfah al-Dawlī, 1952.
2. — 3. Smith, Russell Yates, *The Making of an Egyptian Nationalist: the Political Career of Saad Zaghlul Pasha prior to 1919*, Ph.D. Dissertation, Ohio State University, 1972, pp.19-20, 29-30, 35-51.
4. 督學，指負責製作學校或地方教育當局的職務、活動報告書的官職，源自英國。
5. 在英國占領後，於一八八三年召開的立法會議中，議員總數為八十二人。其中大臣六名、立法審議會三十名（政府代表十四名，省代表十六名），由選舉產生的議員為四十六名。
6. Smith，同前注。
7. 於一九一三年成立的立法議會中，議員總數為八十三人，其中由選舉產生的議員為六十六人，由赫迪夫任命的議員為十七人。該議會是認可、諮詢政府所提出的法案、預算案的機構，法律部分則由赫迪夫頒布。
8. "Leading Personalities in Egypt"（30 September 1946）, *British Documents on Foreign Affairs: Reports and Papers from the Foreign Office Confidential Print*, Part Ⅳ, From 1945 through 1950. Series G, Africa, 1946, Volume 2, Bethesda, Md.: Univer-

sity Publications of America, 2000, pp.192-193.至於在瓦庫夫大臣時期發生的女性醜聞，根據記載，女性的父親即是當時的國民法庭高等法院院長，並於後來歷任內閣成員、總理、統一黨首屆黨魁的易卜拉欣（一八六一—一九三六年）；該女性最終自殺身亡。

9. 阿里於一九二二年去世後，其表妹兼妻子胡德·沙拉維（一八七九—一九四七年，→第十三章）在一九一九年的革命中領導了女性示威運動，並被選為華夫托的女性中央委員會委員長，獨立後仍持續擔任華夫托黨的女性部長。一九二三年創立埃及女性聯盟、一九四五年創立阿拉伯女性聯盟，就任會長。

10. *al-Dustūr*, 11 vols, Cairo: Maṭbaʻa Miṣr, 1940.

11. "Leading Personalities in Egypt"（30 September 1946），同前注。

12. 日譯版本為田村秀治譯，《わがエジプト——コーランとの日々》，サイマル出版会，一九七六年。

13. 日譯版本為J．威爾森編，田隅恒生譯，《完全版　知恵の七柱》全五巻，東洋文庫，二〇〇八—二〇〇九年。

參考文獻

喬治·安東尼斯（George Habib Antonius）著，木村申二譯，《アラブの目覚め——アラブ民族運動物語（阿拉伯的覺醒——阿拉伯民族運動物語）》，第三書館，一九八九年

馬丁·吉伯特（Martin Gilbert）著，白須英子譯，《エルサレムの20世紀（耶路撒冷的20世紀）》，草思社，一九九八年

佐藤友紀，〈1923年憲法制定委員会の審議にみる国家·自由·宗教——立憲王政期エジプトにおける政教関係の再考察に向けて（1923年憲法制定委員會審議中的國家、自由、宗教——立憲王政期埃及政教關係的再考察）〉，《日本中東

學會年報》三四—二，二〇一八年
中野好夫，《アラビアのロレンス（阿拉伯的勞倫斯）》改訂版，岩波新書，一九六三年
雅克．伯努瓦．梅欽（Jacques Benoist-Mechin）著，河野鶴代、牟田口義郎譯，《砂漠の豹　イブン．サウド（砂漠之豹伊本．沙烏地）》，筑摩書房，一九六二年
大衛．弗羅姆金（David Henry Fromkin）著，平野勇夫等譯，《平和を破滅させた和平——中東問題の始まり［1914-1922］（破壞和平的和平——中東問題的開端［1914-1922］）》上下，紀伊國屋書店，二〇〇四年
松本弘，〈民主主義の受容と混乱——エジプト1923年憲法（民主主義的受容與混亂——埃及1923年憲法）〉，私市正年、栗田禎子編，《イスラーム地域の民衆運動と民主化（伊斯蘭地區的民眾運動與民主化）》，東京大學出版會，二〇〇四年
松本弘，〈エジプト立憲自由党の軌跡（1922-1953年）（埃及立憲自由黨的軌跡1922-1953年）〉，《大東アジア学論集（大東亞學論集）》一一，二〇一一年
松本弘，《ムハンマド．アブドゥフ——イスラームの改革者（穆罕默德．阿布都——伊斯蘭的改革者）》，山川出版社，二〇一六年
横田貴之，《原理主義の潮流——ムスリム同胞団（原理主義的潮流——穆斯林同胞團）》，山川出版社，二〇〇九年
Badrawi, Malak, *Isma'il Sidqi 1875-1950: Pragmatism and Vision in Twentieth Century Egypt*, Richmond: Curzon, 1996.
Botman, Selma, "The liberal age, 1923-1952", M. W. Daly（ed.）, *The Cambridge History of Egypt*, Vol.2, Cambridge: Cambridge University Press, 1998.

Deeb, Marius, *Party Politics in Egypt: the Wafd & its Rivals 1919-1939*, London: Ithaca Press for the Middle East Centre, St Antony's College, Oxford, 1979.

Hourani, Albert, *Arabic Thought in the Liberal Age 1798-1939*, Cambridge: Cambridge University Press, 1983.

Kedourie, Elie, "The Genesis of the Egyptian Constitution of 1923", P. M. Holt（ed.）, *Political and Social Change in Modern Egypt: Historical Studies from the Ottoman Conquest to the United Arab Republic*, London: Oxford University Press, 1968.

Marsot, Afaf Lutfi al-Sayyid, *Egypt's Liberal Experiment: 1922-1936*, Berkely: University of California Press, 1977.

Mattar, Philip, *The Mufti of Jerusalem: Al-Hajj Amin al-Husayni and the Palestinian National Movement*, New York: Columbia University Press, 1988.

McNamara, Robert, *The Hashemites: the Dream of Arabia*, Cairo: American University in Cairo Press, 2009.

Vatikiotis, P. J., *The History of Modern Egypt: from Muhammad Ali to Mubarak*, Boltimore: Johns Hopkins University Press, 1991（fourth edition）.

Zayid, Mahmud, "The Origins of the Liberal Constitutionalist Party in Egypt", P. M. Holt（ed.）, *Political and Social Change in Modern Egypt: Historical Studies from the Ottoman Conquest to the United Arab Republic*, London: Oxford University Press, 1968.

第十三章

阿拉伯的近代與女性主義的開花

後藤繪美

前言

直至今日，「女性主義」有愈來愈多的涵義，而本章所採用的則是中東近現代史家瑪格·巴德蘭（Margot Badran，一九三六年—）所下的定義，即「意識到有女性因性別而有所受限，進而試圖去消除該限制、引導出更公正的性別定位，以及創造女性的新職責、新的男女關係」[1]。埃及作為阿拉伯地區的女性主義先鋒，本章將會介紹其動向的演進過程。據說埃及第一次使用女性主義一詞，是在埃及女性聯盟於一九二三年成立時，然而其實女性主義早在此之前就已經萌芽。[2]

處在始於十九世紀開始的穆罕默德·阿里王朝（Usrat Muhammad ʻAli，一八〇五—一九五三年）的埃及，各方面的改革正以西方為榜樣，推動、實現著現代化政策。最早與女性相關的重要變化，即是學校教育的普及。以一八三二年開設官立助產士學校為濫觴，由外國基督教傳教士成立的學校，或是由在地的猶太教徒、科普特正教會教徒開設的私立學校也接連不斷地出現。一八七三年，以占人口多數的穆斯林為主要招收對象的官立女子學校成立，後來這間學校被人們稱為「桑尼婭（Saniyyah）學校」，更開設了教師培育課程。

本章的主角瑪拉克．希夫尼．納西夫（Malak Hifni Nasif）出身於開羅新興中產階級，在進入桑尼婭學校就讀後，成為了第一批通過教師資格考試的埃及女性。[3] 一八八二年以後，受到英國軍事占領、在制度與思想方面受到法國強烈影響的埃及裡，大部分的女教師都是外國人。作為埃及人，瑪拉克強烈意識到向當地女性傳授必要知識的重要性。即使在因婚辭去教職後，她也會開設教室，教導貧困人家的子女，或是為女性進行講課與演講。在報紙上，她常以「沙漠的探求者」（Bahithat al-Badiya）為筆名，指出了夫妻關係、一夫多妻、女性隔離、佩戴面紗罩袍等女性所面臨的困難、痛苦，以及社會問題的所在，並喚起人們討論如何解決問題。她的論述與演講，後來以《關於婦女問題》（*Al-Nisa'iyyat*，一九一〇年、一九二五年增訂版）為題出版成書。

一九一八年，瑪拉克患上了當時流行於全世界的西班牙流感，最終在三十一歲的年紀便與世長辭。其改變埃及女性處境的願望，則被一群志同道合的同齡人所繼承。

娜巴維亞．穆薩（Nabawiyya Musa）與瑪拉克同樣出身自中產階級、畢業於桑尼婭學校的教師培育課程。當上小學教師後，一九〇七年，娜巴維亞成了首位通過埃及高中畢業資格考試的女性。後來更成為埃及第一位女校長，擔任過教育部管轄的女子學校監察官。娜巴維亞在一九二〇年出版的《女性與勞動》中強調，為了讓埃及自英國統治中獨立、讓女性從男性統治中自立，女性教育與勞動的重要性具有舉足輕重的地位。

一九〇九年，出生於上流階層家庭的胡德．沙拉維（Huda Shaarawi），在三十歲時開始為女性舉辦講座、演講。瑪拉克、娜巴維亞則被邀請與外國女性運動家一同登臺。總是居於幕後的胡德，第一次站上講臺向女性喊話是在一九一八年瑪拉克的追悼會上。於一九一九年的抵抗英國運動中，胡德組織並領導了婦女們的抗議遊行，並站在最前列。接著在一九二三年，她與娜巴維亞等人一同成立了埃及女性聯盟，開始要求增加女性成為高級教育者的機會、修改家事法（例如提高適婚年齡）、獲得選舉權等。

她們貼近女性的聲音與視角，主張「需要的是改變整個社會」，其話語與行動，成為了讓女性主義在埃及開花的土壤。本章將聚焦在活躍於最初期的人們身上，帶領各位讀者一同瀏覽他們的人生。

瑪拉克．希夫尼．納西夫（一八八六—一九一八年）

女性主義的開端

許多人將有「阿拉伯近代思想之祖」之稱的里法阿．泰赫塔維（Rifa'a at-Tahtawi，一八〇一—一八七三年）呼籲推動女性教育的事跡，視為埃及女性主義的起點。泰赫塔維是伊斯蘭法學家，在埃及的現代教育、啓蒙思想上有所貢獻。晚年，他在《可信任的男孩與女孩的教育指南》（一八七二年）中主張，女子教育並不違背伊斯蘭的教誨。並且認為，對女性實施初等教育，不僅可改善埃及女性的處境，對夫妻關係與家庭生活也會產生良好影響，進而有助於加強國力。

被視為女性主義誕生的另一個重要背景，還有賈邁勒丁·阿富汗尼（Jamal al-Din al-Afghani，一八三八／九－一八九七年）及穆罕默德·阿布都（Muhammad Abduh，一八四九－一九〇五年）所提出的伊斯蘭改革思想。他們主張不應拘泥於過去宗教學者積累的傳統解釋與教法規定，而是應符合時代變化，去合理地、有道德地去理解新的伊斯蘭，其主張促使了修改圍繞在婚姻、夫妻關係、女性裝束及舉止的伊斯蘭法規定。阿布都的思想後來被法律家卡西姆·艾敏（Qasim Amin）繼承，並以著書《婦女的解放》（一八九九年）的形式發行。在書中他也強調，女性地位提高，將奠定國家基礎的家庭基礎，為培育更好的下一代有所貢獻，最終帶來國家的發展。

瑪拉克·希夫尼·納西夫

一八八二年，前一年爆發的烏拉比運動（埃及近代史上最初的民族主義運動）被鎮壓後，英國以維持治安的名義軍事占領埃及。從那時起，民族主義運動以新聞業為中心擴散，女性的著述也在此時開始逐漸增加，其中以艾莎·帖木兒（Aisha Taymur）的著作為先驅。艾莎在以十六頁左右組成的小冊子《沉思之鏡》（*Mir'at al-ta'ammul fi-l-umur*，一八九二年）中指出，殖民統治下的埃及被編入了世界經濟體系，正在面臨新的消費社會的出現，在這股浪潮中，埃及男性的經濟能力衰退，一直以來守護女性的傳統結構正在逐漸崩塌。再者，她也表示，宗教學家們至今視為理所當然的伊斯蘭夫妻關係「夫養妻、妻從夫」，也早已不再合適了。[4]

這一時期的埃及對於出版與言論等知識活動的限制較為寬鬆，吸引了黎巴嫩與敘利亞因不堪鄂圖曼帝國時期下漸趨嚴格的限制而大批出走的記者及知識分子。隨著新報紙和雜誌的創刊，一位女性作家也在這些報紙上投稿了批評政治、社會，以及督促改善阿拉伯女性處境的文章，那個人便是出身於黎巴嫩的澤伊娜布・福瓦茲（Zaynab Fawwaz），其論述後來被整理成《澤伊娜布的書信》（一九〇四年）出版。[5]

一八九二年，最早的阿拉伯語女性雜誌《年輕女孩》（*al-Fatat*）創刊。編輯的核心人物是黎巴嫩的女作家欣德・諾法爾（Hind Nawfal）。她在刊頭序言寫道，該雜誌是女性親手為女性所準備，雜誌唯一目的是守護被剝奪的權利，督促女性關注必要的義務。[6]在接下來的二十年間，有近三十家女性雜誌相繼發行，她們各抒己見，對女性角色和男女關係提出了各種主張與論述。

瑪拉克・希夫尼・納西夫出生在了伊斯蘭改革運動及新聞工作者抬頭、民族主義與女性主義開始萌芽的埃及土地上。瑪拉克與它們一同成長，培養出了自己的語言。

「沙漠的探求者」誕生前

一八八六年十二月，瑪拉克・希夫尼・納西夫出生於開羅的一個新興中產階級家庭。父親名為希夫尼·納西夫（Hifni Nasif，一八五五—一九一九年），出身於伊斯蘭教遜尼派首屈一指的教學機構艾資哈爾學院，同時是阿富汗尼的學生及阿布都的友人。在視聽障學校、法律學校任教後，又歷任法官及教育部高層官員等職。母親名桑尼婭·阿卜杜勒·卡里姆·賈拉爾（Saniyah Abd al-Karim Jalal，一八六九—一九四二年），據傳她雖未受過學校教育，但透過家庭學習而擁有豐富知識。桑尼婭育有二子，瑪拉克為長女。

當時，女子學校教育在埃及的穆斯林之間並不普及，因此不少人對女子教育本身持批評態度。但瑪拉克的雙親並不如此認為，反而熱中於教育，對學校教育也很積極。

最初，瑪拉克就讀於法國學校，後來父親得知有官立女子學校後，在其意願下，瑪拉克於六歲的秋天進入了桑尼婭學校就讀。起初，她似乎是個讓教師們頭痛的「不安分的小孩」，儘管如此，十三歲的她仍於一九〇〇年從小學畢業，進入了剛開設的教員培育課程。經過三年的課程與二年的教育實習，瑪拉克成為首位通過教師資格考試的埃及女性。此後，她致力於公、私教育活動，除了在各級官立學校任教外，也會邀請沒上學的女子到家裡進行教育。

一九〇七年三月，瑪拉克經父親友人的介紹，與阿卜杜勒·巴西爾（Abd al-Satar al-Basil Pasha）結婚。他是法尤姆（Faiyum，位於開羅西南方約一百公里）某望族的首領，說媒時巴西爾被形容為一位知識豐富、精通外語、懂得為人處世的人。二人在開羅舉行了盛大的婚禮後，瑪拉克便搬到了丈夫位於法尤姆的宅邸。

同一時期，穩健派的民族主義政黨「烏瑪黨」（Umma party）成立，成員以穆罕默德·阿布都的友人與學生為主，瑪拉克的父親及丈夫也加入成為黨員。一九〇七年，該黨的機關報《賈里達》（*Al Jarida*，字面意思為「報紙」）中主張，為了埃及的獨立，擴大教育的機會與內容，以及開設議會當務之急。該報的讀者群為具有民族主義意識與伊斯蘭改革傾向的富裕階級，推測大部分為男性。[7] 在擔任總編的艾哈默德．盧特菲．賽義德（Ahmed Lutfi el-Sayed，一八七二—一九六三年）的邀請下，瑪拉克在名為「關於女性」的專欄中投稿了有關埃及女性的文章。當時她使用的筆名是「沙漠的探求者」，好似在自嘲自己生活在法尤姆一樣。她所寫的埃及夫婦關係、婚姻、裝束、舉止等的主題，皆是以她在城市與郊外的不同經驗，以及在這些地方聽到的來自不同階層女性的聲音為基礎寫成。文章中，瑪拉克指出了現狀與問題點，同時提出了改善建議。

刊登在《賈里達》上的論述，最後於一九一〇年被整理成一本名為《關於女性》的書籍。在瑪拉克過世七年後的一九二五年，該書再次發行增訂版，增收了瑪拉克弟弟馬吉德奧丁的《瑪拉克評傳》、瑪拉克與作家梅．齊亞德（May Ziadeh）之間的書信，以及於她去世七年後舉行的集會上人們的追悼演說等內容。

以下，本書將一面參照「女性與記憶論壇」（以阿拉伯圈女性研究家與活動家為中心營運的團體）於一九九八年重新出版的一九二五年版，一面帶領讀者傾聽瑪拉克的話語。

身為埃及女性

首先，我們來看看在《關於女性》中，以「女性的性質」、「男性的惡行」為標題的一系列論述[8]。

瑪拉克在其中提到了當時埃及女性及男性各自存在的問題。

女性的問題為以下四點。第一、對丈夫缺乏信任。經常擔心丈夫有外遇，心中充滿嫉妒；第二、仇視丈夫的家人，特別是婆婆，更是對其不抱寬容心與敬意；第三、對周圍女性具有競爭意識，結果時常造成金錢物質上的浪費；第四、會馬上對丈夫感到憤怒，試圖回到娘家。對於這些問題，瑪拉克列舉例子並進行了說明，勸戒女性行為不應過度，總結最重要的是不要草率行動。

另一方面，男性的問題則在於：第一、過於貪心，有著想染指妻子財產等令人看不慣的行為；第二、過於強勢，對妻子毫無關心，行為自私、以自我為中心；第三、對女性具有根深柢固的輕蔑態度。

在題為「蔑視女性」的部分，瑪拉克寫道：「埃及的女性在人生所有階段都被剝奪權利、受到壓迫。」人們對男嬰的誕生充滿歡欣，給予隆重的慶祝，但女嬰出生時，卻是皺著眉頭，保持沉默。女嬰的誕生之所以令人厭惡，是因為伊斯蘭過去的風俗，還是因為過去的時代由於需要戰鬥與搶奪，因此男性人數更加重要的想法所遺留的影響？以就學時期來說，為女性開設的學校遠遠少於男性的學校，且很多情況下，女子能修習的科目僅限於讀寫與家政。就彷彿在說：「我們希望妳們成為家庭的傭人，而不是希望妳們變成有教養的女人。」

到了青春期，女子在自由上與男子的差異就會更加明顯。男子在所有方面都自由，與之相比，女人則（因為全身被面紗、罩袍覆蓋）不能呼吸新鮮空氣、不能穿自己喜歡的顏色的衣服、不能說低俗的話，甚至不能在大街上行走。

婚後，女性面臨的壓迫更加劇。有些丈夫認為妻子會耍小聰明，因此不允許她與母親、家人見面，也不允許在家接待女客人；有些丈夫試圖控制妻子的身體、金錢、時間、自由等一切事物，但若是妻子對丈夫的工作或財產稍作質疑，就會遭到丈夫責備道：「這妳不懂、這與你無關」；有些丈夫不與妻子同桌進食，有些丈夫只留剩菜給妻子；有些丈夫即使妻子生病也不想給她吃藥；有些丈夫時常威脅離婚；有些丈夫會懷疑節儉的女人是有了外遇；有些丈夫則會在妻子面前，與其他女性友人嬉鬧……。

那麼，這種狀況應該如何改變？就如同在回答這個問題般，瑪拉克說，當然，我們女性方面也有錯，不值得尊敬的女人也是存在的。但是，「只要男人收斂一點傲慢，了解妻子在各方面與自己享有平等的權利，並將對方視為同等的存在——或者至少應以保護者對待孤兒的態度，而非主人對待奴隸的態度——來對待時，妻子令人詬病的偏執行為或許也會逐漸消失，不再因恐懼、而是懷著愛情來順從丈夫」。也就是說，透過由男性率先改變意識與態度，女性也可能會跟著改變。此外，從瑪拉克的文章中也可看出她認為夫妻關係的扭曲並不僅限於家庭問題的想法。在其論述的結尾，有著下列幾段話：

神並沒有賦予男人兩顆心。若是如此，我們的男性，又為什麼希望在這種（對女性）專制的狀態下改革國家、教育孩子，使他們由衷希望獨立與憲法得以實現呢？……我們（女性）是反映他們（男性）的鏡子。我們也有和他們一樣的感情。如果想改變我們，那就要先改變他們自己。否則，他們就會看到自己的行為。

當時的男性言論中，有相當多人主張「當女性變了，孩子們也會發生變化，而在那個未來，就是理想中的埃及」，他們認為女性是所有事情的開端或元兇，相反地，瑪拉克則強調首先要改變的應該是男性。

一夫多妻爭議

自十九世紀末以來，關於婦女地位的議題，埃及穆斯林爭論最激烈的事情之一就是一夫多妻問題。埃及允許男性能有最多四個妻子的根據，主要是來自對於伊斯蘭經典《古蘭經》的解釋[9]，不過根據時代的變化，以批判態度重新審視這種解釋的人，就包括了穆罕默德．阿布都與卡西姆．艾敏。

早從一八八〇年代開始，阿布都就對一夫多妻進行批判性的論述。據他所說，一夫多妻在早期伊斯蘭時代，對於虔誠的人們來說是個有用且健全的制度，但後來因為社會的墮落，該制度被惡意利用，目前在許多情況下都是有害的[10]；艾敏則在其一八九九年其出版的《女性的解放》一書中表示，一夫多妻並不是伊斯蘭固有的制度，而是基於世界各地輕蔑女性行為而生的習俗。他說：「『任何女人都不願意與其他女人分享丈夫，這就像男人不想和其他男人分享自己的妻子一樣』。女性們因為丈夫有不同的一面而受到傷害，嫉妒心與怨恨正在侵蝕她們的心靈。還有一點，由於孩子是看著身邊的大人互相爭吵、互相欺瞞長大，因此最終也會對孩子們的性格產生惡劣影響。」[11]

阿布都與艾敏都引用了《古蘭經》中的另一則經文[12]，表示上帝在允許一夫多妻的同時，也警告過不可濫用。他們強調，一夫多妻只被允許在妻子因為不孕或疾病等原因，無法生育後代等不得已的情況，且還必須在不會由於一夫多妻而發生不公正的情況下才能得以通融。

瑪拉克在《關於女性》中也指出了因一夫多妻而產生的諸多弊端[13]。在題為〈一夫多妻——或至少兩位妻子〉的論述中，她表達她所生活的法尤姆中，大部分的女性都有與其他妻子共享丈夫的經驗。她們都詛咒一夫多妻，儘管這是理所當然的。例如，有位女性曾說：「與其看丈夫舉行婚禮，還不如參加丈夫的葬禮。」瑪拉克寫道，一夫多妻「使男性墮落、損害其健康、掠奪其財富、頹廢其道德，對子女產生負面影響，侵蝕女性的心靈」；而對於男人來說，滿足兩個妻子的要求、養活兩個家庭也並非易事。孩子們厭惡別的母親所生的兄弟姐妹，並會按照母親的意思相互妒忌，而妻子們也絕不會原諒折磨自己的丈夫。

瑪拉克還說，近來娶兩個妻子的習俗正逐漸消失。「即使宗教法允許，文明化的過程與啓蒙，也開始阻止起一夫多妻」。

瑪拉克猛烈抨擊一夫多妻的背景，可能源自於她自身的痛苦經歷。根據日後的評傳來看，瑪拉克搬到了丈夫位於法尤姆的家後，才得知丈夫已經娶了堂姐妹（叔叔的女兒）。他們之間育有一位小女孩，並要求瑪拉克負責教育她，而先前致力於女子教育的瑪拉克，卻在教育她的過程中碰到了挫折。據說瑪拉克曾如此談論該女孩：「她還是第一個我看不到教育成果的學生。」[14]

面紗罩袍爭議

最後，筆者還想談談同樣引起極大爭議的主題之一——面紗與罩袍。

十九世紀，埃及大多數的婦女，不論信仰什麼宗教，都全身披著布料與衣服，包括她們的臉部。中上流階層的女性，則被以屋牆與馬車等遮擋得更加隱密。到了十九世紀末，首次出現批評這種狀況的呼聲。其中尤其造成話題的，則是卡西姆．艾敏的說法。《女性的解放》一書中，艾敏主張，女性穿戴面紗、罩袍的行為——尤其是面罩及男女隔離——並非源自伊斯蘭教義的義務行為，而是社會的習慣。接著他還主張，這種習慣剝奪了女性培養社會經驗及能力的機會，阻礙精神、身體健康發育，最終為整個社會帶來了不良影響[15]。對此，也有人主張，包括面罩與隔離，以完整形態保護罩袍的存在，無論在宗教上還是社會上都非常重要。

二十世紀初埃及的婦女打扮（一九一九年反英抗議運動時走上街頭的人們）

猶太教與基督教女性出現摘掉遮住臉和身體的面紗、罩袍是最近的事情。到了一九〇〇年代後期，在穆斯林中，摘下面罩，轉而使用較薄、更簡單的面紗的女性數量開始增加[16]。

瑪拉克在題為〈戴面紗、脫面紗〉的論述中將這個「多年來在紙上激戰」的話題提了出來[17]。她並非以宗教理由，而是以「自己親眼所見，了解各種女性所經歷的各種情況」為基礎，表明了不贊成廢除遮住臉部的面紗或男女隔離制度的態度。

第一，有關裝束及舉止的規範，她認為根據階層不同，狀況也就不同，因此很難統一判斷「女性應該怎麼做」。第二，她認為現在埃及的大部分女性已經習慣了使用遮掩臉部及身體的面紗與罩袍，如果它們突然消失，將可能對「祖國及宗教」產生負面影響。即便是當下，女性們光是走在路上，就會被投以無禮的話語或不快的眼神，而感到羞愧。再加上，她也認為女性們還沒有學會如何應對這些狀況。如果面紗消失，究竟會發生什麼事，根本不得而知。又或者，即便男女可以自由交流，女性們又能和男性談什麼？要談政治，她們連英國在哪裡都不知道。最終女人們什麼話也說不出來，只能將目光投放在男人的外貌上。

瑪拉克說：

> 我個人認為，現在廢除面紗罩袍還為時過早。首先，我們有必要對女性進行真正的教育，給予其正確的禮節教育，培養新的世代，並且必須導正你們（男性）的道德觀念。如此，整個國家就會好起來。然後才是讓女性選擇自己認為對自己、對國家有益的事情去做。

瑪拉克主張與其他既有論點最重要區別在於，是由誰來決定「戴上還是脫掉面紗」。許多男性觀點皆認為，應該戴上還是脫掉面紗，這個問題只有一個答案，而在這個討論過程中，女性看起來是沒有選擇餘地的。相反地，瑪拉克則表示「穿或脫」都應該是由女性各自選擇的事情。她強調，女性周圍的人能做的，就是為過去沒能得到充分教育機會的她們提供一個受教育機會，接著提高女性與男性的道德意識。

瑪拉克留下的

瑪拉克刊登在《賈里達》報紙與書籍上的論述時而蔚為話題，有時則甚至引發爭議。一九〇九年後，她超越論壇，成為了社會活動家。當年，瑪拉克在《賈里達》公司的俱樂部中，面對數百名女性進行了第一次演講。

一九一一年，第一次埃及會議舉行。會上有穆斯林與科普特正教會代表出席，提出了國家改革要求，並就改革方向進行討論。瑪拉克意識到代表之中沒有女性，改革內容也沒有與女性相關的事情，於是向會議提交了包含充實女性教育、限制一夫多妻等十項的提案書，要求將之加入改革方針中。雖然該要求遭到了拒絕，但是透過這些活動，她的周圍也漸漸聚集了志同道合的人。

一九〇八年，在剛設立不久的埃及大學，沒有課程的星期五都會向女性開設公開講座。這是在艾因・哈亞特公主（Ayn al-Hayat Ahmad，一八五八—一九一〇年）的支援，以及胡德・沙拉維等上流階層女性的努力下才得以實現的目標。講師除了法國女性運動家之外，瑪拉克、以及同樣出身桑尼婭學校並致力於擴大女性教育的娜巴維亞・穆薩，還有從巴勒斯坦來到埃及的作家梅・齊亞德都有受邀。

一九一四年，瑪拉克等人在埃米娜・伊爾哈米公主（Amina ilhāmī，一八五八—一九三一年）的支持下，成立了女性教育聯合會。以私人財產設立看護學校及看護協會，為貧困女性及兒童建立工作場所、庇護所也是在這個時候。此時她也積極與美國女性運動家凱莉・查普曼・卡特（Carrie Chapman

Catt）、《埃及女性》（*The Women of Egypt*，一九一四年）的作者伊麗莎白·庫珀（Elizabeth Cooper）等訪問埃及的外國女性進行交流，努力盡可能地提供未被曲解、有關當地女性生活的訊息。

瑪拉克沒有孩子，但她把這份愛傾注到了弟弟、妹妹以及許多貧困兒童身上。一九一八年，弟弟馬吉德奧丁因涉嫌幫助同伴越獄而被英軍逮捕後，儘管身患西班牙流感、身體狀況欠佳，瑪拉克還是一路換乘火車前往開羅。所幸弟弟最終獲釋，兩人得以見面。不過就在兩天後，由於過於勉強自己，瑪拉克便以三十一歲的年紀離開了人世。

一九二五年，埃及大學舉行了她逝世七週年的聚會，同世代的女性紛紛前來悼念[18]。胡德·沙拉維自瑪拉克手上接下的奮鬥議題，包括教育上的男女平等、本著可為人們帶來公正與安寧的宗教精神來改革婚姻法、在議會與宗教的理解上享有男女平權等要求。她表示：雖然至今已取得了進展，但目前也仍在為實現這一目標而努力當中。娜巴維亞·穆薩以詩歌讚揚了瑪拉克的成就；梅·齊亞德則對瑪拉克做出了以下評價：瑪拉克是第一位寫下我從未想過之主題的阿拉伯女性作家，結婚、離婚、一夫多妻、社會批判，以及改革。「她的話捉住了我，深深進入了我的感情，直到今天，她的話還是在很多方面成為了我的支柱。『沙漠的探求者』為我們展示的智慧治療藥，如今也是最優質的」。

瑪拉克道出了當時埃及女性每天面臨的種種困難與痛苦。因為許多女性都經歷過，所以那些事情被認為是「理所當然的」、「無可奈何的」。對此，馬拉克表示這不是「理所當然」，而是社會問題，為了改善這些現象，男女必須同心協力。梅的致詞表明，瑪拉克的話語超越了埃及，在阿拉伯女性心中引起了共鳴。

據說瑪拉克每當被問到有關面紗、罩袍問題時，她都會說：「先教育女兒，然後再讓她自己選擇。」她追求的教育，不是將女性放入性別的框架內，而是賦予女性擺脫這道框架的力量。

娜巴維亞・穆薩（一八八六—一九五一年）

一八八六年，娜巴維亞・穆薩出生於尼羅河三角洲的東部城市宰加濟格（Zagazig）[19]。她的父親是軍人，但沒能迎接女兒出生便已戰死。娜巴維亞小時候與母親、哥哥一起移居到開羅，後以優異的成績自阿巴西耶小學女子組（開設於一八九五年）畢業，進入了桑尼婭學校的教師培育課程。後來，她回憶起當時的情況，表示母親非常熱中於對哥哥的教育，對自己則並非如此，且當她說想上桑尼婭學校時，還遭到猛烈反對，訓斥「成何體統」、「離經叛道」。

一九〇六年，娜巴維亞完成了師資培育課程，成為母校阿巴西耶小學的教員。除了她，其他教師都是外國女性與埃及男性。習慣了與埃及男教師有待遇差距的娜巴維亞，為了得到與高中畢業的他們相同的工資，於是參加了當時在埃及還未向女性敞開大門的高中畢業資格考試，且順利合格。一九〇八年，在埃及大學成立後，娜巴維亞立即申請入學，然而因女性沒有應試資格，而未能如願。不過不久之後，她又被邀請到埃及大學為女性公開授課。娜巴維亞便是從這時開始與瑪拉克、胡德一起參加女性活動。且她也是穆斯林女性中最先拿掉面罩的人。

娜巴維亞後來當上埃及第一位女校長，還擔任了教育部管轄的女子學校監察官。她重視教育的原因之一，是與瑪拉克一樣相信埃及女性將有更多選擇。娜巴維亞在她於一九二〇年出版的著作《女性與勞動》中主張，性別差異並不會帶來能力與責任的差別[20]。她表示，女性的身形確實普遍比男性嬌小，但「瘦小的男性並不亞於身材高大的男性」，女性也可以做到與比自己高大的男性一樣的事情。再者，有人說只有女人才能生孩子，但她認為孩子需要父母雙方結合才能誕生，因此在這件事上，男女的作用是一樣的。

娜巴維亞指出，女性以「因為是女性」的理由被剝奪了受教育的機會，特別是底層女性因為缺乏知識，只能做費力的工作來獲取低薪，有時還會遭到性剝削。然而問題是，幾乎沒人把這件事放在心上。「埃及女性處境非常困難。然而我們甚至沒有意識到這一點。可能是因為這太稀鬆平常了。另一方面，我們對在美國工廠工作的可憐女性表示同情。明明自己（國家的）女性處於更加困難的狀況」。

透過接受教育，女性可以經營店鋪、參與教育、從事醫療或法務、擔任政府高層職務等，以獲得待遇更好的工作。娜巴維亞表示，這種狀況不僅適用於底層階級，也適用於中上層階級，因為有些女性不結婚，有些女性則突然失去了配偶或保護者，誰都無法預測會發生什麼事情。

娜巴維亞認為限制女性就業機會是不公平的。又說，占據一半人口（女性）不積極活動、許多職業被交到外國人手上，在埃及的財富逐漸外流的狀況下，國家繁榮將遙遙無期。

直到一九五一年去世為止，娜巴維亞都是單身，致力為女性服務。一九二三年，女性進步協會成立，娜巴維亞作為成立於一九二三年的埃及女性聯盟代表之一，參加了在羅馬召開的第九屆國際女性參政權會議。當時埃及的固有認知中，認為相夫教子是女性的職責，也是女性的幸福所在，而娜巴維亞則向埃及證明了女性還有別的路線能走。

胡德・沙拉維（一八七九—一九四七年）

一八七九年，胡德・沙拉維出生於開羅的新住宅區內[21]，出生時名為努爾・胡德・蘇丹（Nour Al-Huda Sultan）。其父是埃及中部明亞（Minya）的名門望族，也是政治家。母親出身於高加索，是父親的第二任妻子。胡德與弟弟烏瑪爾、同父異母的姐妹一起從小接受家庭教師的輔導。其父在胡德五歲時病逝，後由年紀大她許多的堂兄阿里・沙拉維（Ali Shaarawi）成為了胡德、烏瑪爾的監護人。胡德在十二歲時，母親就已準備好了她與阿里的婚約，後二人於胡德十三歲時結婚。當時三十八歲的阿里已經有了妻女，而胡德的母親當初讓他與女兒結婚的條件，正是讓阿里承諾「不能有別的妻子」。然而，後來眾人得知本應早與阿里離婚的前妻竟然懷孕了，最終胡德在十四歲時與阿里分居。在那之後的八年，胡德時而繼續念書、時而彈鋼琴、與女性友人出門玩等，享受了一段自由的時間。到了二十二歲時，胡德得知弟弟發誓「只要胡德不重新過上婚姻生活，自己也不會結婚」後，便回到了阿里身邊，並懷上了自己的孩子。

一九〇九年，胡德三十歲時，她開始著手慈善事業、舉辦女性講堂與演講。身為上流階層的胡德，起初並未站在眾人面前，僅是負責企劃、營運等幕後工作。直到瑪拉克的追悼儀式，她才第一次站到了講臺上。

一九一八年十一月，第一次世界大戰結束後，埃及掀起了脫離英國的獨立運動。胡德的丈夫阿里是以薩德·扎格盧勒（一八五八—一九二七年，↓第十二章）為中心組成的華夫托黨成員（華夫托為代表團之意，是為了派遣埃及代表團參加巴黎和會的準備團體）。一九一九年三月八日，英國當局逮捕了扎格盧勒等華夫托黨的數名成員，將他們驅逐至馬爾他（Malta）島。自始，人們對英國的抗議運動擴散到了埃及各地，他們以胡德為中心組建了華夫托黨女性部，數百名女性計畫並實施了徒步的抗議遊行。平時乘坐馬車移動的上流階層女性們，也穿上黑色上衣、面紗與白色面罩在大街上穿梭。最終，經過這場訴求獨立的鬥爭後，埃及於一九二二年獨立，並於一九二三年以擁有憲法的近代國家重新出發。

一九二三年三月，胡德四十三歲時，華夫托女性部收到了國際婦女參政權會議即將於五月在羅馬舉行的邀請函，邀請函的收信人上寫的是「埃及的女性們」。為了派遣埃及代表團，胡德舉辦了會議，會上組建了埃及女性聯盟，胡德被選為代表。埃及女性聯盟的章程中，寫著其活動目的：「提高女性的教養與社會性，使女性在所有方面的權利和義務，與男性同等」、「為使埃及女性獲得政治權利與社會權利，將進行一切合法的努力」。

五月，胡德與娜巴維亞·穆薩、年輕的新聞工作者賽澤·納巴拉維（Saiza Nabarawi，一八九七—一九八五年）一同參加了羅馬的會議。隨後，她向來自世界四十多個國家的女性社會運動家進行演講。胡德說，埃及女性長期遭到隔離，在教育方面、婚姻法上與男性存在著不正當的區別，這並非因伊斯蘭而起，而是由於人們的無知。她接著報告，在一九一九年的抵抗運動後，埃及女性發生了巨大變化，埃及女性聯盟正為了創造女性接受高等教育的機會、修改包括提高適婚年齡在內的家事法、分享基於原本伊斯蘭精神的理解而努力。回到埃及後，胡德很快就與賽澤首次在公開場合摘下了面罩。

這一年，胡德等人要求政府將女性的適婚年齡提高至十六歲，並給予女性受中高等教育的機會。同年，埃及施行了規定基本適婚年齡男性十八歲、女性十六歲以上的法律。一九二五年，第一所公立女子高中成立，距第一所男子高中成立晚了三十七年。但另一方面，修改與婚姻、離婚相關的法律以及讓女性獲得參政權方面卻是困難重重。一九二三年的新憲法中，雖然存在國民於參政權皆平等的條款，然而女性參政權直到一九五六年才真正得以落實，此時胡德已過世九年。

為了實現在二十世紀初瑪拉克在婚姻與家庭生活上追求的男女平等，胡德等人始終致力於改變社會。而這個事業，即便是進入了二十一世紀的今天，也仍在繼續。

其他人物

艾莎・帖木兒

一八四〇—一九〇二年。詩人、作家，埃及開羅人。父親是土耳其裔上流階層，母親是高加索人。艾莎自小就接受家庭教師教導，學習了伊斯蘭學與現代各種學問知識。他精通波斯文、土耳其文、阿拉伯文，並創作了各語言的詩集。主要散文著作有小說《言行的結果》（*Nata'ij al-ahwal fi-l-aqwal wa-al-af'al*，一八八七年）、社會批評《沉思之鏡》（一八九二年）。

澤伊娜布・福瓦茲

一八四六—一九一四年。詩人、小說家、傳記作家。南黎巴嫩人。她出生於貧困家庭，自小居住於女學者家中，一面幫忙家務，一面學習知識。後移居至埃及亞歷山卓，於《尼羅河》、《年輕姑娘》等許多雜誌投稿文章，批評社會、鼓勵女性教育、呼籲提高女性地位，是最早提倡男女同權的阿拉伯女性。曾編撰彙集了從古至今的四百五十六位世界著名女性的評傳《女性區域中散落的珍珠》（一八九五年）。

欣德・諾法爾

一八六〇—一九二〇年。新聞工作者。黎巴嫩人。其母親名為瑪亞姆・納哈斯（Maryam al-Nahhas），因編纂《著名女性事典》（*Ma'rid al-Hasna' fi Tarajim Mashahir al-Nisa'*，一八七九年）而廣為人知，是具有先驅性的女作家；其父親納西姆・諾法爾（Nasim Nawfal）出身於希臘正教徒家族，為一新聞工作者。一八七〇年代，欣德隨父母自黎巴嫩移居埃及亞歷山卓，並在此接受教育。一八九二年，創刊第一本阿拉伯語女性雜誌《年輕女孩》。

卡西姆・艾敏

一八六三—一九〇八年。男性法律家。埃及亞歷山卓人。父親是土耳其上流社會人士、母親是埃及人。艾敏曾作為官派留學生，在法國蒙貝里耶大學（University of Montpellier）研讀了四年的法律。在法國期間，他與逃亡至此的阿富汗尼、阿布都建立了深厚的友誼。其談論埃及女性地位低落及其改善必要性的《婦女的解放》（*Tahrir al- mar'a*，一八九九年）受到了一部分人的讚揚，但同時也因談及廢除使用面罩、女性隔離而受到許多批評。後為反駁這些批評，又創作了《新女性》一書（*al-Mar'a al-jadida*，一九〇〇年）。

梅·齊亞德

一八八六—一九四一年。作家。巴勒斯坦拿撒勒（Nazareth）人。父親是黎巴嫩的記者，母親是巴勒斯坦人。一九〇七年，齊亞德舉家移居埃及，後於開羅做法文家教等工作的同時進行寫作活動。於埃及大學為女性開設的講座上，她遇到了瑪拉克·希夫尼·納西夫，二人意氣相投，開始互相寫信。二人之間的交流，後被收錄在了一九二五年版的《關於女性》中。除了包含社會批判內容的散文集之外，也以撰寫了瑪拉克與艾莎·帖木兒的傳記作品而聞名。

注釋

1. Margot Badran, *Feminists, Islam, and Nation: Gender and the Making of Modern Egypt*, Cairo: The American University in Cairo Press, 1996.
2. 埃及女性聯盟，即al-Ittiḥād al-Nisāʾī al-Miṣrī。法文譯為Union féministe égyptienne（Margot Badran，同前注）。
3. 瑪拉克·希夫尼·納西夫之相關事跡參考自以下文獻：竹田新，〈Malak Ḥifnī Nāṣifと女性解放〉，《日本中東學會年報》

八，一九九三年。Bāḥitha al-Bādīya, *al Nisā'īyāt: Majmū'a Maqālāt Nushirat fī al-Jarīda fī Mawḍū' al Mar'a al-Miṣrīya*, Cairo: Mu'assasa al-Mar'a wa-l-Dhākira, 1998（Hudā al-Ṣadda, "Bāḥitha al-Bādīya" 和 Majd al-Dīn Nāṣif, "Bāḥitha al-Bādīya"）; Majd al-Dīn Ḥifnī Nāṣif, *Āthār Bāḥitha al-Bādīya*, Cairo: al-Mu'assasa al-Miṣrīya al-'Āmma li-l-Ta'līf wa al-Tarjama wa al-Ṭibā'a wa al-Nashr, 1962（Suhayir al-Qa lamāwī, "Malak Ḥifnī Nāṣif 1886-1918" 和 Majd al-Dīn Ḥifnī Nāṣif, "Bāḥitha al-Bādīya"）.

4. Mervat F. Hatem, *Literature, Gender, and Nation-Building in Nineteenth-Century Egypt: The Life and Works of 'A'isha Taymur*, NY: Palgrave Macmillan, 2011.

5. Radwa Ashour et al.（eds.）, *Arab Women Writers: A Critical Reference Guide 1873-1999*, Cairo: The American University in Cairo Press, 2008. 澤伊娜布・福瓦茲之相關事跡參考自該文獻第三章之Hoda Elsadda, "Egypt"以及書尾著作目錄中之Zaynab Fawwaz項。

6. *Al-Fatā: Jarīda 'Ilmīya Tārīkhīya Adabīya Fukāhīya, 1892-1893*, Cairo: Mu'assasa al-Mar'a wa-l-Dhākira, 2007.

7. Charles Wendell, *The Evolution of the Egyptian National Image: From Its Origins to Aḥmad Luṭfī Al-Sayyid*, California: University of California Press, 1972.

8. Bāḥitha al-Bādīya，同前注。

9. 其主要根據來自《古蘭經》第四章三節的部分：「如果你們恐怕你們不能公平地對待孤兒們，你們可以跟你們所選擇的婦女結婚。娶兩個，三個或四個。倘若你們害怕不能公平地對她們，那麼就（只娶）一個，或以你們手轄的人（女奴）為滿足。」（《日亞對譯・注解　聖クルアーン》，日本ムスリム協会，一九八二年）。

10. Muḥammad 'Abduh, *al-A'māl al-Kāmila*, Muḥammad 'Imāra（ed.）, Beirut: al-Mu'assasa al-'Arabīya li-l-Dirāsāt wa al Nashr,

1972-74.

11. Qāsim Amīn, *al-A'māl al-Kāmila*, Muḥammad 'Imāra（ed.）, Cairo: Dār al-Shurūq, 1989, trans. by Samiha Sidhom Peterson, *The Liberation of Women*, Cairo: The American University in Cairo Press, 1992.

12. 第四章一二九節：「你們絕不可能在妻子們之間做到完全公平，即使你們如此渴望（公平對待她們）。所以，你們不要完全偏向所愛的妻子，以致疏遠了其他妻子。」（《日亞對譯・注解　聖クルアーン》，日本ムスリム協会，一九八二年。）

13. Bāḥitha al-Bādīya，同前注。

14. Suhayir al-Qalamāwī，同前注。

15. Qāsim Amīn，同前注。

16. Beth Baron, "Unveiling in Early Twentieth Century Egypt: Practical and Symbolic Considerations," *Middle Eastern Studies*, 25（3）, 1989.

17. —18. Bāḥitha al-Bādīya，同前注。

19. 娜巴維亞・穆薩之相關事跡參考自以下文獻：Nabawīya Mūsā, *Tārīkhī bi-Qalamī*, Cairo: Mu'assasa al-Mar'a wa-l-Dhākira, 1999. Margot Badran，同前注。

20. Nabawīya Mūsā，同前注；Ali Badran and Margot Badran rans., "The Difference between Men and Women and Their Capacities for Work," in Margot Badran and Miriam Cooke（eds.）, *Opening the Gates: An Anthology of Arab Feminist Writing*, 2nd edition, Bloomington, Ind.: Indiana University Press, 2004. 英譯版。

21. 胡德・沙拉維之相關事跡參考自以下文獻：Huda Shaarawi, *Harem Years: The Memoirs of an Egyptian Feminist (1879-1924)*, trans., ed., and introduced by Margot Badran, Cairo: The American University in Cairo Press, 1998; Sania Sharawi Lanfranchi, *Casting off the Veil: The Life of Huda Shaarawi, Egypt's First Feminist*, London: I.B.Tauris, 2012; Hudā Sha'rāwī, *Mudhakkirāt Hudā Sha'rāwī*, Beirut: Dār al-Tanwīr, 2013. Margot Badran，同前注。

參考文獻

岡真理、後藤繪美編，《記憶と記録にみる女性たちと百年（記憶與記錄中的女性及其百年）》，明石書店，二〇二三年

後藤繪美，〈「近代」に生きた女性たち——新しい知識や思想と家庭生活のはざまで言葉を紡ぐ（「近代」的女性們——在新知識思想與家庭生活的夾縫中發聲的女性們）〉，水井萬里子等編，《世界史のなかの女性たち（世界史中的女性們）》，勉誠出版，二〇一五年

後藤繪美，〈エジプト女性運動の「長い20世紀」——連帯までの道のり〉，長澤榮治監修、鷹木惠子編著，《越境する社会運動（越境的社會運動）》，明石書店，二〇二〇年

Baron, Beth, *The Women's Awakening in Egypt: Culture, Society, and the Press*, New Haven: Yale University Press, 1994.

Kurzman, Charles,（ed.）, *Modernist Islam 1840-1940: A Sourcebook*, NY: Oxford University Press, 2002.

Russell, Mona L., *Creating the New Egyptian Woman: Consumerism, Education, and National Identity, 1863-1922*, NY: Palgrave Macmillan, 2004.

第十四章 深入調查與統計背後的殖民統治思想

鶴見太郎

前言

近代日本在國家體制、官僚機構中，建立了官階、爵位、宮中席次、軍階等多種頭銜。這些頭銜，使得後來人們在帝國主義時期，為帝國主義的貢獻者、維新時期的元勳們編寫人物傳記時，總會在標題人物名字之前加上「子爵」、「陸軍大將」等來源於近代國家的頭銜，成為一種不可思議的「傳統」。

回顧這種近代日本傳記的「形式」，再看到一九三七年至次年發行的後藤新平傳記，卻只被簡單記為《後藤新平》（後藤新平伯傳記編纂會）四字，真可謂是一種例外了。不過，自檢疫的衛生業務，到殖民地經營、關東大地震後的東京振興計畫，後藤所做的事情，也確實無法單用頭銜來總結囊括。

正如他所謂的以「生物學原則」為根據進行調查所體現的，後藤認為，調查的重點應著重於自然科學。最重要的是從反映事實的數據，以及由調查對象獲得被證明的傾向與法則，而這也是後藤的價值尺度。對於後藤來說，政策要建立在明確的基礎上，才能產生效果。

考慮到大英帝國對印度的統治是建立在深入的調查與統計的基礎上，因此後藤提倡基於「生物學原理」的調查，也可說是處於帝國殖民統治的延伸上。在臺灣的殖民政策，即可看見這項調查的有效之處。同時，在臺灣進行的調查與措施，也展示出了以後藤強烈個性為中心所發揮的人才向心力。

後藤在評價他人時，不會看地緣關係、學術派系，甚至血緣關係等既有的人脈關係，而是看對方能力與技術。最終，在治理臺灣、震後都市計畫、東京市改革等方面，後藤的身邊每次都根據不同目標，聚集了以技術官僚為中心的人才。然而另一方面，這也導致了他不喜歡那些死板的人，採取無情的態度。而後藤以能力作為人物評鑑標準的作風，也使得後藤有了無法透過商量、算計、幕後策動等政治手段影響的一面。

作為證據，我們可以見到，後藤建立的人際關係由官僚、學者、技術人員等多樣而優秀的人才組成，且都適才適所，但他們最終都未形成一個強大的政治派系。不過，這個群體同時擁有基於力量與數量的政治世界中所沒有的明確性。從這個意義上來說，本章所描述的，其實是以完成後藤設定的工作目標為目的的眾人群像。《原敬日記》（一九一九年十一月十六日）中，原敬曾對直言不諱地說「好像有人說下屆首相就是自己」的後藤，是否有政治家的資質表示懷疑。可見二人雖然同樣是「賊軍」出身，也同樣歷經千辛萬苦，但在從事政治時，卻有著截然不同的性格。

對於堅持「生物學原則」的後藤來說，意識形態與之相比是次要的。可以說後藤的思想是，若按照這套不變的原則，讓以調查為基礎的政策得以實現的話，未來就能描繪出理想的社會面貌。雖然後藤也曾對同時代部分的社會主義、無產者運動表現出理解的一面，但因對意識形態的本質缺乏理解，故對其親近感便極為有限。

相對地，對意識形態的過低評價，也為後藤帶來了某種「危險」。「西伯利亞干涉戰爭」（Siberian Intervention）被認為是後藤政治生涯中的汙點。準備出兵之際，後藤曾對當時的英國駐日大使表示「夫兵為勢」（鶴見祐輔著，一海知義校訂，《〈決定版〉正傳　後藤新平》六，藤原書店，二〇〇五年）。然而因漢文翻譯成歐洲語言時往往會產生誤解，若後藤這句話被直譯，則有可能被理解成「一旦派兵時機成熟，政界人士將無法控制是否出兵的決定」。而比起意識形態，一昧關注「生物學原則」的後藤，一直存在著這類的「樂觀性」。同時，從昭和時代開始的東亞局勢來看，若是施行歧視不同民族的習俗、文化的政策，則必然導致民眾的抗議。此類冷靜的預測，究竟是否出自於後藤樂觀的世界觀，也仍有討論的餘地。

從大正末期以來，後藤的活動主要在電臺廣播等大型媒體，或是將「政治倫理化」的普通選舉作為目標的國內政治，可以說這些都是直接關係到現代的事。然而在後藤擔任南滿洲鐵路（滿鐵）總裁時，儘管當時成立的滿鐵調查部收集了龐大的資訊，創造了可供評估探討的空間，但為何此後與中國的戰爭卻仍不斷擴大？這道單純的提問至今仍舊存在。

晚年，致力於提倡「政治倫理化」的後藤，製作了《電影演說　政治倫理化　後藤新平 1926》（一九二六年），負責其中漫畫與文字的人叫幸內純一，他是日本最早的動畫作品之一《鈍刀》（なまくら刀）的作者。當畫面上帶有標語文字的箭頭指向圖像的一部分時，該畫面便會發生變化，進而出現更深入的說明文字。該手法讓人聯想到當今簡報軟體Power Point的結構，甚至讓人有種新媒體即將誕生於此的預感。後藤所涉足的領域，至今仍以多種形態，保有待發掘的價值。

後藤新平（一八五七—一九二九年）

一、出生到學僕時代

後藤出生於陸中國膽澤郡塩釜村（今岩手縣奧州市水澤）。實際上雖然是六月四日出生，但戶籍上顯示的卻是六月五日。後藤為家中長子，父母親分別名叫實崇與利惠（阪野氏）；上有姊姊初勢，下有弟弟彥七。後藤家是世代侍奉水澤伊達家（留守家）的家族，蘭學者高野長英便是出自後藤家，惟後至高野家作養子，日後繼承了該家族。後藤的祖父名為實仁，曾擔任留守家的「目付」（官職名），後因高野長英事件辭職，此後不再任官。長英死後，開設家塾「眾芳館」。後藤的父親名實崇，於一八六五當上小姓頭（官職名，為當家或藩主親信之一，負責統管小姓與小納戶），次年隨著實仁的隱居，繼承了家督之責。後藤的外婆阪野氏世代從醫，外公長安則曾任留守家侍醫之首的御匙頭。母親利惠相當長壽，一直活到了大正晚期。後藤曾於宅邸內設置了訂製的電梯，讓母親不用走樓梯。

一八六四年，後藤進入由武下節山擔任助教的家塾「藩校立生館」念書。一八六七年，成為留守家的「小姓」，進入立生館就讀，但次年便因戊辰戰爭被編入幼兵而休學。一八六九年，隨著留守家庭遭到削封與府藩縣三治制的轉移，安場保和上任膽澤縣大參事，此人亦為後藤後來的岳父。後藤在留守家前家老吉田種穗的推薦下，與齋藤實（後來的海軍大將、首相）、山崎為德（後來的宗教學者）等人一同成為縣廳「給仕」。一八七一年，後藤隨著新任的大參事嘉悅氏房進京，成為太政官少史莊村省三的學僕，但因莊村在對來客介紹後藤時，說他是「朝敵之子」，此舉觸怒了後藤，遂於次年辭職返鄉。談及後藤在學僕時期的小收穫，即是同年七月，他跟隨莊村來到江戶城和田倉門附近時，近距離見到了西鄉吉之助（隆盛），為他留下了深刻的印象。

二、從醫生到院長

一八七三年，膽澤縣史生（書記官）阿川光裕轉調到福島縣須賀川支廳，願意援助後藤繼續學業，後藤遂前往須賀川。但進入福島小學第一附屬洋學校後，又因對教育水準感到失望而暫時回鄉。次年，再次來到須賀川，進入縣立須賀川醫院附屬須賀川醫學校。一八七五年，成為須賀川醫學校「取締生（實習醫）」後取得醫師資格，第二年受愛知縣醫院招聘，前往名古屋。他在此處接受了為該醫院打下基礎的阿爾布雷希特·馮·洛雷斯（Albrecht Von Roretz）指導，開始對警察醫學（公共衛生）產生興趣。一八七七年六月，後藤參加醫術開業考試，九月獲得醫術開業許可證。同年，西南戰爭爆發，後藤自九月至十一月擔任了收容傷員的大阪陸軍臨時醫院的聘雇醫生，並得到了院長石黑直悳的賞識。由於歸鄉士兵中有多人感染霍亂，因此後藤又被派遣到設於京都東福寺的陸軍格列羅隔離醫院，站在了處理傳染病的前線。

次年一八七八年，後藤重返愛知縣醫院，成為公立醫院二等診察醫生兼醫學校的一等訓導。十月，他向當時擔任縣令的安場保和提出了第一個建言〈可設立健康警察醫官之建言〉作為公共衛生實踐的具體方案。接著於十二月，再向內務省衛生局長長與專齋提出〈於愛知縣設立衛生警察官之概略〉。一八八一年十月，就任愛知醫學校校長兼醫院院長。次年四月，後藤不顧縣當局的制止，前去為在岐阜遇襲受傷的板垣退助看診。當時，板垣以盧梭為素材提出了民權論，但因後藤主張以「生理學」為基礎的人類觀，故未給出回應。

三、參與衛生行政

後藤作為官員的官場生涯，始於一八八三年一月的內務省。當時他進京擔任內務省「御用掛」、衛生局照查係副長。同年九月，與安場保和的次女安場和子（一九一八年過世，享年五十三歲）結婚。一八八五年六月，晉升衛生局第二部長，此後開始自行政、研究兩方面著手公共衛生。次年五月，後藤於大日本私立衛生會第四總會上，以〈衛生盛衰關乎國民命價〉為題進行演講，將「衛生」定位為保護生命的方法。一八八九年，出版主著《國家衛生原理》，該書帶有英國社會學家史賓賽（Herbert

Spencer）思想的色彩，認為人類天生具有追求精神、物質兩方面圓滿的生理動機，並認定「衛生」是實現這一目的的方法，再從這觀點上，將國家定位為「衛生的團體」。這種「衛生」觀，成為了後藤之後作為官僚、政治家在各地構思、推動政策的基礎。次年一八九〇年四月至一八九二年六月，後藤為了研究衛生學、衛生制度而前往歐洲留學。在柏林，他在北里柴三郎的斡旋下，在羅伯．柯霍（Heinrich Hermann Robert Koch）的陪同下進行研究。一八九一年，後藤作為日本代表參加了於倫敦舉行的萬國衛生與民勢會議。次年一八九二年四月，參加於羅馬舉行的第五屆萬國紅十字會議，並在不久前獲得慕尼黑大學的醫學博士學位。

回國後的一八九二年十一月，後藤就任內務省衛生局長。次年三月成為醫術開業試驗委員長，但因十一月相馬事件的餘波牽連，被拘留於鐵冶橋監獄（預審於年底結束，免職處分）。上溯到一八八三年底，在相馬事件的核心人物錦織剛清訪問了後藤之後，他便開始涉足精神病患者的監禁問題。當時陸奧中村藩十三代當主、維新後擔任中村藩知事的相馬誠胤被認定患有精神疾病，故被親屬監禁，但同藩的舊臣錦織則認為此屬非法監禁，起訴了相馬家的相關人士，試圖將誠胤救至醫院，數年間反覆進行了激烈的行動。同時代媒體曾對此事大肆報導，將之形容為有忠節的義人。一八九二年，誠胤病逝，但錦織認為死因實為遭到暗殺，故於次年再次提起訴訟，相馬家方面則以誣告罪告發錦織等人。最終，相馬家相關人士不起訴，錦織等人則誣告罪成立，遭起訴拘留。因此後藤之所以入獄，可以說是以醫學家的立場站在錦織一邊，最終受到池魚之殃。關押期間，後藤面對公審絲毫不懼。一八九四年五月，東京地方法院判後藤無罪，保釋（於年底的東京控訴院亦獲無罪判決）。

後藤的官員之路看似就此戛然而止，然而經過甲午戰爭後，日本對歸國士兵的檢疫成了當務之急。一八九五年四月，臨時陸軍檢疫部長兒玉源太郎提拔後藤為檢疫部事務官長，後藤立即於同月抵達廣島赴任。他在短時間內便做好了推動工作的準備，例如在重要地點設立檢疫辦事處、訓練檢疫兵等。六月到八月，在其出色的統率下，雖然途中遭到霍亂侵襲，最終仍完成了這項艱鉅的任務。透過此次任務，後藤與兒玉建立了深厚的信賴關係。同年七月，在兒玉的推介下，後藤獲得了伊藤博文的賞識。九月，後藤擔任內務省衛生局長，重新擔起衛生行政的中樞。

後藤雖然是白手起家的政治家，但明治時代的特點，便是即使沒有人脈，仍會有人發現其才能，並將之培養成才。而發掘出後藤才能的人，便是他青年時期的安場保和、阿川光裕，以及官場時期的兒玉源太郎等。對於這些人，後藤可說是忠心侍奉著他們；但另一方面，對於如長與專齋這類只顧自己，中途就看透人品的人，則是果斷斷絕關係。因相馬事件入獄的後藤，在旁敲側擊下得知了長與的冷淡態度後，遂與長與的關係更加疏遠；相反地，對於明知自己有這類經歷，出獄後仍願意拔擢自己的兒玉，後藤則懷著忠義以報的態度對待。

四、臺灣總督府

甲午戰爭後，臺灣被割讓日本。一八九五年十二月，後藤向臺灣事務局總裁伊藤博文提交了有關鴉片政策的意見書，而這也是後藤與臺灣之間最早的因緣。在意見書中，後藤提出了鴉片專賣制、允許在一定範圍內對上癮者進行買賣、嚴禁非吸食者接觸等措施，來平息抗議的系統性方針。以此為開端，後藤於次年四月成為臺灣總督府衛生顧問，接連提出有關經營臺灣的試行方案，例如設立臺灣衛生會議的提議書、設立統計局的意見書、以及提議在臺灣製造與販賣菸酒可免稅的建議等。一八九八年一月，後藤向大藏大臣（等同我國的財政部長）井上馨提交了《臺灣統治救急案》，該案可謂是統整、包羅了上述提案的方案。後藤在其中提倡改變警察與審判制度、活用自治制與舊習俗、徹底實施鴉片專賣、完善其他基礎設施，以及對醫院、學校、通信、鐵路、船舶等實施「科學政策」，展示了統治臺灣的前景。同年三月，後藤正式就任臺灣總督府民政局長（六月的新官制後改為民政長官），前往臺灣。在旅途當中，同樣要前往臺灣赴任的總督兒玉源太郎，也在下關搭上了同一班船。

到臺灣上任後，後藤立即對總督府官員進行了人員調整，並對於抵抗力量尚未衰弱的「土匪」進行武力鎮壓，一方面也透過招降、籠絡等懷柔手法，讓許多「土匪」頭目參加了宣誓效忠總督府的投誠儀式。此外在一八九八年，後藤發布《保甲條例》，利用原有的基層行政組織「保甲制度」來掌握民心動向。一八九九年一月，後藤成為臺灣銀行創立委員，使在《臺灣銀行法》公布後便始終沒有進展的臺灣銀行，於三月分得到許可並成立。同年十一月，隨著臺灣總督府鐵道部官制公布，後藤就任鐵道部長，自運輸、移動方面深入參與殖民地的經營。

作為臺灣的殖產，後藤很早就關注起臺灣的製糖業。一九〇〇年，臺灣製糖株式會社成立，但當初未能取得亮眼成果，故後來委託了一九〇一年就任總督府殖產課長（後來的殖產局長心得〔官職名〕）的新渡戶稻造進行調查，命其統整出《糖業改良意見書》。該意見書主張選定適合臺灣氣候條件的甘蔗品種等系統性改革方案，為日後臺灣製糖業的起飛奠定了基礎。至於後藤始終關注的專賣制，也成功在其任內分別實現了鴉片、食鹽、樟腦、菸草的專賣，為臺灣的經營做出了巨大貢獻。當時獲得樟腦銷售權的是鈴木商店的掌櫃金子直吉，後藤與其的關係，後來也一直持續。而當初後藤兼任的專賣局長一職，後來則由祝辰巳、中村是公、宮尾舜治接任，他們同樣與後藤保持著密切關係。此外，後藤亦重視舊慣調查，於是在一九〇一年十月成立了臨時臺灣舊慣調查會，由自己擔任會長，並在招聘京都帝國大學的岡松參太郎擔任調查會第一部長等眾人的幫助下，統整了報告書《臺灣私法》。一九〇五年十月，為收集臺灣居民的基礎數據，實施了戶口調查。

五、南滿洲鐵道總裁

一九〇二年六月到年底，後藤前往美洲、歐洲視察，次年被敕選為貴族院議員。接著在一九〇五年九月日俄戰爭談和前，赴奉天與擔任滿洲軍總參謀長的兒玉進行會談，報告了談和後的滿洲經營方案。有鑑於日俄戰爭後的財政狀況，後藤自此時開始主張應積極開展「滿韓經營」。一八〇六年六月，後藤收到杉山茂丸發來的電報，邀請他擔任滿鐵總裁，緊接著又在七月應內務大臣原敬的要求，迅速自臺灣前往日本首都會見首相西園寺公望，以及兒玉、山縣有朋等人，並受到他們就任滿鐵總裁的建議，最終後藤於八月允諾。

十一月，後藤正式就任首任滿鐵總裁。次月，作為今後的方針，他制定了「滿鐵十年計畫」。此外還著手滿鐵沿線的都市計畫，直至一九〇七年底，後藤統整了大連、奉天、遼陽、長春等主要城市的市街區劃大綱，並開始大規模的城市改造，整備了道路、堤壩、公園，以及基礎設施建設等。這種縝密調查地區的方針，同樣在滿洲徹底執行，一九〇七年的滿鐵調查部、次年的東亞經濟調查局與滿鮮歷史地理調查部的設立，都有後藤的深入參與。

一九〇七年九月，後藤在前往首都的路上落腳了安藝嚴島，作為今後世界形勢與日本的發展方向，他向來訪的韓國統監伊藤博文提出了「新舊大陸對峙論」（嚴島夜話）。當時，後藤認為橫跨大西洋的歐、美關係，也包括了位於太平洋兩岸的亞、美關係，在面對新大陸美洲的這一點上，歐洲與亞洲具有相同的性質。因此今後的日本，將要與歐洲各國——特別是俄德英法合作，來防範美國的威脅。後藤同時建議，在此之前伊藤博文應辭去統監一職，以一位政治家身分，前往大陸進行考察。

六、遞信大臣

一九〇八年四月至六月，後藤為滿鐵與東清鐵路、西伯利亞鐵路、歐洲各鐵路的連接問題，時隔六年再次訪俄進行協商。回國後不久，七月，後藤以滿鐵歸遞信省（類似於我國交通部的機構）管轄為條件，加入第二次桂太郎內閣成為遞信大臣。從此，後藤開啟了他的政治生涯。同年十二月，兼任新設鐵道院總裁（一九一〇年六月又兼任新設的拓殖局副總裁）、公布鐵道院官制。後藤將全國分為五個管理局，開始進行國有鐵路改革。

一九〇九年十月十四日，伊藤博文被後藤兩年前的話打動，辭去樞密院議長、韓國統監之職，前往歐洲、俄羅斯旅行，後藤在這天將伊藤送到了大磯車站。同月二十六日，伊藤在哈爾濱與俄羅斯財長科科夫佐夫（Vladimir Kokovtsov）就滿洲、朝鮮問題進行會談時遭到槍擊，身亡。此事長年讓後藤難以釋懷，晚年，日本為了建立日蘇邦交，在包括訪蘇等一連串的協商中，他都往往站在談判的第一線。

擔任遞信大臣的後藤，首先提出開發水力發電是今後日本的當務之急，後於一九一〇年四月，於遞信省內設立臨時發電水力調查局，並派遣次官仲小路廉作為兼任長官，前往歐美各國進行實地調查，後於次年二月的貴族院預算委員會上，對水力發電調查進行了說明。同年八月，隨著桂內閣總辭，他也辭去了遞信大臣、鐵道院總裁之職。一九一二年七月，為了承繼伊藤的遺志，後藤與桂一同訪問俄羅斯，與總理科科夫佐夫就滿蒙問題、中國局勢進行了磋商。然而就在途中，他們在七月二十五日收到杉山茂丸發來的電報，得知明治天皇病危的訊息後，遂緊急回國。同年十二月，第三次桂內閣成立的同時，後藤再次當上遞信大臣，並兼任鐵道院總裁、拓殖局總裁。然而因次年初爆發第一次護憲運動，最終使桂內閣於二月徹底垮臺。

在這之前，後藤曾於一月十七日拜訪西園寺公望，向其說明若要推薦桂就任首相，則可能有與立憲政友會（政友會）協商的必要，以平息其對桂內閣的攻擊，並在備忘錄中記錄了西園寺推薦桂的經過與對目前政局的展望。然而隨著備忘錄於二月一日刊登在《東京日日新聞》後，政友會反而加強了對桂的攻擊。桂認識到未來的政黨政治波動已然是時代的潮流，於是在總理任期內的一九一三年一月二十日發表了自己先前構想的新黨組織（立憲同志會）聲明。後藤不僅參加了此次活動，還與從立憲國民黨轉入新黨的議員進行交涉，或是聽取桂的意願前去拜訪大隈重信，為行動的鋪墊奔波。當時，後藤由於桂的緣故，被認為是立憲同志會的親信，不過在桂於同年十月去世後，後藤卻也就此離開了立憲同志會。後來後藤在《問立憲同志會員各位》（立憲同志会員諸君に質す）中，說明了桂創建該黨的目的在於創造國民健全的政治思想，掌權並非本來的宗旨，而後藤在其中對政黨政治的金錢腐敗所表現出厭惡感，也決定了後來眾人心中的後藤形象。後藤本來就是欽定憲法論的支持者，對他來說，政黨不該是被過高評價的對象，故他往往排斥為黨謀利或與黨的方針意見相左，加上政界對其未來的遠大計畫感到忌憚，使得後藤雖多次被提名為首相候選人，卻又每每與當選的機會擦身而過。

七、寺內內閣內務大臣

桂內閣總辭後，若不計後藤在貴族院的議席，後藤之後兩年沒有直接參與政治。一九一五年一月，大隈內閣提出《二十一條要求》，此舉立刻引來後藤的抨擊，表示此舉是在為了維持自身政權而玩弄外交，並於六月的貴族院預算總會上發表了犀利的質問演講，後藤問道，該要求是在日德戰爭時規劃的嗎？您清楚此次通牒將會引起中國政府與中國國民的反感嗎？直至進入七月，後藤的這場舌戰也未曾停止，再三地於報紙上對大隈發動攻勢。

同一時期，後藤致力於在地方尋求一處不被中央政治鬥爭侵擾的環境，以打造學習脫離政治黨派的「自治」所應有狀態的場所。一九一五年，他以「實踐學問」為指標，與相關領域的學者及實務家聯合在輕井澤成立了暑期學校。一九一七年一月，該構想促使財團法人信濃通俗大學會成立，當時的會長為新渡戶稻造；理事為澤柳政太郎、加藤正治、伊藤長七；評議員為後藤、前田多門、柳田國男（↓第十六章）。暑期大學的舉辦地為長野縣的木崎湖。

一九一六年十月，隨著寺內正毅內閣上臺，後藤就任內務大臣兼鐵道院總裁，並認識了此時調任警保局長的永田秀次郎。一九一七年十月，就任都市研究會（由遞信次官內田嘉吉等人設立）會長，同時作為都市研究的據點，於內務省內設立事務局。後藤試圖透過大隈內閣更改對華政策，制定了《對支政策之本案》，主張以東亞經濟同盟為基礎的經濟政策，並提出當下緊要任務是將在留企業家留在屬於重要據點的「山東、滿蒙」地區，讓挑起中國動亂的「支那浪人」暫時撤回。此外，他也以調查資料為基礎，認為中國存在的問題是官員腐敗、吸食鴉片、衛生基礎設施不完備，以及土匪、祕密結社橫行等，並將之作為今後的政策指南。

一九一七年六月，後藤認為面對第一次世界大戰及中國形勢，有作出正確分析與措施的必要，於是設置了由自己提案的臨時外交調查委員會，並由自己擔任調查委員。七月，為因應第一次世界大戰引發的社會變動，頒布《軍事救護法》，將傷病兵及其家屬的救護制度化；內務省內隨之設立救護課，負責實施該政策。此外，雖然後藤未能於在任期間實現，但他仍計畫了包括地方官在內的內務省官員的海外視察、改善警察待遇、大幅增加東京警力，試圖提升治安業務的效率。至於現代城市的建設計畫，後藤同樣是在內務大臣時期著手。調任外務大臣後不久的一九一八年五月，後藤根據組織詔令於內務省設立都市計畫調查會，並於內務省官房（內務省之輔佐機構）內設立都市計畫課、提拔池田宏為首任課長，為一九一九年四月公布的《都市計畫法》鋪路。

八、外務大臣

一九一八年四月二十三日，後藤就任外務大臣，接下外交調查會幹事長之職。此時期因蘇聯於三月向日本單獨講和，協約國對日本積極參與第一次世界大戰的要求不斷增加，在這背景下，日本出兵西伯利亞的計畫便被提上日程。原先後藤就與前任外務大臣本野一郎同樣主張強硬的出兵論，此時他也終於開始提出「適當之策」（出兵西伯利亞）的緊迫性。其背後原因，有著擔心美國持續擴大影響力、擔憂俄羅斯革命的混亂波及東亞、為協約國確保太平洋安全，以及提防蘇俄成功講和後，德國會將遠東的俄羅斯鐵路沿線戰略要點化為軍事據點。

六月，英、法、義表示協約國以尊重蘇俄領土完整、不干涉蘇俄內政、儘可能以推翻緊貼西部戰線的德軍為目的向西派遣軍隊的三個條件，要求日本進軍西伯利亞，導致出兵論逐漸占上風。七月，出兵意願較低的美國提議將共同派兵的目的限制在救援「捷克軍團」。經過八月一日的外交調查會後，內閣最終於八月二日發表出兵宣言。九月，寺內內閣因波及全國的「米騷動」總辭，後藤亦辭去外務大臣，自次年三月至十一月止巡遊北美與歐洲。旅途中，他預料世界大戰後的全球市場競爭將會更加劇烈，因此認為搶占科學技術、資訊的先機應是當務之急，於是構思設立一個大規模調查機關以應對。

九、東京市長

進入一九二〇年代後，後藤開始認真對待先前構思的「自治」問題。其開端是後藤在一九二〇年一月左右，於歐美巡遊時醞釀的「大調查機關設置會議」（五月發表）。四月，後藤訪問了日本大藏大臣高橋是清，就成立大調查機關進行了預算上的商談。接著於六月，後藤就該案件與日本首相原敬、法制局長官橫田千之助進行了懇談。同年十一月，因接連不斷的疑案，東京市長田尻稻次郎辭職，市議會內推舉後藤為下任市長的呼聲逐漸升高。十二月，在澀澤榮一的勸說，以及前首相、時任內務大臣的床次竹二郎的交涉下，後藤最終接受就任市長。在後藤於市議會的推薦下，永田秀次郎、池田宏、前田多門成為了其助手。在《自治生活的新精神》（一九二〇年十二月）中，後藤從人心對於生命的愛護中尋求自治的基礎，為了實現此一理念，他提倡「鄰居」這一「平等關係」的必要性，並主張由此關係產生的團結，能提高自己的生活品質。就任東京市長一事，也被後藤作為他實現心心念念之「自治」的舞臺。

一九二一年四月，後藤向市參事會提交了《新事業及其財政計畫綱要》（八億日元計畫）。該計畫是包含土地區劃整理、整頓幹線道路與大規模公園等內容的一大項目，規模達到當時政府預算的一半，因此該計畫被看作是後藤對地方自治構想的鋪墊。一九二二年二月，在按照安田善次郎（前一年遭恐怖攻擊逝世）遺願下，財團法人東京市政調查會以其捐款為中心成立。四月，後藤就任該會會長。六月，擔任東京聯合少年團團長，接著又成為少年團日本聯盟總裁，致力於培養少年的自治精神涵養。九月，受聘為東京市政調查會顧問的查爾斯·奧斯丁·畢爾德（Charles Austin Beard）來到日本，為其舉行了歡迎會。

同年十一月，後藤與日本首相加藤友三郎就恢復對蘇關係，以及未來由此帶來的對華問題進行討論，獲得贊同。後藤反應迅速，於次年一九二三年一月邀請在北京的莫斯科工農政府遠東代表越飛（Adolf Abramovich Joffe）訪日兼養病。內務省認為越飛的來訪可能導致「赤化宣傳」，因此計畫阻止其訪日，但後藤並不介意，最終越飛於二月一日訪日。同月，後藤被指責「赤化」，宅邸前後遭到暴徒闖入兩次，導致長子一藏受傷。此後到八月為止，後藤在越飛訪日期間內進行了多次會談。在五月六日的會談中，日蘇交涉基礎案有了結果，在同月二十三日的非正式條件案中，後藤向越飛暗示庫頁島的有償轉讓或權利獲得的可能性，並指出一九二〇年尼港事件中蘇維埃方面的責任，同時表示，若日軍在蘇聯領土上有類似的行為且得到證實，日方將予以承認，並以之抵銷賠償金額。該協商最終以日方撤離一九二五年《日蘇基本條約》中的駐軍為代價，換取蘇聯方面轉讓北庫頁島石油的權利，並對尼港事件表示遺憾的方式取得成果。其間，後藤於四月辭去東京市長一職，這被認為是內務省對後藤邀請越飛之舉的處置，以及內務省對《新事業及其財政計畫綱要》的理解不足導致。

十、第二次山本內閣內務大臣

關東大地震無非是場大災難，但對後藤來說，卻也是他此前不斷提出的大規模城市構想的試金石。地震發生的次日，即一九二三年九月二日，後藤就任第二次山本權兵衛內閣的內務大臣。親任儀式結束後，為立即建立震災對策，他整理出諸如不遷都、三十億日元重建費（後來第一次重建方案為四十億日元）、引進歐美最新的都市計畫並建設適合日本的新都市、在執行新都市計畫上對地主採取堅決態度等要點。同月五日，後藤向畢爾德發去電報，為聽取意見，敦促他再次訪日。六日，後藤很快向內閣會議提交〈帝都復興之議〉，表示「帝都」的重建並非只是單純恢復城市形態，而要考慮到日本的發展、民生改善的基礎，「地震傷害雖然非常嚴重，但也是建設理想城市的絕佳機會」為訂定其復興計畫的指標。此外，他也提出發行公債收購受災區土地，在進行土地整理後，再按需求公平出售或借貸的〈燒土全部收購案〉，然而此案遭到受災區地主的反對，最終未被採納施行。

同月十九日，後藤成為帝都復興審議會委員，並就任該會幹事長。二十九日，隨著帝都復興院的設立，他也兼任總裁。後藤以復興院為據點，召集佐野利器（建築局長）、池田宏（計畫局長）等已知的有能官僚與有識之士，並以過去擔任東京市長時制定的「八億日元計畫」為範本，開始重建業務。十月底，再次來到日本的畢爾德向其提出了詳細的建議。十一月一日的第一次復興院參與會上，後藤提出復興計畫十三億日元方案與十億日元方案。同月二十四日的復興審議會上，伊東巳代治對後藤的方案提出了強烈的反對意見，理由是理想成分過大、無法穩定民心、是災後的財政狀況無法實現的計畫、經濟復興被等閒視之……等。自此，後藤的復興案規模接連縮小，預算也在十二月的臨時會議上被削減至三億四千萬日元才勉強得以通過。不過即使在這背景下，為今日東京打下基礎的大部分城市機能，諸如區劃整理、主幹道、橋梁、河川、運河以及各種基礎設施整備、確保公園等綠地等，也逐漸在後來的復興計畫中得以實現。然而，後來山本內閣因一九二三年十二月底發生的虎之門事件引咎辭職，後藤亦於次年的一月七日被免去了內務大臣以及其兼任的職務。

十一、「政治倫理化」的主倡者

晚年，後藤在演講上傾注許多熱情，為即將到來的普通選舉宣揚國民應具備的自治精神。一九二四年二月，在旅行到盛岡市商品陳列所進行的演講「政治鬥爭的倫理化」，可說是此事的助力。在次年五月公布《普通選舉法》後，後藤的活動方針更加集中。同年十月，他再次被推舉為東京市長，但選擇推辭。同月十六日，就任社團法人東京放送局首任總裁。次年三月二十二日，他在東京放送局的臨時播放以「對無線廣播的抱負」為題的節目，提出透過廣播來實現文化機會均等、家庭生活革新、教育社會化，並高度評價了廣播功能所擁有的進取性。從該月底至四月，他旅遊朝鮮與滿洲，並於京城（「京城」名稱，請參照第一章注解17）與朝鮮總督齋藤實敘舊。

一九二六年二月十一日參加建國祭後，後藤首次腦溢血發作，導致行走困難，當時他選擇隱瞞病情不公開。四月一日，於《東京朝日新聞》發表自己的「新政治運動」發展，開始著手政治倫理化運動。隔天，他拜訪了三黨總裁：田中義一（政友會）、若槻禮次郎（憲政會）、床次竹二郎（政友本黨），尋求他們對運動的理解。後來後藤自同月二十日青山會館演講開始至次年二月為止，於全國進行遊說，演講次數達二六〇次。除了透過聲音，他也積極活用新媒體，曾請漫畫家幸內純一創作《電影演說　政治倫理化　後藤新平 1926》。考量到多數民眾在一九二五年通過的《普通選舉法》後成為了新的有權者，但如何讓原先就具備「自治本能」的市民認識到這個特質，便成了後藤的課題。因此，他認為政治應該為了「國利民福」而「以道理」進行鬥爭。一九二七年八月四日，後藤第二次腦溢血。八日，去年開始停擺的市政會館、日比谷公會堂建設案，終獲警視總監批准。

同年十月，後藤與田中義一就自己的訪蘇一事進行了討論。十二月七日，後藤自神戶出發，途經大連、哈爾濱，搭乘西伯利亞鐵路進入莫斯科。二十四日起，他與外務人民委員代表加拉罕（Lev Mikhailovuch Karakhan）就漁業協定、沿海州拓殖計畫等先後進行了七次會談。二十六日，前去上個月自殺身亡的越飛之墓悼念。次年一月七日、十四日，後藤與史達林進行會談，向其傳達「日本目前必須確立不偏倚英美、獨立的對外政策」，並希望在此意義上與蘇聯合作。此外，他還將與外務人民委員契切林（Georgy Vasilyevich Chicherin）、人民委員會議主席李可夫（Alexei Ivanovich Rykov）進行了會談，最後於一月二十一日踏上回國之路。其間，日本政府發來決定簽署漁業條約的電報。同年七月一日，後藤與牧野伸顯內大臣討論了六月的張作霖爆炸事件（皇姑屯事件），次日再拜訪田中義一首相，就該事件進行詢問。

一九二九年四月三日，後藤前往岡山主持日本性病預防協會的演講。四日途經米原附近，當他在扣西裝釦子時，忽然感到手指動作困難，才發現是第三次腦溢血。後來後藤陷入病危狀態，緊急在京都下車住進京都府立醫院。十一日，病情惡化。最終於十三日上午五點三十分去世。後按特旨獲授正二位，法號「天真院殿祥山棲霞大居士」，遺體在入殮後送往東京，次日十四日抵達東京。十六日，於青山齋場舉行葬禮（喪主為嫡子後藤一藏），最終與和子夫人一同葬在青山靈園。包括提倡「政治倫理化」在內，後藤一系列令人矚目的行動力背後，有的是數次的大病，以及看出從政治世界中退居二線才能施展抱負的眼光，並傾注其全部所剩力量，可說是後藤在最晚年時表現出的自尊。

一九三〇年十二月，後藤新平伯傳記編纂會成立（會長為齋藤實），事務所設於市政會館內，與後藤有關的文獻資料、圖書全彙集於此。一九三七年起的二年間，編纂會發行《後藤新平》（全四卷），後續出版過程曾歷經數次的出版商更換，最終發行了《〈決定版〉正傳　後藤新平》（一海知義校訂，全八卷，藤原書店，二〇〇四—二〇〇六年）；其別卷《後藤新平大全》（御廚貴編，藤原書店，二〇〇七年）中，則對相關人物、工作、相關文獻進行了全面整理。此外，由御廚貴編輯的《時代的先覺者　後藤新平　1857-1929》（藤原書店，二〇〇四年）則對後藤多方面的業績按項目由不同執筆者寫成，賦予了歷史意義。

兒玉源太郎（一八五二—一九〇六年）

德山藩（長州藩支藩）藩士兒玉半九郎之長子。出生於周防國都濃郡（今山口縣周南市）。一八六八年，加入德山藩的獻功隊，次年參加箱館戰爭；同年八月，進入兵部省，不斷累積陸軍軍人的經驗。

一八七六年，在兒玉任職熊本鎮台准官參謀（少佐）時期，神風連之亂爆發，兒玉透過迅速的應對，成功於短時間內將其鎮壓。而在次年一八七七年爆發的西南戰爭時，他則在熊本鎮台於司令官谷干城魔下為平亂做出了貢獻。一八七八年，轉任近衛局參謀。一八八〇年晉升中佐，就任東京鎮台步兵第二連隊長兼佐倉營所司令官。一八八三年晉升大佐。一八八五年，自參謀本部管東局長升任參謀本部第一局長。在此期間，曾作為臨時陸軍制度審查委員會主席，透過該委員會的顧問梅克爾（Klemens Wilhelm Jacob Meckel）致力將普魯士兵制導入陸軍。一八八六年擔任陸軍大學幹事，後兼任該校校長。兒玉與學生一同參加了陸軍大學教官梅克爾的講座，受到了他的影響。

後來成為將軍的明治初期軍人，都曾前往普魯士德國、歐洲、美國留學，但兒玉卻是個例外，沒有留學經歷。然而正如梅克爾對他的高度評價、稱其有作為軍略家的素質一樣，兒玉可瞬間洞察本質的能力，打從一開始就凌駕於留學派之上。可以說對於兒玉來說，留學就是沒有必要的。

一八八九年，兒玉晉升陸軍少將。一八九三年，兼任陸軍次官與陸軍省軍務局局長。甲午戰爭時期，他於一八九五年三月兼任大本營陸軍參謀，接著於四月兼任臨時陸軍檢疫部長。同年八月，獲得男爵爵位。一八九五年四月，對甲午戰爭後歸來士兵進行檢疫的工作提上了日程，時任臨時陸軍檢疫部長的兒玉，邀請了後藤擔任事務官長，而這也是二人關係的開始。後藤設立了檢疫辦事處，以眾多返回廣島的士兵為對象，於有限時間內進行檢疫任務，在這場艱鉅的任務取得成功後，雙方便建立了深厚的信賴關係。同年九月，後藤復任內務省衛生局長，重新獲得了活躍的舞臺。

一八九六年，兒玉晉升中將。一八九八年二月，赴任臺灣總督。次月，後藤在兒玉的勸說下，上任臺灣總督府民政局長（六月新官制後改為民政長官），在兒玉的完全信任下，後藤透過周密的調查與基於成果的施政，為臺灣經營做出了貢獻。

一九〇〇年十二月，兒玉在擔任臺灣總督的同時，兼任第四次伊藤博文內閣的陸軍大臣。一九〇三年七月，上任第一次桂太郎內閣的內務大臣，並曾兼任文部大臣。同年十月，就任參謀本部次長的同時，卸除內務大臣一職。一九〇四年二月，日俄戰爭爆發。六月，兒玉晉升大將，任滿洲軍總參謀長，在總司令大山巖的麾下，參與奉天會戰等重要戰役。同時，為了早日實現談和，他加快了外交方針的確立，並推動了與政府的協調。日俄戰爭結束後，一九〇六年四月就任參謀總長，晉升子爵。同年七月，兼任南滿洲鐵路設立委員長，但不久後突然與世長辭。

對於曾因相馬事件下獄、有一度被驅逐出官場經驗的後藤來說，兒玉是給了他再次發揮自己實力的恩人。人們認為，後藤就任首屆滿鐵總裁一事的背後，有著兒玉的強力推動。

原敬（一八五六—一九二一年）

出生於盛岡（南部）藩家老，與後藤新平同世代。歷經箕作秋坪的三叉學舍後，一八七六年進入司法省法學校，後因一八七九年的校內運動退學。同年四月，擔任《郵政報知新聞》記者。一八八二年四月，成為《大東日報》主筆。其能力受到井上毅、井上馨認可，於同年十一月成為外務省御用掛，開始了其外交官生涯。一八八三年，擔任天津領事。一八八五年，致力於《天津條約》的簽訂。同年五月，調任駐巴黎公使館書記官。

回國後，因嫌棄外務大臣大隈重信，於一八八九年四月調任農商務省，繼參事官後又擔任大臣祕書官。在此處，原敬得到了農商務大臣陸奧宗光的高度評價。在陸奧就任第二次伊藤內閣外務大臣後，原敬便被提拔為外務省通商局長，九月兼任取調局長。甲午戰爭後的一八九五年五月，榮升外務次官。在外務省時期，原敬致力於確立外交官聘用制度。一八九六年六月，轉任在朝鮮國特命全權公使。當大隈再次於第二次松方正義內閣就任外務大臣後，嫌惡大隈的原敬選擇下臺。一八九七年，進入大阪每日新聞社工作，次年當上社長。

一九〇〇年，伊藤博文成立政友會，原敬在伊藤與井上馨的勸說下加入，並擔任幹事長、總務委員。十二月，隨第四次伊藤內閣的成立，就任遞信大臣。在第一次桂內閣的長期化下，他也對政友會的內部調整煞費苦心。一九〇二年的第七屆眾議院選舉中，他在盛岡市參選並當選，此後直到去世為止，共連任三屆。他曾私下與正考慮與政友會合作的桂太郎就日俄戰爭後的政權交替問題進行交涉，並於一九〇六年一月為第一次西園寺公望內閣的成立做出貢獻，及就任該內閣的內務大臣（一九〇八年一月兼任遞信大臣）。

原敬在政友會、內務官僚之間形成了一股人脈，透過鐵路及其他土木事業穩固了政友會的地盤、擴大議會席數，最終該黨獲得了眾議院的過半席次。接著又擔任一九一一年八月第二次西園寺內閣、大正政變後成立的山本權兵衛內閣的內務大臣。一九一四年，就任政友會總裁。在寺內正毅內閣因米騷動倒臺後，原敬在山縣有朋的認可下，於一九一八年九月受到首相指名，組建了政黨內閣，其中政友會會員占據了軍部大臣與外務大臣以外的閣僚。對外，他努力與英美合作，維護、擴大日本在中國的權益；對內，他積極開展四大政綱——充實國防、振興教育、整備交通機關、獎勵產業。一九一九年，他將選舉人資格從直接國稅納稅額在十日元以上降低到了三日元以上，同時實現了小選舉區制的引進。在一九二〇年的大選中，政友會成功獲得了過半數議席。但另一方面，他對普通選舉制度始終持否定態度。當寺內內閣出兵西伯利亞之際，駐軍的撤兵成為懸案，未能找到解決對策。在糾纏政友會的滿鐵疑案與數個疑案浮上檯面的背景下，一九二一年十一月，原敬為參加政友會的近畿大會來到東京車站，不料在檢票口遭到國鐵大塚站的轉轍員中岡艮一暗殺。

在打好政友會及黨內的基礎後，原敬一貫將價值放在眾議院上，儘管有過授爵的機會，卻始終堅持辭卻。從這意義上來說，他與一九〇三年以後在貴族院保持議席，持續晉升爵位的後藤新平形成了鮮明的對比。他熟知政黨的功能，以及靈活運用該功能的議會營運方式，因此有時會妥協於藩閥政治，又試圖找出瓦解機會，並作為政友會總裁，致力於擴大黨勢。原敬是徹頭徹尾的現實主義者，也因同樣是「賊軍」的子弟，於明治維新後歷經千辛萬苦。他憎惡政黨，與透過《新事業及其財政計畫綱要》為代表的「大風呂敷」屢屢提出宏偉藍圖的後藤，可說是截然相反的政治家。

本多靜六（一八六六—一九五二年）

出生於今日埼玉縣久喜市菖蒲町河原井。舊姓折原。一八八四年，苦讀後考入東京山林學校（帝國大學農科大學前身）。一八九〇年，以第一名畢業，赴德國留學。他從塔蘭托（Taranto）的森林學校轉到慕尼黑大學，一八九二年於該大學取得博士學位，並於同年回國，就任帝國大學農科大學助理教授。

之後在任教的同時，又指導了許多造林、造園事業。

一八九九年，本多靠著《日本森林植物帶論》，成為日本最早的林學博士，次年晉升教授。接著在同年，東京市委託本多設計日比谷公園，本多提出了大道路區劃、植樹、散步道、運動場等各種新穎的計畫。當時，本多就衛生、植物、建築等懸而未決的領域徵求了專家的意見，並委託委員進行評判。雖然也有人擔憂花木會遭人偷走，但本多仍以培養公德心的角度出發來設計公園，因此沒有設置大門。在建設公園時，他也強烈主張將附近的老樹移植至公園內。在日比谷公園受到廣大市民的歡迎後，各地紛紛向本多委託公園的施工、改造等工作，他於是開始著手為數眾多的公園的設計工作。一九一八年，本多成立日本庭園協會，就任理事長。次年參與籌劃帝國森林會的創立，一九二六年起擔任該會會長。

他與後藤新平的關係，可以追溯到慕尼黑大學時期，當時他遇到了同樣在留學中的後藤，受到其賞識。每當本多從國外回來，後藤都會邀請本多，主要就文化現象部分聽取他在國外考察到的內容與見解，這些內容的大部分，後來也成了後藤構思能力基礎。

特別是一九二三年關東大地震後，後藤就任內務大臣（兼任帝都復興院總裁）不久，便委託本多制定帝都復興計畫原案，並讓他以復興院參與（敕任待遇）的身分負責此任務。這件事使得兩人間的合作關係變得更加緊密。二年前，從海外考察旅行回來的本多，慣例地前去與後藤談話，其中本多談到了巴塞隆納（Barcelona）的城市計畫，此事引起了後藤的興趣，強烈提議本多將該市定為此次復興計畫的指標。對此，本多兩天晝夜不眠完成了復興計畫案，其要點是六〇公尺以上的一等道路，以及許多巴塞隆納宏偉的城市計畫，該計畫後來被稱為「後藤的大風呂敷」方案，為世人留下了深刻的印象。後來，雖然計畫案被迫縮小再縮小，但有關公園的計畫，還是按照本多的原案推動了。

一九二七年，本多自東京帝國大學農學院退休。此前，他每當到國外出差時，都會對該國的國立公園進行調查，積極協助日本的國立公園運動。一九三一年，伴隨國立公園法的成立，本多於國立公園委員會中擔任委員，負責多個公園的選定。一九四二年，本多移居伊豆半島伊東，戰後亦隱居於此。本多同時也是一名有名的投資者，他自早就勤儉儲蓄，進行過多項投資，是個學術界中罕見的蓄財家，不過其大部分收益都捐給了地方自治團體與公共事業，自己則過著簡樸的生活。

本多著有自傳《本多靜六體驗八十五年》（大日本雄辯會講談社，一九五二年），並有評傳《本多靜六　日本森林培育者》（本多静六　日本の森林を育てた人，遠山益著，實業之日本社，二〇〇六年）。

國崎定洞（一八九四—一九三七年）

出生於熊本市醫生家庭，在長崎縣對馬長大。姊姊嫁到埼玉縣川越町（當時），而他也在此讀完高等小學校、中學校、第一高等學校（第三部）後，於一九一九年十二月自東京帝國大學醫學部畢業。在校期間，他讀了河上肇的《貧乏物語》，開始關心社會問題，之後逐漸傾向於馬克思主義。

畢業後的一九二〇年五月，國崎受大學附屬傳染病研究所聘用為技工。恰好在這個時期，歐洲爆發的西班牙流感登陸日本，接著一路肆虐到一九二一年。在這背景下，流行性感冒研究會以傳染病研究所所長長與又郎為中心成立，國崎參與了在該處進行的共同研究，這為他作為醫學家的自我形成提供了很大的方向，也是他思考流行病與社會之間關連的基礎。

一九二二年十一月，結束一年的志願兵生涯後，國崎回到了傳染病研究所。一九二四年八月，他當上東京帝國大學醫學院助教授，次年進入衛生學教室。一九二六年，為研究社會衛生學，前往德國留學。在柏林期間，他參加了日本留學生們組成的社會科學研究會。一九二七年十二月，於反帝同盟大會上與片山潛相遇，開始了交流。在文部省所定的留學期限將至的日子中，他在德國於一九二七年冬天加入德國共產黨。原本他打算在回國後，擔任新設的社會衛生學講座的主任教授，然而在一九二九年五月，卻自行申請辭去東京帝國大學助教授一職。

在此之前，他翻譯了列寧的《共產主義運動中的「左派」幼稚病》（一九二六年）、本諾・查潔斯的《社會衛生學》（一九二七年），也撰寫了《社會衛生學講座》（一九二七年），認為目前在社會、經濟上居於劣勢，且人口占據多數人的階級，才是社會衛生學應應用的對象。一九二九年，他成立了德國共產黨日語部，並擔任該部的負責人。一九三二年三月，被柏林警視廳命令離開普魯士。八月，他與片山潛一同參加了阿姆斯特丹國際反戰大會，在回程中進入了蘇聯，次年進入東方勞動者共產主義大學（KUTV）。一九三四年，成為外國勞動者出版所日本課長。同年年底，以暗殺基洛夫為開端的大清洗時代揭開序幕，祕密警察的監視力度加強，國崎於一九三七年八月被以有「日本間諜」嫌疑逮捕。十二月十日被判有罪，當天處決。人們認為此事背後有著因山本懸藏的告發。至於一同停留在蘇聯的芙烈達夫人及其女兒TATSUKO，則在未被告知國崎的情況下，被強制遣送回德國。戰後的一九五九年七月，蘇聯重審此案，並在同年十月的最高法院中，恢復了其法律名譽。

就經歷來看，國崎一輩子都未見過後藤新平，此外也未透過組織、運動、人脈與後藤建立聯繫，國崎也沒有直接受到後藤影響的跡象。但是，除了在社會主義中尋求「衛生」應發揮的功能之舉外，在思考日本的衛生學方面，可以說兩者有著異曲同工的關係。後藤將衛生定位為人類追求「生理滿足」的過程，為實現這個目標，國家於是形成；而國崎則是認識到其中仍然存在無法解決的階層差距，於是向看似消弭了差距的蘇俄尋求自己的理想，然而最終受到不當的告發，成為大清洗下的犧牲品。

描寫國崎一生的書籍，有《國崎定洞——抵抗的醫學家》（国崎定洞——抵抗の医学者，川上武、上林茂暢編著，勁草書房，一九七〇年）、《流放的革命家——國崎定洞的一生》（流離の革命家——国崎定洞の生涯，川上武著，勁草書房，一九七六年）、《在莫斯科被肅清的日本人——30年代的共產黨與國崎定洞、山本懸藏的悲劇》（モスクワで粛清された日本人——30年代共産党と国崎定洞・山本懸蔵の悲劇，加藤哲郎著，青木書店，一九九四年）等。此外，川上武與加藤哲郎的著作《人間　國崎定洞》（人間　国崎定洞，勁草書房，一九九五年），則以新發現蘇聯資料補充了先前出版的相關書籍。

其他人物

板垣退助

一八三七—一九一九年。出生於土佐藩上士的乾家（遠祖為武田家家臣板垣信方。於一八六八年復姓板垣）。一八六一年，成為江戶留守居役兼御內用役，到江戶當官，以尊攘派的立場，結交了許多志士。一八六七年六月，與西鄉隆盛等人依照《薩土密約》鞏固了武力討幕的方向，後來卻與藩的大政奉還論發生衝突，一時失勢。戊辰戰爭時，板垣擔任東山道先鋒總督府的參謀。一八六九年，他參與新政府；一八七一年，成為參議，但後來在一八七三年的征韓論挫敗而下野。次年提出民選議院設立的建白書，回鄉創辦立志社。雖然曾一度重返參議一職，但不久後又再次下野，挺身參加民權運動。一八八一年，日本頒布國會開設詔書，板垣成立自由黨，並為擴大黨勢而在全國遊說。一八八二年四月六日，在行經岐阜時遭到暴徒襲擊，翌日收到電報的後藤新平（時任愛知醫學校長兼醫院院長）不顧縣當局所表示的為難態度，連忙趕往岐阜進行急救。一八八二年至一八八三年出國。一八九〇年，於帝國議會成立之際，組織立憲自由黨，後該黨改組為自由黨，由板垣就任黨總理。在第二次伊藤、第二次松方內閣，以及一八九八年大隈內閣時皆擔任內務大臣。一八八七年成為伯爵，但對華族的世襲卻持反對立場。

北里柴三郎

一八五三—一九三一年。出生於今日熊本縣的阿蘇郡小國町。經熊本醫學所，一八七五年進入東京醫學校，最終畢業於一八八三年改組、改稱的東京大學醫學部。一八八四年，進入內務部衛生局工作，這是後藤進入衛生局一年後的事情。一八八五年留學德國，於柏林大學跟隨柯霍（Heinrich Hermann Robert Koch）研究細菌學，開發了破傷風的血清療法。一八九〇年，與來到德國留學的後藤再會，向其教授細菌學。一八九二年回國，因學界上的對立而經歷了一段不受待見的時期。同年，在後藤、福澤諭吉等人的幫助下，成立了私立傳染病研究所，就任首任所長。一八九九年，傳染病研究所以捐贈國家的形式歸內務省管轄。一九一四年，該研究所被移交文部省，並隸屬於東京帝國大學後，辭去所長職務，並以個人資金成立了私立北里研究所（北里大學的前身）。一九一七年，參與策劃慶應義塾大學醫學系的創立，擔任首任學部長、附屬醫院院長。一九二三年，日本醫師會成立，就任首任會長。

永田秀次郎

一八七六—一九四三年。除本名外，亦以永田青嵐之名出版詩集、散文集。出生於兵庫縣三原郡倭文村（今南淡路市）。第三高等學校畢業後，並未前往大學念書。一九〇〇年，通過高等文官考試，進入內務省。一九一六年四月任三重縣知事，十月任內務省警保局長。一九一八年九月，被敕選為貴族院議員。一九二〇年底，後藤新平就任東京市長，永田隨之成為第一助理。作為後藤的繼任者，他從一九二三年五月到次年九月為復興事業奔走。一九三〇年五月至一九三三年一月，再次擔任東京市長。一九三六年三月，成為廣田弘毅內閣的拓務大臣。一九三九年十一月，任阿部信行內閣的鐵道大臣。太平洋戰爭時，作為陸軍軍政顧問曾前往西貢、新加坡等地。一九四二年十月，為參加軍政顧問會議回國，並在當年辭世。永田以清晰文體的散文著稱，並曾批判一心追求一百分是毫無意義的行為，且此種思想也會衍生出種種虛僞，故提倡不求完美的「九十五分」主義。

阿道夫·阿布拉莫維奇·越飛

一八八三—一九二七年。蘇聯外交官。生於克里米亞半島辛費羅波（Simferopol）的猶太人家庭。十幾歲時加入俄羅斯社會民主勞動黨，開始從事政治活動。歷經多次流亡，認識了托洛斯基，參與編輯《真理報》（*Pravda*）。一九一二年被捕、驅逐至西伯利亞。一九一七年二月革命後獲釋，重返政壇。同年，十月革命時期，擔任彼得格勒軍事革命委員會主席。一九一七年至一九一八年，參與牽涉對德休戰的《布列斯特—立陶夫斯克條約》的交涉。此後也與波羅的海三國、波蘭等國進行和談，活躍於外交領域。一九二二年，擔任中國大使，期待國民黨對中國共產黨的支持，故與孫文建立深厚的合作關係。一九二三年，赴日治療坐骨神經痛，與後藤就改善日蘇關係進行過多次交涉。此後，亦擔任過駐奧地利蘇維埃全權代表等職，然而在盟友托洛斯基失勢後不久自殺。一九二七年，後藤訪蘇時前往了越飛的墳墓參拜。

查爾斯·奧斯丁·畢爾德

一八七四—一九四八年。美國歷史學家、政治學家。生於印第安納州奈茨敦（Knightstown）。一八九八年，迪堡大學（DePauw University）畢業後，前往英國牛津大學念書。回國後的一九〇四年，於哥倫比亞大學獲得博士學位，同年開始在該大學任教。一九一七年，時值第一次世界大戰，因抗議大學行政封閉、和平主義派的教授被解雇而辭職。除參與規劃「社會研究新學院」（The New School for Social

Research），也深度參與了紐約市的市政調查。一九二二年九月，應後藤新平的邀請前往日本，向東京的市政調查會的設立提供了許多建議。一九二三年，關東大地震後的十月，受後藤之託第二次訪日，提供許多詳細建議，有助於《東京市政論》（一九二三年）的誕生。回國之際，他提議設立「後藤子爵紀念市民獎」，以向市民徵集有關市政的論文，並資助了基金。其主要著作之一的《羅斯福總統與第二次世界大戰》（*President Roosevelt and the Coming of the War,1941*，一九四八年）中，畢爾德嚴厲批評了羅斯福的好戰態度，導致了美日開戰時的攻擊珍珠港事件。

大杉榮

一八八五—一九二三年。無政府主義者、作家。父親為職業軍人。進入名古屋陸軍地方幼年學校就讀後，因造成傷害事件而遭退學。後於東京外國語學校（法語科）念書。一九〇六年，因參與反對車票漲價運動被捕，後再經過多次逮捕、入獄，逐漸傾向無政府主義。一九一二年，與荒畑寒村共同創刊《近代思想》。一九一四年，發行《平民新聞》，後遭到禁售處分。一九一六年，因與伊藤野枝的親密關係，遭神近市子刺成重傷（日蔭茶屋事件）。大杉在《自敘傳》中，介紹了因筆耕生活不順，生活困難，只好依靠伊藤野枝的遠親頭山滿、杉山茂丸的人際關係，前往向時任內務大臣的後藤新平借了三百日元的軼事，從中可以看出後藤比起意識形態，更注重才能的一面。一九二二年，為參加在柏林舉辦的國際無政府主義者大會而暫時離開日本。回國後的一九二三年九月，遭遇關東大地震，後被麴町憲兵隊逮捕，與伊藤野枝、侄子橘宗一一同遭到虐殺。

正力松太郎

一八八五—一九六九年。富山縣射水郡枇杷首村（今射水市）出身。一九一一年，自東京帝國大學法科大學德法科畢業後，進入內務省。在警察生涯中，精明地處理了米騷動、社會主義運動與勞工運動。一九二三年，擔任警視廳警務部長時，因虎之門事件遭撤職。下野後的一九二四年，在收購讀賣新聞社經營權時，自後藤處得到十萬日元的資助，後來透過徹底的大眾路線，大幅增加了發行量。戰爭時期，曾任大政翼贊會總務、內閣情報局參與，戰後被指定為甲級戰犯，一九四七年獲不起訴處分、釋放。被解除公職後，先後擔任原子力委員會委員長、科學技術廳長官（兩者均為首任）。從報紙經營戰略，到職業棒球的引進與落實，他在戰後所參與的各種政策，背後都有出色的智囊團輔助。雖有獨占功勞的一面，但從他這些事業為後代帶來的影響大小來看，仍能稱得上是與後藤相提並論的存在。著有自傳《正力松太郎——惡戰苦鬥》（日本圖書中心，一九九九年），評傳部分則有《巨怪傳——正力松太郎與影武者的一個世紀》（巨怪伝——正力松太郎と影武者たちの一世紀，佐野真一著，文藝春秋，一九九四年）等。

杉山茂丸

一八六四—一九三五年。生於福岡藩士家族。自青年時代就以民間運動家身分為國事奔走，曾盡力幫助安場保和上任福岡縣縣令。與頭山滿等玄洋社幹部有深刻交流，默默累積著與伊藤博文、山縣有朋、桂太郎等從政界到實業界中的人脈。自早便與後藤新平有交情，在討論一九〇六年六月滿鐵總裁一職時，最先向後藤發去勸說電報的人就是杉山。此外在一九一二年夏天，也是他向正在訪俄的後藤發去了明治天皇病危的消息。杉山不求功名、加官晉爵，只作為一位在野的政治運動家，也因此得到了周圍人士的信任，有關政界的重要訊息大多集中在杉山手上。他決不站在公開舞臺上，一生都執著居於政界幕後，後藤也喜歡杉山有話直說的個性。長子杉山泰道筆名為夢野久作，是位知名作家，著有代表作《腦髓地獄》（ドグラ・マグラ）等；孫子杉山龍丸則在戰後投身印度綠化運動。自己主要著作則有《百魔》（上、下，講談社學術文庫，一九八八年）。

中村是公

一八六七—一九二七年。舊姓柴野。出生於今廣島市的釀酒家族。經第一高等中學校後，於帝國大學法科大學畢業，進入大藏省。自秋田縣收稅長調任臺灣總督府，是位協助後藤的出色事務官僚。一九〇六年，受就任滿鐵總裁的後藤提拔為副總裁。二年後，於後藤升任遞信大臣（第二次桂內閣）後接任滿鐵總裁職位。在任期間，致力於實現後藤制定的「滿鐵十年計畫」。一九一八年，隨著時任寺內內閣內務大臣及鐵道院總裁的後藤就任外務大臣後，就任鐵道院總裁。一九二四年，在後藤的強烈希望下成為東京市長，直至一九二六年辭職為止都致力於震後的東京重建。自始至終，中村都作為後藤的心腹，以下屬乃至繼任者的身分，努力實現後藤在職時所制定的計畫。此外，自學生時代開始，中村就是夏目漱石的友人，在擔任滿鐵總裁的時期，中村曾邀請漱石旅行滿洲，而當時的遊記，便反映在了《滿韓漫遊》

（滿韓ところどころ）之中。

參考文獻

青山佾等，〈二〇〇七年度『後藤新平の会』シンポジウム　自治の創生と地方分權（二〇〇七年度「後藤新平之會」研討會　自治的創生與地方分權）〉，《環》三三，二〇〇八年

北岡伸一，《後藤新平――外交とヴィジョン（後藤新平――外交與願景）》，中公新書，一九八八年

越澤明，《後藤新平――大震災と帝都復興（後藤新平――大震災與帝都復興）》，ちくま新書，二〇一一年

後藤新平等，〈後藤新平子座談会（後藤新平子座談會）〉，《文藝春秋》一九二七年四月號

後藤新平著，後藤新平研究會編，《政治の倫理化（政治的倫理化）》，藤原書店，二〇二一年

後藤新平研究會編著，《震災復興　後藤新平の120日――都市は市民がつくるもの（震災復興　後藤新平的120天――都市為市民所造之物）》，藤原書店，二〇一一年

高野靜子編著，《往復書簡　後藤新平―徳富蘇峰　1895-1929》，藤原書店，二〇〇五年

鶴見祐輔著，一海知義校訂，《〈決定版〉正伝　後藤新平（〈決定版〉正傳　後藤新平）》全八卷，藤原書店，二〇〇四―二〇〇六年

東京市政調查會編、發行，《日本の近代をデザインした先駆者――生誕150週年記念　後藤新平展図録（日本近代設計的先驅――150週年紀念誕辰　後藤新平展圖錄）》，二〇〇七年

藤原書店編輯部編，《時代が求める後藤新平――自治／公共／世界認識（時代所需求的後藤新平――自治／公共／世界

認識）》，藤原書店，二〇一四年

御厨貴編，《後藤新平大全　〈決定版〉正伝　後藤新平・別巻（後藤新平大全　〈決定版〉正傳　後藤新平・別巻）》，藤原書店，二〇〇七年

渡邊利夫，《後藤新平の台湾——人類もまた生物の一つなり（後藤新平的臺灣——人類亦生物之一也）》，中央公論新社，二〇二一年

《都市問題》後藤新平生誕一五〇週年記念，〈後藤新平『大風呂敷』の実相（後藤新平「大風呂敷」的真相）〉，二〇〇七年八月號特別增刊

Barrow, C. W., *More than a Historian: The Political and Economic Thought of Charles A. Beard*, New Brunswick, NJ; London: Transaction Publishers, 2000.

第十五章

「國民作家」與現代的悲劇

姜尚中

前言

夏目漱石還在世時，似乎曾針對某事說過：「大概不會那麼順利吧。」這種帶著懷疑，對什麼事都以冷淡眼光看待的發言，充滿夏目漱石的風格。之所以「因果」與「因緣」這類詞語會點綴在漱石的作品中，肯定也與這種態度有關。可說這種類似《草枕》般的「低徊趣味」構成了部分漱石的精神世界。關於這點，政治學家丸山真男認為這種「非國家的」、「非政治的」、「東洋式自由」的韜晦之道，與國木田獨步的「山林存自由」屬於同一相位。

然而，若把漱石視為一個球體，那麼丸山的指摘僅提及這個球體的半球。因為，即便漱石追求陶淵明式的漢詩世界，也就是將其視為逃離現實世界的唯一「避難所」，但同時他也通過作品世界一直關注「現代」（contemporary）。

留下關於大逆事件（一九一〇—一九一一年）的〈彷彿〉（かのように），以及〈打嗝〉（吃逆）、〈田樂豆腐〉、〈鎚一下〉等作品，經常被事件觸發並訴諸言論自由的森鷗外，在事件後雖然寫出堪稱日本文學最高峰的《澀江抽齋》與《伊澤蘭軒》，但他也不得不在這類史傳式文學中韜光養晦，明顯呈現出與同一時代持續堅持的漱石相同的特徵。

確實不可否認，這種現代性受到了廣大報紙小說讀者群的歡迎，他們透過知識水準的拉平而成為文藝的消費者。然而不僅止於此，夏目漱石還一貫堅持「此時」與「此地」，通過書寫生活於同時代的登場人物的行動與心理糾葛，成功刻劃出二十世紀日本社會的原型。

漱石在大逆事件發生的次年見到通過官方文藝委員會選出森鷗外、上田萬年、幸田露伴等擔任文藝委員一事，便嗅出國家將進行言論統制與檢閱的預兆，這也是因為漱石一直把文藝的競技場定位在「現代」之故。聚焦於這種現實的面向，本章還將關注三位與漱石同樣，較其他思想家更具先見，及早看出近代危機的人物：二葉亭四迷、幸德秋水與石川啄木。

那麼，對漱石而言貫穿「現代性」的命運紅繩是什麼？關於這點，一言以蔽之就是「悲劇性」。在最初的報紙小說《虞美人草》（一九〇七年）中不怕犯過度單純化之大不韙，刻意道學家式地斷言「悲劇比喜劇更偉大」，這大概也是因為漱石自身也將該存在視為一種「悲劇」吧。

夏目漱石（一八六七—一九一六年）

缺失「父性」的權威

夏目金之助，亦即日後的漱石，一八六七年（慶應三年）生於江戶牛込馬場下橫町（今新宿區喜久井町），是名主[2]的么子。他出生時父親直克已經五十歲，母親千枝超過四十歲，而且在他之前還有兩個異母姐姐與三個同母哥哥，因此金之助的出生並不被雙親所喜。加上時代也發生劇變，次年的一八六八年日本年號由慶應改為明治，名主制度廢除，夏目家也受到時代巨浪的衝擊。

之後金之助被送去當寄養的孩子，但旋即又被帶回，之後又成了養子，但因養父母不和，八年多之後結束了他的養子生涯回歸夏目家。這位多愁善感的少年被當作「麻煩人物」來處置，這種感受也成為漱石終身的內心陰影。這段經歷被詳細寫在可稱為自傳小說的《道草》（一九一五年）中，此外在書寫晚年心境的《玻璃門內》（硝子戸の中，一九一五年）也有赤裸裸的描寫。遭受親生父親「嚴苛對待」的記憶、出生的祕密，以及當他懂事後被雙親告知的事情等，可說是在描述如何靠一己之力一直背負悲慘「命運」帶來的精神創傷。

但如西格蒙德·佛洛伊德所言，兒子通過納入父親這種「權威」來控制自身形成「超我」，如果這是道德的起源，那麼對漱石而言也是憎恨的對象，因而難以簡單歸納為理想的「權威」。在某種意義上，對少年金之助來說自己心中並不存在應當納入的「父性」權威，反過來說，因為這種不存在導致的不安，也總是纏繞在金之助的內心。

此點與漱石如何看待成為近代國家的明治日本這個根本性問題，有著必然的連結。因為漱石無法把家父長的父親權威與可說是國家家長的天皇絕對權威無縫連接，也就是他很難把自己與明治日本及該時代的深刻糾葛同一化。對他而言這毋寧是有距離感的，且終身對此抱持著愛恨交織的二律背反心結。在漱石小說世界中塑造那些惱於與日本近代化及對該時代有距離感的主人公們性格時，造成決定性的影響。為何漱石主要都以城市中間階層或更上層的知識分子為主角，聚焦於他們的挫折、蹉跌、失敗的悲劇性模樣？因為其中投射的就是對明治這個近代國家的「末流」（epigone，有亞流、模仿者之意）意識感到煩惱，既無法背過身去，也無法加以屈從，就如此吊在半空中的知識分子悲劇身影。

夏目漱石

如果，缺乏作為內在規範原型的「父性」權威，而青少年時期的金之助最切實的課題便是填補這個空白，那麼之後漱石達到的「自我本位」境地，應該就是成人後的金之助面對此番糾葛的回答。漱石強烈的獨立心與反權威主義的心理狀態，應當被視為從自己出生與該時代悲劇性的糾葛發展而來。

如「逃亡者」般的生存

將金之助從這種不幸的生涯中拯救出來，之後獲得東京帝國大學與第一高等學校這種最高品牌職位給予他的「僥倖」，便是學歷與橫跨公私官僚體制帶來的豐富人際網絡。

因複雜的家庭背景而換過三所小學的少年金之助，之後於一八七九年進入東京府第一中學正則科，之後雖短暫進入二松學舍但依舊不斷轉學，到一八九三年從帝國大學文科大學英文科畢業準備進入研究所為止，多與擔任明治國家樞要職位的多元人士加深交流，這也為日後漱石能擔任最高學府教師備妥機會。這種條件意味著漱石與那些不隸屬任何公私官僚體制，在某種意義上算是自由人士但又帶著某種可疑形象的「文人」不同，具有不同的生涯職歷。

亦即，伴隨漱石擔任明治國家教育行政的末端工作，就任最高學府的教職，之後更變身成為出版資本主義的代表並持續成長的《朝日新聞》「專屬作家」，至此為止他都以「組織中精英」的「組織人」生活。在這層意義上，雖說在「組織人」身分上不及以軍醫站上最高地位的鷗外，但漱石也絕非明治國家及其社會的「局外人」知識分子，毋寧該說更接近內部者。大學預科時代的朋友，如佐藤友熊日後成為警察官僚，擔任關東都督府警視總長等職位，其生涯摯友中村是公則是南滿洲鐵道（滿鐵）總裁，之後更是成為東京市長的一號人物。此外，進入帝國大學文科大學之後交往加深的狩野亨吉還是一高校長，日後更成為新成立的京都帝國大學文學院院長。

在貫徹旺盛的獨立心與反權威主義下，歸屬公私官僚體制的「組織人」。置身此種相對立場中的漱石，加上自己的出生、家族關係以及與時代的糾葛，可說他是具備多層次與多面向矛盾心理（ambivalence）的作家。漱石之所以罹患神經衰弱，大概也是起於此種矛盾心理。

漱石看穿這種神經衰弱的矛盾心理與近代日本的「個人主義的世道」[3]（パーソナリチーの世の中）相互共通。這是指在平等原則下各自自我覺醒，彼此主張相互對等立場並激烈競爭的世界。這種自主、獨立的原則一旦潰堤氾濫於社會時，則自我與他者、個人與共同體便將相互乖離，並維持此種狀態，無法填埋彼此間的鴻溝。漱石即稱抱持這種矛盾的社會為「個人主義的世道」。這是「一個盡量擴張自己，在不斷膨脹爆裂中過活的世道」，「妻子是妻子，丈夫是丈夫，截然不同，有如水與油[4]」，意即彼此相背而生。

從《三四郎》至未完成的遺作《明暗》，漱石描繪的親子、兄弟、親戚、男女、夫婦、朋友關係等，沒有任何一人逃出「個人主義的世道」中的矛盾。即便擁有高學歷卻不見容於社會的「高等遊民」知識分子們，他們內心生成的深刻陰影，可說宛如與漱石自身的神經衰弱內心糾葛形成雙重曝光的描寫。

實際上大學畢業（一八九三年）後的漱石，一直惱於神經衰弱，他一直希望能從中「悟脫」，故從一八九四年底至次年初為止進入圓覺寺參禪，下山之後突然在一八九五年四月隻身前往四國松山愛媛縣尋常中學校擔任英語教師。次年一八九六年四月在帝大以來的摯友菅虎雄的建議下轉任熊本的第五高等學校。為何漱石會前往松山，甚至是離帝都更遠的熊本赴任，其真正理由尚無定論，不過在熊本逗留長達四年三個月，這段期間與妻子鏡子結婚，長女筆子出生，必定讓壯年期的漱石形成了一家之主的意識。這對成長時背負「與家人之間的不幸」的漱石而言，他的家庭不僅是闔家團圓的場所，同時也是籌措生計與夫妻出現矛盾的場所。

如此看來，漱石這位作家可說是在轉型期的近代日本中懷抱矛盾的「邊緣人」（marginal man）。他雖身處多個文化或規範的多重錯位與糾葛中，但並不具備完全歸屬哪一個領域的意識，這意味著他過著宛如是「流亡者」般的生活。漱石之所以成為「搬家狂」，與此有絕對的關係。他在熊本至少搬家達六次，在倫敦遊學時大概也反覆搬家相同次數，恐怕近代日本中再也找不出如此頻繁搬家的作家。而這種「移動」，正是跨空間的越境，且不僅於此，同時還意味著時間上的越境。這也刻畫出在一刻也無法維持穩定，不斷反覆變化的近代時空中，不得不自行從中尋找棲留點的時代宿命。

何況，在日本的狀況是，連問題本身都是多重的。因為日本別無選擇外發式地「模仿」近代，在這個意義上大概也就不得不成為「西洋理想」中的「奴隸」，隨之而來的就是最終「拚了命地努力成為奴隸」，最終還把此事當作「進步」。如果把英語學當作終生事業的一介教師夏目金之助也「拚了命地努力成為奴隸」，那麼那位甚至能看穿近代發展並佐以文明批評，名為夏目漱石的日本國民作家應該就不會出現。因為，漱石清楚自覺到明治的思想帶著「把西洋三百年的歷史活動用四十年的時間重新執行一次」[5]的意義。

擴散的「世紀末」

從這層意義來看，漱石長達兩年的英國留學，成為他從教師夏目金之助轉變為日後的作家夏目漱石的關鍵轉捩點。從熊本這個日本帝國的邊境之地，「越境」到把日本當作衛星國之一來睥睨的大英帝國的中心（倫敦），這同時代表著移動到所謂近代的時代前緣。這樣的移動與形同在「觀望形勢」（洞ヶ峠をで昼寝）的「鄉下人」三四郎面對帝都東京的「激烈活動」戲碼而感到茫然自失的模樣相似。只是金之助並未被閉鎖在堪稱世界帝都的倫敦一人孤獨憂鬱。

一九〇〇年五月十二日，當時漱石「為了研究英語」被文部省命令去英國留學。恐怕，若說從江戶轉變到明治時代、二十世紀初的戰爭（日俄戰爭），接著是第一次世界大戰的歷史轉型宛如命運般地作弄漱石，那麼從世紀末到二十世紀初「移動」至西洋「思想界」一大中心地的倫敦，便讓夏目金之助這位擁有敏銳頭腦的人大開眼界，觀察世界史思潮變化的機會。

即便那是「一匹有如與狼群為伍的長毛狗般悲慘」的「不愉快的兩年」[6]，成為「被西洋理想的壓倒性優勢搞得目眩神馳的日本人」[7]，但夏目金之助仍看穿他應該「效法」的「西方理想」正從內部崩潰，在痛苦中掙扎。

一如金之助參觀的維多利亞女王葬禮（一九〇一年二月二日）的暗示般，大英帝國呈現落日餘暉的模樣，西洋也不斷出現「百年和平」即將結束的惴惴不安徵兆。彷彿預言般，漱石在之後〈倫敦塔〉開頭引用之馬克斯・諾道（Max Simon Nordau）的《退化論》（一八九二—一八九三年）英譯版，此時風靡一世。

在西洋出現「西洋理想」或近代的「脫魔術化」，人們從進步與進化的魔術中覺醒，空氣中飄盪著猶如窺探虛無深淵般的垂危「世界末」氣氛。不僅政治與社會，金之助也敏感察覺到廣及文藝與思想的「世界末」變化跡象。

與此同時，身為英文學者的夏目金之助，其知識領域超出英文學，廣及對文藝、思想、社會學的洞察。「economy（經濟）上laissez-faire（自由放任），文學上Nietzsche（尼采）、國民上America（美國）人，政體上代議體制、學說上Hobbes（霍布斯）之後French Revolutionists science（法國革命家的科學）……」。通過這樣的西洋思想地圖與變化，金之助看出存在著基底相通，根據人類平等的「自由」或「個人的擴大」，「皆非基於此freedom（自由）不可」[8]。在金之助看來，所謂「自由」這種「西洋理想」正是打造出前述「個人主義的世道」的終極原因。

之後身為作家的夏目漱石所撰寫的小說，或者可視為與這種難以捉摸且大有文章的「自由」搏鬥後留下的偉大文學痕跡。漱石的文學之所以未曾失去現代性，至今仍給人嶄新的感受，係因近代日本文學中再也沒有第二個如漱石般與自由的aporia（困境）格鬥，並將此昇華為文學形式的作家。

金之助在帝國的中心切身感受到這種最新狀況，亦即自由的aporia（困境）起因於自我意識（self-consciousness）覺醒的個人主義時代。

自我個性競合的時代，意味著社會的平準化。說這是民主化聽起來很偉大，但實際上卻是有如「橡樹子比身高」（所有人都半斤八兩），讓聚集且平庸的大眾登上社會的舞臺，所指的其實是競爭激烈的時代。這種「平準化的傾向」（借用漱石的話就是levelling tendency），不可避免將造成人性的頹廢與衰弱。以經濟為中心的現實生活秩序產出「沒有精神的專家、沒有心情的享樂者」病理，與漱石幾乎同時代的德國社會學者馬克斯．韋伯（Maximilian Karl Emil Weber，一八六四—一九二〇年）借用尼采的話把人性抵達最高階段稱為自戀的「最後找到幸福的人們」[9]。金之助也以彷如尼采信奉者般的口吻，帶著諷刺地揶揄倫敦這個世界級都市的「最後的人們」。

但這有如迴旋鏢一般，必定也會回到自身與日本。不，應該說自視為遠東「一等國」的日本，才更陷入持續無盡的道德淪喪中。這是金之助的判斷。他認為此處「生活秩序與倫理秩序的乖離」孕育著日本近代知識分子內在世界的最大aporia。從堪稱近代小說濫觴的二葉亭四迷《浮雲》主人公內海文三以來，如漱石《後來的事》（それから）的主人公代助等都高舉崇高的理想，卻在嚴峻現實生活秩序的峻嶺前面臨挫折與敗北的命運，這些主人公的身姿，皆告示著漱石文學的目標為何。

與社會相關的思想與科學，企圖通過改變生活秩序來改變倫理秩序，若然，則文學，或者更廣泛而言的文藝，或許也可嘗試通過改變倫理秩序來更改生活秩序。至少，漱石的文學願景，就在弭平兩種秩序間的乖離鴻溝。

告別英國、告別明治

一九〇三年，漱石結束長達兩年的英國遊學，回國後從四月起在友人大塚保治的規劃下成為第一高等學校英語囑託（職務名）兼東京帝國大學英文科講師。很明顯地金之助已非留學前的金之助。能「變身」成日後的作家夏目漱石，在倫敦停留長達兩年具有決定性的影響。漱石變得能夠以自己的觀點不僅持續探索日本人學習外國文學（英文學）有何意義，也思索「文學究竟是什麼」，從「心理」與「社會」兩個面向探明文學誕生的必要、興盛與衰滅。他就像「血債血償」（血を以て血を洗う）般報復性地蒐羅閱讀所有的文學書籍，探究「文學究竟是什麼」。

以大學授課為基礎的《文學論》於一九〇七年出版專書。在一九〇七年出版《文學論》之際的〈序〉中，漱石吐露了與一般學術文學論不同的自身內在抑鬱心情。因為他在其中自行告白，《文學論》是於滯留倫敦的極度不愉快中，在「神經衰弱與發狂」的痛苦扭曲歲月中完成的。從另一個角度來說，這種「神經衰弱與發狂」對漱石而言亦是創作的能量，因此他也談及對此抱持感謝之意。

〈序〉中漱石高漲的情感確切凝視近代「宿痾」強加的精神病理，這是邁向文學創作的作家夏目漱石的宣言，同時也是對英文學以及作為文明代表的英國之告別宣言。此外，在前一年（一九〇六年）的〈斷片〉中提及的內容，包含了漱石決心告別明治這個時代。「至今為止的四十年歲月，沒有任何人能作為模範。吾人並非以汝等為模範的氣量狹小之人。」從一九〇五年起發表《我是貓》到〈倫敦塔〉、〈薤露行〉、〈趣味的遺傳〉等日後收錄於《漾虛集》的作品，或者收錄〈少爺〉、〈二百一十日〉、〈草枕〉的《鶉籠》等的漱石，一直在內心隱藏要離開大學的研究與授課，成為作家專職創作活動的決心。

「夏目漱石」的誕生

到了一九〇七年，漱石拒絕了大塚保治邀請他擔任英文學講座教授的慫恿，煩悶之餘，因朝日新聞社主筆兼新聞記者池邊三山的信任，讓他決心於當年春天辭去東京帝國大學講師囑託，隨著辭職信的提出他也加入朝日新聞社。

接著在同年六月，最初的連載小說《虞美人草》刊登於《東京朝日新聞》與《大阪朝日新聞》，漱石成為報紙小說的先驅，邁向職業作家之途。一九一六年五月，成為他絕筆的《明暗》開始連載，為了完成這個作品他可謂一字一句皆嘔心瀝血，灌注所有心力雕琢，但當年十二月九日傍晚漱石過世。通過他不滿十年的職業作家生涯，漱石給近代日本文學畫下濃墨重彩的痕跡，為世間留下名作。

這段期間，據說有名的〈修善寺的大患〉（一九一〇年）給後期的三部曲《彼岸過迄》、《行人》、《心》帶來內在的沉重感。這確實就如漱石景仰的實用主義大師威廉·詹姆士（William James，一八四二—一九一〇年）所言之「兩世為人」般的體驗。

不過，通過這樣就評價漱石已經達到「則天去私」，與利己主義絕緣的「無」之境界，或者說已經抵達道學家的達觀境界，似乎存在著問題。不如說如同在〈點滴回憶〉（思ひ出す事など）所言，這應該視為他重新確認了自己在處理自由的困境時對採取的獨特文學方法論充滿確信，也對這種使命充滿自信。

漱石明顯受到柏格森（Henri Bergson）式的生命論及大概受伯格森影響的詹姆士「意識流」思想的影響，其文學內容的形式結合了「認知的要素（F）」與「情緒的要素（f）」，他也持續探求意識應該以什麼樣的內容，按照什麼樣的順序加以連結。一如柏格森清楚道破，所謂的意識就是選擇，漱石也認為選擇意識的什麼內容，以什麼順序讓意識連結，這便是「文藝的哲學基礎」。這很明顯與成為「理想的選擇標準」這種問題有關。而「理想的選擇標準」分別為：動用感官的「美的理想」，與知、情、意各自相關的「對於真理的理想」、「對於愛及道義的理想」、「對於莊嚴的理想」。漱石認為，當自己與完成這種理想的技巧合為一體時，即可達到文藝的極致境界，及於「還原的感化」，通過「無形的傳染」達成「對社會大意識的影響」，把前述的倫理秩序轉變為生活的秩序[10]。

所謂「還原的感化」，某種程度上指的是「感召力」的轉換。在改變秩序的力量上，若改變外在秩序具備促成內在變化的合理性，則所謂的「感召力」即是「從意識的內部中樞展現出來」（馬克斯．韋伯，《支配社會學》）的意識革命，此處指的便是藉此試圖改變外在秩序之力。

很明顯地，漱石堪稱能把這種文藝魅力的感召力加以充分發揮的近代日本文學校佼者。如綺羅星等仰慕漱石的弟子們舉行的「木曜會」，某種程度上就是景仰漱石這位深具魅力的導師而組成的文學沙龍。小宮豐隆、鈴木三重吉、森田草平、阿部次郎、安倍能成，甚至內田百閒、久米正雄、松岡讓以及芥川龍之介等，一群名號響亮的成員因仰慕漱石而聚集一堂。不過，漱石完全不喜歡那種充滿威嚴的家父長式權威主義，而是貫徹絕對的個人主義，因此仰慕漱石而形成的沙龍並非如西歐可見的那種「男性同志同盟」[11]。在此處至多僅是反映重視個人自由的導師——漱石的意志罷了。而這種感化在日本一直維持到二十世紀後半昭和時代為止。

晦暗的預感

若聚集於「木曜會」的弟子們是個一如小說《心》中繼承老師「遺志」的「我」之集合，那麼也存在其他超越人格的結合特意加入「我」之集合列隊的亞洲作家。

中國的魯迅（一八八一—一九三六年）、朝鮮半島的李光洙（一八九二—約一九五〇年）即是其中二人。通過這二位，文豪夏目漱石的文學「還原的感化」也給東亞諸國的國民文學誕生帶來一些影響。在可說是漱石亞洲遍遊紀錄的〈滿韓漫遊〉（滿韓ところどころ，一九〇九年）中可以見到，即便對中國、朝鮮的眼光中帶有東方主義式的漫射（diffuse reflection），但漱石寄託於文藝中的「還原的感化」理想，已超越漱石的意圖走向海外並產生連鎖。

漱石生前朝鮮半島已經成為日本殖民地，中國也爆發辛亥革命，亞洲走入大混亂的時代，之後又繼續體驗到世界上前所未有的總體戰（第一次世界大戰）。雖說漱石在尚未得知大戰結果之下便已過世，但如同他在過世該年發表的〈點頭錄〉中的暗示，他惱於重視自由的各國似乎也嚴陣以待「軍國主義的未來」這種晦暗的預感。「這世上幾乎沒有被妥善收拾的事物。一旦發生的事情，就會一直不斷發生，直到永遠啊。」如同《道草》的主人公所言，發生過一次的總體戰最終也連結到下一個重大的戰爭。歷史沒有終結，也沒有所謂的收拾事態。只不過改變成各種各樣的形式，一直發展下去直到「別人也不懂，自己也不懂」為止。漱石看穿了這一切。而在他內心深處對自由的困境，至今依然延續。即「大概不會那麼順利吧」。

二葉亭四迷（一八六四—一九〇九年）

對自己謔稱「去死吧」（くたばってしまえ），並以此作為筆名的二葉亭四迷（ふたばていしめい），本名長谷川辰之助，一八六四年生於江戶市之谷合羽坂的尾州藩的上屋敷。一九〇八年成為朝日新聞俄羅斯特派員前往聖彼得堡，因病返國，在回國途中病逝於孟加拉灣。與漱石大約同世代，但如乘風狂奔完較漱石更短暫人生的二葉亭四迷，用一句話來總結便是「未完成」，或者也可說，他是一位透過「失敗」的人生給近代日本文藝史留下身為「先驅者」足跡的作家。

那麼，二葉亭四迷在什麼意義上是位「失敗者」，並因此成為與森鷗外、夏目漱石不同意義上的「先驅者」？

鷗外與漱石即便在內心貫徹獨立不羈的精神，但二人皆長年於公私官僚體系中作為「成功者」，且從生前即獲得高度聲望，此點眾所周知。所謂的「成功」，即便到了今日，依舊是近代日本最高的社會道德，也是任何人都承認的，衡量人物與事物的標準或尺度。在漱石的名作《門》中，有一個場面是主人公宗助登場於牙醫候診室，在該處漫不經心翻閱《成功》雜誌，這本創刊於一九〇二年（明治三十五年）的月刊雜誌受到知識分子、學生與青年們的歡迎，可謂二十世紀初明治時代思潮的代表。如果說宗助在懸崖下與朋友的太太「御米」偷偷過著隱遁於社會的生活，大概是位與「成功」無緣的高學歷知識分子，那麼二葉亭四迷不僅與「成功」無緣，還可說簡直是愚直地選擇自己「失敗」的人生，並就此走完一生。

長谷川辰之助的真實容顏，其實就如漱石《野分》中的白井道也老師般，並不討厭「比勤王諸士的特意行為更難耐的煩悶與辛酸」，可說是一位走在命運多舛人生上的「偉大失敗者」。

夢想成為軍人卻未能達成夢想，改以成為外交官為目標也遭遇挫折，無法達成俄羅斯與中國的仲介實業家志向，長谷川辰之助活用優於常人的語言能力成為精通俄羅斯事務的新聞工作者，卻在事業未竟之際過世。這樣的辰之助不願依靠別人來承認自己是職業作家或被承認為文學家，但他仍靠著自己文言一致的《浮雲》（合訂本於一八九一年出版）在文學上留下與鷗外、漱石比肩的「先驅者」名聲。然而，其先驅性作品《浮雲》並未完成。

只是，相當不可思議的是，即便他的人生多舛而充滿曲折，但卻與那些毫不掩飾放浪私生活，自詡外圍者的自然主義作家，或者之後裝腔作勢以無賴派自居的漂泊文士們截然不同，辰之助歷任內閣官報局雇員（一八八九—一八九七年）、東京外國語學校教授（一八九九—一九〇二年），之後更前往北京赴任京師警務學堂提調代理（一九〇二—一九〇三年），當日俄戰爭正熾之際，他也擔任大阪朝日新聞東京出差員（一九〇四年就任），因此二葉亭四迷也是四處轉變隸屬單位，談不上是不隸屬任何公私官僚體系的自由工作者。

走在特異軌跡上的二葉亭四迷，之所以身為先驅文學家的同時也必然成為「失敗者」，大概係因這位「偉大的失敗者」為了一絲可能性而持續擁抱著他對文學的理想，但卻在未能獲得近代日本賞識的狀況下凋謝吧。他的理想不僅是「描寫人的性質」，還有「描繪一個國家的大趨勢」。二葉亭四迷說：「手持一枝筆，志在描寫國民的氣質、風俗，描寫國家的大勢，形容人們的生活，在學者與道德家未曾注目之處找出真理，藉此尋得自身的安心，以及幫助眾人的生活[12]。」

二葉亭四迷未能發光發熱的可能原因，或者說這位「偉大的失敗者」到了二十一世紀的今天仍被當作文藝主題來探尋，是因為現代日本的文學雖在「描寫人的性質」達到精鍊的最高峰等級，但在「描寫一國的大勢」上卻不必然留下能與世界並肩的結果。關於此點，文藝批評家中村光夫指出，「二葉亭把近代小說的骨髓移植到我國，在小說史上留下必須加以記憶的業績《浮雲》，這個人因此而在明治文學中成為一個例外，被迫遭受孤立，在成為自己先見之明的犧牲者這部分，他是個少見的悲劇主角[13]」，此評論完全說中了二葉亭為何「失敗」。

二葉亭驅策自己這種理想，「從文學上觀察、解剖、預測[14]」「社會現象」的特殊文學觀，肯定受到俄羅斯文學莫大的影響。二葉亭翻譯屠格涅夫的短篇〈約會〉（あひびき）、〈三段邂逅〉（めぐりあひ）等，留下劃時代的業績，但更重要的他受俄羅斯文學感召力進行文明批判的《浮雲》，給日本近代文學史留下不滅的一冊。坪內逍遙看出二葉亭的優秀之處，在坪內的指導下，二葉亭從一八八七年至一八八九年的三年間書寫的小說受到別林斯基（Vissarion Belinsky，一八一一—一八四八年）、岡察洛夫（Ivan Goncharov，一八一二—一八九一年）的強烈影響，對照帶著理想家精神的「高等遊民」式主人公內海文三，以及生活力旺盛的出世主義者本田昇，二葉亭的內容多描繪生活秩序與倫理，或者與內在秩序的矛盾、相剋、乖離。這是近代日本知識分子孕育的糾葛劇的雛形，在這層意義上二葉亭四迷成為漱石、鷗外的先驅。

然而，長谷川辰之助在文學的世界逍遙，於其中追求安住的場所時，展現出較志士更優秀的無垢心性。他認定俄羅斯肯定「將來會成為日本的深憂大患[15]」，為此必須摸索和解之道，因而成為朝日新聞的俄羅斯特派員前往彼得格勒，但壯志未酬便因肺結核而不得不回國，如前所述在孟加拉灣上客死他鄉。漱石在給長谷川辰之助的追悼文〈長谷川君與余〉中，描述二葉亭「他既非文學家，亦非報社記者，既非政客也非軍人，他的存在儼然在所有職業之外，是一位有品味的紳士」。漱石的知性直覺可說看透了作為二葉亭四迷的長谷川辰之助的本質。這與內田魯庵的評論：「他或許不是小說家，但他自身的一生實際上就是一部小說[16]」相通。

順帶一提，在朝日新聞內一直庇護二葉亭，為他爭取到俄羅斯特派員職位的人是池邊三山。此處也可窺見他與漱石的緣分。

幸德秋水（一八七一—一九一一年）

幸德秋水，亦即幸德傳次郎，在明治維新的混沌熱度尚未冷卻的一八七一年，生於可說是自由民權運動發祥地的土佐幡多郡中村町（今四萬十市），一九一一年一月因大逆事件被連坐遭處死刑。不及四十年的生涯，與明治的時代疾風怒濤相重合，再看他遭處死刑一事，可說幸德秋水、漱石與二葉亭，甚至啄木都不得不生活在二十世紀日本的「時代閉塞」（石川啄木）中，而幸德秋水則是獻給歷史斷頭臺的一個「犧牲品」。

他們的思想與感性都有所不同，卻都對明治這個近代日本國家背叛其最初的理想、內部堆積了腐敗與墮落後膨脹及「暴走」而墜入幻滅，在這種時代閉塞中通過文藝、言論甚或「運動」進行對抗。

即便從東京帝國大學或第一高等學校教職取得穩定收入的漱石，也在日俄戰爭結束次年的一九〇六年，因喪失理想充滿憤怒而寫下如下字句：「現代的青年沒有理想。對過去沒有理想，對現在沒有理想。」漱石的此種憤怒，通過《後來的事》主人公代助的口吻迸發而出：「精神的困憊與身體的衰弱不幸地伴隨而來。不僅如此，道德的淪喪也一併而來。放眼日本國內，沒有任何一寸見方散出光輝。全部都是一片黑暗。站在其中的我獨自一人，無論說什麼、做什麼，都無濟於事。」[17]

雖說在大逆事件發生一年前連載的《後來的事》中曾稍微提及幸德秋水，但毫無畏懼斷言日本國內「一片黑暗」的代助臺詞，那是包含對於把幸德秋水當「犧牲品」獻出的二十世紀「桂園時代」（陸軍山縣有朋派閥的桂太郎與伊藤博文繼承者西園寺公望交互擔負政權的一九〇一至一九一三年之日本政治）的「黑暗」面而發出的嘶喊。在這當中除見到「日比谷燒打事件」而驚恐於「群眾」的登場，同時漱石面對被稱為「敗亡的發展」之跛腳資本主義化與藩閥官僚寡頭制統治體制時自己卻不得不「寄生」於其中，故而吐露出高等遊民式知識分子階層的苦悶慨嘆。

幸德秋水最顯眼的一點，就在於打破知識分子或者擬似知識分子們的「靜寂主義」，企圖以「社會主義」糾合持續抬頭且無定形的大眾能量，作為「平民主義」運動家而嶄露頭角。大逆事件讓可視為「群眾誕生」的無定形大眾登場，以及與其連動的「社會主義」運動可能「顛覆」現行體制，對此感到疑懼的國家發動「預防革命式」的強權，這為二十世紀日本的「昏暗幽谷時代」打造先例，也成為近現代日本重大的轉折點。

就連明治國家仰仗為典範的俾斯麥治下德國的《反社會黨人非常法案》（一八七八年公布）也無法剝奪社會主義者的被選舉權，無法對德國社會主義工人黨的勢力擴大加以打擊。然而，在明治國家的狀況是，社會主義者、無政府主義者們計畫暗殺明治天皇，而醜陋可恥的國家權力卻以捏造的罪名對付包含幸德秋水、他實質上的妻子管野須賀（管野スガ）等十二名人士，在罪證不足的情況下將之處死，盡顯其殘酷與嚴苛。這股衝擊對二十世紀的日本文藝、思想、文化與社會投下難以計量的巨大陰影。

在遭處刑之前書寫的獄中紀錄〈死刑之前（草稿）〉中，幸德秋水以「無論於生、於死，都想先把與自己相符的善良感召、影響力給予社會」展開陳述，而其感召、影響的廣泛遠超幸德想像且具備高度持續力，一直存續到之後的日本歷史中。

那麼，幸德傳次郎是如何變成幸德秋水，之後又蛻變成社會主義者？他想訴求什麼，又達成了什麼？

談起幸德秋水，最重要的便是從傳次郎轉變為秋水的契機，也就是認識了被稱為「東洋盧梭」的同鄉中江兆民（一八四七—一九〇一年）。一八八八年，十八歲的傳次郎在大阪成為兆民的學僕，在人格上、思想上極大地受到兆民的感化，不僅如此，也在生活形式上受到重大影響。這些部分在幸德秋水的《兆民先生．兆民先生行狀記》中有清楚的記載。

對把兆民視為「真正明治當代的第一人」來敬愛的秋水而言，兆民的生涯欲成為「革命的鼓吹者」、「革命的策士、斷然的實行者」，且達到為此理想而殉死的偉大先知。兆民歿後的秋水生涯，也就是追求成為革命鼓吹者與策士的十年。秋水以更激進的方式追求自由民權志士們夢想中的革命，他希望效法中江兆民，成為宣揚社會主義的先驅。

如秋水所指，兆民在法學塾解散後，一面靠著《自由新聞》、《民權新聞》、《東雲新聞》等報紙雜誌為生，一面鼓吹革命，通過這種方式傳達實現革命的方式，而秋水也歷經《自由新聞》、《廣島新聞》、《中央新聞》，之後於一八九八年進入《萬朝報》，在各報中發揮自己的文筆。

很明顯秋水與兆民相同，皆為在野的言論者，帶著新聞工作者的身分對鼓吹、普及、傳播革命盡心盡力。不過，若說兆民是政客式的、壯士式的言論者，那麼秋水就是更為大眾化，更帶有社會運動家式新聞記者的一面。在秋水的時代，明治國家已經通過甲午戰爭（日清戰爭）迎來重大的轉變，對內強化藩閥寡頭制官僚統治，對外則如秋水主要著述《廿世紀之怪物帝國主義》（一九〇一年，以下簡稱《帝國主義》）尖銳提出般地，開始早熟地向海外拓展國權。這樣的做法同時也促成了二十世紀的現象之一，亦即大眾的登場，與此相呼應的就是「大眾報」的興盛，群眾的動向在政治空間中占據重要的位置。

黑岩淚香擁有舉辦活動者的經營直覺，他創辦之《萬朝報》即是趕上這種時代浪潮迅速發跡的新興「大眾報」。作為八卦報導先驅，高揭「簡單、明瞭、痛快」的《萬朝報》，隨著甲午戰爭後大眾平均識字率的上升，在秋水進入報社的次年在帝都報紙中即號稱擁有最大發行量。

若說根據馬克思思想發行的《新線新聞》、兆民大量執筆的《自由新聞》與《東雲新聞》遠不屬於大眾報，而是帶有謳歌黨派性的機構報或準機構報性質的媒體，那麼秋水活躍的《萬朝報》從其發行量與讀者層來看，其給社會帶來的影響肯定更大。

幸德秋水的知名度，從啟蒙宣傳、社會主義運動的手冊書寫者（pamphleteer）的程度，提升到影響輿論形成的大眾報程度，從另一個角度來看，這種狀況也成為讓「桂園時代」的明治國家對秋水抱持強烈警戒的遠因。

特別是在其主要著作《帝國主義》中，幸德秋水不斷縱橫涉獵古今東西的古典與史書，斷言帝國主義乃是以「愛國心」為經，以「軍國主義」為緯的「怪物」，這是違反文明進步與道義改良的「野蠻」計畫，對此施加嚴厲批判。對從甲午戰爭後更進一步邁向日俄戰爭的二十世紀初明治國家的前途，這種主張不啻為一種革命式的戰帖。秋水認為，「停止誇耀張揚軍備吧，停止崇拜徵兵制吧。……軍備與徵兵不僅無法為國民帶來一粒米、一片金子，更遑論科學、文藝、宗教道德的高遠理想」。

秋水斷言，為建設「帝國」而狂奔的帝國主義與「竊賊強盜」無異，並預見其末路只有「墮落與滅亡」，對他而言，日俄戰爭理所當然是「殲滅人類的自由平等，戕害社會的正義道德，破壞世界文明」的愚蠢爭鬥，此外別無他物。

日俄戰爭爆發前一年的一九〇三年十月，《萬朝報》轉向支持日俄戰爭開戰論，秋水與內村鑑三（一八六一－一九三〇年）因此一同辭職，十一月，與堺利彥（一八七一－一九三三年）等創辦平民社開辦《平民新聞》，更於次年翻譯刊載馬克思的《共產黨宣言》，至此幸德秋水決定性地偏向了社會主義。如果說，被稱為東洋盧梭的恩師兆民為了將主權者天皇由上而下賦予民眾的「恩賜式民權」更改為「由下而上」的「恢復式民權」而燃燒自己的一生並不斷受挫，那麼秋水就是更進一步，完全不滿足於公民革命，打算把實現社會主義的困難路途一路走到底。

的確在《社會主義神髓》（一九〇三年）中也可見到秋水抱持的社會主義構想具備由公眾控制生產力、通過實現公平分配提高人民購買力，藉由排除壟斷消除邁向帝國主義的動因（incentive），預期文明的社會主義社會將會到來的樂觀願景。比霍布森（John Atkinson Hobson）《帝國主義論》（一九〇二年）或列寧《帝國主義》（一九一七年）更早，世界上首次挖出帝國主義黑暗面的幸德秋水先見之明，應值得給予高度評價。特別該注意的是，秋水撰寫的文章極力避免難以理解的學術性用語，不專提供知識分子、學生，只要具備一般平均的識讀能力，無論何種職業、身分、階層、學歷，更不分男女，都能愉快閱讀他撰寫的讀物，他的書寫是充滿痛快，又兼具詼諧戲謔與嘲諷的優秀文章。

秋水也推出過散文〈翻譯的苦心〉，他超越「主義者」或「運動家」，以文筆家或「文士」的身分思考如何對應勢力持續擴大的讀者大眾，他抱持誠摯投注精力，不敢有所怠慢。在思考文言一致、漢文調，或者雅俗折衷文體何者為佳時，秋水的言論活動明顯與漱石、二葉亭、鷗外時代的文藝活動根柢相通。文體表現思想，思想通過文體表現。從兆民處習得，精通洋學、漢學與「國語」的秋水，可說就是一位「文章人」，在語言的真意層面上也確實是一位「人文主義者」（humanist）。

秋水在日俄戰爭結束那年前往美國並於次年回國，之後翻譯了克魯泡特金《麵包略取》（*The Conquest of Bread*，或譯《麵包與自由》）——克魯泡特金曾激賞埃米爾．左拉（Émile Zola）告發屈里弗斯事件（Affaire Dreyfus）而寫的詩，稱之為「真正的詩」。秋水受到克魯泡特金式的無政府主義影響，成為通過「直接行動」鼓吹社會革命的無政府主義運動宣傳者。

日俄戰爭結束的次年（一九〇六年），在日本出現最初的合法社會主義政黨「日本社會黨」，但之後分裂成秋水等人的「直接行動派」與田添鐵二（一八七五—一九〇八年）等人的「議會政策派」，在此背景下發生「赤旗事件」並以違反《治安警察法》被問罪，當局的鎮壓益發強烈，人在高知而倖免於難的秋水，與遭逮捕的管野須賀同居，但一九〇九年五月出版《自由思想》旋即遭禁，最終因大逆事件導致秋水的命運走向悲劇一途。

值得關注的是，在秋水的狀況中，他的「直接行動」往往被大眾理解成恐怖攻擊或通過暴力進行革命。這從石川啄木祕密入手，關於大逆事件特別審判的公審相關陳述書複印本（「A LETTER FROM

PRISON」）中，「無政府主義者」、「社會主義」、「革命」等詞彙因扭曲事實、預先判斷、臆測等因素而遭塗黑可看出這場審判的不公。「許多歐美無政府主義者都是素食者。連禽獸都不忍心殺害的人們，怎麼可能如大眾想像般喜好殺人呢？」這段秋水的言論，無論在黑暗的法庭上，或者在日俄戰爭後持續以「一等國」自居的日本國民之間，肯定只是一段空虛的迴響。

秋水在前述《帝國主義》的文末以如下言論作結：「若夫不然，長久以往放任今日趨勢而無所反省，則吾人四周僅有百鬼夜行，吾人前途唯有闇黑地獄。」這的確與大逆事件大約兩年前漱石連載的《三四郎》中廣田老師的預言——「會滅亡吧」不謀而合。

石川啄木（一八八六—一九一二年）

一束光芒穿透世紀轉換期的日本，正是天才般的和歌詩人石川啄木。其二十六年又兩個月的生涯，是窮困與漂泊、懷才不遇的一生。同時，那也是充滿才華，具備野心般抱負，但又在憂悶與懶惰間激烈動搖震盪的一生。

啄木自行降格為「悲慘的漂泊者」，無從事固定職業，或者無法就職，重複著從岩手到北海道、東京的漂泊日子。只是，即便如此，啄木仍與無所事事的無賴派文人不同，從事過代課教員、記者、和歌壇評審、校對者等，可說屬於包含中間白領階級「擬似知識分子」在內的社會階層。這在某種意義上與鷗外、漱石以及二葉亭四迷等不同，未通過最高學歷篩選或者投身文學世界，都是啄木自身的選擇。

石川啄木本名石川一，是曹洞宗住持石川一禎與妻子佳津（カツ）的長子，一八八六年生於岩手縣南岩手郡日戶村（今盛岡市）。這一年日本政府一舉公布了帝國大學令、師範學校令、中學校令、小學校令，隨著學制的根本改革，教育、文部行政的著眼點都放在帝國大學令第一條謳歌的「應國家需要」培養人才上。啄木的生涯伊始，便是近代日本急遽轉向國家主義，年輕的鷗外與漱石時代還有一絲相連的國權與民權自此乖離，成為決定性的變革之年。這種乖離持續醞釀出中央與地方、城市與農村、工業與農業、地主與小佃農間的扭曲與不均衡，且與從甲午戰爭到日俄戰爭，之後韓國併合，接著是大逆事件有所關連。這種矛盾的能量如同內部壓力在推動一般，讓明治國家轉變為帝國主義，開始侵略亞洲。

啄木二十六年多的人生，正是受這種遽變波濤洗禮的年代。

啄木兩歲時家人搬遷至澀民村，這個日後啄木感嘆自己再也無法回去的「夢想之地」。父親為寶德寺住持，長子石川一因是舊日中間階層地方名門子弟，而獲得關照。若從出身階層來看，必然認為他與生活艱苦、困窮、貧困無緣。加上在小學以全校第一名成績畢業，被當地人稱為「神童」的石川一之後進入名門的盛岡尋常中學校，光明的前途正在前方迎接他。

在帝都東京看來，盛岡很明顯與其說是「周邊」，不如稱之為「邊境」更為合適，何況盛岡藩還在戊辰戰爭中背負著「賊軍」汙名，因此在以藩閥政治為核心的明治國家對盛岡肯定還飄盪著一股疏離感。如果不考慮啄木身處的這種歷史、地理上的距離感，便無法思考啄木的反骨精神。啄木最終感到必須一口氣弭平這種鴻溝，以東京的中央文壇為目標正式前往東京，不過為了達成這個目標，還得等他從邊境前往更邊境的北海道進行「修練」之後。

作為明治國家的「邊境」，但同時又是邊境的中心（盛岡），因進入該地名門中學，啄木也獲得了終身不斷支援他的知己——語言學家金田一京助（一八八二—一九七一年）。早熟的才子石川一，是與謝野鐵幹、晶子主辦的新詩社「明星」的狂熱愛讀者——雖然日後他們對石川一下達決裂宣言——彷若被文學狂熱附身一般。然而與此同時，這也成為啄木脫離學術階梯的原因。就在日本與英國締結同盟的一九〇二年，啄木因「作弊事件」從中學退學。原本企圖藉此機會在文學熱的煽動下前往東京，但僅四個月便返回故鄉澀民村（一九〇三年二月）。最後他在《岩手日報》連載評論，更以啄木的筆名在《明星》連載長詩〈愁調〉，首次被中央文壇所認識，但「自由撰稿者」這種工作根本無法自立生活。即便如此啄木仍於十九歲時（一九〇四年）與堀合節子結婚，之後便背負起一家之長與作家身分，陷入這種「雙重生活」的苦惱中。

不過，讓啄木墜入窮困與生活艱苦的決定性原因，卻是父親一禎被曹洞宗的宗務院罷免寶德寺住持一職。很明顯地啄木從地方名門的舊日中間階層待遇落入家境「凋零」的境地，一方面得照料雙親與妹妹，還必須以當家的身分謀求生計。之後生活困苦的狀況一直纏繞著啄木，但在懷才不遇感與無名怨憤（ressentiment）累積中仍迸發一心嚮往文學的熱情，繼續驅策啄木。

由於無法忘情文學，但又必須維持生計，啄木從一九〇七年起將近一年從函館到札幌，再由札幌到小樽，之後更前往釧路，輾轉各地報社。日俄戰爭結束三年後的一九〇八年四月，啄木再度前往東京，嘗試在中央文壇出道。

雖說擁有過人才能且燃燒熊熊野心，但啄木終究僅是一介中學肄業，有志於文學的地方青年。但啄木並未畏縮，通過與謝野鐵幹、晶子參加文豪森鷗外的和歌會（「觀潮樓歌會」）等，獲得認識北原白秋、若山牧水、伊藤左千夫等人的機會，在其中一個中央文壇社群中被人知悉。與此同時，啄木也更加打磨自己的創作意欲，朝向更加革新的「破壞」與「創造」邁進。

啄木逐漸對《明星》的官能性浪漫主義感到空虛。而由永井荷風、小杉天外率先書寫，接著由田山花袋、島崎藤村、長谷川天溪、島村抱月，以及正宗白鳥與岩野泡鳴等人引領席捲文壇的自然主義，肯定也被認為是對「時代閉塞」感到難耐，故「遁逃」到非政治的，甚或無政治的官能世界。大逆事件餘溫尚在的一九一〇年，「時代閉塞的現狀」讓啄木斷言現代青年「喪失理想的可悲狀態」是「時代閉塞」的結果，宣告對現狀「宣戰」。他認定必須「拋棄自然主義，不做盲目的反抗與回顧過往美好，全心全意考察明日——傾注心力對我們自身的時代進行組織式的考察」。包含浪漫主義與自然主義在內，須排除一切「空想」，關注「必要」這種「唯一的真實」，「批評」時代，他下結論道，這才是文學的使命。

顯然這種激烈的文章面對跋行的資本主義與國家主義，以及對變成無害的學術賣弄式文藝潮流，不啻是鬥爭宣言的「紙彈」。

事實上一九〇八年六月，啄木彷彿被什麼附身了一般，甚至連和歌的傳統形式也打破，通過作者的視線把現實如實吟詠，嘗試創作表現主義式的詩歌，這些作品日後收錄在《一把砂》（一握の砂）。啄木的心中因落魄與持續遭受打擊的命運，以及因生活困苦而萌發對社會主義的共鳴，成為類似通奏低音（Basso continuo）般的鳴響，這有如大逆事件第一人幸德秋水陳述書之一（「A LETTER FROM PRISON」）的「EDITOR'S NOTES」所示般，成為一種明確的信念並觸動著懷才不遇的文人。

在其短暫人生的晚年，啄木靠著同鄉東京朝日新聞社總編輯佐藤北江的關係，被錄取擔任該報社的校對者，不可思議的是他也經手二葉亭四迷的全集，此外一九一〇年七月一日前往長與胃腸醫院給住院中的夏目漱石探病，另外也與漱石的弟子森田草平有所接觸。意想不到地，啄木通過《朝日新聞》與二葉亭、漱石等近代文學開拓者有所交集。

啄木患上在當時被視為不治之症的肺結核，於一九一二年四月十三日在妻子、父親及友人若山牧水的看護下過世。在他過世後兩個月，收錄其一九四首和歌的《悲傷玩具》（悲しき玩具）出版，為啄木留下不朽的名聲。

在他的《悲傷玩具》中收錄了如下三首和歌：

朋友與妻子似乎都感到悲傷——因為病中口裡猶然不斷說著革命。

稍微想遠一些　恐怖分子的悲傷心境——也有接近的一天。

「勞工」、「革命」等詞彙　聽著便記住了　五歲的孩子呀。

啄木逝後兩年，遠在歐洲塞拉耶佛的一發子彈扣動了前所未有的世界大戰扳機，最終一場驚天動地的革命與戰爭時代就在前方等待著世人。

注釋

1. 丸山真男，〈明治国家の思想〉，《丸山真男集》四，岩波書店，一九九五年。
2. 編注：江戶時代在幕府直轄地中，由郡代、代官、町奉行管理協助公務的町長、村長，但所屬身分則是町人、百姓。
3. —4.〈明治三十八年、九年　断片〉，《漱石全集》一九，岩波書店，一九九五年。關於漱石的引用，包含未特別指出出處者，皆根據《漱石全集》（岩波書店）。
5. 〈三四郎〉，《漱石全集》五，岩波書店，一九九四年。
6. 〈文学論〉，《漱石全集》一四，岩波書店，一九九五年。
7. 〈野分〉，《漱石全集》三，岩波書店，一九九四年。
8. 〈ノート〉，《漱石全集》二一，岩波書店，一九九七年。
9. 馬克斯・韋伯著，大塚久雄譯，《プロテスタンティズムの倫理と資本主義の精神》，岩波文庫，一九八九年。
10. 千葉俊二，《文学のなかの科学》，勉誠出版，二〇一八年。
11. 小林敏明，《夏目漱石と西田幾多郎》，岩波新書，二〇一七年。
12. 二葉亭四迷，〈落葉のはきよせ　二籠め〉，《二葉亭四迷全集》五，筑摩書房，一九八六年。
13. 中村光夫，《日本の近代小説》，岩波新書，一九五四年。
14. —15.二葉亭四迷，〈予が半生の懺悔〉，《二葉亭四迷全集》四，筑摩書房，一九八五年。
16. 内田魯庵，〈二葉亭四迷の一生〉，《新編　思い出す人々》，岩波文庫，一九九四年。春秋社版刊行於一九二五年。
17. 〈それから〉，《漱石全集》六，岩波書店，一九九四年。

參考文獻

荒正人著，小田切秀雄監修，《漱石研究年表》增訂版，集英社，一九八四年
石川啄木，〈A LETTER FROM PRISON〉、〈時代閉塞の現状（時代閉塞的現狀）〉、〈人間の悲哀（人間的悲哀）〉、〈日本無政府主義者陰謀事件経過及び附帯現象（日本無政府主義者陰謀事件經過及其附帶現象）〉，《啄木全集》新装版一〇，岩波書店，一九六一年
石川啄木，〈一握の砂（一把砂）〉、〈悲しき玩具（悲傷玩具）〉，《日本文學全集》豪華版一二，集英社，一九七二年
馬克斯．韋伯著，世良晃志譯，《支配の社会学（支配的社會學）》全二卷，創文社，一九六〇—一九六二年
内田魯庵，〈二葉亭四迷の一生（二葉亭四迷的一生）〉，《新編　思い出す人々（新編　回憶中的人們）》，岩波文庫，一九九四年
大岡昇平，《小説家夏目漱石》，ちくま学芸文庫，一九九二年
幸徳秋水，《社会主義神髄（社會主義神髓）》，岩波文庫，一九五三年
幸徳秋水，《兆民先生．兆民先生行状記（兆民先生、兆民先生行狀記）》，岩波文庫，一九六〇年
幸徳秋水，〈翻訳の苦心（翻譯的苦心）〉，別宮貞徳編，《日本の名随筆　別巻45　翻訳（日本的名隨筆　別卷45　翻譯）》，作品社，一九九四年
幸徳秋水著，山田博雄譯，《二十世紀の怪物　帝国主義（二十世紀的怪物　帝國主義）》，光文社古典新譯文庫，二〇一五年

小林敏明，《夏目漱石と西田幾多郎（夏目漱石與西田幾多郎）》，岩波新書，二〇一七年
W. James著，桝田啓三郎譯，《宗教的経験の諸相（宗教體驗的各方面）》上下，岩波文庫，一九六九—一九七〇年
千葉俊二，《文学のなかの科学（文學中的科學）》，勉誠出版，二〇一八年
土居洋三，《石川啄木　26年2か月の生涯（石川啄木　26年2個月的生涯）》，オンデマンド，二〇二一年
中江兆民著，桑原武夫、島田虔次譯、校注，《三酔人経綸問答（三醉人經綸問答）》，岩波文庫，一九六五年
中村光夫，《日本の近代小説（日本近代小說）》，岩波新書，一九五四年
中村光夫，《二葉亭四迷伝（二葉亭四迷傳）》，講談社文藝文庫，一九九三年
夏目漱石，〈虞美人草〉，《漱石全集》四，岩波書店，一九九四年
夏目漱石，〈それから（後來的事）〉，《漱石全集》六，岩波書店，一九九四年
夏目漱石，〈野分〉，《漱石全集》三，岩波書店，一九九四年
夏目漱石，〈道草〉，《漱石全集》一〇，岩波書店，一九九四年
夏目漱石，〈明暗〉，《漱石全集》一一，岩波書店，一九九四年
夏目漱石，〈倫敦塔〉，《漱石全集》二，岩波書店，一九九四年
夏目漱石，〈日記‧断片　上（日記‧斷片　上）〉，《漱石全集》一九，岩波書店，一九九五年
夏目漱石，〈文学論（文學論）〉，《漱石全集》一四，岩波書店，一九九五年
二葉亭四迷，〈余が言文一致の由来（余之言文一致由來）〉，《二葉亭四迷全集》四，筑摩書房，一九八五年
二葉亭四迷，《浮雲》，新潮文庫，一九九七年

第十六章
草創期的日本民俗學中隱含的力量

鶴見太郎

前　言

放眼觀察這一百年來的日本學問時，著眼於民間語言與思想的民俗學，往往帶有自身獨特的定位。在學術用語、思考方法、著眼點等多師從歐洲學術的日本近現代，此堪稱罕有的狀況。

從學問系譜來看，學者們屢屢指出日本民俗學受到近世日本國學的影響。本居宣長認為在京都已然廢止的風俗仍留於村鄙之處，力陳加以收集的重要性，之後由柳田國男提倡的民俗學也著眼於收集尚未消逝的前近代習俗，並注重習俗間的綜合比較。

如同格林兄弟收集民間故事般，歐洲民俗學收集、重新整理在急速近現代化的時代背景中不斷消逝的民間口傳故事及其內在的鄉愁，此點係由浪漫主義的系譜承繼而來。這部分與草創期的日本民俗學有若干共通之處。以新詩詩人身分在明治文壇登場的松岡（柳田）國男在某段期間相當醉心於海涅

（Christian Johann Heinrich Heine）即是一例。之後當正式著手民俗學研究時，柳田仍持續關注包含弗雷澤（Sir James George Frazer）、涂爾幹（Émile Durkheim）在內的歐洲文化人類學、社會學研究業績。柳田這種關注歐洲研究的形象鮮少表現出來，在他心中也認為日本的民間習俗擁有不輸給歐式學問的力量。這種想法與折口信夫也有共通之處，他對語言擁有強烈感性，由此出發理解古人心意，通過文字以天才般的理解力為自身的民俗學奠基。更進一步，面對古今東西民俗現象時早已超越評判孰優孰劣階段，自由自在加以抽取、定位並建構出新世界形象的南方熊楠，其學問也與歐洲呈現相對化與自成體系的現象。

在這種前提下附隨而來的日本草創期民俗學另一種魅力，即帶有橫跨既有學科領域的觀點。面對偏重文獻資料的歷史學，民俗學對其方法論提出嚴厲的批評，民俗學本身則具備橫跨與連結文學、文化人類學、社會學、地理學等相關領域的自在性。近現代日本的學問因官學對學術專業的分類而不斷細化，與此相對，民俗學則有跳脫此種限制的能力。如果說民俗學原本就是以日常的俗語雜談為宗，那麼這個學問本身也就帶有跨領域用語無法替代的清冽之力。

日本民俗學隱含的這種力量，其起因是什麼？至少其中的一個原因在於先前提及的，此學問成立之際都是由個性鮮明的人物所形塑而來。由於他們個性鮮明，所以這個學問有時能受惠於他們之間豐饒的往來議論，但偶爾也會發生深刻的衝突甚至引發分裂。把宮本常一奉為「日本第一門客」的澀澤敬三，其口袋深度為研究贊助者立下一個理想的形象；柳田國男與折口信夫針對神的觀念有著不同認知，也是日本民俗史上濃墨重彩的重要對立。

概括日本民俗學時，許多時候都以柳田為基準加以描述，本章也在重視列舉人物間的相互關係基礎上，以柳田為基礎進行人物配置，不過這樣的配置可能會因以誰為中心而出現不同的解讀，這同時也是思考日本民俗學時的一種魅力。

柳田國男（一八七五—一九六二年）

地方知識分子之子

柳田國男生於兵庫縣神東郡田原村辻川（今神崎郡福崎町西田原辻川）。原生家庭姓松岡，代代為漢學與醫學世家，父親松岡操除繼承家學從事醫業外，也醉心於國學，特別是平田篤胤的學說，此外也擔任神社的神官。母親竹（たけ）生於附近的北條町醫生世家尾芝家，嫁入松岡家的竹是個性格堅毅，非常能言善道的人。柳田共有八個兄弟，他排名老六（老二、老四、老五早夭），長兄松岡鼎先在茨城縣布川町，之後再到千葉縣布佐町擔任執業醫師，並成為町會、郡會的議員，是地方政治的重要人物。三哥通泰成為井上家養子，從帝國大學醫科大學畢業後成為眼科醫師、和歌詩人，獲得山縣有朋的知遇之恩，也擔任「御歌所寄人」、宮中顧問官等職。弟弟松岡靜雄自海軍兵學校畢業後擔任軍令部參謀等職，後以大佐軍階退伍，因理解南洋的各種語言留下幾本民族誌，此外也參與對東南亞島嶼的開拓、移民工作。么弟松岡輝夫走上畫家之途，學習「大和繪」（日本傳統圖畫），自東京美術學校畢業後長期任教於母校，為帝國美術院會員，是昭和初期日本畫壇上的重要人物。

辻川家的住宅結構住不下兩家人，長兄的太太選擇離婚，以及一八八四年在搬家後的北條町遭遇饑饉，見到民眾排隊領取賑濟的食物，他之所以把民俗學定位為改善民眾生活的學問，即是源自這種原初體驗。高等小學校畢業後，他離開學業一段期間，被寄養在辻川豪農的三木家，這讓他得以大量涉獵三木家的藏書。一八八七年哥哥通泰帶他移居布川町，與在該地開業的長兄一同生活，此時他前往附近的小川家，開啟第二次大量涉獵書本的時期。一八九一年在兄長們的援助下獲得繼續升學的機會，就讀開成中學與郁文館中學後，一八九三年進入第一高等中學校。這段期間，通過哥哥通泰的介紹，獲得森鷗外的照顧，此外也拜師松浦辰男學習和歌，於《柵草紙》（しがらみ草紙）上發表作品，並與田山花袋深交，進入新詩的領域，作為抒情詩人發揮了充足的感性。不過一八九七年他進入東京帝國大學法科大學，在攻讀農政學之中，逐漸遠離新詩。

擔任農政官僚

一九〇〇年大學畢業後，柳田進入農商務省，兩年後轉至法制局擔任參事官，身為農政官僚除了過著經常前往地方視察的日子，還為了反對當時的小農保護政策，發表主張應培養自營農民（中農）與佃農田租以金錢繳納等的論文。雖然當時並未引起太大反響，但戰後這些論考都獲得高度評價，被認為具有先見之明。此外他也是文藝談話會「龍土會」的常客，擔任歐洲文學討論的導讀角色，在易卜生會上也針對當時流行的易卜生發表自身獨特的見解。一九〇一年與大審院法官柳田直平四女孝締結婚約，之後入籍成為柳田家養子。一九〇八年視察九州時途經宮崎縣椎葉村，見聞當地傳承的狩獵習俗、儀禮，之後整理成《後狩詞記》。同一年他數度從出身遠野的佐佐木喜善處聽得其故鄉奇談與傳承，一九一〇年彙整為《遠野物語》出版。從此時開始，他提出日本存在定居於山中的「山人」，認為他們是日本原住民後裔並發表幾篇論考。然而從一九一一年起與南方熊楠經過數年通信的「山人論爭」後，柳田逐漸放棄自己的「山人」假設。同時，在反對神社合祀運動中把熊楠寫的信件印刷為《南方二書》並送給知己，從側面表達自己的支援。約莫此事前後的一九一〇年，他參與制訂「韓國併合」之際的法制，若不局限於民俗學來追蹤柳田的發言，可以發現他鮮少談及朝鮮，背景原因便在此時他曾參與制訂法律。

一九一三年，他與高木敏雄一同創刊《鄉土研究》（次年起改由柳田獨自擔任編輯），並於該誌上發表〈巫女考〉、〈毛坊主考〉等。這些關於漂泊族群、被歧視族群的先驅式論考即便今日仍享有極高評價，論考背後展露出與定居農耕族群相異的民間習俗，通過探詢，呈現出複合性的日本形象。一九一四年榮升貴族院書記官長，次年於大正天皇的御大禮（即位儀式）上擔任大禮使事務官。書記官長時代他仍頻繁視察地方，而他剛直性格卻給他帶來災難，因與貴族院議長德川家達發生齟齬，一九一九年辭去書記官長之職下野。

身為在野學者

下野後的一九二〇年，一開始以特聘人員身分進入朝日新聞社，在同意他可以自由旅行三年期間的條件下，柳田踏查日本各地。同年底自九州東岸南下沖繩，抵達西南諸島，親身見證充滿當地色彩的祭祀祖先習俗，於此獲得自己能夠掌握日本民俗體系的感受。之後進一步接觸一連串習俗，直接見證該些習俗擔負著稻作農耕的媒介角色，他自身的民俗學基礎已然備齊。之後柳田陳述的日本形象逐漸變得均質，在此過程中過往他自身關注的，包括「山人」、漂泊族群等複合式的民俗觀也被他邊緣化。

一九二一年從沖繩回本州的歸途上，收到來自外務省敦促他擔任國際聯盟委任統治委員會委員的電報，在充分考慮之後他接受這個職位。之後，同年十月起除短期回國之外，他便以任地日內瓦為據點展開委員的工作，除勤務之外也前往歐洲各地與美國，與該時代方法逐漸成熟的文化人類學田野調查成果做近距離的接觸，在委任統治委員會中完成由日本負責的以南洋諸島為素材之報告書，指出當地土著習俗中的合理性，並指責委任統治國在當地初等教育中強制學生學習委任國文化缺乏正當性。

一九二四年任期結束回國後，柳田正式成為朝日新聞社編輯局顧問社論負責人，提出普通選舉論、貴族院改革論等多樣化的素材，成為大正民主時期論壇的要角。至於同時代興起並流行的激進社會主義思想，他則站在相反的經驗主義立場批評其只具觀念性。一九二五年創刊《民族》並嘗試與地方研究者合作，但擔任共同編輯的岡正雄採取的卻是重視歐洲學界動向的編輯路線，加上見到折口信夫發表系統性闡述自身神明觀念的論考〈常世與「稀人」〉，在編輯上的對立益發顯著，四年後便停刊。這段期間他也執筆〈蝸牛考〉、〈聟入考〉、〈明治大正史世相篇〉等帶有民俗學方法論意識的論考，並嘗試對偏重文字資料、時期區分、政治史的學術史學進行批判。

一九三三年他舉行堪稱民俗學概說的〈民間傳承論〉連續授課，將民俗學觀察主體與對象範圍區分為根據旅行者所見的生活型態、根據暫居者所述的生活解說、根據同鄉人所察的生活意識，並特別重視最後一種區分，將其置於鄉土研究的基礎上。自次年起花費五年期間動員旗下弟子展開「全國山村生活調查」、「海村調查」，針對自己選定的日本全國各地偏僻村落進行系統調查。接著為了慶祝自己六十歲而於一九三五年夏天請來日本全國各地的鄉土史家舉行「日本民俗學講習會」，獲得超乎預期的成功，趁此機會設立民俗學的全國性組織「民間傳承之會」，通過機構期刊《民間傳承》組織起全國的鄉土研究者與民俗學者。在此過程中確立以來自各地的民俗詞彙為主之蒐羅體制，讓進行全國性的民俗比較成為可能，另一方面把地方研究者定位在從屬地位的傾向也更為加強。一九三〇年代後半起柳田對日語教育的關心日增，通過《國語的將來》（一九三九年）強調介入生活的經驗式理論非常重要，提出感情式的、感覺式的語言使用可能出現危險性。

戰爭期間，伴隨日本的戰線擴大到亞洲規模，得以實現許多異民族的調查，柳田基於自身理想的比較民俗學立場對此雖然也採取一些行動，但仍堅持優先充實國內的民俗採集，並把此堅持當作《民間傳承》的編輯方針。在戰爭期間，該期刊成為少數提供實證性研究交流的環境，在戰爭局勢惡化到不得不停刊之前，已經爭取到許多的入會者。同時，年輕世代大量在戰場上陣亡也給柳田的民俗學帶來新的考驗，一九四四年秋著手的《先祖之話》出版，其中柳田針對墓葬制度、冥界概念、中元儀式等之變遷進行追溯，提出死者的靈魂花費三十三年成為祖靈，最終得以成神並受人祭祀的結構，將自身的神明觀念加以體系化。

戰後的活動

所謂的戰後，柳田將其當作一種機會，可以嘗試自己一手培養起來的民俗學具有何種程度的實用性。在吉田茂的慫恿下，他於一九四六年七月成為樞密顧問官，也參與企畫日本國憲法審議，此外還以成城學園為根據地，對戰後的社會科教育盡力，並以培養公民為目標，在第一線指揮初等、中等教育的教科書編寫。對於戰後日語的修訂他也積極提供意見，重視兒童在家中自然習得語言之形式、方法上的「原始性」，以民間人士能明白與暢快表達自身想法為目標，力陳需讓不斷衰退的動詞與形容詞獲得補強。一九四七年柳田在自宅內成立民俗學研究所，與自己培養出來的弟子們共用此研究據點（次年獲認可成為財團法人），「民間傳承之會」於一九四九年改組為日本民俗學會並延續至今。同年柳田成為日本學士院會員，一九五一年受勛文化勛章。

關於戰後以《菊花與刀》為象徵的歐美文化人類學、社會學的影響，柳田個人仍堅守二戰前至戰爭期間的成果，未受動搖，但其弟子中部分則不再偏重民俗詞彙，逐漸接受功能主義式的研究方法。另外關於民俗學定位問題，當石田英一郎提議將之重新編入人類文化學下的一個領域時，柳田的弟子們並未表達明確的反對意見，對此感到失望的柳田在一九五七年以解散民俗學研究所的方式表達自己的不滿。

柳田晚年的關注焦點轉向探求日本人的來歷，最終彙整為《海上之道》（一九六一年），主張來自南方的日本人祖先為了追求作為財貨的寶螺而攜帶著稻穀北上。此發想的原點是柳田青年時代的一八九八年曾在伊良湖逗留一個月，某次早上散步時見到被海浪拍打上岸的椰子，讓他的思緒馳騁、聯繫到南方。對柳田而言，所謂的民俗學，構成問題意識的許多部分都建構在自身的體驗上，通過發展延伸成為能引起大量讀者共鳴的作品。這還能更進一步連結到幼少期面臨的饑饉，以及之後經過農政官僚時代構思的農政論時期而形成的思想，在這層意義上他自身的經驗更加與政治、文學有了深度連結。

南方熊楠（一八六七—一九四一年）

出生於今日的和歌山市。老家做的是五金、雜貨商店生意。小學時代起就臨摹《和漢三才圖會》、《本草綱目》、《大和本草》，關注博物學，培養起收集標本的興趣。一八八三年和歌山中學畢業後前往東京，就讀神田的共立學校後隔年進入大學預科，不過一八八六年中輟並暫時返鄉，同年底出發前往美國留學。在此之前的一八八三年他得知柯提斯（Moses Ashley Curtis）、伯克利（Miles Joseph Berkeley）收集了六千件的菌類標本，遂立志要收集更多的菌類。這種對數字、事實的固執，成為南方日後學問的特徵。

前往美國後，他在舊金山的太平洋商業學院（Pacific Business College）、密西根州蘭辛（Lansing）的州立農學校就讀，學習之餘還以該州的安娜堡（Ann Arbor）為據點進行採集、製作標本與學習的日子。一八九一年移往佛羅里達州的傑克遜維爾（Jacksonville），次年更隨著巡迴馬戲團前往古巴，還在加勒比海諸島從事採集活動。一八九二年渡海前往倫敦，在大英博物館一邊整理東洋相關資料一邊獨自學習。這段期間獲得該館東洋圖書部長道格拉斯的知遇之恩，在他的介紹下與停留英國的孫文見面並變得熟識。在十九世紀末當時的博物學中心的倫敦習得擁有此種學問的世界公民觀點。南方滯留倫敦期間除頻繁向《自然》（*Nature*）雜誌投稿外，也向隨筆雜誌《備忘與查詢》（*Notes and Queries*）投稿，高達數百篇。

一九〇〇年結束長年的留學回國。先停留在和歌山、那智後，一九〇四年在田邊定居，過著研究學問與採集的日子。日俄戰爭後神社合祀速度加快，浪潮波及和歌山縣，南方針對縣內神社、森林的整理統合及採伐於一九〇九年九月的《牟婁新報》刊登反對出售田邊大濱台場公園的抗議文章。次年一月至四月發表反對神社合祀的意見。又，次年八月為了與推進合祀派的縣府官僚見面，在酩酊狀態下闖入紀伊教育委員會主辦的夏季講習會閉幕儀式並因此被捕。一九一一年他寫信給植物學者松村任三，從民俗、保護生態系的觀點綜合性地整理縣內神社合祀的不當之處，該些信件由柳田國男整理成《南方二書》，傳達出行動派生物學家的形象。一九一〇年代前半，通過與柳田的頻繁通信對包含「山人」在內的許多民俗相關知識進行意見交換，在此過程中通過細膩縝密的佐證駁斥了柳田的「山人」是原住民末裔的假說。與柳田假設日本為特殊案例相對，南方援引海外相似案例，對柳田論述做出許多牽制。一九一四年一月南方於《太陽》上發表〈關於虎的史話、傳說與民俗〉，以此文為始，之後十年期間發表關於十二生肖的比較民俗學論考，日後彙編為《十二支考》。一九二九年昭和天皇巡幸和歌山時，南方為昭和天皇講課並進獻黏菌標本。一九三四年對近郊的神島進行調查，為實現指定該島的天然紀念物而努力。晚年南方多臥病在床，一九四一年底因腎萎縮而過世。

近代日本的學問屢屢向歐洲的「普遍」屈服，但南方的學問卻非如此，且也未偏向「日本固有」的觀點。據稱他能使用十多國語言，使用這些語言對歐洲與非歐洲文化做出綜合分析，企圖從中尋找普遍性。南方終其一生貫徹市井學者身分，以菌類、藻類為主進行植物採集，收集標本達到三萬件以上。其中還包括在田邊自宅附近的柿子樹上採得的，被認定為新品種的黏菌，此光絲黏菌（Minakatella longifila）也冠上南方的姓。另外，留學倫敦時代認識土宜法龍，通過與土宜的交流而醉心於真言密教，藉由曼荼羅南方的思考基礎中包含多元世界的形象。

自其生前至逝後不久的這段期間，人們往往從他超乎常人的知識量與行動強調他奇人的一面，二戰之後澀澤敬三組織「南方社團」（Minakata Society）推動表彰南方熊楠的事業，一九五一年起至次年為止出版澀澤敬三所編的《南方熊楠全集》（全十二冊，乾元社）。一九七一至一九七五年在《南方熊楠全集》（全十二冊，平凡社）出版後，獲得飛躍式的高度評價，除了南方身為民俗學、博物學、社會運動家的形象變得明晰，其獨特的方法意識也受到人們的關注。

折口信夫（一八八七—一九五三年）

作為和歌詩人以釋迢空之名而聞名。生於大阪府西成郡木津村（今大阪市浪速區敷津西一丁目），老家行醫，也經營藥材、雜貨店生意。折口是家中四子，年幼時即可背誦「百人一首」，熟習日本古典文學。大阪府立天王寺中學畢業後，進入新成立的國學院大學部預科，一九一〇年自國文科畢業。返鄉後於大阪府立今宮中學擔任「囑託」之職，屢屢帶學生外出旅行。一九一四年他辭去該校職務前往東京，幾名他的學生也響應此舉前往東京，在住宿處繼續指導這些學生，呈現出一派私塾的模樣。在中學同學武田祐吉的建議下，折口進行《萬葉集》的白話翻譯，自一九一六年至次年為止由文會堂書店發行。一九一七年任職郁文館中學，九月前往九州旅行，因沒有報告理由便缺勤一個月而遭免職。一九一九年母校國學院大學延聘折口擔任講師，一九二一年升任該校教授，一九二八年轉至慶應義塾大學就任教授。

他在大阪時期，於一九一三年以報告鄉里周邊民俗的〈三鄉巷談〉投稿《鄉土研究》，獲得柳田國男的關注。前往東京後開始出席柳田主導的鄉土會，之後正式投身民俗學領域。一九二〇年五月發表〈前往妣之國、前往常世〉（《國學院雜誌》），將位於海平面遠方，暗含藏於海中的超自然力量當作異世界來處理，這也成為他神明觀念的基礎。一九二三年從沖繩本島經西南諸島前往臺灣，進行調查之旅。

柳田假設在稻作農耕的社會背景下，子孫們祭祀祖先以形成穩定的村落社會，與此相對折口則認為面對外敵、超自然力量一直保持警戒，心懷恐懼中相互隔絕但同時存在的共同體才是日本的原始形象。折口對語言擁有敏銳的感性，通過詩歌連結至古代人們的感情與感覺，從此點來看，對折口而言所謂的民俗學乃與詩歌深度連結的學問。他直觀地處理對象，常舉出實際例子證實從中生出的假說，這種做法與通過採集進行歸納的柳田研究方法經常發生摩擦。一九二五年折口向柳田主導的《民族》創刊號投稿〈常世與「稀人」〉，針對日本的文學、藝能淵源提出每隔一定時期便來訪人間的神、客人（稀人）會帶來非日常的時光，但柳田不許刊登本文，一直到柳田實際放手該雜誌的一九二九年一月才終於以〈國文學的發生〉之名發表。

一九一四年以和歌作家身分前往東京後，折口頻繁向《阿羅羅木》（アララギ）投稿，並於一九一七年成為編輯，但他為了追求不隸屬任何派系，能自由創作發表的環境而退出阿羅羅木派，加入一九二四年四月創刊的《日光》。一九二六年七月在《改造》上發表的〈和歌的圓寂之時〉中，指出處理作品的批評很少，以及依靠古典語言與抒情性撐起的短歌形式不符合現代的感情思索與表現，預測近代日本短歌將邁向衰亡。

在太平洋戰爭時，折口曾擔任日本文學報國會國文學部會理事等充滿戰時色彩的職位，但在一九四三年發生「現人神事件」之際，他以通曉古典文學者的身分，指出所謂的現神人並非單指天皇，適逢前一年久米正雄在新聞報導中將滿洲國皇帝形容為「現人神」導致一連串問題，折口的這番論述等於把久米正雄從困境中救了出來。一九四五年三月，接到日軍在硫磺島「玉碎」的消息，原本期待養子藤井春洋能生還的想法就此破滅。因為日本戰敗的衝擊與次年天皇的「人間宣言」，折口被迫必須重新針對歐美的神（GOD）與日本的神及天皇之關係進行檢討。一九四七年發表的〈天子非即神論〉，同年出版的《神道宗教化的意義》以一神教的觀點重新處理神道，論述中試圖把天皇定位成司祭。在折口過世前一年撰寫的〈民族史觀中的他界觀念〉中，再度提起存在著向海的彼方尋求冥世的信仰世界，與基礎放在祖靈信仰的柳田神明觀相對，展現出自身的民俗學方法。

超乎折口預期的是，今日社會存在著大量失去社會、精神場域的孤獨者，反而提供了一種理解折口民俗學確實性與現實性的背景。在此背景下出版了《折口信夫全集》（全三一卷，別卷一冊，中央公論社，一九六五—一九六八年）、《折口信夫全集》（新版，全三七卷，別卷三冊，中央公論新社，一九九五—二〇〇二年）。

澀澤敬三（一八九六—一九六三年）

澀澤榮一長子篤二的嫡子，生於東京。十幾歲時因為父親被廢除嫡子身分而成為繼承人，從很早便期待成為澀澤財閥的總帥。就讀東京高等師範學校附屬中學校、第二高等學校後，一九二一年畢業於東京帝國大學經濟學部。之後進入橫濱正金銀行並派往倫敦分行工作後，成為第一銀行董事、澀澤倉庫董事等。一九三一年祖父澀澤榮一過世後繼承其子爵爵位，開始站在統整澀澤財閥的地位。一九四一年擔任第一銀行副董事長，一九四二年成為日銀副總裁，之後於一九四四年成為總裁。

除了積累身為銀行家的資歷，少年時代起於採集昆蟲、收集標本的博物學式收集嗜好，日後也發展到在自宅用地內成立「閣樓博物館」（一九四二年改名日本常民文化研究所）的程度，成為收藏從民間日常用品相關資料到各種標本的據點。特別是包含綁腿在內的民間用具收集，除了了解地區特性與跨地區的綜合形象，同時也呈現出製造者與使用者的動作與面貌，在方法上具有獨創性。此外，對於漁業、漁民的民俗則思考地形、海流等因素，仔細整理資料進行驗證研究，這與以基於稻作之定居農耕為主的柳田國男民俗學不同，打造出另一個獨立的領域。

澀澤敬三以敦厚的性格為人所知，處在柳田國男、折口信夫等個性強烈的民俗學者之間，偶爾當他們發生爭執時，澀澤便發揮協調人際關係的才能。當推出一個假設時，他很重視同時刊行彙整的資料，一如在《豆州內浦漁民史料》（一九三七年）所見，通過多位研究者共同參與、企劃的形式，留下許多成果。他為傳達戰爭期間庶民生活形象的眾多圖畫本、繪卷製作「繪典」而非「字典」，創意在於從生活百態的畫像著手，能夠檢索其由來與意義，在獲得村田泥牛、橋浦泰雄等人的協助下，完成《根據繪卷物的日本常民生活繪典》（全五卷，一九六四—一九六八年）。

日本戰敗之後，一九四五年十月旋即被提拔為幣原喜重郎內閣的大藏大臣，為控制戰後通膨投注大量心力。一九四六年遭「公職追放」（剝奪公職），澀澤家本身也成為GHQ解散財閥的對象。對於在日本敗戰之前便被宮本常一指責，因為必須背負身為資本家的戰爭責任所以有可能面臨沒落狀況的澀澤而言，二戰後的這些境遇都在他的預期之中。對此他甘之如飴，還戲稱這就叫「微笑著沒落」。「公職追放」解除後，擔任過國際電信電話（KDD）社長、該公司會長、文化放送會長等職，一九六三年獲得朝日賞。該年因糖尿病與腎萎縮過世。日本常民文化研究所移交給神奈川大學管理，並持續經營至今。

面對聚集在自己身邊的眾多研究者，澀澤度量寬大，為隸屬閣樓博物館的宮本常一、早川孝太郎、櫻田勝德等民俗學者提供自由的研究環境。其他許多研究者進行調查、出版時，他也不惜提供財務上的支援，稱他為從二戰前至戰爭結束後的日本民俗學贊助者並不為過。此外，他也接納少年時代的小宮山量平（日後理論社的創業者）在自家當雜役，並允許他可以自由閱讀自己的藏書。

身為財閥總帥之餘，在旅行或調查之中面對在民間相遇的市井之民，他也是精於觀察的人，且面對自行發現資料的保管者、收藏者，也不吝表達敬意，細心對待，他留下的照片中經常拍攝到這些人們的身影。在與形成近代日本資本主義上有深切關連的家族中，因為出現像澀澤敬三這樣的人物，也讓日本民俗學的系譜更具深度。關於他的作品除有《澀澤敬三著作集》（全五卷，平凡社，一九九二—一九九三年）外，尚有《澀澤敬三》（上、下，澀澤敬三傳記編纂刊行會，一九七九—一九八一年）。

宮本常一（一九〇七—一九八一年）

生於山口縣大島郡家室西方村（今大島郡周防大島町）。老家務農之餘，也經營「善根宿」提供進香者住宿。父親善十郎年輕時曾應徵出現許多死者的斐濟移民，歷經艱辛後最終還是選擇回國。祖父市五郎是耕種、除草等勞動歌的名人，夏季跳御盆舞時總率先高唱引人耳目的舞蹈歌曲（日語稱音頭）。

小學校高等科畢業後，宮本一段時間從事家業，一九二三年離開故鄉前往大阪，經大阪遞信講習所學習後，次年進入高麗橋郵局工作。他在釣鐘町的租屋處附近認識了在大雜院製作木屐鞋帶、帽子木模等各式在家工作匠人，他會替他們代筆寫信，商量私人的事情，體驗到與鄉下相異的「不同靈魂的相聚」。

宮本因立志成為教師而於一九二六年進入天王寺師範學校就讀，畢業後擔任泉南郡的修齊小學校訓導，之後又回到母校的天王寺師範學校專攻科，在教師生活之餘他也廣泛閱讀，之後逐漸對民俗學感到興趣，一九三〇年因胸膜炎離開教職，回故鄉周防大島，療養期間環島收集許多故事，一九三二年復職，次年發行油印雜誌《口承文學》，一九三四年參加以澤田四郎為中心組成的大阪民俗談話會，次年與前來大阪出席此會的澀澤敬三見面。約莫這段期間他在《旅行與傳說》等相關雜誌上投稿，獲得柳田國男的關注並接受柳田的指導。

宮本也以大阪代表的身分參加慶祝柳田六十大壽的「日本民俗學講習會」，會期間從日本全國聚集而來的鄉土史學家都期待趁機能成立一個全國性的組織，宮本機靈地察覺這樣的氣氛，在橋浦泰雄的領導下，於短期間內穿梭於折口信夫、金田一京助等人之間做好準備工作，「民間傳承之會」因此得以成立。

一九三九年宮本前往東京，加入澀澤主導的閣樓博物館。除參與許多共同研究與編纂圖錄外，也走遍日本全國。一九四四年為了躲避空襲而返回大阪，在該地直至二戰結束。一九四五年起至當年年末為止於大阪府服勤，戰後不久他返回故鄉，一九四六年又回到大阪巡迴大阪府轄下村落指導農業。一九五〇年舉行八學（日後增加到九學）會聯合，參與企劃對馬調查，進一步加深對離島、海域民俗的關心，致力推動《離島振興法》，該法通過的一九五三年他也成立全國離島振興協議會，次年起擔任無給職的事務局長。

二戰之後他仍支持日本常民文化研究所（前身是閣樓博物館），寄居澀澤敬三宅邸，並從該處出發持續進行日本全國踏查。一九六一年以論文〈瀨戶內海島嶼的開發及其社會形成〉在東洋大學取得文學博士學位，一九六〇年出版《被遺忘的日本人》。澀澤過世後，他參與研究所的整理，另從一九六五年起擔任武藏野美術大學教授。晚年前往濟州島、中國本土、非洲等地進行調查及旅行，構思撰寫〈從海上看見的日本〉（日本民族及其文化的形成史），但因罹患胃癌而於都立府中醫院過世。

宮本的一生花費許多時間在旅程上，居住過的民家數量超過一千兩百。其足跡幾乎踏遍日本全土，通過把親身行走與書寫重疊，誕生出自身獨特的研究方法。在移動途中與人們相遇、對話，將當下的經驗與前日所見，或者幾年前聽聞的事情，偶爾甚至是數十年前自己的體驗，不斷進行反饋比較，通過這樣的做法形成自身的觀點。

同時，他也不僅止以研究者的身分行動，他行腳各地時也把某些東西還原給社會，帶著一種「行腳僧」的一面，另外也與村崎修二商量成立「周防猴戲之會」，對民間藝能的傳承與復興灌注心力。《被遺忘的日本人》中收錄的〈土佐源氏〉，還曾長期由坂本長利演出獨角戲。

其他人物

橋浦泰雄

一八八八—一九七九年。生於鳥取縣岩井郡大岩村（今岩美郡岩美町）。老家是地主兼營雜貨，也從事養蠶業。畢業於岩井高等小學校。在當地創刊文藝雜誌《水脈》。因《平民新聞》而立志於社會主義，前往東京並獲得堺利彥、有島武郎的知遇之恩，一九二五年因為原創共產制感興趣而前訪柳田國男，之後師事柳田。身為熟練的田野工作者支持著柳田主導的採集工作，從戰爭期間到戰後（曾一度停刊）擔任《民間傳承》的總編，並盡力維持、擴大「民間傳承之會」。澀澤敬三編纂《根據繪卷物的日本常民生活繪典》時也以畫家兼民俗學者的身分加以協助。作為左派運動者，他於一九二八年擔任日本無產者藝術聯盟中央委員長，深入參與昭和初期的無產階級文化運動。二戰後加入日本共產黨。從大正末期起從事消費組合活動，一九四六年東京都生活協同組合聯合會成立之際擔任理事長。此外，一九六〇年代他曾停留在和歌山縣太地町，當時彙整了該町的町史。其胞弟為社會主義者橋浦時雄。

赤松啟介

一九〇九—二〇〇〇年。本名栗山一夫。生於兵庫縣加西郡下里村（今加西市）。很早便以鄉里的女頭目為主進行民俗採集活動。加入大阪民俗談話會，與宮本常一同樣成為有力的活動家。從馬克思主義的立場出發，主張由勞工、農民自身進行舊慣調查的意義與提倡需要組織性的團結。一九三六年加入唯物論研究會（唯研），在投稿給《唯物論研究》（一九三八年二月）的〈民俗學最近的研究情勢與動向〉中，把柳田國男的民俗學定位成「小布爾喬亞的農本主義」。之後接續「唯物論全書」的「三笠全書」於一九三八年出版了《民俗學》，期許以當地農民為主體培養研究者，但包含《唯物論研究》（當時改名為《學藝》）的相關人士遭到鎮壓（唯研事件），受此影響次年赤松亦遭逮捕。二戰之後於一九五七年擔任神戶市史編輯委員，一九六八年成為神戶市埋藏文化財調查囑託。他觸及了性風俗、歧視、天皇制等柳田民俗學未充分處理的領域，成為該些領域的先驅者之一。自《非常民的民俗文化》（一九八六年）出版以後，赤松得以被重新評價，他的許多著作也獲得重印與出版。

石田英一郎

一九〇三—一九六八年。祖父是海援隊士，明治維新後曾任秋田縣令的男爵石田英吉。石田英一郎生於大阪市，經第一高等學校後進入京都帝國大學經濟學部，接受俄文教師尼古拉·聶甫斯基（Nikolai A. Nevsky）的薰陶，對馬克思主義傾心，一九二六年因京都學聯事件遭拘留，從大學退學。加入日本共產黨，於一九二八年大量鎮壓共產黨的「三一五事件」中再度被逮捕，但並未「轉向」，至一九三四年獲釋。之後在柳田國男身旁進出，一九三七年起前往維也納大學留學兩年，在威廉·施密特的指導下以馬的文化史為主題學習文化人類學。回日本後又到中國張家口的西北研究所等處進行遊牧民族的調查。二戰之後經法政大學、東京大學、東北大學等教職，最後在多摩美術大學校長任中過世。主要著作的《河童駒引考》、《桃太郎之母》採用柳田民俗學方法，並將規模擴大至歐亞大陸，生動描繪在一神教信仰下柔和延續的土著信仰。石田也在民俗中尋找人性受到壓迫之際做出的反彈、抵抗模式，並留心加以比較。

瀨川清子

一八九五—一九八四年。生於秋田縣鹿角郡（今鹿角市十和田），舊姓岩船。小學校高等科畢業後，通過教員檢定考試成為當地的小學教員。一九二二年前往東京，進入東洋大學專門部倫理學東洋文學科就讀，畢業後在川村女學院工作，次年因教職員罷工，集體辭職而離開該校。自同年起於第一東京市立中學校執教。她曾單獨前往能登半島，將在當地的見聞彙整為《舳倉的海女》並投稿至《島》，獲得柳田國男的高度評價。一九三四年起參加由柳田領導舉行數年的「全國山村生活調查」以及「海村調查」，前往許多僻壤調查，通過翔實的口述進行民俗採集。除關心女性勞工外也進入民俗學領域，把對象擴大到婚姻、經濟活動，督促社會修正認為女性只該專注家事、生產、育兒的印象。二戰之後長期於大妻女子大學任教，通過女性民俗學研究會提攜許多後進。

一志茂樹

一八九三—一九八五年。生於長野縣北安曇郡社村宮本（今大町市）。經縣立大町中學後，畢業於長野縣師範學校，之後在縣立的小學任教。一九二七年成為北安曇郡教育會鄉土調查主任，為編纂《北安曇郡鄉土誌稿》盡力。一九三六年任信濃教育會幹事，一九四一年任松本市教育會會長，一九四二年成立信濃史學會，擔任機關誌《信濃》的編輯，且長年擔任會長。二戰之後除擔任松本市立博物館的首任館長外，也以文化財保護審議會會長身分擔任縣內文化財行政的核心角色。他關注打造綜合民俗學、考古學、地理學成果的鄉土史，除從理論、體制兩方面構建地方史學的基礎，同時也跨越縣的框架，摸索跨領域的地方史。他擁有廣大的人脈，因此在鄉土史學家之中隱然具有影響力。

參考文獻

飯倉照平編，《柳田國男・南方熊楠　往復書簡集》上、下，平凡社ライブラリー，一九九四年

伊藤純郎，《柳田国男と信州地方史——「白足袋史学」と「わらじ史学」（柳田國男與信州地方史——「白足袋史學」與「草

鞋史學」）》，刀水書房，二〇〇四年

岩本由輝，《もう一つの遠野物語（另一個遠野物語）》追補版，刀水書房，一九九四年

大塚英志，《怪談前後——柳田民俗学と自然主義（怪談前後——柳田民俗學與自然主義）》，角川學藝出版，二〇〇七年

岡谷公二，《貴族院書記官長　柳田國男》，筑摩書房，一九八五年

鹿野政直，《近代日本の民間學（近代日本的民間學）》，岩波新書，一九八三年

川田稔，《柳田国男の思想史的研究（柳田國男的思想史研究）》，未來社，一九八五年

佐伯有清，《柳田国男と古代史（柳田國男與古代史）》，吉川弘文館，一九八八年

中村哲，《柳田国男の思想（柳田國男的思想）》新版・新装版，法政大學出版局，一九八五年

橋川文三，《柳田国男——その人間と思想（柳田國男——其人其思想）》，講談社學術文庫，一九七七年

藤井隆至，《評伝・日本の経済思想　柳田国男——「産業組合」と「遠野物語」のあいだ（評傳・日本的經濟思想　柳田國男——在「産業組合」與「遠野物語」之間）》，日本經濟評論社，二〇〇八年

堀三千，《父との散歩（與父親的散步）》，人文書院，一九八〇年

柳田國男等，《柳田国男対談集（柳田國男對談集）》，筑摩書房，一九六四年

柳田國男等，《民俗学について——第二柳田国男対談集（關於民俗學——第二柳田國男對談集）》，筑摩書房，一九六五年

柳田國男，《故郷七十年》，講談社學術文庫，二〇一六年

柳田國男研究會編著，後藤總一郎監修，《柳田国男伝（柳田國男傳）》，三一書房，一九八八年

柳田為正，《父 柳田國男を想う（父　回憶柳田國男）》，筑摩書房，一九九六年
山下紘一郎，《柳田国男の皇室観（柳田國男的皇室觀）》，梟社，一九九〇年

第十七章 大日本帝國下的民主主義之歷史驗證

成田龍一

前言

考察吉野作造這號人物，就等同於對二十世紀前半期的日本民主主義——或說是對大日本帝國底下的民主主義進行歷史驗證的工程。吉野的活動時期，也就是日俄戰爭之後到九一八事變前夕的一九〇〇至一九二〇年代，在日本的歷史學界中被稱為「大正民主」時期。「大正民主」這一用語，由政治學家信夫清三郎最先提出，然而包括信夫本身，卻有很長一段時間都未獲得高度評價。甚至有說法認為，這僅僅是未能阻止亞洲與太平洋戰爭爆發的「謊花」（藤田省三）、身為「大正民主」理念的民本主義是帝國主義的主張等。

此事直接影響了吉野作造的歷史評價。一九五〇至一九六〇年代，在馬克思主義擁有龐大影響力的「戰後歷史學」下，吉野的評價長期處於低谷。甚至有人將吉野定調為帝國主義者，據此論述他的殖民主義。後來，在「戰後歷史學」的改變中，吉野的評價也有了轉變。當然，這個變化是隨著「大正民主」的評價改變而產生的。造成此變化的一大推手，便是一九六〇年代後半至二〇〇〇年代的歷史學家松尾尊兊所提出的論點。

然而，雖說吉野獲得世人重新評價，但在一九九〇年代開始的後殖民主義浪潮中，又再次受到重新探討其評價的局面。換一個角度說，係因當時是以自由主義為主軸來檢驗因甲午戰爭與日俄戰爭而帝國主義化的大日本帝國下的思想，因此評價方的理解方式便也備受質疑。

縱觀歷史發展，在甲午戰爭、日俄戰爭後，戰後的「民主主義運動」與朝大國化發展的「軍國主義化的行動」相互衝突了許久，初期社會主義者的活動與勞工運動，也是在這情況下萌芽。不過，當一九一〇年發生了所謂的「大逆事件」後，其發展便被暴力掐斷。幸德秋水、管野須賀子等主要社會主義者或被捕，或處決，令社會主義進入了「寒冬時期」（木下順二）。

如同時代更迭一般，批判的主動權轉到了自由主義者手中，他們的思想主要是「對內立憲主義，對外帝國主義」（浮田和民）。由於該民主主義附屬於帝國主義之下，故並不見對殖民主義的批判。因此，自由主義者這種不徹底的主張，遂導致了「大正民主」評價的下降。

不過，此時代的思想，正隨著（一）民眾運動、（二）國際情勢發生巨變。民眾運動自日俄戰爭「戰後」的一九〇五年起便已萌芽。人稱「都市民眾騷動」（都市民眾騷擾）的民眾運動，雖原先以「都市各行業層」為主體，但後來連都市的舊中間階層（「旦那眾」）亦被捲入其中，表現出都市秩序將產生大變化的跡象。在此背景下，第一次世界大戰爆發，日本在經濟逐漸活絡的同時，民主主義也在國際情勢的變化中加速發展。

民主主義行動的其中一個集合點，便是一九一八年的米騷動事件。以此事件為契機，民眾開始要求社會與政治的「改造」，除了過往的自由主義外，社會主義亦重新復甦，新的馬克思主義潮流逐漸活化。當然，國粹主義運動也在此時出現。此時日本展現的樣態，就如同字面意義上的「改造的十字路口」。一九二〇年代的日本因為：

社會主義（＋社會民主主義）、自由主義、國粹主義

三方勢力的對抗，造就了國內的緊張關係。而身處在此交叉點上的人，正是吉野作造本人。吉野將目光投在了自由主義的潮流——也就是世界趨勢的「民主」之上，提倡起國際協調主義。在與國粹主義對抗的同時，也與社會主義劃清界線，提倡「對內民主主義、對外國際協調主義」。他雖不主張放棄殖民地，但在朝鮮的抵抗運動「三一運動」及中國的五四運動中看見了被壓迫民族的民族主義，因而產生了共鳴。

因其理論與馬克思主義所提倡的重複，因此人們對吉野的歷史評價，就隨著是否認為他不支持解放殖民地，或是否對他（在對民族運動的批判極為強烈）擁護運動一事進行評價，而變得更加嚴苛。一方面也可再次確認，此事對於批評者的歷史認識，與近現代日本史的脈絡有著緊密關聯。

到了晚年，吉野逐漸導向社會民主主義，致力於組織無產政黨與其發展。此外，也對九一八事變進

行了強力的批判，充斥避諱字的評論就登載在《中央公論》上。

一九三三年，在吉野逝世的這年，對日本來說也是一個轉捩點。隨著老牌的社會主義者堺利彥去世、曾參與共產主義運動的小說家小林多喜二遭到殺害，社會運動家們紛紛轉向。經過這年，日本的軍國主義路線遂逐漸顯露。吉野身處轉型期的日本，又站在其轉型的十字路口上，他的歷史評價，或許也能看作是對近現代日本的再審視。

吉野作造（一八七八—一九三三年）

出身背景及兩次留學

吉野作造出生於宮城縣志田郡大柿村（今大崎市古川十日町），是仙台北方的絲商吉野家的長子，加上自己共有十一個兄弟姊妹。父親當過町長，是個有名望的人。吉野以第一名的成績畢業於高等小學校與尋常中學校，亦與朋友們一起發行過回覽雜誌。一八九七年，他免試進入第二高等學校。吉野的傳記傳達出其秀才的氣質，一方面也體現出了世間的價值觀，使他具有上進的志向。

不過，吉野還擁有另一個世界——基督教的價值觀。吉野年輕時就加入基督教（一八九八年），後來更認識了本鄉教會（組合派）、信奉自由神學的牧師海老名彈正，對其產生了很大的影響。此外，吉

吉野作造

野於一九〇〇年（二十二歲）結婚後，不僅在象牙塔裡鑽研學問，也在世俗間積累經驗[1]。

結婚那年，吉野進入了東京帝國大學法科大學政治學科，並相當崇拜小野塚喜平次的政治學。小野塚不提法律上主權的存在（君主乃至國民等），主張主權運用（政治）的論點，影響了後來吉野的理論。

另一方面，他出入本鄉教會，加入了其機關雜誌《新人》的編輯行列。在《新人》中，吉野主要執筆日俄戰爭論，他宣稱專制主義、侵略主義的俄羅斯將會戰敗，並將日俄戰爭定調為「義戰」。此外，他也將日本的「滿韓」統治視為理所當然。他斬釘截鐵地表示，「俄之擴張，豈但是日本危機，亦是世界和平擴張之敵也」（〈征俄的目的〉，《新人》，一九〇四年三月）。其筆名「翔天生」，除表現出自身的優越感外，或許也包含著對日本飛躍的期待。當初，吉野無條件地肯定「日本」的發展方向，並試圖將其理論化。

一九〇四年，吉野以第一名的成績自東京帝國大學政治學科畢業，進入研究所。接著，吉野逐漸改變了自己的主張。他認為甲午戰爭、日俄戰爭及其「戰後」的時期是「大正民主」的先驅階段、是對抗專制政治的民主主義運動時代，並造就了作為社會主義政黨的社會民主黨的成立（一九〇一年）。最重要的是「民眾」在日俄戰爭後開始了行動，逐漸發展為民眾運動、民眾騷動。

吉野提倡「主民主義」（〈本邦立憲政治的現狀〉，《新人》，一九〇五年一—二月），宣揚「以人民作為確切政治勢力的制度」。他支持日俄戰爭，其基於大國意識主張改革內政勢在必行的論點，讓飯田泰三給予其主張實屬「國家民主」的妥當評價。吉野基於黑格爾式的國家理解，將黑格爾所謂的「民族精神」（＝國家）鬥爭，視為歷史的進展。也因此，他與信奉社會主義的木下尚江發生過爭論[2]。

一九〇六年，吉野以袁世凱之子（克定）的私人教師，以及袁世凱的官吏培育機構（北洋法政專門學堂）教官身分前往中國天津（直至一九〇九年）。雖說有經濟上的原因，但他在一九〇九年當上了東京帝國大學的政治史助理教授，後於一九一〇年四月前往德國、美國、英國留學。曾旅居海德堡、柏林、維也納、巴黎、倫敦、紐約等地。

一九一三年七月回國後，吉野於東京帝大講課，主題為「現代政治進化之概觀」，內容為「社會主義」的歷史及各國社會黨的形勢[3]，將他在留學期間所接觸到的「民主主義為世界趨勢」的狀況傳達給學生。

作為民本主義者的開始

吉野留下的足跡係透過《中央公論》（瀧田樗陰編輯）而廣為人知。吉野不僅在大學講課，也積極撰寫社論。其中最具代表性的媒體，便是《中央公論》。一九一四年至一九二四年，吉野幾乎出現在每一期的《中央公論》上，時評欄更是為他而新設。一九一五至一九一六年，他負責開頭的「社論」；一九一八年起，也開始負責撰寫「卷頭言」。吉野的寫法，主要以口述為主，由瀧田樗陰筆記潤飾。這在其他雜誌上也別無二致，形成吉野特有的文體。

出現於《中央公論》上，是吉野作為「民本主義者」的開端，並在往後逐漸定型。其主導線是圍繞在「民眾」及民眾參與政治上的論述。吉野將不具備政治方面知識與判斷力的「民眾」（吉野如此認為）與政治制度的關係，自兩方面展開論述。一是從政治學角度，以理論方式敘說；另一方面，則是針對當前的政治事件現象進行論述。

〈論民眾的示威運動〉（一九一四年四月）是應《中央公論》的「論以民眾勢力解決時局問題之風潮」課題而撰寫的一篇社論。它與浮田和民、永井柳太郎等人的論文一同刊登其中。

這是針對由日比谷縱火事件（一九〇五年）引發的民眾運動（民眾騷亂）、包括護憲運動在內的街頭運動而寫的社論。浮田以「在立憲政治下是不合時宜的行為」為由，對民眾運動持否定態度，但吉野則持肯定態度。其理由有三，一是他認為「民眾」表達政治意向，將對「憲政發展」有利，值得欣喜；二是出自他對「民眾」成為政權運用主體的歡迎態度。他將政治問題的「最終決定」視為「民眾的判斷」，將民眾運動看作民主主義，駁斥「寡頭政治」；三是他所慎重主張（因考量到天皇的任命權）、基於民意的「民眾政治」。該主張將構成吉野論點基礎的立憲政治表明為議會政治，也就是政黨內閣制，並為了該制度能順利運轉，進一步提出了「擴大選舉權」及「政黨內閣制」。

相對於吉野的內政論，他在外交論——或說是對華政策的議論上，則不容忽視他對一九一五年發布的五號共二十一條的《二十一條要求》。在這議題中，吉野宣稱需「幫助中國發展健全的自主獨立」，並「與列國競爭，在中國建立帝國的勢力與帝國的權利」。他稱這是為了「帝國的生存發展」、是「普遍最低限度的要求」。對於日方提出的條款「第五號」，也站在反對刪除的一方（《日支交涉論》，一九一五年）。

吉野在此處的宗旨是：（一）「不能分割中國領土。中國領土需保全之，其獨立需尊重之，需令其充分發揮國家及國民的能力」。不過，（二）就「要在對等關係上合作」而言，則認為「兩國強弱」存在著差異。（三）中國的「自強」。

吉野的論點，相似於過去福澤諭吉忽視東亞各國自主改革的理論。由於吉野與福澤皆重視國民國家的理論，因此未能阻止日本自身在國民國家發展上形成的帝國主義，甚至提出了放棄朝鮮與中國的論點。

此外，他也曾關注過第一次世界大戰，在歐洲政治史的範圍內，整理了《歐洲動亂史論》（一九一五年）、《歐洲戰局的現在及將來》（一九一六年）、《戰前的歐洲》（一九一七年）。他以「國際道義心」為主軸，主張「和平思想、四海同胞主義」為「人類大勢」。不過對於日本具體參戰的行動，他並不反對。

此外，結合德國對「軍國主義」的批評，認為「俄國前途樂觀」（《中央公論》，一九一七年十月），對俄羅斯革命提出了意見。對於俄羅斯革命，他不歡迎「激進派」執政，表示他們「將在不久後沒落」（〈所謂出兵論有何合理根據〉，《中央公論》，一九一八年四月），對列寧領導的十一月革命（儒略曆為十月）持否定態度。另一方面，對於與俄羅斯革命相關的出兵西伯利亞問題，態度則相對慎重。他接受為了營救捷克軍而派兵，但反對日本滲透西伯利亞內部。

包括上述的外交論，人們對於吉野的評價，就如同先前說明的，被視為在大正民主中採「對內立憲主義，對外帝國主義」的立場，而本章對其的理解，基本上也遵循此見解[4]。在這樣的背景下，一九一六年對吉野來說具有重大意義[5]。

一九一六年的吉野作造

〈談憲政之本義，論如何實現其善始善終之美〉（內容與一九一六年一月，一五年度東京帝國大學的講課內容一致）被刊登在《中央公論》的開頭，成了吉野的代表性作品。雖然也是口述筆記，但這是長達九十八頁的長篇論文，後續內容逐漸以回答瀧田的提問來展開。

他認為各國憲法是「近代文明的必然產物」，而存在於其基礎的「共通精神」，便是「民本主義」，為立憲主義做了廣泛的定義。該論文無關各國憲法條文，或主權存在與否，只從運用之際的政治原則角度來論述民本主義。可以說，吉野將民本主義作為一套「不論國體是君主制或共和制」皆能通用的主義來宣揚。

眾所周知，吉野將主權區分為主權存在與主權運用的目的，將與前者相關的民主稱作民主主義，後者稱為民本主義。接著，作為「民本主義要求的二大綱領」，吉野表示：

> 一是政治必須為一般民眾著想。二是政治必須按照一般民眾的意願運作。（〈談憲政之本義，論如何實現其善始善終之美〉，《中央公論》，一九一六年一月）

也就是說，吉野認為「政治的目的」在於「一般民眾的福利」，而「政策的決定」則是依照「一般民眾的意向」而為。

根據民本主義的巧妙說法，松尾尊兊認為吉野對民本主義的政治、目的的論述，是從民主主義中所謂的「人民的、由人民決定的、為人民的政治」裡，去掉了「人民的」的部分。[6]為了不與日本國體相牴觸，吉野採用了「放棄主權論」、「進入對方主場，再反過來利用對方的理論來決勝負的議論方式」[7]。

提倡作為立憲政治根本精神的「民本主義」、主張在《大日本帝國憲法》下運用主權，以及聚焦於重視眾議院、普通選舉及言論自由、政黨內閣制等吉野的論點，用今日的話來說，大概就如同「解釋修憲」。因為在解釋憲法時，政策正是以尊重「民眾」的立場及利益，以實現立憲主義的精神。

正巧，「天皇機關說」也同樣在論人民↓議會↓政府↓天皇的監督關係。此處是在受到德國「國家學」派影響的憲法之下，採用了英國自由主義的解釋（蠟山政道）。就吉野而言，他也擁有一九一〇年代「大正民主」基調的「人格主義」。由於他反對國家主義，因此提倡個人主義[8]（松本三之介）。

關於吉野的再評價，松尾與松本的重點，都不在於吉野論點中的不徹底之處，而是對其中的實效性進行論述。對於帝國主義下的民主主義，他們並非將之作為大日本帝國的極限來批判，而是討論其可能性。

不過在二十一世紀的今天，討論吉野作造時，應該考慮的是在那之後的事情。在發表〈憲政的本義〉論文之後，吉野以〈闡述民本主義之意義，再論實現憲政善始善終之路〉（《中央公論》，一九一八年一月）一文修改了先前的民本主義論。這個修正點創造了新的論點。

在〈民本主義的意義〉一文中，吉野將先前於〈憲政的本義〉論文中提到的民本主義之「二大綱領」（A＝政治為一般民眾運作，B＝政治依一般民眾的意願而為之）分別歸納到了「個別範疇」，而非由二者建構出民本主義。這則論點，是先區分了A＝圍繞在「政治目的」的民本主義，以及B＝圍繞在「政權運用方法」的民本主義後，再將後者（B）視為「絕對的原則」，重視民眾參與政治。吉野以民眾勢力的崛起為基礎，重視民眾參與政治的方法（B），並從這此觀點重新論述民本主義。

這種暫時分離了A（目的）與B（方法）的再論（包括重視後者這一點），乍看之下，不免讓人懷疑比先前的論點還退步。然而，分離了A＝追求「民眾」利益（＝目的）與B＝「民眾」參與政治（＝方法）後，便能看出「民意」將根據情況不同而可能被操縱。因B主張由「民眾」決定政策、將「民眾」作為國民國家的分擔者來闡述，因此能使用於各種目的上，甚至可能成為參與戰時動員，也就是帝國主義的協助者，具有雙重意義。實際上，一九三〇年代的政治，就是透過B來使「民眾」參與政治，並藉此實行戰時總動員體制的。

在一九一六／一九一八年的時代脈絡中，不難看見國家強調（將A與B分離後的）B的必然性。吉野的意圖在於強權統合，使藩閥與民眾這種對抗關係失去意義；藉由參與，讓整體社會的輿論向統合／參與推移。吉野所推動的普通選舉，就是建立在此論點上。

因此我們可以看見，即使是與吉野在思想上對立的保守派憲法學者上杉慎吉，也推崇普通選舉；提倡「皇室中心主義」的德富蘇峰也同樣站在透過「國民之力」來鞏固皇室中心主義基礎的立場上，支持普通選舉。[9]這與認為「民眾」的力量無法忽視，因此反倒應鼓勵人民參與政治，透過「使民眾成為國民」來強化國家基礎的論點是一致的。

如此一來，A與B的分離就不再是一個簡單的問題了。吉野自身的論點也同樣是搖擺不定（不過在B點上並未妥協）。社會主義者也參與其中的民本主義論爭（批判），也同樣能從這點來解釋。社會主義者山川均批評，吉野於再論中將民本主義分離成兩部分的方式是為了迴避「主權所在」的問題——即在迴避談及國家政體。他認為，A與B的分離，將使得「政治的目的」變得不明確。[10]

另一位身為政治家兼思想家的北昤吉，同樣批判吉野切離主權論來進行論述，以及將「目的」與「方法」分離的做法。只不過，不同於山川的理念，北昤吉批判吉野的角度，是著重於將個人與國家緊密結合。因此山川與北之間也是相互批判，形成「吉野—山川—北」的三者抗衡關係。

隨後，這種相互批判的架構變得更加鮮明，最終形成「民本主義—社會主義—國家主義」的對立關係。這種與意識形態相關的對立關係，就在民主主義中的「A（目的，也就是內容）與B（方法）的分離」重疊的同時，在一九二〇年後，特別是一九三〇年代逐漸演變成棘手的問題。

在思想史研究中所謂的民本主義論爭，就這樣在雙重問題下的累積，形成了一場更大的論戰。從十九世紀後半期至二十世紀初的建立國民國家的政治構想，亦即聚焦於自「藩閥VS政黨」的關係，至二十世紀中一九二〇—一九三〇年代時期，帝國主義及大眾社會下的民主主義如何折衝的爭論之上。

另一方面，作為吉野的對外政策論，他於一九一六年提出的論點也值得關注。在朝鮮留學生的斡旋下，吉野於一九一六年三月至四月前往「滿洲」與朝鮮半島旅行，他撰寫〈視察滿韓〉（《中央公論》，一九一六年六月）以批評日本朝鮮總督府的武斷政治，並批判地提到了當局對朝鮮人的歧視與憲兵制度的強壓政治。此外，他還認為「對擁有相當發達的獨立、固有文明的民族」實施同化政策，「以現在日本人的狀態來說是相當難成功的」。不過，雖然他對被壓迫民族的民族主義表現出理解，但並不支持其「獨立」，這點立場始終未變。

對於中國政策，吉野發表了一篇〈關於日本政客對華基本外交對策上之昏聵〉（《中央公論》，一九一六年三月）批評由軍閥主導的亞洲政策。其背景影響，或許與辛亥革命後的三次革命（討袁護國運動，一九一五年一二月至一九一六年六月）中，袁世凱的倒臺及去世有關。吉野正面評價了「官僚軍閥派」對抗的「民黨」——也就是革命派青年，並要求他們與革命勢力保持交涉（〈最近支那政界の二大勢力〉，《外交時報》，一九一七年六—七月）。他撰寫了第一本作者為日本人的中國革命史《支那革命小史》；也接觸到宮崎滔天的《三十三年之夢》，並於幾年後撰寫了該文的「題解」。

對於前面提過的《二十一條要求》，吉野雖依舊表示「對於內容大致贊同」，但一方面又說「不過吾對於其交涉方式卻完全無法贊同。無論如何，侵略性的態度絕非應採取的手段」（〈我國對滿蒙政策和鄭家屯事件的解決〉，《東方時論》，一九一七年三月）。與民本主義爭議同樣，這議題擁有兩面性，吉野將重點放在交涉的「方法」（B）上，批判日本的外交態度，主張若將重點放在交涉的「內容」（A）上，日本進行的就會是經濟侵略，而非武裝侵略。

該論文提供了觀察世界大勢，以及從世界角度來論述日本的立場、相對化的論點。對於日本為了阻止俄羅斯威脅的中國政策，吉野批判道「受到國防觀點所束縛」（〈我國東部管理的三大問題〉，《東方時論》，一九一八年一月），這與他二十年前的論點截然不同。該社論中，他意識到了「尊重其他民族的自由與利益」，試圖也對政策的「內容」（A）理論化。而在發表該論點不久後，吉野面臨三一運動、五四運動等東亞人民的民族運動，使他的論點產生了一百八十度的大轉變。

改造時代的吉野作造

一九一八年夏天的米騷動，標誌著「大正民主」的新階段。也就是從過去的「民本主義時代」向「改造時代」發展。藩閥主義VS民本主義（α）、民本主義VS社會主義（β）、社會主義VS國家主義（γ）的複合對立關係，逐漸浮出水面。

若將α的對立視為國民國家階段，那麼與之對抗的主軸便是自由主義。不過，當進入大眾社會階段（另一方面是帝國主義階段），「民眾」成了負責分擔、分享國家的存在時，β與γ就會發生對立，進而產生新的論點。換句話說，即是作為發言的「內容」（A），來到國家「外部」進行的議論，將會選擇站在社會主義立場上，而從其他立場進行的議論，便有必要談論其與國家目的的關係。在此基礎上，新層面的「方法」（B）就會出現。以社會主義為例，便是學習馬克思主義的年輕一代，取代掉了山川等老牌的社會主義者，成為主流；在國家主義中，也出現了不同於以往的「志士仁人」的型態，將新的「民眾」納入視野的主張。「內容」（A）與「方法」（B），就這麼同時轉向了對立的新維度。

除此之外，政治形態也發生了變化。以米騷動為契機，我們能看到從寺內正毅內閣（元老會議推舉的超然內閣）向標榜平民的原敬內閣的轉變。而這正是吉野追求的正式政黨內閣的實現。

照理說，這個時期應是吉野論點正式發展的時期。實際上，在米騷動後的幾年間，吉野參與的論戰也的確相當激烈。然而，吉野在私生活上的受挫，卻成了其論點發展的阻礙。一九二四年，吉野從東京帝國大學辭職，進入朝日新聞社工作，但幾個月後又不得不辭去朝日新聞社的工作。吉野如此行為的背後，存在著擔心他發表言論的國家主義團體。接著，就再讓我們進一步追溯吉野在「改造時代」的足跡吧。

對於成為轉機的米騷動，吉野將之認定為「反抗生活壓迫」的民眾運動，是「世界普遍現象」（〈對米騷動的考察（米騒動に対する一考察）〉，《中央公論》，一九一八年九月）。此外，對於《大阪朝日新聞》因報導反對政府禁止刊登米騷動相關事件的大會，因而衍生出的一系列事件（白虹事件）[11]，也在《中央公論》上投稿〈消除言論自由的社會壓力〉提出抗議。吉野在此指出，對言論自由的壓迫分為「國家性壓迫」及「社會性壓迫」兩種。著眼於這點的政治思想史學者松本三之介高度評價吉野，稱他對「社會壓迫自由」這一問題的關心，與十九世紀後半期約翰．史都華．密爾（John Stuart Mill）所提出的先進論點相結合，並將此新觀點引進了日本言論史中。

這可謂是真知灼見。尤其是並非「終於結合的新觀點」，而是應該在大眾社會的新狀況下，展開民本主義的這一論點。

吉野的論點，引來了浪人會的佐佐木安五郎等人的群起攻之。十一月二十三日，浪人會在東京神田舉辦了演說。浪人會本身採行的是傳統的國家主義，但其公開舉辦演說的議論形式，可謂是在嘗試新媒體環境下的運作，一方面也可了解到當時古典的國家主義（反動勢力）仍然存在，對抗作為自由主義的民本主義。然而，此時論戰的環境已發生變化，最終以吉野的論點得到支持而告終。不過，這種對抗在日後也仍不時出現。

經過此事件，吉野成立了新的團體，也就是同樣於一九一八年十二月創立的黎明會（大庭柯公、福田德三等人）及新人會（赤松克麿、宮崎龍介等人）。

黎明會的《大綱三則》中，寫著：「一、以學理方式闡明日本國本，發揮日本在世界人文發展中的使命；二、消滅與世界大勢背道而馳的危險、冥頑之思想；三、順應戰後世界的新趨勢，促進國民生活的安固充實。」（《黎明會紀錄》）

黎明會主張：（一）以「民眾」參與政治為前提，要求普通選舉；（二）「充實穩固國民生活」，表現出對「社會」層面的關心。在「改造」期的社會中，階級利害的對立已浮上檯面，作為「民眾」的具體形態，可以見得「勞動者」逐漸走向第一線。因此，黎明會的活動也包括了「勞動問題」在內。

至於新人會，則是以東京帝大法科大學的學生為中心成立。其《綱領》中寫道：「一、吾等將配合人類解放新氣象之世界文化大勢，致力促進其發展；二、吾等將追隨現代日本正當的改造運動。」宣言了新人會勢必進行「改造運動」。

在此之前，吉野認為國家具有絕對價值，未來國家統合是理所當然的。直到「改造時代」，他以相對的價值來看待國家，將目光轉向社會，而有了「國家觀的轉變」（松本三之介）。到了有「改造時代」之稱的「大正民主」後半期，其他的民本主義者，例如福田德三、大山郁夫等人，也將目光轉到了「社會」上。吉野與關注生活的福田德三、關注勞動問題的大山郁夫等人也具有共通點，使得民本主義逐漸尖銳化。

接著吉野在〈民本主義、社會主義、極端主義〉（《中央公論》，一九一九年六月）中談論了社會政策，他提到了從社會改良主義到社會主義的社會改造。吉野對於作為新潮流的馬克思與列寧主義帶有「強烈的偏見」（松尾尊兊），將其與破壞主義劃上等號，但吉野一方面又自稱是社會主義者（《我們的主張》，一九二二年）。可以說吉野在此之後，就不斷倒向社會民主主義。

於是從一九一九年至一九二〇年，吉野於黎明會活動（一九二〇年夏季解散），開始使用「民主主義」一詞（一九二〇年一月），支持勞工爭取勞動權益及罷工權、主張廢除《治安警察法》第十七條等一系列活動。他將統帥權作為問題看待，在《雙重政府及帷幄上奏》（一九二二年）中，更主張將「統率海陸軍」的軍令大權也納入政府的輔弼之下，意即廢除軍令，「完全將軍部置於國民的監督之下」（松尾尊兊）。這屬於一種軍制改革或對於軍部的批判，也是從該角度對《大日本帝國憲法》的再解釋[12]。

結合制度上的再考察，吉野認為言論自由是確立立憲主義的重要課題，在一九二〇年的森戶事件（後述）中，他擔任特別辯護人，對大本教的鎮壓提出抗議、亦猛烈批判了《過激社會運動取締法案》（一九二二年）。這是對時局的發言，同時也是以原理性、制度性的角度所展開的議論。吉野於理論與事件之間反覆進行考察，觀察著政治教育與政局實效性，盡情發揮了批判精神。

面對普通選舉上，吉野的態度則是：（一）支持女性參政權，但認為這並非當前最優先的政治問題（《普通選舉論》，一九一九年）；（二）從「民眾」須分擔國家責任的觀點，主張普通選舉是「當然、固有的權利」（〈關於普通選舉主張理論依據之考察（普通選挙主張の理論的根拠に関する一考察）〉，

《國家學會雜誌》，一九二〇年十一—十二月）；（三）認為所謂的普通選舉，並非是單純選舉權的擴張，概念上是完全基於不同的見解上（〈選舉理論的二三〉，《國家學會雜誌》，一九二三年五月）。此部分看出吉野是在批判試圖以「擴張選舉權」的概念，來模糊事態的原敬與加藤友三郎內閣的政策。

此外，（四）吉野推崇職能代表主義，以加強現行的選舉制度（《現代憲政的運用》，一九三〇年），在〈近代政治之根本問題〉（一九二九年）中，他說明了「職能代表制」，並主張此制度在選出「合適人物」上的可能性。相對於以往的地緣主義，職能主義將目光投放在大眾化社會中、多元化的集團利益上（松木三之介）。致力於將國民國家下的單純「國民」，重新定義為各自不同、擁有多樣性的存在。

吉野在這背景下發表的〈世界大主流與其順應及應對之策〉（《中央公論》，一九一九年一月）中，提出「內政要徹底施行民本主義」、「外政要確立國際的平等主義」，並強烈抨擊專制、保守與軍國主義。因此他支持軍縮，一九二一年九月參與了軍備縮小同志会的策劃（尾崎行雄、島田三郎等人）。

作為「確立國際的平等主義」的一部分，就必須看到吉野對被壓迫民族的民族主義運動所做出的言論，即〈發揮對外的良心〉（《中央公論》，一九一九年四月）的刊行。這部分從他對一九一九年時發生的兩場民族運動——三一運動、五四運動——所做出的言論中，就能窺見一二。

對於三一運動，他認為是「反抗日本國法」的行為，但從「純粹的道德立場」來看，並不能說這是「蠻橫的暴行」。接著他又發出提問：「若改變立場，假設我們處於他們的狀況，又會怎麼樣？」（〈朝鮮青年會問題〉，《新人》，一九二〇年二—三月）。這份社論後來導致朝鮮總督府的警察體系官員丸山鶴吉與吉野發生論戰，吉野認為日本的朝鮮政策並無法實現同化，而是必須站在民族自決的原則上，才

可能達成民族間的合作（〈答關於朝鮮統治策於丸山君（朝鮮統治策に関して丸山君に答ふ）〉，《新人》，一九二〇年四月）。

對於五四運動，吉野也以與日本聯手的官僚、軍閥、財閥作為攻擊對象，認為這與「日本國民要打倒的目標相同」（松尾尊兊）外，又表示「雖說他們採取了暴力手段，但吾人不想責難他們」（〈勿謾罵北京學生團運動（北京学生団の行動を漫罵する勿れ）〉，《中央公論》，一九一九年六月）。此外，他於該社論中舉出日本分為「侵略的日本」與「和平的日本」，認為若是知道這點，「他們排日的聲浪或許就會逐漸消弭[13]」。

接著，吉野於一九一六年六月至七月向《六合雜誌》投稿〈從帝國主義轉向國際民主主義〉，闡明「必須將四民平等的原則應用於國際間，建立彼此相和、相信的極新國際關係」，主張「改造」。從追求個別國家利益（國益）的角度，宣揚基於超越國家的普遍原理（正義及道德）的國際社會，開始批判日本帝國主義的行為。

對於吉野來說，國際聯盟誕生是喜聞樂見的事，這點對於華盛頓會議也是一樣。後來他「對外採帝國主義」的論點，便變成主張「國際民主主義」、「國際正義」。

不過，在這論點逐漸尖銳化的過程中，吉野的生活迎來了苦難的時期（一說是因為經濟因素）。一九二四年二月，吉野辭去了東京帝國大學的職務，進入朝日新聞社擔任編輯顧問兼論說委員，後又為《東京朝日新聞》、《大阪朝日新聞》撰稿。

照理來說，吉野應會寫出更多的社論，但是因被右翼人士告發，接受檢方調查後，他被迫於六月辭職。這可視為過往的國家主義勢力對於吉野的追打。松尾尊兊評價道：「從此時開始，吉野在論壇中的地位發生了很大的變化。」此時正值前述新三方抗衡局面逐漸形成的時期。吉野的地位下降，成為思想史上的重大打擊。但此時期同時也是吉野對護憲三派內閣──加藤高明內閣寄予厚望，政黨內閣制正式展開的時期。

無產政黨論

本章接著將就吉野後來的（一）對亞洲政策的建議、（二）無產政黨論、（三）對明治文化史的關注之三點來談談。

關於亞洲政策，就如同先前多次提到的，因吉野的主張是帝國主義統治下的民主主義論，因此在外交論上存在著弱點。然而，在華盛頓會議──也就是在國際協調主義之下，一九二〇年代中期開始，幣原喜重郎外務大臣開啟了協調外交時代，此種不干涉內政，同時又採取維護既得利益的態度，使得外交政策出現轉變。

在此背景下，吉野也迴避武力干預中國議題，主張革新日本對中國的政策（〈滿洲動亂對策〉，《中央公論》，一九二六年一月）。一九二七年四月，政權更迭，政友會的田中義一透過軍事外交出兵山東之際（一九二七─一九二八年），吉野強烈表達了反對。因為從吉野的認知來說，國民政府軍的北伐已使「軍閥割據」時代結束，中國逐漸走向統一。他正面評價孫文的三民主義，並認為國民黨（蔣介石）繼承了這個思想，因此支持蔣介石的國民黨政權（〈支那的形勢〉，《中央公論》，一九二八年七月）。

這與他要求日本更新對華政策的行為形成了鮮明的對比。

接著，再讓我們一同看看吉野的無產政黨論以及他在這議題上的活動。有別於以往集中在〈憲政的本義〉上的論文，晚年的吉野多以一名社會民主主義者的角度，進行思想上的探究。

吉野參與了無產政黨的創黨準備。一九二六年十二月，他預測國政上將實施普通選舉，於是在信奉社會民主主義的社會民眾黨建黨時給予了協助（不過未成為黨員）。

在〈我國無產政黨應走之路〉（《中央公論》，一九二七年一月）中，吉野對於無產政黨的成立表示：（一）「將威脅現有政黨」、（二）「符合新選民的期望」，聲稱這是無產政黨受到「新選民」與「多數國民」所「歡迎之處」；同時又表示（三）「它雖是階級政黨，但本質上不可能發生」，參與建置右派無產政黨的社會民眾黨。同時他也強調了該政黨與激進主義立場的差別，屬於與左派無產政黨的勞動農民黨切割的社論。

此時，吉野（四）從誰來成為無產政黨負責人的這點，強調「無產政黨無異於專業政治家集團」。據此觀點，他主張建立與「現有政黨」、激進主義立場不同的無產政黨，且不是單一政黨，而是建立多個無產政黨。在此，可以認為吉野過去「內容」（A）與「方法」（B）的分離，於普選在新層面上獲得了統一。吉野表示，「追根究柢，無產階級的政治行動應以何為目的？最直接的目標，便是獲得統治權」。並且主張「透過在議會的多數席次來實現的方法」才是合法的（同前）。

作為實際行動，吉野在第一次普選中堅決拒絕參加社會民眾黨的競選，轉而推薦赤松克麿[14]，並為其進行助選演說。在第一屆普選中，無產政黨共有八人當選（其中社會民眾黨四人），既有政黨中有政友會二一七人、民政黨二一六人、其他二十五人。至於如何看待無產政黨的當選人數與它的意義，歷史學上仍未有定論。不過，吉野肯定地表示「這是國民政治自覺的一大進步」（〈現代政局的展望〉，《中央公論》，一九二九年二月）。

隨後，吉野撰寫了《日本無產政黨論》（一九二九年八月），在因瓦斯費引發的公民運動中，他成為瓦斯費委託同盟代表（一九二九年六月），於一九三〇年七月成為無產各黨幹部有志懇談會的發起人，進行了一系列活動。隨著無產政黨戰線統一，社會民眾黨與全國勞農大眾黨實現合併。一九三二年七月，吉野當上社會大眾黨的顧問。在後續將會提到的柳條湖事件（九一八事變）中，赤松等人採取了親軍部路線，對事變及其發展趨勢給予肯定的評價。對此，吉野則持批判態度，可以理解為他參與了無產政黨的重組過程[15]。

在「改造的時代」中，吉野自一九二一年起致力於明治文化的研究。他自稱「古書道樂」（喜歡古書的人），積極探索古書。吉野過去主要對同時代的政治現象與政治學進行原理考察，此處的轉變，也可以說是他為了讓立憲主義扎根，因而在歷史中進行了考察吧。隨後，明治文化研究會（自朝日新聞社辭職後的一九二四年十一月，與尾佐竹猛、宮武外骨、小野秀雄等人）成立，並自一九二七年起發行《明治文化全集》（共二十四冊）。

以一九三一年九月的柳條湖事件為契機，日本發動了九一八事變。對此，吉野提出了強烈的批判。他對柳條湖事件「憤慨得面紅耳赤」（松尾尊兊），其日記中也道滿了憤慨之情。一九三一年十月，他於《中央公論》上的〈卷頭言〉（未署名）登載了一篇〈對滿蒙問題的反省〉中，希望將事態重歸於零。

在署名論文方面，吉野也發表了一篇〈民族、階級與戰爭〉（《中央公論》，一九三二年一月），但內容卻充滿隱蔽字，「滿洲的××××（軍事行動）的本質是×××××（帝國主義的）」，吉野認為日本的行動是干涉內政，而非行使自衛權（隱蔽字的還原是根據《吉野作造選集》第九冊）。此外，對於報紙的論調傾向於「支持一律出兵」，無產政黨也未出現「自由豁達的批評」的現象，則讓吉野感到「遺憾」（原文為隱蔽字）。特別是後者，吉野在「滿洲問題」中表示「民族的需要終於擊退了階級鬥爭論」，批判著赤松等人。

作為吉野的主張，探索「日本民族的前途」是理所當然的，但是「為了自身的生存，在滿洲獲取權益是對的嗎？這就是我們現在面臨的緊急問題」。同時又稱這是「帝國主義的再探討」。這便是先如此設定問題後，再對日本訴諸「軍事行動」行為的批評。可以說，吉野於此處批評了「方法」（B），並將「目的」（A）提出討論。在外交政策上，人們期待吉野會如何將「目的」、「內容」與「方法」新層面中做結合，不過他最終於一九三三年三月十八日逝世，享年五十五歲。

石橋湛山（一八八四—一九七三年）

在探討二十世紀前半期的日本民主主義時，石橋湛山，與吉野作造同樣是不可或缺的人物。今日，石橋湛山的名字作為大正民主的論客，出現在日本高中教科書中。一八八四年九月二十五日，石橋於東京麻布區（今東京都港區）出生，父親是日蓮宗僧侶杉田日布（湛誓，後身延山久遠寺法主），母親名金（きん）。幼名省三，冠母姓「石橋」。

幼年時於山梨縣甲府市長大，於早稻田大學高等預科後，一九〇四年進入早稻田大學文學科哲學科，師從田中王堂。畢業後，以特待研究生身分進入宗教研究科，一九〇八年成為《東京每日新聞》的記者，次年加入志願兵，編入東京麻布步兵第三聯隊。一九一一年，進入東洋經濟新報社，與三浦銕太郎共同擔任《東洋時論》的編輯。石橋站在自由主義的立場上展開論戰，即使到《東洋時論》於一九一二年與《東洋經濟新報》合併後，也一直保持著這個態度。

對於國內政治，他反對元老或官員主導的專制政治，提倡普選。此外，在對外政策上，他反對日本參加第一次世界大戰，在俄羅斯革命方面承認列寧政權，但特別強烈反對對外侵略。對「滿洲」、山東半島等議題主張「放棄中國從我國受到的一切壓迫」，貫徹給予身為殖民地的朝鮮及臺灣「自由」的態度（〈一切を棄つるの覚悟（放棄一切的覺悟）〉，《東洋經濟新報》，一九二一年七月二十三日）。這和之前三浦提出的「大日本主義乎小日本主義乎」（同前，一九一三年四月十五日—六月十五日）問題一脈相承。「大日本主義」是大日本帝國實際執行的政策，旨在海外擁有領土，並不斷擴張。對此，石橋主張「小日本主義」，也就是類似於戰前，不擁有殖民地、軍備縮減、以工商業發展為基礎採貿易立國為目標的日本。

石橋將以上論點合稱為「大日本主義的幻想」（同前，一九二一年七月三十日—八月十三日），反對日本將領土、勢力範圍擴大到「日本本土」之外的政策。石橋是徹底的自由主義者，但同時又兼具經

川轉而開始考察「日本的性格」（一九三八年，由岩波新書發行《日本的性格》），傳播「日式『生命體』」的概念。戰後，長谷川曾被認為是保守派的知識分子，不過在他過去的論文〈國家意識之社會化〉中，其實就已提過：「我們的皇室自建國以來，就擁有在國民現實的社會合作精神中尋求國家意識的傾向。」由此可窺見一九二〇年代的自由主義者——大正民主主義者——在第二次世界大戰之「戰後」產生的自我落差。一九四八年，獲文化勛章。一九六九年十一月十一日逝世。著有自傳《某心之自敘傳》。

清澤洌（一八九〇—一九四五年）

出生於長野縣北穗高村（今安曇野市）的農家，為家中三子。小學畢業後，進入井口喜源治的研成義塾繼續念書。

一九〇六年，前往美利堅合眾國華盛頓州，與研成義塾的塾生一同成立「西雅圖穗高俱樂部」，執筆機關雜誌《新故鄉》。清澤一面工作，一面在華盛頓大學等處鑽研學問。其後，於舊金山成為《新世界》等日文報紙的記者，一九一八年歸國。於貿易商社任職後，一九二〇年進入《中外商業新報》（今日本經濟新聞），一九二七年進入東京朝日新聞社，正式開始新聞工作者的活動。其曾於一九二四年視察中國，一九二五年發行著作《美國研究》。

一九二九年，辭去朝日新聞社職務，脫離組織，展開對內政、外交的評論活動。作為大正民主時代後期的言論人，他以自由主義式的論調為基礎，對政府與社會進行批判活動。在日期標示為「昭和二年春」的〈撤廢軍備期將至〉(《聆聽黑潮》,一九二八年)中,清澤批判:「當一國牽涉國防,則永無滿足之時。」並主張:(一)「最近國際輿論的變化,是不允許一國採取誇張的軍事行動」。(二)像日本這種資源貧乏的國家,「應透過徹底縮減軍資,以成國家大事」。從「產業立國」的立場上來說,清澤認為以軍備作為擴大領土的工具除「已不合時宜」外,亦無法成為外交上的優勢。

他表明自己是「昭和的吉野作造」(山本義彥),考察日本在國際關係中的地位,並避免使用武力解決問題,貫徹和平主義的方案。

在一九二九年出版的《尋找自由日本》一書的〈自序〉中,清澤寫道:「有軍國日本,有官僚日本,也有產業日本的雛型,但是自由日本在哪裡?」該書同時論及「明日的婦女問題」,清澤很早就著眼於時尚女性,並出版了《摩登女郎》(一九二六年)一書。他稱摩登女郎是「時代精神的產物」,「是因襲的日本、傳統的日本勢必產生的反抗力與承諾」,帶著對日本社會的批判進行論述。

於是,清澤帶著自由主義精神,將目光投向了社會世態,以灑脫的文筆書寫著社論。此時,他也持續前往美國進行採訪,對因為九一八事變而退出國際聯盟的外交政策進行了強烈的批評。其矛頭也指向了未批評日本首席代表松岡洋右在國聯全體大會上的行為反而還煽動、擁護的新聞媒體。由於堅持呼籲轉向以對美合作為主軸的外交立場,因而被禁止寫作。一九三八年,擔任石橋湛山的東洋經濟新報社的顧問,繼續從事言論活動,同時還發行了《外交史》(一九四一年)。其戰時撰寫的《黑暗日記》(一九五四年)中,傳達出了始終保持批判態度的清澤。最終,一九四五年五月二十一日,清澤因肺炎猝逝。

其他人物

福田德三

一八七四—一九三〇年。出生於東京神田。留學德國，師從布倫塔諾等人。回國後，成為東京高等商業學校（今一橋大學）教授。一九一八年，與吉野作造創立黎明會。作為大正民主後期的「改造時代」的論客，曾執筆《改造》、《解放》及《中央公論》等。福田於《中央公論》（一九一九年一月）中提出「對抗資本侵略主義，發揚真正民主主義」的主張，將當時所說的民主主義定義為「資本主義的民主主義」，而理所當然的結果，便是發展成「經濟侵略主義」，但他所主張的則是「囊括全體國民的、真正的民主主義」。

對國內，他主張「驅逐資本的軍國主義」；對國外，則主張「成為囊括全體人民的大民主主義發源地」，呼籲與法國文明呼應，配合對抗（只以部分無產階級為本位的）社會民主主義。作為一介社會政策學者，其主張「生存權」。

河上肇

一八七九—一九四六年。生於山口縣岩國町（今岩國市）。早年接觸基督教，並參與伊藤証信的「無我愛」運動等，反覆探求。在〈日本獨特的國家主義〉（《中央公論》，一九一一年三月）中，發表了順應日俄戰爭後自由主義思潮的論述。他在京都大學任教、在歐洲留學後，自一九一六年九月開始於《大阪朝日新聞》上連載〈貧窮物語〉。〈貧窮物語〉中道破「驚人的是，當今文明國家的多數人都是窮人」，從而獲得許多讀者支持。一九一九年，發行了個人雜誌《社會問題研究》，開始站在馬克思主義的立場上。後參加實踐運動、離開大學，在翻譯《資本論》的過程中，否認了過去自己的立場，並停止出版《貧窮物語》。一九三二年九月，加入日本共產黨，次年一月遭到逮捕。入獄時，提出〈獄中獨語〉，聲稱將遠離「實際運動」，七月七日，各家報紙皆報導了此消息。最終於一九四六年一月三十日逝世，《自敘傳》於死後發行。

河合榮治郎

一八九一—一九四四年。出生於東京千住。河合閱讀廣泛，從亨利．巴克爾（Henry Thomas Buckle）的《英國文明史》到馬克思思想皆有涉獵。進入農商務省擔任工廠監督官補後與上司發生矛盾，最終以政策保守、對政策不理解為由，辭去了農商務省的職務。一九二〇年，赴任東京帝國大學經濟學部，以繼任森戶辰男之職。至於森戶，則是因先前撰寫、刊登有關克魯泡特金的論文，而被迫從東京帝大離職（森戶事件）。

一九二二至一九二五年，河合於英國留學。其論點旨在批判馬克思主義與法西斯主義，從這點來看，可以說充分表明了其自由主義的立場。然而即便如此，戰爭時期仍不通融此行為，一九三八年，河合的論述因「批判法西斯主義」而在貴族院受到批評，遭內務省禁止發行，河合亦被以違反出版法的罪名起訴。一九三九年，被時任東京帝國大學校長的平賀讓命令休職（平賀肅學）。戰時，在處於禁止寫作活動的狀態下逝世。

吉野信次

一八八八—一九七一年。出生於宮城縣志田郡大柿村，是吉野年藏與江（こう）的三子。長兄即吉野作造。畢業於東京帝國大學後，進入農商務省。後隨著產業的發展，當該省分離為農林省與商工省時，他隸屬於商工省。

作為取代以往官僚的革新官僚之一，信次除了於第一次近衛文麿內閣中擔任商工大臣之外，也前往過「滿洲」，曾是革新官僚岸信介的上司。曾任翼贊政治會常任總務，後被剝奪公權。其後擔任過參議院議員、運輸大臣。

其妻與作造之妻為姊妹關係，井上廈（井上ひさし）的劇作「兄弟」（兄おとうと）便是以造作與信次的關係為主軸來描繪大正民主的傑作。雖然其中描繪了作造與信次意見的差異，但儘管兩人政治思想不同，將政治重心置於「民眾的意向」（吉野作造）上的這點，仍可說具有共性。

赤松克麿／赤松明子

赤松克麿於一八九四年出生於山口縣德山市。一九一八年十二月，就讀於東京帝國大學時成立了新人會，於大學畢業的同時加入東洋經濟新報社，參與《解放》的編輯等工作。後成為一九二二年成立的日本共產黨中央委員，被逮捕後退黨。一九二六年，參與規劃組織右派無產階級政黨的「社會民眾黨」。

一九二八年成為第一次普選的總選舉之候選人，但未能當選。一九三〇年，任社會民眾黨書記長。他以馬克思主義——共產主義——的角度參與大正民主，後逐漸「右傾」。曾參與青年軍官的激進運動（三月事件、十月事件），並於一九三一年發表了認可九一八事變的《關於滿蒙問題之決議》，後於一九三二年四月退出社會民眾黨。曾組織日本國家社會黨、擔任大政翼贊會企劃部長，戰後被剝奪公職。一九五五年去世。

明子，一九〇二年出生於東京，為吉野作造之次女。自東京女子高等師範學校（今御茶水女子大學）附屬女子學校畢業後，與父親的學生克麿結婚。一九二七年，加入總同盟派系的勞動婦女聯盟，後又加入社會民眾黨派系的社會婦人同盟（後來的社會民眾婦人同盟）。亦曾參與機關雜誌《民眾婦人》的編輯、與安部磯雄等人加入節育普及會，九一八事變後，組織日本國家社會婦女同盟，其後逐漸遠離社會運動。一九九一年逝世。

大山郁夫

一八八〇—一九五五年。出生於兵庫縣若狹野村（今相生市），為家中次子，父親從醫。其後被收養，改姓大山。於東京專門學校（今早稻田大學）畢業後，成為早稻田大學教授，一九一七年離職。曾任《大阪朝日新聞》之論說委員，後因「白虹事件」離職。與長谷川如是閑共同創刊《我等》，發表社論，並回歸早稻田大學擔任教授。作為「社會改造的基本精神」（《我等》，一九一九年八月）、「改造時代的論客，於第一次世界大戰後宣揚「真正的民主」，並論其目的是「建設讓每個社會成員都能『像個人活著』的社會狀態」。這是一種「始於對生命的肯定以及對人類創造力的信任」的民主，展示了大正民主的目標之一。

他堅決反對治安維持法案的立場，成為左派無產政黨「勞動農民黨」之委員長，參選一九二八年的總選舉，但以落選告終。九一八事變後，於一九三二年三月前往美國，日本戰敗後回國。一九五〇年當上參議員，一九五五年於任內過世。

注釋

1. 吉野的妻子是女子高等師範的學生，與吉野胞弟信次之妻為姊妹關係。井上廈的戲作《兄弟》（二〇〇三年初演）便演繹了此事。
2. 《吉野作造選集》一，岩波書店，一九九五年。
3. 田澤晴子，《ミネルヴァ日本評伝選　吉野作造》，ミネルヴァ書房，二〇〇六年。
4. 政治思想史學者松本三之介更進一步地評價吉野「擁有普遍主義的思想以及看向『世界大勢』的國際觀點」（松本三之介，《近代日本の思想家11　吉野作造》，東京大學出版會，二〇〇八年）。
5. 吉野使用「民本主義」一詞，始見於〈於歐美的憲政之發達及現狀〉（《國民講壇》，一九一五年六至七月）。後於一九一六年將之有系統地化為理論。
6. 出自松尾尊兊於《シンポジウム日本歷史20　大正デモクラシー》（學生社，一九六九年）的說法。
7. 松尾尊兊「解說」，松尾尊兊編，《近代日本思想大系17　吉野作造集》，筑摩書房，一九七六年。

8. 在《大日本帝國憲法》的考察上，也從過去強調「天皇大權」轉變到近年限制天皇權力的條款上。以這種前後轉變來解釋《大日本帝國憲法》的方式已逐漸成為通論。

9. 德富蘇峰，《国民と政治》，民友社，一九二八年。

10. 山川均，〈吉野博士及北教授の民本主義を難ず〉，《新日本》，一九一八年四月。

11. 指一九一八年八月，《大阪朝日新聞》被以違反新聞法起訴的事件。事件名稱來自於報導反對政府控制言論時所使用的語句「白虹貫日」。該事件導致了編輯幹部被迫離職、社長遭右派攻擊。

12. 幾年後的一九三〇年一月，日本的統帥權因倫敦海軍軍備會議上的補助艦比率成為問題。此時吉野於《中央公論》投稿〈統帥權的真面目〉（一九三〇年六月）、〈統帥權之獨立及帷幄上奏〉（一九三〇年七月）等文，主張重新審視軍部從政府獨立出統帥權的問題與帷幄上奏制度，認為內閣、軍部各自「輔弼」的制度應該商榷。

13. 接著，他於關東大地震時保護朝鮮留學生，並在《中央公論》上批判朝鮮人屠殺事件（〈朝鮮人虐殺事件に就いて〉，一九二三年一一月）。

14. 一九二三年三月，吉野的次女明子已與赤松克麿結婚。

15. 渡部亮，〈『大正デモクラシー』の政党化構想のゆくえ〉，《史學雜誌》一二八—八，二〇一九年。

參考文獻

吉野作造

飯田泰三，《批判精神の航跡（批判精神的航跡）》，筑摩書房，一九九七年

久野收、鶴見俊輔，《現代日本の思想（現代日本的思想）》，岩波新書，一九五六年
田澤晴子，《ミネルヴァ日本評伝選　吉野作造（MINERVA日本評傳選　吉野作造）》，ミネルヴァ書房，二〇〇六年
田中惣五郎，《吉野作造》，三一書房，一九七一年
松尾尊兊，《大正デモクラシー（大正民主主義）》，岩波書店，一九七四年
松尾尊兊編，《近代日本思想大系17　吉野作造集》，筑摩書房，一九七六年
松尾尊兊，《大正デモクラシー期の政治と社会（大正民主期的政治與社會）》，みすず書房，二〇一四年
松本三之介，《近代日本の政治と人間（近代日本的政治與人物）》，創文社，一九六六年
松本三之介，《近代日本の思想家11　吉野作造（近代日本的思想家11　吉野作造）》，東京大學出版會，二〇〇八年
渡部亮，〈《大正デモクラシー》の政党化構想のゆくえ（《大正民主主義》的政黨化構想及其走向）〉，《史學雜誌》一二八—八，二〇一九年

石橋湛山

姜克實，《石橋湛山の戦後（石橋湛山的戰後）》，東洋經濟新報社，二〇〇三年
姜克實，《石橋湛山》新裝版，吉川弘文館，二〇一四年
長幸男，《石橋湛山の経済思想（石橋湛山的經濟思想）》，東洋經濟新報社，二〇〇九年
增田弘，《石橋湛山研究》，東洋經濟新報社，一九九〇年
增田弘，《石橋湛山》，中公新書，一九九五年
松尾尊兊，《近代日本と石橋湛山（近代日本與石橋湛山）》，東洋經濟新報社，二〇一三年

長谷川如是閑

板垣哲夫，《長谷川如是閑の思想（長谷川如是閑的思想）》，吉川弘文館、二〇〇〇年

田中浩，《長谷川如是閑研究序說》，未來社，一九八九年

長谷川如是閑著作目錄編集委員會編，《長谷川如是閑》，中央大學出版部，一九八五年

清澤洌

北岡伸一，《清沢洌（清澤洌）》，中公新書，一九八七年

佐久間俊明，《清沢洌の自由主義思想（清澤洌的自由主義思想）》，日本經濟評論社，二〇一五年

山本義彥，《清沢洌の政治経済思想（清澤洌的政治經濟思想）》，御茶の水書房，一九九六年

福田德三

池間誠，〈福田徳三の商人論（福田德三的商人論）〉，《一橋論叢》一三二—四，二〇〇四年

金澤幾子，〈『福田徳三年譜』および『福田徳三著作年譜』付索引（《福田德三年譜》與《福田德三著作年譜》付索引）〉，《一橋論叢》一三二—四，二〇〇四年

土肥恒之，〈大正期の欧州経済史学と「福田学派」（大正期的歐洲經濟史學與「福田學派」）〉，《一橋論叢》一三二—四，二〇〇四年

西澤保，〈福田徳三の経済思想——厚生経済・社会政策を中心に（福田德三的經濟思想——以社福經濟・社會政策為中心）〉，《一橋論叢》一三二—四、二〇〇四年

山内進，〈福田徳三の国際政治思想（福田德三的國際政治思想）〉，《一橋論叢》一三二—四、二〇〇四年

河上肇

石田雄，〈河上肇における異端への途（河上肇走向異端之路）〉，《思想》六六四，一九七九年

一海知義，《河上肇詩注》，岩波新書，一九七七年

一海知義，《河上肇と中国の詩人たち（河上肇與中國的詩人們）》，筑摩書房，一九七九年

大内兵衛，《河上肇》，筑摩書房，一九六六年

塩田庄兵衛，《河上肇》，新日本出版社，一九九一

住谷悦治，《河上肇》新裝版，吉川弘文館，一九八六年

住谷一彥，《河上肇の思想（河上肇的思想）》，未來社，一九七六

西川長夫，〈河上肇の《自叙伝》——河上肇における「没落」と「文学」（河上肇《自敘傳》——河上肇的「沒落」與「文學」）〉，《思想》六六四，一九七九年

蓋爾·李·伯恩斯坦（Gail Lee Bernstein）著，酒井真理譯，〈アメリカの研究視角から見た河上肇（美國研究視角下的河上肇）〉，《思想》六六四，一九七九年

古田光，《河上肇》，東京大學出版會，一九七六年

河合榮治郎

社會思想研究會編，《河合栄治郎　伝記と追想（河合榮志郎　傳記與追想）》，社會思想研究會出版部，一九四八年

松井慎一郎，《戦闘的自由主義者　河合榮治郎（戰鬥的自由主義者　河合榮治郎）》，社會思想社，二〇〇一年

松井慎一郎，《河合栄治郎（河合榮治郎）》，中公新書，二〇〇九年

吉野信次

吉野信次追悼錄刊行會編著、發行，《吉野信次》，一九七四年

赤松克麿／赤松明子

思想的科學研究會編，《共同研究　転向（共同研究　轉向）》上，平凡社，一九五九年

渡邊悦次、鈴木裕子編，《運動にかけた女たち（為運動付出的女子們）》，ドメス出版，一九八〇年

大山郁夫

大山郁夫記念事業會編，北澤新次郎等人監修，《大山郁夫伝（大山郁夫傳）》全二卷，中央公論社，一九五六年

荻原隆、梅森直之編，《藤原保信著作集》六，新評論，二〇〇五年

黒川みどり，《共同性の復権（共同性的復權）》，信山社，二〇〇〇年

堀真清，《大山郁夫と日本デモクラシーの系譜（大山郁夫與日本民主主義的系譜）》，岩波書店，二〇一一年

第十八章 近代日本的女性歷程

中村敏子

前言

本章將帶領讀者閱覽女性們是如何在明治時代之後的近代國家中開闢屬於自己的道路，同時配合歷史事件，來對在事件中發揮重要功能的人們進行解說。

明治維新之後，為了建立新國家，各種運動進行得如火如荼，女性們也逐漸參與其中。其中包括了以女戶主的身分要求選舉權的楠瀨喜多、活躍在民權運動中的岸田俊子，以及受到該活動影響而投身政治活動的福田英子等人。

然而，當時序進入明治初期的混亂逐漸平息、政府逐漸整頓體制的時期後，國家的政治便開始排除女性。曾有一段時間，區町村的女戶主被認定為有權者，然而到了一八八八年，便規定只有男人才能是有權者；緊接著在一八八九年，與《大日本帝國憲法》同時發布的《眾議院議員選舉法》中，也同樣規定僅有男人擁有選舉權。除此之外，在一八九〇年，《集會及政社法》中也禁止了女性參加政治集會。後來，女性想成為律師的道路，也因為一八九三年的《辯護士法》被封鎖起來。

一八七九年，教育令規定小學校之外的男女需分班授課。接著在一八九〇年代，賢妻良母教育開始施行，在「女主內」的性別分業思想下，高等教育的對象也排除了女性。不過，由於女性在面對男醫師看診時會有所排斥，因此或許是出自對女性作為「生產性別」（産む性）的保護，一八八四年時，女性被允許參加「醫術開業試驗」。次年，荻野吟子便成為了擁有正式醫師執照的第一號女醫師。

面對政府如此的意向，女性們選擇自己成立高等教育機關（例如津田梅子的女子英學塾、吉岡彌生的東京女醫學校等），讓自己的才能開花結果。一九〇一年，以與謝野晶子詠出女性心境的短詩《亂髮》（みだれ髪）為首，許多女性展現了自己的才華，例如上村松園透過日本畫表現出了凜然的女性，川上貞奴以及於一九一一年飾演《玩偶之家》娜拉的松井須磨子成為了活躍的女演員，三浦環則從東京音樂學校畢業後成為該校的助理教授，其後更投入歌劇界，在世界翱翔。接著在一九一一年，由平塚雷鳥（平塚らいてう）等人創刊了女性的文藝雜誌《青鞜》，宣言女性的自我解放。一九一三年，不管文部省表現出為難之色，東北帝國大學仍接受了黑田千佳（黒田チカ）等三位女性入學，開啟了女性在最高學府中的學問之路。

其間，受到社會主義、無政府主義以及普選運動等的影響，女性們為了改善自己的處境，也開始組織團體的活動。一九〇二年，市川房枝及平塚雷鳥組織了「新婦人協會」；一九二一年則有女性組成的社會主義團體「赤瀾會」。作為這些運動的成果，《治安警察法》於一九二二年修正，女性開始能夠參加政治集會，於是追求參政權的運動等便更加快了腳步。

而在女性參政權方面，一九二三年雖有〈婦人參政建議案〉被送進國會，但最後在一九二五年的《普通選舉法》中，仍規定只有男性才有選舉權。其後，為了參與地方自治，又有〈婦人公民權法案〉被送進國會，卻仍以不成立告終。直至日本在第二次世界大戰戰敗的一九四五年年底，女性才終於得到選舉權。

司法方面，《辯護士法》於一九三六年修正，律師之路也向女性開放。一九四〇年，畢業於明治大學法律女子專門部的久米愛、田中正子、武藤嘉子便成為了律師。不過直到一九四九年，第一位女性法官與檢察官才誕生。

雖說在東北帝國大學錄取女性學生之後，也有零星大學接受女性入學，但真正從國家方針層面實現男女共學及教科同等化，則還必須等到一九四五年《女子教育刷新要綱》的出現。

從這些國家對女性的政策來看，為了將女性限制在家庭的職責內，她們被從政治、社會活動等公共領域排除，同時也能清楚看到推動以此為目的的教育方針的行為。不過，在上述領域之外的地方，女性仍可以稱得上是能自由活動的。

本章將會介紹在這段歷史脈絡中宣揚女性的自我解放，並且為了爭取權利活動的與謝野晶子、平塚雷鳥、山川菊榮、市川房枝，以及從女性觀點來提出歷史新見解的高群逸枝。她們不僅透過各自的生活方式來展現女性的生存方向，也相互在與女性相關的問題上進行過論爭。瀏覽她們的人生，或許也能使女性相關問題的本質更加清晰明朗。

與謝野晶子（一八七八—一九四二年）

與謝野晶子，於一八七八年出生於堺市的和菓子老店，為家中三女。因其父親希望男丁出生，故於少女時代飽受父親疏遠。自女校畢業後，晶子過著一面幫忙店務，一面讀書的日子。她相當喜好歷史、古典文學，或是江戶時期的文學，其中《源氏物語》更是她的愛讀之書。

二十歲左右，晶子有了表現自我的欲望，受到經營文藝雜誌《明星》的與謝野鐵幹所創作的短歌吸引，自己也隨之吟誦起來。隨後，她與已婚者鐵幹發展為戀愛關係，並於一九〇一年前往東京，於鐵幹家中開始同居生活。同年秋天，二人便結了婚。

晶子的第一本歌集《亂髮》（一九〇一年），即是在這背景下出版的；在歌集中，她將女性作為「擁有肉體的存在」，並誦出其真實心情，這是她為了將自己的「真心」（まことの心）表現出來而吟誦的作品。一九〇四年，她因思念參加日俄戰爭的弟弟而寫的「你可千萬別死啊」（君死にたまふことなかれ），雖然也能被視為批判天皇的一節，但這也能看作晶子因徹底站在自己、也就是「私」的「真心」的立場上，才有辦法對「公」做出批判。也因此，面對針對該句的各種批判，晶子不為所動，除於《開文》（ひらきぶみ，一九〇四年）中，表示唱出「真心」才是重中之重外，還更近一步於次年的《戀衣》中再次收錄了該作。

一九〇八年，晶子在《明星》廢刊後，為了生活，除開始對《源氏物語》進行口語翻譯之外，同時也開始針對女性問題進行探討、書寫社論。她認為，女性應該要站在自己也是「人」的自覺上，「自愛、自重」與自立。一九一一年，平塚雷鳥創刊《青鞜》，其登載於創刊號的〈漫言〉（そぞろこと）就清楚表現了晶子這方面的思想。在這首以「巨山動搖的日子來了」開始的詩中，晶子寫道：「我想用第一人稱來寫事，因為我是女人。我想用第一人稱來寫事，因為我是女人，我是女人。」宣言要將作為女性的自己所感覺到的事物，以自己的方式自由表現。對於晶子來說，先確立「自己」，再表現事物，才是生命的基本。

晶子雖加入了《青鞜》的贊助會員，但後來為了跟隨早在一九一二年就前往巴黎的鐵幹而旅歐，變得只有投稿，並且對意味著「青鞜社女性」的「新女性」們採批判態度。因為「新女性」們缺乏晶子認為最重要的「個人自發的力量」，無法藉由有系統的思想來對抗男性。[1]晶子將「女性」這一存在的心情、肉體都看作屬於自身的事物，重視「自己絕對的尊嚴」，於是在一九一六至一九一八年，在賣春與母性相關議題上，與平塚雷鳥、山川菊榮等人開始了論爭（請參照本章「山川菊榮」條目）。

特別在「母性保護」相關的論爭中，重視「成為自立的人類」的晶子，認為生孩子也屬於「自己」的意志，拒絕依附國家；雷鳥則提倡母親的重要性，主張國家應對其給予保護。晶子甚至批判雷鳥、市川房枝於一九二〇年成立「新婦人協會」，要求國家應管理患有性病的男性結婚一事。這是由於晶子將「自己」作為最優先思考，認為人不應輕易依附國家的緣故。晶子表示，女性應該也要求擁有選舉權，讓自己能夠參與國家的決定。[2]

晶子主張女性藉由自立，來創造男女的對等關係，因此認為有必要應將賢妻良母教育更改為平等教育。接著在一九二一年，她受到西村伊作的邀請，參與文化學院的設立。該學院的目標是希望透過男女共學，來讓每個人的創造力能夠自由發揮，而晶子在此處也將男女都打造成「完全的個人」作為學院的主要目的。

此外，晶子在一九二一年提到：「怎樣才算『像個女人』？」對於試圖以「像個女人」這一話語束縛女性行為的討論，反駁說重要的應是「像個人類」，並主張為了讓女人能「在各方面都基於個人的自由意志」來活動，應給予女性自由。[3]

耐人尋味的地方在於，晶子的主張皆並非參考西洋思想。在〈女子之獨立宣言〉（一九一一年）中，晶子係以〈五條御誓文〉、「憲法」、〈教育敕語〉為依據，對尊重「每個人的個性、權利與自由」進行論述；而在〈婦人亦要求參政權〉（一九一九年）中，則主張之所以要求女性參政權，並非是以「世界大勢」為由，而是基於「個人自發的要求」。

直至最後，她與丈夫都從事與文學相關的事業，在過著養育十一位孩子的家庭生活中，最終於一九三九年完成了其畢生事業——《源氏物語》的全譯。可以說，與謝野晶子是位始終將作為一介女性的自己置於世界中心、試圖以「個人」來生存的人物。

平塚雷鳥（一八八六—一九七一年）

平塚雷鳥，本名明，一八八六年生於明治時期的政府官吏之家，為家中三女。少女時代對學校的賢妻良母教育失望，並逐漸對禪產生興趣。一九〇五年，開始上禪道場，自日本女子大學畢業的一九〇六年，達到「見性」（悟道的第一階段）境界。她將此事稱為真我的「第二次誕生」，從此之後，遂僅以透過禪修所體會到的、存於自身內心的意識來行動。

其後，明為了修習英文而進入成美女子英語學校，接著在教師生田長江的建議下開始寫小說。以此為契機，她與有妻之夫的小說家森田草平變得親近，最終於一九〇八年引發殉情未遂事件（即塩原事件）。平塚雷鳥（明）重視自身內在的意識，認為連「死亡」都應經過自己的判斷。

一九一一年，在生田的建議下，與友人一同創刊了以發揮女性才能為目的的雜誌《青鞜》[4]。載於在創刊號封面的是，後來成為高村光太郎之妻，並以《智惠子抄》知名的長沼智惠（長沼ちゑ）所畫的圖。在創刊號上，明以「起初，女性實為太陽」為始的文章，寫下創刊之詞，並從此之後以「雷鳥」自稱。

在這個時間點，投入禪修的雷鳥重視的只有自己內在的意識，並未擁有思想的基礎。因此她的思想非常主觀，可以是一位想做什麼就做什麼的女性，而這也是青鞜社中的女性的共通特徵。她們完全不以社會角度去思考，因此也可能成為社會的威脅。於是，她們成為了令人感興趣及非難的對象，並有了「新女性」的稱呼。

一九一三年，《青鞜》出了「新女性」特輯，嘗試對這種狀況進行反擊。此時的雷鳥接觸了瑞典的女權運動家愛倫．凱（Ellen Key）的著作，翻譯其作品〈戀愛與結婚〉（Love and Marriage），開始將凱的「母性主義」作為自己思想的基礎。而《青鞜》這種內容的思想化，也引發了接二連三的禁發處分。

一九一二年夏，雷鳥邂逅了小自己五歲的新生畫家奧村博，並於一九一四年開始同居。此時的雷鳥認為國家制定的結婚制度是對女性的壓迫，因此並未登記。雷鳥於《青鞜》雜誌上發表的〈致雙親，關於獨立〉[5]，內容便談到了此事。這封信的發表方式與內容，充分表現出了雷鳥的特徵。雷鳥會透過在《青鞜》上公開自己心情與個人行為來獲取女性們的共鳴，因此將本該直接交給雙親的私信公諸於世，亦屬於這方式的表現。

總是不考慮他人、只依自己內在意識來行動的雷鳥，直到遇到奧村博，才第一次想與他人建立關係。而在建立關係上，她所參考的是愛倫・凱的思想。雷鳥將凱「不管何種婚姻，若其中存在戀愛感情，那就是道德的」的思考方式作為思想根據，僅靠著自己的戀愛感情，就正當化了自身的同居行為。[6]此外，她與丈夫的關係，本身就類似於「母性主義」。雷鳥在描寫博時，總會表現為自己「愛護」、「溫柔對待」的對象。代表在這段同居生活中，雷鳥以自己的主觀意識來行動的模式仍舊不變。若說哪裡有變化，也許就是在她原先的行為模式上，又多加一個「母性」的主觀了。

與博開始同居後，至今以自己的主觀來生活的雷鳥，逐漸煩惱自己在與博的生活中應是何種定位，以及自己作為《青鞜》責任編輯的職責之重。為了拯救自己，雷鳥於一九一五年將《青鞜》的主導權轉交予伊藤野枝。[7]後來，雷鳥意外懷孕，煩惱起「『個人』的生活與『性』的生活」間的矛盾。雷鳥於一九一七年產下長子後，寫作工作及育兒的疲勞，使她產不出奶水，這讓她逐漸意識到母性保護的重要性。一九一八年起，雷鳥加入論戰，她在母性保護議題中的立場，或許正有著這段經歷造成的影響。

在這場論爭當中，雷鳥認為生兒育女是只有女性才有的社會義務，一方面也是攸關國家社會命運的工作，因此要求國家應對母親進行保護。對於重視主觀的她來說，國家只是在生存上的一個條件，因此按照自己的主觀，不應拒絕接受國家保護。雷鳥不僅向國家要求母性保護，在一九四一年，當長子接受軍隊儲備幹部考試時，因認為戶籍上顯示的「私生子」會不利於他，因此她終於辦理了在同居之初被她認為是壓迫女性的法律婚姻手續，姓名變為「奧村明」。

母性保護論爭後的雷鳥，除了繼續以自己的主觀來行動外，也逐漸關心起與女性有關的社會狀況。一九二〇年，她與市川房枝等人一同設立「新婦人協會」。次年，因身體抱恙而退出活動。不過，後來似乎受到無政府工團主義（Anarcho-syndicalism）吸引，一九三〇年開始進行消費合作社運動，並在高群逸枝的號召下加入「無產婦人藝術聯盟」。雷鳥相當讚賞高群逸枝，稱她為自己「精神上的女兒」。

戰時，為避免被國家強迫協助戰爭，雷鳥於一九四二年比其他人更早疏散到了茨城縣。通常來說，母性主義多受國家撻伐，但雷鳥的判斷，也能稱得上是符合她強調自己的主觀高於一切的性格了。戰後，她站在「母性主義」的立場，參與了全面講和、反對安保等恢復和平的各種運動。

平塚雷鳥是位始終以自身內在的主觀為基準來行動的人。她透過公開自己作為女性的心情與主觀的判斷，引起了許多女性的共鳴，並藉此展現了在男性觀點建構的公共社會的「客觀性」之中，以「女性的主觀」與之抗拮的的過程。

山川菊榮（一八九〇—一九八〇年）

山川菊榮，一八九〇年出生於東京，排行家中老三。父親為從事食用肉的製造與保存工作，母親則為水戶藩弘道館教授的儒學者之女、東京女子師範學校的第一屆學生。自東京府立第二高等女學校畢業後，一九〇八年進入女子英學塾預科就讀。此時，她和與謝野晶子、平塚雷鳥相識，開始關心起社會問題。隨後，又在看過工廠勞工的狀況後受到衝擊，開始調查國外關於女性問題的狀況。一九一二年，自女子英學塾畢業後，從事翻譯兼職等工作，同時著手翻譯、介紹與女性有關的國外著作。

菊榮登上論壇是在一九一六年的廢娼論爭時。在登載於《青鞜》上的論文中，伊藤野枝批判矢嶋楫子等人所創設、並推動廢娼運動的「日本基督教婦人矯風會」過於偏狹，認為娼妓的存在是建立在「男性本來的需求與長久的歷史」之上，因此廢娼相當困難。對此，菊榮則主張，即使有此種根據，對女性不利的制度仍應廢止，社會制度是由人類建立，因此也可由人類改變。接著，又表示公娼較私娼更不正當且有害，故應優先廢止公娼。此為菊榮對政府打算消滅私娼的政府方針所做出的批判[8]。

與謝野晶子同樣從倫理、衛生的觀點批判了政府的方針。她主張娼妓的出現是由於男女性欲的不平等，因此應取締男性，並從個人主義的立場，反對國家承認娼妓存在的公娼制度[9]。

一九一六年二月，她在參加大杉榮等人主持的平民演講會後遭到拘留，並在此時認識了山川均，在山川均的委託下，菊榮提出了〈公私娼問題〉，從各方面以實證的方式論述公私娼的問題，展現了菊榮的力量。菊榮在文中表示，賣淫制度的根本，在於私有財產制度造成的貧富懸殊以及婦人的屈從，因此需要改革社會制度。菊榮提出了豐富的資料，表示政府優待公娼的方針在風紀上、衛生上都是錯誤的；男性的性欲與女性為娼，都是由於環境及經濟原因造成，因此取締並沒有用。

菊榮更進一步將該論點背後的「貞操觀念」攤到陽光之下。她表示「貞操」是男性用來拘束女性的概念，是「男性征服女性的象徵」。菊榮認為女性地位越高，娼妓的數量就將越少，且有必要透過「男女交際的自由」及「自制觀念」的發展來建立兩性關係[10]。

一九一六年十一月，菊榮與山川均結婚。隨後發現自己染上肺結核，被迫暫時過上一段療養生活。一九一八年起，她再次開始寫作活動，並逐步參與了與謝野晶子、平塚雷鳥在如何看待女性自立與母親責任議題而交火的「母性保護論爭」當中。菊榮將二人的立場統整為「女權」的主張與「母權」的主張，分析她們的論點，一方出自資本主義興盛期，一方則出自資本主義問題產生的時期，擁有不同的歷史背景。接著她主張，女性視自己的能力去選擇勞動或是作為母親生活的權利都應被承認，不管是晶子主張的經濟自立，還是雷鳥主張的母性保護，都是現今社會值得實現的目標。再者，她表示，女性的家務勞動之所以不受待見，是由於經濟組織將生產商品以外的勞動都視為無用的結果，為了改變這個狀況，則必須直接改變經濟關係本身。

菊榮的實證性與理論性在這場論爭中顯得相當突出，且對女性的「性」本身做了更深的考察。一九二〇年至一九二一年，她針對生育調解做了大量論述，認為「戀愛自由與對母性的選擇權，是婦人解放上最基礎的二大要素」，主張透過生育調節，讓女性可依據自身的意志，選擇是否為人母的這種「自主母性」的重要性。一九二二年，她與社會主義者石川三四郎就生育調節問題進行論戰。社會主義者原先便反對將貧困的原因歸咎於人口過剩的馬爾薩斯主義，也反對生育調節，石川三四郎則基於此立場，更進一步認為避孕是反對「人類自然性」的行為。對此，菊榮表示生兒育女會對女性生活產生重大影響，故主張女性在生育上的選擇權。此處她也引用了豐富的國外資料，說明她主張的內容將會對社會產生良性影響[11]。

而在另一個議題，也就是與「性」有關的問題上，菊榮翻譯了愛德華．卡彭特（Edward Carpenter）的《戀愛論》以及有關同性戀的著作，她將卡彭特評價為與德國社會主義者、著有《婦人論》一書的倍爾（August Ferdinand Bebel）並駕齊驅的人。可見菊榮對於男女都在「性」方面是否有自己的決定權的重視。

一九二〇年代，菊榮為了將女性問題反映在社會主義的活動中，進行了活躍的評論活動。一九二一年，為了建設社會主義社會，她與伊藤野枝等人一同設立了「赤瀾會」，隨後又主張無產政黨的綱領應包含女性的要求，或是工會應設有婦人部門等，提出了各項女性的要求。

此時期，勞工運動與社會主義運動逐漸盛行，但同時受到的壓迫也相當嚴重。一九三一年九一八事變後，山川均被警察拘留數次，過了一段痛苦的生活，菊榮則試圖透過養鵪鶉來擺脫這樣的困境。戰時，菊榮持續向報章雜誌投稿諸多文章，而其中較特別的，便是受到柳田國男的影響而寫的《武家的女性》、《我住的村子》等社會史級別的著作，因為這是造就她在戰後繼續創作《女二代之記》、《備忘錄：幕末的水戶藩》的前因。

戰後，她於一九四七年加入日本社會黨。同年，成為片山哲內閣下的勞動省婦人少年局的首任局長，推動女性相關政策。後來，菊榮在寫作活動的同時，一方面也為了解決女性的問題，參與了各種團體的活動。

山川菊榮是位在吸收了國外豐富資料與各式思想後[12]，將女性個人的觀點與社會結構的觀點綜合分析，試圖營造一個男女都能依照自由意志來生存的社會。她是個會一面深化思考一面行動的人，現代女權主義探討問題，幾乎都是她考察的對象。換句話說，山川菊榮就像是女權主義巨擘般的人物。

市川房枝（一八九三—一九八一年）

市川房枝於一八九三年出生於愛知縣的農家，為家中三女。父親因女兒的出生感到沮喪，對妻子也相當粗暴，此景便是使房枝走上女性運動的原點。不過，悔於自身無才的父親，卻也勸誡孩子們要勤學向上。

自尋常高等小學校畢業後，房枝希望前往有哥哥在的美國，並在那裡念書，於是向公所提出了申請，不過卻因為太過年輕，被警察阻止登船。後來，房枝前往東京，進入女子學院，不久後歸鄉，十六歲就當上了尋常小學校的代用教員。一九〇九年，進入愛知縣的第二師範學校女子部就讀，在學中，社會發生了日韓合併、大逆事件、《青鞜》創刊等事，但她並未太感興趣。一九一三年，房枝成為尋常高等小學校的訓導，不過卻受到男女薪資不平等的待遇。在此時期，房枝受到當時大正民主的影響，接觸到了各種思想。

一九一七年，房枝成為名古屋新聞第一位女記者，一年後前往東京，在兄長的介紹下，師從山田嘉吉、山田和佳（山田わか）夫婦。山田和佳是母性主義者，重視女性在家庭的功能，亦曾投稿《青鞜》，參與母性保護的論戰。在此機緣之下，房枝認識了雷鳥，並於一九一九年開始共同為了設立「新婦人協會」而活動。

「新婦人協會」運動的訴求，主要以修正禁止女子參與政治活動的《治安警察法》第五條，以及限制患有性病的男性結婚為主。不過，由於後來與雷鳥產生矛盾，房枝於一九二一年辭去會內職務，前往美國。

在美國，房枝居住在當地的家庭中，並在此見識到了各式各樣的團體。而對房枝起到最大影響的，是她認識了婦女選舉權運動人士艾麗斯．保羅（Alice Paul），並受其邀請投入婦女選舉權運動。一九二四年，房枝回國，成為設立在日本的國際勞工組織（ＩＬＯ）的東京分局成員，同時致力於「婦人參政權獲得期成同盟會」的活動。其間，她努力審視與勞工問題有關的各種條約，但後來為了全心投入婦人運動，於一九二七年離開ＩＬＯ，為女性爭取權利的路上不斷前進。

自此時開始至戰爭期間，房枝的活動可總結出以下幾個特徵。首先，她行動的最大目的在於「爭取婦人權利」，只要目的相同，不管是支持什麼思想的人，她都願意合作。她始終爭取女性們在參與政治結社上的結社權、參與地方自治的公民權，以及參與國政的參政權，許多女性跨越了思想的不同，聚集到了她的運動中。此外也可看出，房枝在組織、推動此類活動上的事務能力也是相當卓越的。在由女性展開的選舉整肅運動、瓦斯費降價運動、東京批發市場營運相關運動中，女性學到了推動運動的方法，並積累了經驗。另一方面，房枝等人也以「需要讓女性了解如何行使參政權的教育」為由，主張學校科目中應加入「公民」。

不過，在時代逐漸進入戰爭時期後，房枝因為這類活動而被捲入了協助戰爭的潮流中。首先，她與母性主義者、重視女性家庭功能的人們之合作行為，變質為主張女性權利的內容。起初「天賦人權」、

「作為日本國民的權利」的主張，逐步變成了以女性在家庭中的職責為前提的「母子福利」、「灶房與政治的連結」的主張。或許，這與她試圖與政府方提出的「女性參與政治將使家族制度產生動搖」主張對抗所致。然而，她的做法卻使得戰況惡化的國家能夠更容易地動員家庭內的女性。此外，因其事務能力、運動組織能力受到高度評價，房枝於戰時擔任了超過二十個國策組織的職務，主張國家的政策推行組織中也應採用女性。

房枝自身曾表示，在軍部於一九三七年掌握政權時，她便考量了未來該如何應對。當國家處於非常時刻，若女性能發揮實力、獲取功績，將有利於未來爭取婦人選舉權，因此才選擇幫助國策事務。接著，她反覆表示「我反對戰爭與軍部，但基於庶民的立場，我不得不選擇幫助」、「受人之託，也不便拒絕」、「婦人參與國策事務將有利於實現婦人參政權」等，主張她是被迫幫助的。

然而，房枝於一九三八年擔任國民精神總動員中央聯盟的調查委員後，便開始著手節約或緊縮國民生活，也曾為了更有效率地動員女性，提案主婦組織的一元化以及與鄰組的合作[13]。此外，她也參與過石原莞爾的東亞聯盟協會同志會，並在其建議下於一九四〇年前往中國[14]。至於此事，當時她的旅費雖由自己支出，但內閣情報部給了她介紹書，在上海透過特務機關（櫻機關）曾與汪兆銘會面，也出席過特務機關的中國婦人會議。此外，亦曾從南京搭乘軍用飛機前往漢口，在此進行了對前線士兵與對敵的喊話放送。

對於所有這些活動，房枝皆表示是受到強迫，或是為了女性參加政治而參與。然而，倘若她真是如此考量，那房枝可真謂是完全不了解自己的行為將會在國家政治環境產生何種意義，對於政治的理解是極其幼稚的[15]。

戰後，房枝的活動基礎——擴大女性權利、淨化政治，仍然不變。一九四五年十月十一日，在麥克阿瑟的指令下，指示賦予婦人參政權。一九四六年四月初，女性也能參加的總選舉首次舉行，誕生了三十九名女性議員，不過當時的房枝由於名簿漏記，未能參與投票。一九四七年，她因自身於戰爭時期的活動而被剝奪公權。一九五〇年限制解除後，她參選一九五三年的參議院議員選舉，提倡不使用金錢的「理想選舉」成功當選。其後總計共任五屆參議院議員。此外，她的「比起想出任的人，更應選想讓其出任的人」想法引起了部分人的共鳴，最終於一九六七年催生出了東京的「革新知事」。

市川房枝就這麼從戰前至戰後，始終為了擴大女性的權利而活動。然而，她並未構想女性獲得權利後，國家應該朝哪個方向走。因此在戰前、在將戰爭作為國策的國家中，房枝於推行國家政策的組織中主張「女性參與」的行為，反倒招致了女性需要協助戰爭的結果。不過，到了轉變為民主國家的戰後社會裡，其女性權利擴大與政治淨化[16]的主張便擁有了正當性，受到許多人的支持。

高群逸枝（一八九四—一九六四年）

高群逸枝，出生於一八九四年的熊本，為家中長女，父親是小學校長。因是父母祈求觀音而得，因此將逸枝稱作「觀音之子」。此事使逸枝逐漸相信自己天生特別，後來則因了解到父母當初是想求得男子而受傷。逸枝自幼隨父母學習漢典[17]，學校成績優異，後在父親的期望下於一九〇九年進入縣立熊本師範學校女子部就讀，次年因病受到退學處分。父親對此感到失望，並責備了逸枝。一九一二年，編入熊本女學校就讀，次年修畢，以成為小學教師為目標，但過程並不順遂，故打算進入鐘淵紡織會社當女工幫助家計。一九一四年，成為尋常高等小學校的代用教員。

一九一六年底，與橋本憲三成為筆友，不久便發展成戀愛關係。逸枝之後的人生，便充滿了自己與憲三之間的愛恨糾葛。在經過一段段迂迴曲折後，二人於一九一九年開始同居。[18] 一九二一年，逸枝發表詩集《日月之上》、《流浪者之詩》，一舉成名。一九二二年經歷死產，該體驗為其後來主張母性主義的女性研究給予了極大影響。

關東大地震後的一九二四年，二人開始租屋生活，但前去拜訪憲三的友人太多，使逸枝總為了他們終日打理家務。逸枝深刻體會到失去容身之處的女人，其立場會有多脆弱，對結婚制度造成的壓迫有了實際的體悟。其間，逸枝也曾被憲三怒言相向道「滾出去」。一九二五年九月，無法忍受的逸枝選擇了離家出走。此舉驚嚇了憲三，使他檢討至今的生活，並拚命尋找逸枝。再會時，逸枝確切感受到了憲三的「愛」，在發誓尊重「夫妻的尊嚴」後，二人重新出發。

一九二六年，逸枝發表《戀愛創生》。在此作品中，可以看見逸枝被強迫「屈從」的結婚生活所造成的影響。逸枝將當時有關女性的思想歷史分類為爭取女性權利的「女權主義」，以及愛倫．凱所代表的「女性主義」，接著提倡「新女性主義」，也就是以戀愛自由為基礎、廢止結婚制度的主張。

重要的點，在於「新女性主義」否定一切社會制度。因此，在國家中追求女性權利的「女權主義」、在經濟體制中追求平等的「新女權主義」都是其否定的對象。至於同樣重視戀愛的「女性主義」，逸枝也因其是以結婚制度為前提而論，因此給予否定。逸枝的理想是僅藉著戀愛來成立男女關係的狀態——「一切都由戀愛開始」[19]，戀愛自由將肯定女性的自然。只要確認這點，就會產生由完全的愛發展出關係、發展出真正的貞操，自然的母性也能受到保證。逸枝表示，這種理想的狀態，曾存在於古代的日本，「戀愛的自然性，特別是如同戀愛之王的婦人自然的地位與其權威都未曾失去過」[20]。她否定了國家、經濟、婚姻等所有社會制度，在古代的女性身上看到了理想。後來她傾向無政府主義、開始對古代日本女性的狀態進行研究，也只是理所當然的了。

從那之後到一九三二年為止，被認為是逸枝以無政府主義者的身分參與論戰、書寫政治論的時期[21]。需要注意的是，逸枝的「無政府主義」，採用的是最根源的意義，也就是「不受支配的狀態」，指的是國家、經濟體制、婚姻等社會制度一概不存在，國家權力、資產階級、男性的支配完全不存在的狀態[22]。

逸枝表示，女性問題必須以「女性可成為母親」的特殊性為前提來思考，主張所有黨派的女性都應統合為「女性」來進行政治活動，並以「自治共同體的聯合社會」作為理想的社會構想[23]。

逸枝的理想，便是「從戀愛發展而來的關係，可以保障女性的生殖自由，透過自治的生活，母性可以充分發揮」[24]。在社會制度甚至也不存在的這種狀態下，近代社會便不可能產生公共與私人領域的區別。因此逸枝表示，「在正確的社會及社會思想中，私事並不存在，私事會立刻成為公事，公事也是自己的私事」[25]。

一九三一年，逸枝夫妻移居到了位於世田谷的新居。她將本居宣長的《古事記傳》擺在眼前，開始了漫長的研究生活。就像本居宣長以詳細的文獻研究排除中國的影響，尋找日本原來的特徵一樣，逸枝也透過尋找豐富的資料，試圖將中國、以及西洋近代的影響，從圍繞在日本女性的狀況中剝除。這項工程，也如同將男性支配的表層剝離。最終，其成果就是一九三八年出版的《母系制之研究》[26]。逸枝在其中展示了詳細的資料，證明母系社會曾存在於古代日本，甚至是有可能顛覆日本天皇制度國家的論點，即日本天皇的皇位最高統治者是「萬世一系」的男性天皇。

不過，在日本逐漸走向戰爭的過程，逸枝的論點卻朝著不同的方向展開。她以日本古代的自然為媒介，逐漸投入神道。她開始反對如同踐踏自然的西方式權力，讚揚基於愛與自然的日本形態。接著又高度認同日本是透過婚姻政策，以和平的方式轉向父系制的天皇制國家。雖然愛與自然的基調相同，但她一反過去反對一切社會制度、尋求自治的無政府主義者時代，其論點相當容易與當時日本的「八紘一宇」構想結合[27]。於是，熱愛祖國的逸枝，在戰時為國家奉獻的女性們寫了許多短論。

因此，日本戰敗對於逸枝來說是個很大的打擊。不過在另一方面，這也被認為是對她的一種解放。之所以這麼說，是因為她在一九四六年撰寫〈女性的被壓迫史〉、〈被壓迫的女性〉，並開始寫起《日本女性社會史》（一九四七年出版）。寫完這本書的逸枝，在日記中提到了自己創造了「女性史學」這一新學問的感動。不過由於生活拮据，她的研究生活，是倚靠許多友人的援助才得以持續[28]。在此之後，逸枝仍沉浸於有關女性的歷史研究，出版了展現婚姻形態由訪妻婚（妻問婚）轉變到招婿婚（入贅婚）的大作《招婿婚之研究》（一九五三年）等諸多書籍。

直到最後，逸枝都不是孤獨的民間研究者，晚年似乎受到學會高度評價，成為了史學會會員、歷史學研究會會員。一九五四年，受招待參加宮中的園遊會。一九六三年出版《日本婚姻史》後，三笠宮崇仁更為其寫過祝詞。

對於長久以來以男性視角來分析的歷史學，高群逸枝選擇透過閱覽古代典籍，描繪出了女性的歷史。她的論文，至今也在歷史學界中作為促使人們重新探討女性史的論著。

注釋

1. 〈婦人改造と高等教育〉，鹿野政直、香内信子編，《与謝野晶子評論集》，岩波文庫，一九八五年。
2. 晶子後來也為市川房枝等人的婦人選舉權運動給予了幫助。為籌集資金，她提供了色紙與短冊，並為一九三〇年的全日本婦選大會的《婦選之歌》作詞。丈夫與謝野鐵幹則為《普選之歌》作詞。兩首皆為山田耕筰的曲子。（市川房枝，《市川房枝自伝　戦前編》，新宿書房，一九七四年）
3. 〈女らしさとは何か〉，鹿野政直、香内信子編，《与謝野晶子評論集》，岩波文庫，一九八五年。
4. 雜誌名為生田提案，源自在倫敦沙龍活動的女性的稱呼——藍襪（BlueStockings）。
5. 小林登美枝、米田佐代子編，《平塚らいてう評論集》，岩波文庫，一九八七年。
6. 小林登美枝，《平塚らいてう》，清水書院，一九八三年。
7. 野枝成為編輯後，廢除了之前的規章，採取了向所有女性開放的方針，並在其後展開了「貞操論爭」、「墮胎論爭」、「賣淫論爭」等。次年，野枝與丈夫分手，與自由戀愛論者大杉榮成為戀人。此事導致了後來大杉被神近市子刺傷的「日蔭茶屋事件」，神近市子是大杉的另一位情人，並在經濟上支援著他。《青鞜》因此事與其他原因，進入無限期停刊。

8. 堀場清子編，《「青鞜」女性解放論集》，岩波文庫，一九九一年。

9. 〈私娼の撲滅について〉，鹿野政直、香内信子編，《与謝野晶子評論集》，岩波文庫，一九八五年。

10. 原題為〈公私娼問題〉的論文，後來被改名為〈現代生活與妓女〉（現代生活と売春婦）、收錄於《山川菊榮評論集》（鈴木裕子編，岩波文庫，一九九〇年）中。關於「貞操觀」也請同樣參照該論文。

11. 〈産児制限論と社会主義〉、〈避妊是非について再び石川三四郎氏に与う〉，《山川菊栄集》二，岩波書店，一九八二年。

12. 菊榮翻譯了許多國外的主要文獻。其中包括倍倍爾、列寧、法安那托爾．佛朗士、克魯泡特金、瑪格麗特．山額、菲利浦．拉普帕波特、柯倫泰、喬治．道格拉斯．霍華德．科爾、韋伯倫等，內容多樣。此外，她還撰寫了沃斯通克拉夫特、愛倫．凱、羅莎．盧森堡、克拉拉．蔡特金等人的介紹論文。此外，為了探討社會問題，更曾親自從英、美獲取書籍與統計資料，其學習量可與學者匹敵。

13. 以上有關房枝在戰爭中的言行，可參考市川房枝，《市川房枝自伝　戦前編》（同前注）。

14. 石原莞爾為關東軍參謀，是引發九一八事變、成立滿洲國的軍人。當時因與東條英機對立，被排除在軍隊主流之外。房枝因贊同石原對於中國的想法，在前往中國前訪問了石原，並對其產生了好印象。（市川房枝，同前注）

15. 於戰後完成的自傳中，她毫不隱瞞地寫下了這些內容。對於奧武芽緒（奥むめお）稱房枝等人的活動「轉變成了國策宣傳負責人」的批判，表示「感到相當意外」（市川房枝，同前注）。從這來看，她可能真的認為自己正在反戰。到了戰後，她之所以會對剝奪公權的處分感到震驚，也許也是出自這種自我意識。

16. 房枝始終對政黨抱有不信任感。從戰前的選舉肅清運動，到戰後理想選舉的動向背後便存在著這種不信任感。不過，她在戰爭期間攻擊政黨的行為，可以說起到了削弱政黨及議會政治的力量，最終幫助軍部掌握政權。

17. 這讓逸枝能夠輕鬆閱讀古籍，從而研究古代女性史。（鹿野政直、堀場清子，《高群逸枝》，朝日新聞社，一九七七年）

18. 一九二〇年，逸枝獨自前往東京，但次年被憲三強行帶回熊本，並在熊本懷孕。一九二二年，逸枝入籍，改名橋本逸枝。接著，她又拖著沉重的身體再次來到了東京。如此這般，在婚姻生活中的逸枝，總是處於被動方。

19. —20. 〈恋愛創生〉，橋本憲三編，《高群逸枝全集》七，理論社，一九六七年。

21. 特別是從一九二八年到次年，她與山川菊榮展開了論戰。追求適合女性的社會結構的菊榮，與否定一切社會制度的逸枝，二人的論點完全沒有可容納對方的空間。此外，據說無政府主義時期的逸枝，其著作有相當一部分被當時從事編輯工作的憲三自全集中刪掉，且戰爭時期的著作也有同樣狀況（秋山清，《自由おんな論争》，思想の科学社，一九七三年）。這讓未來人們在探討逸枝的整體人像時，產生了巨大困難。

22. 從逸枝與雷鳥等人於一九三〇年組成的「無產婦人藝術聯盟」的標語：「否定強權主義！」、「清算男性！」、「女性新生！」便可看出些許跡象。詳細解說請參照秋山清，《自由おんな論争》（同前注）。不過，「無產婦人藝術聯盟」的活動並不活躍，機關雜誌《婦人戰線》到了次年便也休刊。

23. 秋山清，同前注。

24. 在完全沒有社會制度的狀態中考慮男女原始關係的這點來看，逸枝的思想相似於湯瑪斯・霍布斯提倡的「自然狀態」。然而，霍布斯認為，婚姻關係的建立，必然會產生政治支配關係（中村敏子，《トマス・ホッブズの母権論》，法政大學出版局，二〇一七年）。因此，可以說逸枝追求的是不會如此演變的過程。另一方面，福澤諭吉認為，在「人類已臻完美」的文明終極狀態「文明太平」之中，將會出現沒有統治關係的社會。男女關係在該處是以各自的意志為基礎，透

過發自內心的「純粹愛情」而成立（中村敏子，《女性差別はどう作られてきたか》，集英社新書，二〇二一年）。逸枝的思想，可謂是從男女關係的角度出發，近乎等同在探討政治社會產生過程的根本問題。

25. 鹿野政直、堀場清子，同前注。

26. 一九三五年，憲三失去工作，之後他承擔下了所有家務，使逸枝可投入研究。而逸枝則是足不出戶，甚至謝絕來客拜訪，專心致志於研究之中。

27. 不過，逸枝或許仍認為變化並沒有那麼大。在她的天皇制國家觀中，認為存在於古代的「一君萬民」這種天皇愛護臣民的型態才是理想，而在其中追求權力的人，則會對這種理想造成阻礙。

28. 平塚雷鳥與市川房枝始終在物質、精神雙方面支援著逸枝。特別是市川房枝，更是提供了相當金額的經濟援助，但後來逸枝卻逐漸開始迴避房枝。過世前，因在住院問題上意見相左，最終導致關係完全破裂，房枝連葬禮都並未出席。後來，當上婦人少年局長後的山川菊榮，購買了《日本女性社會史》和《站在女性史學上》，將之放在各府縣的辦事處內。

參考文獻

秋山清，《自由おんな論争（自由女性論爭）》，思想の科学社，一九七三年

市川房枝，《市川房枝自伝　戦前編（市川房枝自傳　戰前編）》，新宿書房，一九七四年

鹿野政直、堀場清子，《高群逸枝》，朝日新聞社，一九七七年

鹿野政直、香內信子編，《与謝野晶子評論集（與謝野晶子評論集）》，岩波文庫，一九八五年

兒玉勝子，《覚書・戦後の市川房枝（備忘錄・戰後的市川房枝）》，新宿書房，一九八五年

小林登美枝，《平塚らいてう（平塚雷鳥）》，清水書院，一九八三年
小林登美枝、米田佐代子編，《平塚らいてう評論集（平塚雷鳥評論集）》，岩波文庫，一九八七年
鈴木裕子編，《山川菊栄評論集（山川菊榮評論集）》，岩波文庫，一九九〇年
橋本憲三編，《高群逸枝全集》全一〇卷，理論社，一九六六—一九六七年
濱名弘子著、福田清人編，《与謝野晶子（與謝野晶子）》，清水書院，一九六八年
平塚らいてう著作集編集委員会編，《平塚らいてう著作集（平塚雷鳥著作集）》全七卷，補卷一，大月書店，一九八三—一九八四年
堀場清子編，《「青鞜」女性解放論集》，岩波文庫，一九九一年
山川菊榮，《山川菊栄集（山川菊榮集）》全一〇卷，別卷一，岩波書店，一九八一—一九八二年

第十九章
沖繩言論人與亞洲思想潮流

比屋根照夫

前言

在本章的開頭，我想引用伊波月城（本名伊波普成）的一段話來做開場。

（前略）我知道有兩大問題正在世界縱橫發生。所謂兩大問題，縱看是女子問題，橫看則為民族自治問題。（〈粗枝大葉〉，《沖繩每日新聞》[1]，一九一三年四月十七日）

此即是說，世界正發生著一場為了恢復或者獲得權力，而由弱者對抗強者、被統治者對抗統治者所進行的新戰爭。本世紀可能是強者被弱者折磨的時代。

二十世紀的女性覺醒、女權擴張運動擴大、亞非殖民地國家民族獨立運動的興起、被壓迫者從壓迫者手中奪回或爭取權利的「新戰爭」——伊波月城將二十世紀的世界局勢視為被壓迫者對壓迫者進行的「新戰爭」，並從中摸索亞洲中的琉球、沖繩的定位。

探討亞洲琉球、沖繩的常識，與延續了約五百年的「琉球王國」的存在有著很深的關聯。一六〇九年，日本列島西南方的雄藩薩摩藩入侵琉球王國，在占領首里城的同時，注意到了琉球與有冊封、朝貢關係的清朝之間的鉅額貿易。以軍事力量征服琉球的薩摩，從與清朝進行的交易中搾取了鉅額利益。此後，琉球隸屬於薩摩，逐漸失去耀眼的「古琉球」之姿。

還有一點不能忘記，便是明治新政府斷然實行的「琉球處分」。關於琉球處分，雖說應當宏觀審視當時的國際關係，不過在此處，我們不妨先來看看當時的知識青年是如何突破這個動盪的時代，以及琉球、沖繩是如何認識被西方列強作為殖民地的亞洲之過程。

投入解決這些課題的，正是一八七九年琉球處分後，產生了新精神，並前往東京學習歷史、文學、社會、宗教等新學問的新生青年們。其中，身為沖繩學先驅者伊波普猷的胞弟，且語言才能出眾、對西方思潮有敏銳理解的伊波月城，更是新人世代的代表性存在。

不過，此處最重要的還是月城之前人們的活動。此處就不得不提到謝花昇、大田朝敷、伊波普猷等人。

謝花昇為了沖繩縣民的參政權獲得運動，賭上了自身的存亡，在運動受挫的同時，精神也出現異常，最終結束了自己的生命，是位近代沖繩悲劇的象徵性人物。謝花與大田朝敷等人一起作為第一屆縣費留學生，在琉球處分剛執行不久的一八八二年前往東京。隨後歷經學習院等處，進入了帝國大學農科大學。從該大學畢業後，謝花便立即返回沖繩，作為第一位沖繩縣出身的高等官，任職於縣政府。這位明治時期最高等的行政官，後與當時擁有絕對權力的奈良原繁知事因杣山的出售問題發生激烈衝突。面對辭職、下野，然後反覆批評知事的生活方式，月城等人是如何看待的？在月城等青年知識分子立足的《沖繩每日》中，他們如此高聲主張：[2]

現在本縣各地區，皆進入了盼望第二位謝花出現的時代。若無如此人物出現在地方為農民奮鬥，則沖繩只有滅亡。憂縣愛民的人們，必須為集合了大多數之幸福與利益而奮鬥。（〈粗枝大葉〉，《沖繩每日》，一九一四年二月十六日）

如上，月城等年輕言論人，將大正時代看作「盼望第二個謝花昇出現的時代」的變革期，渴望著為農民與下層人民「奮鬥」的人物出現。

而對於這位謝花農學士，他們又如何評價？

島尻郡東風平的已故農學士謝花昇先生是位大悲劇人物。他日若有人編纂沖繩民權史，謝花先生充滿波瀾及悲哀的傳記，定能作為其第一頁。（同前）

如上，他們高度評價謝花，認為「其充滿波瀾及悲哀的傳記」可做為沖繩民權史的「第一頁」，接著又將謝花的人生，與島崎藤村的名著《破戒》中的主人公丑松對部落歧視的苦惱作類比。此種將沖繩歧視與部落歧視為同一層面的觀點相當重要，因這清楚表明了沖繩言論人試圖在大正時期的民本主義思潮中復興謝花思想的意圖。而以下的文章，亦清楚說明了這點。

謝花昇先生是沖繩最早的民權論者，他為了沖繩的農民，不畏當時的官吏及沖繩的舊權威而反抗他們，最終失去了餬口之路。為尋一職，他流浪日本全國，雖終於有縣決定錄用他，卻也會在收到沖繩縣廳的通諜後，取消謝花先生的錄用，最終讓他在前往山口縣（？）的火車上發瘋，哀哉！（同前）

這段大致按史實描寫的謝花的悲劇生平，正是月城等年輕的言論人，對沖繩最早的「民權論者」謝花的感想。而謝花即便在「發瘋」後，仍然抱持著信念，走完了自己的命運。沖繩言論人的精神史，便是從此開始。

伊波月城（一八八〇—一九四五年）

琉球處分後的新人世代

伊波普成用過各種筆名，但他特別喜歡使用「月城」一名。他生於一八八〇年，胞兄伊波普猷生於一八七六年，大其四歲。月城出生於琉球處置的次年，普猷則出生於琉球處置之前。兄弟倆的誕生前後，此時琉球王國解體、明治新政開啟，正巧落在了近代沖繩的動盪期，兄弟倆互相合作，形成與沖繩相關的思想與信念。哥哥普猷在東京帝國大學文學系專攻語言學，致力於沖繩的研究，而弟弟月城則畢業於青山學院（亦有退學一說），活躍於沖繩的言論界。可以說兩兄弟正是生於明治時代的沖繩新人世代。

所謂的言論人，一般是指身負該時代的要求與課題，並探究時代矛盾的人，月城的活動也是如此。他的一生，激烈論難了明治日本國家的狀態、腐敗及墮落，對沖繩社會的現狀，也同樣進行了強烈的內部批判，追求著沖繩應有的理想形象。

更值得關注的是，月城並非僅將二葉亭四迷、提倡非戰論的內村鑑三及幸德秋水等思想家群像作為近代日本的言論，而是加入了琉球、沖繩的觀點，並從此展開討論的這一部分。從這個意義上來說，月城在日本近代思想史研究中，還是一個未發掘的人物。月城在他哥哥普猷光輝形象的背後，其實他思想的角度，是一刺向明治國家深處的銳角。而在國外層面來看，問題則在於辛亥革命的孫文、印度的泰戈爾、俄羅斯帝國的托爾斯泰、美國的華特．惠特曼（Walt Whitman）等人的言論，是如何反映到月城的亞洲認知中。

「舊人與新人」

接著，就讓我們先來看看月城在明治末期的沖繩展開了何種言論活動。一九〇九年九月三十日，創刊不久的《沖繩每日》上，刊載了月城以〈舊人與新人〉為題的散文。其中出現了以下的句子：

> 新事物與舊事物，是再如何也無法調和的性質。因為前者具有革命性，後者具有保守性。舊思想的人會排斥新思想的人，並視之為惡魔，這是理所當然的。也因為他們發黴的頭腦，怎樣也解釋不了至今沒出現過的新事物。

月城在此大聲宣言了「新人」世代該前進的道路。接著又說「舊人總是主張維持現狀，新人們時常高呼革新，日復一日地尋找新的事物」，將舊人與新人的對抗關係生動地展現成保守對革命、維持現狀對革新。月城等人透過提出這一新的世代概念，試圖將二十世紀沖繩的言論進行「革命的」、「革新的」變革。而這也正如同舊人與新人間的對抗關係。

那麼，這類言論活動又是以何種形式被呈現出來的？其中最具象徵性的案例，便是月城對同年「中頭農學校學生罷課事件」的言論。《沖繩每日》在登載了前述散文〈舊人與新人〉後的次月，十月十一日刊登的〈野人言〉中，有月城的這麼一段話。

長期以來，我以為沖繩不會有敢罷課的青年，直到聽到中頭農學校罷課事件時，我彷彿從長眠中甦醒過來般，心中生出一種光明。即使他們的行為應受譴責，但他們的精神仍值得愛戴。

該罷課事件的背後，被認為當時學校當局有對學生的「人種問題、排外思想、非文明行為」（〈中頭農學校學生罷課事件之調停〉，《沖繩每日》，一九〇九年十月十日）。該事件或許由於外來教師蔑視沖繩人的行為所引發；自琉球處分以來，外來教師在學校現場的優勢現狀導致了「學生激憤」，其結果便是一年級至三年級的學生全部發起「同盟停課」，最終發展成向學校當局提交了「退學申請書」的罷課事件。這篇文章流露出了月城聽到該事件時的高揚感，可以肯定他從中看見了新人世代的崛起。「彷彿像醒來了一樣，心中有一種光明」的感慨，就生動地說明了這點。接著，月城又陳述了其支持罷工的理由：

比起為了自己，他們選擇為了沖繩發洩憤怒。今日沖繩教育家對於生產如無骨水母等軟體動物而日夜煞費苦心，如此反抗此種惡風與奸惡的行動，真不得不為沖繩慶賀。為安邦興家，有志男兒們可務必保重。（同前）

月城在聽到這個事件後，之所以會表示「心中有一種光明」，是因農校生們與其單純地「為了自己」，寧願「為了沖繩發洩憤怒」。換句話說，便是月城從比起私人需求和利益，選擇為了沖繩、為了「公憤」而奮起（反抗）的農校學生身上找到了「一種光明」。而他所謂的「生產如無骨水母等軟體動物」，則是對當時面對沖繩現狀，不願做任何反抗、只為培養出沒有骨氣的沖繩學生而「日夜煞費苦心」的沖繩教師們所做出的尖銳批評。

因此，月城認為他們「反抗惡風與奸惡」的行動，是抵抗既有的權威，與沖繩發展、成長有相關的行為，而這也是新人世代的職責所在。此後，月城參照國內外歷史事實，強烈宣揚二十世紀初沖繩新人世代的使命。

相似的還有後來即將提到的尋常中學罷校事件，該事件發生於一八九五年，因師生對兒玉喜八校長的學校行政不滿而爆發。月城作為事件中的尋常中學生，又與胞兄普猷及後來的海軍少將漢那憲和等人一同參與該事件，心中的感慨也是非比尋常。

> 十三（十四）年前，沖繩縣中學也發生過罷課事件。當時的校長兒玉喜八先生認為不能教授沖繩人高等教育，廢除了英語科、免去下國教頭的職務，此事引起全校一同罷工罷課，兒玉先生最終不得不去臺灣，大家高呼萬歲，此事仍讓我記憶猶新。（同前）

為了不讓沖繩人接受高等教育而廢除英語科、讓反對此事的下國教頭休職，抑或是免去琉球古典

《思草紙》先驅研究者田島利三郎的職務，記得過去社會對於沖繩人種種歧視的月城，今日的教育界可以說是依舊「愚昧」。

因此，月城引用了古代以色列所羅門王在《舊約聖經》中說的話，「正如所羅門所說的，惡者即便不追，衝刺的善者卻如獅子勇猛，正義終為勝利者。與正義相抗之人，就如同踢踹帶刺之鞭」，讚揚著為「正義」而戰的學生們。

對青年義大利、青年土耳其的共鳴

此處筆者將引用一段月城經常吟誦的「伊太利（義大利）的愛國者薩佛納羅拉」的詩，因月城在這首詩中，看到了農學校罷課事件背後的沖繩教育界的腐敗，或是沖繩社會的實情。

如今賢與良收合羽翼
無智戲鬧、愚眾吶喊
奢侈因淫歌而羞
哲理說怪訝而傲
詐偽權柄肆意妄為
猥陋勝利充斥四方
我見之，沉於冀望之後……

這首詩收錄在內村鑑三編譯的《愛吟》中，是薩佛納羅拉詩作的一部分。薩佛納羅拉是義大利宗教改革的先驅者，因攻擊教會及僧侶的腐敗與墮落，而遭羅馬教皇驅逐。最終於一四九八年被作為異端分子拷問、處以火刑。

關於這首詩，月城表示：「唉，這首歌簡直表現了現代沖繩的窘況。」並進一步引用後段的話，他說：「這難道不是他反抗奸惡時代的吶喊嗎？人們都應感謝吟唱此詩的作者。」「吟唱此詩的作者」內村，是在日俄戰爭於一九〇四年二月爆發之際，與幸德秋水一同組成「非戰論」陣營的無教會派基督教思想家。月城在宗教層面上也崇拜、醉心於內村，他將內村翻譯的異端宗教改革者薩佛納羅拉的詩，稱為「描寫現代沖繩窘況的詩」、「反抗奸惡時代的吶喊」。從中可以看出月城在摸索如何在「奸惡時代」生存、如何站在「正義」的理念上改革的姿態。月城希望青年、新人世代崛起的期待，也符合了這點。而這樣的態度，在以下的句子中則表現得更加鮮明。

……我們的青年，可千萬不能對任何事都同聲附和。對於應抵抗的事物，就必須反抗。特別是在現代的沖繩，個人與個人之間，除了個自的利害關係之外不存在其他事物，連點正義的影子都看不見。所以必須反抗，我們必須超越到現代。（金細射，〈無題錄〉，《沖繩每日》，一九〇九年八月四日）[3]

月城在此表達了「革命」、「革新」青年的理想形象。根據月城的說法，「青年」不能對任何事情都

「同聲附和」、妥協，必須徹底地「反抗」。尤其在現今的沖繩不存在任何的團結與合作，人們處於一種「只有利害關係」的散沙狀態，連一點「正義」的影子都不見蹤影。既然如此，「現代沖繩」的青年就必須「反抗」一切。而這便是月城號召青年為正義而反抗的結論。在這個結論下，月城發出了一聲激動的叫喊。

> 必須說，**政治的最高目的之一，就是讓一個國家施行正義**，然而當不懂得自我生存的意義，只是像阿米巴原蟲一樣睡在食物之中，只要活著做什麼都行、只要法律允許，做什麼壞事都行的人們，如同蝗蟲鋪天蓋地時，一個國家如何維持正義？（金細射，〈狂人言〉（二），《沖繩每日》，一九〇九年八月十二日）

這段話同樣也是月城本人對沖繩現狀所表達的憤慨，可說是明治末期的月城在基於這種政治與民族觀，對沖繩的內政，以及全日本的內政、外交所展開的批判。

即便如此，考慮到明治末期的沖繩社會的各種社會階段與制約，月城道破政治的最高目的之一是讓國家執行正義，其態度是超越一切條件，從內心深處湧現、對於革新沖繩所展現的異常強烈的決心。緊接在前述的句子之後的以下文章，真實地表達出了他對革新沖繩的熱情。

> 清醒的青年都過來吧！拯救伊太利（義大利）的是少年伊太利，成就土耳古（土耳其）革命的

不也是青年土耳古黨嗎？青年不站起，社會就難以革新。現在我們的時機到了，我們右手持劍，左手持《古蘭經》，為正義而戰、為人道而戰的時候到了。或許我會成為戰壕的埋草，但也可以成為炸藥，為建設新沖繩而陣亡，這是我的希望，也是我的命運。（同前）

此處所謂的「少年伊太利」，指的便是「青年義大利」（La Giovine Italia），他們致力於統一自中世紀以來分裂的義大利，是由義大利統一運動鬥士馬志尼（Giuseppe Mazzini，一八〇五—一八七二年）於一八三一年組織，並推動建立現代義大利國家運動的團體。而馬志尼又與加富爾（Cavour）、加里波底（Giuseppe Garibaldi）並列義大利統一三傑。[4]

另一方面，「青年土耳古黨」，則是指鄂圖曼帝國在第一次世界大戰戰敗後，於凱末爾．帕夏（後來的凱末爾．阿塔圖克）推動民族運動中的先驅「青年土耳其黨」，該團體後來成為了民族運動的母體，主要在反對英國、法國等列強企圖分割領土的屈辱性談和條約。凱末爾．帕夏的民族運動最終擊潰了列強的侵略軍，並廢除了帝政，於一九二三年建立了共和制，實現獨立。

以從中世紀到近代興起的民族運動潮流為背景來閱讀明治末期的月城之文，我們會發現月城在新人、青年的世代概念中加入的意義將更加鮮明。其中蘊含的意義在於嚮往民族統一、民族獨立的青年義大利、青年土耳其黨的氣概，以及「革新」、「革命性」的態度。效仿其精神，成為「戰壕的埋草」，甚至是「炸藥」，只為「建設新沖繩」的目的，這就是月城提倡的「青年沖繩黨的任務」。將「少年伊太利」—「青年土耳古黨」—「青年沖繩黨」的關聯性納入視野，月城又高聲呼籲道：

文學家思想家在很多情況下都是新時代預言家的急先鋒，現在也是一樣。帝國各個角落都洋溢著即將來臨的新氣象。不過不醒悟的，似乎只有沖繩教育界的諸君子，喚醒他們也是我們青年沖繩黨的任務。（金細射，〈狂人言〉（三），《沖繩每日》，一九〇九年八月十七日）

伊波普猷的態度

面對沖繩的現狀，集結「青年沖繩黨」，舉著打破、革新現狀旗幟的月城等沖繩青年們，月城的胞兄伊波普猷又是怎麼看的？

其中一個例證，便是一九一〇年五月，訪問沖繩的俳人河東碧梧桐與普猷之間的交流。從前年四月開始，碧梧桐就在雜誌《日本及日本人》上連載的〈續一日一信〉中，將他與普猷就明治末期的沖繩現狀的談話，生動地記錄了下來。

特別是廢藩置縣時，內地人的措施，激發了繩人（沖繩人）的良識與新的敵意。或許是因為輕視土著繩人的行為達到了極點。自古以來，其敵意就在學問之上伸展，繩人證明過即使是繩人，視學習狀況，也足以與內地抗衡。今日無論如何焦急、運動，一種不成文的規定，仍決定政治上及實業上的權力不會交予繩人。（河東碧梧桐，〈續一日一信〉，《日本及日本人》，一九一〇年七月十五日號）

普猷對現狀的認知，尖銳地揭露了近代沖繩的殖民地實態，也指出了沖繩縣政被禁止參與政治、經濟、教育等各個領域的狀況。那麼，若想克服、打破這種廣泛社會領域的歧視、閉塞狀況，則應該怎麼做呢？此即伊波兄弟所面臨的沖繩現實。弟弟月城高呼「青年沖繩黨」的集結，哥哥普猷則對明治日本對近代沖繩的「同化政策」實際情況，進行了如下批判。

「特別是我們認知到自己是繩人的狀況下，是否應該就這樣單純模仿內地人？」接著又赤裸地講述了沖繩青年所面臨的現狀：「雖然是微不足道的事情，但祖傳的對島津氏的一種厭惡感卻也起到了幫助。雖說我們不會傻到對沖繩縣廳計畫謀反，但這些背地的不滿，總有一日會向奇妙的方向發展，愈來愈多青年開始閱讀社會主義書籍或露西亞（俄羅斯）小說的悲痛作品。若這種風氣逐漸增長，難說不會發生人種級別的驚人鬥爭。」

普猷描述了沖繩青年「祖傳的對島津氏的一種厭惡感」，以及朝社會主義方向發展的青年群像；而「人種級別的可怕鬥爭」，則是指壟斷縣政的薩摩閥與沖繩知識青年的不睦。明治末期的沖繩，圍繞著沖繩統治的理想方式，在所有社會局面中暗地沸騰。

在這情況下，普猷強烈主張沖繩的「自覺」與覺醒，他說：「總而言之，在這十年為止，都還只是單純破壞舊物、模仿日本的單純社會，但今天我們作為繩人的自覺已經萌芽，開始保存舊物、排斥模仿。」

「舊物破壞、模仿日本的單純社會」是指完全放棄（「破壞」）沖繩的傳統文化，意味著沖繩社會將被日本社會同化（「模仿」），同時這也將導致沖繩放棄自己的主體性與自立。

與之相對，「保存舊物、排斥模仿」則是以確立沖繩的自主、自立、自尊為目的，可謂是琉球處分後，一度被動、無主體地接受明治政府沖繩統治的近代沖繩的自我覺醒主張。普猷在此處表現出了積極發掘自己的歷史與傳統文化，希望恢復被明治政府剝奪的琉球文化的態度。

於是，近代沖繩在明治末期迎來了從「模仿日本」到「排斥模仿」的巨大變革時期。

沉浸於托爾斯泰

不論是新人、新時代，還是新機運，這些都是象徵二十世紀初的日本，或是日本從明治末期進入大正時期變革期的關鍵字。此時期的文學家、思想家有之前提到的非戰論宗教家內村鑑三、革新社會運動家木下尚江、文豪夏目漱石等，以及國外著名的和平主義者文學家托爾斯泰、美國詩人惠特曼等，都是明治時期的青年月城在作為言論人發言時所作為立基的文學家及思想家。

再加上印度的諾貝爾文學獎得主、民族主義作家泰戈爾、辛亥革命的孫文，以及月城同時代的教養目錄，其範圍遍及亞洲的文學家與思想家。至於月城對亞洲思想潮流的共鳴，將在後續闡述。

在先前提到的月城的散文〈狂人言〉（三）中，他提到「世界的風氣正在發生鉅變，世界每下一場雨，托爾斯泰主義者的追隨者就會增多，日本的思潮界似乎也逐漸走進了木下尚江等的神祕派，或是漱石等的時代」，這都是其證明的一小部分。

為了證實這一點，我們再來看看月城的托爾斯泰觀與二葉亭四迷觀。

在得知托爾斯泰病危的消息後，月城在一九〇九年五月十四日的《沖繩每日》的〈嶽色潮聲〉中如此說道：

我看了東京發來的電報，得知托爾斯泰先生病危的消息。為世界和平、在地上建設天國，吾人向天祈禱，願偉人再活十年。即使是將俄國一分為二，並統治其一的沙皇勢力，也無法碰其一只手指。他實在可稱得上是俄國無冕之王。然而，他並不是俄國可以私有之人；他是俄國的人，同時也是世界的人。

托爾斯泰的存在，就連沙皇的強大權力都無法壓制。「日本擁有可以消滅羅傑斯特文斯基（Zinovy Rozhestvensky）波羅的海艦隊的東鄉大將，卻沒有能夠匹敵托爾斯泰全集精神界的東鄉大將」，就如同月城過去曾尖銳地指出日本的「精神界」裡沒有文學家、思想家般，他認為托爾斯泰在俄羅斯的存在，是可與沙皇權力抗衡的「俄國無冕之王」。接著，月城就托爾斯泰對明治日本產生了多大影響，如此說道：

自日俄戰爭前後開始，他的思想便透過他的著作，拯救了無數精神上飢渴的青年。有人帶著他們的著作下到田野，有的則棄地上終將腐爛的榮華與幸福於不顧，吶喊著必須從根本上改良人類。若要說是什麼占領了過半的現代日本思想界，那肯定就是托爾斯泰主義。（同前）

此處清楚描寫了明治末期日本青年的精神狀況。日俄戰爭爆發以來，只有軍事價值會受到重視，明治日本正在向擴張、侵略的方向發展，青年們為了拯救精神上的飢餓，深深陷入了「托爾斯泰主義」。托爾斯泰主義者月城在明治的荒野中彷徨，「吶喊」著改良人類，也許這就是月城自身對明治末期的心境。

月城陳述了托爾斯泰對明治時代青年的影響，並在其散文的最後，以期待托爾斯泰從病危中恢復的一句話作結：「善人領導者托爾斯泰先生為全世界反抗怪物帝國主義——自我中心主義——吾人希望基督教徒及希望世界和平的人們，能為他衷心祈禱。」

在俄羅斯革命的渾沌逐漸迫近的帝國時代末期，月城將托爾斯泰的思想核心定義為「為了世界而反抗怪物帝國主義——自我中心主義——的善人」，那麼身在日本明治末期的他，又想從日本的知識分子身上尋求什麼？

二葉亭四迷的革新性

月城在〈嶽色潮聲——追悼二葉亭四迷先生〉中談論二葉亭的一生，並描述了那個時代知識分子的生活方式。

長谷川二葉亭實如盧梭、卡萊爾，或是法國既是政治家又是詩人的雨果等詩人。他的胸中有源源不絕的革命思想。在舊時代與新時代、保守主義與進步主義激烈衝突的現代日本的思想界，其實正需要如二葉亭般的革命性詩人。吾人悼念他的死亡之主要理由，便是因他是革命性的思想家。（《沖繩每日》，一九〇九年五月二十四日）

這篇文章其實比月城提出的「新人」與「舊人」世代論還要早出現，該文章清楚揭露了將「新人」定義為「革新、革命的」，將「舊人」定義為「維持現狀」的世代觀念。在此意義上，二葉亭對月城來說，無非是明治末期新人世代的象徵。因此月城才斷言，在「舊時代與新時代、保守主義與進步主義」相互競爭、衝突的日本明治末期的「思想界」，「確實需要一位如二葉亭般的革命詩人」。月城還強調，「哀悼他去世的第一個原因，是因為他是一位革命性的思想家。」接著在最後，月城對二葉亭的「革命性」性格與「革新性」做出了以下評論：

他非常憎惡俄國官憲，不過革命性的他，會憎惡頑固的沙皇有司亦是理所當然。俄國革命黨來訪東京之際，聞他予之一切方便，然不僅是俄國官憲，凡是保守者，定皆為其思想之敵。（同前）

明治時代的新人世代中，常可見到對於俄羅斯帝國及沙皇專制（Czarism）的批評與革命運動，而該文章便是月城對其的共鳴，以及透過二葉亭的一生來做的評論。明治末期的月城並不主張社會主義，相反地，我們從這句話中看出的，應是月城對於「保守的人事物」的大膽挑戰，他之所以對二葉亭產生共鳴，也正是出自這點。

即便如此，月城如此喊話的態度，或許也表現了日本明治沖繩新人世代的「革新」性。那麼，月城等新人會希望沖繩、日本如何發展？透露這個問題答案的，便是所有影響月城的文學家與思想家，都是與過去日本具有排他性、獨善性、擴張性的國家主義相抗，並主張和平主義、世界主義、反帝國主義的人。月城的思想系譜，或許也能從此處窺探到一二。

美國的變化

至此，本章就亞洲的關係上，介紹了月村對內村鑑三、托爾斯泰，以及二葉亭四迷等人的說法。此處，再讓我們接著介紹美國建國時期的詩人華特．惠特曼，看看月城對他的認知過程。

首先我們要先看到在一九〇九年四月九日的《沖繩每日》中，以〈感想錄〉為題，並以〈介紹華特．惠特曼〉（其後於四月十一日、十三日，共連載三篇）為副標題的文章。

為什麼月城在論述惠特曼思想的同時，又指出了當今美國與建國當時的美好理想已產生龜裂與背離？以及他為何會說當今殖民菲律賓，又試圖向中國與朝鮮擴張的美國已淪為一個「半獸的」國家，並斷定其「忽視自由平等，崇尚帝國主義」（同名散文，四月十一日）？

這便是月城在摸索美國真實面貌上的思想實驗。

月城尖銳地提問「真正的美國是什麼」，斷言由「富豪」、「奢華服飾」、「殖產興業」所象徵的美國不是「真正的美國」，並提出以下的美國理想形象。

那些只是嘈雜的美國。真正的美國，必須是穿著現代服裝但帶有謀反心，唱著鼓舞新興國民的粗暴歌曲、嘶啞聲的急先鋒、預言的人道詩人華特・惠特曼或哲人愛默生的美國。（金細射，〈感想錄〉，《沖繩每日》，一九〇九年四月九日）

對於月城來說，理想的美國並不是以富強、殖產興業為象徵的「嘈雜的美國」（Shouting America）。美國應如惠特曼或愛默生，高舉自由、平等、博愛的建國理念，與歐洲列強對決，「鼓舞新興國民」才是。這是月城的判斷。因此，月城嚴厲斷定現在的美國正在走上「墮落的道路」。

特別是為了人道，或是為了解放奴隸，為了平等，為了自由而付出巨大犧牲的北美合眾國，如今卻無視華盛頓建國的大精神，去占領菲律賓，甚至向中國、朝鮮出手。美國不僅在外行反基督式的行動，所有公民都走上了墮落之路。（同前）

應有的美國形象，與現實的美國形象之間的龜裂與背離。月城以這種方式，猛烈抨擊昔日輝煌、曾鼓舞新興各國的美國其今日的矛盾與背離。

內村鑑三對美國的批判

然而，以憂慮的角度批評美國在二十世紀變化的人，並非只有月城。月城極為敬愛的非戰論者內村鑑三，便也是其中之一。

一九〇四年九月，內村在日、俄圍繞朝鮮權益的軍事對決即將到來之際，在題為〈近時的非戰論〉的論文中，對美國的變化進行了如下闡述。

首先，作為「義戰」的實例，內村舉了華盛頓的獨立戰爭與林肯的「解放奴隸」，表示若沒有「獨立戰爭」就不會有「過去百年的北美美利堅合眾國的政治獨立」，並問道那麼百年後的美國，又終將如何？

> 然而一百年後的今天，美國又將如何？近來的美國，有顯著的英美合一的趨勢。自從美國占領菲律賓群島，表現出自由之民統治不自由之民的奇觀以來，美國人民對英國的態度發生了翻天覆地的變化，即便後來親眼目睹英國在南非扼殺兩個共和國，美國對此事的同情，反而是對屠殺者英國表示，未曾為幫助兩個共和國自由戰士而動過一根手指。（內村美代子編，《內村鑑三思想選書》一，羽田書店，一九四九年）

正如該引文所展現的，內村也高度評價在自由、平等、獨立的高尚理念下展開的獨立戰爭、南北戰爭為義戰。甚至斷定義戰的歷史傳統因殖民菲律賓、全面支持波耳戰爭中的英方而發生了巨大變化，如今的美國正在「背棄」華盛頓的建國理念。

從那以後，英美兩國人民就一直主張盎格魯—撒克遜（Anglo-Saxons）民族的合作運動，共同攜手讓全世界化為英民族。如果說個人的自由、和平的勝利是華盛頓大將的目標，那麼現在的美國人確實在違背華盛頓的目標。美國人正向英國人學習，準備強大的海軍，逐漸踏上征服世界之路。（同前）

內村這一段話，從美國建國初期的理念出發，來指責今日美國的變化，也向「盎格魯—撒克遜民族的合作運動」、也就是英美帝國主義及殖民主義進行批評，生動地反映了「讓全世界化為英民族」，走向「征服世界之路」的英美之間堅實的軍事合作。

那麼對於月城來說，內村鑑三是怎樣的存在呢？至少到現在為止，月城在東京的時期，並未有與內村接觸或參加內村主辦的無教會派集會的紀錄。但總合來看，明治末期的月城觀點，卻全面繼承了內村的非戰論，作為這時期的地方言論人來說，可以說是罕見的存在。

對辛亥革命的評價

日俄戰爭是場日俄圍繞著朝鮮與滿洲權益、兩國賭上國家利益而展開的帝國主義戰爭，國內的「愛國」民族主義達到了狂熱的高潮。在這樣的社會形勢下，繼承非戰論者內村鑑三、幸德秋水等人的主張和主義，無疑使月城等人的立場與態度，成為時代中的「異端」。

那麼，月城為何能夠明確表明這樣的立場與態度？也就是隨後提到的月城對孫文辛亥革命的態度。

前面也數次提到，清朝與琉球王國有著很深的外交關係。不過清朝在十九世紀以後遭到西方列強的侵略，接著更在鴉片戰爭中敗給了列強，也因此清朝內部出現打倒腐敗、官僚橫行的舊體制的革命運動，也沒什麼奇怪的地方。

於是，為近代中國史帶來巨大轉折的辛亥革命，最終於一九一一年十月爆發。這是一場為了推翻直至當時專制統治中國的「滿洲王朝」、由漢民族建立共和政府的革命。同年十一月六日，孫逸仙（孫文）等人發表了〈共和政府檄文〉，強烈譴責了「滿洲王朝」。

辛亥革命爆發之際，孫文並不在中國，而是在美國的中西部城市丹佛。後來孫文緊急回到中國參加了這場「革命」，並進行領導。不過，因「檄文」的文末有著新政府臨時總統「孫文」的簽名，因此可以斷定檄文是由孫文等人所起草。

這篇檄文後來也被刊登在了《沖繩每日》上，該文章除了是對從「王朝體制」到「共和國政體」的建立、轉換的強烈宣傳，也明顯讓《沖繩每日》讀者產生了共鳴。之所以這麼說，是由於《沖繩每日》在辛亥革命爆發的一九一一年十一月十九日，在社論中以〈破壞與建設〉為題的文章提到：「漢人長年臥薪嘗膽的長恨，終於今日勃然振奮，四億人一致成為破壞現內閣的力量。」將其視為革命的力量。

接著，月城將進入第二革命期的中國動向納入視野，認為「現代是學者們所謂的民眾討議時代，東洋各國如今也進入了那個時代」、「例如自治制，也是該時代的產物。為政者可獨斷專行的時代，已然過去」，強調民眾討議時代在亞洲各國擴大的趨勢。

大正民主追隨者

民眾討議、民眾政治——這就是他國家構想的根基。從明治末期到大正初期，月城在大正民主氛圍中提出的便是民眾討議的理念，並以此為主軸，大膽地將民主主義理論逐漸套用到沖繩的現實上。

不過，這並非單純肯定沖繩的現實並就此妥協，而是向日本顯示了國家應有的狀態。我想，月城是大正民主的追隨者，是民本主義者。一九一二年威爾遜當選美國總統後，月城認為此次當選並不單純意味著北美民主黨的勝利，而是將其定義為「進步主義的勝利」，並接著說：

被「民可使由之，不可使知之」的陳腐思想支配人心的造民時代已經過去，如今是民眾討議的時代。（〈嶽色潮聲〉，《沖繩每日》，一九一二年十二月一日）

從造民時代到民眾討議時代，再到進步主義的勝利——這些句子在在表現出了月城精神上的振奮。月城確信地說，威爾遜的勝利不是從部分特權階級手上獲得的，而是從與「金錢」無關的「民心」上獲得的，「思想是最後的勝利者」。不僅如此，月城的國家構想基礎，還有以下的哲學。

現代世界的政治思想有二種相關的新傾向，即世界主義傾向與民眾主義傾向。而此二種新傾向相關連，正朝著與帝國主義相反的方向前進。（同前）

「世界主義傾向」（人道主義）及「民眾主義傾向」（民眾政治），這兩者與「帝國主義」（侵略主義）的對決，正是月城國家構想的根源。他以此為立足點，面臨了現代政治議題。

正如月城所指出的，二十世紀正是民眾討議、民眾政治的思想潮流，在西方列強統治下的殖民地中崛起的時代。其典型案例雖然是孫文的辛亥革命，但其實不止於此。英國殖民統治下的愛爾蘭與印度，或是日本殖民的朝鮮等多數被殖民的國家，也有過類似的例子。

成為這一思想潮流的契機，是英國議會在一九一四年通過的愛爾蘭自治法案。

印度人似乎認為良機不可錯失，因而打算擺脫大英國的束縛。總之，造成印度人反抗英國的動機，是印度人自覺到實際上並不一定劣於英國人，且日俄戰爭的結果，也使其了解白人不一定值得恐懼。最近印度人中出現了大詩人，他創作了愛國歌曲，獲得諾貝爾獎，使他們愈來愈意識到自己的偉大，精神更加昂揚。（〈粗枝大葉〉，《沖繩每日》，一九一三年十二月九日）

英國議會通過的愛爾蘭自治法案，為英國的殖民地國家帶來了巨大影響，長期處於暴政下的印度，還產生了「自己不是劣於英國人的人種」的民族自豪感，更加強了印度人的覺醒。

投向亞洲的視線

更值得關注的是月城提到了印度人中出現的「大詩人」。他所謂的「大詩人」，就是獲得諾貝爾文學獎的近代孟加拉最大的文學家——泰戈爾。

伊波月城在一九一四年一月七日的《沖繩每日》中，以〈印度詩人羅賓德拉納特．泰戈爾〉（二）為題，熱烈讚賞道：「印度民族自覺的時機已經到來。即使他們過去頹靡，但羅賓德拉納特．泰戈爾的出現，使印度民族覺醒，令現代世界的人驚嘆不已。」

接著，月城更對泰戈爾的文學活動如此定義：

他的作品的第一特質就是愛國。詩人不斷將精力集於此上，終於寫出有「孟加拉精神」之稱的名著。他的詩立即傳遍印度全國，擁有開發印度國民的國民性、民族性自覺的力量。印度人在議會、集會場所，又或是街頭及田埂間都歌頌他的歌，也並非沒有理由。（〈印度詩人羅賓德拉納特．泰戈爾〉（一），《沖繩每日》，一九一四年一月一日）

月城及早就透過英文文獻閱讀並高度評價泰戈爾的文學、社會活動，並將其視為「有開發印度國民的國民性、民族性自覺的力量」，在印度近代史的民族主義運動漩渦中，月城對其的理解，在當時日本文藝思想界的潮流中具有卓越的先驅性。而且，在一九一六年泰戈爾訪日的兩年前，他就將之定位為促進「印度民族覺醒」的先驅者，其理解深度超乎常人。

接著，他對中國、朝鮮、臺灣、印度等被壓迫民族的「國民性、民族性的自覺」深刻共鳴，也逐漸演變成他在明治末期以後對愛爾蘭自治問題的關注。

身為大正民主追隨者的伊波月城，在面對近代沖繩殖民地化的苦難，他的視線與同時代的日本言論人相比，早已遠到亞洲，乃至於世界。

其後，伊波月城也致力於文筆活動，但最終於一九四五年五月三十日逝世。享年六十四歲。

伊波普猷（一八七六—一九四七年）

為綜合語言、文學、歷史、民俗等方面的沖繩研究創始人，也是啓蒙社會思想家。父親名普濟，出身於那霸西村士族家庭；母親名松留（マツル），普猷為家中長子，胞弟為伊波月城（普成）。

他的一生與近代沖繩的動盪期重疊，為回應時代的需求，他將人生花費在如何發掘沖繩、如何在沖繩生存的學術性、實踐性課題的探索上。一八九一年，普猷進入沖繩縣尋常中學校就讀，五年級時，為抗議兒玉喜八校長對沖繩的歧視，發起排斥運動（尋常中學罷課事件）。一八九五年十一月，他被以領導罷課運動為由退學。從此，他下定決心為拯救「被侮辱的同胞」而努力（伊波普猷，《古琉球》自序）。其後的一系列啟蒙活動，也可說是這段經歷的延伸。

普猷立志成為政治家，於一八九六年前往東京，進入明治義會尋常中學就讀。畢業後，經過四年的空窗期，於一九〇〇年進入第三高等學校（今京都大學綜合人類學部）。當時考入的是歷史學，後來於在校期間改修語言學，一九〇三年又考入東京帝國大學文學科，專攻語言學。與他同屆的人有橋本進吉，晚他一屆的有金田一京助等人。此外，他在當時參加了其恩師田島利三郎講授的「思」（おもろ，流傳在沖繩、奄美一帶的古歌謠）課程，並得到了「琉球語研究資料」。從三高時代開始，普猷就在鄉里報紙上投稿文章而備受矚目，並在此時主要以研究古歌謠為基礎，正式開始研究沖繩。

一九〇六年畢業後歸鄉，他在此處面對了琉球處分後「沖繩歷史」的湮滅政策，在文化上、精神上喪失自信的同胞及思想狀況。作為一位鄉土研究家，普猷不允許這種事情發生，最終出於打破現實的使命感，開始了各式各樣的啓蒙活動。普猷在發掘、收集鄉土資料及寫作活動的同時，也展開了歷史、語言、宗教等多方面的演講活動。在當時的社會形勢中，沖繩的傳統文化被認為是低劣的，因此普猷的行為具有劃時代的意義，可以說身處時代轉換期的普猷，發揮了其作為革新思想家的職責。他在《古琉球》中展開的「個性論」，也同樣是在這樣的社會背景中，以恢復「沖繩人」作為人的尊嚴為根據提出的「抗議之學」。

他的活動後來擴大到沖繩圖書館的設立運動等，其目標是讓沖繩人自己重新發現沖繩的文化個性。進入大正時期後，其活動發展為民族衛生運動，在沖繩組合教會、兒童會等沖繩各地演講，致力於喚起民眾的政治自覺，展開民眾政治論。《古琉球的政治》、《孤島苦的琉球史》、《琉球五偉人》等作品，皆如實地反映了普猷作為該時代民本主義者的思想。

一九二五年，他結束了這些活動，前往東京。此後便以在野學者的身分，潛心於沖繩研究。

或者可以說，普猷「從街頭轉換到書房」的背景，有著面臨從大正末期開始日益明顯的經濟困頓（即所謂的「蘇鐵地獄」，當時經濟蕭條到人們必須吃含有劇毒的蘇鐵過活），又因賭上人生的啓蒙運動沒有奏效所產生的挫折。普猷在東京時，與柳田國男、折口信夫、河上肇等人交流，並以《妹神之島》、《日本文化的南漸》等一系列民俗學論稿為首，結實出了《校訂思草紙》、《沖繩考》、《南島方言史攷》等各項作品。

一九四五年，普猷被推舉為沖繩人聯盟的代表總務委員。最終於一九四七年八月，因腦溢血，在臨時寓所比嘉春潮（曾師從普猷的沖繩學研究者）的家中結束了波瀾壯闊的一生。其最後一部著作《沖繩歷史物語》，描寫了他擔心成為廢墟的沖繩、和談後的沖繩未來的心情。一九七三年，為紀念普猷的學術成就與振興沖繩研究為目的，沖繩設立了伊波普猷獎（沖繩時報社主辦）[5]。

注釋

1. 以下簡稱為《沖繩每日》。
2. 一八九三年左右，沖繩縣知事奈良原繁強行實施了將原為公有地的杣山出售給上級官員、大商人、華族、士族的政策。
3. 「金細射」為月城的筆名之一。
4. 下中彌三郎編，《政治學事典》，平凡社，一九五四年。
5. 「伊波普猷」條目係以《沖繩大百科事典》上（沖繩タイムス社，一九八三年）的文章為依據寫成。

參考文獻

鹿野政直，《鹿野政直思想史論集》四，岩波書店，二〇〇八年

金城正篤，《琉球処分論（琉球處分論）》，沖繩タイムス社，一九七八年

外岡秀俊，《アジアへ（致亞細亞）》，みすず書房，二〇一〇年
竹内好，《竹内好評論集》三，筑摩書房，一九六六年
成田龍一，《歷史学のナラティヴ（歷史學的敘事）》，校倉書房，二〇一二年
比屋根照夫，《近代日本と伊波普猷（近代日本與伊波普猷）》，三一書房，一九八一年
比屋根照夫，《アジアへの架橋（亞洲的橋梁）》，沖縄タイムス社，一九九四年
比屋根照夫，《近代沖繩の精神史（近代沖繩的精神史）》，社會評論社，一九九六年
比屋根照夫，《戦後沖繩の精神と思想（戰後沖繩的精神與思想）》，明石書店，二〇〇九年
松本三之介，《近代日本の中国認識（近代日本的中國認識）》，以文社，二〇一一年

作者簡介

成田龍一

一九五一年生。日本女子大學名譽教授。早稻田大學大學院文學研究科博士課程畢，博士（文學）。專攻日本近現代史。主要著作有《歷史論集》（全三冊，岩波書店）等。

小野容照

一九八二年生。九州大學大學院人文科學研究院副教授。京都大學大學院文學研究科博士課程修畢，博士（文學）。專攻朝鮮近代史。主要著作有《帝國日本與朝鮮棒球——憧憬與民族主義的隘路》（中央公論新社）等。

井上和枝

一九四六年生。前鹿兒島國際大學教授。東京大學大學院人文科學研究科東洋史專攻學分取得滿期肄。專攻朝鮮時代社會史、朝鮮近代性別史。主要著作有《殖民地朝鮮的新女性——介於「民族的賢妻良母」及「自我」的夾縫中》（明石書店）等。

水野直樹

一九五〇年生。京都大學名譽教授。京都大學大學院文學研究科博士課程學分取得肄、博士（文學）。專攻朝鮮近代史。主要著作有《創氏改名——在日本的朝鮮統治下》（岩波書店）等。

布袋敏博

一九五二年生。早稻田大學名譽教授。首爾大學大學院國語國文學科博士課程畢，博士（文學），專攻朝鮮近現代文學。

主要論文有〈解放後的金史良備忘錄〉（《青丘學術論集》十九，韓國文化研究振興財團）等

藤井省三

一九五二年生。名古屋外國語大學教授、東京大學名譽教授。東京大學大學院人文科學研究科博士課程學分取得滿期肄。獲東京大學授予博士（文學）學位。專攻現代中文圈的文學及電影。主要著作有《魯迅與世界文學》（東方書店）等。

許雪姬

一九五三年生。中央研究院臺灣史研究所特聘研究員兼所長。國立臺灣大學歷史系博士。專攻臺灣史。主要著作有《清代臺灣的綠營》（中央研究院近代史研究所）等。

富永泰代

大阪大學外國語學部兼任講師。東京大學大學院人文社會系研究科博士課程畢，博士（文學）。專攻東南亞歷史社會。主要著作有《小學校——卡蒂妮的荷蘭語書信集研究》（京都大學學術出版會）等。

粟屋利江

一九五七年生。東京外國語大學大學院總合國際學研究院教授。東京大學大學院人文科學研究科博士課程學分取得肄。專攻南亞近代史。主要著作有《英國統治與印度社會》（山川出版社）等。

帶谷知可

京都大學東南亞地域研究研究所教授。東京大學大學院總合文化研究科地域文化研究專攻博士課程輟，博士（地區研究）。專攻中亞近現代史及地域研究。主要著作有《面紗中的現代性——後社會主義國烏茲別克的經驗》（東京大學出版會）等

小松久男

一九五一年生。東京大學名譽教授。東京大學大學院人文科學研究科博士課程輟。專攻中亞近現代史，主要著作有《革命的中亞——某個扎吉德的肖像》（東京大學出版會）等。

山根聰

一九六四年生。大阪大學大學院人文學研究科外國學專業教授。旁遮普大學大學院烏都文學研究科碩士課程畢，博士（地域研究）。專攻烏都文學、南亞及伊斯蘭論。主要的合著有《阿富汗史》（河出書房新社）等。

青木雅浩

一九七五年生。東京外國語大學大學院總合國際學研究院副教授。早稻田大學大學院文學研究科博士後期課程滿期肄，博士（文學）。專攻蒙古近現代史。主要著作有《蒙古近現代史研究：1921～1924年——外蒙古與蘇維埃、共產國際》（早稻田大學出版部）等。

松本弘

一九六〇年生。大東文化大學國際關係學部教授。曼徹斯特大學文學部中東學科博士課程畢。Ph.D. 專攻葉門地區研究、埃及近代史、中東民主化。主要著作有《阿拉伯諸國的民主化——2011年政變的課題》（山川出版社）。

後藤繪美

東京外國語大學亞洲與非洲語言文化研究所助教。東京大學大學院總合文化研究科博士課程學分取得肄、博士（學術）。專攻西亞與中東地區研究、伊斯蘭文化與思想研究。主要著作有《為神而披的面紗——現代埃及女性與伊斯蘭》（中央公論新社）等。

鶴見太郎

一九六五年生。早稻田大學文學學術院教授。京都大學大學院文學研究科博士課程畢，博士（文學）。專攻日本近現代史。主要著作有《柳田國男——照己所感》（ミネルヴァ書房）等。

中村敏子

一九五二年生。北海學園大學名譽教授。北海道大學大學院法學研究科博士後期課程學分取得滿期肄，博士（法學）。專攻政治思想史。主要著作有《福澤諭吉文明與社會構想》（創文社）等。

比屋根照夫

一九三九年生。琉球大學名譽教授。東京教育大學大學院博士課程修畢。專攻日本近現代思想史、亞洲沖繩關係史。主要著作有《戰後沖繩的精神與思想》（明石書店）等。

＊總監修（撰寫第十五章）

姜尚中

一九五〇年生。東京大學名譽教授。主要著作有《馬克斯韋伯與近代》、《邁向東方主義的彼方》（以上皆為岩波書店）、《煩惱的力量》（集英社）等。

圖片出處

照片皆出自UNIPHOTO PRESS

p.274　參照臺灣銀行經濟研究室編，《臺灣霧峰林氏族譜》（臺灣銀行，一九七一年）、林獻堂編，《林氏族譜》（私家版，一九三六年）繪製。

p.375　中亞部分參照小松久男編，《新版世界各国史4　中央ユーラシア史》（山川出版社，二〇〇〇年）中的地圖，再參照 Yuri Bregel, *An Historical Atlas of Central Asia*, Handbook of OrientalStudies. Section 8 Uralic & Central Asian Studies, Volume 9, Leiden; Boston: Brill, 2003. 繪製

p.395　Abdürreşid İbrahim. *Âlem-i İslâm ve Japonya'da İntişâr-ı İslâmiyet* ,Cilt 1,İstanbul: Ahmet Saki Bey Matbaasıi, 1910.

pp.408-409　參照小松久男，《イブラヒム、日本への旅——ロシア・オスマン帝国・日本》（刀水書房，二〇〇八年）繪製

P.413　若林半，《回教世界と日本》改訂增補版，大日社，一九三八年。

p.415　Abdürreşid İbrahim, *Âlem-i İslâm ve Japonya'da İntişâr-ı İslâmiyet*, Cilt 1, İstanbul: Ahmed Saki Bey Matbaası, 1910.

p.464　參照前田耕作、山根聰，《アフガニスタン史》（新裝版，河出書房新社，二〇二一年）繪製

p.466　參照山根聰，《イスラームを知る8　4億の少数派——南アジアのイスラーム》（山川出版社，二〇一一年）繪製

p.507　（上）參照ボルジギン・ブレンサイン編著，赤坂恒明編輯協力，《内モンゴルを知るための60章》（明石書

店，二〇一五年）及Ж. Гэрэлбадрах, О. Пүрэв. *XIX-XX зууны эхэн үеийн Монгол*. Улаанбаатар. 2016.繪製。（下）參照栗林均，〈モンゴル諸語〉、亀井孝等人編著，《言語学大辞典　第4巻　世界言語編（下—2）》（三省堂，二〇一二年，第九刷）、金岡秀郎，《モンゴルを知るための60章》（明石書店，二〇〇一年，第二刷）、生駒雅則，《モンゴル民族の近現代史》（東洋書店，二〇〇四年）繪製

亞洲人物史10

民族解放之夢：19—20世紀

2025年5月初版　　定價：新臺幣1200元

總監修	姜尚中
著者	成田龍一等
譯者	林琪禎
叢書主編	王盈婷
特約主編	黃毓芳
副總編輯	蕭遠芬
內文排版	菩薩蠻
封面設計	許晉維

出版者	聯經出版事業股份有限公司
地址	新北市汐止區大同路一段369號1樓
叢書主編電話	(02)86925588轉5316
台北聯經書房	台北市新生南路三段94號
電話	(02)23620308
郵政劃撥帳戶第	0100559-3號
郵撥電話	(02)23620308
印刷者	文聯彩色製版印刷有限公司
總經銷	聯合發行股份有限公司
發行所	新北市新店區寶橋路235巷6弄6號2樓
電話	(02)29178022

編務總監	陳逸華
副總經理	王聰威
總經理	陳芝宇
社長	羅國俊
發行人	林載爵

行政院新聞局出版事業登記證局版臺業字第0130號

本書如有缺頁，破損，倒裝請寄回台北聯經書房更換。　　ISBN 978-957-08-7654-3 (平裝)
聯經網址：www.linkingbooks.com.tw
電子信箱：linking@udngroup.com

Supervised by Kang Sang-Jung,
Edited by Toru Aoyama, Toshikatsu Ito, Hisao Komatsu,
Shinji Shigematsu, Tatsuhiko Seo, Ryuichi Narita, Ryosuke Furui, Toru Miura,
Yujiro Murata, Lee Sungsi

ASIA JINBUTSU SHI GREAT FIGURES IN THE HISTORY OF ASIA
DAIJUKKAN MINZOKU KAIHOU NO YUME

Edited and first published in Japan in 2023 by SHUEISHA Inc., Tokyo.

This Traditional Chinese edition published by arrangement with Shueisha Inc., Tokyo in care of Tuttle-Mori Agency, Inc., Tokyo, through Keio Cultural Enterprise Co., Ltd., New Taipei City.

國家圖書館出版品預行編目資料

民族解放之夢：19—20世紀/姜尚中總監修．成田龍一等著．林琪禎譯．初版．新北市．聯經．2025年5月．840面．15.5×22公分（亞洲人物史10）

譯自：アジア人物史第10巻：民族解放の夢

ISBN　978-957-08-7654-3（平裝）

1.CST：世界傳記2.CST：亞洲

781　　114004027